음악의 시대

음악의 시대

—

2023년 7월 19일 초판 1쇄 발행

—

지은이 테드 지오이아
옮긴이 김지혜
펴낸이 강준규
책임편집 유형일
마케팅지원 배진경, 임혜솔, 송지유, 이원선

—

펴낸곳 (주)로크미디어
출판등록 2003년 3월 24일
주소 서울특별시 마포구 마포대로 45 일진빌딩 6층
전화 번호 02-3273-5135
팩스 번호 02-3273-5134
편집 02-6356-5188
홈페이지 http://rokmedia.com
이메일 rokmedia@empas.com

—

ISBN 979-11-408-1433-6 (03900)
책값은 표지 뒷면에 적혀 있습니다.

—

• 커넥팅은 로크미디어의 인문, 역사 도서 브랜드입니다.
• 잘못 만들어진 책은 구입하신 서점에서 교환해 드립니다.

인류 사회의
변화를 일으킨
음악에 관한 새로운 역사

음악의 시대

Music: A Subversive History

테드 지오이아 지음 / 김지혜 옮김

Connecting

일러두기

1 책 제목은 《 》로, 신문, 잡지, 단편, 시 등의 제목은 〈 〉로, 노래명은 「 」로, 앨범명은 『 』로 묶었다.

2 책과 영화 등은 국내에 소개된 적이 없는 것이라도 제목을 직역하고 그 옆에 원제를 붙였으며, 노래와 앨범은, 특히 1900년대 이후 발표된 곡들은 따로 직역하지 않고 원제를 살리고 그 옆에 발음 표기를 적었다.

3 인명과 지명 등의 외국어와 외래어는 외래어표기법에 따르되, 몇몇 경우는 관용적 표현을 따랐다.

세밀하지만 흥미진진한 이 책에서 지오이아는 문화와 시대를 아우르는 음악의 보편성을 주장한다. 그는 교회와 그 외 예술을 정의하는 기관들의 역할뿐 아니라 사포, 모차르트, 찰리 파커에 이르기까지 음악을 전복한 인물들을 새로운 시각으로 바라본다. 지오이아는 흥미로운 방식으로 감정의 음악과 정치권력의 음악을 함께 둔다. 음악 없이 지낼 수 없는 독자라면 꼭 읽어야 할 책이다.

프레드 허시, 피아니스트, 작곡가,

《좋은 일은 천천히 온다: 재즈와의 삶Good Things Happen Slowly: A Life in and Out of Jazz》 저자

지오이아가 알려주는 총체적이고 흥미로운 음악의 역사는 모든 음악학적 고정관념을 무시한다. 흥미로운 질문거리를 많이 제공하는 책이다. 일반적인 과학자나 인문학자는 동의할 수 없는 내용들도 있을 수 있지만, 오히려 그 점이 핵심이다. 그야말로 '전복의 역사'이다.

새뮤얼 메르, 하버드 대학교 음악 연구소 소장

'빅 히스토리'의 팬으로서 나는 로마의 무언극 폭동, 옥시타니아의 트루바두르, 종소리, 블루스, 아프리카 디아스포라, 감시 자본주의 등 그 외의 수많은 것들이 큰 그림과 연결되어 있다는 것을 깨닫고 몰입해서 읽었다. 음악광에겐 필독서이다.

네드 서블렛, 작곡가, 《쿠바와 음악Cuba and Its Music》,
《뉴올리언스가 만든 세계The World That Made New Orleans》 저자

음악에 관하여 가장 통찰력 있는 작가 중 한 명인 지오이아는 감춰진 디테일을 조명하고 음악에 관한 이해를 넓힌다. 또 문화 발전의 수레바퀴가 종종 창의적인 숨겨진 영웅들에 의해 돌아간다는 사실을 알려준다. 마음을 열고 몰입하게 하는 책이다.

테리 라일리, 작곡가, 미니멀리즘 음악의 창시자

저자 **테드 지오이아**Ted Gioia

테드 지오이아는 음악가이자 평론가, 작가이다. 또 미국의 유서 깊은 언론 매체 댈러스 모닝 뉴스로부터 "미국에서 가장 뛰어난 음악 역사가 중 한 명"이라는 극찬을 받을 만큼 훌륭한 음악 역사가이다. 스탠퍼드 대학교에서 영문학 학위를, 옥스퍼드 대학교에서 철학과 경제학 학위를 받았으며, 스탠퍼드 경영대학원에서 MBA를 취득했다. 스탠퍼드 학부생 시절부터 음악과 글쓰기에 탁월한 감각을 보였던 테드 지오이아는 스탠퍼드 교내 문학잡지 세쿼이아와 교내 신문 스탠퍼드 데일리에서 에디터로 활동했으며, 스탠퍼드 대학 재즈 연구 프로그램을 설립하기도 했다. 실리콘밸리의 벤처 캐피털 커뮤니티에서 일하던 시절부터 "사무실에 피아노가 있는 남자"라는 별명으로 불릴 만큼 음악을 사랑한 그는 1990년부터 현재까지 30년 이상 음악가이자 작가로 활동하고 있다. 《재즈를 읽다How to Listen to Jazz》를 포함해 11권의 책을 집필했으며, 그중 두 권이 〈뉴욕 타임스〉"올해 주목할 만한 책"으로 선정되었고, 음악 사회사에 관한 그의 전작 《노동요Work Songs》, 《치유의 노래Healing Songs》, 《사랑 노래Love Songs》는 미국 작곡가·작가·출판인협회ASCAP에서 선정하는 딤스 테일러상Deems Taylor Award을 수상했다. 재즈 포털 사이트 재즈 닷컴 (www.jazz.com)의 창업자이자 편집장을 역임했으며, 〈뉴욕 타임스〉, 〈월스트리트 저널〉, 〈가디언〉 등 여러 매체에 글을 기고하고 있다. 그는 미국 국립예술 기금위원회National Endowment for the Arts의 의장으로 역임했던 탁월한 시인 대나 지오이아의 동생이기도 하다.

역자 김지혜

미국 버클리음악대학에서 프로페셔널 뮤직을, 한국외국어대학교에서 영어통번역학을, 이화여자대학교 외국어교육 특수대학원에서 TESOL을 전공했다. 영상번역가로 활동하며 수백 편의 미드, TV영화, 다큐멘터리 등을 번역했고, 현재는 바른번역 소속 전문 번역가로 활동 중이다. 역서로는 《나는 어지르고 살기로 했다》, 《내 생에 한 번은 피아노 연주하기》, 《마이클 잭슨 리와인드》, 《빵은 인생과 같다고들 하지》, 《스쿨 오브 뮤직》 등 다수가 있다.

솔직히 고백하자면, 나는 '음악사'라는 말만 들어도 몸이 움츠러든다. '음악사'라고 하면 오래전 세상을 떠난 작곡가들, 가발과 양복 조끼까지 갖춰 입고 잘난 체하는 남성들의 이미지가 떠오른다. 어느 노쇠한 왕과 신하들을 위해 열린 무도회에서 흐를 법한 왈츠 음악도 들린다. 사람들은 거리를 유지한 채 춤을 추고, 서로를 향해 경직된 인사를 나눈다. 연주자들조차 하품을 참으려 애쓰는 것 같다.

아마 여러분도 음악사에 대해 비슷한 이미지를 떠올릴 것이다. 왜일까? 음악 문화의 전통을 계승하고, 보존하고, 전파하는 사람들이 일부러 지루해지려고 애쓰는 것도 아닌데, 존중받고 싶어 하는 열망, 엄격한 기준을 지키는 데만 열중하는 그들의 모습은 지루하다는 느낌을 준다. 음악은 생기가 사라지고, 때로는 의무가 되기도 한다. 치아 관리를 위해 치과에 가는 것처럼, 문화적으로 뒤떨어지지 않기 위해 교향곡 연주회에 가는 것만 같다. 다음에 연주회장에 가게 되면 주위를 한번 둘러보라. 비싼 좌석에서 졸고 있는 사람들을 꽤 볼 수 있을 것이다.

이 만연한 권태감은 음악사에 있어 더 뿌리 깊은 문제를 보여준다. 지루하다는 것 자체는 죄가 아니다. 많은 학문은 기본적으로 지루하며, 이 단조롭고 틀에 박힌 특성에 오히려 자부심을 느끼는 학자도 많다. 예전에 원가회계 수업을 들은 적이 있는데, 셰익스피어가 공인회계사로 다시 태어나 교과서를 쓴다고 해도 책을 재미있게 만들지는 못할 것 같았다. 심지어 인간에게 기쁨과 놀라움을 주어야만 하는 예술과 인문학 학술 논문을 봐도, 일정 수준 이상으로 지루하지 않으면 아예 동료평가peer review를 통과하지 못하는 것이 아닐까 싶을 정도다. 이런 분야들은 농부들이 담뱃잎을 재배하듯 지루함을 기른다. 결과물이 해로워도 상관없다, 팔리기만 하면 된다는 식이다. 아무도 그 이상의 다른 것을 기대하지 않는다.

내가 흥미만 쫓기 때문에 전통적인 음악사의 지루함을 반대하는 게 아니다. 내가 반대하는 것은 이런 지루함과 단조로움을 뒷받침하는 그릇된 관념이다. 과거의 음악을 평가할 때, 문화계 엘리트들의 음악은 늘 모든 관심을 독차지하는 반면, 외부인과 반항자들의 전복적 노력은 외면받았다. 성sexuality, 마술, 트랜스trance를 포함한 변성의식상태alternative mind states(약물복용, 최면, 히스테리 등으로 나타나는 비정상적인 의식 상태—옮긴이), 힐링, 사회 통제, 세대 갈등, 정치적 불안, 더 나아가 폭력, 살인과 같이 나쁘거나 비합리적이라고 여겨지는 음악의 본질적 요소들은 역사책에 거의 기록되지 않는다. 음악적 혁명을 일으켜온 4천여 년 역사의 반란과 저항의 핵심 요소는 덮이고, 혁명의 영향력은 축소되고 근원은 은폐되는 반면, 이런 혁신을 빌려와 모방한 주류 권력 구조 내의 인물은 높이 평가된다. 그 과정에서 사라지는 것은 역사적 정확성뿐만이 아니다. 창의성, 새로운 기법을 만들어낸 바로 그 밑바탕이 왜곡되고 잘못 전달되는 것이다. 성, 폭력, 마술, 트랜스 등 '질 나쁜' 음악 요소들이 인간이 음악을 만들고 혁신하는 데 엔진 역할을 했으며, 때로는 음악의 원천이기도 했다는 게 이 책이 다루는 핵심 주제 중 하나다. 이런 사실을 역사에서 지워버린다면, 우리는 우리에게 가장 소중한 존재인 음악이 애초에 어떻게 생겨났는지 이해할 수 없을 것이다.

음악의 진짜 역사는 고상하지 않다. 오히려 그 반대다. 지루하지도 않다. 돌파구를 뚫는 것은 거의 항상 혁명가와 반항자다. 그들은 우리가 부르는 노래를 바꿀 뿐 아니라 종종 사회의 토대를 흔든다. 진정으로 새롭고 다른 것이 음악계에 나타나면, 권위자들은 이를 두려워하며 억누르려 애쓴다. 살면서 이런 일을 자주 목격해온 우리는 이를 잘 알고 있다. 음악이 어떻게 사회 규범에 도전해왔는지, 정계 거물, 종교 지도자, 자녀의 방에서 새어 나오는 음산한 음악에 마음 졸이는 부모 등 현상을 유지하려는 사람들에게 음악이 어떻게 경종을 울려왔는지 우리는 직접 봐왔다. 인류 역사의 시작부터 혹은 더 오래전부터 이어져온 일이다. 그러나 음악 개론 수업에서도, 자신들의 품위와 허세 넘치는 고상함을 지키는 것을 사명으로 삼아온 넉넉한 재정을 가진 음악 학교에서도, 이런 이야기는 들을 수 없다.

불안함에 마음 졸여온 부모들은 음악 감상에 건전하게 접근하는 방식을 반긴다. 자신들이 지켜온 전통의 위신이나 권위와 함께 자신들의 지위 또한 상승해온 것을 경험한 문화계 내부 인사들도 마찬가지다. 그들은 자신들이 홍보해온 음악 제작 과정의 깨끗하고 순수한 이미지를 통해 일종의 간접적인 명성을 얻는다. 무례하고 저속한 노래마저도 같은 과정을 거치며 품격을 얻는다. 하지만 이런 노력은 과거 위험한 음악에 품위를 입혀 그럴듯하게 포장하기 위해 했던 거짓말이나 다름없다. 인류 역사의 모든 단계에서 음악은 변화를 위한 촉매제였고, 관습에 도전하며 비밀스럽게 때로는 솔직하고 명확하게 메시지를 전달해왔다. 별다른 표출 창구가 없었던 개인과 집단에게 음악은 목소리를 내는 수단이 되었고 여러 시대와 장소에서 음악의 자유는 언론의 자유만큼이나 중요한 것이 되면서 훨씬 더 많은 논쟁을 불러일으켰다.

마찬가지로 흥미로우며 연구할 가치도 있는 것이 이어 말할 두 번째 단계인데, 이런 파격적인 음악이 사회 질서에 침입해 주류로 편입되는 메커니즘이다. 위험했던 반란이 수년 혹은 수십 년이 지나면 존경할 만한 유산이 된다. 이런 과정을 반복해서 겪어왔음에도, 직접 목격해온 사람들조차도 어떻게 이런 일이 일어났는지 설명하는 데 애를 먹곤 한다. 1956년 엘비스 프레슬리Elvis Presley가 TV에 처음 출연했을 때, 미국 방송사 CBS는 그의 엉덩이를 카메라에 담지 않으려 애썼다. 하반신을 흔드는 그의 몸놀림은 일반 관객들에게 보여주기에는 너무 위험했다. 그러나 불과 몇 년 후인 1970년, 엘비스는 백악관에 초대됐을 뿐 아니라 리처드 닉슨Richard Nixon 대통령으로부터 직접 미연방마약국Federal Bureau of Narcotics의 비공식 요원

배지를 받기까지 했다. (이 이상한 행사에 관한 기묘한 일화를 덧붙이자면, 엘비스 프레슬리가 이 미심쩍은 자격을 수여받을 때 약에 취해 있었을 수도 있다는 것이다.) 비틀스Beatles와 롤링스톤스Rolling Stones의 등장은 부모들에게 충격을 주었지만, 불량한 이 소년들은 기사 작위를 받아 폴 매카트니 경Sir Paul McCartney과 믹 재거 경Sir Mick Jagger이 되었다. 1966년 반체제의 선구자나 다름없던 밥 딜런Bob Dylan은 2016년 노벨 문학상 수상자로 선정되었다. 1988년 많은 상점과 라디오 방송국에서 금지했으며 FBI까지 나서서 비난했던 힙합 그룹 N.W.A.의 앨범 『Straight Outta Compton(스트레이트 아우타 콤프턴)』은 2017년 문화적 중요성을 인정받아 미국 의회도서관에 의해 영구 등재 앨범으로 선정되었다. 급진적인 아웃사이더가 주류의 공식적 영웅으로 변하는 사회 진화라니, 이상하지 않은가? 하지만 이런 과정은 역사에서 반복되어 왔다. 사실 급진적인 음악을 주류화해서 동화시키려는 생각 때문에 역사적 서술에 오해의 소지가 생기는 것이다. 비틀스, 고대 그리스의 여류 시인 사포Sappho, 트루바두르troubadour(중세 남부 프랑스, 북부 이탈리아 등에서 활약하던 서정시인을 일컫는 말-옮긴이), 바흐Bach에 이르기까지 평판이 나쁜 과거는 한꺼번에 무대 밖으로 몰아내는 반면, 공식적으로 '잘 다듬어진' 대중적 이미지는 널리 알린다.

　음악적 혁신은 밑에서 시작해 위로, 외부에서 시작해 내부로 번진다. 힘과 권위를 가진 사람들은 대개 이런 음악적 혁신에 반대하지만, 시간이 흐르면서 반대 세력을 받아들이거나 완전히 탈바꿈하여 혁신은 주류가 되고, 이와 같은 과정은 반복된다. 거친 음악에 자신들이 원하는 의미를 억지로 입힌 권위 있는 인물은 시대에 따라 다른데, 과거에는 왕, 예언자, 존경받는 철학자였다면, 오늘날엔 지역 교향악단 마케팅 담당자, 교과 과정 설계자, 경연대회 심사위원 등으로 음악 팬들의 관점에서는 대부분 예전보다 좀 더 이름과 형체가 없는 존재들이다. 그러나 어느 쪽이든 파격적이고 새로운 음악의 등장을 막기 위해, 예측 가능한 방식을 사용한다. 금지하고 배척하거나, 아예 노골적으로 검열하는 일도 드물지 않다. 이런 방법이 실패하면(종종 일어나는 일이다) 좀 더 부정한 방식으로 견제하거나 뜯어고치기도 한다. 현상 유지를 원하는 사람들에게는 달리 선택의 여지가 없다. 아웃사이더와 하위 계층의 음악은 늘 위협이 되었기 때문에 반드시 정화하거나 의미를 재해석하여 자신들에게 유리하게 바꿔야 한다. 리스너listener(저자는 'listener'를 단순하게 '소리를 듣는 사람'이라는 의미부터 '청중·관객'의 의미까지 다양하게 사용하고 있으므로 '리스너'로 용어를 통일한다-옮긴이)를 무아지경 상태로 만들거나 그들을 선동할수 있는 음악의 힘은 늘 두려움과 통제의 대상이었다. 노래와 섹스, 폭력의 밀접한 연관성은 불쾌한 문제이며 규제되어야 했다. 우리의 음악적 삶의 역사를 정리하고 정의하는 이야기는 이러한 필요를 충족해서 쓰이고 수정될 수밖에 없다.

이 책에서는 인류 등장 이전부터 자연에 존재하며 다가올 위험과 힘을 예고해온 사운드스케이프soundscape(자연적인 주변 환경의 소리; '소리의 풍경'-옮긴이)부터 오늘날 TV 노래 경연대회 프로그램과 바이럴 비디오viral video에 이르기까지 음악의 완전한 역사를 다룰 것이다. 모차르트Mozart와 시드 비셔스Sid Vicious(영국 펑크 록 밴드 '섹스 피스톨스 Sex Pistols'의 베이시스트-옮긴이)를 함께 다룰 뿐 아니라, 거리의 악사, 래퍼, 기독교 신자, 샤먼shaman, 트루바두르, 고급 매춘부, 싱잉 카우보이스singing cowboys(1930~40년대 미국 할리우드 영화 등에서 카우보이 복장으로 노래를 불렀던 남성 가수들—옮긴이), 호메로스 시 낭송자, 호객 행위를 하는 노점상, 그 외 공연장 밖에 존재하는 많은 사람을 다룰 것이다. 나의 다양한 지식을 뽐내려거나 거만한 척하려는 것이 아니다. 음악의 영향력을 이해하기 위해서는 많은 것을 고려해야 한다. 기본적으로는 연대순으로 접근하겠지만, 뒤로 갈수록 시대를 아우르는 연결고리가 점점 더 분명해질 것이다. 이 책의 초반에는 이어지는 장에서 다각도로 검증될 개념과 통찰력을 먼저 제시할 것이며, 후반으로 가면서 루트비히 판 베토벤Ludwig van Beethoven과 로버트 존슨Robert Johnson(1930년대에 활동한 미국의 블루스 뮤지션—옮긴이) 같이 서로 다른 주요 인물들에 대한 오랜 논쟁을 해결하여 그들의 가치를 증명할 수 있게 되기를 바란다. 내가 틀리지 않다면, 이러한 방법론은 미래의 음악이 어떻게 발전할지 예측하는 데, 또한 아티스트와 그들의 작품 가치를 종종 평가 절하하는 디지털 시대에 건강한 음악 생태계를 만드는 데 도움을 주어 결과적으로 오늘날 우리에게도 도움이 될 것이다.

앞서 이야기한 것처럼, 취향과 기술이 변하는 가운데서도 전복의 힘은 대체로 동일하게 유지된다. 때로는 눈에 띄지 않거나 주변으로 밀려나지만, 늘 인간 사회에 존재했으며 충격적인 동시에 강렬하다. 멈출 수도, 주류에서 영원히 밀어낼 수도 없는 힘이다. 그러나 이런 강력한 힘을 둘러싼 거짓 이야기도 많으며, 이러한 오해가 계속되면 공식적인 역사로 굳어질 수 있다. 이 책에서 나는 이렇게 널리 퍼진 잘못된 해석을 바로잡고 우리가 외면해온 불편한 현실을 되찾으려고 시도할 것이다.

음악의 변화는 어디에서 오는가? 왜 혁신의 원천은 수치심이나 비밀과 그토록 밀접한 연관이 있는가? 권력을 가진 사람들이 더 넓은 사회를 만들기 위해 아웃사이더와 소외된 집단의 규범과 행동을 정의하는 음악에 관심을 가져야 하는 이유는 무엇인가? 다른 문화적 표현법과는 차별화되는 방식으로 역사적 변화와 파생을 만들어내는 음악만의 특징은 무엇인가? 왜 이런 순환이 그토록 오랜 시간 다양한 지역에서 끊임없이 지속되는 것일까? 이러한 질문은 우리를 심오한 수수께끼의 중심으로 끌어들일 것이다. 이 광범위한 연구를 마무리 짓기 전까지 이 중요한 질문들에 관한 답을 찾을 수 있다면 좋겠다.

우리는 이 책에서 배운 것들을 통해 음악의 미학, 가능성, 결과에 대한 기존의 생각을 바꾸게 될 것이다. 탁월함과 순수한 아름다움을 강조하는 것이 전부이던 노래의 역할에 대한 구시대적 개념은 오류를 밝혀 다시 검증할 것이다. 음악에 대한 가장 영향력 있는 철학적 시스템 대부분이 혁신의 확산을 막고 노래의 고유한 힘을 약화하려는 사회 지도층의 끈질긴 시도로 생겨났음도 알게 될 것이다. 원인과 결과의 실제 흐름을 알아가면서, 음악이 실제로 어떤 역할을 하며 무엇을 의미하는지 제대로 이해하게 될 것이다.

그 어느 때보다도 지금 우리에게는 파격적인 음악 역사가 필요하다. 과거를 잘못 대변하는 낡은 기록을 뒤집는 것뿐 아니라, 현대에 변화를 일으키는 음악의 도전적 특성을 제대로 이해하는 것도 필요하다. 이런 이야기를 들려주는 것이 이 책의 목표다. 하지만 의심이나 논란에 불을 붙일 생각은 없다. 도발적인 수정주의 태도를 취해 튀고 싶지도 않다. 단지 이 주제를 공평하게 다루고 싶을 뿐이다. 변혁의 계기, 인간의 삶에 혼란과 매력의 원천으로서의 음악의 진짜 이야기를 전달하고 싶다.

대안적인 접근법으로 음악사를 들여다보기 시작한 25년 전에는 내가 무엇을 밝혀내게 될지 알지 못했다. 내가 도달한 결과는 굉장했지만, 출발은 복잡하지 않았다. 음악은 변화와 영향력을 가진 힘이며 인간의 삶에 기폭제 역할을 한다는 것이 시간이 오래 지난 지금까지도 변하지 않은 내 핵심 신념이다. 역사를 통틀어 음악이 개개인의 삶을 향상시키고 변화시킨 방법과, 특히 지금까지 주목받지 못한 많은 사람에 대해 호기심이 일었다. 왕과 귀족, 교황과 성직자를 내 관심에서 제외하지는 않았지만, 농민과 평민, 노예와 보헤미안, 이단아와 방랑자에게 더 관심이 있는 게 사실이다. 그들의 음악은 어땠을까? 어떤 영향을 미쳤을까?

이런 궁금증에 대한 답을 찾기 위해, 나는 학문적인 음악사의 영역 밖에 있는 모든 자료를 살펴봐야 했다. 연구를 시작하고 처음 10년 동안은 온갖 영역을 넘나드느라 매우 고생했다. 간단한 의문에 답을 구하는 데도 민속 문화, 신화, 고전, 철학, 신학, 성서 해석, 사회사, 인류학, 고고학, 사회학, 심리학, 신경과학, 이집트학, 중국학, 아시리아학, 중세학, 기행 문학 등 다양한 분야와 주제뿐 아니라 음악사와 음악학 연구자들이 남긴 엄청난 양의 문헌을 깊이 연구해야 했다. 그 결과로 나온 것이, 연구를 시작한 지 무려 15년 이상이 지난 2006년에 출간한 두 권의 책 《노동요Work Songs》와 《치유의 노래Healing Songs》다. 일상에서의 음악을 다룬 3부작의 마지막 책 《사랑노래Love Songs》를 완성한 것은 그로부터 또 10년이 지난 뒤였다.

이 무렵 나는 25년간의 연구 끝에 밝혀낸 놀라운 발견을 아우르는 일반적인 음악 역사에 관해 써야겠다고 생각했다. 나의 길고도 기묘한 여정 중에 알게 된 충격적이거나 뜻밖이었던 일들을 일일이 나열할 생각은 없다. 간단하게 말해 음악을 창조, 파괴, 변화의 원천으로 인정하는 것이 내 목표다. 음악은 예술성의 원천 그 자체지만, 사회적 힘이자 권력의 통로, 심지어 마이크로칩과 우주선이 필요한 사회를 위한 하나의 기술이기도 하다. 나는 유력 인사, 종교기관, 사회 엘리트의 영역 밖에서 살아남은 소외된 음악의 영역을 조명하고, 음악이 어떻게 작은 공동체, 가족, 개인의 일상을 풍요롭게 하는지 탐구하려고 한다. 무엇보다도, 음악이 어떻게 기존의 계층 구조와 규칙을 무너뜨리고, 구태의연한 관습을 뒤집고, 새롭고 과감한 관습을 세울 수 있는지 보여주고 싶다.

음악은 단순히 삶의 배경이 되는 사운드트랙이 아니라, 계속해서 전면에 등장해 사회적·문화적 흐름에 저항하고 변화를 일으키고 있다. 마법 같은 일이다. 아니, 어쩌면 음악은 정말 마법일지도 모른다.

모두 우리가 사는 시대뿐 아니라 과거에도 반복되어온 일이며, 앞으로도 반복될 일이다. 이 책은 그것에 관한 이야기다.

화음을 만들기 위해서는

불협화음을 먼저 연구해야 한다.

- 플루타르코스*Plutarchos*

나는 혼돈을 인정한다.

혼돈도 나를 인정하는지는 모르겠다.

- 밥 딜런*Bob Dylan*

차례

결과다. 전통적인 사냥 사회의 하프만 관찰해 보더라도, 그 생김새에서 무기와의 연관성이 드러난다. 윤리학자 에릭 채리Eric Charry는 "누군가가 활을 가져다가 곧게 편 후 몇 개의 줄을 더 추가한 것 같다"고 썼다. 사냥에서 동물을 죽이는 데 쓴 막대기와 돌도 타악기의 원천이 될 수 있다. 모든 곳에서 유혈사태와 음악의 밀접한 관계를 볼 수 있다.[1]

프랑스 작가 파스칼 키냐르Pascal Quignard는 그의 도발적인 저서 《음악 혐오The Hatred of Music》에서 "《일리아드Iliad》에 나오는 '키타라kithara'는 키타라cithara(현재 기타의 전신인 리라lyre)가 아니라 활이었다"고 말한다. 즉, 아폴로Apollo가 활을 들고 나오면, 음악 공연을 즐기게 될 수도 죽임을 당할 수도 있었다. 같은 이유로 호머Homer는 《오디세이Odyssey》의 결말에서 구혼자들을 죽이기 위해 활을 당기는 오디세우스Odysseus를 악기를 조율하는 음악가에 비유한다. 현대의 리스너들에게는 음악 공연과 살인이라는 이 두 영역에 공통점이 없어 보이지만, 우리 조상들에게는 이들은 종종 겹치는 영역이었다.[2]

활을 당기는 순간은 모호하다. 다음 단계에 사용할 수 있는 잠재적 에너지가 저장되는데, 이 에너지는 과연 아름다움을 위해 사용될 것인가, 아니면 학살에 사용될 것인가? 나는 호머가 《오디세이》에서 무자비하게 구혼자들을 죽이는 것을 묘사했던 가장 극적인 장면에 주목했다. 전혀 피해를 보지 않고 그 자리를 떠날 수 있는 사람은 단 한 명, 바로 희생자들을 위해 노래를 불렀던 음악가였다. 호머는 아마도 그 대학살에서 살아남은, 노래하는 음악가에게 자신의 모습을 투영한 것 같다.

인류 역사의 어느 시점에서, 대량 살상 무기는 대중오락의 주요 수단이 되었다. 기원전 5세기 그리스 미술에서 여성들이 남성 대신 현악기의 주요 연주자 자리를 차지한 것을 보면, 이러한 전환의 대략적인 시기를 짐작할 수 있다. 아프리카, 남미, 오세아니아에서 이렇게 사냥용 활과 음악용 활의 경계가 무너지는 것을 볼 수 있다. 결국 악기는 음악에 도움이 되는 방식으로 진화했고 무기로서의 가치는 사라지게 되었다. 《이사야 서The Book of Isaiah》에는 평화로운 시대에 대한 묘사가 자주 나온다. 칼이 쟁기로, 창은 가지치기용 낫으로 변했다. 사냥용 활이 연주용 기타가 된 시적 변화도 빼놓을 수 없다.

그러나 무기와 음악 연주의 연관성이 완전히 사라지지는 않았다. 중세 독일에서 민스트럴minstrel('음유 시인'—옮긴이)의 생존 필요 항목에 특이한 기술(작은 사과를 던져서 칼끝으로 받아내기, 새소리 흉내 내기, 카드 마술, 후프 뛰어넘기 등)과 '검술 능력'이 포함되었다. 오늘날에도 누군가 악기로 폭행을 당했다는 뉴스를 이상하리만큼 자주 접한다. 내가 가장 좋아하는 것은 블루스 뮤지션 존 리 후커John Lee Hooker 이야기다. 그의 오랜 연인인 모드 마티스Maude Mathis는 디트로이트에서 톨레도까지 운전해 와서 자신의 바람둥이 애인과 무대 위에서 싸움을 벌였다. 마티스는 후커에게서 기타를 빼앗아 후커의 머리를 세게 내리쳤다. 후커는 나중에 자신이 그때 몸체가 단단한 레스 폴Les Paul(전기 기타 브랜드—옮긴이)이 아니라 속이 빈 어쿠스틱 기타를 연주하고 있던 게 얼마나 다행인지 모른다고 말했다. 고대에서와 마찬가지로 현대에도 악기 선택에 따라 생사가 바뀔 수 있다.[3]

가장 존경받는 음악 기관인 교향악단조차도 사냥 DNA를 물려

받아 지니고 있다. 오케스트라의 다양한 악기는 이러한 원시적 기원으로 거슬러 올라간다. 가장 초기의 악기들은 동물(뿔, 가죽, 내장, 뼈)이나 동물을 제압하는 데 사용된 무기(막대기, 활)로 만들어졌다. 이런 역사를 음악에서, 특히 세계 최고 오케스트라의 주요 레퍼토리로 지금까지 연주되는 기념비적인 교향곡들의 위협적인 공격성과 위풍당당한 에너지를 통해 보게 되는 것도 이상하지 않다. 베토벤, 브람스Brahms, 말러Mahler, 브루크너Bruckner, 베를리오즈Berlioz, 차이콥스키Tchaikovsky, 쇼스타코비치Shostakovich 같은 작곡가들의 음악을 들으면, 소리를 지배의 근원이자 상징으로, 포식자로서의 힘을 행사하려는 의지의 표현으로 사용하며 사냥하는 남자의 이미지를 떠올릴 수 있다(물론 쇼스타코비치의 음악은 그가 사냥의 전통을 이어가는 것인지, 사냥을 조롱하는 것인지 구분하기 어렵긴 하다).

서양의 클래식 레퍼토리에서 사냥 테마를 구체적으로 사용하는 것에 대해서만 말하는 것은 아니지만, 이런 주제들이 말러의 교향곡 1번이나 브루크너의 교향곡 4번, 하이든의 곡들과 모차르트의 여러 관현악 작품 등에서 얼마나 자주 전면에 드러나는지는 생각해 볼 필요가 있다. 브람스는 어린 시절 밸브valve 없는 사냥 호른hunting horn의 연주법을 아버지로부터 배웠고, 그 소리를 매우 좋아해서 사냥 호른을 위한 곡까지 만들었다. 그러나 이런 모티프motif보다 더 놀라운 것은 곳곳에 깊이 스며들어 있는 과시적인 부족주의가 이런 작품을 발전시키는 데 큰 역할을 한 듯 보인다는 점이다. 사냥감을 찾던 조상들의 음악적 삶과도 엮인 오랜 유서 덕분에, 교향곡이 지배적이던 시기에 민족주의적 욕망을 펼치는 일이 더 쉬웠던 게 아

닐까 하는 생각을 할 때가 있다. 결국 교향곡은 모든 낭만주의 예술
형식 중에서 가장 민족주의적인 것이 아닐까? 그림, 시, 소설은 부
족적 열망과 일치될 수 있을까?

악기만 놓고 생각한다면, 오케스트라는 원시적인 저녁 식탁의
흔적이나 도살의 잔여물이라고 결론지을 수도 있다. 채식주의자 공
동체에 등장한 것은 리드 악기reed instrument(얇은 나무 등의 조각을 악기 주
둥이에 끼워 진동으로 소리를 내는 악기-옮긴이)뿐이었을지도 모른다. 뿔,
뼈, 내장, 가죽 등 대부분의 다른 악기는 우리의 노래 역시 육식의
결과라는 것을 상기시켜준다. 이것이 교향악 콘서트를 즐기는 고상
한 어느 밤 뒤에 숨겨진 피비린내 나는 역사다.

오늘날에도 클래식 음악은 국가뿐 아니라 더 좁은 영역에서도
영토 주장의 도구로 명성을 떨치고 있다. 1985년 세븐일레븐7-Eleven
의 매니저가 주차장에서 어슬렁거리는 부랑자와 걸인을 해산시키
는 데 모차르트와 베토벤 음악이 효과적이라는 것을 발견한 후, 약
150개의 프랜차이즈가 확성기로 클래식 음악을 틀기 시작했다. 오
늘날 이 관행은 널리 퍼져 있다. 사법 기관, 교통 당국, 사업주들은
범죄 조직에서 노숙자에 이르기까지 공공장소에서 원치 않는 무리
를 몰아내기 위해 이 방법을 사용한다. 웨스트팜비치(미국 플로리다주
의 도시-옮긴이) 경찰이 마약상들이 들끓는 동네에서 이 방법을 실험
했을 때, 데나 킴벌린Dena Kimberlin 형사는 "밤 10시가 되었는데도 길
거리에서 마약상 그림자조차 찾아볼 수 없어 놀랐어요"라고 말했
다. "거리에 있는 사람들과 이야기를 해봤더니 '우리는 그런 음악을
싫어해요'라고 하더군요." 곧 그들은 비슷한 프로그램을 어떻게 실

행할 것인지, 어떤 클래식 음악이 가장 효과적인지에 대해 다른 경찰서로부터 문의를 받았다. 특이한 예도 있다. 테슬라Tesla의 CEO 일론 머스크Elon Musk는 2019년 초 강도가 자동차에 침입하려 할 때 바흐의 「토카타와 푸가 D단조Toccata and Fugue in D minor」를 큰 소리로 재생하는 자동차 보안 시스템을 테스트했다고 발표했다. 다양한 사례 연구를 통해 바흐, 모차르트, 베토벤이 영토 지배를 확고히 하는 데 특별한 효과를 나타낸다는 사실을 확인할 수 있다. 범죄학의 세계에서는 전위음악도 한몫한다. 특히 2018년 베를린 기차역에서 현대 무조atonal 음악(장조나 단조의 틀을 벗어난 음악-옮긴이)으로 마약상들을 추방했던 실험은 인상적이다. 음악계는 이러한 방법에 항의하기도 하지만(베를린 프로그램은 문화를 무기화한다는 예술 단체의 비판에 취소되었다), 효과가 없다고 주장하는 사람은 거의 없다.[4]

음악학자들은 음악과 전쟁의 연관성 또는 관현악 공연의 부족적 요소에 대해 그다지 깊이 생각하지 않는다. 물론 그들도 군사 집단 대부분에 악단이 있다는 것을 알 텐데, 실제로 그 규모를 확인하면 매우 놀랄 것이다. 미국은 130개의 군악대를 지원하고 있는데, 국가 예술 기금National Endowment for the Arts보다 3배나 많은 돈을 군악에 쓰고 있다. 예술 공연에 대한 정부 예산에서 군악이 단일 분야 최대 지원을 받는 것이다. 단순한 관행이라고 생각할 수도 있고, 예산 낭비의 대표적인 예로 볼 수도 있다. 그러나 앞으로 계속 살펴보겠지만, 음악은 사냥, 전쟁, 노동 파업, 정치 시위 혹은 단순한 운동 경기에 이르기까지 공격적인 부족 행동과 항상 밀접한 관계를 맺고 있다. (군대를 제외하고 라이브 밴드 음악에 대한 대규모 제도적 투자가 이루어지는 분야가 스포츠 행사인 것은 우연이 아니다.)

그리고 여기서 가장 이상한 점은, 음악이 부족에 대한 충성을 표현하지 않더라도 팬들이 그 행위를 대신한다는 것이다. 헤비메탈, 컨트리, 힙합, 펑크, 그 외 다른 장르의 팬들이 가장 열렬한 연대감과 충성심을 바탕으로 그들의 음악적 취향을 어떻게 집단 정체성의 원천으로 사용하는지를 보면 알 수 있다. 다른 문화 분야에서는 일어나지 않는 일이다. 음악 공연을 보러 가는 사람들만큼의 열정을 보이는 추리 소설 팬, 십자말풀이 팬을 본 적은 없을 것이다. 음악 자체가 부족적 충성을 위한 충분한 대의명분이 된다.

여기에는 그럴 만한 이유가 있다. 1장에서 봤듯이, 음악을 연주하거나 들을 때, 우리 몸에서는 옥시토신 호르몬이 분비되는데, 이는 주변 사람들을 더 신뢰하게 만든다. 그래서 사랑하는 사람과의 로맨틱한 저녁에 음악이 중요한 역할을 하는 경우가 많다. 노래는 실제로 커플의 유대관계를 돈독하게 하기도 한다. 심지어 음악 공연 중에는 우리의 신체 리듬도 주변의 리듬에 동기화된다. 뇌파는 호흡, 맥박과 함께 음악의 리듬에 맞춰 조정된다. 연구자들은 "가수들의 심장은 동시에 가속하고 감속한다"는 사실을 발견했다. 오래되고 진부한 표현처럼, 우리의 심장은 말 그대로 하나로 뛰고 있을지도 모른다. 물론 여기에 다른 진화적 요인도 작용할 것이다. 우리 DNA에는 새나 다른 생물들처럼 영역을 보호하는 도구로 노래를 사용하는 경향이 새겨져 있고, 음악은 집단의 다른 사람들이 힘든 일(전투, 농사, 그 외 단체 생활에 필수적인 일들)을 하는 동안 일부는 그 일에 동참하지 않으려 하는 소위 '무임승차자 문제free-rider problem'를 해결하는 역할을 할 수도 있다. 노래는 몸과 정신을 동기화시켜 집단이 당면한 과제에 개인을 참여시킨다. 그런데 음악이 그룹 형성과 결속의 도구, 즉 일반화하는 도구 역할을 하는 데는 실용적 이유가 있다. 미국 최초의 노동조합이 노동자들을 모아 노래를 부르도록 했을 때, 이 전략은 음악 감상이나 오락과는 거의 관련이 없었다. 오히려 당시 노동자 계급에 영어가 모국어가 아닌 이민자들이 포함되어 있다는 사실에 기인했다. 많은 노동자가 교육 수준이 낮았고 심지어 영어도 서툴렀다. 이런 이유로 연설이나 팸플릿은 그들에게 영향을 미치기 어려웠다. 하지만 노래는 감정을 자극하고 더 큰 대의에 대한 충성을 불러일으킬 수 있었다.[5]

충성심과 유대감을 불러일으키는 노래도 있다. 바로 국가國歌다. 어떤 면에서는 모든 노래가 우리를 더 큰 부족과 결속시키는 국가일 것이다. 비록 그 부족이 록 콘서트의 다른 관객이나 디스코텍의 댄스 파트너에 지나지 않더라도 말이다.

이러한 각 요소는 초기 사냥 사회의 음악 생활에서 중요한 역할을 했는데, 또 다른 요소도 이러한 설정에 관여했다. 오늘날엔 대부분 잊었거나 언급하기에 부끄럽다고 여겨질 수도 있는 것, 바로 음악에 일종의 마력이 있다는 전통 사회의 강력하고 끈질긴 믿음(이를 미신이라고 부르는 사람들도 있다)이다. 최초의 악기를 연주한 사람들은 자신들이 음악의 소재가 된 자연의 힘, 생물의 힘과 늘 연결되어 있음을 알고 있었다. 동물들은 여전히 북과 뿔과 피리 속에 살아 있었다.

오늘날 많은 (아마도 대부분의) 리스너는 음악과 음악의 유기적 기원 사이의 연관성을 거의 파악하지 못한다. 나는 종종 학생들에게 음반으로 듣는 소리가 무엇인지 맞혀보라는 질문을 해 그들을 당황스럽게 하곤 한다. 색소폰일까? 트럼펫? 신시사이저? 아니면 샘플? 학생들은 대답을 못한 채 그저 모르겠다는 표정을 짓는다. 우리 대부분은 이런 식으로 노래를 들을 수 있는 능력을 잃어버렸다. 음악은 순수한 소리로만 존재하는 것처럼 소비되고, 물리적 영역과 세상에서 분리된 추상 예술로 취급되고 있다. 인간이 직접 하던 연주는 압축 데이터로 만든 트랙과 파일로 진화했다. 그러나 디지털 시대에도 청력 훈련에서 예민한 청력을 기르는 것은 교육 이상의 의미가 있다. 이런 훈련은 음악의 내면으로 깊이 들어갈 수 있는 문을 열어준다. 각각의 악기를 식별할 수 없다면, 그것들이 한때 사람들에게 미쳤던 자연의 힘을 어떻게 이해할 수 있겠는가? 또한 (더 달성하기 어려운 목표인) 그 힘을 어떻게 우리 자신을 위해 사용할 수 있겠는가?

그런 힘을 되찾을 수 있을까? 록 밴드 그레이트풀 데드Grateful Dead의 드러머 미키 하트Mickey Hart는 여름 캠프에 참가한 학생들에게 드럼의 숨겨진 힘을 이해시키기 위해 파격적인 방법을 썼다. 학생들에게 각자 악기를 만들게 시켰는데, 그 과정이 누구도 예상하지 못했을 만한 불안과 어려움으로 가득 차 있었다. 드럼은 어떻게 만들어야 할까? 일단 거세한 황소 가죽을 구해야 한다. 하트는 "설명은 간단하지만, 현실은 피가 뚝뚝 떨어지고 커다란 지방 덩어리가 여전히 달라붙어 있는 27킬로그램짜리 황소 가죽이었죠"라고 말했다. 디지털 음악의 세계에서, 이것이 궁극적인 아날로그 진리다. 학생들은 이를 결코 잊지 못할 것이다. 피리는 안정감을 주고 드럼은 활기를 띠게 할 수 있지만, 피와 내장은 그 악기들의 기원에서 빼놓을 수 없으며, 어쩌면 악기의 효력과도 떼어놓을 수 없다.[6]

'악기instrument'라는 단어 자체가 이 물건이 소리만 내는 장치가 아니라 적응과 생존을 위한 도구임을 의미한다('instrument'는 악기, 기구, 도구를 모두 뜻하는 단어다—옮긴이). 초기 인류 사회에서 음악은 주변 서식지의 영향을 받았을 뿐 아니라 이를 길들이고 변형시키는 역할도 했다. 노래와 악기는 모두 힘과 권위의 원천이었으며, 생존을 위한 전투에서 균형을 맞추기 위한 수단이었다. 우리 조상들에게 음악은 쾌락과 기쁨의 원천이자, 동시에 자연을 정복하는 지배의 한 형태이기도 했다.

이 생존을 위한 소리 도구가 인간 문화의 발판으로서 음악의 출발점인 예술성과 표현의 공명을 처음으로 일으킨 시점을 확인할 수 있을까? 문화사학자 아널드 하우저Arnold Hauser가 프랑스 남부의 구석기 동굴 벽화로 시각 예술의 사회사에 대한 권위 있고 방대한 연구를 시작했다는 사실은 중요하다. 라스코 동굴에 사실적으로 그려진 동물 이미지(이 동굴에 묘사된 동물이 거의 천 마리다)가 사람들을 놀라게 했는데, 이상하게도 음악의 기원에 대한 탐구는 우리를 음악의 초기 역사와 그림 사이의 흥미로운 연관성을 발견할 수 있는 이런 현장으로 안내한다.

1980년대의 연구자들은 이러한 선사시대의 모습(그림)이 동굴에서 공명이 가장 큰 위치에 있다는 것을 알고 깜짝 놀랐다. 중세후기 유럽 교회의 음향학 전문가인 이고르 레즈니코프Iegor Reznikoff

는 주변 환경의 청각적 특성을 측정하기 위해 밀폐된 공간에 들어갈 때 늘 콧노래를 불렀는데, 1983년 프랑스 르 포르텔Le Portel의 동굴을 방문했을 때, 동물 그림 근처로 다가가자 소리가 확연히 선명해지고 더 크게 들리는 것을 발견하고 놀랐다. 이 지역의 다른 열 개 동굴에서의 후속 연구는 그의 가설을 확인시켜 주었다. 적어도 부분적으로는 음향적 고려를 바탕으로 그림의 위치가 결정되었으리라는 것이다. 그와 다른 연구자들은 계속해서 이 상관관계를 확인했다. 아리에주에 있는 니오 동굴, 부르고뉴의 아르시 쉬르 퀴르 동굴, 그 밖의 다른 곳에서도 소리와 시각적 이미지 사이의 연관성이 발견되었고, 마침내 기록으로 정리되었다. 동굴에서 가장 음향이 좋은 부분이 벽화를 그릴 때 선호되었을 뿐만 아니라, 칠해진 그림의 밀도는 공명 수준에 직접적으로 비례했다. 기어가야 할 정도로 좁은 터널에서는 그림이 발견되지 않았으며, 원시 주민들이 그들 거처의 음향 지도를 만들고 있었음을 암시하는 붉은 자국은 정확하게 최대 공명 지점에 그려져 있었다. 또한 음향 특성상 특정 동물의 소리를 흉내 내기 쉬운 장소에서 해당 동물의 그림이 발견되기도 했다.[7]

당연한 결론을 내릴 수밖에 없다. 이 동굴들의 초기 거주자들은 구호를 외치거나 노래를 부르기 위해 그림 주위에 모여들었을 것이다. 스티븐 에레데Steven Errede는 이러한 상상 속의 구석기 공연을 "세계 최초의 '록' 콘서트"라고 불렀다. 사냥 사회의 음악에 대해 연구한 결과, 노래를 부르는 사람들은 묘사된 동물들에게서 초자연적인 힘을 얻기를 바랐고, 동물들의 토테미즘적 힘을 차지하여 먹이를 잡는 데 성공하기를 희망했음을 예상할 수 있다. 그런 신비로운 힘에 대한 믿음은 이상한 동물(반인반수)을 묘사한 일부 그림에서도 확인할 수 있다. 많은 동물이 부상당하거나 죽임을 당한 것으로 묘사된다는 점 또한 동굴 벽화와 그들이 존재할 때 만들어진 음악이 사냥꾼들에게 힘을 실어주는 역할을 했다는 가설을 확인시켜준다.[8]

소장한 음반이나 재생 목록에 동물에 관한 노래가 몇 곡이나 있는가? 하나도 없는가? 여러분은 아마도 동물 음악 '장르'라는 개념이 이상하다고 생각할 것이다. 동물 이야기는 어떤가? 최근에 동물을 주인공으로 한 소설을 읽어본 적이 있는가? 아마 없다고 대답하겠지만, 어린아이에게 묻는다면 전혀 다른 대답이 나올 것이다. 인간과 동물의 형상을 섞은 이상한 동굴 그림이나 그런 동물을 묘사하는 노래를 이해하기 어려울 수도 있겠지만, 아이들이라면 그 중요성을 바로 알 것이다.

유명한 동화, 자장가, 동요의 경우 '동물 장르'가 가장 인기다. 사실 이러한 노래와 자장가는 종종 문화 역사상 가장 알쏭달쏭한 인물, 마더 구스Mother Goose(영어권 전래 동요의 가상 작가·등장인물—옮긴이)라고 불리는 미지의 여성 때문이다. 학자들은 동굴 벽화에 묘사된 생명체들처럼 동물과 인간의 특성이 섞인 듯한 이 인물의 기원을 오늘날에도 완전히 밝혀내지 못하고 있다. 이 책의 후반부에서, 나는 동화의 원초적 근원을 살펴보고 그것이 음악의 초기 역사에 대해 우리에게 무엇을 말해줄 수 있는지 탐구할 것이다. 하지만 민속학자가 아니더라도 오늘날 우리가 아이들에게 들려주는 노래와 이야기가 선사시대 샤먼과 수렵 채집자들의 의식에서 비롯되었다는 것

쯤은 알 수 있다.

샤먼은 동물과 대화할 수 있었다. 오늘날엔 동물의 언어로 의사소통하는 사람들을 찾고 싶다면, 동화를 들여다봐야 한다. 닥터 수스Dr. Seuss, 루이스 캐럴Lewis Carroll, A. A. 밀른A. A. Milne, 베아트릭스 포터Beatrix Potter, C. S. 루이스C. S. Lewis 등 인기 저자일수록 다른 종의 이야기를 더 많이 다뤘다. 사춘기 이전 아동들 사이에서 가장 인기 있는 만화영화가 무엇인지, 그중 말하는 동물이 나오는 영화가 몇 편이나 되는지 세어보라. 노래도 셀 수 없이 많다. 「거미가 줄을 타고 올라갑니다Itsy Bitsy Spider」, 「검은 양Baa Baa Black Sheep」, 「그래 그래서Old McDonald's Farm」, 「메리의 아기 양Mary Had a Little Lamb」(우리나라에는 '떴다 떴다 비행기'로 시작하는 번안곡인 「비행기」로 잘 알려진 동요—옮긴이) 등의 동요는 모두 동물 이야기다. 비록 이 사회는 동의하지 않겠지만, 우리는 모두 샤먼으로 태어났다고 결론 내릴 수도 있다. 그러나 성장 과정에서 무엇인가가 사라진다. 작가 어슐러 K. 르 귄Ursula K. Le Guin은 "인간은 자신과 물건만이 존재하는 세상을 만들었다. 하지만 이렇게 살도록 타고나지는 않았다. 그래서 이런 세상에서 사는 방법을 아이들에게 가르쳐야 한다"고 말했다. 노래와 이야기는 경험을 넓혀가는 방법이다. "아이들은 빈곤과 차별에 대해 알아야 하며, 셀 수 없이 많은 인간과 함께 콘크리트 위에 살면서, 가끔 철창살 너머로만 동물을 볼 수밖에 없다는 사실을 알아야 한다."[9]

그러나 음악의 기원을 파악하려면 복음주의자들이 말하듯 생각을 바꾸어 어린이와 같이 되어야 한다(순수한 아이와 같은 마음을 지녀야 한다는 마태복음 18장 3절을 인용한 것—옮긴이). 철학자 미르체아 엘리아데Mircea Eliade는 원시인과 동물 사이의 관계는 "본질적으로 영적이며 현대의 탈신성화된 정신은 상상하기 어려울 만큼 신비로운 강렬함"이라고 했다. 라스코 동굴에 온전하게 남은 동물 그림 100여 점 가운데 인간의 모습이 담긴 것은 한 점뿐이며, 그마저도 새의 머리를 가진 사람이다. 또 다른 유명한 동굴 벽화 유적 '레 트루아 프레르'에는, 머리에는 뿔, 뒤로는 꼬리가 달린 한 남자가 트랜스 상태에 빠진 듯한 모습으로 뛰어드는 그림이 있다. 엘리아데는 "자신이 동물로 변할 수 있다고 말하는 샤먼을 오늘날에도 볼 수 있다. 우리는 이런 마법 같은 변신이 황홀경을 말할 때 자주 묘사되듯 '자신과 분리되는' 결과를 낳았다고 믿을 만한 이유가 있다"고 말했다.[10]

황홀한 경험을 발견하는 곳에서 우리는 음악을 발견한다. 세계 각지에서, 역사의 모든 단계(그리고 선사시대)에서, 이 둘은 시너지 효과를 낸다. 음악이 황홀감을 고조시키고, 황홀감이 음악을 만든다. 초월적 경험을 의심하는 사람들은 소리와 정신 사이에 인과관계가 없음을 입증하기 위해 노력해왔으며, 냉철한 경험주의로 보면 샤먼과 선각자가 존재할 여지는 없다고 주장한다. 민족음악학자 길버트 루제Gilbert Rouget는 오류는 있으나 영향력 있는 그의 저서《음악과 트랜스Music and Trance》에서 "음악에는 종종 흘린 상태possession를 만드는 신비한 힘이 있는 것으로 여겨져 왔다"고 설명한 후 "하지만 이는 전혀 사실이 아니다"라고 덧붙인다. 루제는 이를 연기나 신경 발작으로 보며, (그가 "아예 개념이라고도 볼 수 없다"고 조롱하는) "의식의 변화된 상태"로 가는 음악적 통로는 분명 아니라고 말한다.[11]

이것이 사실일까? 이런 상태는 가짜일까? 경험적 증거를 바탕으로 음악의 변혁적 힘을 무시하려는 사람들에게 가장 큰 장애물은, 정확히 그와 반대의 결과를 보여주는 우리의 현실적 사고에서 나온 많은 경험적 증거들이다. 연구원인 앤드루 네허Andrew Neher는 1961년 〈뇌파임상신경학회지Electroencephalography and Clinical Neurophysiology〉(이전까지는 음악 학자들이 읽을 필요가 없던 저널이다)에 발표한 리듬과 뇌파에 관한 논문으로 음악 이론의 규칙을 바꾸었다. 음악학자들도 의학 저널을 주의 깊게 읽어야 할 이유가 생겼고, 의학 저널은 음악 제작에 놀라운 학습 자료가 되었다. 네허는 논문 〈일반 피험자의 두피 전극에서 관찰된 청각적 운동Auditory Driving Observed with Scalp Electrodes in Normal Subjects〉에 반복적인 리듬에 노출된 시험 대상자의 뇌 활동을 연구한 결과를 발표했다. 그는 이듬해 〈북을 사용하는 의식에서의 비정상적인 행동에 대한 생리학적 설명A Physiological Explanation of Unusual Behavior in Ceremonies Involving Drums〉이라는 제목의 논문을 발표하며 자신의 연구 결과를 민족음악학에 적용하려는 과감한 시도를 이어갔다. 최근 과학자들에 의해 쓰인 음악 분야 베스트셀러가 얼마나 많아졌는지 보라(몇 권은 이미 인용했지만, 그 외 다른 책도 많다). 트랜스 회의론자인 루제가 네허와 언쟁을 벌였을 때, 루제는 네허가 그 분야를 연구하는 유일한 저자라고 주장했고(과감한 주장이었지만 사실은 아니었다), "안타깝게도 그의 연구에는 모든 과학적 가치가 결여되어 있다"고 말했다. 그러나 루제의 후손들은 그의 주장을 반박할 연구 자료들을 가지고 있다. 음악과 트랜스의 연관성을 부정하는 회의론자들은 논쟁에서 간단하게 패배했다. 샤먼이 없음을 증명하려 했지만, 그들 자신이 틀렸음을 입증한 것이다.[12]

사실 고대인들조차 반복적 리듬과 변화된 의식 상태의 관계를 알아내려는 과학적 연구를 했다. 2천 년 전 프톨레마이오스Ptolemaeos는 광원light source 앞에 회전하는 살바퀴를 놓고 관찰한 결과, 반복되는 시각적 패턴이 관찰자에게 행복감을 준다는 사실을 발견했다. 자극은 시각적인 것이었지만 행복감의 원인은 분명 리듬이었다. 동물의 세계에서도 같은 연관성이 관찰되었다. 예를 들어 침팬지는 폭포에서 반사되는 햇빛을 보기 위해 일부러 먼 거리를 이동하는 것으로 알려져 있다. 오늘날 신경과학자들은 이러한 현상을 외부 자극의 반복적 패턴과 주파수를 맞추려는 뇌파의 경향을 기술적으로 일컫는 용어, 즉 엔터테인먼트entertainment라고 부른다. 네허는 반복적인 소리 패턴이 실험 대상자의 뇌에서 유사한 반응을 일으킨다는 것을 발견했다. 간단히 말해, 인체는 음악적이든 시각적이든 세계의 리듬에 맞춰져 있다. 이러한 관점에서 볼 때 샤먼의 북과 신비론자의 주문은 현실적인 기술이며, 일부에게는 원시적으로 보일지라도 입증 가능한 결과를 산출하는 실제 도구다.

네허 시대 이후로, 우리는 음악적 자극과 생물학적 반응 사이의 인과관계에 대해 훨씬 더 많이 배웠다. 철학자 탐 헌트Tam Hunt와 심리학자 조너선 스쿨러Jonathan Schooler가 공식화한 새로운 의식 이론은, 리듬을 마음과 물질 사이 필수적인 연결 고리로 규정하기까지 한다. 모든 대상과 물체가 진동하고 왕복하는 우주에서 우리의 자아감각과 현실에 대한 파악은 박자에 근거를 두고 있는지도 모른다. 그런데 음악은 우리의 뇌를 변화시킬 뿐만 아니라 우리의 신체 화학 물질도 변화시킨다. 예를 들어, 드럼 서클drum circle(둥그렇게 모여 앉아 타악기로 음악을 만드는 모임—옮긴이) 참가자들은 음악을 만든 지 겨우 한 시간 후부터 T세포(면역 반응에 관여하는 림프구—옮긴이) 수가 늘어나고 면역 체계가 강화되었다. 심지어 드러머들도 세계에서 가장 큰 드럼 브랜드인 레모Remo가 의학 부서를 만들었다는 사실에 놀란다. 악기 제조업체가 왜 의학 분야에 투자할까? 보통 이 주제에 관한 과학 문헌에 익숙하지 않은 드럼 연주 회의론자들은 이 부조화를 비웃는다. 그러나 전통적인 치료사의 드럼, 그리고 이미 상당 부분 리듬과 음파 특성에 의존하는 의사의 다양한 최신 도구 사이의 거리는 생각보다 그리 멀지 않다. 우리가 더 많이 알게 될수록, 노래는 다른 많은 예술 작품처럼 단순한 인간 사고의 산물이 아니라 외부의 힘과 진정으로 연결된 것으로 보인다. 요즘은 백내장을 고치고 신장 결석을 분해하며, 낭종과 종양을 찾아내고, 건염과 관절염 그리고 때로는 암을 치료하는 데 음파가 쓰인다. 우리는 여전히 치료에 '노래'를 사용한다. 현재는 다른 이름으로 부를 뿐이다. 수정체유화술Phacoemulsification(저주파수의 초음파를 이용한 백내장 치료—옮긴이)이나 쇄석술lithotripsy(결석 분쇄 치료—옮긴이)은 '치유의 노래'보다 그럴듯하게 들리지만, 이러한 의료 기술은 현재 성장하는 치료 음악 분야의 한 종류라고 해도 이상하지 않다. 2016년, 캘리포니아 대학교 로스앤젤레스캠퍼스의 과학자들은 심지어 커피잔 크기의 작은 '악기'에서 방출된 초음파 사용만으로 한 남자를 혼수상태에서 깨울 수 있었다. 이는 죽은 사람을 되살리기 위해 음악을 사용하는 고대 신화와 이상할 만큼 비슷하다.[13]

이 책의 주제는 생리학이 아닌 역사이므로 이 매혹적인 주제를 더 다루지는 않겠지만, 이에 대해 역사학자로서 말할 수 있는 독특하고도 중요한 점이 있다. '음악을 들을 때 뇌에서 무슨 일이 일어나는지'를 설명할 때 음악의 문화적 공명과 미학적 풍성함을 간과할 수는 없지만, 그렇더라도 초기 수렵 채집 사회에서 음악의 역할에 대한 연구로 돌아가는 이 시점에서 (경제적, 공동체적, 정신적, 예술적 영향력과 함께) 인간의 음악 제작에 기초가 된 생물학적 영향력은 인정해야 한다.

이 모든 요소는 '가장 단순한' 선사시대 노래에서도 찾아볼 수 있다. 동굴에 살던 우리 조상들을 정당하게 평가하자면, 거의 전적으로 오락과 기분 전환에 맞춰져 있는 지금의 노래가 오히려 그에 비해 하찮다. 동굴 벽화 앞에 모인 사냥꾼들의 노래는 아마도 노동가, 즉, 그들이 먹이를 쫓는 데 도움을 줄 마법의 힘을 부르는 노래였을 것이다. 또한 영적인 노래이기도 했다. 이들은 노래를 통해 현재와 영혼의 영역 사이에 다리를 놓으려고 했다. 노래나 구호는 지역사회 구성원들 사이의 정서적 유대감을 강화시켰을 것이다. 이런 노래는 일부 교육적 요소도 포함하고 있었을 것이다. 전통 사회에서 핵심 지식은 거의 항상 음악의 형태로 전달되었다. 그리고 마지막으로, 음악은 (황홀하다거나 활기찼다는 표현이 더 맞을 수도 있겠지만) 재미있기도 했다. 현대의 노래가 이 절반이라도 달성하고 있는가? 현재 가장 위대한 작곡가들이 그들의 선사시대 조상들을, 그들이 지역사회에 봉사하던 다양한 방식을 좇을 수 있을까?

나는 아직 청중audience이라는 단어를 사용하지 않았다. 선사시대에는 적어도 현대적 의미의 청중은 없었을 것이다. 물론 의식에는 언제나 참여자들이 있었다. 침묵하는 사람도 진행 과정의 일부이자 행사 구성의 일부로 존재한다. 이와는 대조적으로, 음악 공연에서 '청중'이라는 개념은 많은 전통 문화와 동떨어져 있다. 공연자와 관객을 근본적으로 분리하는 현대 오락의 계층구조는, 공동체의 음악적 삶에 모든 사람이 다 어느 정도 기여하도록 하던 전통과는 매우 다르다. 음악적인 것만큼이나 사회적인 구조를 띤 콜 앤드 리스폰스 형식이 전통 사회에서 흔한 것은 우연이 아니다. 이런 이유로, 음악은 전통 사회에서 춤과 자주 연결된다. 그래서 음악학자들이 이런 관계를 베토벤 교향곡의 악장을 연구하듯 평가하려는 시도는 종종 헛수고로 끝나기도 한다.

이러한 참여적 접근은 수렵 채집 문화에서 음악 제작을 규정했을 것이고, 우리는 그것의 미적 영향력이 역사적으로, 그리고 현대에도 잘 남아 있음을 알 수 있다. 서양에서 가장 오래된 콘서트홀은 그리스의 오데온odeon으로, '노래하다'라는 뜻의 고대 그리스어 αείδειν(아에이데인)에서 유래한 이름이다. 즉, 오데온은 강당이 아니라 말 그대로 '노래하는 장소'였고, 오늘날로 따지면 '듣는 장소'였다. 예를 들어 호머의 서사시 공개 공연에서처럼 공연자와 관객의 분명한 구분이 진행에 필수적이었던 상황에서도, 두 사람 사이의 구분은 우리가 현대의 콘서트에서 보는 것과는 매우 달랐다. 플라톤Platon의 대화편 《이온Ion》에는 음유시인 이온이 공연할 때 눈물을 흘렸고, 주위 사람들을 바라보며 눈물을 흘리는 모습도 볼 수 있었다고 기록되어 있다. 소크라테스Socrates는 시인에게 영감을 주는 뮤즈로 시작하는 사슬의 마지막 연결고리가 관객이라고 주장하며 이들의 해석에 따라 공연가는 단순히 중간자 역할을 할 뿐이라고 했다. 여러분은 오늘날 대중음악의 백만장자 메가 스타들을 그렇게 하찮게 묘사하는 전문가를 상상할 수 있는가?

'청중'은 이러한 의식에 참여했을 뿐만 아니라, 그 과정에서 권한을 부여받았을 것이다. 수렵 채집자들의 무속적 절차에 내재된 마법의 힘만을 말하는 것이 아니다. 이는 수렵을 준비하거나 노동력을 조직하거나 의식에 엄숙함을 불어넣는 일 등 권한을 가진 사람에게 소리로 부여되는 실제 힘과 그 노래로 주변 세상을 변화시키는, 좀 더 측정 가능하고 예상 가능한 힘이었다. 무수히 많은 다른 방법으로 음악 자체는 현대인이 상상하기 힘들 정도로 지배와 권위의 관계를 정의했다.

전자 장치 이전의 산업화 시대에, 초기 인간과 그들의 먹이는 큰 소리를 거의 접하지 못했다. 뇌우나 큰 폭포가 있을 때를 제외하고는 거의 예외 없이 청각 환경은 미묘하게 차별화되어, 오직 주의 깊은 리스너만 풍부한 소리를 들을 수 있었다. 원시 사냥꾼들은 대체로 평생 자신이 속한 집단의 노랫소리와 세기가 비슷한 어떤 소리도 자연에서 들을 기회가 없었다. 특히 앞에서 설명한 특별한 동굴의 '핫 스폿hot spot'과 같은 밀폐된 장소에서 생긴 공명하는 소리는 더욱 그러했다. 이 장소에 모여 노래를 부르거나 구호를 외친 최초의 인간들은 그 결과에 엄청난 힘을 느꼈을 것이다. 그리고 그들의 사냥감은 반향에 상응하는 두려움을 느꼈을 것이다.

지구의 세력 균형이 이 순간 바뀌었다. 동물들은 사냥꾼으로부터 도망쳤고 노래 부르는 인간 정착민들이 영토를 차지했다. 나는 인류학자 제임스 우드번James Woodburn이 케냐의 자연보호구역에 하드자Hadza 부족 사냥꾼을 데려온 이야기를 떠올리며, 야외에서 경험이 많았던 그가 평생 처음으로 야생동물을 가까이서 목격했을 때의 놀라움에 주목했다. 사냥꾼은 이런 종류의 생물이 인간의 접근에도 물러서지 않는 곳에 와본 적이 없었다. 그의 놀라움은 사냥꾼의 출현 소리에 맞춰 도망가도록 동물들이 적응해왔음을 증명했으며, 자연 상태에서는 음악적 공연, 특히 조직적 집단이나 특수한 음향 환경에 의해 증폭된 연주조차도 영토권을 주장하는 역할을 할 수 있음을 일깨워줬다. 오늘날은 소위 '등기증'이라고 불리는 종이 한 장이 재산에 대한 지배권을 증명해주지만, 오래전엔 노래처럼 단순한 것이 그 역할을 했을 수도 있다.[14]

　이러한 견해는 초기 인류가 사냥꾼과 채집가뿐만 아니라 죽은 동물을 찾아다니는 하이에나 같은 존재이기도 했다고 가정할 때 더욱 설득력이 있다. 하이에나는 다른 포식자들을 겁주어 쫓아내야 한다. 그런데 노래가 실제로 다른 동물들과 맞서지 않고 이것을 할 수 있게 해준다면 어떨까? 음악(더 크고 더 많은 목소리가 더 좋은 소리를 의미하기 때문에 이 경우에는 합창 음악)이 생존에 필요한 칼로리를 확보하는 데 창이나 돌보다 훨씬 더 강력한 도구라면 어떨까? 그런 노래들은 화려한 레스토랑의 배경 음악처럼 차분하거나 위안을 주는 것이 아니라 시끄럽고 위협적이며 다른 동물들의 식사를 방해하기 위해 고안되었다.

　이단아로 취급되는 음악학자 조지프 조르다니아Joseph Jordania는 우리 조상들이 '매우 느리고 형편없는 사냥꾼'이었다고 주장하기까지 했다. 그들이 사용할 수 있는 무기는 한정되었다. 돌, 창, 활과 화살로 과연 사자나 호랑이를 죽일 수 있었을까? 물론 초기 호모 사피엔스에게는 그다지 문제가 되지 않았는데, 원시 사냥꾼들은 그들의 집단적 목소리로 더 강력한 공포를 만들어냈기 때문이다. 조르다니아는 "그들은 먹이를 죽일 무기가 부족했지만, 아프리카의 가장 강한 포식자인 사자를 포함해 다른 모든 경쟁자를 겁주는 데는 뛰어났다"고 설명한다. 그들은 전통적인 무기로 사냥하기보다는 사자나 다른 큰 짐승이 사냥을 마칠 때까지 기다렸다가 저녁 콘서트를 시작했다. 모든 음식이 소비되기 전에 도살자가 떠나도록 요란한 소리를 만든 것이다.[15]

만약 조르다니아의 말이 맞다면 초기 인류 사회의 위대한 미스터리 중 하나, 우리 조상들이 진화를 거치며 왜 포식자로부터 숨는 것이 더 어려워졌는지를 설명하는 데 도움이 된다. 초기 인간은 몸집과 키가 더 크고, 더 시끄럽고, 더 눈에 띄게 변화해갔다. 웅크리고, 살금살금 움직이고, 야생에서 잡히기 어려운 생물들처럼 미끄러지기는커녕 두 다리로 일어섰다. 크립시스crypsis(동물의 숨기기 기술을 뜻하는 기술적 용어)는 불가능해졌다. 유일한 대안은 반대 접근법을 채택하는 것, 즉 가장 크게 노래를 부르는 것이었다. 인간이 사자의 힘에 필적할 수 없다면, 최소한 더 크게 소리쳐야 했다. 노래하거나 구호를 외치는 데 서로 협조하기만 한다면 해볼 만한 일이었다.

이것이 우리의 설화가 적에게 음악으로 맞선다는 이야기와 미신으로 가득 차 있는 이유일까? 이것이 묘지를 지날 때 휘파람을 불면 귀신을 쫓을 수 있다고 배우는 이유일까? 조르다니아는 자신에게 "위험한 곳을 헤쳐 나가야 할 때 두 가지 선택권이 있다"고 말한 그루지야 민속 가수를 떠올렸다. 곰과 늑대를 멀리하기 위해 가능한 한 침묵을 택할 수 있다. 반면 위험천만한 장소를 가로지르며 노래를 할 수도 있다. 마치 "나는 두렵지 않다! 가까이 오지 마!"라고 하듯이 말이다. 많은 문화권의 민간 이야기는 이런 관행을 높이 평가한다. 영웅은 지하세계나 다른 위험한 지역으로 여행하고, 마법의 노래를 통해 어둠의 힘을 극복한다.[16]

연구되고 기록될 만큼 오래 살아남은 원시 사냥 문화의 노래들은 한 가지를 분명히 한다. 이러한 집단에서 음악은 동물 왕국과 깊이 관련되어 있다. 사냥을 준비하거나, 사냥 후 축하 행사를 준비하거나, 유명한 사냥꾼을 칭송하거나, 먹이를 쫓으면서 의사소통을 하기 위해 지역사회는 특별한 노래와 의식에 의존한다. 그러나 이 노래들이 항상 적대적인 것은 아니다. 지금의 기준으로는 혼란스러울 수 있는 공생 과정을 통해, 사냥 사회는 그들이 죽인 생명체와의 긴밀한 동일성identification을 반복해서 드러낸다. 도살한 동물에게 용서를 구하는 속죄의 노래는 사냥 공동체의 기록으로 남아 있다. 더 높은 존재의 힘을 구하는 노래들도 발견되는데, 초기 사냥 사회와 식량원의 상호의존성을 고려할 때 이해할 수 있는 문제다. 순수하게 인간의 갈등에서 비롯된 우리의 단순한 '우리 대 그들'이라는 적대적 태도가 이들 초기 사회가 이해한 뉘앙스의 부재에서 온다는 것을 상기시켜준다. 사냥 공동체에서는 사냥꾼과 사냥의 역할을 의도적으로 흐리게 하는, 보다 신비로운 분위기와 기능적 고려사항이 공존했다.[17]

이러한 고려사항은 인간 음악 제작의 대안 역사에서 출발점이 되었다. 기원 당시, 노래는 기능적 가치와 마법적 특성을 모두 지니고 있었다. 노래는 지역사회를 하나로 모았고, 장기적인 생존을 도왔다. 또한 신성으로 가는 길을 만들며 저녁 식탁에 음식도 올려놓았다. 노래는 개인과 지역사회에 변혁을 가져왔고 마법으로 작용하기도 했다. 신화와 의미의 태피스트리를 촘촘하게 엮어 세대에서 세대로 전승될 수 있는 모범 사례를 만들었다. 현재의 음악은 오락 패러다임이 지배적이며, 초기 사회에서의 노래의 측면은 대부분 사라졌다. 그러나 이러한 힘은 여전히 우리 음악에 존재하며, 대부분 숨은 잠재력으로, 때로는 놀라운 방법으로 실현되기도 한다. 이후의 음악사를 추적하면서, 우리는 이러한 측면들을 의외의 순간과 장소에서 반복적으로 마주치게 될 것이다.

3

보편적 음악을
찾아서

Music: A Subversive History

In Search of a Universal Music

이 시점에서 우리는 까다로운 문제에 부딪힌다. 시작부터 우리의 역사를 무너뜨릴 위험이 있는 논쟁이다. 인간의 음악 제작을 규정하는 패턴과 연결고리를 밝혀내면서, 우리는 스스로의 존재마저 부정하는 강력한 도그마에 직면하게 된다. 우리가 포용성을 계획할 때조차도, 우리는 당면한 프로젝트의 바로 밑바탕에 도전하는 배타성의 오랜 전통, 벙커 심리bunker mentality(반복적인 공격을 겪으며 방어적·소극적으로 변한 심리 상태−옮긴이)를 다룰 필요가 있다. 이 난제는 융Jung 심리학이나 비교인류학, 신경과학 또는 다른 어떤 학문으로 바라보느냐에 따라 다른 이름으로 불린다. 나는 이것을 음악적 보편성의 문제problem of musical universals라고 부르고 싶다.

우리는 연구의 여러 단계에서 이 문제를 접하게 될 것이며, 이는 일반적으로 흔치 않고 설명할 수 없는 우연을 통해 나타나게 될 것이다. 한 지역에서의 음악적 전통과 의식은 지구 반대편의 관습과 놀랄 만큼 유사할 것이다. 예를 들어 사랑의 노래에 대한 연구에서, 기사도적 사랑이라는 주제가 프랑스에서 독일과 이탈리아로 퍼져 나간 것은 그리 놀랍지 않다. 그러나 12세기 말경 코카서스(프로방스에서 4,000킬로미터 떨어진 곳)의 쇼타 루스타벨리Shota Rustaveli가 작곡한 그루지야 서사시 「표범 가죽을 입은 기사The Knight in the Panther's Skin」에도 기사도적 사랑이 등장하는 것은 어떻게 설명해야 할까? 이 변칙에 직면했을 때 훌륭한 중세주의자 피터 드론케Peter Dronke는 혼란스러워하며 "서구의 영향은 아닐 것이다. 프로방스와 코카서스가 교류했다고는 상상조차 할 수 없다"고 말했다. 그는 어쩔 수 없이 "그루지야는 아무 도움 없이, 새로운 방식으로 프로방스를 보여주었다"고 결론지었다. 같은 맥락에서, 많은 프랑스 가사에 등장하는 연인 '트리스탄과 이졸데Tristan und Isolde'의 켈트 이야기는 왜 파크루딘 아사드 고르가니Fakhruddin As'ad Gorgani의 '비스와 라민Vis und Rāmin'에 관한 11세기 페르시아 서사시와 비슷해 보이는 걸까? 왜 거대한 육지와 바다로 분리된 목축 사회의 음악 문화에서 그러한 유사점이 뚜렷이 발견되는가? 왜 서로 고립된 문화에서 치유 음악, 자장가, 전쟁 노래 의식이 동시에 발생하는가?[1]

이런 유사점은 수렵 채집 사회의 음악적 관행에서 이미 눈에 띄기 때문에 우리는 앞으로 더 나아가기 전에 이 문제를 다루어야 한다. 시베리아의 샤머니즘적 음악 의식은 북미 원주민들의 관습에 반복적으로 반영되는데, 이를 통해 15,000년 전에 일어났을 실제 이주를 추적할 수 있다. 유전적 증거는 아메리카 원주민과 시베리아인 사이의 친족관계를 확인시켜 준다. 그러나 호주 원주민이나 남아프리카의 산San족 또는 다른 지역에 거주하는 사람들 사이에 발견되는 동일한 음악적 관습은 어떻게 설명할 것인가? 예를 들어, 산족 사냥꾼 중 약 40퍼센트는 트랜스를 경험했고, 이러한 변화된 정신 상태는 12,000킬로미터 떨어진 시베리아 주술사의 정신 상태와 비슷하며, 이들의 관련 음악 관행 역시 일치한다. 매혹적인 리듬, 의식적인 춤, 동물 영혼을 위한 기도는 정확히 같은 각본에서 나온 듯하다. 그리고 학자 A. P. 엘킨A. P. Elkin이 "높은 직위의 원주민Aboriginal men of high degree"이라고 부르는 호주 부족의 원로 샤먼들의 지혜, 음악적 관습, 성스러운 의식은 지구 반 바퀴를 돌아 아메리카 대륙에서 발견된 것과 묘하게 유사하다. 또한 서구 문명의 중심인 고대 그리스의 합리주의적 세계관에서 오르피즘Orphic 전통과 마주하게 되는데, 이는 명백히 샤머니즘 관습의 한 유형이다. 시베리아 샤먼이 플라톤과 아리스토텔레스의 조상들에게 그들의 가르침을 전했을까, 아니면 그 반대일까? 어떤 경로로 전달되었는지 혼란스럽지만, 단순한 우연이라는 견해에는 절대 동의할 수 없다.[2]

다른 수많은 예를 들 수 있지만, 어떤 경우든 도달하는 결론은 똑같다. 이동과 분산에 대한 이론은 무너지고, 우리는 해결 불가능해 보이는 수수께끼에 빠진다. 우리는 음악이 보편적 언어라고 자연스럽게 이야기하는데, 이 반복된 경구에 깊은 진실이 담겨 있다. 음악적 관습의 다양성을 연구하는 사람들은 우연의 문제라고 하기에는 너무 많은 공통점에 도달한다.

그 유사점들은 인간 생물학에 뿌리를 둔 것일까? 어쩌면 우리는 DNA에 프로그램되어 있는 방법으로 사랑 노래를 만들거나 특정 방법으로 자장가를 부르는 것일지도 모른다. 아니면 이러한 음악적 관습이 다윈의 진화 생존 방식을 따르고 있어서, 결과적으로 직접 접촉하지 않은 사회와 공동체의 선두에 서게 되는 것인지도 모른다. 아니면 심리적 원형의 존재, 즉 우리 모두가 무의식중에 공유하고 있는 보편적 원형이 있다는 융의 가설이 옳은 것일까? 아니라면 어떻게 이런 음악적 관습이 그렇게 먼 거리까지 퍼져나간 것일까? 이 가설은 어떻게, 언제, 왜에 대한 의문을 제기한다.

보통 우리는 이 문제를 해결하기 위해 민족음악학자들에게 의지했다. 이들은 인간 사회의 다양한 음악적 관습에 대한 연구에 인생을 바치는 학자들로, 노래 스타일과 유형의 공통점과 일치점을 연구하는 선도적인 조사자 역할을 할 의무가 있었다. 하지만 정반대였다. 이 분야의 선구적인 학자들은 음악 문화 간의 차이를 강조했으며, 융합을 추구하는 사람들을 의심하고 때로는 경멸했다. "내가 학생이었을 때, 나는 세상의 음악을 일반화하려는 시도는 그 일반화를 왜곡하는 사례에 의해 반박되어야 한다고 배웠다." 브루노 네틀Bruno Nettl은 학자들이 보편성에 대한 문제가 관심을 받을 만하다는 것을 인정하면서도, 21세기까지 '일시적으로 보편성을 무시'해왔다고 말한다. 연구원인 스티븐 브라운Steven Brown과 조지프 조르다니아는 최근 조사에서 "수십 년 동안 음악학 분야의 회의적 시각 때문에 음악 보편성의 중요성을 수용하지 못했다"고 결론지었다. 또한 음악의 보편성이 분명하게 언급되는 경우에도, 경험적 증거의 실제적 고려라기보다는 거의 항상 '보편성 개념에 대한 메타 비평'의 형태였다고 했다. 음악학자들은 이 주제를 지나치게 불편해하는

나머지 일부러 무시하려 애써온 듯하다.[3]

많은 민족음악학자는 모든 음악 전통의 고유성과 상대성을 강조함으로써 자기 분야의 존엄성을 높인다고 믿는다. 이것이 보편성을 거부하는 동기가 되었다. 이러한 태도는 개방성과 존중을 바탕으로 한 사고방식으로, 충분히 이해되고 인정받을 만하다. 하지만 이런 사고방식이 극단적으로 변하거나 융통성 없는 방법론에 갇히면, 이런 차이와 고유성의 원칙은 오히려 해가 된다. 서로 다른 집단의 차이가 너무 커서 좁힐 수 없는 거리가 상대방의 문화와 우리 문화를 갈라놓는다는 주장은 오늘날 많은 사람을 불안하게 하고, 이러한 세계관은 불쾌한 결정과 결과를 초래하기도 한다. 하지만 간단히 말하면, 이런 결함은 연구와 학문을 위한 것이기도 하다. 언어학에 대한 연구가 촘스키주의자Chomskian(언어학자 놈 촘스키Noam Chomsky의 이론을 지지하는 학자들—옮긴이), 구조주의자structuralist, 그리고 이후의 단계를 거치지 않았다고 상상해보자. 학자들이 여전히 과거의 사회적 상대성 모델 관점에서 언어를 파악해야 한다고 주장하고, 문화 간 관계를 무시하고 세계의 많은 언어가 공동체 구성원들에게 양립할 수 없는(그리고 종종 고정관념적인) 행동 패턴을 부과한다고 주장하면서 1920년대의 오래된 사피어-워프 가설Sapir-Whorf hypothesis(사용하는 언어가 사고를 결정한다는 이론—옮긴이)로 문제를 설명하기 위해 애쓰는 반면, 그들의 가정에 도전하는 최근의 연구는 무시할 때의 영향을 생각해보라. 사람과 문화를 바라보는 그런 방식은 언어학의 역사에서 부끄러운 과거다. 그런데 이는 지난 세기 동안 민족음악학의 일반적 관례, 교육 방식과 다르지 않다.

이로 인해 민족음악학 분야 대부분의 학자가 한 방향으로 가고, 그 외 분야의 거의 모든 전문가가 반대 방향으로 나아가는 등 음악 연구에 골치 아픈 분열이 생겼다. 하버드 대학의 한 과학자가 최근 60개국 사람들에게 86개의 서로 다른 집단의 노래를 들려주었을 때 사람들이 단 몇 초만 듣고도 다른 종류의 음악, 즉 자장가, 사랑 노래, 댄스 음악 사이의 차이점을 쉽게 파악할 수 있었다는 사실을 발표하자, 많은 보수적인 민족음악학자들이 몹시 불평했다. 한 음악 교수는 〈뉴욕타임스New York Times〉에 이 연구는 '온갖 가정에 근거하고 있다'고 비판했고, 또 다른 학자는 '음악은 보편적이지만 그 안에 담긴 뜻은 그렇지 않다'라고 반박했다. 하버드 팀을 도왔던 민족음악학자 패트릭 새비지Patrick Savage는 '음악이 보편적인 것이라는 생각은 오랫동안 이 분야에서 무시되어 왔기' 때문에 이 연구가 엄청난 저항을 불러왔음을 인정했다. 새비지는 현상에 도전하는 소수의 젊은 음악학자 중 한 명으로, 그들은 힘든 투쟁을 하고 있다.[4]

하버드의 연구는 노래의 강력한 문화적 상호성을 보여준 일련의 연구(모두 음악 역사가가 아닌 과학자들의 연구였다) 중 가장 최근의 것일 뿐이다. 민족음악학은 (음악연구가 앤서니 시거Anthony Seeger의 표현으로) "차이보다 유사성이 우선"이라는 결과에 저항했지만, 다른 분야의 전문가들은 이를 증명하기 위해 연구에 뛰어들었다. 우리는 이미 세계의 다양한 음악 문화에서 생리학적 특성을 규명하려는 신경과학자들의 노력을 살펴봤는데, 음악사학자들이 본질적으로 무시하는 사회과학자들의 덜 유명한 연구가 오히려 음악의 역사와 훨씬 더 관련이 있을지도 모른다. 하버드 대학교의 E. J. 마이클 위첼E. J.

Michael Witzel 교수의 획기적인 신화 연구는 음악사 분야를 괴롭히는 같은 문제를 다루고 있는데, 음악사 분야 학자들 사이에서는 여전히 알려지지 않고 있다. 위첼의 연구는 우리가 음악에서 발견했던 것과 거의 동일한 수수께끼로 시작한다. 서로 멀리 떨어진 지역의 많은 신화가 비슷한 구성을 가진다. 대홍수 이야기, 사기꾼 이야기, 오르페우스Orpheus 이야기, 그 외 다른 보편적인 이야기나 구성 요소들이 그렇다. 이러한 신화들이 모두 우리의 공통 조상이 '아프리카를 떠나' 흩어지기 전, 즉 6만 년도 더 전에 비롯되었다는 위첼의 설명은 언뜻 보면 받아들이기 어렵다.[5]

그게 어떻게 사실일 수 있을까? 이는 이 신화들이 3천 세대에 걸쳐 전해졌음을 의미한다. 사회와 문화의 거의 모든 측면이 변화했는데, 이야기는 어떻게 그렇게 오랜 기간 대체로 온전하게 남아 있을 수 있었을까? 그러나 언어의 초기 기원과 인도-유럽어 및 다른 언어에 대한 유사한 가설들이 언어학자들 사이에서 점점 더 많은 지지를 얻고 있고, 다른 인류의 유전적 기원에 대한 연구는 그들의 주장에 신뢰성을 제공한다. 위첼은 "유전학, 언어학, 신화학, 고고학 문화의 '족보'를 하나의 '거대한 가계도'로 통합하는 전반적인 계획"을 예측한다.[6]

음악학이 그 자리에 머물러 있는 것과 달리, 다른 학문들은 이 새로운 패러다임에 직면하여 적응하고 있다. 예를 들어, 동화는 서면 형태로 가장 처음 등장한 시기를 기준으로 시기를 추정한다. 150여 년 전, 몇몇 대담한 이론가들은 훨씬 더 긴 혈통을 추측했다. 특히 빌헬름 그림Wilhelm Grimm(유명한 이야기들과 떼어놓을 수 없는 형제 중 한

명)의 이야기는 수천 년이 되었을 수도 있다고 믿었다. 그러나 이후 전문가들은 이것이 추측일 뿐이라고 일축했다. 영향력 있는 학문적 문학 비평 흐름은 대체로 그런 이야기를 도시 청중을 겨냥한 책에 기반한 서사, 본질적으로 자본주의 시대의 창조물로 해석한다. 하지만 언뜻 보기에도 틀린 해석이다. 이야기의 많은 부분이 어둡고 비이성적인 주제를 다루고 있다. 상업적 목적으로 지어졌다는 생각은 동화의 전체 정신에 반하는 것처럼 보인다. 우리는 이 이야기가 얼마나 오래되고 보편적인 것인지 이제 막 이해하기 시작했다. 사라 그라사 다 실바Sara Graça da Silva와 얌시드 테라니Jamshid Tehrani의 최근 연구는 그림Grimm의 시각을 강력히 지지한다. 그들은 다양한 동화를 연구하여 76가지 기본 유형으로 분류한 다음, 다른 언어와 문화로 추적했고, 학자들은 이 이야기들이 청동기 시대, 즉 성경이나 그리스 신화 이전에 등장한 것이라고 결론지었다.[7]

왜 음악은 이 깊은 혈통에서 제외되어야 하는가? 전통문화에서 신화와 민화가 얼마나 자주 노래로 불리는지를 고려할 때, 이와 관련된 분야의 새로운 발견이 음악에 대한 우리의 이해에 반영되지 않았다는 것은 이상한 일이다. 일단 노래에 대한 연구를 신화라는 더 넓은 흐름으로 통합하면, 이전에는 설명할 수 없던 많은 미스터리가 풀린다. 앞에서 언급한 오르페우스 전설은 강력한 예를 제공한다. 오르페우스는 음악의 힘으로 유명했다. 그의 리라 연주 기술은 매우 훌륭해서 심지어 지옥의 지배자인 하데스Hades와 페르세포네Persephone를 매혹했고, 죽은 자들의 땅에서 그의 아내 에우리디케Eurydice를 데려올 수 있도록 허락받았다. 1929년, 비토리오 매치오로Vittorio Macchioro는 컬럼비아 대학교 강의에서 오르페우스를 일종의 샤먼으로 봐야 한다고 선언하여 고전주의자 커뮤니티에 충격을 주었다. 그리스 문화에서 오르페우스의 존재는 다른 곳에서 인류학자들이 기록한 것과 유사한 황홀하고 음악에 의해 주도된 종교가 남유럽에 있음을 의미한다. 학자 A. H. 게이튼A. H. Gayton은 6년 후, '북아메리카의 오르페우스 신화The Orpheus Myth in North America'에 대한 연구를 발표하며 불길에 기름을 부었다. 게이튼은 "죽은 자의 땅에서 사랑하는 사람을 되찾는 이야기는 북아메리카 신화에서 흔히 볼 수 있다"고 지적하며, (보지 말아야 하는 금기 등) 장애물과 조건 등 그리스 신화의 구체적인 내용 중 많은 부분이 신세계의 변종에서 발견된다고 덧붙였다. 게이튼은 이 신화의 증거를 50개 이상의 아메리카 원주민 부족에서 찾았다. 인류학자 아케 홀트크란츠Ake Hultkrantz는 나중에 이 연구를 확장하고 이야기의 더 넓은 분포를 문서화한다. 그런데 이 이야기에서 가장 이상한 점은 이전의 연구자들이 그 상관관계를 알아차리기조차 꺼렸다는 것이다. 프랑스 예수회 선교사 장드 브레뵈프Jean de Brebeuf가 1636년까지 휴런Huron족(북미 원주민의 한 종족—옮긴이)들 사이에서 오르페우스 이야기를 발견했지만, 유명한 그리스 신화와의 유사점을 깨닫기까지는 2세기 이상의 시간이 걸렸다.[8]

20세기 중반, 다양한 학문의 연구자들이 이러한 통찰력을 확장했다. 고전주의자 E. R. 도즈E. R. Dodds의 《그리스인들과 비이성적인 것The Greeks and the Irrational》(1951), 인류학자 아케 홀트크란츠의 《북아메리카 인디언의 오르페우스 전통The North-American Indian Orpheus Tradition》

(1957), 사회사학자 미르체아 엘리아데의 《샤머니즘: 고고학적 테크닉Shamanism: Archaic Techniques of Ecstasy》(1951), 신화학자 조지프 캠벨Joseph Campbell의 《세계의 영웅 신화The Hero with a Thousand Faces》(1949), 과학 철학자 토마스 쿤Thomas Kuhn의 《과학 혁명의 구조The Structure of Scientific Revolutions》(1962) 등 모든 방향에서 우리는 문화의 기원과 연관성에 대해 새로운 시각을 접하게 된다. 각 단계에서, 반과학적 세계관으로 오랫동안 조롱받았던 원시인들의 미신적 신념 체계와 이성적 서구 사상을 구분 짓는 것에 의문이 제기되었다. 예를 들어, 쿤이 영향력 있는 책을 출판하는 동시에 발견된 데르베니 파피루스Derveni Papyrus(고대 그리스의 파피루스 두루마리로 오르페우스 시의 해설이 실려 있다—옮긴이)는 우리의 뛰어난 과학적 세계관을 만들어낸 그리스 문화에서 마법과 신비주의가 얼마나 중요했는지를 분명히 했다.

　다양한 이유로 음악 관련 분야의 학자들은 이러한 변화에 관심을 기울이지 않았으며 많은 사람이 이에 반대했다. 국립음악치료협회(1950년 설립)와 민족음악학회(1955년 설립)와 같은 단체들은 그들 학문의 준準과학적인 엄격함과 학문적 정당성을 확립하기를 원했다. 〈음악치료학회지Journal of Music Therapy〉는 9백 페이지가 넘는 엄청난 학술 및 임상 연구 논문을 실으며 비학문 집단이 실행하는 모든 전통요법을 완전히 무시했다. 가장 이상한 항목이었던 미국 음악치료에 대한 조사는 조지 워싱턴George Washington 취임식에서 시작되며, 이미 잘 알려져 있고 기록도 풍부한 아메리카 원주민 문화의 치유 노래는 언급조차 되지 않는다. 음악치료가 '원시적인' 음악적 전통으로부터 무언가를 배울 수 있다는 생각은 편집자들에게 매우 부적절하고, 어쩌면 터무니없었을 것이다. 그러나 이러한 격차를 만들기 위해 노력했음에도, 다른 분야 학문의 누적된 영향으로 그들의 안일한 세계관은 무너지고 있었다. 음악과 마술, 의학과 신비주의가 합쳐지고 있었고, 다른 분야의 현명한 학자들은 이 영역을 무시하거나 지우려 하지 않고 이 영역들 사이의 연관성을 그리고 있었다.[9]

음악 연구의 미래를 내다본다면, 서로 다른 분야들 사이의 더 긴밀한 연관성을 기대할 수 있다. 얼핏 보면, 전문화 수준이 높아지면서 오늘날 음악에 관한 단편적 담론이 생겨난 듯 보이는데, 이는 많은 음악학자가 인지심리학, 진화생물학, 신경화학, 사회학, 신화학 등 다른 분야의 발전을 인식하지 못하는 혼란스러운 풍경이다. 그럼에도 지식은 꾸준히 발전하고, 인간 노래의 준보편적 측면의 현실은 시간이 갈수록 회피하기 어려워진다. 별개의 음악 문화가 상호할 수 없고 고립된 현상으로 작용하는 척할 수 있던 시대는 이제 지나갔다. 학문 분야 간 영역 다툼이 이러한 융합에 대한 새로운 합의를 늦출 수는 있지만, 막기에는 충분하지 않을 것이다. 회의론자들조차도 음악의 기초(펜타토닉 음계, 오도권五度圈, 삼화음 등)가 음악가에 의해 발명된 것이 아니라 미적분학이나 중력 이론과 같이 음악가들에 의해 밝혀졌을 뿐이라는 것을 점점 더 분명하게 파악할 것이다. 세상 어디를 가든 중력의 법칙이 적용되듯, 노래의 핵심 측면도 마찬가지다. 이 새로운 연구의 물결은 우리가 얼마나 공통점을 가지고 있는지, 얼마나 비슷한지, 노래가 우리를 분리하지 않고 얼마나 밀접하게 연결하는지를 보여줄 것이다.

음악사학자에게 이러한 융합은 이전 시대의 관습적 설명에 대한 재평가를 요구한다. 또한 이전의 문화 '상대성'의 고립주의 모델이 고려하지 못한 증거와 상황에 대한 더 큰 민감성도 요구한다. 따라서 음악적 보편성에 대한 과학의 성장은 미래만큼 과거에도 영향을 미칠 수 있다. 사실, 이 책의 각 장은 이런 광범위한 역사적 관점이 어떤 모습인지에 대한 사례 연구로 간주되어야 한다.

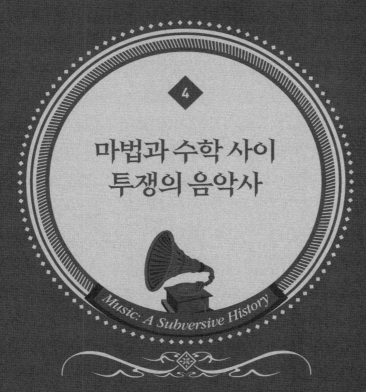

4

마법과 수학 사이
투쟁의 음악사

Music: A Subversive History

Music History as a Battle Between
Magic and Mathematics

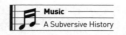
서양 역사의 어느 시점에서 음악은 준#과학이 되었다. 더 정확하게 말하면, 음악을 이론화한 사람들은 주제에 대한 다른 모든 접근법을 소외시키는 과학적, 수학적 틀을 강요했다. 우리는 심지어 이혁명에 이름, 위치, 대략적인 날짜를 지정할 수도 있다. 이 혁신가로 추정되는 사람은 기원전 570년경에 태어난 피타고라스다. 피타고라스 혁명이 후기 음악 과정에 미치는 영향은 여전히 충분히 이해되거나 평가되지 못하고 있다. 나는 그가 음악 역사상 가장 중요한 인물이라고 믿는다. 비록 그의 '혁신'이 유익한 만큼 해를 끼쳤을지도 모르지만, 나는 이어지는 내용에서 그 대담한 주장에 대해 예를 들어 설명할 것이다. 피타고라스는 종종 문화사에서 다채로운 각주에 지나지 않으며 일화 등으로 등장할 뿐 주류 서사에는 나타나지 않는다.

　슬프게도 피타고라스는 다른 '소크라테스 이전' 사상가들과 같은 취급을 받는다. 그는 그가 실제로 한 일보다 그의 이전에 일어났던 일로 기억된다. 사실 우리는 피타고라스가 등장하기 전에 무슨 일이 일어났는지를 살펴야 한다. 즉, 이후에 일어난 일에 의해 그의 공헌을 정의하기보다는 내가 '소크라테스 이전의 이전' 시대라고 부르는 것에 훨씬 더 주의를 기울여야 한다. 그가 등장하기 전 그리스 문화에서 오늘날 우리가 말하는 오르피아Orphic 사상(신화적인 음악가 오르페우스의 이름을 따서 명명되었지만, 먼 옛날 그 당시에는 거의 역사적 인물로 여겨졌다)이 존중됐고, 노래가 강력한 마법을 가지고 있다는 믿음이 있었다. 그런데 피타고라스 음악 이론의 부상으로 음악이 수학적 용어로 설명될 수 있는 소리의 합리적 과학으로 개념화됨으로써 모든 것이 변했다. 오늘날 음악에 알고리즘에 대한 많은 이야기가 나오는데, 작곡에서 큐레이션, 규칙과 공식에 이르기까지 모든 측면에서 2,500년 전에 일어난 이 철학적 파열과 함께 최초의 알고리즘이 서양 음악에 등장했다.

숫자와 비율을 사용하여 음악적 소리를 정의하고 제한하려는 피타고라스의 시도는 오늘날 우리가 어떻게 음악을 개념화하고 연주하는지, 심지어 멜로디와 소음을 어떻게 구별하는지 등 계속해서 구체화되고 있다. 오늘날 세계의 모든 대학과 음악원에서 가르치는 음악은 그 방법과 가정이 분명히 피타고라스적이다. 그리고 아프리카 디아스포라diaspora(해외 거주 아프리카 출신 이주민—옮긴이)의 음악 스타일이 등장하여 기존의 시적 운율을 무시하는 음계와 리듬에 속하지 않는 음표로 이러한 패러다임에 도전하며 이를 무너뜨리겠다고 위협했을 때에도, 알고리즘적 사고방식이 널리 퍼져 있어 체계화에 저항하는 것처럼 보이는 비非피타고라스 공연 스타일은 어떻게든 체계적으로 정리되었다. 오늘날에도 나는 피타고라스 정신을 디지털 음악의 진보, 즉 노래를 수학적으로 설명하며 신시사이저, 드럼 머신(타악기 리듬을 만드는 전자 악기-옮긴이), 오토튠Auto-Tune(음정을 교정해주는 프로그램-옮긴이), 다이나믹 레인지 컴프레션dynamic range compression(큰 소리의 볼륨을 줄이거나 작은 소리를 증폭시켜 전체적인 소리의 범위를 줄이는 것-옮긴이)과 같은 기술을 뒷받침하는 암묵적인 철학으로 본다.

그런데 이러한 서양 음악과 수학의 융합에 놀라운 부조화가 발생했다. 아프리카 음악이 미국에 이식되었을 때 가장 고도로 훈련된 청취자조차 이를 분석하려는 시도를 거부했다. 음악학자 헨리 에드워드 크레비엘Henry Edward Krehbiel은 시카고에서 열린 1893년 세계만국박람회에서 아프리카 다호메이 마을의 드러머들과 마주치고는 너무 놀라, 다른 학자인 아메리카 원주민 음악 전문가를 고용하여 폴리리듬을 기록하도록 했으나, 이 노래들이 그들의 스키마schema(개념구조·배경지식-옮긴이)와 시스템에 동화될 수 없다는 사실을 깨닫고는 당황하여 포기했다. 그런데 다시 우리 시대로 돌아와 이것이 어떻게 변했는지 보라. 아프리카 음악에 관한 수많은 학술 서적이 이해하기 힘든 이 예술의 체계화를 약속하고 있으며, 학교에서는 이를 푸가(독립된 멜로디가 반복되고 교차되면서 진행되는 클래식 음악 형식-옮긴이), 소나타(여러 악장으로 구성된 클래식 기악곡-옮긴이)와 함께 규칙(또는 알고리즘)에 기초한 규율로 공정하게 가르친다. 규칙을 어긴 음악은 이제 규칙이 되었다. 20세기 초에는 블루스가 스케일(음계-

옮긴이)과 표준 인토네이션intonation(음을 표현하는 방식−옮긴이)을 무시하는 방법으로 등장했다. 이 음악을 악보로 옮길 수는 없었다. 그러나 오늘날 블루스 스케일과 프레이징phrasing(선율을 악절로 나눠 정리하는 것 −옮긴이)에 대한 수백 권의 교본이 있으며, 이 교재를 만드는 사람들은 각 단계를 명확히 하기 위해 많은 음악 표기법을 사용한다. 이들은 동화 과정이 그들이 전파하려는 바로 그 전통을 얼마나 왜곡하는지 모르는 듯하다. 비서구 음악의 주류화(그리고 앞으로 무수하게 나올 사례를 수정하려는 노력)의 결과에 소름이 끼치더라도, 나는 그것을 존중해야 한다. 오늘날 음악 안에서 우리 모두는 어느 정도 피타고라스인이다.

플루타르코스Ploutarchos는 자신의 논평에서 "그 심각한 철학자 피타고라스는 감각으로 음악을 판단하는 것을 거부했다"고 설명했다. "그는 음악의 미덕은 지성인만이 감상할 수 있다고 했고, 음악을 귀가 아니라 조화로운 비율로 판단했다." 음악을 귀로 평가할 수는 없을까? "바그너Wagner의 음악은 들리는 것보다 낫다"라는 마크 트웨인Mark Twain의 비꼬는 말이 생각난다. 그러나 이것이 바로 피타고라스가 서양 음악을 평가하는 토대였다. 피타고라스 이전 사람들은 현악기를 조율하는 방법을 논의했지만(고대 메소포타미아에서 이 주제에 대한 상세한 연구도 이뤄졌다), 피타고라스는 이전에 실용적 기술이었던 것을 취하여 과학적 규칙으로 바꾸기 위해 이러한 견해를 더 밀어붙였다. 이론이 음악보다 먼저 존재했다고 해도 단순히 관습을 검증하는 역할을 했는데, 피타고라스 이후 이 관계는 완전히 뒤집혔다. 이제 관습이 이론으로 검증될 것이다. 그의 사례를 따르는 학자들은 천체가 "구체의 하모니"를 창조해 인간사에 스며들었다는 기괴한 주장을 받아들이기는 했지만, 왜 아무도 이 음악을 실제로 들을 수 없었는지 설명하려 하지 않았다. 귀로는 들을 수 없다는 생각은 그 매력을 높이고 중요성을 인식하게 만들었다. 피타고라스 스키마 내에서 소리는 논쟁 가치가 거의 없었다.[1]

그리고 이 새로운 시스템은 모든 종류의 도전에 놀라울 정도로 탄력적인 것으로 입증되었다. 4세기 후반에 음악에 관한 논문을 쓴 아우구스티누스까지 오면, 노래를 수학적으로 설명하는 일은 거의 완벽에 가까워진다. 그는 리듬을 언급하기 위해 라틴어 누메리 numeri(또는 '숫자')를 사용하기도 했다. 음악의 리듬은 이제 계산의 문제가 되었다. 연주의 발전 역시 계산의 일종이었다. 20세기에 아프리카 디아스포라가 이 안일한 관점을 붕괴시킬 때까지 문제는 그렇게 남게 되었다. 피타고라스 이후 2천 년이 지난 후에도 철학자 고트프리트 빌헬름 라이프니츠Gottfried Wilhelm Leibniz는 여전히 소크라테스 이전의 현자와 본질적으로 같은 방식으로 음악을 정의했다. 그는 우리가 가장 소중히 여기는 우리의 노래가 "마음이 계산하는 것을 모르는 상태에서 이뤄지는 무의식적 산술 연습"에 지나지 않는다고 주장했다. 이에 대해 아서 쇼펜하우어Arthur Schopenhauer는 음악은 사실 "정신이 철학적이라는 것을 인식하지 못하는 형이상학에서의 무의식적 운동"이라고 현명하게 반응했다. 그러나 쇼펜하우어조차 음악이 "완전히 음악이 되기 전에는 사라지지 않는 숫자로 표현할 수 있는 명확한 규칙들"에 기초하고 있다는 점을 받아들였다.[2]

우리 시대에는 어떨까? 얼마 전, 나는 아방가르드 고전 작곡을 전문으로 하는 한 학자와 이야기를 나누었는데, 그는 최근에 현대 작품들이 어떻게 들리는지 평가하는 회의에서 공격을 받았다고 말했다. 그는 동료들로부터 그런 진부한 고려사항은 무시하고 그 대신 사용된 작곡 전략에 초점을 맞춰야 한다는 말을 반복적으로 들었다. 이는 오늘날의 진보적 취향에 맞게 업데이트되었을 뿐, 말 그대로 피타고라스식이다. 음악의 최첨단을 달리는 인습 타파주의자들조차도 먼 과거로부터 물려받은 합리주의 모델에서 벗어나지 못한다.

우리는 세계를 이해하는 데 도움을 주기 위해 산수가 발명되었지만 결국 "수학은 초기 상태를 초월하여 세계의 자연적인 부분이 되었다. 외부 네트워크가 내부 골격이 되는 이상한 사실에 아무도 놀라지 않는 것 같다"며 블라디미르 나보코프Vladimir Nabokov가 매우 다른 맥락(문학 분석)에서 했던 경고를 기억해야 한다. 사실, 이것이 바로 이 초기 피타고라스 시대, 터닝 포인트turning point(그리고 말 그대로 튜닝 포인트tuning point이기도 했다)(음을 고르는 '조율[튜닝]'이 '전환점[터닝 포인트]'을 가져왔다는 점을 말하는 것−옮긴이)에 서양 음악에 일어난 일이다. 처음에 우리가 노래를 파악하는 데 도움을 준 비율과 비례는 노래를 정의하는 규칙과 제약으로 바뀌었다. 전략과 스키마가 종종 '진정한' 음악으로 여겨졌고, 실제 소리는 기록된 것에 얼마나 충실한지를 통해서만 검증되었다(극단적인 예로 철학자 넬슨 굿맨Nelson Goodman의 미학 이론을 참조하자). 결과는 허용된 것보다 훨씬 더 많은 것을 배제한 음악의 개념화였다.[3]

피타고라스가 서양철학의 핵심 인물로, 서양의 세계관을 마술에서 과학적 추론으로 전환하는 데 주요했던 힘으로 꼽히는 것은 적절해 보인다. 오늘날 과학, 음악, 마술이라는 이 세 가지 영역은 독립적이고 관련이 없어 보이지만, 기원전 500년의 맥락에서 선도적인 사람들에게 이들 사이의 연결고리는 분명했다. 전통 사회에서 마법적 사고를 과학적 세계관으로 대체하기를 원하는 사람은 누구나 음악 이론을 다루어야 했다. 음악 이론 역시 마법이나 과학으로 개념화될 수 있기 때문이었다. 이 두 모델 사이의 모든 선택이 깊은 영향을 미칠 것이었다. 이론뿐만 아니라 사회는 이 문제가 어떻게 결정되는지에 따라 변경될 터였다. 피타고라스 이전에는 노래에 마법적인 힘이 있었다. 따라서 피타고라스와 그의 추종자들이 미신을 근절하고 보다 합리적이고 논리적인 세계관을 장려하려면 거의 모든 음악적 관습의 특성을 재정의할 수밖에 없었다.

이 시점에서, 역사적 기록은 어느 날 시장을 걷던 피타고라스에 대한 매력적인 일화를 들려준다. 그는 대장장이가 모루에 망치질하는 소리를 들었다. 피타고라스는 타격에 의해 생성되는 다양한 음조에 주목했고, 서로 다른 음색, 유쾌하거나 불쾌한 소리의 성질을 모두 설명할 수 있는 수학적 규칙을 궁금해했다. 이 우연에서 영감을 얻은 피타고라스는 길이가 다른 현 사이의 음색 변화를 실험하기 시작했다. 그 결과는 서구 세계에서 처음으로 튜닝과 스케일의 체계적인 고려로 나타났다. 피타고라스는 말 그대로 시장 망치의 소음을 음악으로 바꾼 놀라운 성과를 거두었다. 우리는 이미 무기와 사냥감의 신체 부위가 어떻게 악기의 구성 요소가 되었는지 알아봤는데, 이제는 음악 이론조차 강력한 도구의 힘으로 구성되었음을 알게 되었다. 오늘날에도 모든 교향악단은 각각의 콘서트가 시작될 때마다 악기를 조율하고 그들이 모두 같은 스케일과 음조의 체계 안에서 일하고 있다는 것을 확실히 함으로써 피타고라스에 대한 충성심을 보여준다. 이는 연주자든 청중이든 모든 참가자가 당연하게 여기는 매우 뿌리 깊은 행동이다.

그리스 음악에서 피타고라스의 명성은 훨씬 더 흥미로운 인물인 엠페도클레스Empedocles의 중요성을 모호하게 한다. 기원전 490년경 시칠리아에서 태어난 이 영향력 있는 사상가는 초기 피타고라스인들과 밀접한 관계를 갖고 있었고 일반적으로 같은 대열에 포함된다. 그러나 그의 차이점은 결정적이고 다소 충격적이기까지 한데, 훨씬 더 잘 알려져야 할 감질나게 단편화된 텍스트에서, 그는 사람들에게 "죽은 사람의 힘을 하데스로부터 가져오는" 방법을 가르칠 수 있다고, 다시 말해 무덤에서 시체를 살려낼 수 있다고 주장했다. 이는 우리가 철학자로부터 기대할 법한 주장은 아니다. 하지만 이 말은 이 중요한 사상가를 세계의 다른 지역(시베리아, 아프리카, 오스트레일리아 등)에서 발견되는 샤머니즘적 전통과 일치시킨다. 사실, 이 폭로성 주장은 고전주의자들을 너무 혼란스럽게 한 나머지 그들은 그 구절을 숨기거나 신빙성을 떨어뜨리기 위해 노력했고, 심지어는 (미신적 견해 자체에 대한 혐오 외에는 다른 증거도 없이) 가짜라고 말하기도 했다. 나는 엠페도클레스가 리라를 연주하고 치유 의식에 사용하였으며, 서양 역사상 마지막으로 자신의 작품을 시의 형식으로 쓴 주요 철학자라는 점에 주목한다. 이후 학자들이 그를 철학자로 정의했기 때문에 나 역시 그를 철학자라고 부르지만, 그의 단편과 전기 자료를 읽는다면 그를 음악 마법사 또는 마법사로 분류하는 것이 더 적절하게 느껴질 것이다. 그는 이론적 개념보다 일생 동안 날씨를 통제하고 전염병을 예방하는 데서 더 명성을 얻었다. 그를 '고용 마법사'라고 부르는 것은 크게 지나치지 않다. 그는 페스트, 가뭄, 가족의 죽음 등 모든 상황에 대비하여 음악과 마법을 준비했다.[4]

그러한 모습은 서구 음악사에서 당혹스러운 일이다. 이 경우 음악에 대한 피타고라스적 접근을 뒷받침하는 수학적 이론에 대한 냉철한 설명으로 그를 대체하는 것만큼 쉬운 일은 없다. 고전주의자인 베르나르 판 흐로닝언Bernard van Groningen은 죽은 사람을 살리는 것에 대한 그런 미친 구절이 위조임에 틀림없다고 주장했다. 엠페도클레스의 번역가 헤르만 딜스Hermann Diels는 본문의 진위는 인정하면서도 문자 그대로 받아들일 수는 없다고 주장했다. 두 학자는 글을 정화하기 위해 노력했고, 마법에 대한 언급도 없애기 위해 애썼다. 마법 같은 것은 과학적이고 이성적인 그리스 문화의 장막 안에서 도저히 용납되지 않았고, 그 결과 엠페도클레스는 음악사 연대기에서 논의되지 않는다.[5]

그러나 현실에서 이 불명예스러운 대안은 결코 완전히 사라진적이 없다. 서양 음악의 경우, 전복적인 마법 요소는 사회의 경계에 머무르고 충실한 신봉자를 유지하며 현대에까지 살아남았다. 심지어 피타고라스 모델조차도 일부를 통합해야 했다. 세계관의 전면적인 변화가 실행될 때 항상 그렇다. 과거를 완전히 부정할 수는 없지만, 가장 불쾌한 면은 제거한다. 새로운 합리주의적 계획은 음악의 힘에 대해 작은 범위를 허용했다. 그래서 피타고라스에 대해 전해지는 이야기에 그가 아픈 사람들을 '치료'했다는 내용이 포함된다. 생리적 치료법이라기보다는 기분 향상과 인격 발달의 사례들이지만 말이다. 피타고라스는 그의 정부 집에 불을 지르려고 계획한 사람을 단지 다른 종류의 음악에 노출함으로써 막았다고 한다. 다른 예로, 그는 특정 멜로디의 사용을 통해 온건함과 절제력을 불어넣었다. 나는 심지어 이 존경받는 철학자를 '무드음악'의 발명가라고 부를 수도 있다. 분명 그는 감정 상태가 적절한 척도를 통해 조절된다고 믿었지만, 지하세계로의 여행이나 죽은 사람들을 살려내기에는 몹시 부족했다. 피타고라스 혁명의 여파로 이런 종류의 당혹스러운 의식은 음악가의 도구에서 제외되었다.

엠페도클레스만 특별한 것은 아니다. 그의 스승인 파르메니데스Parmenides의 저술에는 예언과 치료법에 대한 언급과 더불어 지하세계를 방문하는 샤먼들의 이야기와 묘한 유사성을 지닌 어두운 영역으로의 여행에 대한 설명이 포함되어 있다. 여기서도 냉정한 학자들은 덜 당혹스러운 해석을 선호한다. 그리스 역사에서 다른 초기 인물들, 즉 에피메니데스Epimenides, 클라조메나이Clazomenae의 헤르모티무스Hermotimus, 아리스테아스Aristeas, 아바리스 히페르보레이오스Abaris the Hyperborean 등도 샤먼으로 묘사될 수 있다. 하지만 음악사 교과서에서 그들의 이름을 찾을 수 있을 거라고 기대하지는 말자. 아니면 유엔이 공식적으로 유럽 역사상 가장 오래된 책으로 지정한 두루마리인 데르베니 파피루스의 특이한 경우를 생각해보라. 1962년에 발견된 이 특별한 문서에는 소크라테스 이전의 그리스 사상가들 사이에 존재한 마술에 대한 깊은 존경심과 전설적인 음악가 오르페우스에 대한 집착이 분명히 드러난다. 그들은 오르페우스를 음악에 대한 즐거운 신화의 주인공 이상으로 여겼다. 오르페우스는 삶을 변화시키는 난해한 교리의 존경받는 원천이었다. 하지만 데르베니 파피루스는 44년 동안 출판되지 않았고, 마침내 텍스트와 사진이 공개되었을 때에도 이 결정적으로 중요한 문서에 대한 학술적 연구는 달팽이 같은 속도로 진행되었다. 우리 자신의 철학적 체계와 음악적 실천의 뿌리를 이해하는 데 도움이 될 수 있는데도, 미신적인 믿음을 꺼리는 반응이었다. 서양 문화사에서 이 결정적인 순간부터 파르메니데스, 엠페도클레스, 그리고 다른 비교 가능한 인물들과 마주쳤을 때, 그들의 시적 표현이나 예술성에 대해 마지못해 존경을 표하면서, 그들을 사상가로 분류했다. 그러나 우리는 그들을 옛 제도의 마지막 대표 인물, 고대 그리스에서 곧 불신을 받고 2,500년이 지난 지금도 여전히 우리의 일상생활을 지배하는 과학적 합리주의로 대체될 음악 마술의 실무자라고 봐야 한다.

역사적으로 이와 같은 순간에 다른 문화권에서 파괴적인 음악 전통의 비슷한 '정화'가 일어나고 있던 것은 그저 우연일까? 공자孔子는 피타고라스와 정확히 같은 시기에 살았으며, 중국 고전 민요인 《시경》, 즉 노래 경전Book of Songs을 수집한 것으로 알려져 있다. 편찬에서 그의 정확한 역할은 여전히 논쟁거리지만, 유교가 이러한 노래들에 준공식적인 지위를 부과하는 데 그가 미친 영향은 의심의 여지가 없다. 《시경》을 구성하는 305개의 가사를 쓴 이는 익명의 인물들인데, 이 텍스트들에 나타난 명백한 여성의 서술적 관점은 작가 중 상당수가 여성이었음을 시사한다. 실제로 이 노래들은 어떤 맥락에서든 충격적이었을 법한 여성의 욕망을 솔직하게 표현하고 있다. 전통 사회의 여성들을 생각해보면 이는 대단하다고 할 수 있다. 유림들은 본문에 도덕적으로 고양된 해석을 강요하고, 사랑과 성에 관한 민요를 좋은 통치자와 가부장적 지혜에 대한 윤리적 논문으로 바꾸는 기이한 의미 왜곡을 부과했다. 그 경전은 수치스러웠기 때문에, 지배 엘리트들의 요구에 맞추기 위해 이론이 끼어들었다. 이 점은 중국 정부가 샤머니즘적 관점을 공공연히 통합하고 유교적 전임자의 성리학적 지위를 결코 달성하지 못한 서정시를 대체하기 위해 편찬한 초사楚辭(초나라의 고유한 언어와 음악으로 지어진 시─옮긴이)와 비교했을 때 더욱 명백해진다(시경이 민중의 노래라면, 초사는 왕과 귀족, 최고 관리들의 시가였다─옮긴이). 피타고라스와 공자 둘 다 혁신가로 인정받을 만하지만, 그들은 또한 음악의 부끄러운 요소들을 다른, 더 받아들일 수 있는 요소들로 대체하는 문화 정화 운동의 전통을 세웠다.

유대교-기독교 세계에서도 성경의 《아가》를 재해석하며 이와 비슷한 정화가 일어났다. 유교인 《시경》과의 유사점은 묘하다. 여성적 관점에서의 노래 가사는 전통적으로 추앙받지만, 성적 욕망을 드러내는 불안한 표현들은 걸러진다. 새로운 해석이 본문에 부과되고, 많은 관찰자에게 적합해 보이지도 납득되지도 않지만 지배적인 신조에 부합하는 도덕적 의미가 첨부된다. 그리고 그리스와 중국의 예와 마찬가지로, 신성한 가사에 유명한 남자의 이름이 붙는다. 논란의 여지가 있는 《아가》의 경우, 저자는 솔로몬 왕으로 되어 있다. 솔로몬이 왜 정욕적인 여자의 입장에서 가사를 썼는지 설명하기는 어렵지만, 믿음은 수세기에 걸쳐 더 큰 도약을 이루었다. 신도들은 가사에 표면적인 것 이상의 의미가 있다고 받아들인다.

이는 음악의 역사에서 되풀이되는 패턴이다. 강력한 관심사에 부합하는 무거운 해석학이 소중한 노래에 침투하여 전복적 함의를 모호하게 한다. 가사는 검열되거나 재해석된다. 부끄러운 노래들은 도덕성을 향상시키는 수단으로 쓰일 수밖에 없다. 후대의 노래에 가장 큰 영향력을 미친 수정주의자 중 한 명인 피타고라스의 경우, 음악에 대한 엄격한 수학적 이론을 단순히 설명하는 수준에 그치지 않고 규범화시키는 반면, 신빙성 없는 대안적 견해인 샤머니즘과 마법은 조롱하고 시야에서 완전히 사라지게 했다. 그렇지만 완전히 숨길 수는 없었다.

우리는 이 피타고라스 음악 이론의 파괴적 영향이나 이것이 초기에 일으킨 논란을 최소화해서는 안 된다. 우리 역사의 다른 많은 단계와 마찬가지로, 음악 실험은 정치 개혁의 요구와 관련이 있었고, 그래서 현상 유지에 도전한 사람들은 생명에 위협을 받았다. 피타고라스 자신은 오늘날 우리가 반체제자라고 부르는 정치적 망명자가 되었고, 그의 제자들은 위험한 폭도로 여겨졌다. 오랫동안 그들은 비밀 종파로 활동했다. 오늘날 우리는 그것을 종교 집단이라고 부를지도 모른다. 크로톤Croton(피타고라스는 이탈리아 크로톤에서 피타고라스학파를 세웠다—옮긴이)의 많은 운동 지도자는 모임 도중, 시민 지도자들이 지른 불에 타죽었다. 비록 이야기가 각자 다르고 세부사항이 정확히 밝혀지지는 않았지만, 피타고라스도 불길 속에서 죽었을지도 모른다. 현대의 한 해설자는 이 사건을 1993년 텍사스주

웨이코 기지에 대한 FBI 포위 공격 과정에서 데이비드 코레시David Koresh와 그의 사이비 종교집단 다윗파Branch Davidian를 죽인 화재와 비슷하다고 묘사한다. 비교는 터무니없어 보이지만, 우리는 이 고대 반문화의 견해에 결국 동화되었다. 피타고라스의 '합법화'는 그의 가르침을 주류로 끌어들였고, 그를 삼각형 각도 사이의 관계를 분석하는 것으로 가장 유명한, 위협적이지 않은 인물로 만들었다. 하지만 그렇다고 해서 그의 세계관에 대한 더 깊은 급진주의를 눈감아 줄 수는 없다.

이는 중요한 점이고, 강조할 필요가 있다. 이 새로운 수학적 음악 체계는 결국 너무나 강력해져서 마술과 트랜스 등 거의 모든 대안적 접근법을 휩쓸었고 이를 용납되는 관행 수준으로 밀어냈다. 그러나 과학적 접근법조차도 처음에는 당국이 억압하고 파괴하려고 시도했던 전복적인 움직임이었다. 그렇게 과학적 접근법이 주류가 되면서 차례대로 다른 것을 처벌하고 검열하였고 이후 음악의 역사와 이론적 토대 등 음악에 대한 거의 모든 서술이 피타고라스적 편견에 의해 어느 정도 왜곡되었다. 즉, 정당화라는 관례는 왜곡의 행위인 셈이었다.

그 위험과 위협 요소는 초기 단계 동안 너무나 두드러져서, 학자 J. B. 케네디J. B. Kennedy에 따르면 플라톤은 그의 저술에 비밀의 피타고라스 코드를 숨길 수밖에 없었다고 한다. 케네디는 미친 음모이론가일 수도 있고 고대 문헌의 훌륭한 분석가일 수도 있으나, 현재의 가르침의 주류 밖에서 그의 견해는 전해지는 문서들에 대한 심층적이고 꼼꼼한 분석에 바탕을 두고 있다. 플라톤 공화국의 1만

2천 줄을 각각 1천 줄의 12개 섹션으로 나누면, 각 줄은 음계의 음표에 해당한다. 하모니, 음악, 음조 및 노래에 대한 명시적 언급이 정확히 협화음정consonant interval(두 개의 음이 조화를 이루는 음정—옮긴이)으로 반복되는 것을 찾을 수 있다. 전쟁과 죽음과 관련된 어두운 주제들은 불협화음정dissonant interval(두 개의 음이 조화를 이루지 않는 음정—옮긴이)으로 나타난다. 케네디는 자신이 《심포지엄Symposium》과 《에우튀프로Euthyphro》를 포함한 다른 플라톤 대화편에서 음악적 구조를 확인했다고 믿고 있으며, 이 코드를 풀면 옛사람들로부터 온 일종의 타임캡슐에 접근할 수 있다고 말했다. 물론 추측일 뿐, 감지된 패턴은 우연의 일치에 지나지 않을 수도 있다. 더구나 그러한 코드는 플라톤이 자신의 주장을 펼치기에 지나치게 우회적인 방식으로 보인다. 난해한 말이나 비밀 없이 거침없이 말하는 것이 철학의 목적이 아닐까? 그러나 《국가론Republic》과 다른 플라톤 대화편에는 소크라테스가 정보를 숨길 필요성과 숨겨진 의미의 가치를 옹호하는 유명한 구절이 있다. 소크라테스가 좀 더 명확하게 의사소통했다면 자신의 목숨을 더 일찍 위험에 빠뜨렸을지도 모른다. 끝내 당국의 명령에 따라 독살로 처형된 그를 보면 이것이 근거 없는 두려움이 아님을 시사한다.[6]

서구 사회의 다른 측면에서 인식론적 파열이 일어난 것이 이 시점이었을까? 음악에 대한 태도는 확실히 바뀌었지만, 이는 관련된 많은 변화에 의해 특징지어지는 더 큰 변화의 일부였을 것이다. 모든 변화는 점진적이었지만 아마도 소크라테스 이전 시대에 정점에 도달했을 것이다. 합리적 사고로 무장한 사람들은 가장 심각하게는 처형으로 이단을 처벌하려는 시도까지 불사하며 미신을 없애기 시작했다. 사제들의 종교는 샤먼의 마법을 대체했다. 노래는 의식을 장식하고 무아지경 상태를 선동하기보다는 유명한 남성을 칭찬하는 데 점점 더 많이 이용되었다. 가부장제 기관들도 이 시기 더욱 고착화되었고, 남성적 신들이 제도화된 믿음 체계의 최전선으로 이동했다. 풍요의 신에 대한 숭배가 사라지지는 않았지만, 점차 덜 교육받은 사람들의 신빙성 떨어지는 미신적 전설로 지위가 낮아졌다.

그리스 문화를 뒷받침하는 여성적 가치의 기존 문화에 대한 생각은 여전히 논쟁의 여지가 있으며, 19세기의 J. J. 바흐오펜J. J. Bachofen과 20세기 마리야 김부티에네Marija Gimbutas 등 그것을 장려한 학자들은 논쟁과 의견 불일치로 소동을 일으켰다. 그러나 음악과 관련된 고고학적 증거는 확실히 이런 종류의 변화를 뒷받침하는 것 같다. 피타고라스 이전에 여성은 음악, 특히 트랜스 상태와 관련이 있다고 밝혀진 드럼 연주에서 중심적인 역할을 했는데, 그들의 활동에는 의식적이고 신비로운 연상이 더해졌다. 그러나 피타고라스가 이러한 전통과 결별한 후, 남성들이 미적, 군사적, 교육학적 중요성을 띠는 음악 문화의 관리자로 부상한다.[7]

오늘날 우리는 드러머를 대부분 남성으로 생각하는 경향이 있다. 적어도 〈롤링스톤〉지는 그렇게 믿는 것 같다. 이 영향력 있는 잡지가 2016년 '역대 최고 드러머 100인' 명단을 발표했을 때, 여성은 단 5명뿐이었다. 누가 이 편집자들의 선택에 놀랄 수 있을까? 여러 방법으로 우리는 드럼 연주를 남성성의 거리낌 없는 표현으로 간주하도록 프로그램되었다. 그러나 피타고라스 이전 세계에서 같은 질문을 했다면 정반대의 대답을 얻었을 것이다. 만약 먼 옛날의 그림, 조각품, 다른 공예품에 남겨진 드러머들의 이미지로 이 문제를 판단한다면, 우리는 드럼이 여성의 악기라고 결론지을 수밖에 없다. 이집트인, 메소포타미아인, 그리스인, 히브리인 또는 어떤 다른 초기 문화로 시선을 돌리든 말이다. 여성들이 종종 체를 닮은 둥글고 얕은 소형 타악기인 프레임드럼frame drum(핸드 드럼의 일종−옮긴이)을 연주하는 모습을 볼 수 있다. 사실 고대 수메르(아다파adapa)에서 드럼을 뜻하는 단어는 곡물의 양을 측정하는 단위이기도 하다. 이러한 사회에 대한 연구에서 우리는 음악, 성 그리고 (인간만이 아니라 작물과 동물의) 풍요에 대한 개념이 밀접하게 연관되어 있음을 거듭 확인한다. 이는 앞으로 되풀이되는 주제가 될 텐데, 이 단계에서도 드러머로서의 여성의 역할은 다른 고려사항으로부터 분리될 수 없음을 강조할 가치가 있다. 매우 실제적인 의미에서 여성의 음악 제작은 의례적이면서도 기능적이었으며, 예언의 행위나 성행위의 축하, 전파의 도구, 번영의 토대 역할을 했다.

여성들이 드럼을 (이를 정복과 관련된 군사 도구로 바꾼) 남성에게 내준 지 오랜 시간이 지나서도, 이러한 초기 상황의 징후는 많은 전통 사회, 특히 무속 신앙 체계를 유지하는 사회에 남아 있었다. 샤머니즘이 살아남았을 뿐만 아니라 번성했던 시베리아에서 이 기원은 지역 문화에서 의문스러운 요소들을 설명한다. 관찰자들은 드럼(고대 이미지의 모습과 유사한 외형)에 의존하여 무아지경 상태에 들어가는 남성 샤먼들이 왜 종종 여성 복장을 입는지 궁금해했다. 만약 그들이 여성들이 이러한 중요한 역할을 맡았던 이전 시대를 환기시키는 것이라면 완벽하게 이치에 맞는다. 여성 샤먼을 지칭하는 단어는 지역의 여러 공동체에서 유사하지만, 남성 샤먼은 다른 이름으로 불린다. 이는 단어의 공통적 기원으로 거슬러 올라갈 때, 여성 샤먼들이 더 먼 과거에 깊이 뿌리를 두고 있음을 암시한다. 즉, 리듬과 마법의 통합이 초기 표현에서 여성과 여성적 자질에 밀접하게 연관되어 있음을 축적된 증거가 말해준다. 인식론적 파열이 발생한 후에는 이러한 관행은 남성들에 의해 지배되었지만, 합리적 세계의 변두리에 숨겨진 덕에 살아남을 수 있었다.

피타고라스 이전 시대의 가장 잘 알려진 음악 혁신가는 종종 사랑 노래의 발명가이자 그리스 가사의 창시자로 여겨지는 사포다. 명백한 우연의 일치로 사포는 피타고라스가 태어난 해에 죽었을지도 모른다. 그녀는 음악이 공동체의 필요와 성·다산과 깊이 연관되어 있는 세계의 마지막 단계를 반영하는 동시에 결국 서양 노래를 지배하게 될, 두드러진 개인주의를 예고하기도 했다. 오늘날 그녀의 작품은 대부분 후자의 특성, 특히 사포가 노래의 고백적 성격을 예고하는 방식으로 유명하다. 그러나 그녀의 가사가 굳건한 그리스 합리주의가 등장하기 전에 존재했던 방식, 즉 노래가 의식이나 관례와 분리될 수 없고 여성에 대한 신비주의 개념과 더 일치했던 사회를 반영하는 여러 방식을 이해하지 못한다면, 그녀의 중요성을 잘못 이해할 수 있다. 플라톤과 아리스토텔레스 시대에 이르러 그리스인들은 과거의 이 유산에 대해 양면적인 입장을 취하거나, 당황하거나, 심지어 적대적으로 변했다. 그러나 사포는 새로운 질서에 대비하는 동안에도 그것을 경건하게 대하도록 우리를 초대한다.

이 책의 후반부에서, 우리는 음악가들이 자신에 대해 노래하는, 사포가 예고한 서양 음악 문화의 놀라운 변화를 살펴볼 것이다. 우리는 오늘날 이것을 당연하게 여긴다. 사실 우리 대부분은 노래의 다른 목적을 거의 상상할 수 없다. 그러나 이 시점에서 우리는 초자연적인 힘을 발동시키고 공동체의 필요를 표현하고자 했던 준사제로서의 그녀의 역할, 사포가 지닌 다른 면모의 깊은 의의를 파악해야 한다. 그런 점에서, 그녀는 현대 싱어송라이터들과는 완전히 다르다. 그녀는 이제는 음악 교과과정에서 지워진 가치와 우선순위를 반영한다. 이는 옛사람들조차 정화되고 이성적인 노래의 과학을 추구하면서 잊으려 했던 가치다.

"화려한 왕좌에 앉으신 불멸의 아프로디테Aphrodite여"라는 말로 시작하는 사포 표준판의 첫 번째 구절을 읽으면서 우리는 이 복합적인 세계관의 양면을 본다. 전형적으로 사포의 실연을 표현하는 사랑의 탄식가lament으로 간주되지만, 대부분의 가사는 아프로디테 여신의 발명에 할애된다. 이 개인과 신격의 혼합물은 그녀의 작품 속에서 반복된다. 사포에게는 그녀의 세계관을 지배하는 게 분명해 보이는 두 가지 관심사가 있다. 그것은 서양 사상의 숨겨진 균열을 드러내는 것으로, 바로 사랑의 감정적 유대와 신들에 대한 공동의 의무다. 서양 음악의 후기 진화에서, 이 두 가지 접근방식은 서로 별개의 전통으로 바뀌게 된다. 게다가 둘은 접점도 거의 없었다. 누가 사랑 노래와 종교적 찬송가라는 공통점이 적은 음악 장르를 상상할 수가 있겠는가. 그러나 사포에게는 이 둘이 밀접하게 연결되어 있다.[8]

사포의 이 가사는 기독교가 출현하기 훨씬 전에 두 흐름 모두와 관계가 끊긴다. 우리는 어떻게 신에 대한 기도가 공식화되는지, 어떻게 이 가사가 공개적으로 군사 지도자들과 다른 권력자들을 찬양하는 발판으로 변하는지 볼 것이다. 무엇보다 이상하게도, 이 고전적인 가사는 멜로디와의 연관성마저 버릴 것이고, 음악 공연을 위한 노래가 아닌 암송과 독서를 위한 텍스트가 될 것이다. 그러나 노래 역사의 이 초기 단계에서 사포는 문자를 쓰거나 국가를 위해 선전하거나 그 군사적 승리를 축하하는 데 관심이 없었다. 그녀는 심지어 이러한 태도를 〈단편 16〉에서 분명히 부인한다. "누군가는 기병대가, 누군가는 보병대가, 누군가는 함대가 이 어두운 세상에서 가장 아름답다 말하지만, 나는 사람을 사랑하는 게 가장 아름답다고 말한다." 그녀는 거듭해서 자기 공동체의 정신적, 정서적 필요에 초점을 맞추고 있다. 의미 있는 승리와 실패는 전장이 아닌 하늘과 마음에서 발생한다.[9]

사포 이전의 노래들을 보면 이런 관점은 더욱 선명해진다. 하지만 서정시의 전문가들조차 이렇게 깊이 파고들지 않으며, 많은 이는 노래가 이 시대부터 살아남았다는 사실을 모른다. 사포가 흔히 서정시의 원조로 여겨지다 보니 그녀가 태어나기 전에 유의미한 작품이 있었다는 사실은 놀라움으로 다가온다. 그러나 사포는 실제로 그녀가 등장하기 거의 2천 년 전으로 거슬러 올라가는 전통의 정점을 상징한다. 이 줄기의 기원으로 거슬러 올라가면 음악 역사상 최초의 작곡가 또는 적어도 이름이 남은 최초의 작곡가를 만날 수 있다. 그녀는 음악사 책에 거의 등장하지 않고 음악학자들 사이에서도 사실상 이름조차 인정받지 못하지만 분명 매혹적인 작곡가다.

5

황소와
섹스 토이

Music: A Subversive History

Bulls and Sex Toys

우리는 메소포타미아 음악이 어떤 것인지 모호한 개념만 가지고 있다. 몇몇 학자가 살아남은 문헌과 악기를 바탕으로 소리를 부활시키려 노력했는데, 그들의 노력은 대부분 풍부한 상상력에 기반한 재구성 연습이다. 나는 이 복원된 음악이 매혹적이며 트랜스와 비슷한 성질을 가지고 있다는 것에 놀라지 않는다. 메소포타미아는 기원전 539년 바빌론이 멸망하기 전 오랜 세월 동안 그리고 이후 외국 세력의 지배를 받는 동안, 여전히 마법적이고 의식적인 영향을 받던 번성한 고대 음악 문화의 분명한 예시를 우리에게 제공한다. 우리는 때때로 이러한 고대 의식을 주재한 사람을 사제라고 불러왔다. 여러 면에서 그들은 미르체아 엘리아데가 "고대의 접신술"이라고 부르는 것의 핵심 요소로 음악을 활용하고 의존하는 샤먼과 정신적으로 더 가깝다.[1]

비록 노래의 소리에 대한 자세한 정보는 부족하지만, 1853년 호르무즈 라삼Hormuzd Rassam이 〈길가메시 서사시Epic of Gilgamesh〉(종종 시적인 작품으로 묘사되지만, 거의 확실히 초기 청중들은 노래로 불렀다)가 들어 있는 점토판을 발견한 이후, 우리는 그 지역의 고대 음악 문화에 대해 많은 사실을 알게 되었다. 그리고 새 천 년 동안 계속해서 더 많은 것을 배웠다. 20개의 새로운 길가메시 시구는 2011년 이라크 박물관이 익명의 개인, 아마도 밀수업자로부터 800달러에 구입한 점토판에서 발견되었다. 이 문헌들만큼이나 매혹적인 것은 고고학적 발굴로 발견된 악기들과 관련 물품들, 특히 레너드 울리 경Sir Leonard Woolley이 1922년에서 1934년 사이에 우르 왕립묘지Royal Cemetery of Ur에서 발굴한 것들이다. 이 문화를 설명할 때 활용할 수 있는 많은 증거가 있지만 이러한 것들은 우리와는 너무 다른 음악적 관습을 드러내기 때문에, 전문가들은 종종 사회에서 음악의 역할에 대한 현재의 개념과 이를 논리적으로 연관 짓는 데 어려움을 느낀다.

여기에서 고려해야 할 여러 이상한 점이 많다. 우선 동물에서 시작해보자. 사실 동물은 어디에나 있기 때문에 무시하기도 어렵다. 악기는 동물처럼 보이도록 만들어졌거나 표면에 동물의 이미지가 장식되었다. 살아남은 예술품에는 악기를 연주하는 동물의 묘사도 포함되어 있다. 수메르 문학 작품도 동물에 대한 비슷한 집착을 드러낸다. 동물은 시적 비교의 가장 큰 원천이다. 배를 뒤덮고 있는 파도는 집어삼키는 늑대로 묘사된다. 황소는 종종 행복과 권력을 전달하기 위해 사용된다. 황소의 포효는 통치자의 말, 신탁의 선언 혹은 분주한 신전의 소리로 묘사된다.

학자들은 고대 예술에서 이러한 동물 음악가들의 역할을 설명하는 데 많은 이론과 추측을 뒤섞어 제시해왔다. 존경받는 음악학자 마르셀 듀셴-기유맹Marcelle Duchesne-Guillemin은 악기를 연주하는 네 발짐승들의 표현을 보고 '세속적 음악'이 존재했을 거라 여겼다. 메소포타미아 화류계에서 즐기는 거친 재즈 같은 음악 말이다. 그녀는 "그들은 종교보다는 재미에서 영감을 얻었던 것 같다"고 언급하며, 풍자의 가능성까지 감지했다. 그러나 듀셴-기유맹은 이 고대 이미지가 순전히 현실적일 수 있다는 정반대의 이론을 배제하지 않는다. 동물 이미지는 먹이를 잡으려고 애쓰는 변장한 사냥꾼일 뿐이라는 것이다. 어쨌든 그녀는 그러한 이미지들이 깊이 간직된 신념 체계를 대표하는 것으로 보아서는 안 된다고 주장한다. 이와는 대조적으로 선구적인 고고학 음악학자 프란시스 갈핀Francis Galpin은 적어도 우르 왕립묘지에서 발견된 인상적인 황소 리라에 대해서는 좁은 의미의 종교적 의미를 받아들였다. 이 악기들은, 우르시의 수호자였고 때로는 초승달 뿔을 가진 황소로 묘사된 난나Nanna 또는 신Sin으로 알려진 달의 신에게 경의를 표하는 것이라고 주장했다.[2]

그러나 우리가 가장 초기의 사냥 공동체를 고려했을 때 알 수 있듯이, 동물과 음악 제작의 관계는 우르시보다 더 오래되었다. 라스코 동굴 벽화는 수메르 도시 국가보다 1만 년 이상 앞서 있다. 그리고 샤머니즘과 전통 사회의 신념 체계를 교육받은 사람은 누구나 이러한 이미지의 해석을 풍자적인 것으로 받아들이는 것이 불가능하다는 것을 알게 된다. 동물은 공동체에서 힘의 원천이었으며, 음식과 원료의 원천으로서의 기능적 지원과 보호 및 식량 공급 상징물로서 마법의 도움을 제공했다. 다른 많은 지역이 불모지였던 메소포타미아에서 북부 지역은 풍부한 방목지였고, 소는 경제 및 숭배 관행의 중심이었을 것이다. 오래된 매장지에서는 사람이 동물, 특히 뿔이 달린 소의 이미지가 담긴 원통형 인장cylinder seal(원통형 몸체에 무늬를 새긴 도장과 비슷한 물건—옮긴이)과 함께 종종 발견되는데, 인장은 사후 세계에서 고인에게 도움을 주는 용도였다. 수메르의 가장 오래된 사원을 마주하고 있는 안뜰은 처음에는 소의 울타리 역할을 했고, 나중에야 테메네temene, 즉 거룩한 숲으로 진화했을 가능성도 있다. 이런 맥락에서 우리는 소와 관련된 음악을 발견하는 것에 놀라지 말아야 한다. 사실 그것은 그 공연이 단순히 불경스러운 것이 아니라 최고 권력과 뗄 수 없는 관계에 있다는 신호다.

초기 고고학자들은 동물들에 당혹감을 느꼈고, 섹스 토이sex toy에 더욱 실망했다. 1888년부터 1895년까지 이라크 중부에서 발굴 작업을 수행한 고고학자이자 성공회 목사인 존 P. 피터스John P. Peters는 "메소포타미아 고대 도시 유적인 니푸르 고분에는 꽤 많은 남근 상징이 흩어져 있었다"고 말했다. 그의 동료인 헤르만 힐프레히트Hermann Hilprecht는 "전통적인 못과 원뿔 모양 남성 성기의 가장 조잡한 표현으로 시작하는" 거대한 컬렉션을 모았다. 그러나 이 존경받는 아시리아 학자는 곧 정부 관리들이 늙은 남근상에 대한 열정을 공유하지 않는다는 것을 알게 되었다. 한 관료는 그것들을 유물 목록에 포함시키는 것을 거부했고, 결국 이를 보존하는 책임을 맡은 관리들에 의해 모든 분류가 사라지거나 파괴되었다. 피터스는 그들의 실종에 은밀히 기뻐했지만, 그럼에도 수메르 신화와 성경의 에덴동산 이야기 사이의 유사성에 주의를 기울이면서 고대인의 성 집착에서 도덕적인 교훈을 찾았을 것이다. 두 경우 모두 "뱀과 함께 남자를 성적인 행위로 유인하여 그를 신들처럼 생명의 생산자로 만드는 것은 여자다"라고 피터스는 설명했다.[3]

니푸르 발굴이 이루어지던 바로 그 순간, 제임스 조지 프레이저 경Sir James George Frazer은 1890년에 처음 두 권으로 출판되었으나 결국 1906년에서 1915년 사이에 매머드 12권 버전으로 확장되어 발매된 그의 획기적인 연구 《황금가지The Golden Bough》에서 이러한 추잡한 유물을 이해하는 데 필수적인 개념적 틀을 제공했다. 모더니스트 시인 에즈라 파운드Ezra Pound는 이 거대한 연구를 간결하게 한 문장으로 요약했다. 즉, 우리가 받아들인 도덕관념에 대해 "성교가 농사에 좋다고 생각하던 사람들과 그것이 농사에 나쁘다고 생각하던 반대파들의 사고방식으로 돌아가라"라고 설명한 뒤 "그것이 많은 논쟁을 단순화시킬 것이다"라고 덧붙였다.[4]

프레이저는 문제를 단순화시켰는지는 모르겠지만, 고대 세계의 다산 숭배에 대한 상세한 평가, 간음과 더 큰 공동체의 번영 사이의 연관성에 대한 자신만만한 주장으로 논쟁을 일으켰다. 빅토리아 시대 독자들에게 더욱 충격적이었던 것은 땅의 비옥함을 책임지는 (죽어가고 부활하는) 신을 경축하는 의식의 신화와 예수 그리스도의 십자가 처형과 부활에 대한 기독교 교리 사이의 암시적 연결이었다. 신자들이 복음의 진리로 받아들이는 이 후자의 종교적 교리가 모든 주요 고대 문명에서 발견되는 훨씬 오래된 이교도 신화의 비교적 최근의 변형으로 재해석될 수 있다는 결론에서 벗어나기 어려웠다.

프레이저에 대해 비평가들은 종종 그가 무례하다고 불평했지만, 그가 무엇을 모욕했는지는 정확히 동의하지 않았다. 많은 사람에게 그의 용서할 수 없는 죄는 기독교를 인류학적 의식 수준으로 낮춘 것이었다. 기독교 이전의 의식에 대해 정교한 해석을 강요하는 데 도가 지나쳤다고 생각한 사람도 있었다. 철학자 루트비히 비트겐슈타인Ludwig Wittgenstein은 "프레이저는 대부분의 '야만인'보다 훨씬 더 야만적이다. 원시적 관찰에 대한 그의 설명은 관찰 자체보다 훨씬 더 조잡하다"라고 주장했다. 다른 예로, 프레이저는 폭력적이고 정욕적인 인간의 행동을 계절 변화 탓으로 돌렸고, 따라서 자연계에 대한 비방을 저지른 것에 대해 비난을 받아왔다. 사람들은 종종 이러한 비평에서 수세기에 걸쳐 노래와 가사에 대해 많은 재해석을 형성한 것과 같은 종류의 수치심이나 당혹감을 발견한다. 의식에 대한 다른 이론들이 프레이저를 넘어서려고 노력했다. 하지만 결국 언제나 성적인 요소와 폭력의 구성 요소, 즉 인간의 음악 제작의 많은 흐름과 변화를 뒷받침하는 같은 원동력으로 되돌아갔다. 르네 지라드Rene Girard, 월터 버커트Walter Burkert, 찰스 테일러Charles Taylor 같은 최근의 사상가들은 어떤 허가된 배출구를 주지 않으면 대혼란을 일으킬 정욕과 복수를 위한 욕망을 전달하는 데 있어서 고대 의식의 결정적인 역할을 조명했다. 이러한 의식이 우리가 현재 종교라고 인식하는 것과 닮은 것으로 진화함에 따라, 동일한 자극적 추진력은 처벌과 근절을 요하는 범죄, 즉 실제 죄가 되었다. 이 모든 과정은 이 책에 설명된 음악의 용도 변경, 재해석과 많은 유사점을 지닌다. 그러나 놀라운 일은 아니다. 음악과 의식은 항상 밀접하게 얽혀 역사를 공유해왔다.[5]

우리의 목적을 위해, 우리는 고대 메소포타미아 문화의 노래에 대한 이해뿐만 아니라 다른 사회의 전통을 파악하는 데 필수적인 이 연구의 음악적 의미에 관심을 갖고 있다. 아마 우리도 마찬가지일 것이다. 실제로 5천 년 전 다산의 노래와 의식은 많은 팝뮤직 유튜브YouTube 동영상의 내용과 묘하게 유사하다. 시에라 헬름Sierra Helm 연구원은 "고대 메소포타미아의 이난나Inanna 여신과 오늘날 미국의 유명인들을 향한 일탈적 관행" 사이의 유사성을 지적하기 위해, 수메르 여신에 대한 고대 묘사와 현대 여성 슈퍼스타들의 사진을 비교하기까지 했다. 때로는 팬들이 섹시 스타를 여신으로 지칭하거나, 팝 가수가 마돈나Madonna라는 이름으로 반나체로 종교적 성상 옆에 설 때처럼, 의식 숭배와의 연관성이 분명해지기도 한다. 심지어 언어와 설정이 순전히 세속적인 경우에도 현대 유명인의 숭배는 여러 면에서 고대 관습을 떠올리게 한다.**6**

아시리아 학자인 그웬돌린 레익Gwendolyn Leick이 지적하듯이 고대 메소포타미아에서는 "남성 나체 모형이나 남근 상징은 여성 모형이나 외음부 묘사에 비해 드물다." 나는 현대 대중음악에서 이런 현상을 '밥 포시 밈Bob Fosse meme'이라고 부르는데, 안무가 밥 포시가 잘 차려입은 남자(대개 정장을 입거나 제복을 입은 남자)와 옷을 거의 걸치지 않은 여자의 조합으로 안무를 만드는 것으로 유명했기 때문이다. 이조합은 '롤라Whatever Lola Wants(프랑스 감독 나빌 아우크Nabil Ayouch의 2007년 영화 —옮긴이)'에서 「블러드 라인Blurred Lines(미국 가수 로빈 시크Robin Thicke의 2013년 발표곡—옮긴이)」에 이르기까지 뮤직비디오와 영화에서 반복되는 판타지가 되었다. 메소포타미아의 더 노골적인 이미지에서 같은 방식을 찾아볼 수 있다. 여성의 성적 페르소나는 매력의 중심이다. 남자의 성적 우수성은 인정되지만, 보통 생식의 맥락에서다. 노골적인 결합으로 가득 찬 핵심 신화를 토론하면서, 레익은 "남성 주인공, 즉 전형적으로 젊고 왕성한 신들은 각각의 오르가즘에 임신을 한다"고 덧붙였다. 여기서 이 예측 가능한 남성의 효력은 여성의 출산율보다 덜 축하되고, 음악은 시각 예술만큼 이를 반영한다.[7]

그러나 다른 면에서 이 고대의 음악은 우리의 성적 히트곡과는 매우 다르다. 이 오래된 찬가의 에로티시즘은 초목과 자연 세계와 연결되어 있다. 사랑과 다산의 여신 이난나와 두무지 왕King Dumuzi의 성적 결합에 대한 묘사에서, 그녀의 벌거벗은 몸은 쟁기가 필요한 밭과 반복적으로 비교된다. 그녀는 자신의 "미개척지"를 가리킨다. "물기가 많은 나의 높은 들판. (…) 나의 벌거벗은 몸, 물이 잘 채워진, 솟아오른 둔덕." 그리고 묻는다.

나는 처녀, 누가 그것을 경작할까?
내 벌거벗은 몸, 촉촉하고 물 잘 드는 땅
나는 젊은 숙녀, 누가 황소를 데리고 올까?

그녀의 연인은 다음과 같이 대답한다.

젊은 여인이여, 왕이 그대를 위해 경작할 것이오.
두무지 왕이 그대를 위해 경작할 것이오.

노래가 절정에 이르면 이난나는 외친다. "만물의 영주여, 나의 거룩한 항아리를 채워주소서!"[8]

오늘날 라디오 방송에는 검열이 거의 존재하지 않지만, 나는 「Plow My Vulva('내 외음부를 경작해줘'라는 뜻—옮긴이)」라는 제목의 노래가 현재의 '무엇이든 허용되는' 사회에서도 방송국에 충격을 주었을 거라고 생각한다. 그러나 옛사람들은 찬가에 경고 표시가 붙을까 걱정하지 않았다. 성적 결합은 수치스러운 것이 아니라 축하할 일이었다. 간단히 말해서, 브라이언 윌슨Brian Wilson(미국 록밴드 비치 보이스 Beach Boys의 멤버—옮긴이)이 그의 곡에서 서핑을 위해 한 일(비치 보이스는 서프surf 음악으로 유명했다—옮긴이)을, 메소포타미아인은 성기를 위해 했을 뿐이다. 그럼에도 이 노래들은 자극적이도록 계획되지 않았다. 적어도 그것이 주요 기능은 아니었다. 더 큰 목적이 있었다. 공동체의 번영, 어쩌면 왕의 통치 정당성까지 그 대상이었다. 이는 특히 학자들이 흔히 그리스어 히에로스 가모스hieros gamos라고 부르는 신성한 결혼 의식에서 확연히 드러난다. 수메르어 판에서, 왕은 아마도 새해 축하와 함께 열렸을 특별한 연례행사에서 여신과 성관계를 할 것으로 기대되었다. 여신의 역할은 이난나의 대사제가 맡았으며, 의식과 관련된 노래들은 그녀의 관점에서 불렸다.

학자들은 이 둘이 정말로 성관계를 가졌는지, 아니면 단지 상징적인 결합을 나타낸 건지, 혹은 할리우드 영화에서의 베드신과 비슷한 것이었는지 토론한다. 나는 이 결합이 진짜였을 거라고 생각한다. 이 결합의 중요성은 너무나 컸고, 기록된 의식의 세부사항이 너무나 구체적이어서, 그 절정이 실제가 아니었을 것으로 상상하기가 어렵다. 그러나 그들의 결합의 역학은 우리의 목적상, 의식에 동반된 노래보다는 덜 중요하다. 그리고 노래는 상상력의 여지를 거의 남기지 않는다. "왕의 무릎에는 솟아오른 삼나무가 서 있었다." "내 음부를 경작해줘, 내 마음의 남자여." 이난나가 요구한다.[9]

다윈은 그런 노래에 대해 전혀 알지 못했다. 그는 프레이저의 연구나 울리의 발굴 훨씬 전에 음악의 성적 기원에 대한 논문을 내놓았다. 다윈은 이러한 의식과 노래가 음악이 전파를 보장하는 진화적 메커니즘으로 시작되었다는 자신의 이론을 확인해주는 것이라고 간주했을 것이다. 물론 그는 인간의 노래가 소나 작물의 증가가 아니라 더 많은 아기의 탄생을 이끌었다고 믿었지만, 생존 도구로서의 음악에 대한 그의 일반적인 생각은 이러한 후속 연구 결과와 양립할 수 있다. 사실 그가 《인간의 유래The Descent of Man》를 쓴 이후 150년 동안 축적된 증거들은 마법, 성, 다산, 의식에 대한 언급 없이는 노래의 진화를 이해하기 어렵게 한다.

이것이 바로 싱어송라이터가 처음 등장하는 정확한 맥락이다. 엔헤두안나Enheduanna는 우리에게 이름이 알려진 가장 오래된 작곡가로, 기원전 2260년경 수메르 도시 국가인 우르의 대제사장이었다. 그녀는 40여 곡의 찬송가를 작곡했는데, 전형적인 예배곡은 아니다. 이 사실이 '노래의 어머니'인 그녀가 학교 교과서에 나오지 않는 이유를 설명해 줄지도 모른다. 사실 엔헤두안나의 성적인 가사를 현대의 성직자들에게 보여준다면, 그들은 더러운 노래라며 소름 끼쳐 할 것이다. 많은 고대 수메르인도 이 음악에 반대했을 것이다. 적어도 1927년 레너드 울리 경이 발굴한 그녀의 이미지를 담고 있는 훼손된 설화 석고판으로 판단한다면 말이다. 울리는 여사제의 노골적인 가사 때문이 아닐지라도 석고판의 손상은 고의적이라고 믿었다. 엔헤두안나를 싫어하거나 두려워해야 할 이유는 많았다. 무엇보다도 그녀는 피를 흘리고 신성모독을 하는 것으로 유명한 아카드Akkad(메소포타미아 문명 최초의 제국-옮긴이)의 사르곤 왕King Sargon(바벨탑 건축을 지휘했던 성경의 니므롯Nimrod과 동일 인물이라는 해석도 있다)의 딸이었다. 고의적으로 손상된 석고판으로 사포 작품 대부분이 사라진 것 혹은《시경》을 남성 중심 시각으로 해석한 것처럼, 권위 있는 남성들이 여성의 노래를 지우거나, 소외시키거나, 재해석하려 시도했던, 다른 문화에서 많이 일어났던 패턴의 반복은 아닌지 고려해야 한다.

이미 호머 시대에 노래의 다른 목적이 감지되었는데, 이는 앞으로 수백 년 동안 중요성이 커질 것이다. 음유시인 데모도코스Demodocos가《오디세이》8권에서 연회의 흥을 띄우기 위해 불려졌을 때, 그는 '전쟁 영웅들의 유명한 일화'에 대한 노래를 불러야 했다. 피타고라스 혁명 이후 이 주제는 노래의 주된 목적이 된다. 가사는 에로틱한 그리움과 개인적 감정이 아닌, 힘과 권력을 찬양하는 수단이 된다. 오늘날 고대 서정시의 가장 유명한 가수는 사포일지 모르지만, 그리스인들은 시대의 영광과 남자들의 가치를 찬양했던 그녀의 후계자 핀다로스Pindaros를 훨씬 더 높이 평가했다. 현대에 와서 비밀경찰을 서양에 도입한 것으로 잘 알려진 부유한 폭군 히에론Hieron이나 올림픽 경기에서 다른 남자들을 괴롭힌 것으로 유명한 권투선수 디아고라스Diagoras(핀다로스가 제우스의 후손이라고 주장하는 사람)에 대한 노래를 듣고 싶어 하는 사람은 거의 없을 것이다. 하지만 이것이 당시 빌보드 차트에 오르는 방법(또는 고대 그리스 시대에 비슷한 가치를 가졌을 업적)이었다.[10]

오늘날 왜 이 문제에 관심을 가져야 할까? 우선 곡의 매우 다른 두 기능 사이의 대립을 이해하지 못한다면 현재 우리 음악도 이해하기 어렵다. 간단한 비교를 위해 대조적인 접근 방식, 즉 규율, 사회 질서, 권력자, 집단 순응을 강조했던 방식을 남성적 대안이라 부르고 다산, 황홀감, 마법을 강조했던 전통을 여성적 전통이라 부르겠다. 예를 들어, 드럼 연주의 역사적 역할을 살펴보며 이러한 기능 중 하나를 어떤 식으로 수행했는지 알아보자. 역사학자 요한 하위징아Johan Huizinga는 한때 전쟁터에 드럼이 도입되면서 낭만적이지만 구시대적인 기사와 기사도의 시대가 끝났다는 놀라운 관측을 한 적이 있다. 드럼은 군대에 통일성과 연대감을 심어주었지만, 이전의 전쟁 서술에서 큰 비중을 차지했던 개인의 개성을 희생시켰다. 물론 하위징아의 이야기가 의문스러울 수 있다(중세시대보다 훨씬 이전인 이집트 제17~18왕조 때 누비아Nubia 군대 드러머가 묘사된 그림이 있기 때문이다). 어쨌든 그는 사회 통제 도구로서 타악기의 힘을 정확하게 이해했다. 한편 드럼은 황홀한 트랜스 상태를 부추기고, 사회적 순응에 대한 요구를 타파하는 데 중요한 원천이 되어왔다. 후자의 드럼 소리는 스윙 시대의 무도회장과 우드스톡Woodstock(1969년 록 페스티벌이 열렸던 미국 뉴욕주의 도시ㅡ옮긴이)에서 일어났으며, 다른 고대 문헌과 이미지, 에우리피데스Euripides가 쓴《박코스 여신도들The Bacchae》에서 볼 수 있듯이 원래는 여성과 관련 있었다. 드럼의 이러한 기능을 모두 뒷받침할 수 있는 광범위한 과학 문헌이 있다. 우리의 뇌는 규율의 원천이자 초월을 위한 관문으로서 외부 리듬에 반응한다. 이처럼 뚜렷하게 정의된 대안은 음악사뿐만 아니라 현재의 관행에 대한 이정표다. 당신이 스네어 드럼을 어떻게 치는지 보여주면, 당신이 어떤 혈통을 주장하는지 말해줄 수 있다.[11]

고대 사회로 돌아가자. 음악사에서 이 파열의 규모를 이해하지 못하면 문학에 남겨진 노래에 대한 다양한 논평을 거의 이해할 수 없다. 예를 들어 플라톤은 음악에 대한 모순된 태도를 표현하는 것 같다. 어떤 시점에서는 불안을 표현하고 금지를 요구하며, 다른 시점에서는 교육에서 노래와 춤의 중요성을 주장한다. 면밀한 조사 결과, 그는 시민의 미덕을 지키고 질서 정연한 행동으로 이어지는 음악을 칭찬하지만, 바람직하지 않은 감정을 자극하고 부적절한 행동을 선동하는 노래를 제거하기를 원했다. 플라톤은 특히 음악적 애도에 적대적이다. 이는 사소한 문제처럼 보일지 모르지만 많은 것을 말해준다. 죽어가는 신에 대한 탄식가는 풍요 신앙 의식의 핵심 부분이었다. 성적 표현이 배제되었을 때도 마찬가지였으며, 이러한 종류의 노래는 억압 상태로 남아 있을 수 있는 감정을 전달하기 위해 의존하는 여성의 전문 분야로 여겨졌다. 플라톤 시대 이후 거의 1,500년 동안, 탄식가는 위험한 노래 장르라며 반복적으로 공격받았고, 힘 있는 사람들에 의해 제한되었다. 예를 들어, '죄악스러운' 음악에 대한 중세 기독교 선언에서 탄식가에 대한 비난은 반복되는 주제였다. 12세기 초 트루바두르가 등장할 때까지, 노래에서 개인적 감정에 지나치게 의존하는 것은 도덕적 결여의 표시로 여겨졌다. 심지어 여성스러운 것으로 여겨졌다. 수사학자 퀸틸리안 Quintilian은 로마제국 초기에 이 대조를 정리했는데, "여성스러운 무대의 음탕한 멜로디" 즉, "수수한 소녀에게 적합하지 않다"고 주장한 음악을 공격했고, "용감한 남자들을 찬양하기 위해" 음악이 사용되었던 때를 더 나았던 시대라며 그리워했다. 비슷한 맥락에서 카토Cato와 키케로Cicero는 이념적으로 충전된 카르미나 코누유알리아 carmina conuiualia에 대한 감탄을 표시했다. 이 용어는 때때로 '조상의 노래'로 번역되며, 저녁 식사 손님이 과거의 영웅을 칭찬하기 위해 연주한 음악을 가리킨다.[12]

여기서 다시, 우리는 이러한 우선순위에 변화를 가져온 영향을 제대로 파악하기 위해 장례 의식을 고려할 필요가 있다. 고대 및 중세 당국은 음악적 애도에 대해 놀라울 정도로 일관된 혐오감을 가지며, 천년 이상 여성들이 그것을 부르는 것을 막으려고 노력했다. 이 음악의 적들은 자신들의 공격을 반복할 필요가 있는 끈기로 판단하였지만, 슬픔과 애도의 노래를 근절하는 데는 그다지 성공하지 못했다. 그러나 고대인들은 뛰어난 지위를 차지하여 후세를 위해 보존하려 노력한 대용품에 의지했는데, 이는 바로 죽은 자의 행위를 찬양하는 찬가였다. 바드bard(방랑 시인─옮긴이)는 눈물을 자아내는 한탄에 대한 희망적 대안을 수행하기 위해 동원되었다. 죽음의 기회는 이제 우리가 소위 말하는 "가르칠 수 있는 순간"이 되었고, 적절한 음악을 통해 구경꾼들의 마음에 '남자다운' 미덕을 심어줄 수 있는 계기가 되었다.

우리는 오늘날 이러한 우선순위를 뒤집었다. 우리는 이제 노래가 개인적 감정, 특히 가장 친밀한 종류의 감정을 표현하기를 기대한다. 자랑과 칭찬의 노래는 현대인들에게 알려지지 않았다. 힙합(핀다로스 등의 고대 찬양 노래와 놀랄 만큼 유사점이 많다), 칼립소, 그 외 몇몇 장르에서 번성하지만, 이 예외를 제외하고는 과장된 야만적 행동은 대중음악의 주변에 머문다. 게다가 정치 군사 캠페인을 기념하는 노래는 최악의 경우 선전과 비슷하거나 기껏해야 역사가와 사회과학자의 영역에 들어가 우리를 불편하게 한다. 히트 음반과 유튜브 조회수로 볼 때, 우리는 음악을 성, 특히 여성성의 표현으로 보고, 깊은 감정의 표현으로 보는 훨씬 오래된 패러다임으로 돌아왔다. 우리는 메소포타미아 전임자들의 우선순위로 돌아왔다.

스토리텔러

Music: A Subversive History

The Storyteller

우리는 음악사에서 투쟁을 파악했다. 이 전투선battle line은 놀랄 만큼 끈기 있게 수세기에 걸쳐 다시 나타날 것이다. 한편으로 우리는 수학의 완전성을 추구하고 제도적 특권에 부합하는 질서와 규율의 음악을 접하고, 다른 한편으로는 마법 또는 트랜스 상태와 관련이 있고 위로부터의 통제에 저항하는 강렬한 감정의 음악을 찾는다. 후자의 음악은 단지 힌트와 단편으로 혹은 다른 손상된 상태에서 살아남았는데, 이를 통해 문화적 엘리트들이 그것을 어떻게 보았는지 알 수 있다. 어떻게 두려워했는지 알 수 있다는 게 더 정확할 것이다.

우리는 투쟁을 다르게 보도록 배웠다. 고상한 것과 저속한 것의 경쟁이 가장 익숙한 음악 구별 방법이고, 실제 교향곡의 세련된 음악과 대중들에게 인기 있는 선율 사이에서 선택이 이루어진다지만, 우리가 이미 보아온 바와 같이 이러한 갈등의 관점은 가장 본질적인 요소를 놓치고 있다. 위태로운 실제 문제를 파악하지 않는 한, 노래가 사회적 규범을 교란시키는 힘을 가진 이유 또는 수세기 동안 갈등이 되풀이되는 이유를 결코 이해할 수 없을 것이다.

그런데 여기에 특이한 반전이 있다. 음악에 있어서 제도의 실세들은 그들이 배제하고 싶어 하는 불분명한 노래들로부터 주기적으로 에너지를 주입받지 않고는 존재할 수 없다. 이곳이 음악사의 기관실이다. 외부인과 다양한 소외 계층의 강렬한 노래가 힘을 가지고 있으며 그 힘은 무시할 수 없다. 이는 도시 전체에 에너지를 공급할 수 있는 방사능 물질을 다루는 것과 같다. 일이 잘못되면 큰 위험이 따른다. 이것이 음악을 개념화하는 좋은 방법이다. 원하고 필요로 하지만, 늘 위험 경고가 뒤따른다.

그리스인들은 엘리트와 제도 선전을 위해 가사를 바꾸려고 했을 때 이를 직접 배웠다. 핀다로스는 서정시인들 중 가장 위대한 시인으로 찬사를 받았고, 그의 작품들은 학생들에게 암기되고 연회나 다른 위엄 있는 행사에서 공연되었지만, 대중들에게 얼마나 영향을 미쳤는지는 여전히 열린 질문으로 남아 있다. 핀다로스가 죽은 지 얼마 되지 않아, 고대 그리스 문명이 전성기였던 기원전 5세기 후반에, 희극작가 유폴리스Eupolis는 대중이 그들을 돌보지 않았기 때문에 존경받는 시인의 작품이 거의 들리지 않는다는 것을 인정해야만 했다. 그리스인들은 안전하고 존경받을 만한 종류의 노래를 만들고 싶어 했고, 시간이 흐르면서 모든 것이 깔끔하고 질서 있게 이루어지도록 가사에서 음마저 제거했다. 노래는 멜로디 없는 단순한 텍스트로 바뀌었다. 하지만 가사는 명성을 얻음에 따라, 영향을 미치고 영감을 주는 힘과 정서적 강도를 잃었다.

핀다로스만 하더라도 그가 작품 연주에서 어떤 역할을 했는지, 그의 작품들은 합창 혹은 솔로 가수를 위한 것이었는지, 후자라면 핀다로스 자신이 보컬이었는지 그 어떤 것도 확실치 않다. 아마도 그는 어빙 벌린Irving Berlin, 콜 포터Cole Porter(미국 뮤지컬 분야에서 최고로 꼽히는 전설적인 작곡가들-옮긴이), 그리고 현대 틴 팬 앨리Tin Pan Alley(뉴욕의 음악출판사 밀집 지역. 이 지역에서 성공적인 대중음악을 만들어낸 작곡가 집단을 지칭하기도 한다-옮긴이) 작곡가처럼 다른 사람들이 연주할 수 있도록 노래를 만드는 막후 존재였을 것이다. 아니면 교향악 지휘자와 비슷한 훈련을 받고 지휘를 했을 수도 있다. 확신을 가지고 말할 수는 없지만, 그의 가사가 지도자와 통치 기관의 명성을 유지하고 교육 도구로 사용되었다는 것만은 확실히 알고 있다.

가사와 다른 노래는 교훈적 역할이 강조되면서, 점차 당신이 쓰고 말하는 것으로 진화했다. 가사는 더 이상 음악과 춤에 통합된 활기찬 공연이 아니었다. 서정시인 호라티우스Horatius(로마 사회에서 핀다로스와 가장 가까웠던 시인)가 등장할 무렵, 이 글들은 더 분명하게 가수가 아닌 작가의 작품이 되었다. 저자들은 여전히 음악 연주자의 자세를 취할지도 모른다. 우리는 〈아이네이스Aeneis〉(로마 시인 베르길리우스Vergilius의 서사시-옮긴이)의 첫 줄과 누군가 노래했으리라 예상하기 어려운 많은 고전 시에서 "나는 노래한다"는 문구를 발견한다. 호라티우스의 전기에서 그가 자신의 실제 시 음악 공연에 참여한 하나의 사례를 발견할 수 있는데, 아우구스투스Augustus 황제의 명령에 의해서였다. 이것이 라틴어 문학에서 가장 유명한 이 작사가가 실제로 우리가 요즘 말하는 가사, 즉 노랫말을 실제로 작곡했음을 확신할 수 있는 유일한 정황이다.

스토리텔링 노래는 서정시보다 훨씬 더 좋은 교훈을 줄 수 있었다. 서사적 명료성보다 정서적 공감에 더 의존했으며, 따라서 제도적, 계층적 요구에 특히 잘 맞았다. 스토리텔링 노래는 역사적 지식과 종교적 교리를 보존했고, 소중한 신화, 문화적 신념, 핵심 학습을 대대로 아주 정확하게 전파했다. 고대의 클라우드 저장소라고 부를 수 있다. 고대 사회에서 흔히 그랬듯이 훌륭한 인물을 찬양하는 데 이야기 노래는 꼭 들어맞는다. 가장 유명한 유형인 서사시는 영웅적 행위의 매력과 흥분을 바탕으로 만들어졌다. 무엇보다도 이야기 노래는 기분 전환과 오락의 역할을 하면서 이 모든 것을 성취했다. 이런 이유로, 이야기 노래는 권력 구조와 엘리트 특권을 지지할 수 있었고, 듣는 이들은 숨겨진 목적을 거의 알아채지 못했다.

정보 저장 매체로서의 곡의 효능을 의심한다면, 어린 시절의 풍부한 기억을 간직하고 있는 마오리족 아이들의 경우를 생각해보라. 그들은 어떤 문화권보다 좋은 기억력을 가지고 있는데, 공동체 구성원들은 평균적으로 2.5살부터의 기억을 갖는다. 이들은 가장 오래된 기억에 대한 세부사항을 질문받을 때, 다른 문화권의 사람들과 다른 방식으로 이를 묘사하는 경향이 있다. 즉, 가족 이야기와 연결하는 경향이 매우 큰 반면, 사진이나 수집품과 관련짓는 일은 별로 없다. 엄마들은 종종 아이들에게 '출생 이야기'를 들려주는데, 이는 새로운 구성원의 탄생에 대한 이야기이다. 이런 식으로 개인의 정체성마저 스토리텔링에 근거를 두고 있다. 여행이나 외출과 같은 다른 두드러진 사건들도 스크랩북 같은 이미지가 아니라 가족 단위의 확립된 전설의 일부로서 보존된다. 시각적 기억이 사라진 후에도 들은 (또는 노래한) 이야기의 청각적 기억이 오랫동안 남아 있는 것이다.[1]

스토리텔링이 홈 무비home movie나 가족사진 등 강력한 이미지도 해내지 못하는 방식으로 우리의 뇌를 형성한다는 결론에서 벗어나기 어렵다. 남아 있는 수렵 채집인 사회의 현장 연구는 우리에게 스토리텔링 기술이 지역사회에서 가장 소중한 재능 중 하나임을 말해준다. 인류학자 안드레아 미글리아노Andrea Migliano가 필리핀의 수렵 채집인 아그타Agta족 300명에게 그들이 가장 함께 살고 싶은 다섯 명의 사회 구성원을 뽑으라고 요청했다. 그녀는 그들이 사냥에 가장 능숙하거나, 가장 체력이 뛰어나거나, 어쩌면 가장 상세한 의학 지식을 가진 사람들을 선호할 것이라고 예상했다. 그러나 그들은 다른 모든 기술보다 스토리텔링을 중시했다. 그녀는 이러한 이야기가 단순히 재미있는 일화가 아니라 그룹의 생존 및 기능적 능력에 중요한 역할을 한다는 결론을 내렸다. '한 장의 그림이 천 마디의 가치가 있다'는 오래된 격언도 있지만, 우리의 개인적 발전 측면에서 말이 더 지속적으로 영향을 미치는 것 같다. 물론 말이 이야기에 담겨 있을 때 말이다.

긴 이야기를 기억하는 부족 원로들의 능력에 대한 다양한 기록이 있다. 과학지식을 보존하는 그들의 기술은 잘 알려지지 않았지만 꽤 인상적이다. 나바호Navajo 부족의 구성원들이 동물학자들과 협력하여 그들의 토착지에 있는 곤충들을 분류했을 때, 그들은 700종이 넘는 종에 대해 묘사하면서 그들의 노래와 민화folklore를 사용했다. 필리핀 민도로섬의 하누누Hanunoo 부족은 그들과 협력한 훈련된 전문 식물학자들보다 식물을 식별하는 데 훨씬 더 능숙했다. 그들은 1,625개의 식물을 분류하고 그것들의 약효와 식품으로서의 적합성에 대한 심층적인 정보를 제공했다. 브라질과 페루의 국경지대에 있는 아마존 열대우림의 마세스Matses족은 최근 전통 의학의 집단 기억을 인쇄물로 기록하기로 했고, 500페이지에 달하는 백과사전을 만들었다.[2]

이 공동체들은 서로 수천 킬로미터 떨어져 있지만, 축적된 지식을 보존하기 위해 놀랄 만큼 유사한 문화 수단에 의존한다. 노래는 이 과정의 핵심이다. 연구원 린 켈리는 "원주민 노인이라면 수천 곡의 노래를 알고 있다"고 말했다. "노래는 식물과 동물뿐만 아니라 모든 풍경과 자원을 암호화한다. 노인은 부싯돌과 흑요석, 소금과 황토를 어디서 찾아야 하는지 알아야 하고, 그 과정에서 사방이 똑같아 보이는 도로가 없는 지형을 횡단하는 능력을 갖춰야 하는데, 이는 자원을 수집하고 거래하는 데 매우 중요하다." 고대부터 전해오는 기억에 관한 주요 전문가들은 사실이든 상상이든 사실을 물리적 위치에 연결하는 힘에 주목했다. 이 기술에 대해서는, 많은 사람이 그의 능력 때문에 마법사로 간주했던 16세기 예수회 선교사 마테오 리치Matteo Ricci로 거슬러 올라간다. 그는 "기억의 궁전memory palace" 기술(특정 장소를 단서로 만들어 기억할 것들을 배치하는 방법-옮긴이)을 통해 긴 텍스트와 단어 목록(역순으로 암송할 수도 있었다)을 기억했다. 이 방법은 현재 세계 기억력 선수권 대회에서 여덟 차례 우승한 도미니크 오브라이언Dominic O'Brien에게 여전히 유용한 연상법이다. 켈리는 "더 이상 효과적인 방법이 발견되지 않았기 때문에 모든 현대 기억력 챔피언은 동일한 방법을 사용한다"고 말했다.[3]

　　노래와 물리적 이정표의 조합은 특히 정보를 저장하는 데 강력하며, 이 기술의 힘을 알지 못하는 외부인들에게는 신비감을 준다. 야생동물 생태학자인 수 처칠Sue Churchill은 동굴 박쥐의 서식지에 대한 연구를 이끈 호주 송라인(호주 원주민의 영적인 공간 개념-옮긴이) 전문가인 부족 장로들과 함께 일하면서 그 효능을 직접 발견했다. 그녀는 장로들이 몇 년 동안 방문하지 않았던 동굴을 찾아 오래된 랜드 크루저(토요타의 SUV-옮긴이)로 지도 없이 여행하고 있었다. 처칠은 "한 지점에서 모래언덕을 지나 작은 수직 입구에서 3미터만 떨어져도 보이지 않는 동굴까지 100킬로미터를 건너야 했다"고 썼다. "우리를 안내한 노인들은 모래언덕 모양으로 항해하고 있었다. 그들은 이따금씩 멈춰 서서 여행의 랜드마크를 기억할 수 있도록 긴 노래를 부르곤 했다." 젊은 시절 배웠던 노래는 수십 년 후에도 이정표 역할을 했다.[4]

　　다른 문화권에서는 이와 동일한 역할을 수행하기 위해 물건에 의존했다. 시베리아 에벤키Evenki족은 눈금을 새긴 막대기에 700곡을 '저장'할 수 있었다. 아메리카 원주민 사회에서는 구슬 벨트가 비슷한 기능을 했다. 식민지 이전 중앙아프리카의 루바Luba 제국에서 중요한 정보는 일종의 메모리 보드나 메모리 스틱(이 간단한 설명만 들어도 반도체와 USB 장치가 떠오른다)인 루카사lukasa에 저장했는데, 조각된 무늬나 내장된 구슬, 장식한 조개껍데기로 저장 용량을 확장할 수 있었다.

린 켈리는 스톤헨지Stonehenge와 같은 구조물이 유목 생활에서 정착 농업 생활로 옮겨간 집단에 대한 부족의 기억을 보존하는 한 방법이었다고 믿고 있다. 그들은 귀중한 정보를 잃을 것을 두려워하여, 기억을 보존하는 도구로 사용할 수 있는 더 작은 지형지물을 만들었다. 돌들은 전통적인 메모리 스틱의 큰 버전이었다. 현대의 연구원들은 스톤헨지를 만든 사람들이 글을 읽을 줄 몰라서 문서를 남기지 않았다고 한탄한다. 그러나 돌들이 바로 그러한 텍스트가 존재하지 않는 이유일 수 있다. 그렇다면 우리는 돌들이 보존하려 했던 노래와 지식을 놓친 셈이다.

나는 우리가 노래의 힘을 얼마나 과소평가하는지 분명히 하기 위해 이러한 문제들에 대해 곰곰이 생각한다. 우리는 노래가 단순히 오락의 도구라고 배웠다. 정보를 저장하거나 행동을 형성하거나 공동체에 어떤 영향을 미치기 때문에 특별한 힘을 지닌 특정 종류의 노래를 발견하면, 권력을 가진 인물들이 어떤 식으로 그 범위와 영향력을 제어하려 했는지 살펴봐야 한다. 스토리텔링은 단지 다른 형태의 오락처럼 보일 수 있지만, 이 노래들은 생사의 문제일 수도 있고, 전쟁, 사랑의 도피, 그 외 수많은 다른 중요한 사건을 고무시킬 수도 있다. 만약 당신이 이 노래들을 통제할 방법을 찾는다면, 당신은 전체 공동체의 행동을 형성하고 당신 자신의 지위나 권위를 보호할 수 있을 것이다.

심지어 문학 집단에서도 이야기와 문화적 전설이 노래의 형태로 보존될 때 더 탄력적이 된다는 사실을 배웠다. 이 사실에 대한 궁극적 증거는 바로 이러한 이야기들이 오늘날에도 현존한다는 것이다. 고대 그리스인에 대해 우리가 아는 많은 것은 《일리아드》와 《오디세이》의 위대한 서사시에서 비롯된다. 흔히 현존하는 주요 문학 작품 중 가장 오래된 것으로 여겨지는 〈길가메시 서사시〉는 아시리아 역사 연구상 가장 중요한 발견이었다. 힌두어 서사시 〈마하바라타Mahabharata〉와 〈라마야나Ramayana〉가 낭송이나 음악 공연에서 유래한 것인지는 불분명하지만, 나는 그리스어 웅변가 디오 크리소스톰Dio Chrysostom(기원후 40여 년경 출생)이 "호머의 시는 인도에서도 불리는데, 이는 그들의 말과 혀로 번역해낸 것"이라고 한 말이 바로 이러한 산스크리트어 작품을 가리키는 것이라 믿는다. 이러한 경우와 다른 많은 경우에서, 노래 이야기는 수천 년 동안 살아남았으며, 이제 신화, 문학, 역사 그리고 지금까지 이상하게도 거의 언급되지 않았던 음악을 연구하는 데 기초적인 자료로 사용된다.[5]

　마지막 사실은 분명해 보일 것이다. 하지만 서사시에 관한 가장 영향력 있는 10~20편의 학술 작품을 추적하면, 음악학자가 쓴 것은 하나도 없다는 사실을 알게 된다. 요즘에는 이야기를 전달하기 위해 노래에 의존하지 않기 때문에, 이러한 전통과의 밀접성을 축소하는 경향이 있다. 그 대신 노래들이 개인적 감정을 전달하기를 기대한다. 이것은 가장 자주 사랑과 관련되며, 우리가 가장 아끼는 멜로디의 약 90퍼센트 뒤에 숨은 영감이기도 하다. 물론 다른 강력한 느낌으로 충분할 수 있다. 그것은 펑크 로커에게 분노일 수도 있고, 래퍼에게는 반항일 수도 있으며, 컨트리 가수에게는 픽업트럭을 몰고 일몰 속으로 갈 때 느끼는 외로움일 수도 있다. 어쨌든 오늘날에는 노래에 강력한 감정이 필요하다. 그게 없다면 청중도 히트곡도 없다.

음악 전문가가 서사시에 대해 잊었다면, 문학자들이 음악의 중요성을 고려해야 한다. 사실 서사시와 구전에 대한 우리의 학문적 이해에서 가장 큰 돌파구는 커피숍에서 음악 공연을 하는 동안 일어났다. 과장이 아니다. 1930년대 중반, 하버드 고전주의자 밀먼 패리Milman Parry와 그의 제자 앨버트 로드Albert Lord는 도서관과 기록보관소를 뒤로하고 그들이 음악을 만든 실제 환경에서 살아 있는 마지막 음유시인을 찾아냄으로써 호머와 전통 서사시의 기원에 대한 우리의 이해를 바꾸었다. 구전 문화에서 문자 문화로 전환되는 후기 단계에서도 이 유서 깊은 스토리텔러 가수들은 여전히 발견될 수 있었는데, 현대 오락에 의해 비교적 닿지 않은 지역들, 특히 외딴 커피숍에서였다.

"가수를 찾는 가장 좋은 방법은 터키 커피하우스를 방문하여 문의하는 것이었다." 앨버트 로드는 나중에 설명했다. 원래 계획은 그게 아니었다. 로드의 스승인 패리는 소련에서 현장 작업을 하기를 바랐지만, 필요한 허가와 여행 서류를 확보할 수 없었다. 그는 발칸반도의 세르보크로아티아어Serbo-Croatian 서사시 전통의 기원을 찾을 수 있다고 여겼지만, 이는 오래된 노래를 연주할 수 있는 음악가를 찾는 경우에 가능한 것이었다. 하버드 학자들이 토글스위치toggle switch(아래위로 젖히는 방식의 스위치—옮긴이)가 있는 두 개의 턴테이블을 통합한 맞춤형 필사 기계를 장착하여 패리는 긴 노래를 계속 녹음할 수 있었고, 서사시와 서양 문화의 기원에 대한 우리의 개념을 영구적으로 변화시킨 15개월간의 수집 탐험에 착수할 수 있었다. 그들의 가장 큰 돌파구는 나중에 그들이 "유고슬라비아의 호머"라고 부른 특별한 사람을 소개받으면서 마련됐다. 커피하우스의 한 터키인은 많은 가수를 알고 있다고 말했는데, 그중 최고는 많은 미시시피 블루스 음악가들이 사용하는 디들리 보diddley bow(긴 나무판자 양쪽 끝에 못을 박고 철사 끈을 연결한 악기-옮긴이)와 놀라운 유사점을 가진 한 줄악기 구슬레gusle로 정교한 노래를 연주한 문맹 농민 아브도 메데도빅Avdo Međedović이었다.[6]

처음부터 언급했듯 이 책의 주요 목표 중 하나는 현재 문화 엘리트들과 관련된 '존경할 만한' 음악 전통이 실제로 노예, 보헤미안, 반란군, 농민 같은 외부인들로부터 왔음을 보여주는 것이다. 여기서 우리는 이 원칙의 놀라운 예를 발견한다. 교육받지 않은 농민이 하버드 학자들에게 서사시의 본질을 보여주고, 현대 학문의 방향을 바꾸었을 뿐만 아니라, 실제로 호머와 서양 문화의 기초 작품을 만든 문학 거장들과 우리와의 가장 가까운 현대적 대응 관계를 보여주었다.

이 이야기가 끝이 아니다. 밀먼 패리가 아브도 메데도빅과 마주친 거의 같은 순간에 미국의 위대한 노래 수집가 존 로맥스John Lomax는 훗날 '흑인 호머'로 묘사할 만한 놀라운 연주자를 만난다. 제임스 "아이언 헤드" 베이커James "Iron Head" Baker라는 이름을 가진 이 놀라운 사람은 텍사스의 헌츠빌 교도소에서 99년 형을 살고 있는 아프리카계 미국인이었다. 메데도빅처럼 아이언 헤드는 분명 전성기가 지난 60대로, 축음기가 발명되기 전에 태어난 그 마지막 세대의 노래꾼이었다. 신중한 문화사 학생은 일반적으로 현존하는 문서의 여백에 언급된 다른 사람들을 찾는다. 예를 들어, 장문의 이야기를 기억해서 노래하는 능력으로 유명한 예술 평론가 존 러스킨John Ruskin을 현혹시킨 목동 베아트리체 베르나르디Beatrice Bernardi가 있다. 또는 스토리텔링으로 톨스토이Tolstoy를 놀라게 한 문맹 서사시 가수 바실리 셰골레노크Vasily Shchegolenok도 그 유명한 소설가가 전달 방식까지 모방할 정도로 대단한 인물이었다. 사실 우리는 영어 문학사에서 또 다른 목동 캐드먼Caedmon의 신비한 형상을 만나게 되는데, 그는 그의 노래로 성 비드Venerable Bede에게 깊은 인상을 남겼고, 비드는 8세기 초 교회 역사에 〈캐드먼의 찬가Caedmon's Hymn〉를 보존했다. 그것은 영어로 쓰인 가장 오래된 시 작품이다.

대학 시절 문학을 전공했을 때, 나는 구전 전통에 대해 그리고 그것이 우리 문화유산에서 어떻게 획기적인 작품을 형성했는지에 대해 거의 아무것도 배우지 못했다. 우리는 제프리 초서Geoffrey Chaucer(중세 영국 시인−옮긴이)를 공부했지만, 공연 스토리텔링이 그의 작품에 미친 영향에 대해서는 배우지 못했다. 비록《캔터베리 이야기The Canterbury Tales》의 이야기 플롯이 정확히 이런 종류의 전통을 중심으로 전개되고 있음에도 말이다. 최근에 학자 크리스토퍼 캐넌Christopher Cannon은 초서가 정말로 작가인지 의문을 제기했고, 그가 자신의 작품《트로일루스와 크리세이드Troilus and Criseyde》의 8천 줄을 모두 기억해서 암송했을지도 모른다고 주장했다. 캐넌은 케임브리지 코퍼스 크리스티 칼리지 도서관이 소유한 초서의 유명한 초상화가 종종 "책 읽는 초서"로 묘사되지만, 이미지에는 책이 없다고 지적한다. "초서는 작가가 아니라 선언자나 낭송자다." 위대한 서사시인 존 밀턴John Milton은 공연자 혹은 낭송자로서 더욱 설득력 있는 사례다. 이 맹인 시인은 딸들에게 《실낙원Paradise Lost》을 쓰도록 지시했다. 그의 설명에 따르면, 밤중에 대사들이 그에게 왔고, 새벽이 오면 그는 그것들을 전사하여 공유할 준비가 되어 있었다. 영어의 세 번째 정통 시인인 셰익스피어도 다른 곳은 아니더라도 무대에서는 분명 공연자였으며, 그의 작품에 약 100개의 노래가 포함되거나 언급되는 등 음악이 그의 연극에서 중요한 역할을 했다. 셰익스피어는 그의 공연을 인쇄된 책으로 바꾸는 데 거의 관심이 없었다. 4절판 책으로 나온 그의 첫 출판물은 거의 확실히 그의 참여 없이 일어났는데, 아마도 무대에서 말하는 대사를 기억한 관객이나 배우들에게 의존했을 것이다. 영문학의 첫 번째 위대한 작품인 익명의 구술 서사시 〈베어울프Beowulf〉를 여기 추가하면 놀라운 결과를 얻을 수 있다. 초서, 셰익스피어, 밀턴, 베어울프의 저자 등 〈캐드먼의 찬가〉 이후 첫 천 년 동안 영국 시의 위대함을 정의한 네 명의 작가는 전통적인 의미로 실제 작가가 아니었다. 그들은 현대 작가보다는 전통적인 바드에 더 비슷한 연주자와 낭송가였으며, 모두 뛰어난 암기 기술에 의존했다.[7]

로드와 패리는 현장 연구에서 텍스트에 의존하는 것에 대한 뚜렷한 저항을 발견했다. 그들은 자신들이 마주친 모든 위대한 가수가 문맹이라고 주장했다. 학자들은 이 점이 눈먼 것보다 일관된 특성이며, 종종 위대한 음유시인(전설에 따르면 호머 자신도)과 관련이 있다고 결론지었다. 다시 말해, 보는 능력은 가수의 성공에 미미한 역할을 했지만, 읽는 능력은 오히려 이 음악가들이 입증한 엄청난 기억력을 발전시키는 데 방해가 되었다. 이 발견의 가장 두드러진 예로, 메데도빅은 7일 동안 노래를 외웠고 이후 이는 한 권의 책으로 출간되었다. 이 작품은 《스마일라기치 메호의 결혼식Wedding of Smailagić Meho》으로 12,311줄에 이른다. 호머의 《오디세이》와 거의 같은 길이다. 나중에 로드는 이 이야기가 유명한 그리스 서사시에 나오는 텔레마코스Telemachus 이야기와 많은 유사점을 지닌다고 말했다.

패리와 로드는 고전 학문의 위대한 미스터리 중 하나를 풀었다. 그들이 연구를 수행했을 때, 대부분의 전문가는 호머풍의 서사시가 글쓰기가 부족한 사회에서 유래되었다고 믿었다. 이 이론은 어떻게 그런 복잡한 작품이 보존되었는지에 대한 의문을 제기했다. 메데도빅과 그의 동료들은 글쓰기가 실제로 노래 이야기를 발명한 사람들에게 걸림돌이 되었을 수도 있음을 분명히 했다. 이는 데이터 저장장치가 널리 보급되고 개인의 기억력이 평가 절하되는 우리 시대에 진지하게 생각해볼 만한 문제다. 오늘날에도 특정 종류의 창의성이 외부 저장장치에의 의존으로 방해받고 있는가?

이야기의 발명가들에게 글쓰기가 자산이 아니라면 악기야말로 필수적인 것으로 입증된다. 하버드 연구원들은 일부 가수들이 구슬레를 손에 쥐지 않으면 실망스럽게도 단어를 기억하지 못하는 것을 발견했다. 한 연주자는 "구슬레 연주와 함께 들으면 한 번밖에 듣지 못한 노래도 따라할 수 있었다." 하지만 음악적 요소가 제거되자 이야기는 무너졌다. 필경사에게 받아쓰게 한 가수들은 한 줄에 있는 음절수도 혼란스러워했으며, 때로는 그냥 산문으로 넘어갔다. 로드는 "이러한 경우는 교훈을 준다. 최상의 상황에서 최고의 서기관에 의해 받아쓰기가 수행된 경우에도, 구술된 텍스트가 행 구조의 관점에서 노래 텍스트와 완전히 동일하지 않다는 것을 나타내기 때문이다. 가수는 특이한 상황에서 전통적인 패턴으로 고군분투하고 있다"고 말했다.[8]

독자들에게도 이와 비슷한 경고를 해야겠다. 전통적인 서사시는, 수세기 동안 문학적인 텍스트로 취급되어온 전례에도 불구하고, 인쇄된 페이지에 그들의 본질을 드러내지 않는다. 그것들은 무엇보다도 우리의 음악적 유산에 내재되어 있으며, 리듬과 멜로디의 도움 없이는 인간의 역사에 등장하지도, 오늘날까지 지속되지도 않았을 것이다. 아브도 메데도빅의 공연 영상을 찾아보면 이를 감지할 수 있는데, 1930년대 휴대용 장비의 거친 영상과 형편없는 오디오에도 연주자와 청중 모두에게 매혹적인 음악의 질이 튀어나온다.

20대 초반에 처음 이런 공연을 접했을 때, 나는 재즈와 비슷한 점에 놀랐다. 로드와 패리는 서사시 가수들이 복잡한 이야기를 전달할 수 있는 유일한 방법은 즉흥 연주와 광범위한 언어 공식, 그리고 패턴의 조작에 의존하는 것이라는 점을 발견했다. 어떤 작은 악절은 음절 길이와 박자가 다양한 맥락에서 유용해 몇 번이고 사용되었다. 로드의 연구를 읽을 당시 나는 색소폰 연주자 찰리 파커 Charlie Parker와 다른 비밥bebop 즉흥 연주자들의 재즈 솔로를 연구하고 있었는데, 이 음악 공연에서도 똑같은 것을 보았다. 파커는 트레이드마크와도 같은 특정 작은악절에 의존했고, 그것들을 다른 맥락에 맞추는 데 특별한 능력을 보여주었다. 음과 음조는 그대로 유지될 수 있고, 심지어 전체 작은악절 길이(때로는 몇 박자, 드물게는 한두 마디 이상)는 거의 변하지 않을 것이다. 그러나 파커는 이 멜로디 구성 요소를 다른 조화로운 맥락에서 사용하는 데 끝없는 독창성을 발휘했고, 다른 박자로 시작하거나, 예상치 못한 곳에 한 구절로 삽입하곤 했다. 재즈의 맥락에서 그러한 전략은 나에게 깨달음이었다. 나는 완전히 자발적인 즉흥 연주처럼 들리는 것이 종종 적절한 양의 반복과 영리한 공식을 아우른 결과임을 알게 되었다. 그리고 호머의 서사시에서 반복되는 형용구들, 예를 들어 '장밋빛 손가락 같은 새벽rosy-fingered dawn', '발 빠른 아킬레스swift-footed Achilles' 등은 비슷한 방법론에서 비롯되었다는 것을 로드와 패리에게서 배웠다. 재즈 솔리스트와 마찬가지로 스토리텔러 가수는 라이브 공연의 열기 속에서 즉흥 연주의 요구를 충족시키기 위해 이러한 상투적인 음절로 눈을 돌린다. 이런 통찰력을 얻은 후, 나는 다시는 호머(또는 다른 서사시 작가들)를 같은 방식으로는 읽을 수 없었다.

패리와 로드의 마지막 발견은 강조할 가치가 있는데, 이는 연주자보다 오히려 관객과 관련이 많다. 학자들은 "서사적 노래는 현재(1930년대 중반) 또는 아주 최근까지 작은 도시와 마을에서 성인 남성 인구의 주요 오락거리였다"고 배웠다. 여기서 다시 이 작품들의 엘리트적 지위에 의문이 제기되고, 전통적 서사시는 우리 시대의 블록버스터 영화, TV쇼, 비디오 게임과 더 닮아 보이기 시작한다. 발칸반도의 커피하우스에서 우리 학자들은 《일리아드》나 〈베어울프〉나 《롤랑의 노래Chanson de Roland》와 같은 작품이 음악적 서사로 제시되었을 때 어떻게 대중오락의 역할을 할 수 있었는지 직접 보았다. 리스너들은 우리가 본 것처럼 연주자들과 다를 바 없는 문맹 농민일 수도 있지만, 그 점이 '문학적인' 고전을 즐기는 데 아무런 장애가 되지 않는다는 것을 증명해 보였다. 여기서 다시, 고상한 음악과 저속한 음악의 전통적 구별이, 우리를 착각하게 하고, 눈앞의 현실을 파악하지 못하게 한다.[9]

그런데 이 작품들을 오락으로 분류할 때, 이 작품들이 현실 도피적이라고 섣불리 묘사하지는 말아야 한다. 요즘은 '엔터테인먼트'와 '현실 도피'라는 단어가 함께 쓰이는 경우가 많다. 엔터테인먼트는 현대 사회에서 도피다. 그러나 이러한 서사시를 낳은 전통적인 사회에서는 그렇지 않았다. 우리가 이미 언급했듯이, 노래는 사회의 지식과 지혜의 저장소 역할을 했다. 《일리아드》와 같은 서사시는 젊은 남성들이 군인의 삶을 준비하는 데 도움이 되었다. 호머는 그 서사시에서 201명의 트로이인과 54명의 그리스인의 죽음을 묘사하는데, 여기에는 창(사망자 중 100명을 죽였다), 칼, 화살, 바위 등 다양한 무기의 사용이 포함된다. 요즘 영화에서 그런 대학살을 다룬다면, 흥분을 더하기 위한 것이라 가정할 것이다. 그러나 고대 그리스에서는 실제 생활에서 맞닥뜨릴 수 있는 상황에 대해 배우는 것이었다. 창으로 사람을 죽이거나 칼로 죽이거나, 큰 바위로 그런 도구를 뺏어야 할 터였다. 그런 일에 휘말리고 싶지 않더라도 페르시아인이나 스파르타에 있는 다른 그리스인들이 그런 상황으로 내몰지도 몰랐다.

고대에도 이야기 노래의 오락적 가치는 선전 도구나 지배 계급의 지원에 사용되었다. 새로운 노래 방식은 농민, 외부인, 보헤미안 또는 반란군의 표현에서 비롯되었더라도, 확립된 세력은 그 힘을 사회적으로 수용할 수 있는 방향으로 보내는 방법을 모색한다. 이 과정은 《시경》에서 엘비스에 이르기까지 인류 역사에 깊이 뿌리 박혀 있으니, 직접적인 설명과 증거가 부족한 경우에도 찾아보는 것이 좋다.

이러한 패턴은 우리가 노래 서사시의 본질에 대해 그럴듯한 가설을 세우게 한다. 호머와 다른 노래하는 바드들은 아마도 귀족에게서 태어나지는 않았지만, 메데도빅, 베아트리체 베르나르디, 캐드먼, 제임스 "아이언 헤드" 베이커와 같이 자신들의 놀라운 정신력을 통해 영향력을 성취했을 가능성이 높다. 한 개인이나 한 집단이 서사시를 완성했는지는 논쟁의 여지가 있지만, 우리가 이러한 현대적인 바드에게서 배운 것은 천재적인 사람은 최소한의 협력자만 있어도 서사 작품을 만들고, 외우고, 공연할 수 있다는 것이다. 비록 이 최초 청중들이 이야기의 가수와 같은 낮은 계급 출신이더라도, 노래는 실제 공연에서 그것의 힘을 증명하고 열성적인 청중들을 찾아낸다. 지배계급은 결국 그런 본질적인 매력을 지닌 서술의 가치를 발견하고, 이 노래들을 그들 자신의 이익으로 바꾸는 방법을 모색한다. 서사시는 애국심을 불러일으키고, 전투에 임하는 사수들의 용기를 북돋우고, 집단을 결속하게 하고, 다양한 정치적 시책을 정당화하는 데 그 가치가 있다. 이 단계에서 서사시는 존경받는 텍스트로 보존되며, 목축업자나 소작농이 창작한 작품이라는 기원은 잊힌다. 그렇기 때문에(학자들이 잘 알고 있는 이 결과는 연구의 출발점이기도 하다) 시는 매우 상세하게 남는 반면, 시인의 전기는 사실상 존재하지 않는 것이다.

호머풍 서사시의 보존에 관한 증거는 이 이론을 뒷받침하는 경향이 있다. 이러한 문헌을 보존하고 전파하려는 열정은, 아테네의 폭군 페이시스트라토스Peisistratos가 한여름 축제에서 호머 서사시를 통째로 낭송한다는 법령을 발표한 기원전 6세기 주요 전환점으로 거슬러 올라갈 수 있다. 많은 사람은 이 시대를 이 오래된 시가 존경받는 작품으로 간직된 시기로 본다. 정통성과 대중적 지지를 추구하는 독재자가 호머와 영웅적 서사시 전통에 동조하는 것은 우연일 수 없다. 기원전 6세기의 또 다른 이야기는 살라미스(아테네 남쪽 섬으로 아테네와 페르시아의 전투가 벌어진 곳−옮긴이)에 대한 지배권을 둘러싼 분쟁에 연루된 아테네인과 메가리아인Megarians에 관한 것인데, 양측은 응원을 위해《일리아드》의 한 구절을 인용하고 있다. 이 노래 이야기는 기원이 무엇이든 정치적 도구 역할을 할 운명이었다.

가수의 등장

Music: A Subversive History

The Invention of the Singer

오늘날 우리는 가수와 노래의 연관성을 일종의 인과관계처럼 당연하게 여긴다. 가수는 노래를 만들고, 음악은 그 과정에 들어간 감정과 내면의 삶을 표현한다. 우리는 이 과정에 너무 매료되어 음악보다 연주자에게 더 많은 관심을 쏟는다. 많은 사람이 세계적으로 유명한 가수를 음반보다 더 잘 알아볼 것이다. 현대 산업의 관점에서 보면, 예술가의 이미지는 음악의 브랜드나 구체화된 로고 같다.

지금은 그 반대였던 세상을 거의 상상할 수 없지만, 인류 역사의 대부분에서, 노래는 가수보다 더 강력했다. 연주자와 작곡가는 이름이 남아 있지 않을 정도로 중요하지 않았다. 가수의 익명성으로 작품의 기원을 숨기는 것을 넘어 노래 자체에 개인적 감정을 표현하지 않았다. 사회문화적 관점에서 작곡가가 존재하지 않았다고 볼 수도 있다. 음악은 공동체의 우선순위와 요구를 분명히 반영했다. 이러한 작품의 기원을 찾고 싶다면 개인 예술가의 신화는 잊고 사회의 권력 구조에 초점을 맞춰야 한다. 수메르 대제사장 엔헤두안나의 성적 노래도 가사는 내밀한 내용을 다루고 있지만 그녀 내면의 삶은 빠져 있다. 우리는 그녀의 행동이 의식에 내재되어 있고 그녀의 욕망보다 더 높은 우선순위에 의한 것이란 사실을 기억한다. 그녀는 특정 역할을 맡았을 뿐, 그 대본에 자기표현은 없다.

음악적 관행이 점점 바뀌어, 노래는 일종의 음악 자서전처럼 내면을 표현하는 플랫폼이 되었다. 노래는 심리학의 기원, 프로이트나 융 또는 심리 상담사가 접근할 수 없는 사회정신을 다룬다. 음악은 내면의 삶을 표현할 뿐만 아니라 그 내면을 표현하고 배려할 가치가 있는 것으로 정당화한다. 민주적 이상과 개인의 권리 보호가 결여됐던 문명의 맥락에서, 예술의 본질에 이러한 변화가 일어났다는 것의 중요성을 간과해서는 안 된다. 노래는 이제 신과 통치자뿐만 아니라 노래를 하며 매력을 얻기 시작한 신분 낮은 연주자를 위한 것이 되었다.

그리스 시인 사포는 종종 감정 표현 음악의 주요 통로 역할을 하는 서정시를 발명한 공로를 인정받는다. 물론 여기서도 가사의 의례적 특성은 고백적 측면만큼 뚜렷하다. 하지만 가수들이 처음 제도적, 사회적 틀에 맞서 개인으로 두각을 나타내고 자신들의 영혼을 노래로 표현하기 시작한 그 마법의 순간을 찾기 위해서는 훨씬 더 멀리 거슬러 올라가야 한다. 사포보다 500년 이상 전인 기원전 13세기, 이집트 신왕국Egyptian New Kingdom 시대의 노래에서 개인적 접근 방식의 시작을 목격할 수 있다. 싱어송라이터의 현대적 개념의 역사, 사적 감정을 음악으로 바꾸는 창조적 정신을 추적하고 싶다면, 오늘날 우리가 노래에서 소중히 여기는 많은 것의 출발점으로 이 시기가 적절하다.

물론 이 시기도 가수가 개인으로 등장할 가능성은 없다. 이집트 문화는 예술가들을 익명의, 대체 가능한 존재로 보았다. 우리는 문학 작품과 정확히 연관지을 수 있는 고대 이집트 작가 이름을 하나도 모른다. 그럼에도 화가 이름은 없고, 알려진 조각가도 없다. 임호텝Imhotep 같은 존경받는 현자가 언급될 때도, 천재로 알려진 이 인물의 작품 중 문서화되어 전해지는 책은 없다. 그리고 노래는 절대 연주자나 작곡가 이름이 남지 않았다.

그런데 첫 번째 사랑 가사의 등장과 거의 동시에, 음악에 대한 이집트의 태도에서 두드러진 변화를 감지할 수 있다. 현존하는 예술 작품들에서 사원 의례에서부터 군사 활동에 이르기까지 다양한 상황에서 공연하던 이집트 음악가들을 볼 수 있는데, 가장 자주 묘사되는 상황은 바로 연회다. 여기서 우리는 현악기, 관악기, 타악기, 가수들뿐만 아니라 박수를 치고 춤을 추는 사람들을 발견할 수 있다. 기원전 16세기에서 11세기까지의 신왕국 시대에는 이러한 장면에서 관능적 특성이 유난히 두드러진다. 우리는 꽃, 보석, 그 외 사치의 증거를 본다. 예를 들어 테베의 키네부Kynebu 무덤에 있는 한 이미지는 투명한 가운을 입은 날렵한 여성 연주자들이 도발적인 춤을 추고 있는 모습이다. 이는 분명 장례식 연회가 아니라 육욕과 방종의 축제 행사의 한 장면이다.

이런 종류의 에로티시즘은 기원전 1150년경 투린 파피루스Turin Papyrus에서 발견된 음악가들의 이미지에서 훨씬 더 두드러진다. 어떤 사람들은 이 유물을 고대 포르노라고 이름 붙이기도 했고, '세계 최초의 남성용 잡지'라고 말한 전문가도 있다. 이 놀라운 이미지 컬렉션은 매력적인 여성들이 악기를 연주하면서 동시에 성행위를 하려는 모습이다. 남자들은 신전의 신들이라고 보기에는 대머리에 과체중인 모습이어서, 풍요 숭배 의식의 성행위 흉내와는 다른 모습임을 알 수 있다. 흥청망청한 잔치에 가깝다.[1]

이 추문으로 가득한 파피루스가 우리에게 고대의 가장 특별한 사랑 노래를 준 바로 그 장소인 데이르 엘 메디나Deir el-Medina에서 발견된 것은 단순한 우연일까? 나는 그렇게 생각하지 않는다. 다음은 학자 피터 드론케가 세계 각지의 다른 음악 전통이 보편적인 인간의 속성을 보여준다는 사실을 증명할 때 근거로 내보인 가사다.

> 그녀의 이름은 나를 일깨워준다.
> 그녀를 보면 나는 다시 건강해진다,
> 그녀가 눈을 뜨면 내 몸은 다시 젊어진다,
> 그녀가 말할 때, 나는 다시 강해지고,
> 내가 그녀를 포옹하면, 그녀는 나에게서 악을 추방한다.[2]

이 노래와 비슷한 다른 노래들은 신왕국의 파라오나 귀족들로부터 온 것이 아니라 테베 맞은편 나일강 서안 왕가의 계곡Valley of the Kings에 무덤을 짓는 데 핵심적인 역할을 한 장인들로부터 온 것이다. 이 특별한 문서들이 처음 밝혀졌을 때, 어떤 사람들은 그것들을 서민과 고대 이집트의 가난한 하층민의 노래라고 묘사했다. 하지만 데이르 엘 메디나의 주민들은 당시 기준으로 볼 때, 보수가 좋았다. 여가를 즐겼고, 소와 다른 귀중한 재산도 소유하고 있었다. 또한 보통 이집트인보다 교육을 더 많이 받았다. 디르 엘 메디나 주민의 대다수가 읽고 쓸 수 있었을 것이다. 당시 이집트 인구 중 읽고 쓸 줄 아는 이는 10퍼센트 미만에 지나지 않았다. 직업이 무덤 벽에 상형문자를 쓰거나 행정 기록을 보관하거나 복잡한 건설 프로젝트에 대한 계획을 따르는 것과 관련이 있다면, 문해력은 훌륭한 자산이었을 것이고 필수인 경우도 많았을 것이다. 분명 그들은 가난한 사람은 아니었다. 물론 통치자이거나 엘리트도 아니었다. 여기서 우리는 인류 역사상 처음으로 제도적 권력 구조의 최상위에 있지 않은 개인 내면의 삶을 노래가 어떻게 표현할 수 있는지 분명하게 알 수 있다.

만약 여러분이 개인의 자율과 인권의 역사를 탐구하고 있다면, 데이르 엘 메디나는 눈길을 끌 것이다. 노동자에 대한 곡물 분배 감소로 촉발된 람세스 3세Ramesses III 시절 이곳에서 일어난 노동 분쟁은 인류 역사상 최초로 기록된 파업으로 알려져 있다. 불만을 품은 노동자들은 신전 터에서 오늘날 우리가 '연좌 파업'이라고 부를 만한 행동을 했고, 결국 '경영진'은 그들의 요구를 들어주었다. 다시 말하지만, 이것은 우연일 수 없다. 우리는 여기서 다른 곳과 마찬가지로, 개인 표현 음악의 혁신이 인권의 확대와 연관되어 있음을 본다. 또한 이 마을에서 풍자와 서술을 포함한 고대 이집트의 가장 유명한 문학 작품이 많이 나오기도 했다. 이러한 상황은 결국 어떤 사회가 창의적인 표현을 육성했는지에 대한 귀중한 통찰력을 제공한다.

우리는 정치적 노래를 정의하는 방법을 재평가해야 할지도 모른다. '정치적 노래'라는 용어를 들으면, 대부분은 시위에서 반전 구호를 외치거나 노동자들이 「인터내셔널가_The Internationale_」를 부르는 이미지를 떠올린다. 대부분의 음악 팬은 이 시위 노래들이 존재한다는 것을 알고 있지만, 그 노래가 우리의 문화적 사운드스케이프 중 가장 작은 부분만을 대표한다고 생각하며 별 관심을 기울이지 않는다. 전통적인 사랑 노래가 급진적인 정치적 발언으로 작용할 수도 있다는 생각은 이상한 생각, 혹은 거의 역설적인 생각에 가깝다. 통념에 따르면 친밀한 감정의 서정적 표현은 정치 노래와 정반대다. 그러나 음악의 역사는 매우 다른 이야기를 들려준다. 고대 이집트에서나 현재에, 새로운 종류의 사랑 노래에 내재된 개인주의와 자기 주도적 행동의 징후보다 권력층에게 더 위협적인 것은 없다.

1969년 스톤월_Stonewall_ 항쟁에 참여했던 시위대에게 물어보자. 전쟁터 요새나 남북전쟁 장군의 이름처럼 들리고 심지어 댄스 클럽이라는 정체성에도 어울리지 않는 것처럼 들리는 맨해튼_Manhattan_ 크리스토퍼가_Christopher Street_의 나이트클럽인 스톤월은 경찰의 끊임없는 괴롭힘에도 불구하고, 게이 커플들이 춤을 출 수 있도록 했다. 클럽의 후원자들과 그들의 지지자들이 경찰과 대치하기로 한 후, 반항적이고 때로는 폭력적인 대응이 이어지자 당국은 물러설 수밖에 없었다. 역사학자 데이비드 카터_David Carter_에 따르면, 이 6일간의 시위와 저항은 오늘날 '게이 정치 운동의 변혁에 동기를 부여하는 힘'으로 인식된다. 그 여파로 뉴욕 등지에서 동성애자 인권단체들이 생겨났고, 지지와 정치 개입이 동원되었다. 현재 스톤월 시위 현장에는 기념비가 세워져 있는데, 혼란의 시대에 살았던 사람들은 낭만적인 음악이 지배 엘리트들에게 얼마나 위협적일 수 있는지를 경험을 통해 알고 있다.[3]

그로부터 5년 전, '브리티시 인베이전'으로 같은 일이 있었다. 미국인들의 생활에 새로운 사랑 노래가 도입된 순간을 묘사하기 위해 의도적으로 사용된 또 하나의 전쟁 은유다(영국의 음악이 미국을 크게 휩쓸었던 문화 현상 '브리티시 인베이전'은 번역하면 '영국의 침공'이라는 뜻이다 -편집자). 비틀스가 1964년 2월 9일 '에드 설리번 쇼The Ed Sullivan Show'에서 7,300만 텔레비전 시청자를 대상으로 공연했을 때 그들이 공연한 모든 곡은 사랑 노래였는데, 로맨스에 집중하던 그 집요함은 부모와 다른 권위 있는 인물들을 오히려 놀라게 했다. 그리고 1950년대 엘비스, 1940년대 시나트라Sinatra, 1930년대 스윙, 1920년대 재즈와 블루스 그리고 트루바두르까지, 더 나아가 사포, 또는 이집트 제18왕조까지 같은 일이 일어났다. 모두 사랑 노래를 불렀지만, 사회와 규범을 바꾸는 것을 목표로 했기 때문에, 이는 그들 나름의 항의 노래였다. 음악에 있어 항상 개인적인 것은 정치적인 것이었다.

데이르 엘 메디나는 우리에게 음악적 혁신이 어떻게 일어나는지에 대한 다른 단서를 제공한다. 나는 예술에 대한 새로운 접근방식이 질병처럼 퍼져나간다고 주장해왔다. 이 과정을 설명하기 위해 바이러스라는 용어를 사용하는 것은 매우 적절하다. 오늘날 기업이 신제품이나 기술의 보급을 예측하기 위해 적용하는 수학 공식은 의학 분야에서 전염병과 전염의 과정을 예측하기 위해 처음 사용되었다. 예술도 다르지 않다. 질병을 퍼뜨리는 데 도움이 되는 동일한 조건은 예술 혁명을 일으킨다. 모든 경우, 가장 중요한 인과관계 요인은 이전에 분리된 인구 집단에서 온 사람들의 밀접한 혼합이다. 이것이 뉴욕, 뉴올리언스, 리버풀, 베네치아, 아바나 등 항구 도시와 용광로melting pot가 음악사에 큰 영향을 미친 이유, 지구상에서 가장 건강하지 않은 곳이 문화사의 흐름을 바꾼 이유다. 고대 그리스 비극의 정점은 기원전 430년의 아테네 역병Great Athenian Plague과 일치한다. 흑사병은 1348년에 피렌체의 인구 대부분을 죽였는데, 많은 학자는 르네상스가 1350년 같은 도시에서 시작되었다고 말한다. 셰익스피어의 예술적 업적은 영국에서 치명적인 전염병이 반복되는 가운데 일어났다. 뉴올리언스는 미국에서 가장 건강하지 않은 도시였던 시기에 재즈를 낳았으며, 이 시기 아프리카계 미국인 주민의 평균 수명은 36세밖에 되지 않았다. 이러한 공동체를 당시 세계적이고 개방적으로 만든 바로 그 요인이 그들을 예술적, 역학적 관점에서 바이러스의 근원으로 만들었다.[4]

데이르 엘 메디나도 마찬가지였을 것이다. 작은 공동체였음에도 고고학자들이 발굴한 자료에서 30개 이상의 다른 외국 이름이 발견되었는데, 이는 당시의 맥락에서 볼 때 눈에 띄는 다양성이다. 숙련된 장인들은 그곳에서 살기 위해 먼 곳에서 왔을 것이다. 디르엘 메디나는 고대 이집트의 용광로였고, 그곳에서 발견된 것들은 다문화주의와 예술적 혁신의 연관성을 증명한다. 매우 다양한 사람들이 관행과 태도를 새로운 지역으로 가져오면 기존 방식에 도전하고 새로운 방식을 만드는 창의적 흐름이 발생한다. 여기서도 우리는 이러한 창조적 공동체의 특징인 공중보건 문제의 징후를 볼 수 있다. 스탠퍼드 대학교의 고고학자 앤 오스틴Anne Austin은 공중보건 정책의 탄생이 이 이집트 마을에서 시작되었다고 말했다. 감염과 다른 의학적 문제가 주민들 사이에서 확산하면서, 감독자들은 '국가 보조금' 정책과 프로그램을 시행했다. 우리는 앞으로도 음악적 혁신, 다양성, 질병 사이의 이러한 연관성을 보게 될 것이다.[5]

새로운 노래의 등장은 음악사에서 획기적인 순간이지만, 우리는 그것이 어떻게 이집트로부터 전파되었는지 추측할 수 있을 뿐이다. 사랑의 가사가 전파되지는 않았지만, 자기표현과 자율성을 향한 어떤 준보편적 추진력에 의해 촉발되어 다른 장소에서 독립적으로 생겨났을 수도 있다. 이집트에서 그리스로 이동한 서정시가 이후 은밀한 노래의 대표격인 고대 가수 사포의 영향으로 번성했을까? 두 상황은 수백 년과 수백 킬로미터 떨어져 있다. 그러나 나는 오늘날에도 사포의 본거지인 레스보스섬이 유럽에서 새로운 보금자리를 찾는 중동 난민들이 가장 자주 선택하는 진입 지점이라는 점에 주목한다. 2016년 시리아 위기가 한창일 때, 거의 매일 새로운 사람들이 작은 배, 뗏목, 팽창식 공예품을 타고 위험한 여행을 한 끝에 레스보스에 다다랐다. 내가 글을 쓰는 이 순간에도 수천 명의 난민이 이 섬에 살고 있다. 레스보스는 고대에도 문화 간 만남의 장이 되었을 것이다. 우리는 세계 다른 지역에서 비슷한 상황을 관찰함으로써 노래가 긴 여정에서 살아남을 가능성이 가장 높은 소유물이며, 다른 모든 것을 빼앗겼을 때에도 여전히 사람들의 재산으로 남는다고 자신감을 가지고 말할 수 있다. 사랑 고백 노래가 이 전승의 길로 서구 세계에 도착했다는 것을 증명할 수는 없지만, 분명 설득력 있는 가설이다.

이집트의 사랑 가사가 성경의 다른 어떤 것과 달리, 시적 텍스트에 종교적 믿음과 에로티시즘을 혼합한 유대교-기독교 경전의 이상하고 강력한 작품인 《아가》에 영향을 미쳤다고 믿을 만한 더 그럴듯한 이유가 있다. 해설자들은 오랫동안 이 노골적인 관능성을 우리가 거룩한 경전에 거는 기대와 조화시키기 위해 고군분투해 왔으며, 노래의 성 친밀감에 대한 초대를 신과 이스라엘 국민, 또는 그리스도와 교회 사이의 관계에 대한 언급으로 보는 등 정교한 상징적 해석에 의존해왔다. 많은 신비주의자가 이 텍스트에 끌렸고, 시적 구절에서 신과의 열정적 결합에 대한 요구를 발견했다. 마르틴 루터는 이 글에 대해 정치적 해석을 했는데, 이 글은 솔로몬의 감사의 말과 신의 왕권 확인에 대한 찬사로 읽혔다. 최근에는 페미니스트 신학자들이 여성의 정서를 표현하는 것으로 보이는 성경의 이 부분에 끌려 이를 구약의 가부장적 정신을 해소하기 위한 플랫폼으로 받아들였다.

그러나 고대 메소포타미아의 신성한 결혼 의식과 데이르 엘 메디나에서 발굴된 사랑 노래에 정통한 사람들은 《아가》를 이러한 초기 전통의 연장선으로 본다. 텍스트의 명백한 역설은 단지 다른 음악 패러다임의 충돌을 반영할 뿐이다. 작품을 지배하는 긴장은 고대 음악에서 반복되는 긴장과 동일하다. 즉, 노래가 종교 영역, 정치 영역 또는 개인 영역에 기여해야 하는지에 대한 해결되지 않은 질문이다. 셋 모두 경전 본문을 통제하기 위해 경쟁한다. 그 결과, 우리는 시의 서술적 목소리를 정의하는 세 가지 대응법을 가진다. 왕,

예언자 또는 연인의 노래로 해석하는 것이다. 현대인에게는 세 가지 입장이 다르지만, 신성한 결혼 의식에서는 이것들이 공존했다.

솔로몬은 전통에 의해 《아가》의 저자로서 세 가지 방법으로 모두 설명될 수 있다. 그러나 이러한 각각의 역할을 맡을 수 있는 그의 능력조차도 설명되지 않은 것이 많다. 작품의 시작 부분에는 거의 여성 목소리가 나타난다. "당신의 입술로 나에게 입 맞춰 주세요. 당신의 사랑은 포도주보다 더 달콤합니다. … 왕이여, 당신의 침실로 나를 데려가세요. 예루살렘의 여자들아, 나는 비록 검지만 아름답단다." 우리가 문자 그대로 받아들인다면, 이는 솔로몬의 목소리가 아니라 그의 흑인 애인의 목소리다. 말할 필요도 없이, 표면적 의미에 대한 확고한 저항이 있다.

랍비이자 학자인 마이클 V. 폭스Michael V. Fox는 "이집트 사랑의 시는 팔레스타인에서 불렸다"고 믿는다. 따라서 신성한 텍스트는 "고대적이고 지속적인 문학 전통의 늦은 파생물"로 간주해야 한다. 그러나 명백하게 신성하면서도 동시에 관능적인 서정시는 성경과 어울리지 않아 보인다. 그런데 어떻게 성경에 나오게 되었을까? 고대 이스라엘 사람들이 사랑 노래와 종교 노래의 차이를 구별할 수 없었다는 생각은 단순히 믿음을 거스른다. 성경에 《아가》가 포함된 것이 일종의 실수라는 생각도 마찬가지다. 거의 2천 년 전에 사람들이 선술집에서 오락으로 이 신성한 텍스트를 부르는 것에 대해 랍비 아키바Aqiba가 불평했다는 기록이 전해진다. 종교 당국은 《아가》의 오용 가능성을 잘 알고 있었다. 그럼에도 그들은 이 특별한 노래가 필요하다고 느꼈을 것이다. 왜였을까? 우선, 우리는 꽤 직설적인 텍스트에 대한 큰 오해에 근거한 믿을 수 없는 이론을 받아들일 필요가 없다. 예를 들어 성 프란치스코가 종교적 찬가를 위해 트루바두르의 기술을 빌렸을 때, 또는 1630년대 로마에서 바티칸이 오페라를 장악하고 교황을 섬기는 음악으로 바꾸려고 했을 때, 또는 엘비스 프레슬리가 백악관에 초대되었을 때 등 음악 역사의 다른 예에서 훨씬 더 그럴듯한 설명을 찾을 수 있다. 이해하기 어렵지 않은 역학관계다. 권력 브로커들은 죄가 되고 관능적인 음악의 매력을 이용하기를 원하기 때문에, 이를 지배적 기관의 서비스 체제에 넣는 이상한 균형 잡힌 행동을 시도한다. 로널드 레이건이 마이클 잭슨과 만난 사진이 의심스럽겠지만, 두 당사자 모두 거래에서 이득을 얻었다. 솔로몬 왕도 다르지 않았다. 고대 선지자들조차 대중적 가사를 섞으면 신성한 영감을 받은 메시지를 더 강화할 수 있음을 알았다. 이 관점으로 접근하면 《아가》를 해독하는 어려움이 사라진다.[6]

우리는 이 이야기가 어떻게 끝나는지 알고 있다. 국가는 이러한 열정적인 노래를 통제하려고 노력하지만, 음악은 지배 기관에 대한 강제적 존경과 복종에 저항한다. 장기적으로 노래는 지배 계급을 거스르고, 개인의 자유와 자율성을 위한 확장된 공간을 만든다. 평론가들이 《시경》의 '국풍' 편에서 자신의 성적 욕망을 표현하는 여성들이 사실은 정부의 유교적 교훈을 제공하는 거라고 포장하더라도, 이 구절들은 실제 공공의 미덕을 증진시키기보다는 사생활을 축하하는 데 더 많이 사용된다. 사포의 친밀한 표현은 핀다로스의 합당한 남성에 대한 칭찬으로 대체되었지만, 오늘날 더 심오하게, 심지어 단편적인 형태로도 우리에게 말하는 이는 공식적 호의를 구한 그녀의 후계자가 아닌 사포다. 사실, 당신은 장기적으로 어떤 패러다임이 우세했는지 알아내기 위해 이 텍스트들 중 어떤 것도 읽을 필요는 없다. 그 대신 라디오를 켜거나 최신 히트 뮤직비디오를 보라. 개인적인 표현의 노래는 어디에나 있지만, 공식 교리를 표현하는 찬송가는 공식적으로 승인된 권력의 가사를 노래하도록 강요하는 드문 독재 국가를 제외하면 어디에도 없다. 북한에는 「우리는 총검을 더욱 굳게 잡으리」, 「기계화의 노래 속에 풍년 기쁨 넘치네」, 「감자 자랑」, 「나도 닭을 기르네」 같은 가요가 있다. 하지만 이런 권위주의적 배경 속에도 개인의 자율성과 자기주장은 숨어 있다. 심지어 북한 선전가들도 대중시장의 매력을 갈망하여 국경 너머 K-pop의 요소에서 이를 취하려 한다. 고대 통치자들은 이 도박을 직접 해봤으니 이를 알았을 것이다.

우리는 음악 역사의 다른 시대를 연구하면서 이 후자의 예를 명심해야 한다. 과거는 우리 자신의 시대와 비교해볼 때 북한과 더 비슷하고, 극단적 개인주의나 자본주의 경제와는 거리가 멀었다. 많은 경우에 살아남은 곡들은 그 시대에 가장 큰 의미를 지닌 곡들이 아니며, 대중의 음악이 보존되어 있는 드문 경우라면 그것은 아마도 파피루스나 양피지에 가라앉기 위해 충분한 존경심을 얻기 전 제도적 힘에 의해 정화되고 선택되어야만 했을 것이다. 이 과정은 오늘날에도 마찬가지다. 랩 노래가 네트워크 텔레비전에 나오기 전에 겪는 '정화'의 과정을 생각해보라. 힙합 기풍을 거의 정의하는 그 짜증나고 파괴적인 단어들은 검열관들에 의해 가장 먼저 빼져나오거나, 연주자들에 의해 자발적으로 제거된다. 음악가들에게 완전한 표현의 자유를 약속하는 관용적 시대에도 이런 종류의 검열과 눈속임이 있는데, 과거 권위주의 통치자 아래서는 얼마나 자주 일어났을지 상상해보라. 그러니 여자의 에로틱한 사랑 노래가 왕에 의해 성서적 발화로 바뀌어도 놀라지 말자. 그것이 음악의 역사, 특히 혁신적이거나 범법적인 모든 것이 전개되는 방식이다.

8

음악의 치부

Music: A Subversive History

The Shame of Music

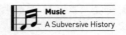
피타고라스 혁명 이후, 서양 음악에 파열이 시작되었다. 아마도 신성한 것과 천한 것, 내부인과 외부인을 나누는 일은 항상 있었을 것이다. 하지만 나는 이를 전적으로 확신하지는 않는다. 역사학자들은 그들의 규율에서 우리가 지금 알고 있는 사회구조의 적대감이 없는, 전체론적 삶의 먼 시대인 에덴동산을 찾는 것을 항상 조심해야 한다. 그럼에도 나는 사냥과 목축, 원시 농업의 먼 시절에 선조들이 모두가 공유하는 노래만 알고 있었을 가능성을 여전히 고수한다. 음악은 힘이 있었다. 그것은 그들의 기술이었고 우주에서 모든 일이 일어나게 했다. 그것은 공동의 자원이었고, 모든 사람은 집단적으로 그리고 개별적으로 모든 것을 위해 그것에 의존했다. 하지만 그 에덴 시대는 존재했다면 아마도 기원전 500년경 그리스의 황금시대로 알려진 시대의 도래로 사라졌다.

　우리는 이제 국가, 지역사회, 심지어 가정의 음악적 삶에서 점점 더 분열과 직면하고 있다. 엘리트들의 승인을 받은 정치적으로 허가된 음악은 찬양되고, 가르치고, 전파된다. 그렇더라도 훨씬 덜 존엄한 다른 영역의 음악의 존재를 숨길 순 없다. 비록 그 음악에 대한 세부사항이 보존되어 있지는 않지만, 그래도 우리는 그 존재를 알고 있다. 그것에 대한 맹렬한 공격 때문이다. 하지만 유감스럽게도 집권 세력은 이 공격 행위조차 문서화하지 않아 우리가 이를 조사할 수 없다. 이것이 바로 우리 음악사가 편향되어 곡의 존중을 강조하면서도 전복의 능력을 과소평가하는 이유다. 고대 그리스 음악의 맥락에서, 공격 행위는 튜닝 시스템에 대한 집착으로 드러나는데, 이는 고대 음악 생태계의 다른 어떤 면보다 학자들로부터 엄청난 관심을 받은 주제였으며, 그러한 시스템이 배제되도록 고안된 불화와 위험한 소리에 대해서는 면밀한 조사가 거의 이뤄지지 않았다. 문화는 음악적 삶에서 '노이즈'를 없애는 데 집착했는데, 이는 노래를 규제하는 프로그램의 시작에 불과했다. 여러 면에서 악기 조율에 대한 열의는 사회에 전반적으로 화합을 불어넣기 위한 훨씬 더 야심찬 탐구의 은유로 보아야 한다.

우리는 플라톤을 통해 이 두 가지 다른 종류의 음악을 반복적으로 접하게 된다. 한 유형은 질서 정연한 사회에 필수적이다. 다른 유형은 위험하기 때문에 신중해야 하며 어쩌면 금지되어야 한다. 플라톤은 파괴적인 음악의 개념을 꽤 잘 이해했을 것이다. 그는 끊임없이 그것에 대해 경고한다. 《국가론》에서 "새로운 형태의 음악으로의 변화는 전체 시스템을 위협하니 조심하라"고 선언하는데, 이 구절은 아마 앨런 긴스버그Allen Ginsberg가 플라톤을 인용했다는 "음악의 모드가 바뀌면 도시의 벽이 흔들린다"는 내용의 가짜 인용문일 것이다. 철학자는 결코 그런 삭막한 말을 한 적이 없지만, 노래가 사회질서를 해칠 수 있다는 것은 의심의 여지가 없다. 플라톤은 신중히 사용된 음악은 성격을 형성할 수 있고 심지어 영혼을 형성할 수도 있다고 주장했다. 사실 소울 뮤직이라는 용어는, 모타운Motown의 모든 함축에 있어서, 플라톤식 개념을 설명하는 가장 적절한 방법일 수 있다.[1]

플라톤은 우리가 언어에 영향을 받기도 전에, 음악에 영향을 받는다고 상기시킨다. 출생 순간부터 유아는 주변 환경을 개입시키는 도구로 소리를 사용한다. 아기는 모든 생물 중에서도 가장 소리가 크며, 모든 부모가 수면 부족 경험에서 증언할 수 있듯, 울음소리의 양이나 지속성에 제한이 없다. 울면 세상은 흔들기와 자장가를 통해, 즉 소리와 리듬으로 달래준다. 플라톤에게 중요한 사실은, 이 인생의 첫 단계에서도 노래가 영혼의 불균형을 바로잡을 수 있고, 불과 잠시 전에 불안하고 떠들썩했던 아기에게 평온을 가져다줄 수 있다는 것이다. 이때 아기의 무질서한 울음소리와 영혼을 달래는 어머니의 자장가라는 두 가지 유형의 소리가 정면으로 만나는데, 소울 음악이 우세하다.

이 두 가지 음악 모델은 소크라테스의 죽음에 대한 플라톤의 대화록 《파이돈Phaedo》에서 뚜렷한 대조를 이룬다. 여기서 소크라테스는 '대중음악dēmōdēs mousikē'과 '가장 위대한 음악megistē mousikē'을 구별한다. 전자는 시적이고 신화적인 반면, 후자는 철학과 일치한다. 죽음에 직면하면서 소크라테스는 후자를 위해 일생을 바쳤다고 설명한다. 이와는 대조적으로 낮은 형태의 음악을 반복적으로 공격했는데, 《심포지엄》에서 이를 확인할 수 있다. 소크라테스가 일반적으로 플루트로 번역되는(정확하지는 않지만 이 관례를 따를 것이다. 이 이중 갈대 악기는 아마도 오보에나 심지어 백파이프일 듯하다) 갈대 악기인 아울로스 aulos를 연주하는 젊은 여성을 무례하게 대할 때, 그러한 음악은 여성만 듣는다고 지적한다. 이른바 플루트에 대한 그의 혐오는 《국가론》에서 더욱 뚜렷하게 나타나는데, 여기서 그는 그것이 정신을 소멸시키고 영혼의 기반을 잘라낸다고 경고한다. 그는 아울로스 음악은 술 취한 사람들을 위한 것이라고 설명한다. 그는 책임감 있는 사람들이 때때로 이 유해한 소리에 귀를 여는 것을 두려워한다. "결과적으로 성질이 급해지고, 화를 잘 내고, 불만이 가득 차게 된다."[2]

정말 악기가 그 모든 것을 할 수 있을까? 그런데 아리스토텔레스는 이 같은 아울로스 공포를 공유했다. 그는 《정치학Politics》에서 "플루트는 도덕적 성격을 표현하는 도구가 아니다"라고 했다. 그 후 이상한 주장을 제시하는데, 음악가가 플루트를 연주하면서는 동시에 언어를 사용할 수 없기 때문에, 플루트는 교육 도구로 사용될 가능성이 제한적이라는 내용이었다. 반면 현악기는 도덕적으로 고양되고 노래하는 메시지와 함께할 수 있어 그의 마음속에서 우월한 것으로 존재했다. 이 얕은 논증은 아울로스를 겨냥한 비판에서 반복적으로 나타나며, 때로 그는 악기를 부는 음악가가 얼굴을 찡그리는 것도 더불어 비판했다. "저 아울로스 연주자의 얼굴을 봐! 정말 역겨워!" 또한 아리스토텔레스는 멜로디와 리듬에 대해 강한 신념을 가지고 있었다. 일부는 미덕에 기여하지만, 다른 일부는 위험하고 도취적이라고 그는 설명한다. 실제로 음악의 모든 측면은 정치적 고려와 지도를 필요로 한다. 통치자가 잘못 선택하면 청취자들은 종교적 광란에 빠질 수 있다. 여기서 철학자의 말은 오늘날 우리가 무속이라고 부르는 바쿠스Bacchic 행진과 관행의 이미지를 불러일으킨다.[3]

서구의 정치철학서 플라톤의 《국가론》과 아리스토텔레스의 《정치학》에 특정 관악기와 특정 종류의 음악에 대한 관심이 이토록 비중 있게 담겼다는 점이 얼마나 이상한가. 그런데 이뿐만이 아니다. 쇼펜하우어(일상의 일부로 플루트를 연주한 사람), 그의 제자 프리드리히 니체Friedrich Nietzsche(주로 피아노와 음성을 위해 작곡했지만 피리를 옹호한 사람), 그리고 그 너머까지 서양 철학에서 리라와 플루트를 향한 비난은 줄곧 나타난다. 니체는 리라와 플루트를 고대 문화에서 대립하는 아폴로니아와 디오니소스적 경향의 상징으로 보았다. 즉 전자는 규칙 제정과 자제를 강조하고, 후자는 규칙 위반과 비합리성을 수용하는 것으로 보았다. 리라는 잘 조율된 현악기로서 사회의 화합과 질서를 증진시키는 한편, 플루트는 영혼을 흔드는 소리를 위해 인간의 숨결을 끌어들여 정열과 황홀한 상태의 위험한 선동자 역할을 한다고 여긴 것이다. 그리스의 주요 사상가들에게 몇몇 악기는 무질서를 그저 상징하는 데 그치지 않고 실제로 해당 원인을 제공하는 것이었으며, 그래서 규제되어야 하는 것이었다.

현대에선 이런 논쟁이 없을 거라 생각할지 모르지만, 플라톤의 현대 상속자들이 쓴 음악에 대한 경고문을 읽은 사람이라면—예를 들어 앨런 블룸Allan Bloom의 《미국 정신의 종말The Closing of the American

Mind》— 비슷한 주장을 발견할 수 있다. 도덕적 전염의 원천으로 플루트가 전기 기타로 대체되었을 뿐이다. 블룸은 보수적인 지식인으로 분류되는데, 그의 견해는 대중음악의 부정적 영향을 두려워했던 현대 마르크스주의 철학자 테오도르 아도르노Theodor Adorno에 의해 좌파가 옹호한 것과 놀랍게 일치한다. 사실 구식으로 보이는 이러한 아이디어는 많은 진보적 현대 사상가의 작품에 꽤 자주 나타난다. 예를 들어 장 폴 사르트르Jean-Paul Sartre의 소설 《구토Nausea》에서 독자는 주인공 로캉탱이 성악 녹음을 들으며 실존적 불안을 치유할 때, 놀라운 해결책을 접하게 된다. 이 사건은 앞에서 인용한 플라톤의 설명, 즉 한 여성의 노래가 곤경에 처한 영혼에게 균형을 되찾아주는 이야기를 상기시킨다. 어떤 정치 구조를 옹호하든, 잘못된 음악은 분명히 그것을 전복시킬 수 있다. 아마도 이 진화에서 아이러니는 고대인들의 철학적 이분법이 뒤집힌 것일 게다. 리라의 일종인 현대의 기타는 이제 무질서의 원천이 되었고, 플루트는 존경과 질서를 불러일으키는 소박하고 가라앉은 악기로 여겨진다. 이는 음악사에서 사물이 반대로 바뀌는 변증법의 가장 두드러진 예 중 하나다.

이는 단순한 우연이 아니다. 기원전 500년 이후 서양 음악을 지배해온 피타고라스 패러다임을 공격한 아프리카 디아스포라의 중심은 기타였고, 이것은 20세기를 뒤흔들었다. 블루스 기타 기법이 주류로 진입하면서, 밴딩bending(줄을 밀어 올려 음을 높이는 연주법—옮긴이) 음표의 사용이 검증되고 기존의 음계 밖에서 소리가 도입됐다. 수세기 동안 음악가가 신중하게 묘사한 음계의 경계 내에서 적절한 음색을 유지하도록 요구한 피타고라스 조율 개념에 대한 공격은 사회적 및 청각적 음악의 모든 계층을 뒤집을 위험이 있었다. 우리는 앞에서 그리스인들이 튜닝에 대한 집착으로 무엇을 없애려고 하는지 물었다. 그 답은 구체적으로 블루스는 아니지만, 틀림없이 같은 선을 따르는 무언가였다. 그들은 사회적 통제 밖에서 작동하는 음악의 위험한 징후를 두려워했다.

블루스에서 처음 나타났고, 후에 재즈, R&B, 록, 기타 연주 스타일로 퍼진 독특한 음의 밴딩은 처음에는 칼과 깨진 병의 일부분, 나중에는 수많은 전자 기술로 달성되었다. 다시 한 번, 무기가 음악 제작의 영역으로 들어가고, 이 밴딩의 급진적 실천가가 악기(확립된 명령에 의해 승인돼 조율된 이 현은 고대 철학자들에게 매우 사랑받았다)에 물리적 폭력을 가하고 싶어 하는 것처럼 보인다. 초기 블루스 기타리스트들이 기타 줄에 칼을 꽂았을 때, 피타고라스와 잘 조율된 영혼에 대한 그의 철학을 죽이려고 한 것은 아니었지만, 확실히 그렇게 보인다. 그리고 어떤 의미에서 그들은 개념적이고 상징적인 수준에서 그렇게 하고 있었다. 이 아프리카의 반反패러다임은 음악을 개별 음표 시스템으로 성문화하는 것에 대한 가장 강력한 공격이었다. 칼로는 손이나 손가락이 할 수 없는 방법으로 기타 음을 밴딩할 수 있었다. 파괴적인 연주자는 손에 무기를 들고 있으면 제약 없는 소리에서 음악의 기원을 재발견할 수 있었다. 이와 같이 현대 기타는 플라톤이 2천여 년 전에 플루트에서 인지했던 위험, 즉 정확하지 않은 음정을 표현했다.

이 이야기의 가장 이상한 부분은 다음과 같다. 플라톤이 임종을 맞이했을 때, 이 위대한 철학자는 가족이나 친구의 위로 대신, 자신이 평생 격렬하게 반대했던 아울로스를 트라키아Thracia 처녀의 연주로 듣고 싶어 했다. 그가 당시 원하던 편안함은 잘 조율된 리라로는 얻을 수 없었다. 위험한 피리가 필요했다. 삶이 끝나 영혼이 지배자와 법의 지배를 벗어나는 가장 개인적인 변화에 직면했으니, 정치 체제를 지탱하는 음악은 더 이상 적합하지 않았다. 이는 서양 음악 역사상 놀라운 순간이지만, 거의 눈에 띄지 않는다. 플라톤은 그가 막기 위해 그토록 애썼던, 음조가 맞지 않는 상태를 받아들였다.

이러한 임종 시 전환은 금지된 음악의 유동성에 대한 증언인 셈이다. 게다가 이는 우리에게 금지된 노래의 매력을 상기시킨다. 가장 신랄한 비평가들도 그 매력에 저항하진 못했다. 아도르노는 록 음악에 대한 적개심에도 불구하고 젊었을 때 기타를 배웠고, 나중에 그 소리의 불협화음에 영감을 받은 도취 상태를 떠올렸다. 일렉트릭 기타에 매우 적대적인 앨런 블룸도 음악의 힘을 인식했다. "음악은 경이로움과 공포라는 가장 황홀한 상태에서 인간의 영혼을 매개로 한다." 현재의 음반 제작자 가운데 노래의 매혹에 대한 확신을 블룸의 절반이라도 가진 이는 얼마나 될까?[4]

우리 시대는 정치 과학과 음악을 완전히 다른 학문으로 보는 경향이 있다. 우리는 선거 당일 밤 CNN에 채널을 맞추면서 노래에 대한 논의를 기대하지는 않는다. 또한 시민사회 수업을 들으며 플루트와 기타의 상대적 장점에 대해 배우리라 예상하지도 않는다. 그러나 플라톤과 아리스토텔레스 혹은 앨런 블룸에게 음악은 달랐다. 그들은 음악을 두려워했고, 그것의 파괴적인 잠재력을 아주 분명하게 파악했다.

　이런 맥락에서 우리는 음악학의 아버지라고 불려온 아리스토텔레스의 제자 아리스토크세누스Aristoxenus의 선구적인 작품에 도달한다. 아리스토크세누스의 《하모니론Elements of Harmony》은 음악 구조에 대한 첫 번째 전문 연구인데, 그중 가장 흥미로운 부분은 그 주제에 대한 접근 방식으로, 특히 새로운 소리 과학을 훼손시킬 위협이 되는 반항적인 관행에 대한 저자의 짜증을 다루고 있다. 한편으로 아리스토크세누스는 음악이 순수한 수학의 문제라고 믿는 극단적인 피타고라스학파와 거리를 두고 싶었다. 그러나 화성학주의자, 즉 하모니코이harmonikoi라고 불리는 그룹을 비난하는 데는 열심이었다. 그는 그들의 무지와 가식을 공격했다. 그의 설명은 모호하고 때로는 모순되긴 하지만, 그가 제공하는 많은 세부사항은 재즈와 블루스 뮤지션에 대한 20세기 초의 비난을 상기시킨다. 아리스토크세누스는 조화주의자들이 정교한 이론 스키마의 우월성을 인식하는 대신, 악기로 음악을 발견하는 방식에 짜증이 났다. 그는 재즈 연주자들의 가짜 책처럼 세부사항이 생략된 간단한 도표를 싫어했고, 아마추어들의 호의를 구하려는 그들의 욕망을 경멸했다. 1902년 이집트 히베에서 발견된 파피루스에서도 하모니코이에 대한 작가의 공격을 발견할 수 있다. 작가가 이 그룹이 규칙을 어기는 관행을 혐오하며 이를 일종의 도덕적 느슨함으로 보고 있음이 느껴지는데, 구체적인 내용은 거의 없다. 하모니코이의 노래에 대한 내용이 없어서, 학자들은 그들의 활동 범위나 그 외 구체적인 것에 대해 여전히 알지 못한다. 음악사에서 흔히 그렇듯, 우리는 단지 살아남은 비난과 책망을 통해 시스템을 전복하려던 노래를 재구성해야 한다. 이러한 비난의 강도로 음악학에 대한 합리적이고 체계적인 접근이 반대 없이 일어나지 않았음을 알 수 있다. 반체제 인사는 사실상 처음부터 등장했고, 그들은 비난받고 소외되었다. 이 경우 하모니코이는 효과적으로 묶음 처리되었고, 적어도 후세에 의해 소중히 여겨지는 살아남은 텍스트에서 자신들의 관점을 공유하는 것도 불가능해졌다.

고대인들에게 음악에 대한 적개심과 의심은 철학의 문제 그 이상이었다. 플라톤 시대에 엘키비아데스Alcibiades와 같은 정치 지도자들은 아울로스를 경멸하고 조악한 연합을 비난했다. 아울로스 연주자의 저속함을 가리키는 구절은 그리스인들 사이에 속담이 되었고, 이 악기의 가장 위대한 연주자들조차도 경멸과 조롱의 대상이 되었다. 기원전 400년경 테베스의 아울로스 연주자 이스메니아스Ismenias에 대한 많은 이야기가 전해지는데, 그는 기교와 그가 음악으로 주장한 치유력으로 유명했다. 그러나 철학자 안티스테네스Antisthenes는 이 예술가의 능력에 대한 칭찬을 들었을 때, 이스메니아스가 나쁜 성격을 가지지 않는 한 그렇게 숙련된 아울로스 연주자가 될 수 없다고 말했다.

음악의 정치적 영향에 대한 우려는 곤혹스러운 상황을 이해하는 데 도움이 된다. 우리는 이제 서정가의 가장 위대한 실천가로서 일찍이 영예를 안았던 사포가 2세기 후에 왜 우스꽝스러운 인물로 변했는지 이해할 수 있다. 사포는 아메이프시아스Ameipsias, 암피스Amphis, 안티파네스Antiphanes, 디필루스Diphilus, 에피푸스Ephippus, 티모

클레스Timocles의 코미디 작품에서 주인공이었다. 기원전 400년에서 320년까지 아테네에서 번성했던 그리스 중기 희극에 대해 우리가 가진 정보는 거의 간접적인 것이지만, 이 극작가들이 판에 박힌 인물의 조롱에 의존했다는 것은 안다. 이러한 맥락에서 사포의 반복적인 출현은 피타고라스 이후 그리스 세계에서 음악에 대한 태도가 현저하게 달라졌다는 충격적인 증언이 된다. 적어도 그녀를 둘러싼 상반된 이야기들은 부분적으로는 음악을 개인의 감정 통로로 받아들인 사람들과 음악이 종교와 정치 엘리트들의 필요에 봉사하기를 원했던 사람들 사이에 분열이 커졌음을 설명한다. 한편으로 우리는 젊은 여성들을 이끌고 이들에게 영감을 주는 위엄 있는 사포의 증거도 발견한다. 반면 위험하고 리비도적인 사포에 대한 다른 견해의 동요도 본다. 이 이분법이 일으키는 혼란이 너무 커서 수사학자 아엘리안Aelian은 결국 사포라는 두 명의 여성이 레스보스에 살았다고 결론 내렸다. 하나는 시인이고 다른 하나는 창녀였다는 것이다. 더 그럴듯한 건, 사포는 단 한 명이었지만, 그녀의 유산을 놓고 두 개의 전쟁 캠프가 싸웠다는 결론이다.[5]

이 같은 분열은 극작가들이 사포를 비난하던 시기에 살았던 그리스 역사학자 에포루스Ephorus(기원전 400~330년경)가 음악이 "기만과 돌팔이"를 조장하는 데만 도움이 되었다고 주장한 이유를 이해하는 데도 도움이 된다. 이 문구는 피타고라스학파의 불화 이후에도 음악이 무속적 관행에 지속적으로 사용되었음을 암시한다. 이스메니아스의 음악적 치료, 파르메니데스의 지하세계 여행, 그리고 죽은 자의 영혼을 되살릴 수 있다는 엠페도클레스의 비범한 주장 등이 이 가설을 뒷받침한다. 피타고라스학파의 불화 이후, 얼마나 많은 음악 치료사가 평판이 나쁜 이 예술을 계속 수행했는지는 확실치 않지만, 감히 그렇게 한 사람들은 오늘날 상점 앞의 심령술사와 점성술사들이 조롱당하는 것과 마찬가지로(미국의 상점가에는 네온사인을 걸고 행인에게 전단지를 나눠주며 호객 행위를 하는 심령술사들이 많다—옮긴이) 문화 엘리트들에게 경멸받았고 점점 더 사기꾼으로 취급되었다. 죽은 자를 되살리고 지하세계로 여행한다는 개념은 동화와 민속에서나 가능할 뿐 자신들의 학문적 규율의 존엄성과 절대 양립할 수 없다고 여기는 대학 고전학자들에게도 고대의 음악 치료사들은 수치심의 원천이었다.[6]

여기서 우리는 음악과 노예제도 사이의 더 두드러진 연관성, 즉 앞에서 반복했던 주제를 접하게 된다. 이러한 연주자의 낙담은 음악가를 갈망하며 이 직업의 정점에 도달한 사람들이 사회의 엘리트 구성원으로 취급될 거라는 오늘날의 기대와는 완벽히 반대 지점에 있다. 그리스인들은 분명 몇몇 음악가들은 이런 식으로 대했다. 예를 들어, 영광스러운 행위를 노래한 서정시인들(그들이 노래를 불렀을 때, 단순히 암송하는 것이 아니라면), 또는 허가받은 음악 경연대회의 우승자들 말이다. 그러나 많은 음악 영역이 점잖은 사람들에게는 그야말로 금지되어 있었다. 아리스토텔레스는 《정치학》 8권에서 스파르타의 합창단장이 공연에서 플루트를 연주하거나 노예가 아닌 사람이 이 악기를 배울 것에 대한 공포를 드러낸다. 그러나 정작 아울로스 연주자들은 노 젓는 사람들의 속도를 정하고, 제사나 학술회에서 연주하고, 행진에 동행하는 등 다른 환경에서 공연할 것을 요구반았다. 이러한 경우 노예들이 지원했으며, 자유 개인들이 참여할 경우 그들은 타락한 형태의 음악 제작에 참여했다는 수치심을 느껴야 했다. 이 노예 음악가들 중 많은 수가 동쪽에서 온 것으로 보이며, 프리지안Phrygian과 리디안Lydian이 종종 언급된다. 오늘날에도 이 용어는 음악적 모드를 나타내는데, 고대에는 오늘날 터키의 이 지역에서 온 노예 연주자와 관련이 있었다.

서로 다른 멜로디 모드에 대한 기술적 용어가 노예제로부터 비롯되었다는 것이 이상할 수 있지만, 그러한 연결은 음악 혁신에서 외부인의 역할에 대한 중요한 진실을 드러낸다. 이 까다로운 문제는 이 책의 후반부에서 더 자세히 다루겠지만, 20세기 음악에 가장 큰 영향을 끼친 블루스 스케일 역시 노예와 그 후손에서 비롯되었다는 점에 주목할 필요가 있다. 그리스에서 음악에 대한 새로운 태도는 노예 보유의 증가와 일치했다. 부유한 사람들뿐만 아니라 대부분의 아테네 가정은 적어도 한 명의 노예를 소유했을 것이다. 남북전쟁 전 미국 남부에서와 같이, 노예 인구는 음악적 재능과 오락의 주요 원천으로 인정받았다. 오늘날에도 학생들이 리디안 모드와 프리지안 모드에 대해 배울 때, 이러한 소리와 관련하여 다른 포로 집단을 지칭하는 용어를 배운다는 것을 생각하면 정신이 번쩍 든다.

정말 예상치 못한 상황의 전환이다. 고대 그리스인들은 서양 역사상 가장 외국인 혐오가 심했다. '제노포비아xenophobia'라는 단어는 그리스어 제노스xenos에서 유래한 것으로, '이방인'이나 '외국인'을 뜻한다. 같은 이유로 야만인이라는 단어는 처음에는 그리스어를 사용하지 않는 집단을 가리켰다. 이집트인, 페르시아인, 프리지아인 그리고 많은 다른 사회의 구성원에게 이 꼬리표가 붙었다. 그러나 외부인에 대한 경멸에도 불구하고 그리스인들은 그리스 합리주의의 과잉에 대한 일종의 해독제로 이들 문화에 끌렸다. 기원전 5세기 후반에 외국 종파, 특히 강렬하고 방탄한 성격을 지닌 이단의 인기는 그러한 비합리적 관행의 매력과 가장 강력한 종파가 자신의 국경 밖에서 왔다는 그리스인들의 광범위한 믿음을 증명한다. 고전주의자 E. R. 도즈E. R. Dodds에 따르면, 좀 더 마법적인 것에 대한 열망으로, 이 성실한 고대인들은 프리지아의 '대지의 여신' 키벨레Cybele와 그녀의 트라키아 상대 벤디스Bendis에 대한 숭배, 비헬레니즘화된 디오니소스un-Hellenized Dionysus인 트라키아의 사바지우스Sabazius의 신비, 그리고 아시아의 '죽어가는 신들'인 아티스Attis와 아도니스Adonis의 의식 등을 포함해 광범위한 이국 의식에 눈을 돌렸다. 우리는 음악이 이 모든 관행에서 핵심적인 역할을 했으며, 흥미롭고 논란이 많은 노래가 '야만인'의 영향과 관련이 있다는 널리 퍼진 개념에 더 기여했다고 가정할 수 있다.[7]

음악에서의 이러한 두드러진 계층화는 그리스인의 가장 오래 지속되는 유산이다. 이 시기부터 우리는 서구 세계의 통일된 음악 문화를 추구한다. 어떤 음악가들은 문화 엘리트들과의 연계를 통해 지위를 얻는 반면, 어떤 음악가들은 그들의 부패한 영향력에 대해 경멸, 소외, 검열 또는 처벌을 받는다. 음악은 도덕적이거나 비도덕적이고, 칭찬받거나 조롱당하거나, 위엄 있거나 타락하거나, 축하받거나 금지될 수 있다. 같은 음악가, 같은 노래는 이방인일지라도 여러 가지 상황에 따라 한 극단에서 다른 극단으로 이동할 수 있는데,

이들 중 다수는 기록에 거의 없다.

즉, 이 단계 이후부터 음악 영역의 급격한 변화와 명백한 혁신을 파악하려는 시도는 범죄 수사관들이 던지는 것과 같은 질문으로 시작해야 한다. 쿠이 보노Cui bono? (간단히 번역하면) 누가 이익을 얻는가? 왜 이런 종류의 음악이 이 특정한 순간에 번성했을까? 뜨겁게 경쟁하는 사회적 소리 공간에서 그것의 우세를 지지하거나 반대하는 힘은 무엇인가? 우리는 승인하는 위치에 있는 사람들이 허가한 특정 유형의 노래를 목격할 때, 다른 어떤 종류의 음악이 그들을 충족시키지 못했는지 물어봐야 한다. 무엇보다도 중요한 것은, 노래는 그저 노래이고 가치중립적이며 이러한 책임 있는 연관성이 결여된 것처럼 역사에 제시되는 것을 발견할 때, 이 이야기의 가장 중요한 부분이 누락되었을지도 모른다고 의심해야 한다는 것이다.

9

남자답지 않은
음악

Music: A Subversive History

Unmanly Music

고대 음악의 파열은 점점 남성성에 대한 논쟁의 형태를 띤다. 플라톤 시대에, 우리는 무엇이 적절한 노래를 구성하는지를 정의하는 새로운 방식의 개요를 볼 수 있다. 플라톤은 《법률The Laws》에서 '여성에게 어울리는 노래와 남성에게 어울리는 노래'를 구분할 필요성에 대해 설명하면서 "이 문제들은 최소한 법률로 제정할 필요가 있다"고 했다. 그는 계속해서 남자다운 음악에는 "용기를 기울이는 모든 것"이 포함되어야 하고, 여성의 노래는 "본질이 다른 방식에 의해 결정"되어야 하는데 오히려 "질서 있고 온건한 쪽으로 기울어지는 것"을 포함해야 한다고 제안했다.[1]

이 선언에는 불안한 위선이 있다. 그리스인들은 여성의 노래가 결코 온건하지 않음을 알고 있었다. 그들의 문화유산에 나오는 위험한 음악에 대한 거의 모든 유명한 이야기는 여성에게 책임을 물었다. 우리는 남성들을 죽음으로 유인하는 호머의 구슬픈 사이렌

Siren 노래와 여성 참가자들이 황홀한 무아지경에 빠져 무턱대고 살인을 저지르는《박코스 여신도들》그리고 에우리피데스에 의해 묘사되는 폭력적인 디오니소스 숭배에서 이를 발견할 수 있다. 정열적인 사랑이건, 장례식에서 슬퍼하는 사람의 통곡과 탄식이건, 지나친 감정을 담고 있는 거의 모든 노래는 여성의 감정적 감수성과 관련이 있었다. 그리스인들에게 있어서 이러한 요소는 전형적으로 미덕이 아니라 결함이었다.《법률》에서 플라톤은 여성이 자주 부르는 곡이 아니라 여성이 불러야 할 곡을 설명했다.

남자답지 않은 음악에 대한 두려움은 세기가 갈수록 더욱 강해졌고, 로마인들에 의해 여성성에 대한 강박으로 발전했다. 기독교는 모든 수단—교회회의 판결, 교단의 발언, 고해성사에서 속삭이는 권고 등—을 동원하여 여성의 사악한 노래를 통제하려 노력했다. 우리는 이슬람 세계에서 같은 고정관념을 발견할 수 있는데, 아마도 내시, 동성애자 그리고 다른 사람들을 포함했을지도 모르는 집단인 '여자 같은 남자effeminate men'로 번역되는 '무카나툰mukhannathun'의 노래가 대중적이면서도 논란의 대상이 되었다. 중국에서는 4장에서 보았듯이 학자들이 유교적 가르침의 관점에서 여성의 노래를 재해석하는 정교한 계략을 구사하였는데, 그 결과 여성은 가사에서 사라지게 되고 이러한 노래들은 남성 지배계급을 위한 정치적 교리로 변모되었다. 우리는《겐지 이야기The Tale of Genji》를 통해 일본 사회에도 비슷한 긴장감이 있었음을 알 수 있는데, 여성의 음악적 기술은 사회관계의 핵심 부분으로 인식되면서도, 이와 관련된 도덕적 위험 때문에 여성들은 종종 보이지 않는 상태로 공연했다. 고대와 중세에서 우리의 눈을 어디로 돌리든, 노래는 성 역할과 연결되었고, 그 바탕 위에서 찬양되거나, 무시되거나, 재해석되었다. 우리는 이런 종류의 명성과 갈채에 내재된 뚜렷한 객관화에 의문을 품으면서도, 여성 팝 가수들을 매혹적인 사이렌으로 찬양하는 등 플라톤의 위선 일부를 간직하고 있다.

저자는 알려지지 않았지만 처음에는 플루타르코스에 기인한 〈드 무지카De Musica〉라는 담론에서, 현대 음악의 타락 상태, 특히 로마인들이 그리스 선구자들로부터 물려받은 비정상적인 특성에 대한 불만을 발견할 수 있다. 저자는 "음악의 함양에 있어서 옛사람들은 다른 모든 것에서 그랬듯 위엄을 존중했다"면서 "현대인들은 더 중대한 부분을 거부했으며, 강인하고 영감을 주고 신들에게 사랑받는 음악 대신, 극장에 여성적인 지껄임을 도입했다"고 설명한다. 그리고 리디안 모드가 "고음"이고 "애통에 적합"하다는 이유로 비판한다. 여기서 우리는 고대 및 중세 당국에 대한 탄식곡이 감정을 압도하기 위한 여성의 나약함과 민감성과 관련이 있다는 점을 다시 한번 상기하게 된다. 그러고 나서 저자는 대조적으로 도리안 모드가 "대단하고 위엄 있는" 것이라고 칭찬하며, 그 소리가 "호전적이고 절제된 사람들을 위한 속성"이라고 주장한다. 도리안 모드는 다른 모드와 달리 외국인들의 이름이 아닌 그리스인 자신들의 이름을 따서 지은 것이란 점에 주목할 필요가 있다.[2]

같은 이유로, 그리스인들은 수치스러운 성의 음악을 좀 더 존경할 만한 것으로 바꾸기 위해 노력했다. 비극과 희극은 둘 다 풍요 신앙 의식에서 비롯되었을 것이다. 비극의 어원은 'tragos(염소)'와

'aeidein(노래하기)'이라는 단어를 합친 것인데, 문자 그대로 희생자인 염소의 노래다. 그러나 극적인 광경으로의 전환에서 인간 주인공이 희생된다. 희극은 프리아포스(그리스 신화에 나오는 번식과 다산의 신—옮긴이) 축제에서 비롯된 것으로, 희생자의 죽음에 대한 반감이다. 그래서 부활하는 신의 양면, 즉 죽음을 환기시키는 비극, 부활을 축하하는 희극이 있다. 그러나 이러한 정욕과 의례적인 기원은 어느 단계에서는 당혹스러운 것으로 여겨졌을 것이며, 이러한 공연에는 순전히 보다 미적 관점이 적용되었다. 이 정화된 이상을 로마인들이 물려받았고, 우리는 로마인으로부터 이를 물려받았다. 반면 무대극과 뮤지컬의 성적 기원은 시간의 안개 속에 숨겨져 있다.

저명한 로마인들은 음악의 파괴적 위험에 대해 중대한 경고를 반복했다. 세네카Seneca는 '노래하고 춤추는 것의 역동적 추구'가 청년들을 타락시켰는데, 어느새 그들은 "머리를 땋고 목소리를 여성스럽고 경쾌하게 내고 있다"고 조바심을 냈다. 퀸틸리안은 "음악이 열광적인 무대의 음탕한 멜로디에 의해 파괴되었다"고 불평했다. 플리니우스Plinius는 그 시대의 타락한 웅변가들의 "남자답지 않은 웅변"을 무대 연주자들의 노래에 비유했다. 사실 노래의 부정적 함축이 너무 뚜렷해서, 웅변가들은 상대편에게 '노래'를 한다고 비난했다. 이는 약함과 여성스러움을 연상시키는 혐의다. 싱송sing-song이라는 영어 용어에 비슷한 관점이 내재되어 있는데, 싱송이라는 용어는 힘도 없고 단단하지도 않은, 유려한 성향을 가진 화자의 목소리를 조롱하기 위해 종종 사용된다.[3]

이 시기, 음악 제작은 얼마나 수치스러운 일이었을까? 로마의 역사가 리비Livy는 우리에게 로마 극장의 초기 배우들이 자신의 노래를 부른 것이 아니라 다른 사람들이 실제 성악 작업을 하는 동안 무대 위에서 제스처만 취했다고 말한다. 하지만 많은 학자가 이 설명을 믿을 수 없다고 일축했다. 고전주의자인 H. D. 조슬린H. D. Jocelyn은 "비극과 희극이 이런 식으로 행해졌다고 믿기 어렵다"고 썼다. 샌더 골드버그Sander Goldberg는 리비가 드라마와 무언극을 혼동했을 수도 있다는 것에 동의한다. 이는 역사가가 문화의 가장 기본적인 요소를 알지 못했다고 주장하는 것과 유사한 매우 이례적인 비난이다. 다른 사람들은 배우들이 대화를 낭송하기 위해 자신의 목소리를 아끼기를 원했기 때문에, 노래를 노예에게 할당했다는 증거를 제시했다. 낭송보다 노래를 더 많이 요구한 상황에서 노예가 후속 공연을 위해 목소리를 관리해야 하는 것에 대해 걱정하지 않은 이유가 궁금하지만 말이다. 청중들이 쉰 목소리로 하는 구어 대사를 놓친 성악 음보다 더 잘 이해했을까? 긴장된 목소리에 대한 설명이 사실이라 해도 노예에게 노래를 맡기겠다는 결정이 드러나 눈길을 끈다. 이는 분명 품위가 떨어지는 측면이었고, 그래서 노예에게 가장 적합한 작업이었다.[4]

남북전쟁 전 남부 출신의 농장주라면 리비의 주장을 믿었을 것이다. 이 사회는 노예가 된 흑인 노동자들의 노래에 매료되었다. 엘리트 사교 모임에서 아프리카 연주자들이 얼마나 자주 등장했던지 멀리서 온 여행자들만 어리둥절해했다. 이 사회에서는 음악 공연에서 노예들에게 할당된 역할이 당연하게 여겨졌다. 제재된 노래와 저속한 노래를 나누는 것을 목적으로 한, 앞 장에서 묘사된 음악의 균열은 음악가들을 구분하는 데에도 늘 반영되었다. 어떤 노래들은 단순히 위엄 있게 연주할 수 없었다. 이는 로마제국의 전성기, 19세기 대부분의 남부 지방, 노예 노동 기간의 브라질은 물론, 이슬람 세계의 초기 아바스 왕조Abbasid era 시절에도 마찬가지였다. 실제로 아프로 브라질Afro-Brazilian 음악, 춤, 곡예, 무술의 요소를 결합한 브라질 카포에이라capoeira 공연은 노예제가 폐지된 지 한참 뒤에도 불법으로 남아 있었으며 1920년대까지 계속 금지되었다. 간단히 말해, 노래는 사람들에게 적용되는 것만큼 심각한 카스트 제도에 직면한다. 그것은 2,500여 년간 우리 음악 생활의 뿌리 깊은 부분이었다. 지배 계급이 반복적으로 배운 것은, 충격과 실망감으로 금지되거나 경멸 받는 노래가 사람들이 가장 듣고 싶어 하는 노래라는 것이다.

이는 로마가 불타오르는 동안 네로Nero 황제가 바이올린을 켰다는 유명한 일화를 우리가 어떻게 이해해야 하는지 말해준다. 여기서 강조할 가치가 있는 것은 불(종종 인간이 통제할 수 없는 힘)이 아니라 음악이다. 여기에도 남자답지 못하다는 비난은 섞여 있다. 로마의 역사가 디오카시우스Dio Cassius는 켈트족 여왕 부디카Boudicca가 네로의 여성성을 비웃는 말에 대해 "네로는 '남자'라는 이름을 가졌을지 모르지만, 사실 그는 여자인데, 그 증거는 그가 노래하고 리라를 연주하고 자신을 예쁘게 치장했다는 것이다"라고 설명했다.[5]

로마시의 70퍼센트를 파괴한 64년의 대화재 때, 네로가 바이올린을 연주하지는 않았을 것이다. 물론 비슷한 악기들은 있었지만, 바이올린은 고대에는 존재하지 않았다. 키타라가 유력한 후보다. 그러니 토가를 입은 군중들을 위한 일종의 '스모크 온 더 워터Smoke on the Water(영국 밴드 딥 퍼플Deep Purple의 1972년 발표곡. 도입부 기타리프가 인상적이다—옮긴이)'와 같은 대혼란 중에 황제가 기타를 연주했다고 말하는 것이 더 정확할 것이다. 하지만 이 이야기의 가장 좋은 출처인 타키투스Tacitus(로마 시대의 역사가·정치가—옮긴이)는 어떤 악기도 언급하지 않는다. 그는 네로가 트로이의 파괴에 대해 노래하고 있었다고 말하는데, 이를 입증된 사실이 아니라 소문으로 분류한다. 세부사항은 더 큰 진실보다 덜 중요하다. 진실은 바로 로마제국 역사상 가장 유명한 음악 공연이 권위주의적 냉담함과 일반적인 수치심의 상징으로 사용되었으며, 비열한 소문과 조롱의 초점이 되었다는 것이다. 여기서도 우리는 이런 태도를 영어로 보존했는데, 오늘날에도 'fiddling(바이올린을 켜다)'이라는 단어는 시간을 낭비하고, 더 긴급한 문제를 무시하면서 쓸모없는 일을 한다는 의미를 지닌다.

대중오락의 남성답지 않은 음악에 부끄러움을 느낀 로마인들은 남자다운 전쟁 음악을 제도화함으로써 이를 보상하려 했다. 그들은 군악에 대한 열망이 컸지만, 의례적 목적과 공리적 목적 모두를 위해 군악의 관행을 발명하지는 않았다. 훨씬 앞서 이집트인들 사이에서 수천 년 동안 지속될 스키마가 발견되는데, 군인들에게 활기를 불어넣고 질서를 부여하기 위해 사용한 북과 신호를 보내기 위해 사용한 뿔이 그것이다. 그리스인들은 군사 음악에 대한 이상한 생각을 가지고 있었다. 그들은 (아마도 질서보다 개인주의에 더 헌신하는 문화의 신호인) 드럼을 무시하고, 그 대신 합창 가수들을 전투에 끌어들였다. 고전주의자인 존 윙클러John Winkler는 그리스 비극의 합창단이 아마도 전투 훈련을 하는 젊은이들과 관련된 군선을 본떠 만들어졌으며, 그들의 수행 동작은 군대의 질서 있는 행렬을 모방했다고까지 주장했다. 이는 특이한 개념으로 보편적으로 받아들여지지는 않지만, 여기에 제시된 오락과 대학살 사이의 숨겨진 이익과 표면의 연관성에 대한 다른 많은 사례로부터 신빙성을 얻는다.[6]

어떤 경우에도, 무대에서든 전장에서든, 이러한 움직임은 일반적으로 행진하는 군대와 같지는 않을 것이다. 스파르타인은 그랬을지라도 아테네 군인들은 적어도 현대 군대의 전통 방식으로 행진하지 않았다. 이들은 아울로스 소리에 맞추어 움직였다. 아울로스는 그것이 불러일으키는 강한 감정 때문에 멸시받았는데, 열정적인 감정은 오히려 전장에서 가치를 지녔다. 크레타인들은 같은 목적으로 리라를 사용했다. 로마의 더 가까운 역할 모델인 에트루리아인 Etruscans들은 고대인들 사이에서 군용 튜바tuba(종 모양으로 끝나는 긴 튜브로 현대 튜바와 모양이 매우 다르며 트럼펫에 더 가깝다)의 발명가로 인정받는데, 튜바는 그들 무기고의 핵심이었다. 이 경적은 신호였을 뿐만 아니라 적들에게 두려움을 심어주었다. 이 악기는 에트루리아 해적 습격과 매우 밀접하게 연관되어서 고대 문헌에 "로버 트럼퍼robber-trumpeters('강도 트럼펫 연주자'라는 뜻—옮긴이)"라는 용어가 등장한다. 사실 에트루리아 삶에서 거의 모든 폭력 행위에는(사냥, 싸움, 권투, 심지어 노예 처벌까지) 음악 반주가 동반됐다. 야금술(광석에서 금속을 뽑아내는 기술—옮긴이)에 종사하는 에트루리아인들은 이러한 행위 각각에 적절한 악기를 발명해냈고, 우리는 뿔의 발전이 피를 흘려야 했기 때문이라는 충격적인 결론에 이르렀다. 이러한 다양한 출처에서 로마인들은 전투 전 훈련에서부터 영광스러운 승리에 이르기까지, 군인의 삶의 모든 측면에 수반되는 군사 음악에 대한 그들만의 독특하고 '남성적인' 접근 방식을 구축했다.

로마인들은 군악에서 드럼을 무시했지만, 관악기는 광범위하게 사용했다. 예를 들어 에트루리아 튜바는 진격과 퇴각 명령에 사용됐다. G자 모양의 긴 뿔인 코르누cornu—매우 거대한 뿔로, 폼페이에 복원된 완전한 형태는 길이가 10피트 이상이다—는 전투 중 장군의 명령을 전달하거나 깃발을 세울 때 연주되었다. 비슷하지만 C자형 부치나buccina는 야간 경계, 식사, 기상 시간을 알리거나, 군인의 처형을 엄숙하게 하는 등의 용도로 사용됐다. 각 악기의 연주자들은 전투 중에 특별한 이름, 세트 번호, 배정된 위치를 부여받았다. 음악 자체는 지휘관의 명령처럼 결정적이어서, 주저 없이 복종해야 했다. 타락하고 여성스러운 음악 제작을 걱정하는 사회에서 이것들은 권위를 유지하며 존경받는 멜로디들이었다.

그러나 모든 화려함과 의식이 공식적인 로마 음악에 핵심이 비어 있다는 사실을 숨길 순 없었다. 이 사회가 그리스 노래의 가장 강력한 형태인 서사시와 가사는 취하고, —이러한 문학적 형식이 음유 시인이 노래하고 있는 것처럼 보이는데도— 그들의 음악을 제거했다는 사실을 떠올려보라. 위대한 로마 서사시 〈아이네이스〉의 시작 부분에서 베르길리우스는 그가 로마 당국의 관점에서 노래에 적합한 두 가지 주제, 즉 전쟁과 전사를 부른다고 선언하지만, 이것은 모두 사기였고 가식이었다. 서사시인들은 카이사르 아우구스투스Caesar Augustus(고대 로마의 초대 황제인 가이우스 옥타비아누스—옮긴이) 시대에 더 이상 그들의 작품을 부르지 않았다. 그것은 과거의 위엄 있는 노래가 유지될 때, 종종 연극에서 접할 수 있었다. 로마인들이 가장 존경하는 노래 중 하나인 「살리 찬가The Salian Hymn」는 위엄 있게 공연 되었는데, 단어들이 너무 모호해서 기원후 1세기까지 키케로조차도 전체 찬송가를 이해할 수 없었다. 로마의 기원으로 거슬러 올라가는 아르발레스 형제회Arval brethren의 노래도 마찬가지다. 그 의식과 음악은 아우구스투스 시대의 로마인들에게는 대체로 이해되지 않았다. 이는 새해를 맞이하며 「올드 랭 사인Auld Lang Syne(스코틀랜드 민요. 우리나라에는 「석별의 정」으로 알려져 있다―옮긴이)」을 부르는 현대의 경배자들과 같다. 아마도 그 단어들이 무엇을 의미하는지 전혀 알지 못할 것이다. 로마인들은 이해할 수 없는 것을 숭배했다. 카이사르 아우구스투스의 이름은 로마 원로원의 법령에 의해 살리 찬가의 가사에 삽입되었다. 그들은 그 단어들이 당황스럽더라도 여전히 음악의 마법적 효과를 믿었고, 노래의 원래 목적을 잊은 후에도 오랫동안 음악의 의식적 보호가 지속되기를 원했다.

이것은 정말 오래된 마법이었다. 기원전 9세기나 10세기까지 거슬러 올라가는 이탈리아의 고고학 유적지에서 최근 살리 방패와 비슷한 물건들을 발굴한 결과, 이 의식은 로마보다 훨씬 오래되었음을 알 수 있었다. 살리 사제들은 이 방패를 타악기로 사용하며, 군사 의식의 일부로 연주했다. 연주자들은 칼을 들고 전사 복장을 했는데, 그들의 춤은 3박자 리듬인 트리푸디움tripudium에 맞추어 일종의 거룩한 도약으로 묘사되었다. 이 단어는 결국 라틴 작가들에 의해 전투, 격양 또는 많은 노력을 필요로 하는 다른 활동과 관련된 광범위한 의례적 운동에 적용될 터였다. 세네카는 트리푸디움을 남성다운 춤으로 일컬으면서 "오락과 축제의 시간에 행해지던 노인들의 평범한 관행으로, 이들은 적이 쳐다볼지라도 품위를 잃지 않고 춤출 수 있었다"고 했다. 페트로니우스Petronius가 소설 《사티리콘Satyricon》에서 요리용 냄비 뚜껑을 제거하기 전에 트리푸디움을 추는 네 명의 노예를 묘사할 때는 이러한 고귀한 연관성에 의해 부조리가 강화된다. 이 춤은 중세까지 살아남았을 수도 있고, 적어도 교회 당국이 이교도의 전통을 공격했을 때 언급되었을 수도 있다. 13세기 말 성 프란치스코는 트리푸디안티tripudianti(트리푸디움을 추는 사람들—옮긴이) 무리와 함께 노래를 부르고 춤을 추었다고 한다.[7]

그러나 로마 세계의 진정한 대중음악을 찾고자 한다면, 남성다움과 가공할 만한 군대의 뿔피리 장식이라는 허가된 의식을 넘어서야 한다. 대중오락의 중심은 극장이었다. 극장은 제국 전역에 퍼져 있었으며, 군인들이나 관리들보다 음악 문화에 더 지속적인 영향을 남겼다. 이탈리아와 시칠리아에서만 최소 175개의 극장이 있었고, 리스본에서 카파도키아에 이르는 지역에는 더 많았다. 현재의 튀니지, 알제리, 리비아의 일부를 포함하는 영토인 아프리카의 '집정관 통치 아프리카Africa Proconsularis'에서도 50개 이상의 극장이 확인되었다.

관객들은 이런 극장에서 어떤 음악적 즐거움을 기대했을까? 학자 존 조리John Jory는 "만약 제국 시대의 로마 극장에 초대돼 유명한 스타가 공연하는 것을 본다면, 당신이 어떤 공연을 볼지 의심의 여지가 없다"며 "희극이나 비극이 아니라 댄스 퍼포먼스일 것이며, 예술가는 무언극을 할 것이다"고 설명했다. 가면을 쓴 무용수는 몸짓

등을 통해 음악 반주에 맞추어 이야기를 만들어내곤 했다. 그런데 이러한 춤은 극장에만 국한된 것은 아니었고, 개인 가정이나 심지어 길거리에서도 이뤄졌다. 하지만 이 장르가 논란이 된 역사의 한 시점에서는, 로마의 원로원은 연기자의 집에 가는 것이 금지되었고, 기사들은 행렬에 참여하는 것이 금지되었다. 그래도 이 모임이 단지 대중들에게 가벼운 오락의 문제라면 금지 명령을 내릴 필요는 없었다. 여기에서도 엘리트들은 광란의 음악을 갈망하지만, 이 애착에 수치심을 느꼈음을 알 수 있다.[8]

음악사에 반복되는 이 현상 속에서, 대중에게 가장 널리 영향을 미친 공연은 잘 기록되지 않았다. 학자들은 고대의 비극과 희극보다 무언극에 훨씬 더 적은 관심을 쏟았다. 그래서 무언극에 대해서는 대략적인 정보만 남아 있을 뿐이다. 확실한 진위의 리브레토 libretto(음악극의 가사나 대사를 쓴 대본—옮긴이)는 단 한 편도 남아 있지 않다. 목격자들의 설명조차도 많은 의문점을 풀지 못하며, 우리가 들은 말은 때때로 모순된다. 예를 들어, 우리는 무언극이 "효과적이고 절뚝거리고 허풍이 없었다고 확신한다"지만, 설명은 또한 도약, 회전, 굽힘, 무한한 에너지로 증명된 공연자들의 운동성을 강조하기도 한다. 로마인들은 음악 공연에서 여성적 나약함의 오염, 그리스의 유산을 두려워하는 것처럼 보였고, 관객에게는 두려운 이 도덕적 영향을 그저 엔터테이너entertainer에게 투영했을 수도 있다.[9]

많은 군중이 이 행사들에서 제멋대로 행동할 수 있었다. 기원전 14년과 15년에 일어난 "무언극 폭동"은 틀림없이 소란스러웠을 것이다. 적어도 6명의 역사가가 그 사건을 언급하는데, 이는 오락에 의해 촉발된 강력한 감정이 추악하게 변해버린, 고대의 알타몬트Altamont 공연(롤링스톤스가 1969년 미국 캘리포니아 알타몬트에서 열었던 무료 공연으로, 공연 도중 관객 한 명이 살해되었다—옮긴이) 같은 것이었다. 출연료를 둘러싼 논쟁에서 한 스타 연주자의 출연이 취소된 것이 그 폭발을 부추겼을지는 모르지만, 불만의 많은 원인이 불안에 기여했을 것이다. 자료는 무언극 참석자들의 광란에 대해 거의 의심하지 않게 한다. 기원후 23년 티베리우스Tiberius는 무언극과 그들의 가장 격렬한 옹호자들을 "국가에 대한 선동과 개인 주택에서의 방탕"을 이유로 추방하기도 했다. 이는 비평가들이 1960년대 히피와 그들의 음악에 대해 한 말과 비슷하다. 그러나 베트남 전쟁 때였던 60년대와 마찬가지로 고대에는 그러한 조치들이 영향력을 길게 행사하지 못했다. 무언극은 결국 로마로 돌아왔고, 그 명성은 제국 전역에 퍼졌다. 6세기 말까지 인기 있는 무언극 오락물은 계속 생겨났다.[10]

우리는 단지 이러한 공연에 수반된 음악의 소리를 추측할 수 있을 뿐이다. 타악기의 사용은 전해지는 문서에 반복적으로 언급된다. 무언극에서 가장 특징적인 악기는 스카벨룸scabellum, 즉 춤에 메트로놈 같은 박자를 제공하는 나무로 만든 딱따기였다. 이 외에도 드럼, 심벌즈, 캐스터네츠를 포함하여 다양한 타악기들이 있었다. 관악기와 현악기도 언급되는데, 이중에는 아울로스도 포함된다. 그런데 옛사람들이 노를 젓는 사람의 리듬이나 춤추는 사람의 스텝을 동기화시키거나 비트를 강조하기 위해 이 플루트를 자주 사용했다는 점에 주목할 필요가 있다. 즉, 무언극 공연의 음악을 단순히 배경 반주로 생각하기보다는 열정과 강도의 원천으로, 리듬에 의해 움직이는 인포테인먼트 또는 뇌파의 외부 리듬을 만들어내는 것으로 간주해야 한다. 이 매혹적인 박자에 맞춰 합창단은 리브레토(오페라의 대본)를 불렀는데, 이때의 이야기는 잘 알려진 신화와 전설에서 끌어낸 익숙한 이야기였을 것이다. 관객들은 전개되는 줄거리보다 예술적이고 감정적으로 충만한 연기에 더 집중했다.

이 행사의 참가자들은 소음을 갈망했을 것이다. 역사적 기록에 종종 무언극의 시끄러운 소리가 강조되는데, 우리는 라이브 경험을 통해 소리의 힘이 실제 연주된 음표만큼 많은 영향을 미칠 수 있음을 안다. 무언극 참석자들의 데시벨에 대한 열정은, 베르길리우스의 말로, "물과 공기의 힘을 끌어낸 기술적 혁신"인 물 오르간(또는 수압)의 사용을 언급한 기록에 가장 분명하게 드러난다. 주목할 만한 가치가 있는 이 악기는 검투사 싸움에도 동반됐다. 피 흘리는 소리든 춤추는 소리든, 아마도 같은 목적에 기여했을 것이다. 매우 큰 소리로 관중과 참가자들 모두에게 본능적인 힘을 북돋아주는 것 말이다.[11]

이 모든 것을 감안할 때, 로마 엘리트들이 음악에 대한 수치심이 너무 만연해 외부인과 노예가 이 분야를 지배하도록 기꺼이 허락했다는 사실에 우리는 놀랄 수 있을까? 고전주의자 존 랜델스John Landels의 말에 따르면, 로마인들은 "외국인(특히 그리스인)이 '우리보다 그런 일에 더 능숙하다'는 것을 받아들였다. 열등감을 인정한 것에 대한 보상으로, 그들은 외국 음악가들이 모두 여성스럽고, '갸냘프며', 일반적으로 평판이 좋지 않다는 생각을 간직했다."[12]

이것은 이론이나 기술의 현저한 혁신이라기보다는 로마제국에서 가장 눈에 띄는 심리적인 음악적 유산일 수 있다. 우리는 음악의 감정적 힘에 대한 이러한 당혹감을 어느 정도 물려받았다. 나는 사랑 노래의 역사를 연구하면서 그런 태도를 직접 접했다. 학자들은 그 주제에 대해 쓰는 것을 놀라울 정도로 꺼렸다. 사랑 노래에 대한 완전한 조사는 출판되지 않았다. 적어도 지난 천 년 동안 사랑이 노래의 가장 인기 있는 주제였다는 사실을 감안할 때 이는 주목할 만하다. "왜 지금까지 작곡된 팝송의 90퍼센트가 사랑 노래인데, 록 비평의 90퍼센트가 나머지 10퍼센트에 대해 쓰였는지 궁금했다." 나는 비평가 데이브 히키Dave Hickey의 이 말을 곰곰이 생각했다. 결국 나는 이 현상이 록에 국한된 것이 아니라 음악사의 광범위한 분야에서 나타나는 징후라는 것을 알게 되었다. 다른 학자들과 내 연구를 논의하며 사랑 노래에 대해 말하기 시작했을 때, 나는 당황에 가까운 불안을 감지할 수 있었다. 그들은 로마인과 같은 단어—여성적이고 비천하다—를 사용하지는 않았지만, 그들의 본능적인 반응은 세네카나 유베날리스Juvenal(고대 로마의 풍자시인-옮긴이)와 그리 다르지 않았다. 감상적인 사랑 노래는 어찌된 일인지 품위가 없고 수치심과 연관된다.[13]

　　여기서 다시 한 번 음악 문화를 왜곡한 이념적 힘을 파악하기 위해 지배적인 철학 교리를 고찰할 필요가 있다. 고대 로마의 경우, 우리는 다시 미학에 개입하는 윤리적, 정치적 고려를 발견한다. 로마제국 시대의 가장 강력한 철학은 극기였다. 사실 기독교가 확산되기 전에 극기주의는 유럽인에게 가장 존경받고 실용적인 세계관이었다. 그 가르침은 근본적인 토대 위에 놓여 있었는데, 이는 감정과 욕망을 제한할수록 삶에서 좌절할 가능성이 적다는 깨달음이다. 원하는 것을 얻지 못해서 슬픔이 생긴다면 해결책은 원하는 것을 멈추는 것이다. 그것은 고통스러운 충고일지 모르지만, 그 논리에는 논쟁의 여지가 없다.

'느낌'에 대한 이러한 반감은 세네카가 공유한 유명한 폄하 발언에서—"키케로는 자신의 일수를 두 배로 늘리면 서정시인을 읽을 시간을 갖지 말아야 한다고 선언했다"— 가사에 대해 조롱하는 태도를 이해할 수 있는 맥락을 제공한다. 이것은 키케로에 대한 문학적 판단이 아니라 도덕적 비난이다. 세네카는 설명을 이어간다. "서정시인들은 분명히 경박하다." 가사는 이 단계에 의해 퇴보했고, 노래의 초기 뿌리는 거의 잊었다. 감정 표현의 통로로서의 역할은 유지했지만, 이로 인해 사회적, 도덕적 위험이 초래되었다. 로마인들은 가사로 인해 육체적으로 아플 수도 있다고 믿었다. 고대인들은 인간의 신체에서 문학적, 음악적 문화의 약점을 보여주는 질병인 '렙토수네leptosune'을 발명했다. '렙토이leptoi'는 코미디에서 판에 박힌 인물이 되었고, 2차 세계대전 이전 할리우드 영화에서 '여자 같은 겁쟁이sissy'의 전신이 되었다.[14]

로마 세계를 조사한 결과, 놀랍게도 음악적 혁신은 거의 접하지 못했다. 로마 음악 대부분은 그리스에서 빌려오거나 각색했고, 다른 정복 영토에서도 가져왔다. 로마인들이 외국 관습에 매료되었다는 사실은 소위 신비 숭배의 부상에서 가장 뚜렷하게 드러날 것이다. 이 신비 숭배는 오래된 의식이 여전히 수련자들 사이에서 열의를 불러일으키는 몇 안 되는 영역 중 하나다. 비록 우리가 관련된 음악의 절차나 세부사항에 대해 거의 알지 못하지만, 참가자들이 무미건조한 교리나 형식 이상의 것을 추구했다는 것은 명백하다. 추종자들은 특히 올바른 종류의 음악 반주와 함께 황홀경이나 변화된 형태의 의식에 대한 접근을 부여받았을 수도 있다. 이런 경험을 위해 로마인들은 이국주의를 갈망했다. 로마의 종교 집단 회원들은 페르시아의 미트라Mithras, 이집트의 이시스Isis, 프리지아의 키벨레, 트라키아의 사바지오스Sabazios 같은 외국 신들만큼 국내 신들에 대한 믿음을 두지 않았다. 여기서도 문화 엘리트들은 대중의 열정적 관행을 경멸했다. 기원후 3세기에 음악학자 아리스티데스 퀸틸리아누스Aristides Quintilianus는 이 숭배자들을 멜로디와 춤을 통해 "우울한 불안"이 줄어들 수 있기를 바라는 "교육받지 못한 사람들"이라고 일축했다. 예의범절, 규율, 남자다운 미덕에 너무 많이 의존하는 사회에서는 영적 초월성과 그 음악적 출처까지도 의심스럽게 여겨졌다.[15]

이는 로마제국주의에 의해 우리에게 남겨진 분열이다. 로마인들은 자신들의 음악성에 대한 확신이 거의 없었음에도 군사적 성공으로 서양 음악 문화의 토대를 마련할 수 있었다. 이들은 가장 인기 있는 표현에 종종 수치심을 느꼈다. 그리스인들로부터 제재받은 음악과 저속한 음악 사이의 고통스러운 분열을 물려받았고, 이 분열은 로마의 지배 아래 더욱 커졌다. 무언극의 요란하고 때로는 금지된 오락과 군대의 남자다운 음악 사이의 대조는 이보다 더 뚜렷할 수 없다. 그러나 대중이 즐기는 음악적 오락과 점점 더 공허해지는 로마의 신성하고 의례적인 음악 형식 사이의 활력 차이처럼, 많은 것이 기독교의 부상과 함께 사라질 운명이었다. 로마인들 사이에는 가장 강렬한 음악적 경험은 자신의 지배 계급보다 노예나 외국인에게서 찾아야 한다는 깨달음이 커지고 있었다. 이는 로마 음악 생활의 결정적인 특징이지만, 전해지는 텍스트에는 거의 나타나지 않는다. 고대로부터 살아남은 텍스트에는 로마 엘리트들이 자신을 보는 방식의 중심이 된 남성적 형태의 음악만 기념되어 있으며, 일상생활의 실제 사운드트랙은 비평, 비난, 풍자의 형태로 그야말로 감질나는 힌트만 있다.

우리는 여기서 작은 세계에서 이 전복적인 음악의 역사가 주류 역사와 얼마나 다른지 본다. 로마 문화에 대한 서술은 서사시인 베르길리우스와 서정시인 호라티우스를 봉안하는 것으로 시작하지만, 우리에게 이들은 작가로서 입증 가능한 장점에도 불구하고 음악과 텍스트 사이의 중요한 유대를 끊은 독특하고 골치 아픈 혁신가들이다. 다른 사람들이 그들의 공로를 검증하는 기준이 되는 황제와의 긴밀한 관계는, 정치권력이 칭찬하고 보존하거나 반대로 혹평하고 금지하는 것을 결정하는, 문화 계층화의 상징이다.

우리는 살아남은 문헌을 넘어서서 왜 세네카의 많은 비극이 후세에 전해졌는지를 이해하려고 노력해야 한다. 고전보다 훨씬 더 큰 역할을 했던 대중오락의 전체 장르는 단지 소문으로만 알려져 있다. 우리는 공식적이고 허가된 음악으로부터 진정한 음악을 되찾는 것을 목표로 해야 하며, 이러한 음악들이 혁신과 사회의 변화를 촉진하는 촉매제라는 것을 알고, 논란과 반대를 불러일으켰던 노래들을 무엇보다 궁금해해야 한다. 그리고 마지막으로, 이러한 왜곡을 바로잡은 후, 수치심을 기반으로 하지만 노래로만 제공되는 황홀한 해방을 갈망하는 전혀 다른 음악 문화를 살펴볼 필요가 있다. 고대 음악에 대한 이러한 넓은 관점으로, 우리는 좀 더 정확하고, 아마도 덜 위엄 있는 음악 역사를 만들 수 있을 것이다. 이 작업으로 로마뿐만 아니라, 우리 자신의 중요한 사회, 즉 우리 사회에 대한 중요한 진실을 알게 될 것이다.

10

악마의 노래

Music: A Subversive History

The Devil's Songs

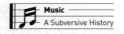

아직 죄의 개념을 다루지 않았지만, 이제 바뀔 것이다. 고대인들은 음악에 대해 많은 걱정을 했고, 음악이 인간의 성격과 사회에 미치는 영향과 관련해 실용적 문제에 초점을 맞추는 경향이 있었다. 신들이 음악적 오락에 대해 강한 의견을 가지고 있을지도 모른다는 생각은 거의 하지 않았다. 물론 신들도 그들만의 음악이 있었고, 이는 적절한 예의를 갖춰 다루어졌지만, 문화 엘리트들이 자주 제기하던 세속적 음악에 대한 반대의 초점은 내세가 아닌 현재에 맞춰졌다. 제우스가 여가 시간에 어떤 노래를 듣든 신경 쓰지 않았다는 얘기다.

연주 스타일을 엄격하게 규제하기 위해 사후세계나 죄악의 개념을 들먹이지 않았던 실제적 음악 접근법도, 그리스·로마Greco-Roman의 영향을 넘어서는 것으로 볼 수 있다. 실제로 소크라테스와 비슷한 시기에 살면서 긴축과 구속의 철학을 가르친 중국 사상가

묵자의 파격적인 《비악非樂》에서 이는 최고조에 달하는데, 《비악》은 고대로부터 살아남은 주제 중 가장 적대적인 선언으로, 그다음 세기에 그 혹독한 항의에 맞설 수 있는 사람은 거의 없었다. 다른 이론가들이 허용되는 노래와 금지해야 하는 노래를 구분하며, 악기, 모드, 스타일을 미세하게 따지던 것과 달리, 묵자는 "음악을 만드는 것이 잘못"이라는 포괄적 주장을 펼쳤다. 그는 지배자들이 "세상에 유익한 것을 장려하고 해로운 것을 제거하려면 음악을 금지하고 중단시켜야 한다"고 주장하면서 예외를 허용하지 않았다. 신성하거나 불경스러운 관념에 대해서는 어떠한 언급도 하지 않았는데, 묵자의 음악에 대한 반대는 전적으로 무용함에 근거했다. 그는 음악에 소비되는 시간과 돈을 더 유용한 데 쓰기를 권했다.[1]

묵자는, 음악은 굶주린 사람들을 먹이거나 가난한 사람들에게 옷을 입히는 데 아무런 도움이 되지 않는다고 지적한다. 음악은 사회 질서에 기여하지 않으며, 일상생활에서 늘 존재하는 혼란을 줄이지도 않는다. 그러므로 음악의 유혹은 높은 것과 낮은 것, 강한 것과 약한 것 둘 다에 의해 저항되어야 했다. 통치자가 음악에 자원을 할당할 경우 더 시급한 필요에서 벗어나게 된다. 음악을 듣는 농부들은 농작물을 소홀히 할 것이다. 음악에 주의를 기울이는 여자들은 실을 뽑아 천을 짜는 일을 잊어버릴 것이다. 질서 정연한 사회에서 이런 직무유기는 용납될 수 없었다.

이러한 입장은 놀랍지만, 당시 실용주의에 대한 집착과 음악에 대한 우려는 일맥상통했다. 공자는 실용적 관점을 견지하면서도 교육이나 의례에서 음악의 중심 역할을 강조했다. 관능적 쾌락도 잘

이해했다. 유명한 이야기에 따르면, 그는 전설적인 순 황제(음악 혁신
으로 인정받는 또 다른 강력한 권위자)에서 기인한, 음악을 곁들인 일종의
무언극인 소악韶樂을 듣고 3개월 동안 지속된 환희에 대해 말했다.
그런데 이 음악의 매력은 도덕이나 유익한 영향과 관련이 있었다.
결국 유교적 사고는 노래의 실용적 가치에 초점을 맞추었다. 가장
천진난만한 민요조차도 그 가사에서 가르칠 수 있는 순간들이 추출
될 수 있도록 뒤틀고 돌려서 해부되고 재해석됐다. '선량하고 질서
정연한 노래가 선량하고 질서 정연한 사회에 기여한다'는 개념이
바로 중국 음악 이론의 근간이다.

　　예를 들어, 「숲 지대에서 덩굴이 자란다In the Bushlands a Creeper Grows」
는 노래는 분명한 의미를 가졌다.

> 정말 사랑스러운 남자가 있네,
> 짙은 눈썹에 균형 잡힌 얼굴.
> 나는 우연히 그를 만났고,
> 그는 내게 희망을 갖게 했네.[2]

《시경》에 실린 이 시에서 두 연인은 외딴 곳에서 만난다. 아니,
정말 만난 것일까? 이후 해설자들은 이 단순한 노래를 해석하는 다
른 방법을 찾는 데 엄청난 독창성을 보여주었다. 그들은 이들이 낭
만적 커플이 아니라 두 명의 훌륭한 남자라고 했다. 혹은 '무작위적
만남'에 대한 이런 사고방식이 나쁜 통치의 결과라고 했다. '군부의
봉기로 지칠 대로 지친 사람들에게 군주의 은총이 전해지지 않았기

때문이다.' 일단 가사의 표면적 의미를 버리고 나면, 도덕적 해석을 밀어붙이는 데는 제한이 없다.

> 그의 고귀한 아가씨여,
>
> 그는 밤새 그녀를 찾았네.
>
> 찾았지만 잡을 수 없어,
>
> 밤낮없이 그는 슬퍼했네.

〈관저關雎〉는 짝사랑의 고통을 나타낸다. 그러나 정치적 논평, 도덕적 교훈, 심지어 순결과 정절을 찬양하는 의미로 바뀌었다. 이러한 해석의 결과, 우리가 서정에서 추구하는 본질적 자질, 즉 진심 어린 감정과 개인의 주체적 표현은 승인된 텍스트의 교화 잠재력에 대한 불편한 장벽으로 무대 밖에서 뒤섞였다.[3]

그러나 이 편의성이 표면적 의미에 대한 모든 폭력에도 불구하고, 여전히 실용적 고려에 의해 추진되었다는 점을 강조할 가치는 있다. 서구 세계에서 기독교가 부상하면서, 대조적으로 낭만적인 가사는 가르칠 수 있는 교훈 때문이 아니라 신자들의 영혼에 대한 형이상학적 위험을 근절하기 위해 면밀히 조사되었다. 이 교차점에서 죄의 개념은 음악학의 최전선으로 옮겨져, 천 년 이상 머물렀다. 이제 음악의 모든 측면, 즉 가사뿐만 아니라 악기, 공연 시간과 장소, 연주자의 성격과 성별, 멜로디와 리듬에 의해 자극된 감정까지 모독과 불경스러움의 징후가 있는지 면밀히 조사됐다. 사제들은 강단에서 음악의 악을 비난했고, 교회 의회는 그 사용에 대한 판결을 내렸다. 신학자들은 그 성격에 대해 논쟁을 벌였고, 심지어 교황조차 상황에 따라 때때로 개입하여, 해명하거나 비난했다. 이 모든 것은 가장 치명적인 심각성으로 처리되었다. 결국 다음 생의 구원이나 저주가 판단의 기준이 되었다.

하지만 이러한 음악 비평에 대한 대대적 개입이 신자들의 관행에 그다지 큰 영향을 미치지 못했다. 기독교의 첫 천 년 동안, 음악적 학대가 계속 확인되고, 대책이 시행되고, 처벌과 참회가 있었지만, 이러한 노래들은 사라지지 않았다. 불결함은 줄어들지 않고 계속되었고, 각 세대는 이전 세대의 사악한 노래를 고수하거나 그들만의 새로운 노래를 만들었다. 12세기 트루바두르의 부상과 함께 이러한 독재와 검열의 공세에서도 마침내 세속 음악이 등장했을 때, 엘리트 문화의 주류에 들어간 '새로운' 스타일의 노래는 성직자들이 천 년 동안 싸워온 그 육욕과 정욕에 대한 집착을 드러냈다.

기독교가 모든 음악에 적대적이지는 않았다. 음악은 신도들의 일상적 관행에 통합되었다. 《에베소서》에서 사도 바울은 신자들에게 술을 마시는 대신 "시와 찬미와 영적인 노래로 서로 이야기하고, 마음으로 주님께 노래하고 찬송하라"고 권한다. 술에 대한 대안으로 음악을 언급하는 것은 초기 기독교인들이 노래의 황홀한 속성, 트랜스를 유도하는 능력, 의식의 변화를 이해했음을 암시한다. 바울은 《골로새서》에서 다시 음악을 언급하는데, 여기서는 교육적 도구로서 그 사용에 초점을 맞춘다. "그리스도의 말씀이 여러분 가운데 풍성하게 하여, 모든 지혜로 서로 가르치고 권고하며, … 시와 찬미와 영적인 노래를 부르며 감사하는 마음으로 하느님을 찬양하십

시오." 그러나 이는 음악에 대한 매우 다른 두 가지 견해다. 노래는 행복감으로 가는 통로이자 가르칠 수 있는 순간의 원천으로 종종 서로 충돌한다. 그 결과로 생긴 긴장이 신앙심으로 해결된 적은 없다. 수세기 동안, 주요 권위자들은 교육적 패러다임을 선호했고, 평범한 신자들은 황홀함과 초월성을 추구했다. 그리고 어떤 종교도 그들이 초래하는 위험과 예측 불가능에도 그러한 요소들을 완전히 무시할 수는 없었다.[4]

학자인 요하네스 쾨스텐Johannes Quasten은 "후기 기독교인들은 흔히 예배 노래를 제물로 지정해 이교도의 희생과 구별한다"고 설명한다. 종교적 노래에 대한 이러한 개념은 오늘날 논란의 여지가 없어 보일 수 있다. 기독교가 생겨난 지 2천 년이 지난 지금도 신자들은 그 개념의 완전한 함의를 그다지 생각하지 않고 교회 예배를 희생 제사로 말하는 경우가 있다. 그러나 이 파괴적인 역사에서, 음악과 폭력의 숨겨진 연결고리에 따라, 우리는 희생 음악의 실제 역사를 살펴보고, 그것이 과거와 현재에 대해 우리에게 무엇을 알려주는지 고려해야 한다. 음악학 연대기에서 좀처럼 논의되지 않는 이 주제는 심지어 우리가 콘서트홀과 경기장에 수용 인파를 끌어들이는, 종교와 관계없는 완전히 세속적인 현대 공연의 중요성을 이해하는 데도 도움을 줄 것이다.[5]

이는 많은 사람이 무시하고 싶어 하는 음악 역사의 한 단면이다. 플루타르코스는 카르타고인Carthaginian들의 희생이 담긴 음악이 의식을 엄숙하게 하거나 분위기를 돋우기 위한 것이 아니라, 부모가 바알하몬Baal Hammon에게 자식을 바칠 때 외침과 울부짖음을 잠재우기 위한 것이었다는 특이한 주장을 한다. 고대 가나안인Canaanites들이 아동을 제물로 바치는 히브리 경전에서도 이와 비슷한 연관성이 발견된다. 이러한 희생은 예루살렘의 토페트Topheth에서 일어났는데, 해당 지역 이름은 도살의 끔찍한 소리를 가리기 위한 드럼의 중요성을 강조하는 연결고리인 히브리어 토프toph, 즉 드럼에서 유래됐다. 이것이 바로 희생 음악의 곤혹스러운 기원으로, 빵과 포도주로의 전이 없이 피와 살을 제물로 바치던 폭력적인 시대를 떠올리게 한다.

그런데 이것이 세련되고 평화롭고 평화를 촉진하는 의식과는 무관한, 야만적이고 시대착오적인 현대의 음악적 관행과는 관련이 없을까? 사회 이론가 자크 아탈리Jacques Attali는 그의 도발적인 책《소음Noise》에서 다른 주장을 한다. 사실 그는 역사를 통틀어 그리고 오늘날까지도 "음악가는 희생 과정의 필수적인 부분, 폭력의 채널"이라고 주장한다. 그런 주장이 처음에는 이상하게 들릴지도 모른다. 알코올이나 다른 도취제에 의해 더 폭발하는, 가장 강력한 감정을 자극하는 헤비메탈, 펑크 록, 힙합 아티스트(유명한 장르들만 언급했다)들의 실제 공연 의식을 고려하기 전까지는 말이다. 아탈리는 여기서 고대 제사와 현대 문화 기관의 연관성을 연구하는 데 수십 년을 바친 비평가 르네 지라르의 이론을 꺼내든다. 이 작품은 거의 전적으로 음악 작가의 범위를 넘어서지만, 공연 의식에서 폭력과 갈등이 어떻게 승화될 수 있는지를 파악하는 데는 필수적이다. 희생 제사는 오늘날 살아 있고, 교회 예배는 그중 극히 일부에 불과하다. 진행 중인 전통의 한 버전을 즐기고 싶다면, 네바다주 북서부의 사막에서 열리는 연례 모임인 버닝맨Burning Man('불타는 사람'이라는 뜻. 나무로 만든 거대한 인간 모형을 태우는 행사—옮긴이)(이름에도 희생과 연관성이 드러난다)에 가보자. 이 행사의 하이라이트는 안식일에 일어나는 거대한 인간상의 불타는 죽음이다. 더 많은 것이 변할수록 더 많이 그대로 유지된다.[6]

이것이 바로 기독교 '희생' 음악의 부상을 보는 맥락이다. 신자들은 이교도 희생의 에너지를 전달하기를 원했으며, 동시에 그것을 정화해야 했다. 이 점은 기독교 음악에 관한 가장 오래된 문헌 중 하나인《시빌의 신탁서Oracula Sibyllina》에 분명하게 언급된다. 그리스어 6보격hexameter(압운 없이 6개 음절로 한 행을 구성하는 표준적 형식—옮긴이)을 따르는 이 익명의 작품은, 이미 기원후 2세기에 초기 교회 당국에 의해 인용되었다. 그들은 의식과 인간 희생의 연관성 그리고 이러한 연관성의 정화 필요성을 모두 이해한 것이 분명하다. 저자는 "살을 태우는 장작더미의 기름이나 에테르의 끔찍한 냄새로 우리 자신을 오염시키지 말아야 한다"고 주장한다. "그러나 거룩한 연설, 행복한 마음, 풍성한 사랑의 선물, 관대한 손, 우리 하느님에게 합당한《시편》과 찬송가로, 우리는 영원하고 흠 없는 당신을 찬양하도록 격려받는다." 피의 희생이 사라지면서, 음악에서의 변화도 강력하게 요구되었다. 새로운 접근법에 따르면, "주전자 드럼은 들리지 않고, 심벌즈도 없다. 구멍 많은 플루트도, 무분별한 소리로 가득한 악기도 없다. 구부러진 뱀과 같은 양치기의 파이프 소리도, 거친 소리를 내는 트럼펫도 없다." 이 존경받는 문헌에 따르면, 이 모든 음악 전통은 폭력적인 연관성에 의해 더럽혀졌다.[7]

교회 당국으로서는 오직 하나의 악기 즉 인간의 목소리만이 나무랄 데 없는 것이었다. 기악은 이교도들의 역사와 도덕적 기질에 가해진 것으로 추측되는 치명적인 영향 때문에 위험하게 여겨졌다. 아이러니하게도 이 전염은 이교도들, 특히 플라톤의 영향을 드러내는 언어로 자주 묘사되었다. 기독교 신앙으로 개종한 사람들은 북과 심벌즈는 제쳐두고, 찬송가와 《시편》을 부르도록 격려받았고, 스스로의 목소리로 찬사를 보냈다. 초기 사막의 아버지들 중 한 명인 성 팜보St. Pambo는 손뼉 치기와 발치기도 꺼렸는데, 그것들이 이단과 관계가 있다는 것이 그 이유였다. 이 논란은 오늘날까지 많은 기독교 부처에서 이어지고 있다. 심지어 현재의 모든 집단을 두 개의 범주, 즉 손뼉을 치는 집단과 치지 않는 집단으로 나눌 수도 있다. 그리고 이 구별이 다른 태도나 관행과 밀접하게 연관되어 있음을 발견하게 된다. 그러나 기독교의 지배 초기 수세기 동안, 이전의 모든 형태의 의식 음악에 대한 《시편》과 찬송가의 우월성에 대해 이의를 제기하는 사람은 거의 없었고, 이러한 변화의 결과는 멀리까지 영향을 미쳤을 것이다.

노래는 유럽에서 지배적인 음악적 관습으로 자리 잡게 되었고, 이러한 변화는 17세기까지 이어졌다. 이러한 성악 선호도는 여러 가지로 가늠할 수 있는데, 바흐 이전 시대의 서양 대표 작곡가들의 진로를 살펴보면 가장 간단하게 알 수 있다. 예를 들어 페로탱Pérotin, 기욤 드 마쇼Guillaume de Machaut, 기욤 뒤페Guillaume Dufay, 조스캥 데 프레 Josquin des Prez, 힐데가르트 폰 빙엔Hildegard von Bingen, 요하네스 오케겜 Johannes Ockeghem, 조반니 피에르루이지 다 팔레스트리나Giovanni Pierluigi da Palestrina, 토마스 탈리스Thomas Tallis 그리고 그들의 동시대 사람들의 삶과 시대를 생각해보자. 그들은 합창단에서 노래를 부르거나, 합창단을 감독하거나, 합창단을 위해 주요 작품을 작곡했다. 어떤 경우에는 악기에 대한 기술도 보여주었지만, 성악에 비하면 이는 그들의 유산 중 매우 작은 부분이었다. 하지만 바흐 이후 변했을 뿐만 아니라 완전히 역전되었다. 목소리가 아닌 건반과 바이올린이 작곡가의 명함과도 같은 역할을 하기 시작했다. 작곡가 지망생은 건반을 공부할 것으로 예상됐다. 물론 합창단에의 합류를 고려할 필요는 없었다. 이는 오늘날에도 마찬가지다. 1,500년 동안 인간의 목소리가 서양 음악에서 확고한 우위를 차지하는 지위에 오른 것은, 기독교 역사상 가장 영향력 있는 문화적 개입 중 하나임에 분명하다.

성악은 초기 교회 신도들을 위해 지상의 예배를 고양시켰을 뿐만 아니라, 그들에게 다가올 낙원의 맛까지 주었다. 중세 음악 이론의 현존하는 가장 오래된 작품인 《음악론Musica Disciplina》의 저자 레오메의 아우렐리아누스Aurelian of Reome는 선택된 소수의 사람들이 천사의 노래를 들을 수 있다고 설명했고, 시편 148편의 거룩한 연주로 대우를 받은 오세르Auxerre의 경건한 사제에 대해 이야기했다. 또 다른 일화는 성 빅토르St. Victor 수도원의 수도사가 밤샘을 하는 동안 천사 합창단으로부터 배운 한 찬송가를 묘사한다. 그는 나중에 로마 성직자들에게 그것을 가르쳤는데, 그곳에서 전체 신도들이 이 노래를 불렀다. 그는 "우리 위에 있는 바로 그 세계와 천국이 조화로운 소리로 순환한다"고 발표했다.[8]

그런데 이 변화에는 뭔가 특이한 점이 있다. 시편들은 교회 생활의 중심이 되었으나 시편들 자체는 기악 음악을 반복적으로 찬양한다. 악기는 적어도 16개의 다른 시편에서 두드러지게 나타나는데, 일반적으로 훈계 어조다. 시편 33편은 "하프로 여호와를 찬양하라. 살터리psaltery(12~15세기경 사용된 발현악기−옮긴이)와 10줄 악기로 여호와를 찬양하라"라고 말한다. 시편 149편에는 다음과 같은 훈계가 있다. "그들이 춤으로 그의 이름을 찬양하게 하시오. 그들이 소고와 수금으로 그에게 찬송하게 하시오." 68편에서는 이교도의 가장 중요한 대표자인 여성 탬버린 연주자와 마주친다. "가수들은 이미 갔고 악기 연주자들이 뒤를 따랐다. 그들 중에는 소고를 가지고 노는 소녀들이 있었다." 이 연관성은 매우 두드러져서 《시편》의 작곡가인 다윗은 손에 하프를 든 모습으로 자주 묘사된다. 종교적 우상화에서 필수적인 이 반복적 이미지는 사후 세계에서의 합당한 보상을 상기시키는 역할을 한다. 게다가 하프는 만화, 농담, 대중문화뿐만 아니라 《요한계시록Book of Revelation》으로 거슬러 올라가는 기독교의 텍스트와 이미지에서 두드러지게 나타난다.[9]

의식에서 악기, 특히 타악기를 제거하면 엑스터시와 트랜스와 가장 밀접한 관련이 있는 바로 그 성분을 제거하는 불행한 효과가 생긴다. 이제 우리는 리듬이 뇌 활동에 얼마나 많은 영향을 미치는지 이해하고, 과학자의 임상 연구에서 측정되었든 실제 세계의 트랜스를 생성하는 설정에서 측정되었든 드럼 연주의 핵심 역할을 이해한다. 아마도 초기 기독교 지도자들은 이를 본능적으로 알고 있었고, 트랜스 상태에서 오는 강렬한 개인주의적 경험을 피하면서 순응에 도움이 되는 의식 구조를 건설하기로 의도적인 결정을 내렸을 것이다. 그러나 이는 시행하기 어려운 정책이다. 노래는 이중적인 힘을 가지고 있다. 노래는 한 집단을 응집하게 할 수도 있고, 모든 규율과 구속에서 벗어난 통제되지 않는 상태로 만들 수도 있다. 사회운동이 초기 카리스마적 단계에서 보다 관료적이고 성문화된 단계로 발전함에 따라, 극단적인 종류의 의식적 황홀경은 기껏해야 당황스럽고, 최악의 경우 계층 구조에 위협이 된다. 그 시점에서는, 드럼을 치우고 응집력을 내는 애국가를 부르는 것이 좋다. 교회 지도자들은 이 점을 의식했을 수도 있고, 어쩌면 시행착오를 통해 파악했을 수도 있다.

어쨌든 교회는 한 가지 문제를 해결하고 또 다른 문제를 일으켰다. 종교는 교리만큼, 어쩌면 그보다 더 많은 트랜스를 필요로 한다. 따라서 결국 수도원 생활의 핵심 요소가 된 격렬한 성가의 출현과 제도화는 드럼 연주, 손뼉 치기, 그 외 신경적 섭리에 대한 금지로 생겨난 제약 안에서 이를 성취하는 가장 좋은 방법이 다름 아닌 리드미컬한 성가라는 사실의 발견에서 비롯된 것이라 생각한다. 드럼은 약 10분 안에 의식 상태를 바꿀 수 있지만, 노래는 훨씬 더 긴 시간이 요구된다. 의식과 교리는 이러한 생물학적 필요에 적응해야 한다.

이러한 필요성은 1960년대 후반 프랑스 남부의 칼카 수도원 Abbaye d'En-Calcat에 음악 치료사 알프레드 토마티스Alfred Tomatis가 개입하면서 확인됐다. 이곳 수도사들은 집단적 피로와 만연한 우울증에 시달렸다. 토마티스의 말에 따르면 이들은 "젖은 걸레처럼 방에 널브러져 있었다." 다른 의료 종사자들은 치료법에 실패했지만, 토마티스는 이들이 제2차 바티칸 공의회에 의한 개혁의 여파로 최근 성가를 제한해 고통받고 있음을 파악했다. 그는 원장을 설득하여 전통적인 성가를 부활시켰다. "11월이 되자 거의 모든 사람이 정상적인 생활로 돌아갔다"고 토마티스는 자랑했다. "정상적 생활이란 기도, 몇 시간 동안의 수면 그리고 베네딕투스회Benedictine의 수도 일정"이었다. 노래를 부르도록 허락될 때, 수도사들은 단 4시간만 자고도 버틸 수 있었고, 모든 허드렛일뿐만 아니라 성가 부르는 시간에도 충분한 에너지를 가졌다. 하지만 성가 없이는 아무리 많이 자도 정신적 에너지의 혼란이 보상되지 않았다.[10]

중세 수도사의 삶은 음악에 깊이 빠져 있었다. 서유럽 수도원들의 부상은 교회의 세속적인 얽힘에 대한 반작용을 나타냈으며, 기도, 육체노동, 권징에 초점을 맞춘 더 단순한 방식의 헌신을 제공했다. 이러한 집단의 관행이 더욱 성문화됨에 따라, 늦은 밤의 철야와 매일의 기도는 미리 규정된 《시편》 찬송으로 대체되었다. 성 베네딕트(480~547년)는 기독교 역사상 가장 영향력 있는 수도회 생활 지침이자 1,500여 년 후에도 여전히 신도들에게 영감을 주는 《규칙서 Rule》를 제정했다. 이 작품이 시편 연주에 부여하는 명성은 베네딕트가 결점과 형벌에 할애한 8장을 성무일도Divine Office에 관한 12장에 비교하면 가장 잘 측정할 수 있다. 여기서 베네딕트는 수도원 생활의 시간과 날과 계절에 걸쳐 시편을 어떻게 외워야 하는지 자세히 설명한다. 그는 열렬한 주장으로 추종자들에게 "마음과 목소리가 조화를 이뤄 《시편》을 불러야 한다"고 말하며, 항상 "신과 천사들 앞에서"라는 것을 기억해야 한다고 강조한다.[11]

하지만 성악의 찬양에 현혹되어서는 안 된다. 노래가 자신들의 지배하에 있을 때 노래를 육성했던 종교 당국은, 노래의 다른 모든 징후를 제거하기 위해 애썼다. 서구 세계 역사상 초기 기독교인들이 대중들 사이에서 노래를 금지하고 처벌하겠다는 결심에 필적할 만한 힘은 없었다. 명령을 집행하기 위해 가정과 침실에까지 손을 뻗친 성직자들은 약 천 년 동안 음악 비판에 놀라운 일관성을 유지했다. 언뜻 이 작업에서 성직자들의 성공은 놀라워 보인다. 적어도 트루바두르가 등장하기 전, 오랜 세월 동안 유럽 언어로 된 세속적인 노래가 거의 살아남지 않았다는 점을 고려하면 더욱 그렇다. 하지만 우리는 이 노래들이 존재했다는 것을 안다. 아마 수만 곡 있었을 테지만, 후세를 위해 보존된 문헌에서는 거의 제외되었다. 가끔 몇 줄의 행이 나타나기도 하는데, 이는 종교 문서에 몰래 베껴 쓴 것이거나, 반항적인 서기관의 비뚤어진 반항에 의한 것일 테다. 그러나 이는 드문 예외였다.

이 노래들이 번성했다고 어떻게 확신할 수 있을까? 가장 좋은 증거는 그것들이 비난받은 빈도와 강도다. 하지만 이 노래들에 대한 수백 건의 공격에 대해 전해졌음에도, 학자들은 음악 비평의 역사에서 나온 이 흥미로운 문서들에 거의 관심을 기울이지 않았다. 중세주의자인 존 헤인즈John Haines는 "내가 알기로는, 이 많은 비난에 대한 연구는 단 한 건도 없다"면서 이는 사회에서 음악의 역할에 대한 현대적 논의와 관련이 있다고 지적한다. 처음 이 주제를 연구하기 시작했을 때, 그는 근본주의 기독교인들 사이에서 자신의 어린 시절 기억이 생생히 떠올랐고, 특히 방문 설교자로부터 들은 로큰롤에 대한 비난이 기억났다. 그 방문 설교자는 "앨리스 쿠퍼Alice Cooper(미국의 록 뮤지션. 어둡고 기괴한 음악으로 유명하다—옮긴이)가 악마와 결탁하고, 린다 론스태트Linda Ronstadt(미국의 전설적인 팝·록·컨트리 가수—옮긴이)가 신의 사람들을 유혹하고, 존 레논John Lennon이 자신이 예수 그리스도보다 대단하다고 주장했다는 이야기를 했다." 잊힌 중세시대의 한 분야에 대한 연구에 몰두한 헤인즈는 대중음악에 대한 공격의 톤이 거의 변하지 않았음에 놀랐다. "그의 설교의 모든 주제는 암묵적이고 노골적이었다. 젊은 에너지에 대한 중년의 우려, 리듬과 아름다움에 대한 청소년의 욕망, 악마와 그의 드럼, 사탄의 박자에 맞춰 춤추고 악마 같은 노래를 부르는 관능적인 여성과 여성스러운 남자, 그리고 유혹하여 지옥에 떨어뜨릴 수 있는 노래의 힘."[12]

그러나 나는 노래 역사 가운데 이 이상한 장에서, 현대 사회에서 중세 논쟁의 섬뜩한 메아리와 연구원들의 거의 완전한 관심 부족 중 어느 것이 더 놀라운 건지 잘 모르겠다. 중세시대 교회음악에 부여된 장학금의 양은 도서관을 가득 메울 정도지만, 교회가 듣기를 원하지 않는 음악은 거의 호기심을 불러일으키지 않았다. 헤인즈가 정확하게 요약한 바와 같이, 전통적인 역사는 이 음악의 진화를 "중세 후기 다성음악의 완성도를 향해 독자를 움직이는 혁신적 업적을 이룬 위대하거나 더 큰 사람들의 진보"로 제시한다. 이 과정의 기초는 그레고리오 성가인데, 이 성가는 6세기 후반 크리스텐덤Christendom(기독교 국가—옮긴이)에서 가장 강력한 인물인 성 그레고리우스 교황Gregory the Great의 이름을 딴 것이다. 그는 거의 모든 출처에서 탁월한 음악 혁신가로 칭송받는다. 그는 단순한 의식의 개혁자가 아니라 당대 뛰어난 작곡가였다. 우리는 아마도 일시적 권력이 예술적 시각의 귀속과 완벽하게 일치한다는 점을 의심해야 할 것이다. 지금까지 우리는 다윗 왕, 솔로몬 왕, 황제, 공자 등에 음악적 혁신을 할당하는 데 있어 이와 같은 일이 여러 번 중복되는 것을 보아 왔다. 살아남은 이야기에서 권력의 고삐를 쥔 이들이 음악 슈퍼스타로 변신할 때 적절한 대응은 회의론뿐이지만, 그보다 우리는 그러한 텍스트가 무엇을 빠뜨리는지를 더욱 신경 써야 한다. 종교적 (그리고 다른) 권위자들에 의해 비난받은 음악을 고려하지 않는다면, 현대 노래의 역사가 어떻게 될지 상상해 보라.[13]

유럽의 기독교에서 이러한 비난은 종교적 잔치나 성지에서 행해지는 노래에 쏟아졌다. 3세기에 교황 에우티키우스Eutychius는 "교회와 교회 묘지에서 여성의 노래와 원무ring-dance, 장난기 많은 게임과 노래를 허용하지 말라"고 했다. 5세기 초 성 어거스틴St. Augustine은 성 키프리아누스St. Cyprian의 안식처에서 이뤄진 신성 모독적인 공연을 비난했다. "그곳에서 밤새 혐오스러운 노래가 춤에 맞춰 불렸다." 한 세기가 지난 후에도 아를의 케사리우스Caesarius of Arles는 "성인들의 잔치에 와서 술에 취해 춤추고 음탕한 노래를 부르며 악마처럼 빙글빙글 도는 사람들"을 한탄했다. 성직자들의 이런 불평불만은 대중들이 신성 모독에 대한 욕망을 품고 있으며, 그 극악무도한 충동을 표출하기 위해 휴일을 기다렸다는 것을 암시하는 듯하다. 아마도 이는 사실이었고, 실제 오지 오스본Ozzy Osbourne(영국 헤비메탈 밴드 블랙 사바스Black Sabbat 출신 뮤지션. 기행으로 유명하다—옮긴이)과 앨리스 쿠퍼처럼 '방탕한' 중세인들이 교회 묘지에서 대혼란을 일으켰다. 그런데 이를 단순히 축제 생활의 전형으로 간주하면, 오히려 이러한 음악 공연의 현실에 더 가까워질 것이라 믿는다. 그들의 인간미 넘치는 노래는 성스러운 날 전면에 등장했다. 이 시기는 축하와 홍청거림을 위해 따로 마련된 시간이었다.[14]

누가 이 죄 많은 세속적인 노래를 불렀을까? 종교 당국은 기독교 사회를 통해 음악적 오염을 퍼뜨리는 여성의 치명적인 역할에 거듭 주의를 기울였다. 6세기 후반 교회 지도자들은 오세르에 모여 튜턴Teutonic과 갈리아Gallic 개종자들의 미신과 이교도의 관행을 어떻게 없애야 할지 고민한 후, 교회에서 푸엘라룸 칸티카puellarum cantica, 즉 "소녀의 노래"에 대한 금지령을 내렸다. 이 노래들 중 어느 것도 살아남지 못했기 때문에, 우리는 그 소녀들이 그들의 음악에서 어떤 주제를 다루었는지 알 수 없다. 이 무렵 케사리우스 주교는 "악마의 노래, 에로틱하고 음란한 노래를 크게 암송하는" 많은 여성에 대해 불평했으며, 다음 세기 중반 샬롱 공의회Council of Chalons는 "장엄하고 부끄러운 노래들"을 비난했다. 853년 로마 공의회는 여성들이 노래에 베르바 투르피아verba turpia(더러운 말)를 사용할 뿐만 아니라 춤을 추고 이교도 합창단을 형성했다며 비난했다.[15]

이 노래들은 드문 경우 특별히 매춘부에게 귀속되었다. 예를 들어, 9세기 초 하이모Haymo 주교는 "창녀들의 노래"의 "방종과 방탕함"을 언급했고, 법률가들도 이에 가담하여 밤거리에서 여성들이 노래 부르는 걸 제한하는 법령을 시행했는데, 이는 아주 최근까지 세계 거의 모든 지역에서 노래가 성매매의 한 기술로 여겨져 왔음을 상기시킨다. 공공연한 금지는 여성의 목소리가 확산하는 데 작은 걸림돌이 되었다. 처녀든 가정주부든, 어떤 여성도 음악적 선택에 대한 교회의 감독에서 제외되지 않았다. 심지어 수녀들도, 샤를마뉴Charlemagne 대제가 789년에 위니레오다스winileodas(친구를 위한 노래)의 위험성에 대해 지시한 것에 의해 증명되었듯, 면밀한 감독의 대상이었다. "어떠한 일이 있어도 그들이 감히 위니레오다스를 쓰거나, 수녀원에서 보내도록 내버려두지 말라." 위니레오다스가 얼마나 친밀한 내용을 담고 있었던 것일까? 우리는 결코 알지 못할 것이다. 이 금지된 가사는 보존되지 않았다. 그러나 우리는 자주 반복되는 금지와 공격으로부터 여성들이 기독교의 첫 천 년 동안 계속해서 음탕한 노래를 불렀음을 알 수 있다.[16]

이 모든 것에서 두드러지는 점은 기독교 당국이 그들의 이교도 전임자들과 같은 우선순위를 유지했다는 것이다. 그들의 이론적 관찰과 형이상학은 완전히 다르기 때문에 성직자들은 죄악과 신성모독에 집착했지만, 음악 비평의 실제 적용은 고대 그리스와 로마의 엘리트들이 선호하던 것과 거의 동일했다. 음악의 위험은, 두 가지 경우 모두 여성적인 특성, 특히 관능성과 정서적 과잉과 연관되었다. 심지어 기독교 의회들은 여성과 연관된 노래의 한 형태인 탄식곡에 대한 고대의 비난까지 받아들였다. 중세 교회 지도자들은 초창기의 탄식가가 섹슈얼리티와 뗄 수 없는 관계였다는 사실을 거의 알지 못했을 것이다. 죽어가는 신에 대한 애도는 다산 의식의 명시적 이미지, 그리고 많은 경우 실제 음행淫行과 결합된다. 그러나 교회 당국은 탄식가를 비난하기 위해 그러한 정보는 필요 없었다. 이 노래들이 여성들에게 불러일으킨 감정만으로도 금지하기에 충분했기 때문이다.

　여기서도 우리는 현대 세계의 음악적 문제와 예상치 못한 상관관계를 마주친다. 중국 정부는 현재 장례 의식의 일환으로 스트리퍼를 고용하여 음악을 반주하는 관행을 근절하려고 노력하고 있다. 이 전통은 특히 농촌 지역에서 인기가 있다. 21세기 당국에겐 곤혹스러운 관습인데, 죽음의 음악과 에로티시즘의 노래를 연결짓던 고대의 문화와 일치한다. 여기에서도 세 가지 요소가 그대로 반복된다. 떠난 사람에 대한 애도, 음행을 유도하는 음악, 당국의 탄압. 더 많은 것이 변할수록 더 많은 것이 동일하게 유지된다.

　이교도와 기독교의 가르침에서 남자들은 여자들(사이렌, 마녀, 창녀 또는 성인의 축일에 노래하는 순결한 농부 소녀일 수도 있었다)의 매혹적인 노래의 의심할 여지없는 희생자였으며, 연주자의 역할이나 의도가 무엇이든 간에 그러한 음악은 금지되어야 했고, 가능한 한 확고한 기관의 승인된 노래로 대체되어야 했다.

　그런데 지배적인 제도조차도 우리가 생각하는 것보다 매우 복잡하다. 이 책이 반복적으로 다루는 주제는 주류 문화의 지도자들에 의해 나중에 채택되고 정당화되는 음악 혁신을 시작하는 데 있어 외부인과 반항자의 중요성이다. 다음 장에서 우리는 사랑과 성에 관한 불결한 노래로 교회로부터 끊임없이 공격받은 여성들이 트루바두르의 부상과 개인적 감정에 관한 세속적인 노래의 합법화로 특징지어지는 서양 음악 역사에서, 어떻게 가장 큰 변화를 예상했는지 살펴볼 것이다. 가톨릭 계층 내부의 음악에 대한 우리의 이해조차도 선도적 음악 혁신자들의 반란을 파악함으로써 향상된다. 기독교 음악 생활의 많은 주요 측면은 논란이 되는 개혁가들로부터 나왔다. 6세기에 수도원 생활의 중심에 성가를 놓던 성 베네딕트나 13세기의 죄악스러운 트루바두르를 직접 모방하여 모국어로 작곡한 성 프란치스코처럼 말이다. 그러나 베네딕트회가 설립된 후, 음악을 둘러싼 싸움은 계급 내에서 더 격렬해졌고, 혁신가들은 처벌받았다. 9세기 후반과 10세기 초반의 베네딕트회 음악 이론가인 허크발드Hucbald는 주교의 감시를 받아야 했다. 수십 년 후 베네딕트회에 합류한 귀도 다레초Guido of Arezzo는 오늘날 음악 표기법의 발명가로 칭송받지만, 당시엔 파괴적 음악으로 수도원에서 퇴거당했다. 그는 한 편지에서 자신을 "즐거운 영역에서 추방"한 "필리스티아인Philistines(오늘날의 팔레스타인인—옮긴이)들의 음모"에 당혹해하며, "장인의 질투로 인해 누구에게도 비밀을 알려주지 못하게 되었다"고 토로했다.[17]

도대체 무슨 말을 하는 것일까? 요즘은 음악 표기법에 대해 화를 내는 사람은 상상하기 어렵지만, 중세시대에는 그 단순한 편의가 노래하는 명사나 합창단 지도자들에게 위협이 되었다. 작사가 나오기 전에 권력자들에게 노래를 가르쳐야 했는데, 귀도의 표기법으로 혼자서 멜로디를 배울 수 있었기 때문이다. 귀도 다레초는 우리에게 존경받는 혁신가지만, 그의 시대에는 성가시고 위협적인 존재였다.

베네딕트도 마찬가지인데, 지금은 존경받는 성자지만 당시에는 교회 안에서 강력한 분노를 일으킨 급진주의자였다. 우리는 베네딕트가 두 번의 독살 시도에서 살아남았고 종교 생활을 개혁하려는 그의 완강한 시도 때문에 많은 장애물과 박해에 직면했다고 들었다. 베네딕트는 현재 서양 역사상 위대한 영적 인물 중 하나로 여겨지지만, 그가 죽은 후 수십 년이 지나도록 그의 삶의 세부사항을 보존할 가치가 있다고 생각하는 사람은 아무도 없었다. 누가 마침내 베네딕트의 이야기를 연구하고 보존하기로 결정했는지 짐작할 수 있겠는가? 교황 그레고리우스는 요즘 기독교 성가의 아버지로 존경받고 있으며, 우리가 성 베네딕트에 대해 알고 있는 거의 모든 것의 원천이다. 그레고리우스 교황은 베네딕트의 제자 네 명과의 토론에 근거를 두고, 그 당시 로마를 혐오감에 떨게 했던 개혁가의 위대한 행위와 기적에 관한 상세한 이야기를 남겼다.

우리는 이 과정을 그레고리우스 교황이 뒤늦게 성 베네딕트의 개혁을 인정한 직접적인 사례로 볼 수 있다. 그레고리우스가 한때 논란이 됐던 이 전임자와 자신을 연결시킴으로써 자신의 활동, 즉 음악 활동을 정당화했다는 것은 사실이며, 이 점은 아마 더욱 드러날 것이다. 베네딕트의 죽음(543년)과 그레고리우스의 교황직 임명(590년) 사이에 약 반세기가 경과하는데, 이는 밥 딜런이 그의 저항곡으로 기득권층을 뒤흔든 것과 나중에 노벨상을 받은 것 사이의 기간과 같다. 그리고 이는 우리가 로커에 대해 이야기하든, 성가대원에 대해 이야기하든, 음악 주류화 과정의 전형적인 기간이기도 하다. 반란은 제도화되는데, 그 과정은 많은 장애물에 직면하며 천천히 지저분하게 진행된다.

이러한 예에서 알 수 있듯, 중세시대의 가장 진보적인 음악 운동 중 많은 부분이 가톨릭 신앙의 핵심에서 일어나, 교회 지도자들을 경악하게 했다. 그중 골리아드Goliard로 알려진 변절 성직자들의 음악만큼 흥미로운 것은 없다. 이 시기 기독교 사회가 반문화를 가지고 있다고 말할 수 있다면, 골리아드가 그 중심에 있었다. 골리아드들 중 계급과 영향력 있는 지위를 가진 이는 거의 없었지만, 이들은 유럽 음악을 세속화하는 데 결정적인 역할을 했다. 골리아드 대부분은 덜 훈련된 삶을 위해 종교적 명령을 포기했고, 사회 변두리에서 살았다. 그들은 종종 마을에서 마을로 여행을 갔고, 그런 이유로 때로는 바간테vagante, 즉 "방랑하는 학생"이라 불렸다. 그들은 공부하거나 가르치거나, 혹은 단지 그런 환경에서의 번잡한 활동을 즐기기 위해 대학 마을에 머물렀다. 글을 읽고 쓸 줄 아는 사람이 드물고 학식 있는 사람은 더 드물던 시대에 골리아드는 세속적인 재산은 적었지만 박식하여 가는 곳마다 눈에 띄었다. 그들은 우리 역사에서 가장 중요한, 공연자나 엔터테이너로서의 기술에 의존해 사회에 진출했다.

중세시대에 종교 서약은 평생의 헌신을 상징했지만, ─교황 인노켄티우스 3세는 심지어 자신에게도 이 신성한 의무를 철회할 권한이 없다고 주장했다─ 성직자들은 오랫동안 이 명령에서 벗어날 방법을 찾았다. 일부는 말 그대로 벽을 넘었고, 일부는 문 밖으로 걸어 나갔다. 5세기 초까지만 해도 성 요한 카시아노St. John Cassiano는 수도자들이 어둠을 틈타 노예처럼 몰래 도망칠 수도 있다는 점에 주목했고, 성 베네딕트는 《규칙서Rule》에 공동체를 떠났다가 돌아오기를 원하는 수도자들을 위한 규정을 마련할 수밖에 없었다. "골리아드"라는 이름은 12세기까지는 등장하지 않았지만, 이 변절한 성직자들이 그들의 노래가 원고에 기록되기 훨씬 전부터 유럽의 음악과 오락에 영향을 미쳤다고 믿을 만한 충분한 이유는 있다.

다른 많은 세속적인 노래와 마찬가지로, 우리는 먼저 그들에 대한 공격을 통해 이 불복종 성직자들을 알게 된다. 6세기에 오세르 공의회The Council at Auxerre는 성직자들이 잔치에서 노래하고 춤추는 것을 금지했다. 이는 앞에서 언급한 축하 행사의 이교도적 과장된 어조에 대한 우려의 연장선으로, 수도회 구성원에 대한 구체적인 언급은, 새벽에도 사제들과 수도사들이 즐겁게 지내고자 하는 열망을 가지고 있었음을 알려준다. 방황하는 성직자들과 종교적 삶을 열망했던 사람들의 세속적 성향에 대한 비난과 금지는 훨씬 더 오래전으로 거슬러 올라간다. 370년 로마 황제 발렌티니아누스Valentinianus는 시민으로서의 책임을 포기하고 "종교를 구실로 은둔 수도사들과 합세"한 '게으른 신도들'을 체포하라고 명령했다. 451년 칼케돈 공의회Council of Chalcedon는 성직자들의 이동에 대해 가혹한 제약을 두어, 교구를 바꾸거나 여러 교회에서 봉사하거나 주교의 허락 없이 새로운 장소에서 봉사하는 것을 금지했다. 이후 수도사와 사제들의 꼴사나운 행동에 대한 언급이 증가함에 따라 많은 의회와 당국이 유사한 규칙을 부과했다. 예를 들어, 7세기의 아일랜드 규범은 "지저분한 농담"을 하고 "연회에서 노래하여 믿음을 쌓기는커녕 귀를 즐겁게 한" 성직자들을 비난한다.[18]

골리아드의 레퍼토리에는 풍자, 술 노래, 종교 음악 패러디, 음탕한 가사, 힘 있는 사람들(교황 포함)에 대한 비판, 사랑 노래, 도박 노래, 그리고 다른 오락 등 거의 모든 사람을 화나게 할 만한 것이 포함되었다. 예를 들어, 골리아드 텍스트의 유명한 모음집 《카르미나 부라나Carmina Burana》의 이 가사는 사창가 방문을 묘사한다.

> 3개월 동안 그녀와 함께 그곳에 머물렀던 것 같다,
> 돈이 가득 있는 한 나는 명성 있는 사람으로 살았다.
> 하지만 금성을 떠나는 지금 나는 돈과 옷을 버렸고,
> 그래서 나는 가난한 사람이다.

그런데 저자는 "젊은이들, 당신이 듣는 이 이야기가 당신을 단념시키게 하라"는 도덕적인 입장을 취한다.[19] 이 가사에서 이런 거부감을 몇 번이고 발견할 수 있는데, 그것들은 담뱃갑에 인쇄된 흡연 경고 라벨만큼이나 많은 확신을 가지고 있다. 예를 들어 주사위의 신인 데키우스Decius를 찬양하는 노래에서는 속임수를 경고한다.

> 도박꾼의 신이란
> 단순히 사기꾼일 뿐이다.
> 손실의 고통
> 배신자가 그에게
> 망토를 따서 준다는 것은
> 농담일 뿐이다.[20]

또 다른 가사에서는 동성애에 대한 혐의가 제기되는데, 재빨리 다음과 같이 반박한다. "왜 나의 안주인이 나를 의심하는가? (…) 나

는 자연적인 사랑에 만족하고 수동적인 역할이 아니라 능동적인 역할을 하는 법을 배우게 되었다."[21] 그러나 모든 골리아드의 죄악이 부인이나 부정으로 인한 것은 아니다. 학자 조지 위처George Whicher는 '고백'이라고 불리는 대주교의 시 〈분노가 가슴속에 타오르고Estuans intrinsecus〉를 찬양하며 "이보다 더 훌륭한 술에 대한 찬사는 쓰인 적이 없다"고 선언했다.

> 내 의도는 죽는 것이다
> 주점에서 술을 마시면서.
> 손에는 와인이 들려 있어야 한다
> 내가 가라앉을 때 필요할 것이다.[22]

곧 유럽 전역에 시와 노래를 침투시킬 기사도적 사랑의 고귀한 정서가 골리아드의 가사에도 발견되는데, 그중 일부는 가장 초기의 트루바두르 작품보다 앞선다. 그러나 이것들은 충격에 대한 능력을 잃지 않은, 더 거친 설명과 공존한다. 블루아의 베드로Peter of Blois에게 헌정된 「금성에게 감사Grates ago Veneri」는 로맨틱한 만남을 묘사하다가 곧 성폭행에 대한 충격적인 묘사로 바뀐다.

> 나는 지나칠 만큼 대담하게 무력을 사용한다…
> 그녀는 몸을 틀고 다리를 꼬아
> 처녀로 가는 문이 열리는 것을 막는다…
> 나는 그녀의 팔을 고정시키고, 거친 키스를 퍼붓는다. 이렇게 해서

금성의 궁전은 무방비 상태가 된다.[23]

원문은 라틴어로 되어 있는데, 이 점이 청중을 제한했을 것이다. 우리는 유사한 작품들이 유럽의 자국어로 유통되었을 것이라고 결론짓지 않을 수 없다. 즉, 방대한 세속적 가사의 일부분은 후세에 보존되지 않았다.

일부 학자들은 골리아드라는 단어가 부분적으로 중세 신학자 피에르 아벨라르Pierre Abelard(1079~1142)의 이름에서 유래되었다고 믿는데, 그의 비참한 개인사는 이 장을 마무리하는 적절한 사례 연구 역할을 한다. 아르장퇴유 수녀원의 엘로이즈Heloise d'Argenteuil와의 추잡한 불륜으로 더 유명하지 않았다면, 아벨라르는 오늘날 스콜라 철학에 기여한 공로로 존경받을 것이다. 그 당시 사적 행동이 그리 널리 퍼지지 않았음을 고려하면 연인으로 명성이 높아진 것은 더욱 주목할 만하다. 아벨라르는 고귀한 브르타뉴 가문의 뛰어난 청년이었다. 그는 파리 노트르담 학교에서 공부했으며 20대 초반에 저명한 교사로 자리를 잡았다. 그의 정부인 엘로이즈 역시 뛰어난 학자였다. 라틴어, 그리스어, 히브리어에 대한 지식과 글쓰기 능력이 뛰어났다. 아벨라르는 그녀의 연인이 되기 전 그녀의 선생이었다.

"우리는 수업을 구실로, 사랑에 완전히 몸을 내던졌다"라고 아벨라르는 나중에 그들의 관계에 대해 썼다. "요컨대 우리의 욕망은 사랑을 만드는 단계를 시도하지 않은 채 남기지 않았으며, 사랑이 새로운 것을 고안해낼 수 있다면 그것을 환영했다." 엘로이즈는 임신하여 아들을 낳았다. 부부는 비밀리에 결혼했지만, 그녀의 삼촌은 조카딸의 불명예에 불만을 품고 복수를 모색했고, 아벨라르가 엘로이즈가 자신의 아내라는 사실을 공개적으로 인정하지 않자 분노는 더욱 심해졌다. 한 하인이 뇌물을 받고 가해자들이 엘로이즈의 숙소에 들어갈 수 있도록 했고, 그들은 "세상을 충격에 빠뜨릴 정도로 끔찍하고 가혹하게 그녀에게 복수했다. 그들은 잘못을 저지른 그녀의 몸 일부를 잘라버렸다." 결국 그들은 결별했고, 엘로이즈는 수녀가, 아벨라르는 수도사가 된다. 아벨라르는 계속해서 가르치고 글을 썼지만, 죽을 때까지 이단이라는 비난을 받았다. 이것은 할리우드가 선택했을 법한 결말이 아니라 공공질서와 도덕을 수호하는 목적에 적합한 결말이다.[24]

음악사를 배우는 학생이라면 아벨라르의 폭로성 인정에 흥미를 느낄 것이다. 그는 엘로이즈에 대한 열정에 대해 이렇게 말했다. "내가 이런 즐거움에 사로잡힐수록, 철학에 할애하는 시간은 줄어들었다. 나에게 영감이 왔을 때, 그것은 철학의 비밀이 아니라 사랑의 감정을 쓰기 위한 것이었다." 이때부터 세속적인 노래가 빈축을 샀던 것을 생각하면, 그 폭로는 주목할 만한 가치가 있는데, 더욱 매혹적인 것은 철학자의 다음 논평이다. "이 노래들 중 많은 곡이, 여전히 많은 곳에서 인기가 있고, 특히 내가 이끌었던 그런 삶을 즐긴 사람들에 의해 불리고 있다." 이 노래들의 명성을 아벨라르의 허영심 탓으로 돌리지 않도록, 엘로이즈는 편지에서 그의 주장을 입증한다. 그녀는 전애인에게 다음과 같이 편지를 쓴다.

당신은 말과 곡의 매력으로 널리 인기를 얻은 많은 사랑 노래와 시를 남겼고, 모든 사람의 입에 당신의 이름을 남겼습니다. 그 천상의 아름다움은 글을 모르는 자도 당신을 잊지 않도록 해주었습니다. (…) 그리고 이 노래의 대부분이 우리의 사랑을 말해주듯이, 그들은 곧 나를 널리 알려주었고 나를 반대하는 많은 여성의 부러움을 불러일으켰습니다.[25]

보존된 아벨라르의 문헌이 약 100만 단어에 달하고 도서관 선반 하나를 채울 수 있다는 점을 고려할 때, 유명한 (그 시절) 노래가 적어도 뚜렷하게 그의 것으로 밝혀진 것이 없다는 점은 특별하다. 이 모든 원고, 몇 개의 사랑 가사, 특히 오늘날 우리가 히트곡으로 묘사할 정도로 인기가 많았던 노래들을 위한 공간이 없었던 것일까? 우리는 이 사실로부터 중요한 교훈을 얻는다. 즉, (엘로이즈의 단어를 빌리자면) "글 모르는" 사람들 사이에서 번성했던 음악의 진정한 역사는 종종 보이지 않게 숨겨져 있기 때문에, 통찰력 있는 연구자는 허가된 텍스트를 넘어 범죄 현장의 형사처럼 길 잃은 단서와 떨어진 힌트로부터 과거의 사건들을 재구성해야 한다는 것이다. 아벨라르 생전에 프랑스 남부의 트루바두르에 의해 촉발된 서양 노래의 위대한 혁명의 기원을 밝히고자 할 때 특히 그래야 한다.[26]

11

탄압과
음악 혁신

Music: A Subversive History

Oppression and Musical Innovation

우리는 아프리카에서 시작되는 음악적 혁신에 익숙하다. 한 세기 이상 동안, 아프리카 노예들의 후손들이 십 년마다 다시 쓴 상업 노래의 규칙은 대중음악의 서술에서 주된 줄거리가 되어왔다. 래그타임ragtime(강박과 약박을 역전시킨 리듬으로 피아노를 연주하는 스타일. 1870년대부터 미국 남부에서 유행했으며 이후 재즈의 탄생에 영향을 미쳤다−옮긴이)부터 힙합에 이르기까지 아프리카계 미국인 음악가들은 창의적인 방해꾼으로 부모들을 놀라게 하고 화나게 했을지는 몰라도 젊은이들을 즐겁게 했고, 히트메이커 또는 히트메이커의 기준을 정하는 외부인의 역할을 해왔다. 그동안 흑인 혁신가들은 각각의 신세대들을 위한 사운드트랙을 확립했고, 때로는 논란이 많은 그들의 노래가 세계 문화의 주류에 들어가는 것을 볼 수 있을 만큼 충분히 오래 살았다. 이는 리스너로서 나의 음악적 삶에 대한 이야기이고, 아마도 당신의 이야기일 것이다.

그런데 과거에도 비슷한 과정이 일어났고, 서양 노래의 관습에도 파괴적 영향을 미쳤다는 것을 깨닫는 사람은 거의 없다. 가장 가능성이 낮은 환경—중세 후기 프랑스 귀족들 사이—에서도 북아프리카와 중동에서 유럽으로 건너온 노예들의 추잡한 노래를 끌어들인 음악 혁명은 일어났다. 여기서 음악적 혁신의 반복적 패턴을 극명하게 볼 수 있다. 경멸받던 아웃사이더가 대담하게 새로운 노래 방식을 만든다. 그 뒤 강력한 내부자가 이 도발적인 공연 스타일을 장악하기 위해 개입하고, 종종 그것에 대한 공로를 전부 차지한다. 하지만 공식적으로 이러한 문화적 거래가 일어난 사실이 기록되지 않아 결국 은폐된다.

이 경우 세속적인 노래를 모국어로 발명한 공로를 인정받는 프랑스 남부의 유명한 트루바두르들에게 명성과 영광이 생겨나고, 성직자의 간섭의 사슬이 끊어지고 음악이 마침내 가장 친밀한 생각과 감정을 표현할 수 있게 되었을 때 서양 음악에 해방의 순간이 찾아온다. 이 이야기의 영웅은 전통적인 설명에 따르면 기욤 9세 William IX 아키텐 공작Duke of Aquitaine으로, 첫 번째 트루바두르로 칭송받고 있다. 그는 이 음악 혁명의 틀림없는 특징을 오늘날까지도 지니고 있는 서구 노래의 다음 천 년 동안의 음색을 설정한 혁신가다. 싱어송라이터를 묘사하는 데 여전히 사용되는 단어인 트루바두르는 "찾아내는 사람" 또는 "발견하는 사람"으로 번역된다. 이는 이러한 선각자들이 보다 개인주의적 어조와 내면의 삶에 대한 더 깊은 민감성으로 특징지어지는 완전히 새로운 노래 방식을 창조했음을 암시한다.

오늘날 우리는 단순히 노래가 제도적 목적을 달성하기 위한 도구가 아니라 개인적 표현의 수단이라고 당연하게 여긴다. 우리는 노래를 들여다보고 가수를 찾기를 기대하며, 그 폭로가 고백적이고 친밀할수록 노래를 더욱 즐긴다. 그런데 유럽에서 가장 부유한 사람 중 하나인 공작이 이 일을 성사시킨 촉매제라는 것이 이상하지 않은가? 귀족들이 평민들보다 자신들의 감정을 더 많이 들여다볼까? 더 강한 감정을 경험하고 사랑의 고통으로 더 고통받을까? 학술집 《사랑의 알레고리The Allegory of Love》에서 이 문화적 전환점을 분석한 C. S. 루이스와 그의 추종자들에 따르면, 기욤 9세와 그의 추종자들이 음악을 훨씬 뛰어넘는 영향력을 행사했으며, 심지어 오늘날까지 이어지는 로맨스의 개념을 정의했다. 루이스는 "그들은 우리의 윤리, 상상력, 일상생활의 어떤 구석도 훼손하지 않는 변화를 가져왔다"고 외친다. "이 혁명과 비교했을 때 르네상스는 문학의 표면에 대한 단순한 잔물결일 뿐이다."[1]

앞 장에서 보았듯이 유럽의 농민 여성들은 트루바두르가 등장하기 수세기 전부터 자국어로 사랑에 관한 점잖지 못한 노래를 불렀다. 이 노래 가사들이 남아 있다면 귀족들이 이 전임자들로부터 얼마나 많은 고귀함을 전달받았는지 판단할 수 있을 것이다. 그러나 지금까지 제시된 증거로 볼 때 트루바두르 혁명은 혁신보다는 합법화의 과정으로, 즉 이전에 검열되고 소외되었던 노래 방식이 더는 당국이 침묵시킬 수 없는 강력한 옹호자를 만난 결정적인 순간으로 보는 것이 현명할 듯하다. 가수들이 바로 당국자가 되었다.

트루바두르들은 감정과 내적 삶에 대해 새로운 노래 방식을 발명하지 않았다—우리는 이미 디르 엘 메디나의 이집트 장인들이 프로방스의 귀족들보다 2천 년 앞서 어떻게 했는지 보았다—. 또한 고대인들조차 알고 두려워하던 로맨스의 개념을 발명하지도 않았다—고대인들이 큐피드를 가장 위대한 전사조차 정복할 수 있는 무장한 공격자로 만들었다는 사실에서 그들의 불안을 알 수 있다—. 그러나 우리는 여전히 서구 세계의 음악 문화를 변화시킨, 이 노래하는 귀족들의 공로를 인정해주어야 한다. 그들이 오늘날에도 여전히 우리를 매혹시키는 묘한 매력이 있는 본보기를 세웠기 때문이다. 나는 우리가 갖고 있는 로맨스 개념이 트루바두르 가사에 스민 궁중 사랑의 태도에서 영향을 받았다고 본다. 전사이자 유혹자로 알려진 기욤 9세가 사랑의 노래를 발명하지는 않았지만, 농민이나 노예가 전달할 수 없는 우아함과 화려함을 노래에 담은 건 분명하다. 현대의 평등주의 원칙을 고려할 때, 이는 공평하지 않아 보인다. 하지만 오늘날 우리는 정말 그렇게 많이 다른가? 유명인들의 로맨스, 하물며 왕자와 공주의 로맨스는 우리 시대에도 여전히 뜨거운 관심사다. 익숙한 팝송 가사가 말해주듯이, 우리는 왕족이 아니지만, 여전히 그에 대해 환상을 품고 있다.

이 정욕적인 귀족들은 기독교 세계뿐만 아니라 따라야 할 역할 모델이 있었다. 트루바두르에 대한 기록에는 그들의 세속화와 노래의 관능화에 대한 가장 중요한 선례가 무시되는데, 기욤 9세 아키텐 공작이 태어나기 전, 수백 년 동안 아랍 세계의 여성 노예 가수들이 유럽에서 본보기가 되었다. 이러한 노래 스타일은 바그다드Baghdad가 진원지였으며, 8세기 초 이베리아반도의 이슬람 정복 이후 북아프리카와 유럽으로 퍼져나갔다. 키얀qiyan으로 알려진 이 노예 가수들은 음악 역사상 가장 잘 알려지지 않은 혁신가다. 중세시대 전체의 어떤 연주자도 이들보다 더 대담하거나 더 큰 선견지명으로 음악 문화의 후기 변화를 예상하지 못했다. 하지만 이들의 공헌은 트루바두르 음악의 기원에 관한 전문 학술 작품에서 전혀 드러나지 않는다.

일단 우리가 음악을 형성하는 데 노예들의 중요성을 파악하면, 많은 미스터리가 해결된다. 예를 들어, 왜 로맨틱한 가사는 속박과 노예의 이미지에 그렇게 자주 의존할까? 구애와 로맨스에 대한 우리의 생각은 어쩌다 밧줄, 쇠사슬, 《그레이의 50가지 그림자Fifty Shades of Grey》이미지와 연결되었을까? 이건 기괴하고 심지어 약간 소름 끼치는 일이다. 페티시즘에 대한 취향이 전혀 없는 사람조차 자신이 사랑의 노예라고 노래하는데, 이 개념 뒤에 숨겨진 고통스럽고 비하적인 역사는 의식하지 못하는 듯하다. 프랑스 귀족들이 자신을 사랑하는 사람의 노예라고 선언한 건 더욱 낯선 일이다. 어떻게 공작이 노예 행세를 할 수 있단 말인가? 하지만 이 우스꽝스러운 연기는 이런 노래 방식을 발명한 사람들이 실제 노예였다는 것을 알면 완벽하게 이해가 된다. 오늘날 사랑의 노예는 은유지만, 그 당시에는 실제였다.

우리는 이 책 앞부분에서 혁신가로서 노예를 만났다. (이에 대해서는 뒤에서도 다시 살펴볼 것이다.) 그러니 아마도 지금이 노예들이 왜 우리 음악에 그렇게 많은 영향을 미쳤는지 물어보기 좋은 시점일 것이다. 그리스인들이 가장 파괴적인 모드에 프리지안과 리디안 노예의 이름을 딴 것은 우연일까? 로마인들이 연극 공연에서 군중을 즐겁게 하는 노래를 전하기 위해 노예들을 무대에 올린 것은 우연의 일치일까? 2천 년이 지난 뒤, 미국 남부 농장주들이 음악적 오락을 위해 억압받는 하층민들의 창의성과 예술성에 의존한 것은 운명의 사고일까? 어떻게 사회에서 가장 취약하고 착취당한 사람들이 음악 엘리트로 떠오르는가?

　노예는 이러한 환경에서 단 하나의 이점만을 가지고 있지만, 적어도 창의성과 예술적 혁신의 관점에서 보면 이는 매우 큰 이점이다. 즉, 노예는 외부인이다. 이 단순한 이유로 주변 사회의 관습과 가치에 대한 충성심이 없다. 노래의 돌파구는 현상 유지를 방해하려는 의지를 필요로 하는데, 부유하고 힘 있는 사람들은 이럴 가능성이 가장 낮다. 그러니 패러다임을 바꾼 음악 작품에 대한 공이 정치 또는 종교 지도자(솔로몬 왕, 그레고리우스 교황, 공자, 기욤 9세 아키텐 공작)의 것으로 기록되어 있을 때는 이를 의심해야 한다. 외부인은 거의 항상 촉매제, 음악 DNA에 있는 새로운 유전자의 전달체다. 또한 대부분의 경우 노예들은 외딴곳에서 특정 음악 기술과 지식을 가져오는데, 이것은 그들을 속박하는 문화를 풍요롭게 할 다른 공연 방법들이다. 마지막으로 노예들은 통치자들에게 허용되지 않는 하나의 자유를 부여받는다. 즉, 그들은 성적인 문제에 대해 도덕 규칙에서 벗어나 죄를 지을 것으로 예상된다. 적어도 기원후 8세기로 거슬러 올라가는 아바스 왕조 키얀의 경우, 이 여성 노예들은 얼굴을 가리지 않고 공공장소에서 돌아다니도록 허락되었다. 그들은 '존경할 만한' 여성들에게 주어진 헐렁하고 어두운 옷 대신, 화려한 옷을 입을 수 있었다. 그들은 남자들과 농담을 할 수 있었고, 바람을 피울 수도 있었다. 이러한 자유는 큰 대가를 치렀다. 다른 문제에서 키얀은 권리가 없었다. 그들은 최고 입찰자에게 팔려 매춘을 강요받았다. 그러나 지배적 규범 밖에서 그들은 예술적 자유가 허용됐고, 그들의 노래는 어떤 내부자도 필적할 수 없는 신선함과 대담함을 가졌다. 결국 노예가 아닌 자유인이 이 노래를 흉내 내는 법을 배웠는데, 이마저도 노예가 방법을 보여준 후에야 비로소 흉내를 낼 수 있었다.

중세 후기 서양 음악에서 일어난 혁명을 이해하기를 원하는 사람은 누구나 이 역동성을 파악해야 한다. 그렇지 않으면 노래를 개인적 표현의 플랫폼으로 바꾼 제재 완화를 완전히 오해할 것이다. 기욤 9세는 낭만적인 (그리고 성적) 표현의 자유를 부여하지 않았다. 단지 이미 존재하는 예술적 힘을 인정했고, 이를 직접 맛보고 싶어서 공식적으로 승인했을 뿐이다. 같은 이유로, 노예와 외부인을 음악 혁명의 촉매제로 볼 수 있게 해주는 이 개념적 도약은 노래의 전복적 역사에 대한 절박한 필요성을 증명한다. 우리는 이 책에서 신랄한 수정주의 역사학자적 자세를 취하지 않고, 이 아웃사이더들이 우리의 공유된 음악 생활에서 큰 변화를 일으키는 사람들이라는 단순한 이유로 이들을 높이 평가한다. 그들은 우리의 옛 노래를 다시 새롭게 만든 사람들이다. 우리는 감사해야 하고, 최소한 그들이 우리에게 준 자유에 대해 그들에게 적절한 공을 돌려야 한다. 정작 그들은 자유를 별로 누리지 못했다는 점이 비극적인 아이러니이지만 말이다.

아랍 세계에서 노예 가수들의 전통은 이슬람의 부상보다 앞서 있다. 노예 인구는 이 초기 시기에도 페르시아인, 에티오피아인, 이집트인, 비잔틴인byzantines을 포함하는 다문화 구성이었다. 이러한 배경에서 발생한 음악적 관점의 충돌은 종종 새로운 노래 방식의 토대가 되었다. 바벨탑의 성경 신화는 우리에게 다양한 언어가 뒤섞이면 갈등과 혼란이 초래된다고 경고한다. 그리고 많은 사람은 디지털 번역 시대인 오늘날에도 여전히 이를 믿고 있을 것이다. 그러나 이러한 용광로 사회에 대한 우리의 역사적 지식은 음악에 관한 우리에게 반대의 교훈을 준다. 서로 다른 인종과 민족 집단이 공존할 때, 음악은 번성한다. 우리가 뉴올리언스, 리버풀, 킹스턴(자메이카의 수도), 아바나, 베니치아에 대해 이야기하든, 기욤 9세 아키텐 공작의 현재의 영역을 이야기하든, 이슬람 음악 관행과 세속적 노래를 부르던 여성 가수들이 번성했던 현재의 스페인 경계까지 확장된 음악 장르의 목록을 만들어보라.

이슬람의 확산과 군사적 승리로 아랍 세계에서 노예 음악가가 늘었다. 우리는 심지어 여성 노예들의 열두 가지 지리적 출처의 장단점을 구별하고, 베르베르인berbers(북아프리카 토착민-옮긴이)의 '신뢰와 에너지'를 칭찬하고, 누비아인nubians(수단 북부와 이집트 남부의 민족-옮긴이)의 '자기 방종과 섬세함'을 경고하고, 아비시니안abyssinians(에티오피아 지역 주민-옮긴이)을 '노래와 춤에 쓸모가 없다'라고 비난하는 경매 카탈로그까지 가지고 있다. 대부분의 노예들은 하인이나 노동자로 일했고, 종종 모욕적인 환경에서 일했다. 그러나 아바스 왕조 초기의 몇몇 노예 여성들은 그들의 기술을 영향력 있는 위치로 확장시켰다. 노래와 시는 재치와 화술처럼 가치 있는 재능이었기에, 이에 능한 이들은 그렇지 않으면 얻을 수 없던 특권을 확보할 수 있었다. 이슬람 사회에서 이 여성들이 가졌던 특별한 위치는 아름다움과 관능도 중요했다. 음악가의 호소력은 때때로 귀보다 눈에 의해 분별되었다. 어쨌든 9세기까지 여성 노예를 중심으로 진정한 살롱 문화가 발전했다. 바그다드가 진원지였고, 그 문화적 영향력은 이슬람 세계와 이베리아반도에 걸쳐 있었다.[2]

남성들이 이 문화적 변화에 참여했을 때, 그들은 그리스와 로마의 이교도 문화에서처럼 기독교와 이슬람 세계 둘 다에서 여성스럽다는 낙인이 찍히곤 했다. 아랍 세계에서 우리는 9장에서 간략하게 살펴본 '무카나툰'이란 중요한 가수들을 자주 발견하게 되는데, 이들은 이후 트루바두르 혁명의 토대를 마련하는 데 도움을 주었다. 앞서 언급했듯이, 무카나툰은 '여성적인 남성'으로 번역되는 용어로, 특정 맥락에서 남성성에 대한 지배적 관념을 따르지 않는 모든 사람을 일컫는다. 이들은 종종 차별, 처벌, 추방 문제에 직면했다. 누군가를 무카나툰이라고 주장하는 무고죄는 20번의 채찍질로 처벌받아야 한다는 9세기 엄격한 규정으로 이 꼬리표의 오명을 가늠해볼 수 있는데, 이러한 처벌은 동성애나 진정한 신자를 유대인이라고 한 무고죄에 대한 처벌과 같았다. 그러나 무카나툰은 음악 분야에서 존경받았을 뿐만 아니라, 이들의 여성적 이미지가 인기가 있었다는 상당한 증거도 있다.

노년에 무카나툰 창법으로 전환했다는 이유로 아들로부터 비난을 받은 가수 하킴Hakim은 "조용히 해, 무식한 것!"이라고 아들을 나무라면서, "60년 동안 더 남자다운 스타일로 공연했지만, 생활비보다 더 많은 돈을 벌지 못했다"고 말했다. 그는 대중적인 스타일을 받아들인 후 "이전보다 더 많은 돈을 벌었다." 또 다른 자료에는 가

수 알 달랄al-Dalāl에 대한 찬사가 있다. "아직 그것보다 더 큰 무언가가 있다! … 이 말을 듣는 사람은 누구든 무카나툰에 의한 것임을 알 것이다!" 오늘날의 음악 팬은 다양한 장르의 추종자들에게 스며든 진정성에 대한 숭배를 떠올릴 것이다. 블루스 가수들이 아이오와가 아닌 미시시피 출신이면 더 유명해지거나(미시시피주는 블루스 음악의 탄생지다—옮긴이), 힙합 가수가 도심지가 아닌 교외에서 자라면 거리의 신망을 잃듯, 8세기 이슬람 음악가들도 그들의 여성스러움으로부터 힘을 얻었다.[3]

이슬람 세계 최초의 위대한 음악 혁신가로 자주 추앙받는 투와이스Tuwais의 인생 이야기에 무카나툰의 복잡하고 모순된 역할이 등장한다. 투와이스는 가장 초기의 유명한 무카나툰이었는데, 많은 사람이 그를 징크스, 즉 불길한 사람으로 두려워했다. 그의 이름이 음악과 무관한 두 개의 속담에 나타난다는 점에 주목할 필요가 있다. 운명의 저주를 받은 사람은 때때로 "투와이스보다 운이 더 나쁘다"고 묘사되는 한편, 섬세한 매너를 가진 남자는 "투와이스보다 더 여성스럽다"라고 낙인찍혔다. 그의 명성에 뚜렷한 세대 분열이 드러나긴 하지만, 이러한 연관이 가수로서 그의 인기를 해치지는 않은 것 같다. 나이 든 지배층은 그의 공연을 못마땅하게 여겼지만, 젊은이들은 이 새로운 노래 방식에 끌렸다. 이는 우리 대부분이 직접 경험해서 알고 있는 격차이기도 하다. 초기 이슬람 사회에서 노인과 젊은이 사이의 이러한 갈등이 나타나는 것을 보고 우리는 놀라지 않을지도 모르지만, 음악적 혁신과 섹슈얼리티의 연관성, '대안적' 생활방식의 개방적 과시는 역사적 현실과 음악에 대한 전통 사

회의 태도의 일반적인 가정 사이에 얼마나 큰 간극이 있는지를 우리에게 알려준다.[4]

이러한 격차는 아랍 고전 문학에서 와인파티곡의 대가인 아부 누와스Abū Nuwās에 대한 서술에도 뚜렷하게 드러난다. 그의 역사적 중요성을 무시할 수 없음에도, 이집트 문화부는 2001년 동성애를 주제로 한다는 이유로 그의 시집 6천 부를 불태웠으며, 이 음악 혁신가의 다른 작품도 출판을 금지시켰다. 사우디아라비아 정부가 후원하는 권위 있는 30권짜리 문헌집 《글로벌 아랍 백과사전Global Arabic Encyclopedia》에는 그의 삶에 대해 매우 깨끗이 정리된 설명이 담겼다. 당국은 그를 무시할 수도, 있는 그대로 받아들일 수도 없었던 것 같다. 이러한 개입은 음악의 혁명가들이 천 년이 지난 후에도 여전히 리스너들에게 많은 충격을 줄 수 있음을 보여주는 강력한 증거이며, 그들의 합법화를 수용하기 위해 역사가 재해석되는 방식을 보여주는 것이다. 수세기가 지났지만, 허위 정보 퍼뜨리기는 여전하고, 종종 승인된 역사에 신뢰를 두는 사람들이 무의식적으로 이를 돕고 있기도 하다.

앞에서 나는 노예와 무카나툰은 금기일 수 있는 주제를 노래하는 외부인으로서 이상한 종류의 자유를 누렸다고 언급했다. 그러나 그들조차도 지배계급을 겨냥한 정치적 주제나 풍자를 피하기 위해 신중해야 했다. 다른 엔터테이너를 향한 모욕과 조롱은 허용되었고, 아마도 장려되었을지도 모르지만, 기존 제도, 특히 노예제도 그 자체는 공격할 수 없었다. 이런 제약으로 늘 개인이 정치적인 것을 대체하게 된다. 노예와 다른 억압된 집단의 노래를 연구하는 사람들은 암호화된 의미를 알아내는 법을 배웠다. 헨리 루이스 게이츠 Henry Louis Gates(하버드 대학교의 흑인 소설 연구 권위자─옮긴이)는 이러한 관행을 포괄하기 위해 '설전signifying'이라는 용어를 도입했고, 아프리카계 미국 문화 내에서 코드화된 의사소통의 많은 공통 요소들을 확인했는데, 이슬람 키얀의 노래, 시, 일화에서 많은 동일한 특징이 발견되었다. 여기서 우리는 사기꾼의 짓궂은 태도, 비굴하고 무거운 의미의 양식화, 악랄한 불손함, 선동하고 도발하려는 욕망, 공동체 표준의 과시, 때로는 충격적인 신성모독 등을 접하게 된다. 예를 들어, 불만족스러운 연애 끝에 술기운을 빌어 다음과 같이 노래한 노예 가수 이난Inan의 반응을 보자.

얻을 게 없는 연인에게는 기쁨이 없다.
많은 연인들이여, 연인의 그것이 무기력하다면
사랑이 얼마나 끔찍한가.

여기서 암시하는 권력 역학은 이러한 정서를 얕은 천박함보다 높게 끌어올린다. 다른 환경에서 자신의 견해가 영향을 미치지 않는 여성은, 자신의 판단이 요구되고 심지어 우려되는 연인의 침대라는 하나의 영역을 이용한다. 친밀한 표현은 금지된 불만 토로 방식의 대리 역할을 한다.[5]

학자들은 오랫동안 이슬람 노래가 유럽 연주자들에게 미치는 영향을 무시하거나 최소화시켰지만, 북아프리카를 거쳐 이베리아 반도를 통해 프랑스로 전파되는 경로를 부인할 순 없었다. 에즈라 파운드는 1923년 《칸토 8Canto VIII》의 명랑한 대사를 통해 이 가설을 예상했는데, 여기서 그는 "기욤 9세 아키텐 공작이 스페인에서 가수들과 함께 노래를 가져왔다"고 주장했다. 파운드는 펜실베이니아 대학교 대학원 과정 중 트루바두르에 초점을 맞췄다. 그의 아버지는 그 주제가 논문 요건을 충족시켜 아들이 박사학위를 받을 수 있기를 바라면서 《로망어 정신The Spirit of Romance》이라는 자신의 책을 영어학부 학장에게 제출했지만, 엘리자베스 시대의 서사 전문가인 펠릭스 셸링Felix Schelling 학장은 이를 일축했다. 그런데 파운드조차도 옥스퍼드 대학교 학생 사무엘 스턴Samuel Stern이 1948년에 발견한 것을 알지 못했는데, 그 발견은 다름 아닌 11세기 히브리어와 아랍어 가사의 겉보기에 일관성 없는 행이 로망어(라틴어가 분화하여 이루어진 언어로, 포르투갈어, 스페인어, 프랑스어, 이탈리아어 등이 이에 속한다—옮긴이)로 되어 있다는 것이다. 불과 몇 년 전 스페인 음악학자 펠리페 페드렐Felipe Pedrell은 "우리 음악은 아랍인들의 영향을 흡수하지 않았다"고 선언했지만, 새롭게 재해석된 수십 개의 가사에 다문화적 영향이 혼재되어 있음이 드러났다. 더욱 놀라운 것은 기독교 세계에서 이런 종류의 노래가 기록되지 않은 시기에 강렬한 개인적 감정이 강조됐다는 점이다. 가장 유력한 해석은 아랍어 텍스트가 이베리아반도에 나돌고 있는 대중 가사를 인용했다는 것인데, 이 가사는 아마도 교회 지도자들이 수세기 동안 반복해서 공격했던 것과 비슷할 것이다.[6]

1960년대에 동성애를 주제로 다룬 13세기 아랍 시인 아마드 알티파시Ahmad al-Tifashi의 단편적인 문서에 다음과 사실이 드러났다. 트루바두르 운동이 처음 시작되던 시기에 살았던 안달루시아 아랍학자 아벰파세Avempace가 "기독교인들의 노래와 동양의 노래를 결합하여 안달루스Andalus에서만 발견되는 스타일을 창안했는데, 사람들의 기질이 그쪽으로 쏠려 다른 모든 것을 배척했다." 명백한 결론이 보인다. 강렬한 개인적 감정을 찬양하는 이 '퓨전' 음악은 존재했을 뿐만 아니라 서구 세계의 다문화 사회에서 가장 인기 있었다. 이것이 트루바두르 혁명이 일어난 발판이다.[7]

우리는 최초의 트루바두르 기욤 9세의 아버지인 기욤 8세William VIII가 스페인 전투에서 수백 명의 이슬람 죄수들을 데려왔다는 것을 알고 있다. 이 포로들은 그들의 음악을 가지고 다녔을 것이다. 노래와 민담은 속박된 사람들의 유일한 불가침적 속성이니 말이다. 그리고 트루바두르 작사의 미래를 '발명한' 기욤 9세는 어린 시절에 아랍 세계의 번창하는 스타일로 훈련받은 키얀이 연주하던 노래와 비슷한 노래를 들었을 가능성이 크다. 어쩌면 그는 아랍어까지 배웠을지도 모른다. 최근 몇 년 동안 학자들은 그의 가사 중 하나인 '파라이 운 베르Farai un vers'의 여러 행이 아랍어로 되어 있다고 했다. 어쨌든 귀족들은 곧 이런 종류의 세속적인 노래를 듣는 것에서 도약했고, 이와 관련해 트루바두르 시대 훨씬 이전에 노예 가수들의 언어를 모방한 아바스 왕조 엘리트들의 예를 따랐다. 샤를마뉴 시대에 통치했던 칼리프(이슬람 제국 주권자의 칭호─옮긴이) 하룬 알 라시드Harun al-Rashid는 세 명의 노예 여성들에 대한 자신의 '속박'을 기린 작사가로 알려져 있다. "인류 전체가 나에게 복종하지만, 내가 그들에게 지배당하되 그들이 내게 복종하지는 않는다." 그는 이렇게 결론지었다. "그것은 오직 사랑의 주권일 뿐이다." 이것이 바로 기사도적 사랑의

본질로, 트루바두르가 등장하기 300년 전에 표현되었다.[8]

이 모든 것은 아프리카에서 유럽으로 음악적 영향이 더 많이 전파되는 맥락에서 일어났다. 예를 들어, 중세 후기와 르네상스 시대에 많은 사람이 전형적인 서양 악기로 보는 류트lute의 기원을 생각해보라. 본질적으로는 이슬람 세계의 악기 우드oud에서 유래된 이 악기는 무어인들에 의해 스페인을 통해 유럽으로 전해졌다. 류트로 인해 프렛fret(현악기의 지판을 반음씩 구분하는 세로로 된 돌기−옮긴이)이 추가되면서 아프리카 음악에서는 필수적이지만, 피타고라스 패러다임 그리고 순수하고 스칼라scalar적인 음표에 대한 고집 때문에 양립할 수 없던 모든 미분음(반음보다 좁은 음−옮긴이)의 굴곡이 제거됐다. 류트의 비유럽적 기원은 그 이름에 반영되어 있다. 아마도 아랍어 아우드al'ud에서 파생된 것으로, "나무로 만든 것"을 의미하며, 또한 "우드oud"라는 단어의 근원이기도 하다. 중세 후기부터 가장 영향력 있는 노래 모음집 《칸티가스 데 산타 마리아Cantigas de Santa Maria》('성모 마리아 찬가'−옮긴이)에서 두 명의 류트 연주자를 그린 흥미로운 삽화를 볼 수 있는데, 하나는 흑인이고 하나는 백인이다. 아프리카인이 분명 우월한 장소에 위치하고, 기독교 반주자는 그의 동반자를 모방하는 것처럼 보인다.

그러나 외부인들이 이 시대 남유럽의 주요한 음악 교사였음을 증명하기 위해 이러한 삽화가 필요하지는 않다. 이 시기 음악 교육의 중심은 1000년에 유럽 도시 중 인구가 가장 많았던 스페인 남부 도시 코르도바Cordoba였는데, 당시 인구가 50만 명 정도였고, 그 시기 파리나 런던보다 10배 이상 많았다. 스페인에서 가장 유명한 중세 음악 교사는 지르얍Ziryab으로, '흑새blackbird'로 번역되는데, 아마도 이 유명한 박식가의 피부색을 나타내는 것으로, 그는 아프리카인이 거나 아랍어와 아프리카계 혼혈일 것이다. 지르얍은 스승 이스하크 알-마우실리Ishaq al-Mawsili와의 심한 경쟁이 그의 출국을 종용하지 않 았더라면 전 생애를 바그다드에서 보냈을지도 모른다. 그는 오늘날 로 보면 시리아와 튀니지인 지역에서 일하다가 코르도바에 정착하 여 당시의 줄리아드Juilliard(세계 최고의 음대 중 하나─편집자)라 할 수 있 는 음악학교를 세웠다. 그의 노래와 류트 연주는 오래 지속되는 영 향력을 발휘했고, 그의 혁신은 다른 분야에까지 확산되었다. 그가 음식, 패션, 헤어스타일, 개인적 몸치장에 미친 영향은 슈퍼스타로 서의 그의 위상을 증명한다. 그러니 음악 역사가들은 이 중요한 인 물에 더 많은 관심을 기울이는 것이 좋을 것이다. 그가 이룬 아프리 카와 유럽 전통의 융합을 통해 이후 음악과 다른 분야의 발전을 내 다볼 수 있다.

이 장에서는 거의 이슬람 세계에 초점을 맞추었는데, 이제 동일 한 주제와 경향이 서구 문화의 맥락에서 놀랍도록 두드러지게 나타 나는 것을 보게 될 것이다. 특히 이 시대 키얀 노래에 내재된 비굴 함의 정신은 유럽에서 새로운 이름을 얻게 될 것이다. 우리는 "기사 도적 사랑"이라는 이름으로 이를 알고 있는데, 이것은 이상화된 사 랑 이전에 노예의 순종적인 굽실거림을 나타내는 매우 우아한 명 칭이다. 트루바두르들은 그런 이름을 생각해내지 못했다. 19세기 가 되어서야 "기사도적 사랑"이라는 문구가 나타난다. 가사의 우아 하고 양식 있는 태도를 적절하게 묘사하기는 하지만, 비굴함은 여전히 모든 면에서 명백히 드러난다. C. S. 루이스는 이 영향력 있는 시적 스타일과 구애 방식에 대해 "연인은 항상 비참하다"고 지적했다. "아무리 억울해도, 아내의 책망을 묵인하는 것이 그가 할 수 있는 유일한 미덕이다." 노예 상태는 이러한 새로운 모습으로 낭만적이며 심지어 매력적이 된다.[9]

　　서양 문화의 역사에 더 강력한 밈meme(유행 요소를 모방 또는 재가공해 만든 콘텐츠. 문화 전달, 모방의 단위라는 뜻으로 '문화 유전자'로도 불린다―옮긴이)이 있을까? 얼마나 많은 노래가 연인의 구애와 사랑하는 사람에 대한 존경을 기념하는가? 포함시켜야 할 것이 너무 많다. 소설, 연극, 영화, 시, 연속극, 뮤지컬, 만화책 및 기타 모든 형태의 서사도 마찬가지다. 트루바두르들이 내국어 사랑 가사를 발명하지 않았더라도, 그들은 아마 훨씬 더 인상적인 것을 성취했을 것이다. 다음 장에서 살펴보겠지만, 그들은 소작농, 골리아드, 노예, 다른 경멸하는 집단의 감정으로 가득 찬 정서를 받아들여 이들을 낭만적인 기사와 사랑스러운 숙녀로 변모시켰다. 사랑을 그림처럼 꾸미고 기사도적 행동으로 바꾸었다. 요컨대 그들은 구애의 개념과 모든 양식화된 태도를 창조했다. 그렇게 함으로써, 그들은 앞으로 천 년 동안 우리의 환상의 삶을 정의했다. 사실, 우리의 에로틱한 상상력은 대부분 우리가 인정하고 싶은 것보다 더 중세의 함정에 빠져 있다. 구글에 '빛나는 갑옷을 입은 기사knight in shining armor'라는 용어를 검색하니, 천만 건의 결과가 나왔다. 그중 대부분은 과거의 특징보다는 미래에 대한 그리움을 묘사한 듯했다. 집단 지성의 어느 정도 깊은 수준에서, 우리는 봉사하는 신하이자 사랑받는 사람으로 남아 있다.

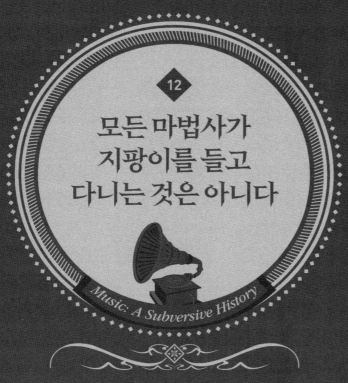

12

모든 마법사가 지팡이를 들고 다니는 것은 아니다

Music: A Subversive History

Not All Wizards Carry Wands

이런 강력한 아이디어는 '입소문'이 날 수밖에 없었다. 오늘날에도 우리는 11세기 후반 프랑스 남부 트루바두르들의 공연과 음악에 대한 태도를 받아들이고 있다. 우리는 노래가 개인적 감정, 특히 사랑에 대한 감정을 표현하고, 가수의 삶이나 세계관과 얽혀 있다고 가정한다. 그러나 트루바두르 이전에 그러한 관념은, 두드러질 때마다 검열의 대상이 되었고 반발에 막혀 유럽 음악의 그늘과 비주류에만 존재했다. 그러나 귀족이 중심이었던 소수의 연주자들을 시작으로, 결국에는 거의 모든 사람에게 변화가 일어났다. 우리도 이 덕을 봤다고 할 수 있다.

이 새로운 노래 접근법의 급속한 확산에는 아마도 가장 초기의 트루바두르 중 하나인 세르카몽Cercamon의 역할이 클 것이다. 그의 가명은 문자 그대로 하면 '세계를 돌다'라는 뜻이다. 그는 가장 오래된 트루바두르인 기욤 9세 아키텐 공작과 관련이 있다. 남아 있는 세르카몽의 작품 중 하나는 공작의 아들 기욤 10세를 위한 플란planh, 즉 애도곡이다. 어쩌면 그는 많은 지역을 여행하며 루이 7세Louis VII의 추종자로서 제2차 십자군 원정에 참여했을지도 모른다. 또 다른 유명한 트루바두르였던 마르카브뤼Marcabru가 세르카몽의 제자였을 수도 있다. 마르카브뤼 역시 처음에는 조글러joglar('음유 시인'—옮긴이)로 다른 사람이 만든 노래를 연주하다가 나중에 스스로 작곡하여 부르며 여행했을 것이다. 레온 카스티야의 왕 알폰소 7세Alfonso VII의 궁정에서 마르카브뤼에 대한 이야기를 찾아볼 수 있는데, 후기 작가들의 언급으로 그의 작품이 퍼져나갔음을 알 수 있다.

지금까지 남아 있는 이들의 이야기는 트루바두르 예술의 지리적 영역을 나타낼 뿐 아니라, 계급과 특권의 장벽을 뛰어넘는 인상적인 도약을 분명히 드러내기도 한다. 마르카브뤼는 사생아였다고 알려져 있는데, 이 사실이 그가 귀족을 신랄하게 공격하는 것을 막지는 못했다. 비천한 신분이었던 그는 노래를 통해 통치자를 비난할 수 있는 발판을 마련했다. 다음 세대의 트루바두르 중 가장 두드러진 베르나르 드 벵타도른Bernart de Ventadorn은 하인의 아들이었다. 알려진 것처럼 제빵사였던 것도 아니다. 단지 나무를 모아 빵이 구워질 오븐을 데우는 사람이었다. 그러나 그는 벵타도른 자작Viscount of Ventadorn의 아내에게 사랑의 노래를 부를 만큼 대담했고, 어쩌면 그녀의 침대에까지 들었는지도 모른다. 적어도 자작은 그렇게 생각해 결국 아내에게 감시를 붙이고, 추파를 던지는 트루바두르를 저택에서 쫓아냈다.

현재 남아 있는 문헌에서 미남으로 묘사된 베르나르는 영국과 프랑스 양국에서 여왕에 올랐던 훨씬 더 고상한 부인, 엘레오노르 다키텐Eleonore d'Aquitaine의 호의를 받았다. 1154년 엘레오노르와 그녀의 남편 앙리 2세Henry II의 대관식 때, 이 비천한 트루바두르도 웨스트민스터 사원에 있었을지 모른다. 사랑 노래로 이 정도의 경력을 쌓을 수 있었다는 사실은, 당시 이 노래들이 얼마나 가치 있게 평가되었는지를 말해준다. 또한 그레고리오 성가를 궁전에서 가르쳤고 음악가가 필요하면 교황이 직접 보내주던 샤를마뉴 시대 이후 세상이 얼마나 많이 변화했는지도 알 수 있다.

귀족들이 이런 분위기를 만들었고, 모든 사람이 그 뒤를 따랐다. "기독교인, 유대인, 사라센Saracen 사람(이슬람교도—옮긴이), 황제, 왕자, 왕, 공작, 백작, 자작, 성직자, 부르주아, 농민, 위대하건 그렇지 않건, 모든 사람이 노래와 작곡에 온 마음을 쏟고 있다." 13세기 초 카탈루냐 출신 트루바두르였던 레이몽 비달Raimon Vidal은 이렇게 불평했다. "사적인 장소건 고독한 장소건, 사람이 적건 많건 어디서나 상대방, 다른 사람 혹은 모든 사람이 함께 노래하는 모습을 볼 수 있다. 산에 사는 가장 소박한 양치기들조차도 노래에서 가장 큰 위안을 찾는다." 이 노래들은 그 어느 때보다도 가수들 자신에 관한 것이었다. 신분의 높고 낮음을 막론하고, 음악은 이제 감정 중심의 자서전 역할을 했다.[1]

새로운 음악 규칙은 자기표현을 촉진했을 뿐만 아니라, 그것에 뛰어난 사람들에게 전례 없는 수준의 명성을 안겨주었다. 이는 유럽 음악 문화의 큰 변화를 의미한다. 중세시대에는 예술, 작문, 음악의 상당 부분이 익명으로 제작되었다. 500여 편의 작품이 전해져 이름이 알려진 힐데가르트 폰 빙엔, 레오냉Leonin, 페로탱 같은 작곡가들은 드문 경우다. 어떤 경우에도 트루바두르가 찬미의 대상이 되지는 않았다. 그런데 이런 음악의 어떤 측면이나 본질 때문에 리스너들이 창조자들의 개인적 특성과 작품을 동일시하기 시작했다. (중세 초기부터 보존된 거의 모든 노래가 그랬듯) 음악이 신을 위해 만들어졌을 때 정작 그것을 창조한 인간은 작품의 더 높은 목적에 의해 가려졌지만, 이제 음악이 사랑과 영광을 다루면서, 가수는 모든 노래의 진짜 주제인 가사의 중심으로 떠올랐다. 이 시점에서 인물을 숭배하는 경향이 서양 음악의 DNA에 새겨지기 시작했고, 이런 경향은 오늘날까지 남아 각 시대의 신세대 가수들에게 전해져 모든 스타일과 장르의 변화에서도 살아남았다.

교회는 이에 어떻게 반응했을까? 몇몇 성직자는 이 인기 있는 노래들의 에로틱한 어조에 계속 맞서 싸웠지만, 이들의 제재는 당대의 음악적 취향에 더는 큰 영향을 미치지 못했다. 반면 일부 기독교인들은 자신들의 목적을 위해 이 트루바두르의 기술을 채택했다. 가장 두드러진 예는 아시시의 성 프란치스코St. Francis of Assisi인데, 그의 〈태양의 찬가Canticle of the Sun〉는 가장 오래된 이탈리아어 가사로, 그가 젊었을 때 들었던 트루바두르의 가사를 모방한 것이다. 프란치스코는 심지어 세속적인 노래를 연주하는 이들을 일컫는 단어 '종글뢰르jongleurs(또는 민스트럴)'를 빌려와 그의 수도사들을 '주의 종글뢰르'이라고 부르기도 했다. 그러나 대부분의 반응은 이 두 극단 사이에 머물러 있었고, 기독교와 새로운 음악 사이에 불안한 휴전은 계속되었다.

나는 이 휴전의 규칙이 이 가사에 내재된 성에 대한 역설적인 태도를 설명한다고 믿는다. 이 노래들에서 우리는 가장 열띤 성적 표현이 순결에 대한 욕망과 공존하는 것을 볼 수 있다. 트루바두르들은 그들의 육욕과 열정에 대해 노래하면서도, 자신들이 그렇게 행동하고 싶어 한다는 사실은 부인한다. 오늘날 대부분의 독자는 이를 위선적이라고 생각할 것이다. 우리가 아는 에로틱한 노래들은 명백히 목표가 유혹이어서 다른 목적은 떠오르지 않는다. 그래서 우리는 트루바두르들이 사랑하는 사람과의 실제 성적 결합을 노래한 것이라고 추측하게 된다. 그게 아니라면, 다른 무슨 의미가 있는 것일까? 하지만 이러한 태도는 기본적으로 규칙을 오해하는 데서 비롯된 것이다. 노래는 기사도적 사랑을 다룰 뿐만 아니라, 기존의 종교 세력과 이 음악이 공개될 수 있게 한 세속적인 세력 사이의 암묵적인 타협을 반영한다.

트루바두르인 기엠 드 몽탄하골Guilhem de Montanhagol의 말에 의하면 트루바두르 혁명은 "사랑의 정절로부터 시작된다. 누군가 사랑을 간절히 원한다면, 나쁜 행동을 할 수 없을 것"이라는 가정에서 시작되었다. 모든 가수가 이 이상에 부응했던 것은 아니다. 몇몇 트루바두르는 아마도 습관적으로 이런 기본을 어겼을 것이다. 그러나 그러한 실수는 인간의 약점이라고 볼 수 있었고, 따라서 신학에 대한 도전으로 여겨지지는 않았다. 실제로, 트루바두르 예술이 성욕 자제와 규칙에 기초한 질서를 받아들이지 않았다면 번창할 수 없었을 것이다. 살아남은 가사 중에서도 가장 수위가 높은 곡 일부는 귀족 부인이나 권력자의 아내들에게 바쳐졌다는 점을 주목해야 한다.

이 노래들은 간통죄로 간주되지 않았다. 오히려 이 여성들을 절대 얻을 수 없다는 사실이 그들을 완벽한 대상으로 만들었다.[2]

하지만 솔직히 장기적으로 볼 때, 정욕적 가사를 도덕화를 위한 도구로 바꾸려는 이 시도는 실패할 수밖에 없었다. 심지어 지금 시대에도 권위주의 정권들이 이를 계속 시도하지만, 섹시한 노래는 윤리적 지침을 부과하기에는 형편없는 플랫폼이다. 내가 글을 쓰는 지금도 중국 공산주의청년단은 매력적인 보이그룹 티에프보이스 TFBoys(2013년 데뷔한 중국의 3인조 남자 아이돌 그룹—옮긴이)의 영상을 계속 공개하고 있다. 이들의 노래는 당의 노선에 대한 존경을 북돋우는 동시에 사랑 이야기를 한다. 북한은 매력적인 여가수 현송월에게 기대어 「평양을 나는 사랑해」, 「그 동문 제대군인 처녀랍니다」, 「우리는 당의 군대」와 같은 고양된 노래를 부르는 등 K-Pop과 비슷한 결과물을 만들기 위해 노력한다. 하지만 강경파 정권들은 에로틱한 음악에 대한 수요와 지배적인 독단주의자들의 엄격함을 어떻게 조화시킬지 여전히 잘 모른다. 2015년 우간다 가수 제미마 칸시메Jemimah Kansiime 는 뮤직비디오에서 비누 거품을 몸에 문질렀다는 이유로 감옥에 갇혔고, 2017년에 이집트 출신 가수 샤이마Shyma는 「I Have Issues(아이 해브 이슈)」를 부르다 바나나를 먹었다는 이유로 체포됐다. 권위주의 정권들은 음악적 경향에 직면하여 유연성을 발휘하고, 양쪽에서 대등한 거래를 하며 공존할 방법을 찾는 것이 최선임을 배웠다. 적어도 이러한 타협안이 중세 말기 서양에 숨어 있던 세속적 표현의 노래를 전면으로 나올 수 있게 했다. 휴전이 지속되지 못하더라도 음악에 미친 영향은 돌이킬 수 없었다. 이때부터 음악가들은 독재자들이 무엇을 지시하든, 그들의 연애생활에 대해 계속 노래했다.

이러한 변화 속에서 여성들은 어떤 역할을 했을까? 새로운 노래 방식을 위한 토대를 마련했다. 초기 세속적인 노래에 대한 금지는 여성을 표적으로 삼았고, '사이렌' 노래의 고대 신화를 위험한 음악의 전형으로 영속시켰다. 그러다가 이슬람 세계에서 이러한 노래들에 표현의 여지가 주어졌을 때, 여성들은 그리움과 욕망에 관한 음악에 탁월하다고 인정받았다. 이러한 관점에서 소위 기사도적인 사랑의 부상은 노래에 대한 여성의 접근 방식이 정당화되기 시작한 것으로 봐야 한다. 확실히 노래 자체는 여성에 대한 이상화와 더불어, 감정과 관련된 모든 문제에서 여성이 판사이자 중재자라는 암묵적 인식에 바탕을 두고 있다. 이는 여성에게 실질적인 권력을 거의 주지 않던 문화에서 특별한 의미가 있다. 가사에서 남자가 여자에게 구애하는 것을 묘사할 때 사용하는 단어, 즉 '구혼자suitor'가 하는 '구혼suit'은 법적 소송으로 판사 앞에 설 때 우리가 여전히 사용하는 말이다('suit'은 '소송', 'suitor'는 '소송인'이라는 뜻으로 쓰인다—옮긴이). 그러나 여성의 권위는 그녀들이 자기 노래에 대한 인정을 원하면서 끝났다. 우리가 알고 있는 이 시대 가수의 5퍼센트만이 여성이며, 트루바두르의 노래는 약 2,600곡이 남아 있는 반면, 트루바이리츠trobairitz로 알려진 여성 음유 시인의 노래는 24곡만 전해진다.

대부분의 트루바이리츠는 단 하나의 곡으로만 알려진 반면, 카스텔로자Castelloza와 콤테사 드 디아Comtessa de Dia는 몇 곡의 가사를 남겼다. 그녀들에 대해서는 극히 적은 정보만 남아 있으며, 대부분의 세부 내용은 그녀의 귀족 가문이나 그들이 사랑했던 권력자들에 대한 것이다. 많은 남성 트루바두르는 미천한 출신임에도 가능했지만, 트루바이리츠는 자신들의 노래가 후세에 전해지도록 하려면 영향력 있는 인맥이 필요했다.

그러나 이 트루바두르 혁명을 진정으로 이해하고 싶다면, 이 몇 안 되는 작품에 세심한 주의를 기울여야 한다. 이 시대 여성들의 가사는 사랑 노래에 대한 다른 접근법을 보여준다. 그들은 말장난에 에너지를 덜 쏟고, 낭만적 일을 더 사실적으로 묘사한다. 설명된 상황은 덜 형식화되었지만 더 그럴듯하다. 예를 들어, 카스텔로자가 이 진심어린 가사에서 채택한 직접적이고 대화적인 어조는 다음과 같다.

> 잘생긴 친구, 진정한 애인
> 당신이 나를 기쁘게 해주어 나는 당신을 사랑했어요,
> 하지만 이제 보니 내가 바보였군요,
> 그 이후로는 당신을 보지 못했으니 말이에요.
> 나는 당신을 속이려 한 적 없어요,
> 하지만 당신은 나를 영원히 망가뜨렸어요.
> 당신을 후회 없이 정말 사랑해요,
> 하지만 사랑은 그 힘으로 나를 찔렀어요
> 당신이 나를 사랑한다고 말하지 않는다면
> 아무 소용이 없을 것 같아요.[3]

베르나르 드 벵타도른의 과장된 가사와 비교해보자. 그는 애인

으로서 자신의 좌절감을 과장된 은유를 늘어놓으며 묘사한다.

> 미끼로 달려드는 거대한 송어처럼
>
> 사랑의 갈고리를 느낄 때까지, 모든 것을 뜨겁고 맹목적으로
>
> 지나치게 넘치는 사랑을 향해 달려갔고, 지나치게 경솔해서 기다릴 수 없었다.
>
> 부주의했다, 사랑의 불꽃에 휩싸여 나는 나를 발견한다.
>
> 화덕에 불을 지르는 것처럼 타오른다
>
> 하지만 다만 한 뼘이라도 움직이며 해협으로 나아간다
>
> 그리고 이 사랑은 점점 좁혀와 나를 구속한다.[4]

우리는 준사디즘적 향락으로 연인들의 고통을 열거한 수많은 샹송, 페트라르칸 소네트Petrarchan sonnet(이탈리아식 소네트−옮긴이), 프로톨라frottola와 마드리갈madrigal(16세기 이탈리아에서 발전한 세속 노래−옮긴이)에 비해 매우 허세 가득한 시적 자만심으로 치장하며 수세기 동안 유럽인들의 사랑 가사에서 유행했던 어조를 만들어낸 베르나르의 공로를 인정해야 한다. 그렇더라도 카스텔로자가 우리 시대의 원색적인 고백적 어조에 더 잘 어울린다. 그녀의 접근 방식이 훨씬 더 믿음직스럽다.

남아 있는 여성 음유 시인의 문헌들은 또 다른 이유로 중요하다. 나는 교회 당국이 여성들이 자신들의 삶에 대해 노래하는 것을 막으려고 애쓰면서 (그러나 실패하면서), 그리고 이 음악에 대한 모든 기록을 없애려고 노력하면서 (그리고 성공하면서) 우리가 그 오랜 세기 동안 금지된 노래들을 추정할 수 있게 되었다고 믿는다. 검열로 덮

인 베일 뒤로 침투하여 일상생활의 노래들이 무엇을 표현했는지 파악하려 할 때, 트루바이리츠는 우리에게 가장 좋은 시작점을 제공한다. 천 년 만에 처음으로 기독교계 여성들에게 자신의 내면을 비종교적인 음악으로 표현할 수 있는 기회가 주어졌고, 그들의 가사(적어도 그중 몇몇)는 후세를 위해 보존되었다. 우리는 그 노래들을 진지하게 받아들여야 한다.

　남성들은 분명 트루바두르들이 등장하기 전에도 금지된 음악 제작에 참여했지만, 교회의 성향과 기준으로 판단할 때, 그들은 여성들보다 이런 종류의 열정적인 노래를 부를 가능성이 훨씬 낮았다. 적어도 남프랑스의 귀족들이 실연의 고통을 노래한다고 해서 남성성을 잃는 건 아니라는 태도를 분명히 하기 전까지는 그랬다. 마침내 남성들이 이러한 노래 스타일을 받아들였을 때, 그들은 혁신가로서 명성을 얻었고, 감정을 노래한 여성들은 대부분 그늘에 가려졌다. 그런데 남성들은 이런 작풍을 강력히 옹호하면서도 표현 양식을 바꾸었다. 훨씬 더 정형화된 방식을 발전시켰고, 여전히 열정에 젖어 있지만 의식적으로 좀 더 윤색했고, 간접적으로 표현했다. 사포와 같은 여성 혁신가와 밀접하게 연계된 노래의 전통을 취해 문학 장르로 변모시킨 고대 서정시인들이 떠오르지 않을 수 없다. 남성 트루바두르로 인해 열정적인 노래는 문자적 섬세함과 미묘함으로 특징지어지는 매우 자의적인 예술이 되었다. 오늘날 우리가 트루바두르의 가사를 시로 취급하는 건 음악적 표기법이 살아남지 못했기 때문이기도 하지만, 가사 자체가 인쇄된 글로서의 전환을 촉진해서다.

이제 우리는 여성 음악의 역사에 나타나는 많은 부조화와 역설을 강조할 수 있는 충분한 증거를 모았다. 중세시대에 노래와 가장 밀접하게 연관된 두 여성 집단이 수녀와 매춘부였다는 사실은 충격적이다. 물론 트루바이리츠를 비롯한 많은 여성이 노래를 부르기는 했지만, 그들은 이 두 집단처럼 중세의 상상력을 사로잡지 못했다. 이는 노래에서 여성의 목소리가 야기하는 두려움과 불안을 증명한다. 음악은 수녀원의 안전한 환경에서, 그리고 방종과 죄악의 분위기 안에서만 존재했다. 그 사이에는 달리 노래가 존재할 여지가 없었다. 이러한 불안에도 불구하고 여성들은 세속적인 노래, 특히 3개의 L, 즉 탄식가lament, 자장가lullaby, 사랑 노래love song의 범주에서 창조 욕구를 발산했다. 이 세 장르는 후세에 거의 전해지지 않은 장르이기도 하다.

우리는 이미 사랑 노래와 탄식가가 위험한 감정을 전달한다고 비난받은 것을 보았다. 그런데 왜 무해한 자장가까지 소외되었을까? 중세 여성들은 틀림없이 매일 수천 곡의 자장가를 불렀겠지만, 학자 존 헤인즈John Haines가 지적하듯, "제목도, 작곡가도, 날짜도, 표기된 표본도 살아남지 못했다." 헤인즈의 말대로 "익명적이고, 일반적이고, 어린아이 같으며, 문서화 되지 않은" 이 음악은 중세 권위자들의 폐쇄적인 세계관을 벗어난 발전을 거의 이루지 못했다. 공작과 영주들이 뛰어들었다면 자장가도 비슷한 위신을 얻지 않았을까? 하지만 그런 일은 결코 일어나지 않았고, 이 장르는 여전히 예술 음악으로 받아들여지기를 기다리고 있다.[5]

나는 철학자 J. L. 오스틴J. L. Austin의 용어를 바탕으로 '수행어

performative'라고 부르는 특별한 노래 종류가 존재한다고 주장한 적이 있다. 1950년대에 오스틴은 옥스퍼드와 하버드 강연에서, 말할 때 세상을 바꾸는 힘을 가진 단어들이 있다고 했다. 이 단어는 특별한 경우에만 발화되며, 이로써 상황은 눈에 띄게 달라진다. 내 결혼식 날에도 이에 해당하는 말이 있었다. "타라, 당신을 내 아내로 맞이하겠습니다." 내 배우자뿐만 아니라 법률 당국과 세무 당국도 내가 이 말을 한 이후부터 나를 다르게 대했다. 친구에게 "금요일에 돈을 갚겠다고 약속할게"라고 말할 때도 같은 일이 일어난다. 내 친구가 복수심에 불타는 고리대금업자가 아니라면, 그 서약을 어기는 것은 결혼 서약을 어기는 것보다 덜 심각한 결과를 가져올지는 모르지만, 이러한 말을 하는 것은 여전히 의미 있는 방식으로 외부 환경을 변화시킨다. 다른 수행어의 예로는 "우리 강아지의 이름을 아리스토텔레스라고 짓겠어", "너를 갈라하드 경Sir Galahad(아서 왕 전설의 원탁의 기사 중 하나—옮긴이)이라고 부르노라", "내가 네게 이르노니 너는 베드로라(《마태복음》 16장 18절—옮긴이)", "LA 레이커스Lakers와 보스턴 셀틱스Celtics의 경기에서 레이커스가 6점 차로 이길 거야" 등이 있다. 오스틴이 수행어에 관한 책을 썼을 때, 그는 제목을 《말과 행위How to Do Things with Words》라고 지었다. 특정 맥락과 상황에서 말할 때 세상을 변화시키는 언어의 효능을 찬양하는 작품에 어울리는 제목이다.[6]

나는 음악에 대한 우리의 개념에도 비슷한 확장이 필요하다고 본다. 어떤 노래는 수행어이기도 하다. 감정과 기분을 표현하기보다는 실제로 인간사를 변화시킨다. 그런데 어떤 학자도 여성들이 이런 수행어 음악 장르에서 항상 중심 역할을 해왔다는 것을 알아채지 못했다. 우리는 샤먼의 마법 음악이 여성성과 어떻게 연관되어 있는지를, 그리고 때로는 남성 샤먼들이 여성 복장을 하기도 했다는 사실도 살펴봤다. 마녀, 사이렌, 매춘부, 심지어 어머니와 연인의 음악도 마찬가지다. 각각의 경우에서, 오스틴의 엄격한 기준에 따르면 여성의 노래는 수행어다. 자장가는 아이를 잠들게 하는 것을 목표로 하는 노래로, 그 성공은 예술적 기준이 아니라 행동을 변화시키는 힘에 따라 판단된다. 중세 여성의 악명 높았던 두 장르, 사랑 노래와 탄식가는 모두 죽어가는 신을 부활시키는 것을 목표로 한 고대의 다산 의식에서 비롯되었다는 것을 기억하자. 얼마나 강력한 노래인가! 여성 음악이 외부 환경을 변화시키는 이러한 수행적 능력과 관련이 없었다면, 사람들도 그렇게 두려워하지는 않았을 것이다.

주류 문화는 가장 드문 경우에만 이러한 효과적인 노래의 개입을 장려했다. 이 경우, 여성 노래의 힘은 수용할 수 있거나, 치유, 구애 또는 수녀원의 허가된 활동 등 바람직한 방향으로만 전달되었다. 사랑 노래가 걱정거리가 되고 때로는 완전히 금지되었지만, 많은 공동체는 음악이 없는 결혼 의식의 합법성을 인정하지 않았다. 이는 르네상스 시대 후반까지 유럽 일부 지역에서 지켜진 사항이다. 노래는 진정한 힘을 가지고 있었기 때문에 포기할 수 없었지만, 음악에 의존하는 것은 위험한 행동이었다.

일단 이 역동성을 이해하게 되면, 우리는 트루바두르가 생겨난 것이 단순히 남자들이 사랑 노래를 발견하고 정당화했기 때문이 아님을 알 수 있다. 이 유명한 가수들은 수행적 자질을 미묘하게 변화시킨 장르에 대해 다른 미적 기준을 부과했다. 유혹 노래는 더 이상 유혹이 목적이 아니거나 적어도 중요한 목적은 아니었다. 사랑 노래는 종종 실제 구애 기능을 하지 않았다. 핀다로스와 그의 모방자들이 수세기 전에 했던 것처럼, 위인을 찬양했을 뿐이다. 이 노래들은 기능이 목표라기보다는 새로운 남성적 모습 뒤에 숨어 의도적인 양식화와 과장된 방식으로 예술성을 추구하고 있다.

이는 아마도 서구 음악의 이 과도기에서 가장 중요한 측면일 것이다. 하지만 좋은 점만큼 나쁜 점도 있었다. 일상 언어로 된 세속적인 노래는 예술로 바뀌었지만, 그 과정에서 음악의 수행적 특성과 그 토대를 마련했던 여성들과의 밀접한 관계는 약화되었다. 이 순간부터 노래는 의미를 나타내고, 감정을 표현하며, (이상적인 경우) 음악가에게 생계를 유지할 수 있는 길을 주는 것 이상으로 많은 것을 기대할 수 없게 되었다.

물론 음악의 마법은 그렇게 쉽게 무시할 수 없다. 수행적 노래는 오늘날에도 여전히 존재한다. 최신 음악 미학 이론은 수행적 노래들을 크게 다루지 않지만, 그래도 사람들이 이러한 전통을 계속 유지하는 것을 막지는 못했다. 현대에도 여전히 샤머니즘과 그 외 다른 형태의 치유 음악을 하는 사람들이 있으며, 심지어 이들을 뒷받침할 만한 더 많은 과학적 증거도 나오고 있다. 이 증거가 충분히 많은 동료평가 학술지에 실리면, 이러한 관행은 음악 치료로 다시 분류된다. 그리고 그것은 이제 흰색 가운을 입은 전문가들에 의해 실제 치료 상황에 쓰인다. 매춘부들은 더 이상 매혹적인 사이렌 노래를 부르지 않지만(불과 몇 십 년 전까지만 해도 여전히 귀중한 직업 기술이었다), 연인과 바람둥이들은 장기적인 구애든 짧은 연애든 관계의 모든 단계에서 음악에 계속 의존하고 있다. 사실 우리 삶에서 수행 음악의 영향을 받지 않는 때는 하루 중 한 시간도 없다. 최근 조사에 따르면, 70퍼센트의 사람들이 음악이 그들을 더 생산적으로 만든다고 믿으며, 62퍼센트는 질 좋은 수면을 위해 음악에 의존한다고 답했다. 물론 음악은 심문('음악 고문'이라고 불러야 할지도 모르겠다)의 강화, 부랑자와 노숙자들의 해산, 쇼핑객들의 구매 장려 등 조직과 기관의 다양한 조작과 불미스러운 수행 과제를 위해 사용되기도 한다. 우리는 음악을 단순히 기분 전환과 오락으로 보는 문화 속에서 살고 있지만, 일상의 음악이 얼마나 자주 이 고정관념에 저항하고 우리 주변의 세계를 변화시키는 것을 목표로 하는지 알면 놀랄 것이다.[7]

　우리는 그런 상황에서 '마법'이라는 단어를 거의 사용하지 않는다. 트루바두르들은 세속적인 노래를 예술로 정당화시켰고, 천 년이 지난 지금까지도 공식적인 음악 교육은 그 뿌리 깊은 접근에서 조금도 벗어나지 않았다. 공연자와 관객 모두 음악을 매혹의 원천이 아닌 미적 경험으로 대하도록 배운다. 음악을 마법의 힘이라고 말할 때 사람들은 불편해하는 경향이 있다. 그래서 나는 다른 단어들을 사용하곤 한다. 음악은 인간 생활의 변화제 혹은 촉매제다. 그러나 어떤 그럴듯한 단어를 사용해도, 음악은 여전히 마법이다. 모든 마법사가 뾰족한 모자를 쓰고 마법 지팡이를 휘두르는 것은 아니다. 일부는 색소폰이나 기타를 손에 들고 출근한다. 그리고 우리는 여전히 그들이 개입해 삶이 변화되기를 갈망한다. 비록 그런 측면이 대부분 인정받지 못하더라도 말이다.

청중의 등장

Music: A Subversive History

The Invention of the Audience

내가 초등학교에 다닐 때만 해도 선생님들은 여전히 그 시절을 '암흑시대Dark Ages'라고 불렀다. 고대 문명의 몰락에서 르네상스 시대가 시작될 때까지의 긴 시간은 문화적으로 대규모 정전이 일어난 것과 같은 대우를 받았다. '여러분, 조명이 다시 들어올 겁니다. 하지만 적어도 천 년 정도, 한두 세기 정도는 기다리셔야 할 겁니다.'

그러나 지금은 더 이상 그렇게 어둡다고 여겨지지 않는다. 20세기에 중세학 교수는 천 배나 증가했고, 이 학자들은 르네상스 시대의 스타들에 비해 재능이 덜한 만년 2등의 이미지를 벗기 위해 애썼다. 요한 하위징아, C. S. 루이스, 마르크 블로크Marc Bloch, 자크르 고프Jacques Le Goff, 에티엔느 질송Etienne Gilson, 도로시 세이어즈Dorothy Sayers와 같은 다양한 학자가 그 시대의 점진적인 '브랜드 이미지 쇄신'(적절한 광고업계 용어인지는 모르겠지만)에 기여했고, 새로운 포지셔닝으로 낡은 이미지를 완전히 바꾸었다. 세이어즈의 말에 의하면, 중세는 이제 '맑은 태양과 반짝이는 색이 가득한 새롭게 정제된 세계'가 되었다. 더 이상 어둠은 없다. 하지만 세이어즈는 그 시기가 '피, 슬픔, 죽음, 적나라한 잔인함으로 가득 찬 시기'였음을 인정한다.[1]

대부분 정당화된 이러한 보정에도 불구하고, 이 책에서 중점을 두고 있는 많은 음악은 여전히 어둠 속에 감춰져 있다. 우리가 서구 세계의 음악적 삶이라는 퍼즐을 더 정확하게 맞춘다 해도, 여전히 몇몇 조각은 비어 있으며, 어쩌면 영원히 찾을 수 없을지도 모른다. 기독교가 출현한 지 천여 년이 지나고 트루바두르들이 널리 퍼지면서 훨씬 광범위한 음악 활동이 빛을 발하게 되었고, 갑자기 그들의 활동이 논의되고 문서화되며 존경받기 시작했다. 프랑스 남부에서 처음 나타난 변화는 유럽으로 옮겨갔고, 트루바두르들이 닿는 곳마다 음악 문화가 변화되었다. 그러나 문서화된 변화가 사람들이 실제 노래하는 방식의 변화를 나타내는지는 완전히 알 수 없다. 어쩌면 유럽에서 이미 유행하고 있었지만 제대로 평가받지 못하고 소외되었던 일상 음악의 지위가 상승했을 뿐일지도 모른다. 새롭게 유행이 퍼진 것이 아니라, 단지 이미 존재하던 것을 주목하게 되었을 뿐이다.

전통적인 역사는 노래의 혁신뿐만 아니라 그 보급에 대해서도 귀족들에게 계속 공을 돌린다. 우리는 최초의 트루바두르였던 기욤 9세의 손녀 엘레오노르 다키텐이 일종의 문화적 지참금으로 이 음악을 가지고 1137년 프랑스의 통치자 루이 7세와 결혼했다는 이야기를 알고 있다. 이 결혼의 여파로, 북쪽에서 트루베르trouvere('음유 시인'-옮긴이)라고 불렀던 이들의 노래가 공개되었고, 악보, 다양한 일화와 역사를 통해 그들의 길을 찾게 된다. (엘레오노르와 관련해 유일하게 남아 있는 예술품은 루이 7세에게 주었던 결혼 선물로, 그녀가 할아버지로부터 물려받은 것이다. 현재 루브르 박물관에 있는 수정 꽃병은 사라고사Zaragoza 이슬람 통치자가 기욤 9세에게 준 것인데, 이슬람 세계에서 프로방스로 예술이 전달되었음을 가시적으로 보여주는 상징이다.) 엘레오노르가 영국 미래의 왕인 앙리 플랑타주네Henry Plantagenet의 아내가 되기 몇 주 전 이 결혼이 무효가 된 후에도, 그녀의 딸 마리Marie와 알릭스Alix는 세속적 음악의 후원자이자 기사도적 사랑의 옹호자로 남았다.

이와 비슷한 시기에 신성로마 황제 프리드리히 1세와 결혼한 부르고뉴의 베아트리체Beatrice of Burgundy 공주에 대해서도 비슷한 이야기가 전해지고 있다. 베아트리체는 프랑스의 사랑 노래를 독일로 들여온 공로를 인정받는다. 예를 들어, 우리는 그녀의 수행단에 트루베르인 기요 드 프로뱅Guiot de Provins이 포함되어 있다는 것을 알고 있다. 이 프랑스 가수는 원탁의 기사 파르지팔Parsifal의 이야기를 독일에 소개하여 볼프람 폰 에셴바흐Wolfram von Eschenbach와 리하르트 바그너Richard Wagner의 후원 아래 이 이야기가 전국적인 서사시로 변신할 수 있는 발판을 마련했을지도 모른다. 다른 왕족들과 귀족들도 이러한 흥미롭고 관능적인 노래들을 합법화하고 퍼뜨리는 데 유사한 역할을 한 것으로 인정받고 있다. 심지어 앙리 2세와 엘레오노르의 아들인 영국의 사자왕 리처드King Richard the Lionheart도 민스트럴 블롱델 드 네슬Blondel de Nesle의 후원을 통해 새로운 노래 스타일을 지지한 것으로 기록되어 있다.

이런 다채로운 이야기들을 어떻게 다뤄야 할까? 유럽의 통치자들 또한 이 강렬한 창조적 시기에 음악적 혁신을 이끈 원동력이었을까? 우리가 계속해서 볼 수 있듯이, 지위가 상대적으로 낮은 인물들은 왕족 혈통의 도움 없이 적극적으로 음악을 퍼뜨리고 있었다. 그렇더라도 특히 연주자들이 기독교 당국의 제재에서 벗어나면서 서구 음악에 지각변동을 일으킨 데 있어서 귀족들의 특권 행사를 진지하게 받아들일 필요가 있다. 최초의 트루바두르 기욤 9세가 교회로부터 두 번이나 파문당한 것도, 프랑스 남부에서 음악 혁신의 위대한 시기가 알비 십자군 원정Albigensian Crusade(이단적 견해를 가진 것으로 의심되는 프랑스 기독교인들을 상대로 유럽 땅에서 성전聖戰을 시작한 전례 없던 순간)으로 끝난 것도 우연이 아니다. 교황 인노켄티우스 3세가 위험한 카타리파Catharist(이원론, 영지주의, 극단적 금욕생활을 강조하며 중세 유럽에서 위세를 떨친 그리스도교 이단—옮긴이) 신학을 크리스텐덤(기독교국가)에서 뿌리 뽑으려 한 역사는 이 연구의 범위를 넘어설 정도다. 이 캠페인을 추진한 (그리고 이단의 여파를 물리치기 위해 시작된 종교재판의 기초를 마련한) 광신자들은 이슬람에 영향을 받은 음악 전통이 프랑스에서 번성하는 것을 좋아하지 않았다고만 해두자.

그레일 마커스Greil Marcus는 그의 중요 저서 《립스틱 자국Lipstick Traces》에서 카타리파 이단과 이후 펑크 록 등장 사이의 연관성에 대해 추측했다. 그는 유럽의 비트 세대Beat Generation(제2차 세계대전 이후 미국에서 물질주의를 부정하던 반反문화 세대—옮긴이)라고 할 수 있는, 파리에 본부를 둔 1950년대 문자주의 인터내셔널Letterist International 운동이 핵심 역할을 했다고 봤다. 얼핏 보기에 이 이론은 비범해 보일지 모르지만, 내 연구는 기독교의 이 대안적 방식이 그 시대의 음악적 위계

질서를 뒤바꾸었을 뿐만 아니라, 미래의 격동과 반란을 위한 발판을 마련했을지도 모른다는 결과를 이끌어냈다. 프랑스 남부에서는 종교 이단들이 교회 관리들의 과세와 지상의 지배를 거부하는 반권위주의 운동을 본격화하고 있었다. 엠마뉘엘 르루아 라뒤리Emmanuel Le Roy Ladurie는 중세 카타리파 마을 몬태유Montaillou에 대한 연구에서 "13세기부터 17세기까지 옥시타니아Occitania(프랑스 남부 도시-옮긴이)의 오래된 이단 역사에서 십일조를 둘러싼 갈등은 항상 근원에 존재했으며 계속 재발했다"고 했다. 이와는 대조적으로 교리에 대한 논쟁은 "보통은 존재하지 않았고, 흥미롭지만 서로 관련 없는 몇 가지 점에서만 중요했다"라고 썼다. 그렇다, 감히 폭넓게 정의하자면, 카타리파 신자들은 프로토 펑크proto-punk(펑크 시대 이전의 거칠고 단순한 록-옮긴이) 뮤지션이었던 셈이다. 전통적인 도덕성을 거부하여 종파는 가톨릭 세례를 매우 다른 의식인 콘솔라멘툼Consolamentum으로 대체했는데, 이 의식으로 신자들은 사망하기 직전 대부분의 죄를 용서받았다. 이 의식은 카타리파의 음악 문화에 확실히 영향을 준 애정 어리고 원기 왕성한 태도에 어느 정도의 음탕함을 허용하여, 보다 노골적인 성적 가사의 출현을 도왔다.[2]

그러나 이단자들은 분명 불경한 음악을 만드는 데 아프리카로부터 도움을 받았다. 로마의 관점에서 보면 이단의 주요 위험은 교리였을지 모르지만, 실질적 위험은 음악이었기에 병든 장기나 뿌리부터 괴사한 팔다리처럼 치료되거나 잘라내야 했다. 그리고 그 뿌리는 이슬람 세계에서 자라나고 있었다. 그런데 더 큰 투쟁이 음악에 미친 영향을 상세하고 충분히 연구할 수 있는 자료가 부족하다.

이단적 카타리파 텍스트가 타버리고 없어서(때로는 카타리파 신자가 불타기도 했다) 우리는 이 갈등에 등장하는 역할 곡들을 이해하는 데 반대 견해나 다른 경험적 증거에 제한적으로 접근해 도움을 받을 수밖에 없다. 나는 놀라운 기록 자료들이 언젠가 등장해서, 이러한 더 큰 경쟁 관계들이 우리가 지금 '대중문화'로 분류할 문제들에 얼마나 많은 영향을 미쳤는지를 보여주지 않을까 기대한다. 예를 들어, 카타리파 운동에서는 여성이 핵심적인 역할을 했고, 그들은 남성 신자들보다 수가 더 많았던 것으로 보인다. 이와 같은 시기에 음악의 여성화가 일어났고, 이전에 여성들과 결부되어 있던 열정적이고 세속적인 노래들이 존경심을 불러일으켜 새로운 신봉자를 얻은 것은 순전히 우연일까? 이 기간의 많은 것이 여전히 보이지 않게 숨겨져 있다는 것이 안타깝다. 우리는 대부분 단편적 증거에 근거하여 추측할 뿐이다. 그러나 파문당한 귀족들과 같은 생각을 하는 동맹국들이 종교적 구속으로부터 음악을 해방시켰다는 충분한 증거를 통해 더 큰 그림은 상당히 선명하게 그려볼 수 있다.

왕족들이 모든 공로를 인정받는 것은 아니다. 노래는 다른 방법으로 입소문이 났다. 고대까지 거슬러 올라가면 방랑 가수들은 교회와 정치 당국의 적대감에도 계속 버텼다. 교회가 이들을 괴롭히는 것 이상의 일을 한 적은 없지만, 4세기까지 거슬러 올라가면 가수들은 기독교 성찬을 거부당하기도 했다. 종교 지도자들은 죄악의 노래가 교회 신도들의 태도뿐만 아니라 성직자들의 성스러운 삶까지 오염시킬 것을 우려하여 방어적 태도를 취했다. 8세기에 클로베쇼 종교회의Council of Cloveshoe는 베네딕트회에 "시인, 하프 연주자, 음악가, 어릿광대"를 수도원에 들이는 것을 금지시켰고, 사제가 "그 자신이 방랑 시인으로 공연하거나 다른 사람들과 함께하는 것"을 엄격히 금지했다. 하지만 이 규칙들은 자주 위반되었다. 방랑하는 음악가들은 심지어 신성한 교회의 예배 음악 제작에 참여하기도 했다. 지금도 이스트요크셔East Yorkshire주 비벌리Beverley에 있는 세인트 메리 교회St. Mary's Church에 방문하면 '민스트럴의 기둥'으로 알려진 인상적인 기둥을 볼 수 있는데, 이는 세속적인 가운을 입은 한 무리의 가수들을 묘사한 것이다. 파리에는 '민스트럴의 성 줄리안St. Julian of the Minstrels'을 기리는 예배당이, 런던에는 1102년 헨리 1세Henry I에 의해 원래 "민스트럴의 수도원"으로 설립된 부지에 성 바르톨로뮤 병원St. Bartholomew's Hospital이 건설되었다. 이 기념물들은 신분이 낮은 거리의 가수와 중세 유럽의 기성 기관이 공존했음을 증명한다.[3]

그러나 방랑 음악가들은 종종 비방, 추방, 법적 제한, 심지어 신체적 폭행에 직면했다. 이탈리아 중부 도시 시에나Siena에서는 법령에 따라 시민들이 법적 절차를 거치지 않고 민스트럴을 공격할 수 있었다. 13세기 초 독일어로 쓰인 신성로마제국의 법전인《작센슈피겔Sachsenspiegel》에 "고용된 투사와 그들의 자녀, 민스트럴, 그리고 모든 사생아에게는 권리가 없다"라고 기록되어 있다. 한마디로 음악인들이 사생아, 깡패와 같은 취급을 받은 것이다.[4]

중세 음악가들은 종종 주술을 행한다는 비난을 받았다. 어떤 사람들은 심지어 악마가 민스트럴로 변해 기독교인들이 구슬픈 노래와 춤으로 흥분하도록 유혹했다고 믿었다. 1300년의 피리 부는 사람Pied Piper의 이야기는 떠돌이 공연자에 대한 두려움과 경외심을 동시에 담고 있다. 이 이야기에 따르면, 피리 부는 사람 한 명이 하멜린Hamelin 마을에 고용된 후, 마법의 음악을 이용하여 도시에 침입하는 쥐들을 베저강Weser River으로 유인하여 익사시킨다. 그런데 시장이 그에게 보수를 주지 않자, 그는 마을의 아이들에게도 같은 방법을 쓴다. 오늘날 우리는 이것을 동화라고 생각하지만, 중세에는 이러한 음악적 마법이 진정한 위협으로 여겨졌다. 전해지는 하멜린에 대한 기록은 중세 말기의 주민들이 이 이야기를 상징적 우화라기보다는 사실적인 역사로 보았음을 증명한다. 요즘도 우리는 아이들에게 낯선 사람을 조심하라고 주의를 준다. 한 공동체에서 가장 베일에 싸인 새로운 인물 중 다수가 다양한 종류의 엔터테이너들이었다는 것과, 많은 미신과 신념이 섞여 있는 사회적 분위기까지 더하면 이들이 어떻게 악마로 변하는지를 쉽게 알 수 있다. 20세기에 들어서도 미국의 블루스 음악가들은 악마와 거래를 했다는 비난을 받았다. 일부 연주자들 스스로도 이 불량한 음악을 연주하는 것이 악마와의 계약처럼 느껴졌을 것이다. 그로부터 반세기가 지난 후인 나의 10대 시절, 헤비메탈 로커들은 사탄을 숭배한다는 비난을 받았다. 사실 그들은 종종 이러한 비난을 일종의 마케팅 방식으로 이용하기도 했다. 과연 우리는 중세의 사고방식을 넘어 진정으로 진화해온 것일까?

이러한 장애물에도 불구하고, 방랑 음악가들은 계속 활동했고, 심지어 번창하기까지 했다. 노래와 희극뿐 아니라 먼 곳에서 가져온 소식, 특히 문서가 아닌 개인이 그날의 주요 '이야기'의 전파자였던 문맹 시대에 지역사회의 많은 사람이 그들의 존재를 반겼을 것이다. 뉴스와 음악은 이 시기에 밀접하게 얽혀 있었다. 심지어 그 마을의 타운 크라이어town crier나 헤럴드herald(관청의 소식을 외치는 관리—옮긴이)조차도 드럼, 사냥용 뿔, 징, 벨 등을 갖추고 있었다. 사람들은 마을에 온 낯선 사람이 정보와 오락을 결합하는 숙련된 연기자였을 때 특히 반겼을 것이다. 종교 당국과 일부 시민은 이러한 외부인이 그들이 이룬 일상생활의 자발적 고립을 방해하지 않기를 원했을지도 모르지만, 방랑 음악가들이 제공하는 서비스가 너무 값진 것이어서 절대적으로 금지하지는 않았다. 의원들과 성직자들 또한 멀리서 들려오는 현황 보고가 필요했다. 상황이 어떠했든 간에 외부와의 연결을 차단할 위험을 감수할 사람은 많지 않았다.

앞으로 이어질 내용은 관객이 음악에 미치는 영향에 초점이 더 맞춰질 것인데, 중세 말기인 이 시기는 유럽인들의 생활에서 청취자의 특권이 전면에 등장했던 티핑 포인트tipping point다. 관객은 분명 이전에도 존재했지만, 트루바두르들을 통해 비로소 문화적 취향을 결정하는 주체가 되었다. 우리는 로마의 엘리트들이 군중을 자극하는 무언극과 다른 인기 있는 오락거리들을 깔보았음을 이미 살펴봤다. 풍자 작가인 유베날리스는 가장 많이 인용된 라틴어 어구 중 하나인 'panem et circenses', 즉 '빵과 서커스'라는 표현으로 이런 경멸을 설명했다. 대중이 원하는 건 값싼 음식과 촌스러운 오락거리였다. 베르길리우스나 호라티우스와 같은 예술성으로 존경받는 고대 로마인들은 대중이 아닌 제국과 힘 있는 지도자들을 위해 작품을 만들었다. 실제로 대중문화의 개념은 이러한 고대인들뿐만 아니라 그들의 뒤를 이은 기독교 당국자들에게도 모순처럼 보였을 것이다. 대중을 기쁘게 하는 것을 목표로 한 음악은 정의상 타락한 예술이었다. 덕을 쌓는 것, 시민이나 공동체의 이익을 증진하는 것, 신을 섬기는 것 또는 권력자의 요구를 들어주는 것 등 다른 목표들과 고려사항들이 더 중요하게 여겨졌다.

트루바두르 혁명이 확산하면서 이전에는 멸시됐던 청중들의 지위가 높아졌다. 연주자와 리스너 사이에 공생 관계가 생겨났고, 연주자의 명성과 평판은 리스너의 반응과 떼어놓을 수 없게 되었다. 심지어 교회 내의 성역에서도 이러한 변화는 인식되었다. 일상언어 가사가 주류를 이룬 후에야, 기독교 음악 작곡가들이 마침내 이름을 알리고 전례 없는 지위를 획득한 것은 우연이 아니다. 콘스탄티누스 황제Emperor Constantine가 312년에 기독교로 개종한 후 천 년 이상이 지나서 장엄 미사의 작곡가가 명성을 얻었다. 이 작품 뒤에 있는 음악가 기욤 드 마쇼가 기사도적 사랑에 관한 노래와 시로 이미 호평받았다는 것은 놀랍지 않다. 음악사의 다른 많은 사례처럼, 강력한 제도는 대중음악의 변화를 인식하고 그 자체의 조직적 목적을 위해 이를 이용하려 했다. 그렇게 세속적 사랑을 노래한 마쇼는 교회 예배에서 신의 사랑을 노래하는 가수로 변모한다.

마쇼 이전에 이브리아 사본Ivrea Codex과 아프트 사본Apt Codex(14세기 프랑스 다성음악 악보 사본들-옮긴이) 같은 편집본들은 다양한 익명의 무대를 한데 모았고, 사제들은 단일 작곡가의 통일된 스타일에 대한 고려 없이 자비송Kyries(하느님의 자비를 구하는 노래-옮긴이)과 대영광송Glorias(성부·성자·성령을 찬양하는 노래-옮긴이)을 섞거나 조합했다. 투르네 미사곡Tournai Mass, 바르셀로나 미사곡Barcelona Mass, 소르본 미사곡

Sorbonne Mass, 툴루즈 미사곡Toulouse Mass처럼 개별 미사가 악보에 포함될 수도 있지만, 여기서도 음악가는 익명이었고, 오늘날 학자들은 서로 다른 작곡가들이 이 작품들의 다양한 부분을 각각 담당했다고 판단한다. 매우 드문 경우지만, 종교음악 작곡가의 이름은 마쇼 이전 시대부터 찾아볼 수 있다. 예를 들어, 힐데가르트 폰 빙엔은 12세기에 인상적인 작품을 남겼는데, 내 생각으로는 그 시대의 감정적으로 가장 강력한 음악이었다. 그러나 이 경우에도 그녀가 수도원장이 아니었다면 악보 작성을 직접 감독할 수 없었을 것이고, 그녀의 음악은 아마도 그렇게 세밀하게 문서화되지 않았을 것이다. 대부분의 경우, 교회 음악 작곡가는 연주자가 사회의 변두리에서 벗어나 리스너들로부터 어느 정도 찬사를 받은 후에야 서구 세계에서 평가받을 수 있었다.

이즈음 수백 명의 연주자가 음악계의 스타로 떠올랐고, 그들의 노래뿐 아니라 삶의 세부사항들을 기록하는 이들도 생겨났다. 귀족으로 태어나지 않은 가수들도 이제 명성을 얻을 수 있었고, 그 결과 왕실의 후원 규칙은 미묘하게 변경되었다. 자신들의 지위가 자신들의 궁정에 오는 음악인들의 명성과 연관된다는 것을 알게 된 힘 있는 엘리트들은 존경받는 가수의 가사로 칭찬을 받으면 명성이 높아질 수 있다는 것을 깨달았다. 유명한 가수들은 어디서든 자신들의 예술을 지원해줄 사람들을 찾을 수 있으니, 더 이상 영주의 호의에 의존하지 않아도 된다는 사실에 자신감을 얻었다. 이 시대 살아남은 가수들의 전기에는 (공백도 의심스러운 사실도 많지만) 이들이 얼마나 멀리 공연을 다녔는지에 대한 자랑이 종종 나오는데, 이는 심지어 그 당시에도, 투어의 성공이 예술적 가치를 보여주는 지표로 작용했음을 암시한다. 이 새로운 현상은 그 당시 급진적이고 서양 음악 역사상 유례가 없던 최초의 위험한 아이디어, 즉 관객이 예술적 우수성을 공정하게 결정할 뿐 아니라 음악적 성취에 대해 판단하는 가장 신뢰할 수 있는 존재라는 인식을 이끌었다.

이러한 변화가 얼마나 중요한지 이해하기 위해서는 청중audience에 대한 우리 자신의 생각을 재조정해야 한다. 라틴어 '아우디엔티아audientia'(듣기 또는 적극적 청취 행위를 뜻한다)에서 파생된 이 용어는 모든 음악에서 가장 오해받는 개념일 수 있다. 나는 진지한 이론가들이 모든 음악이 청중을 염두에 두고 창조된다고 주장하는 것을 들었다. 그들은 엔터테이너와 청중 사이의 상호 관계 밖에서 음악이 존재하는 어떤 가능성도 무시하며 실제로 조롱하기까지 한다. 내 생각은 정반대다. 입수할 수 있는 증거에 근거하여, 나는 인류 역사에서 대부분의 음악은 청중의 인정 없이 번성해왔다고 결론짓는다. 실제로 많은 경우, 공연자와 관객 사이의 의미 있는 구분은 불가능하다. 선사시대 사냥꾼들이 먹이를 쫓으면서 음악적 표현을 통해 의사소통할 때, 청중은 누구였는가? 이 사냥꾼들은 모두 같은 과정에 참여했으니 청중의 개념은 무의미하다. 전통 공동체가 축제 노래를 함께 부를 때 청중은 누구였을까? 다시 한 번 말하지만, 참가자와 연주자를 구분하려는 시도는 자의적일 뿐 아니라 오해의 소지도 만든다. 모두가 노래 부를 때 수동적인 리스너 역할을 하는 사람은 아무도 없다. 중세시대 수도사들이 새벽 시간에 모여 성가를 불렀을 때, 또는 현시대의 교회 신도들이 성가에 동참할 때 청중은 누구일까? 신이 청중이라고 가정할 수도 있겠지만, 오해의 소지가 있으며 환원주의(다양한 현상을 하나의 시각으로 설명하려는 경향—옮긴이)적인 해석이다. 이러한 상황을 정의하는 집단 유대감과 개인적 황홀감의 모든 미묘한 역학관계를 파악하지 못한 것이다. 교도소 작업반 죄수들이 강제 노동 중에 노래를 불렀을 때, 그들의 청중은 누구였을까? 유일한 '청중'인 교도관과 감독관들을 즐겁게 해주기 위해 노래를 불렀다고 하면, 상황을 전혀 이해하지 못하는 것이다. 바다 갑판 위에서 선원들이 노래할 때는 누가 청중일까? 물고기? 나는 그렇게 생각하지 않는다. 모두 함께 모여서 국가를 부르던 학창 시절, 청중은 누구였는가? 깃발? 말도 안 된다. 샤워할 때, 차 안에서 라디오를 틀어놓고 노래할 때는 어떤가? 수십 가지 다른 예를 더 나열할 수 있지만, 이쯤 되면 요점은 이미 분명하다. 대부분의 인류 역사에서 음악은 우리 삶에 너무 깊이 들어와 있었다. 관객의 개념은 불필요한 추가이며 때로는 편협한 왜곡이다.

따라서 중세 말기와 르네상스 시대에 관객이 미적 가치의 심판으로 등장하게 된 것은 문화사에서 놀라운 순간이다. 엔터테이너들은 신과 국가를 위해, 의식의 신성함을 위해, 혹은 다른 어떤 '높은' 목표를 위해 노래하는 대신, 리스너들의 즐거움을 위해 공연했다. 사실 이제는 그들이 청중들을 즐겁게 해줄 것을 모두가 기대했다. 그리고 음악은 이 새로운 공생 관계에서 극적으로 변했다. 중세학자 H. J. 체이터H. J. Chaytor는 "시행착오를 거치며 발전이 진행되었다"고 설명하며 "관중은 실험의 수단이 되었다"고 말한다. 이러한 직접 대면은 예술적 판단의 원천이 되었는데, 특히 "중세 문학에는 우리가 생각하는 의미의 공식적인 평론이 거의 없었다. 작가가 자신의 작품이 좋은지 나쁜지 알고 싶으면 청중에게 시도해 보았고, 그런 방식으로 인정을 받으면 모방하는 사람들이 생겨났다." 지금 우리에게는 단순한 상식처럼 보이지만, 오랫동안 종교 당국에 기대어 왕의 신성한 권리를 받아들인 위계 사회에서는 파격적인 변화였다. 필연적으로 일어날 수밖에 없는 일이었고, 극단적이었지만 그 변화는 교육받지 못한 군중, 멸시받던 폭도를 미적 문제의 심판관으로 만들었다. 이는 대중문화가 대중화되는 전복적 순간이었고, 우리는 오늘날에도 이 변화의 결과를 안고 살아가고 있다.[5]

　남프랑스의 혁신이 다른 곳으로 확산하면서 이 변화의 영향은 더욱 분명해졌다. 오늘날 벨기에 국경 근처, 파리에서 북쪽으로 160킬로미터 떨어진 아라스Arras에서는 주로 떠오르는 중산층들에 의해 자극받아 세속적인 노래가 전례 없이 발달하기 시작했다. 양모 산업으로 풍요로워진 이 도시에서는 놀랄 만큼 광범위한 사람들이 기사도적 사랑, 친밀한 감정, 삶의 즐거움, 그리고 때때로 종교적 주제에 대한 노래로 눈을 돌렸다. 살아남은 트루베르 가사의 약 절반은 상인, 점원, 사제, 군인, 다른 시민들이 13세기 후반 프랑스에서 가장 활기찬 음악 창작의 중심지를 만든 이 단일 공동체에서 유래되었다. 당시 겨우 2만 명 정도가 살던 이 도시는 약 2백 명의 프로와 아마추어 가수들의 본거지 역할을 했다. 이 호화로운 노래의 온실에서 귀족도 여전히 공동체의 음악적 삶에 참여했지만, 이제는 부르주아가 수적으로 우세해졌다.

　음악 문화가 더 포괄적으로 된 후에도 노래는 어떤 면에서는 그대로 유지되었다. 귀족들의 업적과 관심은 앞으로도 수세기 동안 서양 대중음악의 중심으로 남을 것이다. 나는 19세기 후반 프란시스 제임스 차일드Francis James Child가 수집한 포크 발라드에 대해 통계 연구를 한 적이 있는데, 55퍼센트가 귀족에 초점을 맞추고 있다는 사실에 매우 놀랐다. 포크 발라드가 서민 음악의 교과서처럼 취급된다는 점을 고려할 때 이는 주목할 만한 사실이다. 포크 발라드는 독특하며 시대착오적인 기사, 공주, 기사도적 사랑의 정서로 가득 차 있다. 이러한 토대는 중세 말기와 르네상스에 마련되었는데, 그 당시 하층계급은 음악으로 명성을 얻었지만 여전히 가사에 지배 계급의 분위기를 풍겼다. 아마 이러한 관행은 가수의 작품이 본질적으로 고귀한 것이라는 새로운 관점을 확고히 하는 데 도움이 되었고, 이로 인해 주요 가수들은 엘리트적 지위를 부여받았을 것이다. 또한 부분적으로는 관객들을 즐겁게 하고, 불과 얼마 전까지만 해도 '천박한 종글뢰르와 민스트럴'이라고 멸시받던 연주자들의 위엄도 높이는 일종의 유쾌한 자세였을 것이다.

그러나 다른 면에서 음악은 변했고, 이러한 변화는 노래가 어떻게 관객이 주도하는 미학 기준에 적응하는지를 보여준다. 우리는 사회의 권력구조 밖에 있던 노예 가수들과 다른 음악가들이 얼마나 자주 노래에서 암호화된 언어를 사용했는지를 이미 살펴봤다. 이는 학자 헨리 루이스 게이츠가 말놀이signifying라고 불렀던 관행으로, 초기의 트루바두르는 귀족들과 더 안정적인 관계에 있었음에도 종종 이 방식을 이용했다. 그래서 우리는 때로 그들이 더 많은 청중을 위해서라기보다는 다른 지성이 있는 내부자들을 위해 노래했다는 인상을 받는다. 말놀이의 애매함은 노래 가사에서는 거의 찾아볼 수 없는 일종의 전위적 난해함을 만들어내기도 한다. 이런 점에서, 트루바두르 아르노 다니엘Arnaut Daniel(1150~1210년)의 작품이 어려운 시로 유명한 에즈라 파운드와 다른 모더니스트 시인들의 지지를 받은 것도 놀랍지 않다. 파운드의《칸토》와 같이, 이후에 재조명된 트루바두르 노래들은 폭로하는 것만큼 감추는 것을 목표로 하고 있다. 오늘날 학자들은 이러한 중세식 표현 방식을 '트로바르 클루trobar clus'라고 하는데, 이는 계산된 복잡성과 모호함으로 특징지어지는 닫힌 형식closed form으로, 하층계급과는 거리를 두며 안목을 갖춘 내부자들을 만족시켰다. 그러나 이러한 노래 스타일이 프랑스 북부의 트루베르와 독일의 미네젱거Minnesingers에게 퍼졌을 때, 이들은 이런 오만함을 버리고 더 명확하고 직접적인 표현을 사용했다. 즉 관객에게 맞춘 것이다. 노래 스타일의 변화는 음악가가 생계를 유지하는 데 있어 군중을 즐겁게 하는 것이 제도에 순응하는 것만큼이나 중요할 수 있다는 깨달음과 함께 권력 구조의 변화를 반영한다.

또한 이 가수들은 레퍼토리에 스토리텔링을 추가했다. 이 시기의 혁신이 최근의 대규모 엔터테인먼트의 토대가 되었음을 쉽게 예상할 수 있다. 레이lai, 샹송 드 토아르chanson de toile, 파스투렐르pastourelle 등 이 시기의 많은 대중가요 장르는 오늘날 영화와 텔레비전 쇼에 등장하는 것과 같은 서술 기법을 사용했는데, 관객의 관심을 끌어야 한다는 점이 중심이 되어 작품이 만들어졌기 때문이다. 엔터테이너들은 놀랄 만큼 쉽게 음악 제작에서 스토리텔링으로 전환했고, 그들의 뛰어난 상상력은 큰 영향을 미쳤다. 당시 가장 영향력 있는 이야기꾼인 크레티앵 드 트루아Chrétien de Troyes가 훈련된 트루베르였다는 것은 우연이 아니다. 이 프랑스 음악가의 용감한 기사와 고귀한 부인들에 대한 다채로운 이야기는 서유럽 문화에 영구적인 흔적을 남기게 된다. 파르치팔Parzival에 관한 유명한 독일 이야기뿐만 아니라 정의로운 영국의 아서왕King Arthur 이야기에 영향을 주었다고 알려졌을 정도다. 또한 나는 결코 유행을 타지 않는 영웅적 행위와 열정적인 로맨스의 조합을 기반으로 하는 이 시대의 블록버스터 모험 영화 시리즈 역시 크레티앵의 작품에서 비롯되었다고 생각한다. 아서Arthur, 랜슬럿Lancelot, 귀네비어Guinevere에서 루크 스카이워커Luke Skywalker, 한 솔로Hans Solo, 레이아 공주Princess Leia(영화 '스타워즈'의 등장인물―옮긴이)로 이어지는 계보는 그렇게 큰 도약도 아니다. '스타워즈'의 감독 조지 루카스George Lucas가 행동을 시작하기도 훨씬 전 트루베르가 그 이야기를 생각해냈으니 말이다. 실제로 루카스는 영화 '인디아나 존스Indiana Jones'에 〈파르치팔, 성배 이야기 Perceval, le Conte du Graal〉(1190년경)에 처음 등장하는 상징인 성배까지 등장시켰다. 중세와 현대 모두에서 이 공식은 영웅적인 주인공들에게 개인적 환상을 위해 역량을 발휘할 것을 요구하는 대중의 대리 만족 역할을 한다. 영화는 여기에 첨단 특수효과만 더해졌을 뿐이다.

이를 즐거움 중심 미학이라고 부를 수 있는데, 음악의 기본 조건 중 하나는 가장 많은 사람을 위해 가장 많은 양의 즐거움을 창조하는 것이다. 그것이 대중문화의 본질이지만, 플라톤, 아리스토텔레스, 세네카, 보에티우스Boethius, 공자, 아우구스티누스, 또는 중세 후기로 이어지는 음악의 긴 역사에서 이런 관점을 찾기는 어렵다.

아우구스티누스는 심지어 "노래가 원래 의도보다 나를 더 기쁘게 하면, 나는 무거운 죄를 지었다고 고백하게 된다"며 쾌락 중심적 평가 방식을 거부하기까지 했다. 즉, 즐거울수록 더 나쁘다는 것이다. 아우구스티누스의 이런 견해는 우리 자신의 가치 체계를 뒤집는 정도지만, 천 년이 넘는 시간 동안 권위 있는 사람들의 전형이었다. 그들 중 다수는 아마도 아우구스티누스가 매춘과 사창가를 옹호한 것과 같은 이유로 노래를 묵인했을 것이다. 아우구스티누스는 매춘과 사창가가 일종의 하수구 역할을 하기 때문에 이 배출구가 금지된다면 사악한 에너지가 더 나쁜 용도로 사용될지도 모른다는 이유로 이를 받아들였는데, 이 옹호는 기독교 신학 역사상 가장 놀라운 선언이었다.[6]

마찬가지로 중세 말기와 르네상스 시대에 전례 없는 주목을 받은 춤에 있어서 음악이 어떤 의미를 갖는지에 대해 이 존경받는 사상가들이 어떻게 생각했는지도 알 수 없다. 우리는 육체적 움직임과 음악이 수렵 채집 사회부터 항상 함께 존재했다는 것을 알지만, 단지 몸을 흔들고 발을 두드리는 것보다 음악으로부터 더 높은 목적을 추구하던 이론가들과 엘리트들은 이를 거의 인정하지 않았다. 신도들의 죄 많은 노래들을 공격했던 성직자들은 마찬가지로 음악과 같이 등장하는 춤에도 적대적이었다. 대중적인 춤을 기록하기 위한 노력은 거의 이루어지지 않았고, 우리가 이미 알고 있는 것과 같은 이유로 그러한 공연은 너무 품위가 없거나 천박해 보존할 가치가 없다고 여겨졌다. 15세기까지 상세한 춤 매뉴얼이 나오지 않은 건 이 때문이다. 그러나 관련 책들이 나오기 훨씬 전에, 세속적인 춤과 민속춤의 사회적 지위의 변화가 감지된다. 쾌락을 예술적 기준으로 인정하는 군중의 영향력이 커지면서 춤곡도 유럽 역사의 그늘에서 한 발짝씩 빛으로 나오기 시작했다.

가장 인기 있는 연주자들이 선호하던 많은 노래 형식이 춤과 연관되었다. 이러한 기원은 오늘날 우리가 사용하는 음악 용어에 보존되어 있다. 론도rondo는 현재 반복적인 후렴구가 있는 특정 음악적 형태로 취급되는데, 이 용어는 중세 말기 방황하는 음악가들의 롱도rondeau(반복구를 포함한 짧은 시)를 동반한 원형 대열의 춤에서 유래한 것으로 보인다. 오늘날 우리가 크리스마스 노래를 묘사하기 위해 사용하는 단어 캐럴carol 역시 당시 매우 인기 있던 춤인 캐럴에서 유래했다. 미뉴에트minuet에서 왈츠waltz에 이르는 많은 용어가 현재 콘서트홀 음악을 묘사하는 데 사용되지만, 원래는 댄서들 사이에서 유래된 용어다. 찰스 로젠Charles Rosen은 그의 신학 연구서《고전 양식The Classical Style》에서 이 네 마디 프레이즈phrase가 클래식 음악의 "리듬 구조를 지배하게 된" 과정에 경탄하며, "스텝과 그룹 나누기에 상응하는 프레이즈 패턴의 필요성과 함께 춤과 관련한 규칙적 프레이즈가 생겨났다"고 결론지었다. 즉 모차르트와 베토벤의 걸작도 농민들의 발 박자에 맞추어 만들어졌다는 것이다.[7]

댄스 음악에서도 그 시대의 음악 문화를 특징짓는 사회적 장벽과 외부인의 모방을 발견할 수 있다. 음악학자 로버트 멀러리Robert Mullally는 "특히 캐럴은 모든 계층의 사람, 즉 왕과 귀족, 목동, 하녀들에 의해 공연되었다"라고 설명한다. 그는 이 춤의 세부사항을 우리 시대에 살아남은 산재한 텍스트와 이미지에서 구출해내는 훌륭한 작업을 해왔는데, "춤은 실내와 실외 모두에서 행해졌다고 묘사된다"면서, "소설뿐만 아니라 역사적 (혹은 준역사적) 글, 도덕적인 논문, 심지어 천문학적인 작품까지" 놀라운 범위의 문헌에서 춤이 언급된다고 했다. 우리는 이런 춤이 어떻게 생겨났는지 결코 알지 못할 것이다. 멀러리가 지적한 바와 같이 학자들은 보통 실제 춤보다는 캐럴carole이라는 말의 어원에 더 많은 관심을 집중했다. 세속적인 춤은 종종 이 시대의 음악적 혁신처럼 비유럽 지역에서 시작된 것 같다. 이 시기에 유럽에서 위세를 떨친 원형 대열 춤은 아프리카 디아스포라에서 가장 일관성 있게 멀리 퍼진 의식인 링 샤우트ring shout와 유사함을 드러낸다. 그리고 영국의 전통으로 매우 존중받는 모리스 춤의 이름에서 우리는 '무어인'에 대한 구체적인 언급을 발견할 수 있다. 자료가 빈약하다는 사실을 고려할 때, 우리는 이 문제에 대해 주로 추측밖에 할 수 없지만, 큰 그림에는 의심의 여지가 없다. 죄악으로 간주되고 소외되었던 민중의 춤은 이제 용서받고 예술로서의 정당성을 얻으며 주류로 진입했다. 더욱 좋은 점은, 춤은 농민이나 문맹자도 기사나 귀족 부인들과 동일하게 쉽게 즐길 수 있는 예술이라는 것이다.[8]

종합적으로 볼 때, 이는 서구 음악 생활의 놀라운 변화다. 또한 우리의 전통적인 문화사 구분에 대한 도전이다. 이 대담한 중세 가수와 댄서들이 르네상스 시대의 혁신 대부분을 보여준다. 우리의 스키마와 시스템에 당혹스러운 일이다. 음악 문화는 시각예술과 철학 체계를 앞지르고, 미래의 인본주의적 윤리를 확립하는 것 같다. 사회가 그들을 따라잡기 훨씬 전에, 음악가들은 이미 세속 문화의 정당성, 사회 계층의 평준화, 예술가의 우상화, 시장과 후원 시스템의 운영, 그리고 무엇보다 제도적 요구에 맞선 개인의 창조적 자유를 당당하게 주장해왔다.

하지만 이 모든 것이 크게 놀랍지는 않다. 나는 노래가 문화적 '선행지표'라고 생각한다. 경제학 실무자들은 건축 허가, 구인 광고, 주택 건축 착공 등의 특정 통계가 미래의 경제 동향을 예측하는 지표로 사용될 수 있다는 것을 발견했다. 반면 다른 정보, 예를 들어 기업 이익은 지행지표遲行指標로 작용하여 최근 무슨 일이 일어났는지 명확히 하는 데 도움이 된다. 사회사 영역에서 음악은 그 모두에 해당하는 가장 강력한 지표다. 1920년대 블루스 노래의 가사가 후기 성 혁명을 어떻게 예상했는지 보라(무려 40년 전이었다!). 또는 1950년대 작은 하위문화였던 재즈에 집착하는 비트족의 생활 방식이 1960년대 후반과 1970년대의 청소년 운동의 기조를 어떻게 설정했는지를 보라. 이러한 새로운 행동 방식에 대한 민감성은 음악 예술에 내재돼 있다. 그래서 우리는 가수들이 사회 신체를 위한 일종의 중추신경계처럼, 과민하고 미묘한 감정 흐름에 적응하기를 원한다. 논문과 사설이 다가오는 변화를 파악하기 훨씬 전에, 음악은 이미 변화하고 있었다.

14

불량한
뮤지션들

Music: A Subversive History

Musicians Behaving Badly

14세기 후반에 공식적으로 시작된 르네상스는, 우리의 전통적인 연대기에 따라 한때 경멸받았던 음악가의 위신과 힘을 증폭시키는 역할을 했다. 유명한 예술가, 음악가 등에 대한 개인숭배에 가까운 경외심에 찬 존경심이 형성되었는데, 이미 트루바두르, 트루베르, 미네젱거 그리고 다른 공연자들의 이야기에서 이를 엿보았지만, 르네상스 후계자들에게는 음악가와 그들의 사생활에 대한 가십적인 집착이 유명인 숭배에 가까운 것으로 발전했다.

이제 위대한 예술가들은 다른 사람들이 따라야 하는 법과 관습을 무시하는 것이 허용되었다. 사실 그런 행동이 기대되기까지 했다. 많은 사람은 벤베누토 첼리니Benvenuto Cellini의 자서전(르네상스 예술가의 삶이 어떠했는지를 보여주는 유일한 최고의 자료다)에 의지한다. 금공예가, 조각가, 음악가, 시인으로서의 그의 작품에 대한 세부사항이 담겨 있기 때문이다. 그런데 이 외에도 범죄와 처벌을 다루는 방법, 특히 처벌을 피하면서도 죄를 범할 수 있었던 첼리니의 기술에 대해서도 알 수 있다. 첼리니는 자서전 출간 과정에서 14가지의 폭력 범죄, 갈취와 반달리즘 등의 위반 사항을 자백했다. 그러나 이 중 어느 것도 당국의 처벌을 받지 않았다. 첼리니는 두 번 투옥되었는데, 이는 단지 후원자들과의 불화 때문이었다. 이와는 대조적으로 살인과 가중 폭행은 그의 특별한 재능 덕분에 용인되었다. 첼리니의 회고록에서 내가 가장 좋아하는 대목은 한 조언자가 예술가가 살인을 저질러 처벌받아야 한다고 제안했을 때 교황의 반응이다. 교황은 "나만큼 그 문제를 잘 이해하지 못하는구나"라고 대답한다. "자기 일에 뛰어난 벤베누토 같은 남자는 법의 적용을 받을 필요가 없다는 것을 알아야 한다."[1]

이 역사에서 나는 음악과 폭력의 반복적인 연관성에 대해 생각해왔다. 대부분 음악가들은 희생자나 구경꾼이었다. 그러나 중세 후기 사회적 지위가 상승한 후, 공연자들은 종종 가해자로 변한다. 앞에서 살펴본 바와 같이 자크 아탈리는 콘서트홀에서의 의식이 희생적인 폭력을 대체하는 역할을 할 수 있으며, 이 초기 시대 음악의 문화적 중요성을 이해하는 데 도움이 될 수 있다고 했다. 그런데 르네상스 음악을 살펴볼 때, 군이 예술가의 곡에서 숨겨진 폭력의 상징을 찾을 필요가 없다. 그들이 여러 사건에서 실제 폭행과 살인을 저질렀기 때문이다. 바르톨로메오 트롬본치노Bartolomeo Tromboncino는 당대 대표적인 음악가 중 하나로, 이후 마드리갈madrigal의 등장을 이끈 온화한 유행 음악, 프로톨라frottola로 유명하지만, 질투심에 불타 아내를 살해한 일로 더 악명이 높다. 심지어 음악 애호가들은 그의 애착이 폭력적인 열정으로 포장되었다는 것을 알았을 때 그의 사랑 노래가 더욱 진실하다고 느꼈을지도 모른다. 그의 죄에는 의심의 여지가 없었지만, 트롬본치노는 처벌받지 않았다. 마드리갈의 가장 훌륭한 작곡가 중 하나인 카를로 제수알도Carlo Gesualdo는 트롬본치노보다 훨씬 더해서 아내와 그녀의 귀족 애인 안드리아 공작Duke of Andria을 살해하고 그들의 몸을 훼손했다. 목격자들은 그가 "저 악당을 죽이겠어, 저 천한 여자도 함께! 제수알도는 바람난 아내를 용서할 수 없어!"라고 소리치며 방으로 들어가는 것을 보았다. 그리고 잠시 후 그는 피가 뚝뚝 떨어지는 손으로 "저들이 죽은 것 같지 않군"이라 말하고는, 다시 방으로 들어가 희생자들에게 더 많은 상처를 입혔다. 다른 일로도, 제수알도는 잔인성으로 어렵게 얻은 명성을 불태웠고, 일부 평론가들은 그를 가학성애자나 사이코패스라고 부르기를 주저하지 않았다. 음악 평론가 알렉스 로스Alex Ross는 "제수알도는 반박할 수 없을 정도로 나쁜 사람이었다"고 말한다. 하지만 그 역시 죄에 대해 처벌받지 않았다. 아마도 그의 폭력성이 작곡가로서의 매력을 드높였을 것이다.[2]

그러나 르네상스 시대의 예술가들은 더 이상 귀족에게 굽실거리지 않는다는 것을 증명하기 위해 공작을 살해할 필요는 없었다. 첼리니의 예에서 분명히 알 수 있듯이, 예술가는 교묘하게 교황과 왕을 압도했고, 서로 후원자 역할을 했으며, 현재의 후원자가 너무 까다롭거나 인색하게 굴 때마다 새로운 후원자를 선택할 수 있었다. 이런 점에서 르네상스 도시 국가, 왕국 그리고 종교적 영토의 조각화에 따른 정치적 통제의 파편화는 예술가들에게 유리했다.

다른 관할권으로 이동해 충성의 대상을 쉽게 바꿀 수 있고 범죄에 대한 법적 결과를 피할 수 있었으니 말이다. 그리고 후원자와 예술가 간의 계속되는 싸움에서 결정적인 역할을 한 건 다름 아닌 관객이었다.

첼리니가 그의 가장 야심찬 작품이자 지금도 피렌체 시뇨리아 광장Piazza della Signoria에서 여전히 볼 수 있는 '메두사의 머리를 든 페르세우스Perseus with the Head of Medusa'를 놓고 코시모 드 메디치Cosimo de' Medici와 논쟁을 벌였을 때, 첼리니와 코시모 둘 다 구경꾼과 행인의 말에 가장 귀를 기울였다. 심지어 코시모는 자기 의견을 내놓기 전 광장 뒤에 숨어 군중들의 평을 듣기도 했다. 강력한 통치자들조차 그 변덕과 선호를 미룰 만큼 (오늘날 우리가 말하는) '일반 대중'을 중요하게 생각했다는 뜻이다.

열정적이고 관중을 열광시키는 예술가들에 대한 광범위한 인기 속에서, 서양 음악의 첫 슈퍼스타가 등장한다. 1450년경에 태어난 작곡가 조스캥 데 프레는 이전에는 기독교 음악에서 알려지지 않았던 정도로 대중의 숭배를 받았고, 그의 명성은 그가 죽은 후 몇 년 동안 계속 높아졌다. 토스카나 외교관 코시모 바르톨리Cosimo Bartoli(1503~1572)는 조스캥을 피렌체 애국자들이 특별하게 아끼는 미켈란젤로Michelangelo에 비유했고, 스위스의 인문학자 하인리히 글라리안Heinrich Glarean(1488~1563)은 그를 존경받는 작곡가 베르길리우스와 대등하게 보았다. 조스캥이 죽은 후, 젊은 작곡가들은 그를 기리기 위해 고상한 찬사로 가득 찬 애도가를 썼고, 장 리샤포르Jean Richafort는 전곡의 미사를 썼다. 20년이 지나기도 전에, 그의 탁월함은 마르틴 루터라는 권위자에 의해 인정되었는데, 루터는 다른 작곡가들은 악보에 충실해야 하지만, 조스캥만은 자신의 의도대로 강요하는 것이 가능하다고 주장했다. 기욤 뒤페나 요하네스 오케겜과 같은 유명한 작곡가조차 그런 찬사는 받지 못했다. 무엇보다 조스캥의 영향을 가장 잘 보여주는 것은 실제보다 더 많은 수가 인정된 그의 작품 수일 것이다. 출판업자인 조지 포스터George Forster는 조스캥이 살아 있을 때보다 죽은 후에 더 많은 음악을 작곡하는 독특한 기술을 가졌다고 농담했다. 그만큼 그의 권위가 강하여 조스캥이라는 이름은 작품의 저작자 표시라기보다는 일종의 브랜드로서 우수성의 증표가 되었다.

여기서 이 책의 되풀이되는 주제인 합법화와 주류화의 동일한 과정을 볼 수 있다. 생전에 조스캥은 까다롭고 성미 급한 행동으로 비난받았다. 그의 반항적인 방식에 짜증이 나서 음악에 대한 감탄이 누그러질 정도였다. 개인적으로 조스캥을 알던 사람들의 증언을 끌어낸 글라리안은 조스캥이 "기질의 격렬한 충동을 제대로 억누르지 못했다"고 평가했다. 또한 "신기함을 지나치게 추구한" 성향이 때때로 작품을 망치기도 했으며, "비정상적인 것으로 인기를 얻으려는 지나친 열망"도 문제 삼았다. 조스캥의 성격에 대해 남아 있는 몇 안 되는 기록 중 하나는 페라라의 에르콜레 1세 공작Duke Ercole I of Ferrara에게 보내진 편지다. 편지에는 예술계의 야심 찬 후원자인 공작이 그런 강박적이고 까다로운 개인을 고용하지 말라는 경고와 함께, 가수 지안 데 아르티가노바Gian de Artiganova가 하인리히 이삭Heinrich Isaac이 비록 재능은 부족해도 더 나은 선택이 될 것이라고 제안했다는 내용이 담겼다. 편지는 "이삭은 성품이 더 좋고 함께 지내기 더 낫습니다. 그는 새로운 작품을 더 자주 작곡할 것입니다. 조스캥이 더 나은 편인 것은 사실이지만, 그는 요청받을 때가 아니라 본인이 원할 때만 곡을 쓰며, 이삭이 120두카트ducat(과거 유럽 여러 국가에서 사용된 금화—옮긴이)을 받는 동안 조스캥은 200두카트의 급여를 요구합니다. 물론 결정은 주군께 달려 있습니다"라고 끝맺는다. 하지만 공작은 조스캥을 후원하기로 한다. 이 사건은 당시 음악계 슈퍼스타들이 얼마나 반항적일 수 있었는지, 그들의 음악을 즐기기 위해 많은 후원자가 얼마나 관대했는지를 보여준다.[3]

이제 우리 역사의 남은 기간 동안 계속될 음악의 긴장감이 전면에 떠오른다. 음악가들은 내부자가 되더라도 외부인처럼 행동할 것으로 기대된다. 이는 항상 마찰을 일으키고, 때로는 불화를 야기하기도 하지만, 장기적으로 볼 때, 예술적 선각자는 거의 항상 우세한 위치에 있다. 즉, 다른 권력자들은 창조적 특권 앞에서 물러서야 하며, 그 과정에서 야기되는 혼란과 갈등으로 인해 음악가들은 더 많은 찬사를 받게 된다.

대중의 취향이 새로운 권력이 되면서 우리가 현재 대중가요의 기본 레퍼토리라고 부르는 (감정의) 동요가 처음으로 등장했다. 르네상스 음악학자 앨런 W. 아틀라스Allan W. Atlas는 "15세기 3분기에 이상한 일이 일어났다"고 설명한다. "수십 곡의 샹송이 작곡되어 작곡가들이 '히트곡'의 지위를 얻었고, 그 후 두 세대에 걸쳐 약 300곡이 새로 만들어졌다. 작품 중 일부는 미사곡이었지만 압도적 다수는 세속적 노래였다." 다양한 작곡가들이 성모 마리아를 기리는 신성한 음악을 포함해, 하이네 판 기즈겜Hayne van Ghizeghem의 아름다운 연인에 대한 노래「안락한 평원에서De tous biens plaine」를 바탕으로 새로운 음악을 만들었다. 죽음을 기다리는 상처받은 화자의 탄식가인 요하네스 오케겜의「단지 그것뿐Fors seulement」은 적어도 5개의 미사곡과 30개 이상의 세속적인 노래로 발전했다. 위험한 '무장한 남자'에 대해 리스너에게 경고하는 불분명한 기원을 가진 노래「무장한 남자L'homme armé」는 조스캥의 두 곡을 포함해 40여 곡의 미사곡에 등장한다. 앞서 말한 대로, 부정한 노래는 그 기원이 가려지거나 심지어 잊히고, 지배 기관에 의해 이용되어 정당화 과정에 이르면서, 정화 과정이 실제로 어떻게 일어나는지 보여주는 교과서적인 예시가 된다. 정욕에서 태어난 멜로디는 때때로 그 추잡한 기원이 눈에 띄지 않을 정도가 되고 새로운 신성한 맥락에 통합되었다. 정제된 버전은 역할 모델로 작용했으며, 오늘날 서양 문화의 연대기에서 종교 음악의 전형으로 소중한 위치를 차지하고 있다.[4]

14세기 중반, 음악가들은 유럽 도시의 급여 목록에 더 자주 등장하기 시작했다. 이 공연자들은 세속적이고 신성한 맥락 모두에서 연주했을 수도 있지만, 도시화는 권력의 균형을 교회 당국으로부터 멀어지게 하여 음악가들에게 새로운 기회를 만들어 주었다. 1300년까지 유럽의 많은 주요 도시는 10만 명 이상의 주민을 자랑했고, 수십 개의 다른 지역사회도 인구가 수만이었다. 음악가들의 중요한 고용주로 부상한 지역의 시의회는 이들에게 실용적인 서비스뿐만 아니라 화려함과 의식을 의존했다. 프랑스 남부의 몽펠리에Montpellier시를 예로 들어보자. 이 시기의 도시 기록에 종종 '우리의 다섯 민스트럴'이 언급되며, 그들에게 지급된 고정 급여, 공식 유니폼, 그리고 때때로 새로운 악기도 언급된다. 이 공연자들의 제복은 대중들에게 깊은 인상을 주도록 디자인되었으며, 모피 안감이나 소매에 도시의 문장 같은 화려한 장식이 있었다. 민스트럴들은 시의 회와 함께 행렬하며 공연했고 중요한 자리에서도 연주했다. 실제로 왕족 환영식, 종탑 완공식, 석궁 사수 대회, 거룩한 유물의 전시 등 많은 행사에 민스트럴들이 참여했다. 많은 경우 축제나 크리스마스 행렬 등 본질적으로 종교적인 행사였지만, 음악가들은 지역 교회보다 공무원(그리고 자기 자신—그들의 화려한 복장을 고려해보라—)의 중요성을 강조하는 역할을 했다. 때때로 주교들과 도시 지도자들 사이에 음악가들을 이용해 명성을 얻으려는 경쟁도 감지할 수 있다.

시장 경제에서 음악가들의 협상력 향상에 다른 요인도 기여했다. 프랑스에서는 1321년 파리, 1353년 몽펠리에, 1461년 아미앵Amiens, 1484년 루앙Rouen, 1492년 툴루즈Toulouse 등에 음악 길드가 형성되었다. 런던 음악가들은 1472년 에드워드 4세Edward Ⅳ로부터 길드에 대한 왕실 헌장을 받았고, 영국의 다른 지역사회들은 곧 이 구조를 모방해 지역 공연자들에게 보안을 제공하고 외부에서 오는 민스트럴의 유입을 제한했다. 독일의 마이스터징거Meistersingers(중세 독일에서 생업과 작시·작곡을 병행하던 사람 중 일정 수준 이상의 실력을 갖춘 사람—옮긴이)들은 이 시기 공연자들을 위한 유사한 조직을 만들었다. 비록 이 가수들은 자신들의 기원에 대해 거창한 주장을 했지만(그들의 역사를 구약성서 예언자들의 시대까지 거슬러 올라갔다), 그들의 형성과 영향력은 실제 14세기와 15세기 성장하는 도시의 경제력과 관련이 있었다는 것은 분명하다.

　이전에 고립되었던 공연자들 사이의 이 새로운 결속은 때때로 큰 대가를 치렀다. 예를 들어, 마이스터징거들은 종종 예술 협동조합이라기보다 관료제처럼 행동했다. 그들의 타불라투르Tabulatur, 즉 작가作歌 규칙(또는 법률서적)에는 말의 운율, 한 줄에 허용되는 음절 수, 가수가 숨을 쉴 수 있는 부분, 승인된 성경 구절에 대한 연주자의 충실도 등의 내용들로 가득 차 있었는데, 그 결과 마이스터징거의 유명한 노래 경연대회는 예술적 표현력보다는 실수하지 않은 것에 대해 보상하는 경향이 컸다. 뉘른베르크Nuremberg에서 살아남은 타불라투르에는 한 줄의 적절한 길이가 하루의 길이와 관련이 있다는 설명까지 있다. 상상하는 것처럼 관객들은 마이스터징거 노래의 도덕적 음색뿐만 아니라 음악의 이 경직된 제도화에 무관심했다. 길드의 기록에는 대중의 관심 부족에 대한 수많은 불평이 포함되어 있는데, 대개는 도덕 저하와 나쁜 매너에 대한 비난이다. 마이스터징거들은 개혁의 압력을 받아 결국 새로운 멜로디와 세속적 주제를 받아들였는데, 여기서도 음악적 문제에 있어서 관객의 힘이 커지고 있음을 보게 된다. 16세기에 이르러 마이스터징거는 쇠퇴해 갔다. 그들은 변화를 따라가지 못했고, 너무 많은 연주자가 낡은 규칙에 매달렸다. 우리는 예술성이 그 파괴적인 우위를 잃고 지배 기관의 지원으로 너무 편안해질 때 어떤 위험이 생기는지 보게 된다. 그러나 전성기 동안, 이 단체들은 공연자들이 증가했고 영향력을 과시하며 힘과 위신을 누렸다.

　이 단계쯤 되면 우리는 음악사의 '암흑시대'가 끝났음을 선언하고 싶은 유혹을 느낄지도 모른다. 문서화되고, 합법화된 다양한 연주 스타일이(저속하고 문맹인 사람들이 받아들였던 이전의 죄악적인 음악들까지 포함해) 존재했던 이 시점에서 어쩌면 이 책을 마무리하는 것이 가장 좋을지도 모른다. 모든 공연 스타일이 동등한 지위와 존엄성을 부여받았다면, 역사학자가 어떻게 사회의 여백에 숨겨진 음악, 진지한 고려에서 배제된 경멸적 노래들을 탐구할 수 있겠는가? 전복적인 음악의 역사를 위한 여지가 남아 있겠는가?

하지만 이 명백한 음악의 민주화는 착각이다. 르네상스의 여명이 유명 연주자들의 예술성을 비춘 뒤에도, 유럽의 음악 제작 대부분은 여전히 어둠 속에 남아 있었다. 일상은 이제 상실된 음악 소리에 몰두했지만, 작업 노래, 자장가, 민속음악, 게임과 교육을 위한 멜로디 등 많은 노래가 충분히 세련되지 않거나 품위 없는 것으로 여겨져 문서화되지 않았고, 음악의 전체 범주는 보존하기에 너무 죄스럽거나 신성 모독적인 것으로 여겨져 거의 논의되지 않았다. 여기에는 매춘부들의 노래, 마녀와 미신을 믿는 마법적 주술 노래, 불경스러운 멜로디가 포함되었다.

때때로 너무 큰 스캔들은 문서화되었고, 희귀한 사건들은 문화사에 가장 매혹적인 이야기를 제공하지만, 이런 극적인 사건들조차 음악적 관점에서 고려되는 경우는 드물다. 예를 들어, 16세기와 17세기 이탈리아에서 발생한 타란티즘tarantism(미친 듯이 춤을 추는 히스테릭한 상태—옮긴이)은 일반적으로 집단 히스테리의 예로 다루어진다. 지역사회가 춤 열풍에 휩싸였는데, 사람들은 그들의 강박적 움직임이 거미에게 물린 결과라 믿었다. 타란텔라tarantella라고 알려진 춤은 이러한 망상에서 비롯된 것이다. 이러한 음악적 광란의 의학적 연관성 때문에 아타나시우스 키르허Athanasius Kircher와 프란체스코 칸첼리에리Francesco Cancellieri 같은 냉철한 연구자들은 이 현상을 글로 남길 필요를 느꼈다. 그러나 다른 많은 틀에 얽매이지 않은 음악 관행은 그 특수성이 기록되지 않은 채 한 세기 동안 번창했다. 루덩Loudun 빙의 이야기도 마찬가지다. 표면적으로는 악마의 영향 아래 가장 추잡한 공연이 펼쳐지던 프랑스 수녀원 이야기 역시, 어두운 영혼들을 퇴치하려는 사제들의 시도와 악마에 사로잡힌 수녀들의 성적 교태를 보기 위해 수천 명의 구경꾼이 모여든 것을 제외하고는 공식적인 기록자들의 눈에 띄지 않았는지도 모른다. 당시의 다른 많은 공연에서처럼, 누가 주목을 받고 명성을 얻을지는 관객들의 반응으로 결정됐다. 역사의 주목을 받지 못한 다른 많은 사람이 이런 종류의 '연기'를 한 이후 이를 악마 탓으로 돌린 경우가 얼마나 많을지 궁금하다.

일상생활에서 가장 불쾌하고 만연했던 음악도 흔적을 거의 남기지 않은 채 사라지고 있었다. 당시 도시나 마을의 시장을 거닐던 사람이라면 판매업자들이 자신들의 상품을 칭찬하는 노래를 들었을 것이다. 작곡가들은 종종 현대 광고의 선구격인 이러한 노래에서 영감을 얻었다. 13세기 몽펠리에 사본Montpellier Codex의 익명의 모테트motet(중세 르네상스 시대의 성악곡—옮긴이)에는 "신선한 딸기 있어요! 야생 검은 딸기 있어요!"라는 테너 파트가 포함되어 있다. 이 무렵 시인 기욤 드 빌뇌브Guillaume de Villeneuve는 파리의 외침을 모았고, 14세기 피렌체 작곡가 프란체스코 란디니Francesco Landini도 이 같은 주제를 다룬 작품을 썼다. 이 과정의 가장 유명한 예로, 클레망 잔캥 Clement Janequin은 이러한 멜로디 수십 곡을 그의 4부작 보컬 작품 「파리의 외침을 듣고 싶어Voulez ouyr les cris de Paris」에 통합했다. 얼마나 많은 거리 노래가 클래식 음악에 흡수되었을까? 실제 헨델은 거리 가수들에게서 음악적 아이디어를 얻었음을 인정한 적이 있다. 다른 작곡가 역시 무의식적으로라도 그랬을 것이다.

그러나 이러한 양식화된 적응으로는 매우 최근까지 살아남은 음악 제작의 원천이 된 활력이나 보급에 대해 거의 알 수 없다. 1938년 말, 연방 작가 프로젝트Federal Writers' Project는 뉴욕시 수천 개의 노점상에서 발견된 다양한 즉흥적인 시장 노래를 문서화했고, 「할렘Harlem의 길가」에서의 특히 풍부한 사운드스케이프에 주의를 기울였다. 테리 로스Terry Roth 연구원에 따르면, 이 지역은 "도시의 동쪽이나 서쪽에 비해 음악이 더 경쾌한데, 노점상들이 물건을 팔면서 싱코페이션과 당김음을 사용하기 때문이었다." 그러나 가사 몇 편만 문서에 실었을 뿐 실제 녹음은 하지 않았다. 수십 년 동안 나는 이 현장 기록을 수집하려고 노력했지만, 사례를 거의 찾지 못했다. 노래하며 물건을 팔던 상인들은 20세기 중반까지 번성했지만, 오늘날 학자들은 이 관행에 대한 정확한 정보를 거의 가지고 있지 않다. 500년 전의 거리의 외침은, 한때는 일상생활의 음악적 구조의 필수적인 부분이었지만, 가장 헌신적인 연구자에게서도 모습을 감췄다.[5]

같은 이유로, 우리는 유럽 전역의 시민 당국에 의해 고용된 음악가들의 멜로디에 대해 거의 아는 것이 없다. 수많은 문서는 우리에게 나팔꾼이나 다른 뿔피리 연주자들이 중앙 탑에서 '시계 소리를 내기' 위해 고용되었으며, 이들이 다양한 신호를 사용했다고 알려준다. 그들의 음악은 도시 성문 개폐, 적의 접근, 화재로 인한 위험, 시간, 그리고 우리에게 알려지지 않은 다른 많은 사건을 알렸을 것이다. 이러한 신호들이 공연이라고 불렸을 가능성은 없다. 예로 들어, 경적을 사용한 비전문가 경비병들의 소리인 일종의 원시 부부젤라vuvuzela는 예술성보다는 시끄러운 소리로 인식되었을 것이다. 다른 경우에는 고도의 기술을 갖춘 기악가들이 이러한 역할을 떠맡았다. 우리는 그들이 어떻게 그들의 창조성을 발휘하여 그 먼 옛날 시민들에게 친숙한 이 멜로디를 전했는지 궁금하다. 그러나 영원히 추측의 문제로 남을 것이다.

영국에서 일자리를 찾은 최초의 아프리카인 중 하나인 존 블랑케John Blanke의 흥미로운 사례를 생각해보자. 블랑케는 1500년대 초 헨리 7세Henry Ⅶ의 트럼펫 연주자로 활동했다. 우리는 그가 공식적으로 (또는 비공식적 환경에서) 어떤 종류의 음악을 연주했는지는 모르지만, 능력을 매우 높이 평가받았다고 가정할 수 있다. 헨리 8세Henry Ⅷ가 왕위에 올랐을 때 블랑케는 임금 인상을 보상받았고, 이후 트럼펫 연주자는 군주로부터 호화로운 결혼 선물을 받았다. 이 시기 유럽의 다른 흑인 트럼펫 연주자들과 드러머들이 있었지만, 안타깝게도 문서에 세부 사항은 거의 기록되지 않았다. 존 블랑케의 경우도 그렇다. 르네상스 후기 가장 유명한 통치자의 궁정에서 위세를 떨쳤음에도 그의 노래와 인생 이야기는 문자 그대로 빈칸으로 남아 있다.

일상생활에서 가장 경외감을 불러일으키는 음악들이 그렇듯,

늘 존재하는 종소리도 불확실성에 둘러싸여 있다. 종소리는 천 년 동안 유럽 생활에서 가장 오래된 사운드트랙이었다. 하지만 우리가 얼마나 잘 이해하고 있을까? 심지어 종소리로 자주 번역되는 라틴어 시그눔signum은 더 정확히는 신호나 부호를 가리킨다. 우리는 시그눔을 듣고 기도를 시작하거나 일하러 간다는 사람들의 이야기를 들으며, '시그눔'이 종소리라고 단정할 수 있을까? 어떤 논평가들은 탑에서 전달되는 신호가 (현대의 용어를 사용하자면) 일종의 벨소리였을 것이라고 확신하는 것 같다. 그러나 우리가 앞서 본 것처럼, 음악가들은 종종 우리가 지금 종탑으로 묘사하는 장소에서 트럼펫이나 다른 악기로 공연을 했다. 그러니 우리는 천국보다 한 단계 아래에 있는 가장 멋진 공연 공간에서 무슨 일이 일어났는지 추측만 할 수 있을 뿐이다.

그렇다 하더라도, 우리는 이 긴 유럽 역사 동안 종의 엄청난 위신을 의심할 순 없다. 이웃 공동체보다 더 큰 종을 갖고 싶다는 욕구는 혁신이 우선순위가 아니었던 시기에 금속 주조 기술에 엄청난 시간과 에너지를 투자하게 했다. 1510년 플랑드르Flanders에서 처음 소개된 일종의 키보드에 의해 연주되는 튜닝된 벨 세트인 카리용carillon의 발달과 함께, 더 정교한 멜로디가 탑에서 울려 퍼졌고, 종지기의 표현 범위와 예술적 야망 모두 도약했다. 르네상스 시대의 평범한 어느 날, 유럽에서는 얼마나 많은 종이 울렸을까? 역사가 쥘 미슐레Jules Michelet는 잔 다르크Joan of Arc가 루앙의 500개 종을 울리는 영광을 얻었다고 했는데, 이는 믿기 어려운 주장이다. 물론 더 큰 진실은 논쟁의 여지가 없다. 만약 당신이 그 당시에 살았다면, 종과 멀리 떨어져 살거나 종소리를 듣지 못하는 일은 없었을 것이다.

종소리를 상상하는 것은 공포, 혐오, 경외, 미신, 시민적 자부심의 이상한 조합인 혼합된 감정을 이해하기보다 훨씬 쉽다. 종소리는 엄한 훈육을 강요하여, 잠에서 일어나게 하고, 일하거나 기도하게 하며, 복종하게 했다. 북이나 트럼펫도 아닌 보잘것없는 종만큼 음악 소리의 오랜 역사에서 정치적 권위와 사회적 통제의 보고로 두드러지게 사용된 악기는 없다. 하지만 이상한 것은 대부분의 음악사 책에서 종이 대략의 언급조차 되지 않는다는 점이다. 14세기의 기록에 따르면, 사제나 시의회뿐만 아니라 기업체들도 종에 의존하여 민중에게 질서를 부여했다. 1355년 프랑스 북부 에르쉬르라리스Aire-sur-la-Lys의 지역사회는 섬유 노동자의 출퇴근을 규제하기 위해 종탑 만들기를 허가받았으며, 이 시기 아미앵과 헨트Ghent도 이와 비슷하게 종을 사용했다. 심지어 권력자들도 종소리에 늦게 응답한 시의원들에게 벌금을 부과하기도 했다. 종은 점점 노동자들의 논쟁거리가 되었고, 결과는 다양했다. 코민Commines에서는 집회를 소집하기 위해 종을 무허가로 점령한 사람에게 60파운드에 해당하는 벌금이 부과되었고, 그 종이 왕에게 반란을 일으키기 위해 사용된다면 사형이 집행되었다. 1367년 테루안느Therouanne에서 노동자들은 '노동자의 종을 영원히' 침묵시키겠다는 약속을 가까스로 이끌어냈고, 1349년 헨트에서는 노동자들이 종으로 그들의 삶을 규제받는 대신 스스로 노동시간을 선택할 권리를 얻기 위해 파업했다. 이러한 종류의 대립에서 우리는 음악적 소리와 힘의 관계를 가장 명확한 형태로 볼 수 있는데, 이는 다른 많은 맥락에도 종종 숨겨져 있다. 오늘날에도 우리는 누군가가 '종 덕분에 살았다 saved by the bell'('뜻밖의 사건으로 화를 면했다'라는 뜻의 영미권 관용어—옮긴이)고 이야기하는데, 이는 이러한 규제적 소리에서 온 준準마법적 힘을 인정하는 것이다.[6]

　이런 환경에서 종탑은 권위의 상징이었고, 종종 종 자체를 놓고 전투가 벌어지는 것처럼 보였다. 종을 약탈당하는 일은 굴욕이었기에, 전투의 승리자는 승리의 신호로 자랑스럽게 이를 행했다. 1303년 피렌체가 몬탈레Montale의 요새를 격파했을 때, 유일하게 파괴되지 않은 것은, 후에 정복의 상징으로 포데스타 궁전Palazzo of the Podesta 수용소에 탑재된 종뿐이었다. 이베리아반도의 지배권을 둘러싼 기독교와 이슬람 세력 간의 싸움에서, 종은 반대되는 종교 관습의 상징으로 작용했다. 즉, 기도를 알리는 무엣진muezzin과 더 큰 갈등을 음악적으로 나타내는 종탑에서 종을 치는 행위가 그것이다. 기독교 일화는 어떻게 산티아고 데 콤포스텔라Santiago de Compostela 대성당의 종이 코르도바 대모스크Great Mosque of Cordoba의 등불로 사용되었는지 설명한다. 2세기 이상 지난 후에도 그 모욕은 공공연한 치욕으로 여겨졌고, 1236년 카스티야의 페르디난드 3세Ferdinand III는 코르도바를 점령한 후 등불을 종으로 되돌리라 명령했다. 이러한 충돌은 반천 년이 지난 지금도 강력한 감정을 불러일으킨다. 역사학자 알랭 코르뱅Alain Corbin은 그의 독특한 연구서 《마을의 종Village Bells》에서 프랑스 혁명을 둘러싼 가치관의 충돌이 종과 관련된 사건들로 초점이 맞춰진 수많은 경우를 회고한다. 이때에도 종은 시민의 정체성, 종교적 관습, 일상생활의 이정표를 규정했을 뿐만 아니라, 전투원의

생사를 가르는 핵심 신념을 나타냈다.[7]

그러는 사이 종은 종종 정체성을 부여받았고 초자연적인 힘으로 귀속되었다. 역사학자 요한 하위징아는 빅 자클린ᵦig Jacqueline와 벨 롤랑ᵦell Roland이라고 불리는 종에 대해 이야기하며, 많은 경우 종에 성인이나 성모 마리아의 이름이 새겨져 있다고 지적한다. 기적과 미신은 종종 이러한 준準종교적 상징과 관련이 있었다. 아마도 가장 위험하고 끈질긴 것은 종을 울리면 우박, 허리케인, 뇌우, 폭풍우 등을 멈출 수 있다는 믿음이었을 것이다. 이 널리 알려진 믿음은 가장 격렬한 번개와 폭풍의 한가운데서 마을에서 가장 높은 지점으로 올라가야만 했던 종지기의 삶을 힘들게 했다. 18세기 후반, 아카데미 데시앙스French Academy of Sciences(프랑스 수학·자연과학 연구기관—옮긴이)는 이 관행에 대해 경고할 필요성을 느꼈고, 이를 금지하기 위해 다양한 법령이 시행되었다. 그러나 19세기까지도 이런 식으로 목숨을 걸고 종을 치는 행위는 계속되었다. 1899년 말, 영국 남서부의 해변 휴양지 데본Devon에 있는 돌리시Dawlish 교구의 종지기는 "번개의 영혼을 물리치기 위해" 폭풍우가 몰아치는 동안 격렬하게 일했다.[8]

노래하는 매춘부에서 무모한 종지기에 이르기까지, 제대로 기록되지 않고 지금은 사라진 음악적 관행에 대해, 이 긴 세기 동안 우리는 전형적인 마을과 도시 거주자의 풍부한 청각적 삶의 가장 작은 부분만을 이해할 뿐이다. 교황이나 왕을 위해 초대된 슈퍼스타 작곡가의 이야기들로 역사책을 가득 채울 수는 있지만, 이로써는 여러 세대에 걸쳐 유럽의 삶을 지배했던 당당한 사운드스케이프를 제대로 설명할 수 없다. 우리의 음악 미학 이론으로는 폭력,

섹스, 마술, 권력, 돈과의 떼어놓을 수 없는 관계를 제대로 설명할 수 없다.

이런 점에서 유럽 음악은 유럽 사회를 모방하는 법을 배웠다. 계층에 대한 경외심이 두 가지 모두에 스며들어, 소수의 엘리트가 대부분의 관심을 얻은 반면, 대중의 활동은 거의 흔적도 없이 사라졌다. 이 단계의 음악은 그 어느 때보다도 계층화되었다. 훨씬 덜 참여적이기도 했다. 아프리카의 다른 지역 또는 신대륙 전역에서 이후 벌어질 식민지화를 최초로 경험하게 될 전통적 공동체들은 여전히 모든 사람이 음악적 경험에 기여했다. 그러나 유럽의 문화는 다른 모델에 음악적 상부 구조를 세웠다. 이 계층화된 접근법은 웅장한 교향곡, 복잡한 악곡, 정교한 오페라, 그 외의 뛰어나며 놀라운 걸작들을 만들어 낼 것이다. 그러나 이런 일이 일어나기 위해서는, 대다수가 음악 접근 방법에 있어 극단적인 제약을 받아들여야만 했다. 그들은 창작자도 협력자도 아니었다. 오히려 청중이었다. 그들은 이제까지 알려지지 않은 자유와 이기주의를 발휘한 엘리트 음악가들을 경외하고, 악행을 저지르는 스타들을 위해 비용을 부담했다.

이 가운데서도 관객들은 엄청난 영향을 미치게 될 것이고, 결국 이 강렬한 계층적 문화가 대중문화라고 주장하게 될 것이다. 이것이 오늘날까지도 우리가 수용하고 있는 공식인데, 너무나 익숙한 나머지 그것의 역설적 긴장과 모순을 거의 인식하지 못한다. 그러나 역설은 남아 있다. 청중들은 종종 조종당하고, 때로는 경멸당하고 조롱당하며, 창조적 활동에서 배제된다. 그럼에도 청중은 여전히 대부분의 영향력을 행사하고 있다. 거만한 슈퍼스타들조차도 이들의 호의를 구해야 한다. 그러지 않으면 그 결과에 직면해야 할 것이다.

15

음악 사업의
시작

Music: A Subversive History

The Origins of the Music Business

문화사의 대전환점은 대부분 실체가 없다. 백미러에 갑자기 물체가
보이는 것과 달리, 구식에서 신식으로의 도약은 그것을 가능하게
하는 일련의 작은 변화 없이는 일어날 수 없었다. 역사 기록가의 역
할은 새로운 것의 자발적 발생 뒤에 따르는 점진적이고 유기적 과
정을 드러내면서 이 사건의 흔적을 되살리는 것이다. 다르게 말하
면, 역사에는 온오프 스위치가 없다. 갑작스레 밝아지는 순간조차
다가오는 새벽을 준비하기 위한 긴밤이 필요하다.

　　그렇더라도 1600년은 놀랍다. 미셸 푸코Michel Foucault가 고전 세
계의 범주를 뒤로하고 새로운 표현 방식을 위한 길을 열어주는, 사
물의 순서에 커다란 균열이 나타난 순간으로 이 시점을 주목한 것
도 놀랍지 않다. 푸코는 이 시기의 공연 스타일에 거의 관심을 기울
이지 않았지만(음악은 그의 권한 밖이었다) 우리는 음악사에서 1600년
보다 더 중요한 연도를 찾을 수 없다. 가장 오래 살아남은 오페라

인 야코포 페리Jacopo Peri의 「에우리디케Euridice」는 그해 10월 6일 피렌체에서 초연되었다. 종종 최초의 오라토리오로 여겨지는 에밀리오 데 카발리에리Emilio de' Cavalieri의 「영혼과 육체의 표현Rappresentatione di Anima, et di Corpo」은 그 몇 달 전인 2월에 로마에서 초연됐다. 마드리갈도 1600년에 번성했는데, 이탈리아 작곡가 클라우디오 몬테베르디Claudio Monteverdi는 그 장르를 대표하는 많은 걸작을 만들었다. 바소 콘티누오basso continuo(단음의 저음부만 주어진 악보를 보고 화음을 만들어 반주하는 방법—옮긴이)는 이 무렵 중요한 음악 기법으로 부상했다. 집단 지향적인 다성 음악에서 벗어나 멜로디와 반주에 바탕을 둔 개인주의적 작업으로 균형이 옮겨간다는 점에서 그 중요성을 깨닫기 전까지는 중요하게 취급되지 않던 변화다. 이 같은 변화는 솔리스트 또는 소규모 음악가 그룹을 위한 기악 작품을 묘사하기 위해 소나타라는 용어를 사용하는 데서도 찾아볼 수 있다. 이러한 변화들은 각각 다른 원인과 결과를 낳았지만, 전반적인 경향은 음악에 개성 중심의 정신을 강조한 것이었다.[1]

모두가 이러한 변화를 열렬히 환영한 것은 아니다. 같은 해에 음악 이론가인 지오반니 아르투시Giovanni Artusi는 "내 나이에 새로운 작곡 방법을 보는 것이 기쁘다"고 하면서도, "많은 이론가와 대부분의 훌륭한 음악가들이 전수한 좋은 전통 규칙을 망쳐버리기로 작정한 것 같은" 새로운 인물들에 실망했다. 이 말은 지금쯤이면 익숙할 것이다. 음악적 혁신에 대한 적개심과 저항이었다. 아르투시의 타깃은 당대 최고의 작곡가 클라우디오 몬테베르디였고, 그는 음악 역사상 가장 뜨거운 논쟁 중 하나를 일으켰다. 그러나 몇 년 후

이 책에서 반복해 살펴본 동일한 합법화 과정이 발생한다. 1633년에 몬테베르디는 심지어 그 적대적인 비평가가 죽기 전에 새로운 현대적 소리를 받아들였다고 주장하기까지 했다. "그(아르투시)는 나를 무시하는 것을 멈추었을 뿐만 아니라, 나를 좋아하고 존경하기 시작했다." 이것이 거의 항상 음악 혁명이 끝나는 방식이다. 신랄한 언동은 씻겨나가고, 이전에 논쟁하던 사람들 사이의 연줄이 강조된다. 세기에 따라 세부적인 것은 다르지만, 그 동기는 거의 항상 같다. 문화 전쟁의 패자가 승리하는 쪽에 합류한다.[2]

새로운 시대의 시작이었다. 과거에는 음악가들이 더 높은 권력을 섬기라고 요청받았는데, 항상 신을 의미하는 것은 아니었다. 보통은 지상의 권력이었고, 때때로 완고한 제도들이 음악가를 뜻대로 휘둘렀다. 그들은 여전히 몬테베르디 시대에 그리고 그 이후에도 그렇게 하는 것을 목표로 삼았지만, 음악 문제에 대한 그들의 통제력은 점점 더 눈에 띄게 약화되었다. 17세기 초 수십 년 동안, 음악가가 프리랜서로서 생계를 유지하기 위해 시장에서 선택할 수 있는 사항은 빠르게 늘어났다. 이전까지는 많은 음악가가 일할 때마다 돈을 받았지만(심지어 피타고라스와 그의 추종자들도 서양 음악이 처음 관행을 성문화하던 시기에 음악가를 고용했다), 이처럼 수익성 있는 산업에 직면한 적은 없었다. 르네상스가 끝날 무렵, 우리는 진정한 음악 산업을 접하게 된다. (그중 하나는 오늘날에도 여전히 운영되고 있다. 매사추세츠에 본사를 둔 심벌즈 및 드럼 액세서리의 선도적인 공급 업체 질전Zildjian은 1623년 이스탄불에서 설립되었고 지금도 여전히 같은 가족이 운영하고 있다.) 음악 출판은 1600년대 초반에 관심을 끌었고, 엔터테인먼트 산업이 오늘날에도 따르고 있는 관행을 만들었다. 오페라는 부유한 사람들에게만 허락된 구경거리로 떠올랐다가 점차 일반 대중을 위한 상업적 오락으로 바뀌었다. 공공장소에서의 공연부터 개인 교습에 이르기까지 지속적인 수입원은 유럽 시장의 경제 성장과 함께 늘어났다.

이러한 기회에도 불구하고, 주요 작곡가 중 프리랜서로만 활동하는 이는 거의 없었다. 엘리트 음악가들은 여전히 교회나 궁정에 공식 임명되어 안정성과 위신을 추구했다. 그러나 바로크 시대의 거의 모든 주요 인물이 기업가로서 두 배로 성장하여 시장에서 매력적인 상업적 거래를 모색했다. 그런데 처음에 비평가들이 바로크라는 용어를 모욕으로 여겨, 심미적 비전의 까다로운 복잡성과 사치스러운 개인주의를 조롱하고 르네상스 시대의 총체적 우아함과 비교했다는 점을 주목할 필요가 있다. 이 꼬리표 역시 앞서 논의한 많은 음악가처럼 후에 합법화되고, 칭찬의 용어가 된다. 그러나 모든 것이 여전히 유동적이었고 당대의 기회를 찾아 떠도는 새로운 사물의 질서는 불안정했다. 기이하면서도 조화로운 방식으로 17세기 음악에서 새롭게 발견된 자유와 유연성은 작곡가의 인생 경로에도 나타나는데, 당시 음악만큼이나 바로크적이다. (음악학자 게리 톰린슨Gary Tomlinson의 말에 의하면) "흥분된 에로티시즘"을 전달하는 데 너무나 능숙했던 몬테베르디가 가톨릭 사제가 되었다는 사실은 의아하다. 이 무렵 그는 이미 결혼하여 세 아이도 있었다. 장바티스트 륄리의 이력은 더 특이하다. 그는 발레 음악을 작곡했을 뿐만 아니라 그에 맞춰 춤을 추었으며 (심지어 루이 14세를 댄스 파트너 삼아서!) 기타를 연주하고, 거리 공연을 하고, 극작가 몰리에르Moliere와 협력하고, 프랑스

서곡을 만들고, 프랑스에서 오페라를 시작했으며, 캐스터네츠에서 백파이프까지 신기한 악기들을 연주했고, 물론 그의 모든 동료들과 마찬가지로, 가톨릭 미사 음악도 작곡했다. 장르 전문성에 익숙한 현재 사고방식으로는 그렇게 쉽게 작풍을 바꿔가며 작업하는 걸 거의 상상할 수 없지만, 재정의 시대와 과잉의 시대에 이런 직업상은 점점 더 표준이 되어갔다.[3]

당대의 완벽한 '상임' 작곡가로 보이는 이 존경받는 인물들은, 우리가 그들의 제도적 제휴를 통해 추측할 수 있는 것보다 훨씬 더 까다롭고 독립적이었다. 음악학자 리처드 타러스킨Richard Taruskin은 몬테베르디의 생존 편지가 서양 고전음악의 "예술적 소외"에 대한 가장 초기 사례라고 설명하면서, 특히 "18세기 이전까지 작곡가의 서신으로서는 가장 머리가 쭈뼛 설 만큼 비꼬는 말투"에 주목한다. 여기서 작곡가는 만투안Mantuan 후원자들을 존경심 부족과 늦은 임금 지급을 이유로 비난하고, 자신의 명성, 베네치아에서의 월급을 능가하는 수입, 현재 그의 주변에 있는 더 나은 음악가 등을 자랑한다. 그는 이 비난의 대상인 곤자가Gonzaga 가문이 약간의 재산을 그에게 주어야 한다고—자신의 자식들에게 물려줄 "영원한 명예"가 필요했기 때문이다— 주장하며 편지를 마친다.[4]

륄리Lully는 갈등의 원인이 달랐고, 후원자와의 추잡한 스캔들, (10명의 자녀를 낳은 결혼생활과 별개로) 젊은 남자들과의 연애 등 논쟁의 출처 역시 많다. 륄리는 왕궁에서 훈련받던 어린 하인 브뤼네Brunet를 유혹해 왕의 총애를 잃기도 했다. 륄리는 당시 53세였는데, 명성과 인맥 때문에 기소를 면할 수 있었다. 브뤼네는 재활을 위해 수도원으로 보내졌다. 다른 많은 클래식 음악의 영웅도 그렇지만, 륄리와 몬테베르디의 경우 그들이 얼마나 자주 당시의 규범이나 기대와 싸웠는지를 제대로 파악하기 위해서는, 항상 긴장으로 가득 차있고 오해의 소지가 있는 분위기를 제공하는 제도와의 협력 일화는 가볍게 지나쳐야 할 필요가 있다. 역사는 그들을 완벽한 내부자로 그려내지만, 그들의 일상생활의 세부 사항은 다른 이야기를 말해준다.

앞에서 언급한 몬테베르디 편지에서 그는 베네치아에 있는 산마르코대성당Basilica San Marco에서 마에스트로 디 아카펠라maestro di cappella(교회 악장—옮긴이)로서의 봉급 외에 부업으로 돈을 벌 수 있는 능력을 자랑한다. 베네치아는 이 시기에 프리랜서 음악가에게 완벽한 장소였다. 이 도시는 세계에서 가장 활기찬 음악 출판의 중심지로 두각을 나타냈고, 오페라가 후원자의 입맛에 따른 예술에서 진정한 대중오락으로 발전한 장소였다. 여기서도 고대 그리스의 레스보스나 20세기 미국의 뉴올리언스가 그랬던 것처럼, 다른 문화의 관문 역할을 했던 항구도시는 음악 혁신의 중심지가 되었다. 이런 상황에도 몬테베르디는 프리랜서로 수입의 3분의 1 정도만 벌어들였다. 작곡가의 지적 재산권은 초기 단계였으며, 오늘날 우리가 친숙하게 알고 있는 저작권료는 대부분 가장 간단한 고용 계약으로 제한되었다. 작곡가들이 출판으로 실질적 수입을 얻고 싶다면, 스스로 출판사를 설립해야 했다. 놀랍게도 많은 사람이 이렇게 했는데, 대체로 강력한 후원자와의 관계를 통해서였다.

엘리자베스 여왕은 윌리엄 버드William Byrd와 토마스 탈리스Thomas

Tallis에게 21년 동안 영국에서의 음악 인쇄 및 출판에 관한 특허를 부여했다. 이 권리는 빈 오선지로 확장되었다. 단 하나의 음표가 그려지기 전부터 버드와 탈리스는 그들의 몫을 받았다. 비슷한 협정이 유럽의 다른 곳에서 일어났고, 2세기 이상 동안 음악 보급에 영향을 미쳤다. 1521년 바르톨로메오 트롬본치노는 베네치아 상원으로부터 음악 인쇄물에 대해 15년 동안 독점권을 부여받았다. 이 호의는 출판 사업에 따른 실제 인센티브라기보다는 저작권이었을지 모르는데, 그는 이를 이용하지 않았다. 그러나 1523년 오르간 연주자 마르코 안토니오 카바조니Marco Antonio Cavazzoni에게 수여된 특허는 분명 그에게 새로운 기술, 즉 혁신적인 형태의 악보에 대한 독점권을 제공하는 것을 목표로 했는데, 권리 소유자가 출판한 유일한 저작물은 관습적 표기법을 사용했기 때문에 우리는 혁신적 형태의 범위를 추측할 수 있을 뿐이다. 반세기 후, 작곡가 오를란도 디 라소Orlando di Lasso는 프랑스에서 자신의 작품에 대한 독점권을 확보했으며, 이후 신성로마제국 황제 루돌프 2세Rudolf II로부터 오늘날의 독일에서도 비슷한 권리를 부여받았다. 륄리는 이 무렵 거의 문화 황제 수준으로 격상되었고, 심지어 프랑스에서의 모든 오페라 공연까지 통제했다. 이 특권으로 그는 80만 리브르의 재산을 남겼는데, 이는 당시 많은 정부 장관이 축적한 것보다 더 많은 액수다. 이러한 유료 연주 특권은 18세기까지 이어졌다. 1724년 말 작곡가 조제프 보댕 드 부아모르티에Joseph Bodin de Boismortier가 음악 악보에 대한 왕실 면허를 취득하여 자신의 재능을 상당한 부로 바꾸었다. 그는 자신이 얼마나 많은 돈을 벌고 있는지 자랑하며 자신의 독특한 음악에 대한 비판에 맞섰다.

음악가가 자신의 분야에서 최신 기술을 통제하고, 그 기술을 예술 형식 개선을 위해 사용할 수 있었다는 것은 언뜻 보기에 놀랍지만, 슬프게도 현실은 좀 달랐다. 음악가들은 종종 나이 든 후원자들처럼 지배적으로 행동하거나 질투와 앙심을 품었으며, 주로 음악 보급을 방해하기 위해 특허와 특권에 의존했다. 1596년 버드와 탈리스에게 부여된 특허가 만료되고 그들의 경쟁자들이 마침내 그들의 작품을 출판할 수 있게 되면서, 음악학자 그레이엄 프리먼Graham Freeman에 따르면, "1597년을 영국 음악 출판 역사에서 중요한 순간으로 만든" 짧은 창조적 동요가 뒤따랐다. 즉, 음악가들이 통제력을 잃으면서 음악이 번성한 것이다. 실제 특허권 보유자들은 영국에서 유통되는 음악의 종류를 통제하기 위해 그들의 권한을 사용했을지 모른다. 나는 초기 특허 기간 동안 류트 음악의 부재에 주목하는데, 악기에 대한 버드의 적은 관심이 이런 상황에 한몫했는지 궁금하다. 이러한 특권이 음악 예술을 발전시키기보다는 제약하는 역할을 했고, 음악가 자신이 그들 분야에서 새로운 기술을 보호하는 데는 적합하지 않았다는 불쾌한 개념(적어도 나에게는)을 증명하는 다른 사례들도 발견된다.[5]

특허권이 작곡가가 아닌 출판인에게 주어질 때 음악 생태계는 더 잘 돌아가는 것 같다. 오타비아노 페트루치Ottaviano Petrucci는 베네치아에서 음악 출판에 대한 특허를 사용해 삼중 인쇄를 적용한 기술을 발전시켰다. 이 과정은 가사, 보표, 음표를 별도의 단계로 적용해야 하는 등 큰 주의를 요구했지만, 결과는 명확하게 더 좋았다. 페트루치는 이 방식으로 60권 이상의 악보를 출판했고, 음악을 사업으로 바꾸는 데 누구보다 많은 일을 했다. 출판은 기업가들이 악기를 연주하거나 음을 작곡하지 않고도 번창할 수 있는 분야였다. 그렇지만 오늘날처럼 대량 생산은 이뤄지지 않았고 '베스트셀러'도 없었다. 뮤지컬 작품의 전형적인 인쇄물 수는 고작 몇 백 부였다. 유럽의 다른 출판인, 특히 파리의 피에르 아테냥Pierre Attaingnant은 대량 생산에 더 적합하고 저렴한 단일 인쇄 기술을 채택했다. 하지만 아테냥의 출판물도 천 부 정도밖에 되지 않았을 것으로 추정된다. 결과적으로 작곡가는 완제품에 대한 지적 재산권은 가졌지만 인쇄를 위해 종종 자신의 돈을 써야 했다. 최초의 저작권 관련 경고가 1623년 베니치아에서 발행된 살라모네 로시Salamone Rossi의 《모테트 모음집》에 실렸다는 사실은 재미있고도 슬프다. 내용은 법적 위협이 아니라 작곡가의 권리를 침해하는 사람에게 저주를 내리는 것이었다. '허락 없이 감히 작품을 인쇄하는 사람은 뱀에게 물릴 것이고, 이 위협은 천사들의 승인을 받은 것'이라고 적혔다. 이러한 다양한 제약을 고려할 때, 초기의 어떤 음악가도 음악을 출판함으로써 부자가 되는 것을 상상하거나 심지어 출판을 주요 수입원으로 생각할 순 없었다. 그러나 출판은 작곡가 합법화의 강력한 원천이 되었으며, '클래식' 작품의 규범을 확립하였고, 이후 역사에서 진정한 대중 소비를 위한 인쇄 음악의 토대를 마련했다.

오페라의 등장은 음악 출판의 확대보다 이 시기 음악가들에게 경제적으로 더 많은 도움이 되었다. 하지만 이상하게도 주요 수혜자는 작곡가가 아니었다. 가수가 진정한 스타였고, 가장 많은 돈을 요구할 수 있는 사람이었다. 소프라노 줄리아 마소티Giulia Massotti는 입찰 전쟁을 선동했는데, 1666년 그녀는 작곡가들보다 네 배 이상의 돈을 요구한 것으로 알려진다. 그리고 10년이 채 지나지 않아 그녀는 여섯 배를 받았다. 주연 가수의 출연료가 오페라 제작 총예산의 40퍼센트 이상을 차지했으며, 다른 참여자들이 그 나머지를 놓고 싸웠다. 작곡가 피에트로 지아니Pietro Ziani는 감독 마르코 파우스티니Marco Faustini에게 「카푸아의 안니발레Annibale in Capua」(1960년)를 만든 자신보다 가수들이 열 배 이상 받고 있다고 불평했다. 오페라가 인기를 얻고 더 많은 극장이 지어지면서 보컬 인재를 확보하기 위한 경쟁은 더욱 치열해졌고, 유명한 작곡가조차도 무대 위 디바의 뒷전이 되었다. 반세기 뒤 소프라노 프란체스카 쿠조니Francesca Cuzzoni는 헨델이 작곡으로 번 것보다 더 많은 돈을 벌었다.

다른 특권들이 프리마돈나prima donna(또는 '퍼스트레이디')라고 불리는 가수들의 지위를 확실히 했다. 이러한 특권의 범위는 개인 공간과 특별 수당을 넘어 음악에 대한 예술적 통제로까지 확대되었다. 스타 가수는 노래를 추가하고, 자르고, 전조하고, 편집하는 결정권을 손에 쥐었고, 경우에 따라서는 완전히 새로운 역할을 만들도록 지시하기도 했으며, 다른 오페라에서 곡을 가져와 새로운 연출에 포함시킬 것을 주장하기도 했다. 이들 가수에게 적용된 '디바'라는 용어는 그들의 높은 지위를 드러내었다. 이탈리아어로 그 단어는 여신이라는 뜻이다. 그러한 신적 존재를 기쁘게 하는 일은 너무 어려워서, 오늘날 디바라는 용어는 때로 재능이 없거나 노래도 부르지 않으면서 터무니없고 한계를 넘어서는 특권을 주장하는 사람에게 사용되기도 한다. 이 모든 것은 오페라가 후원자를 위한 사적 구경거리에서 이윤을 추구하는 엔터테인먼트 사업으로 전환되면서 시작되었다.

한편 여성 성악가들의 사회적 지위는 놀라울 만큼 달라졌다. 16세기 후반까지 서양에서 노래와 가장 밀접하게 연관된 두 종류의 여성 노동자는 12장에서 지적한 바와 같이 매춘부와 수녀였다. 즉, 여성의 노래는 죄 많은 유혹이었거나 성막 안에 가둬져 있어 신만이 들을 수 있었다. 페라라 공작Duke of Ferrara 알폰소 2세 데스테Alfonso II d'Este가 1570년대와 1580년대에 여성 가수들을 그의 궁정의 상설 멤버로 영입하기 시작했을 때 중대한 전환점이 생겼다. 처음에 이 여성들은 남성들과 합주하여 공연했으나, 결국 콘체르토 델레 도네 concerto delle donne(여성 합주단)로 알려진 분리된 단체를 결성했다. 다른 귀족들은 이 새로운 개념을 재빨리 모방했다. 많은 스캔들도 따라다녔는데, 일부 사람들은 이 여성들이 직업상 성적 호의를 베푼 매춘부들이라고 확신하기도 했다. 하지만 남아 있는 증거는 다른 이야기를 들려준다. 이들 여성 중 상당수가 스캔들을 피했을 뿐만 아니라 바람직한 결혼 관계를 유지했고, 오로지 목소리를 통해 큰 사회적 명성을 얻었다. 어쨌든, 노래하는 여성들이 마침내 사창가나 수녀원 밖에서 진로를 확보하게 되면서, 이 전환기에 음악계는 영구적으로 변했다.

하지만 이 가수들을 고용한 후원자들조차 이 새로운 연주자에게 필요한 기술과 요구 사항에 대해 엇갈린 생각을 가지고 있었을 것이다. 예를 들어, 만토바 공작 빈첸조 1세Duke Vincenzo I of Mantua가 카테리나 마르티넬리Caterina Martinelli를 고용하기 전 13세였던 그녀에게 처녀성을 증명하기 위해 의학 검사를 받으라고 했던 경우를 생각해보라. 아마도 그는 엉터리 소문을 피하고 자신의 궁정에 있는 여성 공연자들이 의심받지 않도록 하려 했던 것 같다. 또는 오늘날 성매매라고 부르는 것에 관여하지 않았음을 분명히 하고 싶었을 수도 있다. 그런데 그 요청은 우리에게 서양 문화에서 음악과 성의 문제가 얼마나 많이 겹쳤는지를 상기시켜준다. 그래서 이 전례 없는 공연에 참여하도록 허락된 관객들은 놀랍게도 에로틱한 호기심을 갖거나 환상을 품기도 했다.

전문 여성 가수가 발전하는 다음 단계로 여겨지는 오페라 프리마돈나의 숭배는 이러한 성적 소문과 생각에 의한 것이었다. 그 후 3세기 동안 오페라는 불명예스럽고 죄스러운 명성을 유지했고, 때로는 소문이 국경을 넘기도 했다. 17세기 말 파리에서는 저명한 사람들이 오페라 가수들과의 사적 만남을 주선하거나 그들을 개인 객석으로 초대했는데, 이 공연자들 중 다수는 결국 귀족의 '보호' 아래 살기로 한다. 결국 가장 성공하는 길은 무대에서 침실로 이어진 것이라고 결론지을 수도 있다. 이 시기의 연구자는 파리 오페라 하우스의 음악 아카데미Academy of Music를 '사랑의 아카데미Academy of Love'로 개명해야 한다고 꼬집었다. 지역사회의 보수적인 구성원들을 화나게 하기 위해 이런 장소까지 언급할 필요도 없었다. 무대 위에서 펼쳐지는 행동은 시위를 촉발하기에 충분할 만큼 충격적이었다. 매춘부, 정부, 간통한 사람 그리고 다른 '타락한' 여성들을 다룬 인기 오페라가 몇 편이나 되는가? 오늘날 「라 트라비아타La Traviata」("타락한 여

성"으로 번역된다), 「카르멘Carmen」, 「나비 부인Madame Butterfly」, 「돈 조반니
Don Giovanni」 등이 합법적이라고 해서 당대 가장 논란이 되던 오락이
었다는 사실이 변하지는 않는다.[6]

남성 음악가들도 같은 시기 에로틱한 시선을 받았다. 전면에 드
러난 성적 영향은 트루바두르 시대 이전부터 유럽 대중문화의 중요
한 부분인 기악 반주를 뒷받침하는 솔로 가수가 등장하는 음악의
인기 상승과 관련이 있지만, 이제 예술적 표현의 한 형태로서 더 큰
탄력을 받기 시작했다. 나는 언젠가 전문가들이 16세기와 17세기
서양 노래에서 1인칭 문법 구조의 사용에 대한 상세한 통계 분석을
수행하기를 바라는데, 가사를 대충 들여다봐도 의미와 전달 사이의
긴장이 고조되고 있음을 알 수 있다. 마드리갈 작곡가들은 여러 명
의 가수가 필요한 정교한 작품을 쓰면서도, 여전히 1인칭 단수 "I"
를 사용해야 한다고 느꼈다. 리스너들 사이에서 인기 있던 로맨틱
한 주제들이 이러한 모순을 요구했다. 그러나 몬테베르디가 "Ardo,
avvampo, mi struggo, ardo: acorrete(나는 불에 탄다, 나는 소모되고, 나는
탄다, 도망쳐라)"를 선언하는 노래를 작곡하면서 여덟 명의 가수를 설
정한 부조화를 생각해보자. 이는 친밀한 로맨스를 위한 설정인가,
아니면 흥청망청한 파티를 선동하는 설정인가? 형태와 내용이 맞
지 않았으며, 균형을 맞추기 위해서는 무언가를 바꿔야 했다.[7]

이와 같은 시기에 류트 반주를 곁들인 솔로 노래가 인기를 끌었
다는 것은 우연일 수 없다. 류트는 유혹자의 도구로서 대중의 상상
력을 사로잡았다. 셰익스피어의 희곡에 이 악기가 다양하게 등장하
며 에로틱함을 더했다는 것을 생각해보자. 같은 이유로, 르네상스

초기부터 유럽 예술가들에게 인기 있던 성적인 악기, 류트를 연기하는 남자들의 모습은 종종 음담패설을 불러일으켰다. 지오반니 카리아니Giovanni Cariani, 베르나르도 스트로치Bernardo Strozzi, 발랑탱 드 블로뉴Valentin de Boulogne, 헨드릭 테르브루그헨Hendrick ter Brugghen 등이 그린 그림에 류트 연주자들은 낭만적인 주인공으로 등장하는데, 이들은 귀를 만족시키면서도 듣는 이들의 정절을 위협했다. 우리가 보아온 바와 같이, 열렬한 (그러나 비밀스러운) 가톨릭 신자인 윌리엄 버드가 영국에서 음악 출판의 특허를 지배했던 기간에는 어떤 류트 음악도 출판되지 않았는데, 그저 우연이거나 그의 음악적 취향의 문제였을지도 모르지만, 나는 어떤 도덕적 거리낌이 그 이유였다고 생각한다. 그러나 도덕주의자들은 이 전투에서 질 수밖에 없었다. 대중은 유혹적인 음악을 원했고, 이는 시장에서 버드(와 다른 사람들)의 신성한 다성 음악이 오페라 디바나 도도한 눈빛의 류트 연주자들의 열정적인 노래와 경쟁할 수밖에 없음을 의미했다.

1600년 무렵 사랑과 성에 관한 문화적 변화도 일어나고 있었는데, 이는 만기가 훨씬 지나 시대착오적인 것으로 변한 봉건적 정서에 대한 최종적 거부였다. 이러한 움직임은 필연적으로 서구 음악에서 일어나고 있는 심오한 변화에 영향을 미칠 수밖에 없었다. 이 시점에서 사랑의 가사가 정체되어 있다고 과언하기는 어렵다. 몬테베르디의 예에서 알 수 있듯, 곡들은 종종 페트라르카Petrarch가 2세기 이상 전에 이탈리아 시의 최전선에서 끌어들였던 고통받는 연인의 진부한 말을 되풀이했고, 페트라르카 자신도 2세기나 된 기사도적 사랑의 진부한 말들을 여전히 고수했다. 세상은 바뀌었고, 봉건

제도의 제약은 현실 세계에서 사라졌지만, 스토리텔링과 대중가요의 분야에 이상화된 숙녀, 마조히즘적 기사라는 관념은 여전히 스며 있었다.

그 부조화를 파악하지 못한다면 1605년과 1615년 미겔 데 세르반테스Miguel de Cervantes의 《돈키호테Don Quixote》가 왜 심오한 영향을 미쳤는지 이해하기 어렵다. 이 이야기는 완벽한 숙녀에게 기사처럼 봉사한다는 개념을 조롱했을 뿐만 아니라, 그것을 다루는 대중문화 작품들을 구체적으로 겨냥한다. 주인공은 말 그대로 너무 많은 대중적 로맨스를 소비하다 정신을 잃고, 결국 존재하지 않는 아가씨에게 봉사하는 우스꽝스러운 모험을 감행한다. 세르반테스는 작곡가는 아니었지만, 이러한 구식 사랑 가사를 17세기의 새로운 세계에 더 활기차고, 더 사실적이고, 더 잘 어울리는 것으로 대체할 필요가 있다는 신호를 보냈다. 역사상 같은 시점에 셰익스피어는 그의 가장 인기 있는 인물인 존 폴스타프 경Sir John Falstaff을 가장하여 기사다운 가식을 비웃었는데, 존 폴스타프 경은 〈윈저의 즐거운 아낙네들The Merry Wives of Windsor〉과 세 편의 연극(그리고 다른 두 편에서 언급되고 있다)에 나온다. 셰익스피어의 잃어버린 희곡 〈카르데니오의 역사The History of Cardenio〉가 1613년에 공연된 것으로 보아 돈키호테의 에피소드에 바탕을 둔 것으로 보인다. 그 시대의 두 위대한 작가, 그리고 실제로 그들 각 나라의 두 위대한 작가들이 시대에 뒤떨어진 낭만적 관념을 비틀었다는 사실의 중요성을 생각해보자. 작곡가들도 필연적으로 같은 길을 따라갈 것이다.

가장 위대한 마드리갈 작곡가인 몬테베르디가 앞으로 3백 년 동안 음악적 환경에서 인간관계가 어떻게 표현되는지를 재정의할 오페라를 받아들이는 바로 그 순간이다. 몬테베르디는 오래된 형식을 완전히 버릴 수는 없었다. 그의 청중들은 새로운 마드리갈을 요구했고, 그의 재능은 그 형식에 완벽하게 들어맞았다. 셰익스피어나 세르반테스처럼, 그도 오래된 비결이 미적 힘을 잃고 있다는 것을 이해했을 것이다.

이 순간 서양 노래에 단절이 생긴다. 대립하는 두 가지 비전이 우세를 다퉜는데, 과거의 모델을 따르는 사람들은 여전히 현실보다 더 큰 무언가, 즉 혼돈에서 벗어나 영성, 잘 규율된 인간관계, 조화로운 행동이 모든 장애물을 극복하는 정화된 플라톤적 이상Platonic ideal의 영역인 완벽한 일상으로 청중을 끌어들이는 노래를 원했다. 그러나 여기서 강조되는 감정은 종종 양식화된 감상이나 시적 진부함으로 구분되는 경건하고 예의 바른 헌신으로 무너지기도 했다. 하지만 이제는 대안이 생겼는데, 그것은 현실과 더 가까운 무언가를 불러일으키는 노래였다.

초기에는 강력한 지도자나 종교 당국이 이 두 모델 중 어떤 모델이 모범이 되어야 하는지 지시했을 것이다. 그러나 관객 중심의 새로운 시대에, 원초적 감정이 더 설득력 있는 광경을 제공했고, 플라톤적 이상을 이길 수밖에 없었다. 혼란을 다루는 노래는 완벽한 찬가를 대체할 운명이었다. 적어도 공연을 홍보하는 프로모터들이 티켓을 팔고 집을 새 가구로 가득 채우기를 바랐다면 말이다. 필연적으로 이 과정은 많은 난관과 일시적 반전에 직면하며 천천히 진행된다. 하지만 결국 우리는 지금 그 안에서 살고 있다.

16

문화 전쟁

Music: A Subversive History

Culture Wars

음악계의 사회경제적 변화에 대한 이전의 논의에서 종교(그리고 세속의 인간 대표자들)에 대해 거의 관심을 기울이지 않은 것에 대해 사과한다. 이 새로운 청중 중심의 음악이 교회 지도자들의 도덕적 반대를 쉽게 극복했고, 관용적 휴머니즘이 이제 유럽의 문화생활을 주재한다는 인상을 주었을지도 모르겠다.

하지만 이는 사실과 전혀 다르다. 종교 당국은 더 극단적으로 음악의 거의 모든 혁신과 진보를 막기 위해 노력했고, 변화에 반대하는 수많은 논쟁을 불러일으켰다. 음악사학자 롭 웨그먼Rob Wegman의 표현으로 그들은 "실질적인 것과 헛된 것" 사이에 날카로운 선을 그은 열렬한 논쟁자들이었다. 그러나 그들의 열정도 그들이 전임자들보다 힘이 부족하다는 사실을 숨기진 못했다. 그들은 수많은 논쟁과 갈등을 일으켰지만, 장기적으로는 모든 것을 잃었다. 교회는 더 이상 새로운 음악 표현 방식을 금지할 수 있는 영향력을 가지고 있지 않았고, 그저 공공의 품위 위반을 노골적으로 검열하는 것에 만족해야 했다. 그러나 종교적 양심의 옹호자들은 이 작은 역할에 결코 만족하지 않았고, 사실상 모든 종류의 음악적 문제에 대해 지속적인 공격을 이어갔다. 그 과정에서 때때로 그들은 달갑지 않은 변화를 멈추려는 계획을 세웠고, 실패하면 영향력을 행사하며 협력하려 했다. 그리고 또 실패하면, 울부짖으며 분노로 이를 갈았는데, 솔직히 말해, 통곡하고 분노하는 순간이 더 많았다.[1]

성악 대위법은 오늘날 가톨릭 음악 문화의 최고점으로 여겨지지만, 이 혁신조차도 엄청난 저항에 부딪혔다. 도미니카인들은 1242년까지 성악 대위법 금지령을 내렸다. 카르타고인들은 1324년에 같은 조처를 취했고, 베네딕트 수도회, 시토 수도회Cistercians 그리고 다른 수도회도 마찬가지였다. 교황은 직접 개입하여 오로지 음악만을 다룬 최초의 칙령을 내렸다. 〈교황의 가르침Docta sanctorum partum〉(1324년 혹은 1325년)에서 교황 요한 22세John XXII는 "기존의 음보다 더 많이 부르기를 좋아해 새로운 음을 만들고" "박자를 나누는 진보적 방법의 신봉자들"을 반대했다. 그들의 음악은 음표가 너무 많다. 그들은 다성 음악으로 멜로디를 쪼개고 불안정한 선율을 부르며 자주 제2, 제3의 가사를 넣는다. "그들은 자신들이 무엇을 작곡했는지도 알지 못한다." 교황은 성악 대위법을 금지하지는 못했으나 제한하고 싶어 했고, 작곡가들이 교황이 선호하는 옥타브octave, 4도, 5도를 사용하도록 유도했다. (교회는 6세기 이상 다른 교황 요한을 선출하지 않았지만, 제2차 바티칸 공의회의 선동자인 요한 23세가 전임자의 전통주의를 지지하지 못했을 뿐만 아니라 가톨릭 역사에서 음악 모더니즘을 가장 열렬하

게 포용했다는 것은 역사의 기묘한 아이러니다.)²

왜 성직자들은 성악 대위법을 싫어했을까? 간단히 설명하면 그것이 죄를 선동하는 것으로 봤기 때문이다. 14세기의 한 작품에서 영국 신학자 존 위클리프John Wycliffe는 대위법의 방식이 "사람들을 춤추게 하기 위한 것"이라고 비난했다. 신비주의자이자 신학자인 카르투시오 수도회의 디오니시오Denis the Carthusian(1402~1471)는 "이런 종류의 음악에는 오만함과 음란함이 있다"고 했다. 도미니카인 조반니 카롤리Giovanni Caroli는 앞에서 여러 번 봤던 것처럼, 도덕적 약점을 여성의 자질이라고 비방했다. "이 대위법은 새로 나온 동시에 전례 없는 것이다. 남성들의 품위보다는 여성의 경솔함에 더 가깝기 때문에 이런 음악을 혐오한다." 여성 음악이 공격당하고 이후 정당화되는 불가피한 과정은 이제 놀랍지도 않다. 그러나 후대에 같은 노래가 칭송될 때, 해설자들이 음악의 여성성에 관심을 기울이지 않는다는 점은 주목할 필요가 있다. 음악에서 여성성은 공격의 맥락에서만 언급되는 것 같다.³

이 싸움은 성악 대위법 금지를 제안하는 권고 초안을 마련한 트렌트 공의회Council of Trent(1545~1563년)에 이르기까지 교회 내에서 계속되었다. 한 일화는 팔레스트리나(조반니 피에르루이지 다 팔레스트리나—옮긴이)의 미사 공연이 비평가들의 마음을 바꾸었다고 주장하는데, 이 위대한 예배 음악 작곡가가 단번에 대위법을 구해냈다는 이야기는 꽤 그럴싸하지만, 이 영웅담에 대한 증거는 빈약하다. 교회 대위법은 이미 새로운 것이 아니었고, 음악 문제에 있어서 로마 교회의 영향력에 위협이 되는 것들은 도처에 있었다. 어쨌든 이 진보적 음악 반대자들은 물러났다. 공의회는 교회 의식을 방해하는 대중음악과 춤곡을 공식적으로 비난하고, 예배 중에 사용되는 단어의 명확성을 주장하기로 했다.

이 선언 때문에 너무 많은 일이 벌어졌다. 이 시기에 이르러, 종교 지도자들은 음악 문화에 영향을 미치는 더 창의적인 방법을 발견했다. 교회가 가장 강력한 권력을 행사하던 시기에도 퇴장이나 의회령 같은 서툰 도구들이 음악의 도전을 막진 못했다. 트렌트 공의회의 시대까지, 그저 상징적인 제스처 역할을 할 뿐이었다. 더 전도유망한 길은 혁신을 금지하기보다는, 그 에너지를 신의 섬김으로 돌리는 것이었다. 나는 이 과정을 기타 중심의 대중음악을 맹렬히 비난했던 교회들이 결국 십 대들의 관심을 끌기 위해 기타 예배를 시작했던 어린 시절에 직접 보았다. 처음에는 꽤 얌전한 쿰바야 Kum-ba-yah(아프리카 민속음악−옮긴이)식 행사였지만, 1970년대 후반에는 크리스천 헤비메탈 음악이 선을 보였고, 1980년대 중반에는 악마와 타협을 시도한 첫 크리스천 힙합 음반이 나왔다. 물론 이 과정은 더 가혹한 봉쇄 방법이 실패한 후에야 이뤄졌다. 수용은 항상 마지막 또는 마지막 직전의 방식이다. 물론 가장 마지막 단계는 수용조차 실패하고 종교 지도자들이 전쟁터에서 물러나는 순간이며, 처음부터 패배할 운명이었던 문화 전쟁으로 피투성이가 되는 것이다.

우리는 이미 성 프란치스코가 「태양의 찬가」에서 트루바두르들의 표현 양식을 빌리는 것을 보았다. 또한 이상화된 숙녀에 대한 경의가 대중의 노래와 이야기에서 발견되는 낭만적 열망과 얼마나 닮았는지 이해하지 않고서는 같은 기간 유럽 전역에 퍼진 성모 마리아 숭배의 힘을 완전히 이해할 수 없다. 이러한 수용 과정은 유럽 기독교 사회에만 국한된 것도 아니었다. 이 무렵 중국에서 유학자들은 1,500여 년 전에 수집된 《시경》의 민요를 여전히 도덕주의 관점으로 해석했다. 철학자 주희朱熹(1130~1200)는 이 노래들 중 일부가 "거리와 골목에서 민요로 불렸다. 남녀가 서로에게 노래를 불러 사랑과 감정을 표현한 것이다"라는 평범해 보이는 평가로 격렬한 논란을 일으켰다. 그러나 이 분별 있고 솔직한 견해는, 신학자 쾅위천 Kuang Yu Chen의 말에 따르면, 중국 문화의 존경받는 작품이 "부도덕하거나 문란한 젊은 여성들에 의해 작곡되었음을 암시한다. 그럴 것 같지 않지만 자유주의적 사회였던 고대 중국에서도, 방탕한 여성들이 만든 많은 노래가 공식적으로 수집되어 정통 학술 문헌이 되었을 거라고 상상하기는 어렵다." 이 전투는 21세기에도 계속되고 있는데, 일부 학자들은 여전히 이와 같은 민요를 제도적으로 제재되어 덜 수치스럽고 도덕적 가치에 부합하는 것으로 바꾸려 애쓰고 있다.[4]

도덕주의적 수용의 훨씬 더 특별한 사례가 같은 시기 인도에 있다. 12세기 산스크리트 시인이자 작곡가 자야데바Jayadeva의 서정적 서사시 〈기타 고빈다Gita Govinda〉는 힌두교 신 크리슈나에 대한 젖 짜는 여인 라다의 열정적 욕망을 기리는 에로틱한 영성의 걸작이다. 이때까지 라다는 힌두교 영성에서 미미한 역할을 해왔지만, 유럽의 마돈나 숭배와 마찬가지로 이제 훨씬 더 두드러진 지위를 차지했고, 후대의 시인, 가수, 댄서들은 이 같은 사랑 이야기에 기대어 그들 자신의 관능적 충동을 영적 표현으로 전환했다. 물론 그런 에로틱한 이야기는 정화된 해석을 필요로 했다. 유대-기독교 기관들이 〈아가〉에 영적 의미를 부여하고 유학자들이 《시경》을 포장했듯이 말이다. 〈기타 고빈다〉의 독실한 독자들에게 욕정은 거룩한 사랑을, 성적 결합은 인류에 대한 신의 포용을 상징한다.

에로틱한 영성이라는 주제는 음악을 넘어서서 많은 파장을 일으켰다. 그것에 대한 완전한 설명은 탄트라(밀교 수행법—옮긴이)식 수행, 카발라Kabbalah(중세 유대교 신비주의—옮긴이), 그 외 많은 다른 영역으로 파고들 것이며, 심층 조사는 종교적 헌신과 육체적 욕망의 혼합이 종종 서툴고 계산된 방식으로 나타나지만 동시에 최고 수준의 문화 작품도 생산할 수 있음을 분명히 할 것이다. 서로 상반되어 보이는 대중문화의 요소와 로맨스의 공식과 신학의 혼합이 어떻게 한 시대를 정의하는 걸작으로 조화를 이루는지를 보려면 단테Dante의 시를 살펴야 한다. 실제 연인(베아트리체 포르티나리Beatrice Portinari)을 한 작품(《신생La Vita Nuova》)에서 열정적인 사랑 가사의 대상으로 둔갑시키고, 다른 작품(《신곡The Divine Comedy》)에서는 천국의 여행 가이드로 만든 작가의 기이함을 잠시 생각해보자. 그런데 단테의 책략은 육체적 욕망이 신성함의 통로가 될 수 있다는 확신으로 인해 더욱 즐겁다. 순수하게 음악적 관점에서 볼 때, 관능과 초월을 결합하려는 이 시도는 대개 인정받는 것보다 훨씬 더 강력한 힘을 가진다. 고대 메소포타미아의 엔헤두아나의 찬송가부터 존 콜트레인John Coltrane의 「A Love Supreme(러브 수프림)」에 이르는 다양한 작품들이 보여주듯, 이는 작곡가들에게 매력적인 주제다. 육욕과 성스러움의 균형에 기초하여 만들어진 새로운 음악적 표현 방식은 몇 가지 경우에 수용되기도 했다.

예를 들어, 음악적 신비주의로 인해 미쳤거나 쾌락주의자라는 비난을 받은 남아시아의 영적 음유시인들인 벵골의 바울들Bauls of Bengal은 수세기 동안 역할 모델이 되어왔고, 그들의 세계관은 문화적, 세대적 분열을 극복하는 데 놀라운 회복력을 보여주었다. 1세기 전, 라빈드라나드 타고르Rabindranath Tagore는 벵골 문화에서 여러 학문 분야에 걸친 르네상스를 추진하기 위한 영감을 얻었고, 그 결과 유럽과 북미 이외의 지역에서 처음으로 노벨 문학상을 받았다. (한때 자신을 '미국의 바울'이라고 표현했던 밥 딜런이 노벨상을 수상했을 때 작곡가가 이 상을 받아서는 안 된다며 투덜거렸던 사람들은 타고르가 2천 곡 이상을 작곡하고 두 나라의 국가를 작곡했다는 점에 주목해야 한다.) 반세기 후, 바울은 딜런이나 비트 시인 알렌 긴스버그와 같은 주창자를 통해 서구의 반문화에서 새로운 추종자들을 찾았다. 대중 매체에서 보도하기에 적합한 유행 신비주의를 포용한 문화 스타들을 조롱하는 것은 쉽다. 그러나 관능적이고 영적인 것의 융합이 상업 오락의 지배적 이데올로기로는 충족되지 않은 갈망에 대한 해답이 되지 않았다면, 이 크로스오버는 일어나지 않았을 것이다. 미래에 예측 불가능한 음악 형식으로 이 융합은 다시 재발할 것이며, 역설적으로 그러한 형이상학적 모험에 면역된 것처럼 보이는 대중문화 헤게모니의 지배에 의해 보장될 것이다.[5]

신성한 것과 관능적인 것이 합쳐진 가장 강력한 예는 이슬람 세계에 있다. 페르시아 잘랄루딘 루미Jalal al-Din Rumi는 앞에서 언급한 거의 모든 주제를 하나로 모았다. 루미는 단테처럼 초월적 관능을 찬양하는 시인이었고, 성 프란치스코와 마찬가지로 종교 운동을 추진하여 영적 지혜의 원천으로서 권위를 얻었다. 벵골의 바울처럼 현대에도 대중문화와 뉴에이지New Age 청중들에게 받아들여져 기발하고 때로는 이상한 방식으로 영향력을 행사하고 있다. 아마존Amazon 사이트에서 루미 관련 상품을 검색하면, 루미 커피 머그, 루미 핸드폰 케이스, 루미 벽 달력, 루미 앱, 루미 아기 옷, 집, 사무실, 여행 용품 등 놀라운 결과가 나온다. 이 모든 것 이면에 숨겨진 진짜 역사적 인물을 찾는 것은 벅찬 과제인데, 나는 루미에 대한 가장 권위 있는 지침서를 쓴 학자 프랭클린 루이스Franklin Lewis의 접근에 감탄한다. 그는 700쪽에 달하는 '신학적' 루미와 '생물학적' 루미에 대한 연구에서 별개의 토론을 제공한다. 루이스는 사실이 중요하다고 주장하지만, 신화가 때로는 운동을 전파하거나 후세에 영감을 주는 데 훨씬 더 효과적이라는 것도 알고 있다.[6]

이 모든 일에서 음악에 대한 루미의 영향력을 놓치기 쉬울 것이다(게다가 그는 음악사 책에 거의 등장하지 않는다). 그는 음악, 춤, 시, 명상, 기도를 하나로 통합한 수피Sufi 의식인 사마Sama 의식을 확립함으로써, 인간의 심미적이고 영적인 충동을 성문화된 황홀경의 실천으로 통합하기 위한, 세계 주요 교리 안에서 가장 강력한 모델을 창조했다. 이는 여전히 많은 사람이 불가능하다고 보는 두 영역 사이에 다리를 놓으려는 대담한 시도였다. 비평가들에게는 신성한 것과 불경스러운 것의 용납할 수 없는 합병이었다. 프랭클린 루이스가 지적했듯이 음악과 춤은 "왕실 궁정, 노예 소녀, 와인 마시기, 방탕함과 관련이 있다." 이슬람 사회 내에서 항상 금지된 것은 아니지만, 종교 의식에서 이러한 수상쩍은 활동을 포함시키려는 시도는 위험 그 자체였다. 이 논란은 750년이 지난 오늘도 계속된다. 유엔은 터키의 사마 의식을 인류 문화유산의 '걸작'으로 지정했지만, 1923년 터키 공화국이 수립된 이후 이 관행은 금지되었다. 1956년 제한이 완화되었고, 루미까지 기원이 거슬러 올라가는 메블레비 교단Mevlevi Order은 약간의 제한된 자유를 부여받았다. 그러나 '탁발 수도승'의 공연은 종교적 의식보다는 관광 명물로 더 장려되어 왔는데, 이는 의식은 사적인 것이 아니라 공공장소에서 행해져야 한다는 독특한 주장을 뒷받침한다. 이란의 실무자들은 계속해서 정부의 괴롭힘에 직면하고 있으며, 데르비시dervish(예배 때 빠른 춤을 추는 이슬람교도-옮긴이)들은 부도덕하고 신성을 모독한다는 비난을 받고 있다. 이는 전복적 음악 전통에 대한 익숙한 비난이다. 하지만 여기에 이상한 반전이 있는데, 그 공격의 대상은 세속주의나 인기 있는 음악 엔터테이너의 옹호자가 아니라 음악과 춤을 범주 안에 들여놓는 종교 관행이다.[7]

이 내부의 침입자들을 두려워할 만한 충분한 이유는 있을 것이다. 음악과 춤은 조직화된 신앙의 틀 안에서 황홀경에 이르는 가장 확실한 길을 제공한다. 환각 버섯이나 다른 향정신성 물질을 '신앙' 활동의 일부로 소비하는 일부 숭배자들을 제외하면 말이다. 그러나 황홀감은 특히 조직화된 종교에 '조직'을 투입하는 종교 기관과 관료들에게 위험하다. 신도들은 아주 적은 양이 아닌 그 이상을 원할지도 모른다. 황홀감은 파괴적이다. 너무 많으면 종교를 엉망으로 만든다.

사회과학자들은 종종 골치 아픈 질문을 한다. 종교와 사이비 집단의 차이점은 무엇인가? 어떤 사람들은 신자의 숫자에서부터 차이가 난다고 답할 것이다. 관련 인물들이 어느 정도 규모의 유권자나 소비자 단체가 되면, 더는 위험한 집단으로 취급받지 않고 그들의 신조도 존중받는다. 그러나 종교와 사이비 집단의 가장 중요한 차이점은 황홀경에 대한 태도일 수 있다. 사이비 집단은 정상을 넘어서는 대안적 경험을 약속한다. 반면 정식 종교는 그러한 관행을 두려워한다. 음악에 대한 그들의 태도에서 볼 수 있듯이 말이다.

그러나 우리는 세속적이고 심지어 죄악이라고 간주되는 음악과 종교 교리 사이의 기묘한 양립에 경탄해야 한다. 우리는 노예들이 대중가요 발전에 영향을 미쳐 노예와 속박이라는 개념을 지배계급의 음악에 삽입하는 이상한 길을 이미 경험했다. 이는 음악 역사상 가장 전복적인 행동일 것이다. 그런데 복종과 헌신의 개념이 낭만적인 음악과 종교 음악 모두에 얼마나 적합한지 생각해보자. 같은 이미지, 같은 언어, 같은 은유가 두 장르에서 두드러지게 나타나며, 서로 매끄럽게 움직인다. 이 개념은 우리 음악 문화의 모든 영역에 만연해 있다. 영화 '시스터 액트Sister Act'에서 폭도를 피해 숨는 가수 역을 맡은 우피 골드버그Whoopi Goldberg가 수녀들에게 「나의 남자My Guy」라는 히트곡을 「나의 하느님My God」으로 부르도록 가르칠 때 관객들은 웃는다. 성스러운 것과 불경스러운 것의 경계가 그렇게 쉽게 뚫려서는 안 되지만, 사실은 그렇게 쉽게 뚫린다. 우리가 노래를 부를 때, 사회 계층에서 우리의 위치—즉 왕자나 거지, 팝스타나 목사, 래퍼나 디바—에 상관없이, 우리는 아래에서 위를 올려다보며 노래를 부른다. 우리는 신이나 낭만적인 파트너가 될 수 있는 우리의 이상을 사랑하고, 때때로 이것 중 어느 것이 우리 노래의 목표인지 혼란스러워하기도 한다. 그렇다면 음악적이고 종교적인 혁신이 사회의 권력 구조 밖에서 활동하는 사람들로부터 시작된다는 사실에 놀라야 할까? 양쪽의 본질이나 그 주위에 세운 구조물은 우리로 하여금 위험한 길을 따라가며 음악적 혹은 다른 방식의 황홀경으로 가는 새로운 길을 찾도록 하는 경향이 있다.

그래서 우리는 종교 기관들이 이전에 저속하다고 비난했던 것과 같은 노래 스타일을 수용하는 것에 결코 놀라지 말아야 한다. 우리는 이제 서구 문화 역사상 가장 기괴한 종교적 원동력과 대중음악의 합병에 도달했다. 로마 교회는 오페라의 인기가 높아지는 것을 목격했고 남성 가수들을 거세하는 것이 적절한 반응일 수 있다고 결정했다. 여기서도 그 관행은 세속적 음악과 신성한 음악에 걸쳐 있었다. 거세된 소년들은 오랫동안 종교 합창단에서 소중한 인물이었다. 그들의 목소리는 천사 같은 것으로 여겨졌고, 정말로 천국에서나 들을 법했다. 합창단에 여성과 소녀는 들어올 수 없었기에, 천상의 고음을 음미할 수 있는 유일한 방법은 변성기가 오기 전의 소년들 또는 카스트라토castrato(여성 음역을 가진 남성 가수—옮긴이)를 통해서였다. 카스트라토 대부분은 오페라 무대와 교회 모두에서 노래를 불렀고, 다른 사람들도 예외는 아니었다. 17세기 후반과 18세기 초반의 베네치아 기록에 따르면, 성 마르크 합창단St. Mark's choir 소속 단원 40명 정도가 오페라 무대에 섰다. 카스트라토는 엔터테인먼트 세계에서 특별한 매력을 누린 것 같다. 가장 인기 있는 카스라토는 유명한 작곡가보다도 천문학적 금액을 요구할 수 있었고, 계약된 금액 외에도 팬으로부터 후한 선물을 받았다. 카스트라토 카파렐리Caffarelli는 그의 음악으로 많은 돈을 벌었고, 결국 공작의 지위를 사서 이탈리아 영지에 궁전을 지었다.

하지만 카스트라토가 슈퍼스타로 등장했을 때에도, 그들의 빛나는 경력을 만든 관행을 수치스러워하는 분위기가 만연했다. 음악사학자 찰스 버니Charles Burney(1726~1814)는 거세 수술에 대해 더 자세히 알아보려 했을 때마다 벽에 부딪혔다. 그는 "이탈리아 전역에 걸쳐 소년들이 거세를 해야 노래할 수 있는 자격을 얻게 되는 곳들에 대해 물었지만, 확실한 정보는 얻을 수 없었다"고 꼬집었다. "밀라노에서는 베네치아에 있다고 했고, 베네치아에서는 볼로냐에 있다고 했지만, 볼로냐에서도 그 사실은 부정했다. 피렌체에서는 로마, 로마에서는 나폴리에서 알아보라고 했다. 거세는 자연뿐만 아니라 이 모든 곳에서 법을 어기는 방법임이 분명하다. 그리고 모든 이탈리아 사람은 그것을 매우 부끄러워하고 있다. 그들은 계속 다른 지역으로 떠넘기기만 한다." 바티칸은 이 절차를 공식적으로 승인한 적이 없으며, 때로는 이를 실행한 외과의들을 파문으로 위협하기도 했다. 그러나 결과적으로 이는 용인되었고, 공연 상황에서 불순한 생각을 불러일으킬 수도 있는 위험한 유혹자인 여성을 없애려는 교회의 욕구로 인해 장려되기까지 했다.[8]

이 전통의 종식은 그 유래만큼이나 기록에서 추적하기 어렵다. 1913년 말, 카스트라토 알레산드로 모레스키Alessandro Moreschi는 시스티나 성당에서 노래를 불렀다. 그는 솔로로, 그리고 바티칸에서 녹음한 유일한 카스트라토다. 일각에서는 1959년까지 교황 성가대에서 공연한 소프라노 도메니코 만치니Domenico Mancini도 카스트라토라고 추측했지만, 가성을 사용하는 실력 외에 이를 뒷받침할 만한 증거는 없다. 바티칸 문서보관소에 있는 어떤 정보가 공개되지 않았는지 누가 알겠는가? 2001년 이탈리아 신문 〈코리에레 델라 세라 Corriere della Sera〉는 교황에게 이 관습의 희생자인 카스트라토에게 공식으로 사과하라고 촉구했지만, 그 전모를 알고 있고 그 유지에 관여한 당사자들에 대해 우리는 여전히 추측만 할 뿐이다. 많은 경우 사고에 대한 막연한 일화—사타구니에 발길질을 당했다거나, 동물의 공격을 받았다거나, 말에서 떨어졌다는 등—를 제공함으로써 그 문제를 피했다.

사실 이 통탄할 전통에 대한 책임이 온전히 바티칸에 있는 건 아니다. 여성 오페라 가수들이 널리 받아들여진 후에도 이 전통이 계속되었던 것을 보면 관객의 요구와 경제적 이해관계가 훨씬 더 큰 역할을 했을 수도 있다. 로마 교회는 다른 방법으로 오페라 발전에 영향을 미쳤는데, 대중 취향에 훨씬 덜 부합하는 방식이었다. 교회는 어떤 경우에 오페라를 금지했고, 최소한 사순절 기간 동안 공연을 중단하게 했다. 하지만 팬들은 금지를 피하는 방법을 찾았다. 예를 들어, 그들은 실제 공연으로 간주되지 않는 오페라 '예행연습'을 관람했다. 교황 클레멘스 11세Clement XI가 더 엄격한 통제를 가하고 1703년부터 1709년까지 로마에서 오페라 제작이 중단되었을 때, 오라토리오oratorio(종교적 오페라—옮긴이)는 열정적인 사랑 이야기를 교훈을 가진 우화로 가장해 선보였다. 이에 바티칸은 신도들의 삶에 오페라를 장려했고, 그 결과 로마에서 「성 알레시오Il Sant'Alessio」(1632), 「성녀 테오도라Santi Didimo e Teodora」(1635), 「성 보니파시오San Bonifatio」(1638), 「성 유스타스Sant'Eustachio」(1643) 등의 작품이 탄생했다. 교회 내의 많은 사람, 특히 예수회 중 많은 사람은 신앙을 전파하는 도구로서 음악과 연극 제작에 높은 기대를 품었고, 심지어 수도원에서 오페라 공연이 열리기도 했다.

1667년 교황 클레멘스 9세Clement IX로 줄리오 로스필리오시Giulio Rospigliosi가 선택된 일은 교회의 정신적 열망과 오페라의 미적 진화 사이의 새로운 조화의 시대를 알리는 것 같았다. 젊은 시절, 미래의 교황은 앞에서 언급한 신성한 오페라를 위해 대본을 썼고, 심지어 코믹 오페라 「고통받는 자에게 복 있으라Chi soffre, speri」(1637)에 참여하기도 했다. 로스필리오시는 로마 교회를 뮤지컬 극장의 챔피언으로 만들려는 야심찬 계획을 가지고 있었다. 그는 교황으로 선출된 후, 로마 최초의 오페라 하우스 건설을 승인했으며, 시스티나 성당 합창단을 종교적 연극 개념의 플랫폼으로 사용할 계획을 세웠다. 그러나 클레멘스 9세는 1년 반도 안 되는 기간을 복무한 후 1669년에 사망했다. 그의 후계자들은 오페라에 대해 다른 견해를 가지고 있었고, 이해심이 적었으며 때로는 노골적으로 적대적이었다. 오페라가 기독교 교리의 원천이 되는 일은, 밀턴이나 단테가 시 분야에서 그랬듯 천재 작곡가가 교훈을 부드럽게 만든다거나 하는 가장 유리한 상황에서도 실패했을 것이다. 클레멘스가 죽은 후, 그런 화해에 대한 희미한 희망마저 사라져버렸다.

이 시점에 문화전쟁의 진원지는 이미 북쪽으로 옮겨져 있었다.

1517년 마르틴 루터의 95개 조항문이 공포되면서 시작된 종교 개혁은 실제 군사 전쟁도 촉발했다. 갈등은 1648년 베스트팔렌 조약 Peace of Westphalia이 체결될 때까지 가라앉지 않았다. 경쟁하는 기독교 세계관을 둘러싼 이 전쟁으로 적어도 5백만 명이 죽었다. 일부 전문가들은 그 숫자를 두 배 이상으로 판단하기도 한다. 그러나 신조, 행동, 문화의 양립할 수 없는 비전은 군사 교전으로 해결되지 않았다. 예술과 음악에 대한 상반된 태도가 이러한 분열의 주된 원인은 아니었지만, 의견 불일치에 기여했고 개신교와 가톨릭교 사이의, 그리고 개혁 운동의 다른 부분에서도 태도 차이를 정의하는 역할을 했다. 로마 교회는 예술의 매력에 굴복했고, 비평가들은 신자들에게 조각된 신의 형상, 그려진 성인의 모습, 신성한 단어의 의미를 숨긴 정교한 음악적 표현에 헌신하도록 독려했다. 개신교 내에서 종교 지도자들은 이러한 과잉에 대처하는 데 필요한 정화의 정도에 대해 서로 다른 견해를 보였지만, 오래된 관행에 정밀한 조사가 필요하고 어떤 경우에는 단호한 근절이 이뤄져야 한다는 데에는 동의했다.

이 개혁의 일환으로 지난 2천 년 동안 음악 논쟁의 거의 모든 이슈가 부활했다. 독자들은 이러한 과거의 논쟁이 사실상 하나도 해결되지 않았음을 알고 실망할 것이다. 플라톤, 세네카, 아우구스티누스, 다른 냉정한 원로들의 의심을 불러일으켰던 동일한 우려가 종교 개혁의 맥락에서 다시 나타났다. 음악의 즐거움이 우리의 도덕성을 약화시켰을까? 저속한 댄스곡에 애착을 가져서 말도 더 럽혀졌을까? 리스너들은 성스러운 텍스트가 정교한 멜로디와 만났을 때 그 이야기를 이해할 수 있었을까? 어떤 악기가 특별한 위험을 내포하고 있었을까? 아니면 모든 악기가 그럴까? 음악은 불필요한 시간과 돈 낭비를 의미하지 않는가? 음악과 나약함을 연관짓던 오래된 비난조차 재활용되었다. 취리히 개혁가 울리히 츠빙글리Ulrich Zwingli는 가톨릭 관행에 대한 공격에 대해 구약성서 예언자가 이렇게 반응할 것이라고 말했다. "우리 시대에 나약한 성직자가 비단 성직자복을 입고 제단에 서 있는 동안, 성전에서 그토록 다양한 종류의 음악을 보고, 그렇게 많은 리듬을 들었다면? 온 세상이 견딜 수 없을 만큼 크게 소리를 질렀을 것이다."[9]

츠빙글리는 극단적이었고, 그의 영향으로 교회 오르간이 팔리거나 손상되거나 파괴되었다. 오르간은 '악마의 백파이프' 또는 '교황의 백파이프'로 불렸고, 때때로 오르간 연주자는 양 떼를 유혹하는 사람으로 비난받았다. 샤를마뉴가 위임한 취리히 그로스뮌스터Grossmunster 대성당의 오르간 연주자에 대한 이야기가 전해지는데, 그는 그 시대의 위대한 악기들 중 하나가 파괴되는 것을 보면서 "그 자리에 서서 무력감에 눈물을 흘렸다"고 한다. 상황은 매우 나빠져 1525년 취리히에서 모든 교회 음악이 사라졌다. 엄숙한 의식이 미사를 대신했고, 회화와 화려한 성직자복은 제쳐두고 대신 설교의 교훈에 집중해야 했다.[10]

그런데 츠빙글리 자신은 다른 어떤 주요 개혁가들보다 이 분야에서 뛰어난 실력을 가진 유달리 재능 있는 음악가였다. 그의 동시대인 중 한 명인 베른하르트 비스Bernhard Wyss는 츠빙글리가 10개 이상의 악기와 "앞으로 발명될 모든 악기"를 연주할 수 있다고 주장했다. 신자들의 영적인 삶에서 음악을 뿌리 뽑기 위해 그토록 애썼던 츠빙글리는 재능 있는 작곡가이기도 했는데, 그는 죽기 직전 그리스 코미디의 첫 현대 공연을 위해 그리스어로 음악을 만들기도 했다. 얼핏 보면 스위스 개혁가의 이 두 가지 측면은 화해될 수 없는 것처럼 보이지만, 우리는 이와 유사한 다른 예를 알고 있다. 인기 있는 사랑 노래의 작곡가인 아벨라르Abelard는 말년에 이 업적에 대한 모든 찬사를 거절했고, 멋진 종교 음악을 열망했다. 같은 이유로, 젊은 시절에 트루바두르로서 찬사받았던 폴케 드 마르세유Folquet de Marselha의 전통적인 (그리고 아마도 믿을 수 없는) 이야기는 그가 노래로 귀족들을 유혹했지만, 후에 툴루즈의 주교로서 이단자들의 피를 흘리고 프랑스 남부의 종교 재판을 옹호하는 것으로 훨씬 더 큰 명성을 얻었다고 전한다. 그러한 예는 종교가 노래를 개혁하려는 야망에 미치지 못하더라도, 종종 젊은 시절에 이러한 죄악적인 스타일을 터득한 음악가들을 포함하여, 그 과정에서 있을 법하지 않은 동맹자들의 지지를 받는다는 사실을 상기시킨다.[11]

현대에도 이런 전환이 일어났다. 20세기 초 블루스 연주자들 상당수는 나중에 그들의 젊은 시절 음악을 포기했다. 1963년 블루스 연구가 게일 딘 워드로우Gayle Dean Wardlow가 1920년대 정욕적인 블루스 노래를 녹음한 이시몬 브레이시Ishmon Bracey 목사를 추적했을 때, 목사는 "블루스와 블루스적인 삶에 대한 끔찍한 죄책감"을 이야기했다. 녹음 계약이 눈앞에 있을 때 브레이시는 종교적 음악만 할 것이라고 주장하는 바람에 잠재적으로 수익성이 좋은 기회를 놓쳤다. 이 무렵 로버트 윌킨스Robert Wilkins 목사는 1936년 자신의 블루스 경력을 부활시키면서, 전보다 종교적인 색채가 더 강한 곡 위주로 레퍼토리를 정했다. 이와는 대조적으로, 1930년대 전설적인 블루스 기타리스트 로버트 존슨의 멘토로 활동했던 선 하우스Son House는 약 30년 후에 옛 블루스를 다시 연주했다. 하지만 종종 나이트클럽과 커피하우스 공연 중간 열정적인 설교에 빠지며 진정한 고뇌를 보여주었다. 존슨 자신은 어땠을까? 존슨은 상징적인 노래를 같은 종류의 영적인 불안으로 가득 채웠는데, 그가 더 오래 살았더라면 어쨌했을지 누가 알겠는가? 블라인드 윌리 존슨Blind Willie Johnson과 게리 데이비스Gary Davis와 같은 다른 공연자들은 블루스의 기술을 옹호했지만, 그 음악을 구원을 위해 이용했다. 아마도 그들 중 가장 놀라운 변화의 주인공은 유명한 음란 가수에서 현대 복음 음악의 발명가로 진화한 톰 도지Tom Dorsey일 것이다.[12]

우리가 이러한 대변화의 이유를 찾을 때, 아마도 가장 간단한 것이 가장 설득력 있는 설명을 제공할 것이다. 음악가들은 노래의 힘을 누구보다도 잘 이해한다. 그들은 자신들이 청중에게 미치는 매혹적인 영향을 공연에서 직접 경험한다. 어떤 종류의 전환 경험이나 이데올로기 전환이 그들로 하여금 그 누구보다 더 열성적으로 지배적 음악 문화에서 위험한 요소들을 제거하게 만든다는 것은 이치에 맞다. 금욕의 가장 열렬한 주창자가 되는 개혁적 술꾼들과 크게 다르지 않다. 나는 담배 중독으로 수명이 단축된 아버지를 떠올리면서, 아마 그는 내 모든 잘못은 용서해도 내 흡연 습관만은 용서 못 하시지 않았을까 하고 상상해보기도 한다. 아버지는 말보로 Marlboro 한 갑을 쥔 자신의 아이를 보고 눈물을 흘렸을 것이다. 어떤 관습이든 가장 잘 알고 있는 사람이 종종 그것을 가장 경계한다.

마르틴 루터 역시 음악가 겸 작곡가였다. 그는 극단적인 개혁가들의 더 억압적인 조치는 거부했지만, 그 역시 약한 인간 본성에 대한 노래의 깊은 힘은 파악했다. 가톨릭 음악사학자 펠리스 레이놀디Felice Rainoldi는 루터가 "아우구스티누스 이후 서양 교회에서 음악에 관한 한 가장 위대한 작곡가"라고 선언하기까지 했다. 루터는 《로마서Paul's Epistle to the Romans》의 교리인 '믿음은 듣는 데서 생긴다'를 자신 있게 선언했고, '눈을 위한 거울은 귀에서 나오는 것'이라고 말했다. 루터는 참견하기 좋아하는 동시대 사람들이 기존의 음악 생태계를 대부분 파괴했을 환경에서도 관용을 옹호했다. 그는 실력 있는 가수였고, 찬송가를 작곡하는 한편, 다른 사람들에게도 그렇게 하도록 격려했다. 또한 개혁된 신학과 일치하는 새로운 내용으로 업데이트된 가톨릭 작품의 각색을 반겼다. 대위법, 심지어 라틴어의 사용 등 다른 사람들이 의심스럽게 바라보던 전통은 그의 지도 아래 계속되었다. 당시 관행에 루터가 끼친 영향력은 분명하며, 그와 별개로 그의 행동이 서양 음악의 후기 진화에 어떤 영향을 미쳤는지도 생각해봐야 한다. 그의 죽음 이후 3세기 동안, 독일은 서구 세계의 음악 문화를 지배했고 많은 사람이 결코 뛰어넘지 못했다고 믿는 우수성의 기준을 세웠다. 16세기 초 더 혹독한 개혁가가 독일 음악 생활의 규칙을 정했다면 이런 일은 거의 일어나지 않았을 것이다. 바흐, 베토벤, 브람스 등 수많은 존경받는 콘서트홀 음악의 거장을 배출한 후기 창작 부흥에 대해 마르틴 루터에게 조금 더 공로를 돌려야 하지 않을까?[13]

같은 이유로, 우리는 헨리 8세와 그의 딸들이 영국이 로마와 결별하고 영국 국교회를 세운 후 음악 개혁을 도입한 것에 대해 감사해야 한다. 헨리 8세는 축제와 흥을 돋우는 요란한 가사로 유명한 「Pastyme with Good Companye(패스트타임 위드 굿 컴퍼니)」를 포함해 여러 노래를 직접 작곡했다. 헨리 8세의 수도원 및 다른 교회 재산 압수는 때때로 중요한 음악 원고를 파괴하는 결과를 낳기도 했지만, 합창단은 성당, 대학, 윈저 성Windsor Castle을 포함한 왕실 환경에서 공연을 계속했다. 많은 주요 작곡가가 영어로 종교 음악을 쓰기 시작했지만 라틴어도 일부 상황에서 살아남았다. 1553년 헨리의 첫 결혼생활에서 유일하게 살아남은 아이인 메리 1세Mary I의 대관식 이후, 가톨릭 예배와 음악적 관행이 부활했다. 심지어 복잡한 대위법도 다시 유행하기 시작했다. 5년 후 메리가 죽자, 이복자매인 엘리자베스 1세Elizabeth I는 영국 국교회의 권위를 다시 세웠다. 엘리자베스는 음악 개혁에 대해 온건한 입장을 취하면서도 문화 전쟁에서 더 극단적 조치를 추구하는 사람들은 제지했다. 그녀의 아버지처럼, 엘리자베스 여왕은 자신의 음악에 대한 노력에 자부심을 가졌다. 그녀가 가장 좋아하는 악기는 (너무 적절하게도) 하프시코드의 친척인 버지널virginal(이 이름은 젊고 순수한 여성들이 연주했기 때문에 생겨났다)이었고, 그녀가 키보드 연주자로서 스코틀랜드의 여왕 메리를 능가하는 기쁨을 다룬 일화가 전해진다. 1559년 엘리자베스 여왕의 명령the Elizabethan Injunctions에서, 그녀는 "음악의 즐거움이 주는 위로"를 명시적으로 언급하면서, 더 광적인 종교 개혁가들이 선호하는 근엄한 찬송가 외의 다른 찬송가와 노래의 사용을 옹호했다. 교회 음악이 교구민들의 듣는 즐거움에 기여해야 한다는 언급은 대수롭지 않은 문제처럼 보일 수 있지만, 16세기 동안 유럽을 휩쓸고 있는 음악을 둘러싼 더 큰 싸움의 맥락 안에서, 여왕의 이 선언은 관용의 힘에 대한 의미 있는 승리였다.[14]

문화 전쟁은 결국 상상할 수 있는 가장 온화한 방식으로 조정되었다. 즉, 악기의 파괴도, 잔인하고 특이한 처벌도 없었다. 북유럽과 영국 전역의 개신교 교회는 음악가들의 최대 고용주가 되었다. 교회는 오르간을 태우는 대신 오르간 연주자를 고용했다. 대위법을 금지하는 대신 합창단을 고용해 대위법 공연을 했다. 루터교도와 다른 교파들은 가톨릭 신자들이 이미 배운 것을 점차적으로 발견했는데, 그것은 음악을 통제하는 가장 안전한 방법은 선도적인 작곡가들에게 급여를 주어 이를 유지하는 것이라는 사실이었다. 돈 콜레오네가 아들에게 "친구를 가까이하되 적은 더 가까이하라"고 충고하는 영화 '대부The Godfather'의 유명한 대목이 생각난다. 교회 지도자들은 그들이 신성한 음악이 아닌 음악을 반대했었다는 사실을 점차 잊어버렸다. 그러나 세속 음악을 둘러싼 문화 전쟁은 이후 전개될 내용에서도 계속 등장한다. 나는 우리가 음악 때문에 싸우는 것을 끝낼 수 있을지 의문이다. 어쩌면 우리는 그렇게 하도록 만들어졌을지도 모른다. 한 연구는 즐거운 음악을 듣는 것과 위험에 대한 투쟁 도피 반응 사이의 신경계 활동(심박수, 호흡, 체온, 맥박 등)에 두드러진 상관관계가 있음을 보여준다. 황홀함과 갈등이라는 그 두 가지 선택지는 언제나 가까운 곳에 있었고, 아마 언제나 그럴 것이다. 그런데 역설적이게도 음악의 영광은 노래가 인간 문화에서 가장 강력한 팀 구성과 연합을 이루는 힘이라는 사실이다. 음악은 문화 전쟁을 촉발할 수도 있지만, 그것을 끝낼 수 있는 도구도 제공한다.[15]

종교 개혁의 시대를 넘어서 바라보면, 서양 세계 전역에 걸쳐 음악가들과 교회와 국가의 제도가 평화롭게 공존하는 시기를 보게 된다. 얼핏 보면 그런 것 같다. 사실상 그 시기의 모든 주요 작곡가는 교회, 귀족과 재정적 관계를 맺게 되고, 많은 경우 전체 경력과 생계는 겉으로 보기에 조화롭게 보이는 이 관계에 의존한다. 그러나 표면 아래에서는 여전히 갈등이 격렬했다. 급여를 받으며 규칙을 따르겠지만, 항상 만족하는 것은 아니다. 위대한 음악가들은, 아마도 고용을 위해 일하는 다른 사람들보다 지배받기를 싫어했다. 휴전 중에도 그들은 비록 다른 영역에 속하지만 신성한 것과의 직접적인 소통의 통로일 수도 있는 그들 자신이 통치자라고 믿었다. 마음속으로 그리고 때로는 말과 행동으로 다른 계급을 꿈꿨는데, 그 속에서 자신은 하인이 아니라 주인이었다. 세계관에서의 이러한 갈등을 감안할 때 문화 전쟁은 실제로 평화적인 결론에 도달할 수 없었다. 그저 잠시 수면 아래로 숨었을 뿐이다.

17

가발을 쓴
체제 전복자

Music: A Subversive History

Subversives in Wigs

J. S. 바흐보다 더 인정받고 전통에 충실한 내부자는 없을 것이다. 적어도 일반적으로 알려진 모습에 의하면 말이다. 그는 교회 당국과 귀족을 위해 노력한 냉정하고 매혹적인 루터교도로, 수백 개의 칸타타, 푸가, 관현악 작품을 비롯해 신의 영광을 노래하는 작품들을 썼다. 그러나 실제 바흐는 겉으로 드러난 모습과는 매우 달랐다. 사실 그는 클래식 음악 역사상 까다로운 반체제 인사들이 후세에 어떻게 순응주의적 기성 인물로 변모하는지 그 놀라운 예를 보여준다.

지휘자 존 엘리엇 가디너John Eliot Gardiner는 수정주의 연구서《바흐: 천상의 음악Bach: Music in the Castle of Heaven》에서 "그가 예상을 벗어나는 반항아였다고 생각해보자"라고 제안한다. 음악학자 로런스 드레퓌스Laurence Dreyfus는 2011년 강연에서 우리의 충실한 교회 작곡가를 "불순분자 바흐Bach the Subversive"라고 부르기도 했다. 그러나 오늘날에

도 "진지한 음악"의 전형으로 여겨지는 이 인물에 대한 존경과 예의
의 분위기를 감히 더럽히는 사람들에게 엄청난 반발이 쏟아진다.
2000년에 열린 작곡가의 250주년 축하 행사 중 바흐 학자 로버트 L.
마샬Robert L. Marshall은 새로운 정보가 드러나며 작곡가의 삶과 작품을
재해석할 필요가 있음을 조심스럽게 인정하면서도 "필요성은 인정
하지만 피하고 싶다"고 말했다. 드레퓌스가 지적했듯이, 바흐에 대
해 현재 남아 있는 기록은 대체로 "성인의 삶을 모델로 한 것"처럼
보인다.[1]

　바흐를 잘 안다고 생각하는 사람들과 이야기를 해봤는데, 그들
은 바흐가 한 달 동안 수감되었던 것을 알지 못했다. 거리 싸움 도
중 바흐가 동료 음악가에게 칼을 겨눴다는 것도, 바흐가 술을 얼마
나 마셨는지에 대해서도(2주간의 여행에서 바흐가 요구한 술은 30리터에 육
박했다) 들은 적이 없었다. 작센 공작Duke of Saxony과의 계약서에는 성
내 양조장에서의 맥주 면세 조항이 포함되었다. 그는 오르간석에
서 미혼 여성과 어울렸다는 비난을 받은 적도 있다. 사람들은 설명
이나 사과 없이 할당된 직무를 무시한 그의 행동에 대해서도 모른
다. 추측이나 소문은 많지만, 바흐의 성생활에 관해서도 잘 모른다.
하지만 그 어떤 작곡가보다도 많은 20명의 자녀를 두었다는 점이나
("바흐의 오르간은 멈추지 않는다"라고 농담을 하게 만든 그의 생산 능력), 30대 후
반에 20세의 가수 안나 막달레나 바흐Anna Magdalena Wilcke와 두 번째 결
혼을 한 데서 어느 정도 결론을 내릴 수 있지 않을까? 사람들은 바
흐가 초래한 끊임없는 징계 문제나 그의 무례함, 그리고 그가 권위
를 과시하기 위해 사용한 다른 많은 방법에 대해서도 알지 못하는

데, 바흐는 직원이 저지른 일을 무자비하게 문서화했던 라이프치히 Leipzig 평의원들에 의해 '구제 불능'으로 낙인찍힌 바 있다.

그러나 이러한 사건들을 굳이 연구할 필요는 없다. 기교와 대담한 곡 구조를 과시하며, 엄격한 루터교도들과 심지어 동료 음악가들의 신경을 분명 건드렸을 그의 음악을 들어보라. 그의 연주에 대한 음악적 비판은 알려진 게 거의 없지만, 그의 동시대 사람들의 몇 안 되는 반응을 통해 바흐가 다른 사람들이 연주한 규칙을 경멸했음을 알 수 있다. 우리는 그가 예배를 드리는 동안, 너무 오랫동안 즉흥적으로 행동했다는 불평을 들었다. 동료 작곡가 요한 아돌프 샤이베Johann Adolph Scheibe가 바흐의 "과장되며" "혼란스러운" 음악 제작에 대해 남긴 비난의 글도 읽었다. 바흐는 1730년 "현재의 음악적 취향"과 "새로운 종류의 음악을 마스터하는 것"을 수용하는 것이 왜 필요한지를 설명하는 각서를 시의회에 제공할 수밖에 없었다. 여기서 그는 "이전의 음악 스타일은 더 이상 우리의 귀를 즐겁게 하지 않는 것 같다"고 주장하며, 당대 가장 진보적인 경향을 따를 자유를 요구한다. 아마도 가장 눈에 띄는 논평은 샤이베의 독설에서 나온 것일 것이다. 그는 바흐의 음악이 "넘치는 예술로 인해 어두워지고" "끝없는 은유와 수치"에 의해 훼손되었다고 말한다. 즉, 후대에 바흐가 위대하다고 평가받는 것들이 당대에는 바흐를 의심받게 한 요소들이었다.[2]

이러한 의구심은 바흐가 죽은 후에도 계속되었다. 일각에서는 1820년대 후반 펠릭스 멘델스존Felix Mendelssohn 덕분에 작품에 관심이 집중되기 전까지는, 바흐의 작품이 잊혔다는 의견도 제기되었지만 전혀 사실이 아니다. 바흐 음악의 신봉자는 늘 있었다. 다만 그의 음악이 주로 교육적 목적으로 사용되었을 뿐이다. 바흐로부터 배워야 할 것이 너무 많았다. 그러나 그 점이 바흐의 모든 위반을 용서해주지는 못했다. 바흐의 죽음 이후, 성년이 된 작곡가 요한 아브라함 피터 슐츠Johann Abraham Peter Schulz는 전임자의 합창곡이 "학식을 과시하는 위험한 선례를 남겼다"라고 비평했다. 이 장르에서는 "서민들의 이해를 위해 꼭 필요한 단순함보다, 종종 멜로디를 알아볼 수 없게 만드는 불협화음이 발전했다." 1800년 말, 아베 게오르크 요제프 포글러Abbé Georg Joseph Vogler는 복잡한 구절을 단순화함으로써 바흐의 합창곡들을 좀 더 받아들이기 쉽게 해야 한다고 느꼈다.[3]

바흐의 천재 신화는 독일 민족주의 부상과 종교 부활, 즉 지금은 오래전에 죽은 이 작곡가를 이용하여 자신들의 의제를 밀어붙이고자 한 움직임으로 비롯됐다. 바흐가 자신을 작센 사람이나 튀링겐 사람이 아닌 독일인으로 자칭했는지조차 분명하지 않지만, 1802년까지 전기작가 요한 니콜라우스 포르켈Johann Nikolaus Forkel은 자랑스럽게 "이 사람은 현존하는 가장 위대한 음악 시인이자 아마도 역사상 가장 위대한 음악가로서 독일인이었다. 우리는 그를 자랑스러워해야 한다"라고 썼다. 이는 전복적 음악의 역사에서 친숙한 패턴으로, 매우 다른 상황에서 (예를 들어 블루스 기타리스트 로버트 존슨이나 래그타임 작곡가 스콧 조플린Scott Joplin 등) 앞으로도 반복될 것이다. 이 예술가들은 당시에는 스캔들투성이였지만, 그들의 유산은 힘 있는 기관들에 의해 이용되고 공인된 일화를 뒷받침하기 위해 재해석되어 미래에 전설이 된다. 이러한 과정을 공개하는 것이 음악사학자의 역할이지만, 어떤 사람들에게는 문제를 일으키는 선동가의 일대기를 새로운 현상 유지의 기념물로 바꾸는 일이 몹시도 유혹적인 일, 거부할 수도 없는 일이기도 하다.[4]

드레퓌스는 바흐의 진정한 저항의 선언인 전복적 실천 여섯 가지 측면을 열거한다. 그에 따르면, 바흐는 음악적 즐거움에 대한 전통적 개념을 전복시켰다. 예를 들어, 《평균율 클라비어곡집The Well-Tempered Clavier》 제1권 B단조에서 그는 아름다운 멜로디를 구성하는 전통 개념을 무시하고, 12개의 반음계 음을 모두 사용했다. 예배 음악을 신의 단어인 로고스logos에 충실하게 만드는 종교 관습을 전복시킨 것이다. 또한 표현 스타일이 행사의 특정 기능과 목적에 맞아야 한다는 음악 적절성에 대한 일반적인 개념을 전복시켰다. 예술이 자연에 대한 거울이라는 교리를 전복시켰고(예술 작품에 가치 체계를 강요하기보다는 자연적 표현 방식을 고수했다), 선율적 아이디어가 도입되고 발전되는 시대적 기술인 음악 발명품의 전통적인 지표도 전복시켰다. 마지막으로, 예술 작품이 작곡이나 작곡가의 영광이 아니라 신의 장엄함에 대한 경건하고 질서 있는 헌신을 표현해야 한다고 요구하는 음악적 경건함에 대한 기대를 전복시켰다. 존중의 전형이자 체제의 대표적인 예로 바흐의 명성을 유지하고자 하는 전기 작가가 이러한 주장 중 하나 이상에 대해 논쟁할 수는 있지만, 이 신화적 인물, 그의 인생 이야기, 그의 작품에 대한 광범위하고 개방적인 조사에서 나오는 게슈탈트gestalt(전체, 형태, 모습을 뜻하는 독일어—옮긴이)를 무시하는 것은 불가능하다. 바흐는 공무원과 권력 브로커들을 매우 깊이 불신했고, 기회가 있을 때마다 자신의 독립성을 보여주었다. 결국 그가 현상 유지의 상징이 된 것은, 현상 유지가 그의 특권에 적응하게 되었기 때문이지 그 반대가 아니다.

1750년 바흐가 죽은 후 한 세기 동안의 음악사에 대한 기존의 설명은 교향곡, 현악 4중주곡, 협주곡, 소나타 그리고 창조적 표현을 위해 빠르게 진화하는 다른 플랫폼에 사용되는 기술의 눈부신 확장에 초점을 맞춘다. 이 형식적인 구조들 중 어느 것도 종교적 관행과는 크게 관련이 없다는 것을 주목할 필요가 있는데, 같은 기간 동안 교회가 유럽 음악의 비용을 얼마나 많이 부담했는지를 고려할 때 이는 특이한 상황이다. 루터교 음악의 위대한 대표자인 바흐 조차도 오늘날 가장 유명한 건 세속적인 작품이다. 의심스럽더라도 차트에서 '베스트셀러'를 확인해보라. 그의 건반 음악은 칸타타보다 더 많은 클릭 수를 자랑한다. 그의 수난곡과 「B단조 미사The Mass in B Minor」는 신성한 음악의 걸작이지만 「브란덴부르크 협주곡Brandenburg Concertos」보다 더 자주 들리지는 않는다. 바흐가 죽은 후 음악 문화의 세속화는 더욱 뚜렷해졌다. 찰스 로젠은 그의 신학 연구서《고전 양식》의 개정판에서 그가 그 시대 교회 음악에 대해 거의 관심을 갖지 않았다며 분개하는 비평가들을 지적한다. 하지만 로젠이 달리 무엇을 할 수 있었을까? 그는 "18세기 말 종교 음악의 가사가 급진적인 양식 문제와 이념 문제를 일으키지 않은 척하는 것은 역사를 거스른다. 그 스타일은 하이든이 대부분의 미사곡을 썼을 때 완전히 사라졌다"고 설명한다. 여기서 기묘한 점은 음악 스타일의 변화가 아니다. 교회의 유대가 느슨하고 세속적 음악이 번성하는 시대에 변화는 불가피했다. 이 모든 일이 어떻게 일어났는지를 생각해보면,

사실상 모든 주요 작곡가가 종교 기관에서 돈을 얻어낼 방법을 찾던 시기에 일어난 일들임을 알 수 있다.[5]

작곡가들은 18세기 동안 교회의 호의를 얻고 시장을 확보하기 위해 매우 다른 자세를 취하면서 이중생활을 하는 법을 배웠다. 비발디Vivaldi는 사제로 임명되었지만 약 1년 동안만 성례전을 관리했다. 그는 가르치고, 작곡하고, 출판하는 데 있어서 자신을 지탱하는 다른 방법을 찾았다. 그의 가장 유명한 작품 「사계The Four Seasons」는 기독교보다 이교도적이며 겨울에 죽어 봄에 다시 나타난다는 점에서 고대의 다산 음악을 연상시킨다. 헨델은 교회 오르간 연주자로서 음악 경력을 시작했지만 곧 더 수익성 높고 흥미진진한 오페라 분야로 옮겨갔다. 「메시아Messiah」와 함께 말년에 종교 음악으로 돌아왔지만, 이 곡 역시 교회가 아닌 극장에서의 공연을 위해 고안되었다. 헨델은 악보의 말미에 'Soli Deo Gloria(신에게만 영광)'라고 썼을지 모르지만, 그의 행동은 그의 일에 합당한 가치를 부여하려는 시장에 대한 더 큰 신뢰를 반영한다.

전반적인 추세는 분명하다. 이 시대의 위대한 작곡가들은 대부분 여전히 교회 안에서 경력을 시작했지만, 종교 관할권 밖에서 번영할 수 있는 방법을 모색했다. 빈 합창단 소년으로 첫 호평을 받은 요제프 하이든Joseph Haydn의 경우를 생각해보자. 미래의 작곡가는 노래 경력을 추구할 수 있었고, 젊은 목소리를 유지하는 데 필요한 거세에 동의했을 수도 있지만, 그의 아버지는 그 계획에 거부권을 행사했다. 얼마 지나지 않아 하이든은 성당 성가대를 떠나 다락방을 얻어 자리를 잡았고, 그곳에서 음악 이론을 부지런히 연구하고 J. S.

바흐의 아들인 카를 필리프 에마누엘 바흐Carl Philipp Emanuel Bach의 건반 소나타를 연습했다. 이 작품은 작곡가로서 그의 기술을 발전시키는 롤 모델이 되었다. 하이든이 에스터하지Esterhazy 가문에서 직함이 카펠마이스터Kapellmeister였지만, 이를 '궁정 악장chapel master'으로 번역하는 것은 잘못이다. 그는 기능인이라기보다는 음악 감독이었다. 사실 하이든은 종교 음악을 포기한 적이 없었고, 로젠의 의구심에도 불구하고 심지어 「천지창조The Creation」에서 성서 해석의 걸작을 만들 수도 있었다. 그러나 하이든은 헨델처럼 교회의 독실한 교민들이 아니라 콘서트에 돈을 내고 온 청중들을 위해 오라토리오를 썼다. 종교 음악은 그의 작품 일부분에 불과하다. 그는 신만큼이나 맘몬Mammon(헬라어로 부·재물이라는 뜻ー옮긴이)을 위해 곡을 썼다.

18세기 말, 음악 분야에서 성공의 주도적 결정권자로 시장이 부상했지만, 그때까지도 작곡가들은 주로 종교 제도나 사적 후견에 의존했다. 이 두 대안 사이의 경계는 종종 모호했다. 때때로 교회 기능인도 부유한 귀족이었는데, 예를 들어 모차르트의 후원자인 히에로니무스 콜로레도Hieronymus Colloredo는 호칭이 백작-잘츠부르크의 대주교Prince-Archbishop of Salzburg였다. 작곡가는 귀족에게 고용될 수 있었고, 신성한 목적을 위해 작곡을 요청받기도 했다. 바흐의 많은 훌륭한 칸타타가 빌헬름 에른스트 공작Duke Wilhelm Ernst 밑에서 일하는 동안 작곡되었다. 한편 바흐가 안할트쾨텐Anhalt-Kothen의 왕자 레오폴트Leopold를 섬길 때, 그는 대부분의 시간을 세속적 음악에 할애했다. 라이프치히에서는 신성한 작품에 초점을 맞췄는데, 그때의 고용주는 시의회였다. 상황은 다양했는데, 어쨌든 음악가가 더 높은 계층의 사람을 섬긴다는 낡은 관념에 바탕을 두었다.

이는 난처한 상황이었다. 앙투안 릴티Antoine Lilti는 연구서《유명인의 발명The Invention of Celebrity》에 유명인의 개념이 작곡가들이 여전히 반봉건적 구조에서 활동하던 "18세기"에 나타났다고 썼다. 물론 이전 시대에도 다른 종류의 명성은 있었지만, 이러한 원시적 형태의 악명은 릴티의 유용한 스키마에서 영광(용기나 영웅주의 같은 것)이나 명성(예술이나 문학 작품을 포함한 비범한 업적)에 바탕을 두고 있다. 유명인은 무언가 다른 존재였다. 그것은 일종의 명성이었고, 작품과 행위에 대한 냉정한 평가를 넘어 사적 활동에도 강박적인 대중적 관심을 불러일으켰다. 우리는 유명인 문화를 우리 시대를 정의하는 것으로 여기지만, 유명인이라는 단어는 실제로 1800년 무렵 영어와 프랑스어 모두에서 매우 빈번하게 사용되었다. 게다가 이 시기에 의미가 극적으로 바뀌었는데, 18세기 전반, '유명인'은 일종의 뻔뻔한 자기 홍보를 가리키는 부정적 의미를 내포해 종종 품위 있는 사람이라면 꺼리는 용어였다. 그러다 1760년경이나 1770년경 다른 의미를 갖기 시작했고, 이제는 더 넓은 대중의 열정과 호기심을 자극하는 특별한 개인에게 쓰이는 말이 되었다.[6]

요제프 하이든이 에스터하지 가문의 하인으로 고용된 것은 이때다. 가족 기록 보관소에 보관되어 있는 1761년 5월 1일자 계약서가 하이든의 비굴함의 전모를 보여준다. 그는 다른 수행원, 하인들과 마찬가지로 유니폼을 입어야 했고, 고용주들과 함께 식사하거나 술 마시는 것이 허용되지 않았으며, 다른 하인들과 함께 식사해야 했다. 고용주 가족과 가깝게 지낼 수 없었고, 성관계는 금지되었으며, 명령을 받기 위해 매일 두 번 '전하' 앞에 서야 했다. 이 요구 사항들이 이미 충분히 굴욕적이지 않다는 듯, 에스터하지 공은 하이든이 어떤 음악을 쓸지에 대한 결정권과 그의 곡에 대한 권리를 자신이 소유한다고 명시했고, 자신의 허락 없이 하이든이 다른 사람을 위해 작곡하는 것을 금지했다. 우리의 기준으로 볼 때, 이러한 조건은 가혹하며, 부당하다. 그러나 당시 유럽 음악에서 이것이 음악가의 가장 바람직한 위치 중 하나였다.

이러한 예술 후원의 봉건적 함정은 더 넓은 세계에서 일어나는 변화에 살아남을 수 없었다. 하이든 생전에 균형이 깨질 터였다. 작곡가 카를 디터스 폰 디터스도르프Carl Ditters von Dittersdorf가 1789년 요제프 1세Joseph I와 함께 개인 청중을 받았을 때, 이 신성로마제국의 통치자로부터 하이든과 모차르트의 장점에 대해 질문을 받았다. 이 강력한 통치자는 자신이 두 작곡가의 미덕을 평가하는 에세이를 썼다는 것을 인정했고, 이를 자신의 방문객에게 보여주고 싶어 했다. 이제 통치자들이 스스로 음악가의 팬이 되었고, 새로운 유형의 뮤지컬 스타들은 그들의 호기심을 자극했다.

일부 진취적인 학자는 18세기 동안 실제 작곡가의 표현에 어떤 변화가 있었는지 연구했다. 여기서 우리는 작곡가가 악보에 쓰던 형식적 헌사로부터 어떻게 해방되었는지 추적할 수 있다. 1709년 안토니오 비발디Antonio Vivaldi는 덴마크와 노르웨이의 프레데리크 4세 Frederick IV에게 다음과 같은 헌정사를 바칠 수밖에 없었다. "보잘것없고 아무것도 아닌 제 작품을 바칠 때만 마음이 행복해집니다." 베네치아 귀족 베토르 델피노Vettor Delfino에게 위대한 작곡가는 이렇게 말했다. "음악에 대한 전하의 놀라운 취향은 완벽에 가까워 전하를 섬기고 싶어 하지 않을 예술가는 없을 것입니다." 베네치아의 곰바라 백작Count Gombara에게 비발디는 이렇게 말한다. "전하의 고귀하고 훌륭한 가문의 광활한 영광 속에서 길을 잃지 않도록 해야겠습니다. 끝이 없는 위대함 속에서 길을 잃을까 걱정됩니다." 같은 세기 말, 우리는 베토벤이 쾰른 선제후Elector of Cologne 대공에게 소나타 세 곡을 헌정하면서 비슷하게 비굴한 언어를 사용하는 것을 본다. 베토벤은 감히 "제 첫 작품을 전하의 왕좌에 바친다"고 말한다. 이 단어들은 실제로 베토벤의 아버지나 그의 선생에 의해 쓰였을 가능성이 있다. 베토벤이 그 작품을 썼을 때 겨우 12살이었고, 이후 헌사에서 그는 그런 자기비하적 어조를 쓰지 않았다. 이 두 극단 사이에서 우리는 하이든을 발견하는데, 하이든은 그의 경력 동안 고객에 대한 태도가 눈에 띄게 바뀌었다. 그 역시 특히 에스터하지 대공에게 초창기에는 아첨했다. 1766년 후원자에게 보낸 편지에 "우리에게 새로운 겨울옷을 선물해 준 것에 대해 정중하게 당신의 가운 자락에 입맞춤을 보냅니다"라고 썼다. 그러나 이러한 내용은 에스터하지 일족과의 서신에 더는 등장하지 않는다. 그는 자신의 인기와 시대에 대한 불평으로 이를 대체했다. 1791년 영국에서 그는 새로운 대공 안톤 에스터하지Anton Esterhazy에게 "제 등장은 세상을 놀라게 했습니다. 그날 저녁에 더 큰 숙소로 이사를 해야 했습니다. 방문자가 너무 많아서 6주 안에는 답례를 할 수 없을 것 같습니다"라고 썼다. 그는 시간을 내어 다시 '성실하게' 보고하겠다는 싱거운 약속으로 편지를 끝맺었는데, 적어도 한 달 동안 편지를 쓰지 않았다. 그리

고 추신을 통해 자신보다 36살이나 어린 매력적인 상사의 '귀여운 아내'에게 키스를 보냈다.[7]

하이든의 이성 관계를 들여다보는 것은 외설스러운 호기심에서가 아니라, 유명인에 대한 집착이 그 기간 동안 음악가들의 실제 생활에 얼마나 영향을 미쳤는지를 가늠해보기 위해서다. 여기서 1장에서 강조된 음악적 기술과 성적 선택의 장점 사이의 연결고리를 뒷받침하는 추가 증거를 찾을 수 있을까? 하이든의 마지막 유언장은 혈연관계가 아닌 여성들에 대한 유증의 말로 가득 차 있다. 이는 그의 관대하고 자비로운 본성을 반영한 것일 수도 있다. 한편 우리는 성적 매력으로 음악가에 대한 헌신을 표현한 팬의 출현을 감지할 수 있다. 그러나 우리는 과거 시대의 이러한 관계에 대해 거의 알지 못하며, 우리가 할 수 있는 최선을 다해 행간을 읽을 수밖에 없다. 그렇다 하더라도, 하이든에게 극성스러운 팬들이 있었음에는 의심의 여지가 없다. 1785년 영국 신문 기사는 참담한 독일 왕자의 궁정에서 그 존경받는 작곡가를 해방시키기 위해 그를 납치하라고 그의 팬들을 독려했다.[8]

모차르트의 경우, 대답할 수 없는 질문이 훨씬 더 많다. 우리는 그가 그의 친한 친구(그리고 악명 높은 연인)인 자코모 카사노바Giacomo Casanova로부터 직접 유혹 기술을 배운 실존 바람둥이인 로렌초 다 폰테Lorenzo Da Ponte의 도움으로 유혹과 하룻밤 관계에 관한 가장 유명한 작품인 오페라 「돈 조반니」를 창조했다는 것을 알고 있다. 그러나 모차르트 자신의 낭만적 관계에 대해 우리는 어떤 확신을 가지고 말할 수 있을까? 그는 방대한 양의 서신에 사생활에 대한 기록을 남겼는데, 이 서신은 많은 클래식 음악 애호가를 경악하게 했다. 하지만 이 서신은 때로는 설명보다 더 신비로워 마침내 검열되지 않은 형태로 대중에게 제시된 후에도(20세기까지는 드문 일이었다) 많은 추측의 여지를 남겼다. 서신에는 일종의 코드화된 에로티시즘이 나타나는데, 모차르트의 잦은 간접 표현은 혼란을 가중시킨다. 예를 들어, '스푸니 쿠니 페이트spuni cuni fait'라는 구절(어떤 학자도 뜻을 해석해내지 못했다)이나 마르타 엘리자베트 폰 발드스타텐 남작 부인Baroness Martha Elisabeth von Waldstätten에 대한 그의 암시를 생각해보자. 아내 때문이라도 그가 의사소통의 일부 측면을 숨겨야 했음을 알 수 있다. 또는 그의 사촌에게 그녀의 손, 얼굴, 무릎에 키스할 것이라는 말을 프랑스어로 전하며 "당신의 모든 것이 내가 당신에게 키스를 하도록 만든다"라고 썼는데, 편집자들은 영문판에 이 마지막 줄을 번역하지 않은 채 남겨두었다. 아마도 그럴 만한 이유가 있을 것이다. '바이저baiser'는 단순히 키스를 의미하는 것이 아니라 '성관계하다screwing'와 같은 뜻이 되기도 한다. 모차르트는 자신이 여느 남성들보다 더 민감하게 성욕을 느낀다는 사실을 아버지에게 인정하면서, 돈 조반니처럼 열정적인 연인으로서의 이미지를 강화했다.[9]

일부 평론가들은 작곡가의 전기를 만들기 위해 모차르트가 하인, 가수 그리고 다른 여성들과 함께 유럽을 여행하는 동안, 불륜 관계를 맺었을 거라고 추측했다. 그러나 모차르트는 강한 종교적 양심의 가책을 느낄뿐더러 명예심 때문에 가벼운 관계는 맺지 않는다고 아버지에게 항변했다. 이를 믿을 수 있을지 확신할 순 없지만, 어쨌든 모차르트의 주장으로 사람들이 유명인을 침실로 데려갈 기회가 있었음은 알 수 있다.

우리는 당대의 위대한 작곡가의 작품에서 전복적인 정치적 메시지를 찾으려고 할 때 더 확고한 기반 위에 있게 된다. 피터 셀러스Peter Sellars 감독은 모차르트를 "역사상 가장 강렬한 정치 예술가 중 한 명"이라고 칭하며 "모든 오페라는 지배 계급과 노동자 계급 간의 평등에 대한 급진적인 제스처"라고 지적했다. 예를 들어, 다 폰테와 함께한 모차르트의 첫 오페라 「피가로의 결혼The Marriage of Figaro」은 현재 많은 사람이 부유층을 위한 고급 엔터테인먼트의 전형으로 간주하지만, 이 오페라의 기초가 되는 피에르 보마르셰Pierre Beaumarchais의 연극은 빈에서 요제프 2세Joseph II 황제의 명령으로 금지되었다. 심지어 더 이전에 루이 16세Louis XVI는 파리에서의 공연을 금지하려고 노력했으며, 오페라가 초연됐을 때 세 명의 사망자가 발생하는 폭동이 뒤따랐다. 프랑스 혁명은 「피가로의 결혼」이 오페라로 무대에 다시 올려지고 불과 3년 뒤에 일어났는데, 다 폰테의 좀 더 신중한 표현에서도, 곧 파리의 거리를 장악할 사람들과 여기서 제시된 귀족들에 대한 가혹한 비판을 연결 짓기는 어렵지 않다.[10]

모차르트는 혁명가였을까? 그렇게까지 말할 수는 없을 것 같다. 셀러스는 모차르트의 편지에 명시적으로 선동적 논평이 없는 것에 대해 "검열이 너무 심했고, 혁명적 생각을 표현한 사람이나 프랑스 혁명을 이끈 사람은 비밀경찰의 심문을 받을 가능성이 높았음을 기억해야 한다"고 설명한다. 그러나 나는 역사학자 폴 존슨Paul Johnson이 모차르트가 "절대 혁명적인 정치가는 아니지만, 전복적이었다"고 한 말이 진실에 더 가깝다고 생각한다. 이는 모차르트가 그의 명성에도 불구하고 지배 계급으로부터 매우 적은 후원을 받은 이유를 설명해 준다. "모차르트는 정치 때문에 빈에 고립되어 남겨졌다."[11]

모차르트가 1784년 프리메이슨Freemasons에 합류한 것을 잘 생각해보라. 그의 조직 참여는 때때로 기묘한 부업으로 보이기도 하고, 「마술 피리The Magic Flute」에 나오는 상징주의의 원천으로 보이기도 한다. 이 시기 통치자들은 비밀 결사대를 두려워했다. 모차르트의 입회 1년 만인 1785년, 요제프 2세는 프리메이슨 산장의 수를 제한하고 치안판사들에게 최신 회원 명단과 회의 시간을 확보할 것을 요구했다. 학자들은 프리메이슨이 4년 후 프랑스 혁명을 촉진하는 역할을 했는지에 대해 여전히 논쟁하는데, 전통적 성향을 가진 비회원들이 이 조직을 불신했다는 것에는 의심의 여지가 없다. 같은 이유로, 18세기 고전음악에서 프리메이슨이 했던 역할이 혁명의 의도를 보여주는 증거는 아니지만, 하이든과 모차르트에게 있어서 이 비밀 결사대가 가진 매력은, 그들이 속해 있던 유명 작곡가들의 새로운 사관의 성격에 대한 통찰력을 제공한 것이라 할 수 있다. 작곡가들은 자신들의 경력을 위해 내부자들과의 연결고리를 만들면서도 점점 더 자신을 외부인이라고 여겼다.

사실 모차르트는 때때로 시민 혁명보다는 군주제의 편에 섰다. 미국 혁명이 진행되는 동안, 그는 아버지에게 보낸 편지에서, 영국이 프랑스를 이긴 것에 기뻐하며, "나는 철저하게 영국인이다"라고 선언했다. 그러나 우리는 영국이, 당시 빈에 있는 많은 사람에게 독립과 개인 자유의 땅을 대표했다는 사실을 기억해야 한다. 그러한 문제에 대한 모차르트의 견해, 즉 그의 삶이 그 예시들을 보여준 것이라는 점을 의심할 여지가 없지만, 여기서의 그의 태도는 이념만큼이나 인격의 문제일 수도 있다. 확실히 모차르트는 그 시대의 문화 엘리트들의 횡포하고 편협한 방식에 인내심이 거의 없었고, 이러한 태도는 그의 성격과 작곡에도 명료하게 나타난다.[12]

하이든이 후원자의 옷자락에 입을 맞추겠다고 제의한 이후 20년 동안 후원자와 작곡가 사이의 관계는 극적으로 변화했다. 스페인 왕실의 후원자가 작곡가 루이지 보케리니의 작품 중 한 구절을 바꾸라고 명령했고, 작곡가는 해당 구절을 두 배로 길게 만드는 것으로 이에 응수했다. 같은 기간 카를 필리프 에마누엘 바흐는 음악가들의 회고록이 거의 알려지지 않았던 이 시기 작곡가로서는 비상한 업적인 자서전을 썼고, 이를 통해 그를 감히 비판하는 사람들에 대한 불만을 표시했다. 모차르트는 경력 대부분을 프리랜서로 보냈지만, 후원자의 지지를 받을 때도 그에 대해 투덜거렸다. 모차르트는 1781년부터 잘츠부르크 대주교에 대한 불평으로 가득 찬 편지를 아버지에게 보내며 "어떤 차이가 있는지, 무슨 기도를 해주는 건지 모르겠습니다"라고 했다. 그는 대주교가 자신을 하인 취급하는 것을 경멸했고, 아버지에게 이 위치는 단지 그의 재능을 숨기는 데만 기여했다고 말했는데, 이는 부유한 후원자와의 연대가 음악가의 지위를 높여준다는 전통적인 견해를 뒤집는 것이었다. 어쩌면 하이든도 이 무렵에 같은 기분을 느꼈을지도 모르지만, 그는 고용주에게 자신의 짜증을 잘 숨긴 듯하다. 모차르트는 그 정도의 조심성이 없었고, 틀림없이 상당한 소란을 피웠을 것이다. 마침내 그가 파면되자 대주교의 관리인은 문자 그대로 발길질을 해 그 위대한 작곡가를 궁 밖으로 쫓아냈고, 모차르트는 20년이 걸리더라도 그 발길질을 되갚아주겠다고 선언했다. 프랑스 혁명으로 이어지는 몇 년 동안 유럽의 위대한 작곡가와 그의 가장 중요한 후원자 사이의 관계는 이러했다.[13]

그러나 우리는 이를 단지 선동적인 정치적 신념 때문이라고 볼 수는 없다. 18세기 말 음악가에게 프리랜서로 활동할 기회가 크게 늘어난 덕분에 모차르트는 자신의 오만함을 감당할 수 있었다. 모차르트는 수입원을 다섯 개나 가지고 있었는데, 첫째, 그는 오늘날 음악가들처럼 레슨을 해서 돈을 벌었다. 그의 교육가적 면모는 알 수 없지만 1782년 그가 아버지에게 쓴 편지에 세 학생으로부터 받은 수업비를 자랑하는 대목을 발견할 수 있다. 둘째, 그는 공개 콘서트에서 공연을 했으며, 때로는 티켓 판매와 장소 대여를 책임지며 연주회를 직접 기획하기도 했다. 셋째, 귀족들과 다른 부유한 음악 애호가들을 위한 개인 콘서트를 열었다. 네 번째 수입원은 출판이었는데, 오늘날의 저작권에 비해 큰돈을 벌지는 못했지만 피아노가 중산층 가정에 보급되고 악보에 대한 수요가 증가하면서 출판 시장도 점점 커지고 있었다. 마지막으로, 모차르트는 작품, 특히 오페라 커미션에 의존할 수 있었다. 오늘날같이 저작권료가 정기적으로 들어오는 건 아니었고, 단건 계약이었다.

이러한 한계에도 모차르트는 상당한 돈을 벌었다. 그가 가난하게 살다 죽었다는 의혹을 가끔 듣지만, 이는 진실과 거리가 멀다. 모차르트는 당시 기준으로 중상류층 생활을 즐겼다. 도심에 그럴듯한 아파트를 갖고 있었고, 멋을 부렸고, 필요할 때 코치를 고용했고, 레스토랑에서 식사를 했다. 매일 머리를 매만지고 옷을 입혀주고 가발을 정리해주는 미용사도 있었다. 그의 집을 방문한 사람들은 가난한 가정과 거리가 먼 소유물인 당구대를 보고 놀랐을 것이다. 빚이 있긴 했지만, 돈을 벌지 못해서가 아니라 낭비가 심해서였다. 모차르트는 더 오래 살았더라면 상당한 풍요를 누렸을 것이다. 그의 미망인 콘스탄체 베버Constanze Weber가 그의 예술을 수익화하는 데 성공한 사실은, 19세기 초 이후 팔 수 있는 새 작품이 없는 죽은 작곡가도 시장에서 큰 경제적 가치를 지녔음을 보여준다.

그러나 작곡가들이 비굴함을 버리고 자신의 규칙에 따라 살아가는 유명인으로 변모한 음악사적 순간의 상징적 전환점을 찾는다면, 이 무렵에 일어난 무시하기 쉬운 사건에 주목하고 싶다. 때로는 생태계의 단일 변화가 이전에는 보이지 않던 현실을 반영하기도 한다. 1790년 낯선 사람이 불쑥 하이든의 문을 두드리더니, 당황한 이 궁정 작곡가에게 "나는 런던의 잘로몬Salomon이고 당신을 데리러 왔다. 내일이면 협정을 체결할 것이다"라고 말한다. 이 독일 태생의 지휘자 요한 페터 잘로몬Johann Peter Salomon은 하이든이 아직 깨닫지 못한 것, 즉 런던에서 그를 기다리는 찬사와 수입의 정도를 알고 있었다. 영어에 능통했던 모차르트와는 달리 하이든은 영어에 대한 초보적인 지식조차 부족했다. 그러나 음악과 돈에는 말이 별로 필요 없었다. 하이든은 돈에는 정통했고 음악에 있어서는 이미 거장이었다. 하이든은 런던에서 에스터하지 가문과 함께 벌어들인 돈의 20배를 벌 수 있다는 사실을 알게 되었다. 그는 이제 자신에게 아부하는 청중들과 잘 훈련된 대형 오케스트라를 위해 공연했다. 공연을 하지 않았을 때는 웨일스 왕자와 다른 왕실 구성원들의 환영을 받았고, 옥스퍼드에서 명예 박사학위를 수여받았다. 이런 상황에서 그는 전에 없던 영감을 받았다. 1794~1795년 하이든은 두 번째 런던 방문에서 유명한 작품들을 많이 만들었고, 50대 후반과 60대 초반에는 음악 역사상 매우 드문 창작의 정점을 누렸다.[14]

내가 사회경제적 요인을 너무 많이 다룬 것일까? 그렇지 않을 것이다. 18세기 마지막 수십 년 동안, 음악 형식에 엄청난 변화가 일어났는데, 유럽의 대표 작곡가들의 사회적 위치와 명성의 변화를 살펴보지 않고는 이런 변화를 적절하게 설명할 수 없다. 유명인의 지위는 작곡가의 전기와 예술 사이의 경계를 흐리게 했고, 음악 작품의 구조적 토대는 이 새로운 상태에 적응해야 했다. 음악적 구성은 리스너를 안내하는 명시적 텍스트가 없는 '순수한' 음악 작품임에도 서사적 형태를 취했다. 찰스 로젠은 "교향곡은 극적 공연이 될 수밖에 없었다"고 설명하면서, "이에 따라 절정과 대단원을 가진 줄거리와 같은 것뿐만 아니라, 부분적으로만 도달했던 음색, 성격, 행동의 통일성도 발전시켰다"고 했다. 작품 제목은 작곡가의 삶에서 일어난 사건의 이름으로 정해졌다. 오늘날 「옥스포드 교향곡Oxford Symphony」으로 불리는 하이든의 작품은 옥스포드 방문을 위해 작곡된 것이 아니라, 프랑스 백작이 의뢰해 파리에서 공연된 것이다. 그러나 관객들은 중대한 개인적 사건과 내적 감정 혼란에서 영감을 얻은 자서전 진술 같은 작품을 보는 것을 선호했다. 모차르트의 「레퀴엠Requiem」은 자신의 죽음을 위해 실제로 작곡되지 않았지만, 그의

많은 숭배자가 그렇게 보기를 원했다.[15]

음악이 이 무게를 견디기 위해서는 모든 측면이 바뀔 필요가 있었다. 바로크 음악의 침착하고 확장된 흐름은 극적 효과를 전달하기에 적합하지 않았다. 그것은 표현의 변화, 침묵, 절정, 소리의 계곡으로 특징지어지는 다양한 리듬의 풍경으로 대체되어야 했다. 더 역동적이고 더 강력해질 필요가 있었다. 곡의 에너지 흐름은 숭고한 대조를 만들기 위해 지속적인 관리와 미세한 조정이 필요했다. 그전에는 너무 터무니없어 보였던 장치들, 즉 비정형적인 프레이즈, 불균형적인 조 변화, 예상치 못한 침묵, 심지어 코믹한 효과까지 이제는 작곡가에 의해 만들어지고 관객들에 의해 높이 평가받았다. 그것들은 고전음악에서 기대되는 별난 점과 기이한 점의 한 부분일 뿐이었다.

이 시점부터 두 가지 경향이 음악을 무서운 속도로 발전시킬 것이다. 첫째, 음악이 전기, 인물과 뗄 수 없는 관계가 되어 순수 음악학, 즉 음표만으로 노래나 스타일을 정의하는 것은 오선에 새겨진 개인적 회고록을 읽는 것을 고의로 거부하는 어리석은 일로 전락하게 된다. 이 특성은 준해설 구조의 주인공으로서 독주자가 강조되는 협주곡(모차르트의 완벽한 형식에 자극받아 이 무렵 새로운 차원의 예술성에 도달했다)의 발전으로 더욱 명백해진다. 그러나 교향곡과 음시tone poem, 또는 극단적인 예로 표면적으로는 조물주Creator를 대문자 C로 기념하는 예배 음악도 결국 소문자 c로 작곡가이자 창작자creator를 표현하게 된다. 첫 번째와 연결된 두 번째 경향은, 단지 작곡가의 자서전을 요구하는 것이 아니라, 급진적이고 폭발적인 자기표현—작곡가의 위대함과 일반인들의 모든 일상적 규칙으로부터의 면제를 선언하는—을 요구하는 청중들의 발견이다. 그리고 리스너의 판타지에 숨어 있는 무언의 세 번째 요소가 있는데, 리스너들이 분노를 대신하여 이러한 자유를 누리고 있다는 것이다. 팬으로서 그들 역시 권력자의 제한과 규칙을 위반하며 즐거움을 느꼈다.

이것은 시장에서 팔릴 준비가 되어 있는 일종의 포장된 전복의 방식으로, 오늘날에도 여전히 적용된다. 관객들은 일종의 사회적 자극과 발판 역할을 하는 음악을 요구할 것이다. 물론 이 모든 것은 혁명을, 끊임없는 모멘텀으로 음악을 앞으로 나아가게 할 지속적인 혁명을 약속한다. 앞으로 노래는 좋든 나쁘든, 행복하든 슬프든, 빠르든 느리든, 과거처럼 점점 더 혼란스럽고 자극적으로 변할 것이다. 그리고 때때로 리스너들에게 같은 행동을 하도록 자극할 것이다.

18

혁명을
원한다고?

Music: A Subversive History

You Say You Want a Revolution?

혁명은 필연적으로 우리를 베토벤으로 이끈다. 이 모든 경향은 그에게서 정점에 달한다. 음악은 이제 그저 인간 정신이 아니라 인간 정신의 선언이다. 관중은 영웅적이며 우뚝 솟은 존재를 요구한다. 이전에는 전복적 행동이 보이지 않게 숨겨졌고, 후원자가 관찰할 수 없는 사적 영역에 머물렀다면, 이제는 권장되어 겉으로 드러나고 있다. 심지어 음악가들이 개인적 문제부터 정치적 문제에 이르기까지 모든 종류의 문제에 견해를 가질 것으로 기대된다. 음악 자체가 일종의 사회정치적 선언으로 변모했는데, 이는 앞으로 다가올 변화의 전조일 뿐만 아니라 세계에 대한 진술이기도 하다.

　바흐가 캐논 형식의 작곡가로 봉안된 후에도, 바흐의 정치적 견해를 해독하는 데 관심을 기울이는 사람은 없었다. 그러나 베토벤의 모든 것은 혁명, 격변, 충돌하는 가치 체계라는 프리즘을 통해 보게 된다. 음악 역사상 처음으로 정파가 음악을 놓고 싸운다.

베토벤을 궁극적인 고전음악 내부자, 교향곡 전통의 기반, 기득권의 상징이라고 생각하는가? 1956년 척 베리Chuck Berry는 로큰롤의 승리를 알리고자 했을 때, 「Roll Over, Beethoven(롤 오버, 베토벤)('베토벤은 저리 치워' 정도의 뜻—옮긴이)」을 25년에 걸쳐 다양한 버전으로 발표하며 계속해서 히트곡 차트에 이름을 올렸다. 삭호퍼sock-hopper(20세기 중반 학교 등에서 음악을 틀어놓고 춤추던 십 대들—옮긴이), 핫로더hot-rodder(취미로 올드카 튜닝을 하는 사람들—옮긴이), 영화 '이유 없는 반항'의 팬들까지 이 존경받는 독일 작곡가가 왜 지목되었는지 정확히 알고 있었다. 그는 고루한 음악 전통을 억압적 모습으로 요약할 수 있는 가장 유명한 인물이었다. 베리의 음반이 전파를 탄 지 6년 후, 출간된 앤서니 버지스Anthony Burgess의 소설 《시계태엽 오렌지A Clockwork Orange》에는 혐오 요법으로 훈련받아 베토벤의 9번 교향곡을 들을 때마다 구역질을 하는 소년이 등장한다. 시스템은 여러분들을 파괴할 것이고, 「환희의 송가Ode to Joy」는 그 지배 도구다.

이 말을 한마디도 믿지 말자. 이것들은 이 페이지에서 반복적으로 탐구된 변증법의 예를 나타내는데, 음악적 급진주의자를 현상유지자로 바꾸는, 그야말로 대변동이다. 오래된 음악 혁명가들은 결코 죽지 않는다. 단지 주류 제도에 동화될 뿐이다. 그러니 제도적 모습만 본다면 실제 행동을 놓치고 있는 것이다. 여러분에게 베토벤은 하나의 브랜드로 주어졌다. 이는 다양한 상황에 사용되는데, 재정적이거나 이념적이거나, 대개 둘 다에 해당한다.

서양 음악사에서 루트비히 판 베토벤만큼 격정적으로 수용되고 왜곡된 인물은 없다. 그의 「환희의 송가」는 수년 동안 나치 독일과 소련, 마오쩌둥의 문화 혁명(중국에서 거의 모든 서양 음악이 금지되었던 시점에), 페루의 게릴라 조직 '빛나는 길Shining Path'의 창시자 아비마엘 구스만Abimael Guzman, 남아프리카 공화국의 아파르트헤이트Apartheid(인종차별정책-옮긴이) 정권에 의해 받아들여졌다. 베토벤 9번 교향곡은 베를린 장벽의 붕괴를 기념하기 위해 연주되었는데, 붕괴된 바로 그 정권은 이전에 위대한 작곡가를 자신의 것이라 주장했었다. 어떻게 하나의 작품이 이질적이고 반대되는 이데올로기에 대해 그렇게 많은 상징적 공명을 가질 수 있는 걸까? (이상한 일이지만, 이 교향곡은 기술 전쟁에도 등장했다. 소니Sony와 필립스Philips가 콤팩트디스크 개발에 협력했을 때, 이들은 새로운 포맷에 필요한 가동 시간을 두고 끝없이 다투었다. 전설에 따르면, 그들은 CD가 베토벤 교향곡 제9번 전체를 수용할 수 있는 충분한 저장 공간을 가져야 한다는 데 동의했다고 한다.)

베토벤의 이 작품을 둘러싼 싸움은 오늘날에도 계속되고 있다. 「환희의 송가」는 1985년 EU 공식 국가로 선정되었다. 이에 따라 영국은 EU 탈퇴를 결정할 때 베토벤 교향곡 제9번을 항의곡으로 내세웠으며, 2017년 7월 로열 앨버트 홀Royal Albert Hall에서 열린 콘서트에서 제9번 교향곡 공연 도중 관객들이 EU 국기를 흔드는 것을 막기도 했다. 같은 달 도널드 트럼프Donald Trump와 블라디미르 푸틴Vladimir Putin이 G20 회의를 위해 함부르크에 모습을 드러냈을 때, 앙겔라 메르켈Angela Merkel 독일 총리는 이 베토벤 작품이 엔터테인먼트일 뿐이라고 말했다. 이는 노골적인 정치적 발언이었다. 그러나 푸틴 자신은 베토벤이 자신이 가장 좋아하는 독일 작곡가 중 한 명이라고 선언했고, G20 회의가 열리던 그 주에 트럼프는 바르샤바의 청중들에게 자신의 정책이 교향곡과 같다고 말했는데, 일부 관측자들은 그가 베토벤을 언급했다고 봤다. 척 베리는 분명 잘못 판단했다. 베토벤의 영향력은 여전하며, 모든 정당과 정권이 그를 지지할 것이다.

이 논쟁은 베토벤 장학금이 탄생한 이후 계속되고 있다. 베토벤이 죽은 후, 그의 비서 겸 초기 전기 작가 안톤 신들러Anton Schindler는 이 위대한 작곡가를 급진주의자이자 혁명의 지지자로 제시했다. 그러나 1911년 베토벤의 전기를 출판한 작곡가 뱅상 당디Vincent d'Indy는 "자코뱅주의Jacobinism(과격 급진주의-옮긴이)는 그의 바른 마음과 맞지 않는다"며 이 주장을 비난했다. 베토벤의 가장 유명한 전기 작가 알렉산더 휠록 세이어Alexander Wheelock Thayer(1817~1897)는 베토벤의 일상생활에 대한 세심한 설명에 집중하며 중도에 서려고 했다. "나는 이론이 없다." 하지만 논쟁이 현대까지 치열하게 이어지는 것을 막지는 못했다. 최근 학자 스티븐 럼프Steven Rumph는 보수적 가치가 결국 베토벤의 세계관을 지배한다고 자신 있게 주장했다. 반면 전기 작가 메이너드 솔로몬Maynard Solomon은 베토벤을 유토피아적 선견지명이 있는 사람으로 판단했다. 공산주의 통치가 끝나기 전에 열린 포츠담 회의에 따르면, 베토벤은 "마르크스Marx의 가르침의 문턱에 도달"했고, 자신의 음악을 "혁명적이고 실용적인 행동"으로 보았다. 학자들은, 오래전 죽은 작곡가를 둘러싼 그들의 영역 전쟁에서 정치인들만큼이나 격렬한 논쟁을 펼치고 있다.[1]

베토벤이 남긴 상반되고 변화하는 증거들로 인해 이 싸움은 좀처럼 해결될 기미가 없는데, 그의 가장 유명한 정치적 제스처조차 우유부단함으로 특징지어진다. 베토벤은 나폴레옹을 기리기 위해 세 번째 교향곡을 썼지만, 그 곡에서 헌정사를 들어냈다. '보나파르트Bonaparte(나폴레옹의 성─옮긴이)'라고 불리기로 되어 있던 작품은 현재 「영웅 교향곡Eroica Symphony」으로 알려져 있다. 나폴레옹이 자신을 황제로 선언했을 때 베토벤이 이에 실망했기 때문이라고 종종 설명된다. 그러나 여기서도 우리는 작곡가의 행동에서 일관성을 찾을 수 없다. 베토벤은 군주제에 반대했을까? 첼로를 위한 그의 첫 두 소나타는 프로이센의 왕 프리드리히 빌헬름 2세Friedrich Wilhelm II에게 헌정되었다. 그의 「7중주곡 E플랫장조 Op. 20」은 마리아 테레지아Maria Theresa 황후에게 바쳐졌다. 1802년에 그는 「바이올린과 피아노를 위한 세 개의 소나타」를 러시아의 황제 알렉산드르 1세에게 바쳤다. 1813년 「웰링턴의 승리Wellington's Victory」를 작곡하여 미래의 조지 4세 George IV에게 바쳤으며, 심지어 「신이여 왕을 구하소서God Save the King」 (영국 국가; 현재는 「God Save the Queen」이다─옮긴이)를 그 곡에 삽입하기도 했다. 그의 교향곡 9번은 프로이센의 프리드리히 빌헬름 3세 Frederick William III를 위해 헌정되었다. 그리고 죽기 전에 완성한 마지막 실질적인 작품 「현악 사중주 13번 B플랫 장조」의 새로운 피날레는, 그가 죽은 지 한 달 만에 처음 공개된 것을 보면, 오늘날까지도 사라진 지배권에 대한 인상적 칭호를 선언하는 강력한 가문의 일원인 니콜라이 골리친Nikolai Golitsyn 러시아 왕자에게 바치는 작품의 일부였음을 알 수 있다.

베토벤이 왕족과 편안한 관계를 맺은 사례는 그의 경력 전반에 걸쳐 많다. 1814년 빈 회의Congress of Vienna가 열릴 무렵─베토벤이 당시 G20 회의에 해당하는 이 행사에서 연주를 했다─, 한때 나폴레옹의 숭배자였던 베토벤은 반동 세력을 위해 음악을 제공하는 테드 뉴전트Ted Nugent(마초적 이미지로 유명한 미국의 뮤지션—옮긴이) 모드에 있는 것 같았다. 이름에서부터 고귀한 가문 출신이라고 오해받았던(그의 네덜란드 성에 있는 '판van'은 독일 귀족 가문 출신을 의미하는 '폰von'과 비슷하다) 작곡가가 이런 행동을 한 것이 과연 놀라운 일일까? 베토벤은 자신을 국민의 사람이자 억압받는 사람들의 지지자로 보았다. 그의 오페라 「피델리오Fidelio」만 봐도 긍정적인 증거를 찾을 수 있다. 우리는 어떻게 이러한 모순을 조화시킬 것인가? 베토벤이 가진 자와 없는 자 사이의 싸움에서 충성을 다한 것에 대해 말할 수 있는 확실한 것은 기회에 따라 베토벤은 양쪽 다를 위해 연주할 수 있었다는 사실이다.

그렇다 하더라도, 나는 우리가 이러한 혼란스러운 사실을 뒤로 하면 베토벤의 핵심 가치에 대한 합리적이고 명확한 이해에 도달할 수 있다고 믿는다. 그는 내가 이 책에서 주장한 것에 대한 완벽한 사례 연구다. 이 책에서 볼 수 있는 —시대와 문화의 현저한 차이에도 불구하고 놀라울 정도로 일관되게— 반복되는 현상은 파괴적인 외부인들이 나중에 자신들을 주장하게 된 바로 그 제도를 뒤흔드는 혁신을 찾는다는 것이다. 이 반란군들이 충분히 오래 산다면, 이급진적 자세를 주류화하는 데 참여할 수 있다. 엘비스는 닉슨과 친해지기 위해 백악관에 간다. 딜런은 노벨상을 받는다. 재거는 기사 작위를 얻는다. 다른 경우에는 역사가들에 의해 문서화되지 않은 채 뒤에서 이러한 변화가 일어나지만, 유죄를 입증할 증거는 남겨진다. 익명의 여자가 부르는 에로틱한 사랑의 노래는 구약성서 경전으로 바뀌어 솔로몬 왕에게 귀속되거나 《시경》으로 편입되어 공자의 영광을 더한다. 혹은 귀족 트루바두르가 그것을 모방하여 규범 문학이 된다. 이를 지적 재산의 차용이나 노골적 도용이라고 비난할 수도 있지만, 이 과정은 음악 역사에서 지속적인 변화의 엔진으로 남아 있다. 이는 전에도 일어났고, 앞으로도 일어날 것이다. 그렇더라도 우리는 항상 이 동화에 수반되는 수정주의 역사의 수용을 경계해야 한다. 음악 역사학자는 지배적인 제도들이 거의 항상 자신들의 의제를 정당화하기 위해 이야기를 돌리고, 그 뒤에 부과하는 이념적 해석을 넘어, 전체 과정을 움직이는 외부로부터의 까다롭고 파괴적인 힘인 혁신의 본질을 회복하기 위해 노력할 필요가 있다.

이 설명 모델을 사용하여 작곡가 베토벤의 신비를 풀면 우리는 무엇을 발견할 수 있을까? 우리가 그의 초기 모습을 연구한다면, 그는 이런 패턴에 맞을까? 매끄럽고 숙련된 내부자로서의 그의 지위는 우리가 그의 영향을 뿌리부터 추적하는 순간 사라지게 될까? 베토벤이 그의 경력 초기에 어떻게 인식되었는지 보자. 개인 모임에서 베토벤을 만난 피아니스트 프라우 폰 베른하르트Frau von Bernhard는 다음과 같은 묘사를 남겼다. "그는 키가 작고 보잘것없는 얼굴에 곰보투성이 못생긴 붉은 얼굴을 하고 있었다. 매우 검은 머리카락이 얼굴을 가리고 있었다. 복장은 매우 평범했다. 그는 당시 그리고 특히 우리 사회에서 관습적으로 행해졌던 쾌활함과는 거리가 멀었다. 게다가 사투리를 썼고, 다소 평범하게 자신을 표현했는데, 사실 몸가짐 전체에서 가꾼 듯한 흔적은 전혀 보이지 않았다. 그는 품행과 행동 모두에서 관리되지 않았다. 그는 굉장히 오만했다." 이는 조니 로튼Johnny Rotten이나 루 리드Lou Reed에 대한 설명일 수도 있지만, 우리가 여기서 다루는 사람은 베토벤이다. 베른하르트는 한 백작부인이 모임에서 베토벤에게 피아노를 처달라고 애원하고, 심지어 그가 소파에 앉아 있을 때 그의 앞에 무릎을 꿇기까지 했지만, 떠오르는 이 젊은 음악 스타가 결국 퇴짜를 놓은 일화를 소개한다. 작곡가 카를 체르니Carl Czerny는 베토벤의 경멸적인 태도에 대한 또 다른 예를 제공하는데, 즉흥연주로 관객들을 현혹해 눈물을 자아내게 한 후 베토벤이 듣는 사람들을 비웃으며 노골적으로 조롱했다고 한다. 체르니는 다음과 같이 덧붙였다. "그는 이런 즉흥연주를 한 후 프로이센 왕의 초청을 거절했다."[2]

우리는 음악계의 지도자들이 베토벤이 "못생긴 붉은 얼굴을 하고 키가 작고 보잘것없는 존재"라는 사실을 간과하고, 그 뒤에 숨겨진 희귀한 천재성을 파악했다고 믿고 싶다. 초기 작곡가들의 경우 작품에 대한 첫 반응이 거의 문서화되지 않았지만, 이 경우에 우리는 추측할 필요가 없다. 베토벤이 활동하던 때 음악 비평이 번창했기 때문에 우리는 여론을 주도하는 사람들이 그의 혁신을 어떻게 보았는지 정확히 안다. 그 당시 그들이 뭐라 했는가? 오늘날 음악 역사의 이정표이자 독일 낭만주의의 기념비로 추앙받는 「영웅 교향곡」에 대해 "거칠고 기괴한 음악"이라고 일축했다. 초연 무대를 취재한 또 다른 기자는 이 작품에 일부 옹호자들이 있다고 인정했지만, 보통 사람들에게 "교향곡은 너무 어렵고, 너무 길고, (베토벤) 자신도 너무 무례했다"고 말했다. 이 평가는 과장이 아니었다. 콘서트에 참석한 칼 체르니는 한 청취자가 공연 중간에 일어나 이렇게 외쳤다고 보고했다. "연주를 멈추기만 한다면 동전 하나를 더 주겠소!"[3]

이런 식의 공격과 평가로 한 장 전체를 채울 수도 있다. 이 비평가들은 무식하거나 별난 바보가 아니라 기성 질서를 잘 아는 대표들이었다. 그들은 문외한이 아니었다. 베토벤에 대한 공격에서 같은 말이 몇 번이고 나타난 것을 보면, 사전에 서로 상의한 것이 분명하다. 그의 음악은 이상하고, 특이하고, 임의적이며, 기괴하고, 신비롭고, 음울하고, 어려운 것으로 여겨졌다. 심지어 어린 베토벤의 멘토이자 챔피언으로 활동하려는 성향이 강했던 하이든조차도 제자의 스타일이 갖는 완전한 함의를 외면했다. 베토벤이 하이든에게 자신의 1번 작품(Opus 1)에서 피아노 3중주 세 곡을 보여주었을 때, 나이 든 이 작곡가는 그에게 마지막 작품은 출판되어서는 안 된다고 충고했다. 하지만 베토벤은 (특히 후세에) 이것이 3중주 중에서 가장 중요하고, 가장 성숙하고 인상적이라고 강조했다. 어쩌면 하이든은 베토벤이 추측하듯이 다음 세대를 질투했는지도 모른다. 그러나 하이든이 모차르트를 열정적으로 찬양했던 걸 고려하면, 그가 단순히 눈에 띄는 천재성을 시기해 그를 비난했을 가능성은 거의 없다. 명백한 결론이 보인다. 유럽에서 가장 위대한 작곡가도 베토벤을 충동을 억제할 필요가 있는 변덕스러운 아웃사이더, 확립된 행동 방식에 적응해야 하는 예측불허의 신인으로 본 것이다. 베토벤의 제도적 리브랜딩이 일어나기 전이었고, 그 리브랜딩도 실제 혁신자와 거의 관련이 없는 의제에 의해 추진되었으며, 대부분의 경우 평가가 명확해지기보다는 오해가 늘기 일쑤였다. 동시대 사람들에게 베토벤은 통합자가 아니라 방해자였다.

　요점은 베토벤에 대한 거의 모든 명백한 역설과 충돌은 그가 이런 파괴적 혁신 과정의 일부가 될 때 사라진다는 것이다. 몇 년 뒤 공격받았던 인물이 영역 싸움에 뛰어들었다. 베토벤의 정치적 견해조차도 적절한 자신감으로 해석할 수 있으며, 이젠 지적 단련도 필요치 않다. 베토벤이 「피델리오」의 '자유'나 9번 교향곡의 '환희'와 같이 음악 작품에 핵심 가치를 명시적으로 삽입했을 때, 이는 이념적 부담 없이 가장 직설적이고 가장 직접적인 방법으로 이루어졌다. 「피델리오」는 인기 있는 구출 오페라rescue opera의 하위 장르의 일부였는데, '대탈주The Great Escape', '쇼생크 탈출The Shawshank Redemption' 또는 '람보 2Rambo: First Blood Part II' 같은 현대 죄수 탈옥 영화와 크게 다르지 않다. 그렇다면 이러한 이야기들은 광범위한 역사적 환경에 맞춰질 수 있지만, 인간 해방 문제에 대한 진지한 철학적 사고를 위한 수단이 되기는 어렵다. 교향곡 9번 「환희의 송가」도 마찬가지다. 이것이 정치적 선언이라면 논란의 여지가 거의 없다. 베토벤이 이 작품을 위해 선택한 맥락에서 가장 위험한 주장은 우리 모두가 형제애, 어쩌면 창조자에 대한 인정으로 연결되어 있다는 것이다. 메시지의 단순성은 그 본질과 호소력의 일부다.

　베토벤이 자유를 통해 의미하는 바를 이해하기 위해 우리는 역사가 이사야 벌린Isaiah Berlin이 그의 영향력 있는 에세이 〈자유의 두 개념Two Concepts of Liberty〉에서 만든 결정적인 구별로 눈을 돌려야 한다.[4] 벌린은 종종 목표를 성취하기 위해 정교한 정치적 의제들을 수반하는 적극적 자유와, 간섭으로부터의 자유만큼 단순할 수 있는 소극적 자유 사이의 심각한 격차를 주목하게 한다. 베토벤은 소극적 자유 쪽에 더 가깝다. 1792년 그의 노래 「자유인은 누구인가?Wer ist ein freier Mann?」에 나오는 가사를 보자.

> 자유인은 누구인가?
> 자기 의지로 혼자 있는 그 사람,
> 그리고 어떤 대군주들의 변덕에도
> 영향을 받지 않는 사람.
> 그 사람이 자유인이다![5]

이는 본질적으로 소극적 자유의 정의다. 「피델리오」에서 죄수들이 감방에서 나오는 유명한 장면은 무대 위에서 드러난 그 가치에 대한 거의 판타지적 이미지다. 포로들은 쇠사슬을 벗어내고 더 이상 압제자들에게 속박당하지 않고 낮의 빛 아래 모습을 드러낸다. 당론이 아니라 인간의 불가침을 기리는 「환희의 송가」에서도 같은 정서가 나타난다. 베토벤과 같은 소극적 자유를 옹호하는 사람들은 다양한 정당, 프로그램, 유력자들과 단기적인 동맹관계를 맺을 수 있다. 사실 그들은 그들 자신의 소중한 독립을 위해 종종 그렇게 하도록 강요받기도 한다. 그러니 이러한 소속의 변화에 놀라서는 안 된다. 더 큰 관점에서 볼 때 베토벤은 자신의 핵심 가치에 비범한 일관성을 유지하였고, 그것은 주로 제도적 충성보다는 인간의 존엄성에 대한 의식에 의해 추진되었다.

음악사에서 잘못된 정보와 선전의 99퍼센트는 제도와 그 장황한 이야기를 받아들이는 무지한 복제자들에게서 나온 것이다. 그들은 역사적 진리의 신호탄 역할을 하는 것이 아니라 자신들의 의제를 홍보하는 것을 목표로 한다. 따라서 그들의 주장을 항상 면밀히 조사하고 주요 출처를 확인해야 한다. 우리에게 처음으로 이름이 알려진 음악가 엔헤두안나—그녀의 중요성을 기념하는 바로 그 석판은 나중에 권력자에 의해 훼손되고 조각났다—나 다른 혁신가들과 마찬가지로 베토벤도 그렇다. 변한 것이라면, 요즘 제도들은 석조 기념물에 의지하는 경향은 매우 드물고 더 미묘한 방법을 사용한다는 것이다.

우리는 19세기 음악의 또 다른 명백한 역설과 씨름하면서 이를 명심할 필요가 있다. 낭만주의의 숭배는 유명인 음악가의 출현과 동시에 지배 기관에 대한 의존도를 감소시키는 경제적 기회 확대와 일치했다. 이 운동에 관한 거의 모든 것이 개인을 칭송하고 제도를 거부했다. 음악적 창의성의 정서적, 심리적 토대는 이전과 달리 존경받았다. 음악 스타의 무례함과 지나친 자부심조차 용인되었으며, 이제는 천재에게 반드시 따라오는 특성으로 소중히 여겨졌다. 허영심을 버리고 여전히 더 큰 권력과 표현을 열망하는 예술가들은 자연, 즉 풍경, 외로운 구름, 별이 총총한 밤하늘로 눈을 돌렸다. 경험적이고 감정적인 진실은 반박할 수 없는 것으로 여겨졌고, 어디서나 개인적인 것이 정치적인 것을 이겼다.

예술적 특권을 누릴 때마다 강력한 통치자들이 침입하고, 심지어 표현적 자유의 아주 작은 이득까지도 큰 대가를 치르게 했던 지난 3천 년의 음악사와 비교했을 때, 얼마나 큰 해방감이 느껴졌을지

알 수 있다. 결국 역할이 뒤바뀌었다. 퍼시 비시 셸리Percy Bysshe Shelley
가 1821년 "시인은 인정받지 못한 세계의 입법자들"이라고 선언했
을 때 과장은 거의 없었지만, 그는 그 창조적 영혼의 의회에 작곡가,
소설가, 화가, 조각가들도 포함했어야 했을 것이다. 귀족들은 이제
그들의 호의를 확보하고 자수성가한 귀족의 빛나는 광채를 누리기
위해 일류 예술가들의 비위를 맞췄다. 19세기 음악의 모든 광경이
이 작곡가들과 그들의 음악을 자신들의 것으로 주장하는 정치, 종
교, 민족주의 파벌로 특징지어진다는 점은 역설적이다. 작곡가들은
명분이나 파벌의 대표자로 끊임없이 묘사된다. 그들의 독립이 그들
예술성의 본질로 기념되어도, 권위 있는 사람들에 의해 계속 부정
되었다.[6]

하지만 이런 의견 또는 요즘 우리가 말하는 이야기의 재조명
이라고 부르는 것을 조심해야 한다. 나는 19세기의 위대한 음악 예
술가들이 충분히 오래 살았다면 지배 기관에 적응하는 제스처를
취할 수도 있었으리란 것을 부인하지 않을 것이다. 프란츠 리스트
Franz Liszt는 결국 종교 질서에 가담하여 프란치스코회Franciscan 소속
이 되었고, 아베abbe라는 칭호를 받았다. 그러나 교회음악의 프리즘
을 통해 그를 볼 때, 리스트의 의의에 대해 오해의 소지가 있는 묘
사에 도달하게 된다. 오페라 작법을 포기하고 신성한 음악을 작곡
한 조아치노 로시니Gioacchino Rossini도 마찬가지다. 우리가 그 음악들
을 그의 작품 연구의 출발점으로 삼는다면 그의 예술성을 근본적으
로 오해하게 될 것이다. 요하네스 브람스Johannes Brahms는 명성을 얻
은 후 바이에른의 루트비히 2세Ludwig II로부터 막시밀리안 과학예술

훈장Maximilian Order for Science and Art을 받았고, 마이닝엔Meiningen의 조지 공작Duke George에게서 마이닝엔 왕가 십자공로훈장Commander's Cross of the Order of the House of Meiningen을 받았다. 그는 왕정론자였을까? 브람스의 실제적인 이념 성향에 대해 평가하고 싶다면, 그에 대한 안토닌 드보르자크Antonin Dvořák의 묘사에 귀를 기울이는 것이 더 나을 것이다. "훌륭한 남자, 훌륭한 영혼이다. 그는 아무것도 믿지 않는다! 아무것도 믿지 않아!" 심지어 브람스가 「독일 레퀴엠A German Requiem」을 작곡하면서 신성한 음악 전통에서 벗어났을 때도, 그는 기독교적 요소와 독일적 요소 모두를 배제하는 경향이 있는 것 같았다. 그는 지휘자 칼 라인탈러Karl Reinthaler에게 말했다. "나는 '독일'이라는 단어조차 생략하고 그 대신 '사람'만 사용할 것임을 고백한다. 또한 앞으로도 나는 요한복음 3장 16절('하나님께서 세상을 이처럼 사랑하셔서 외아들을 주셨으니') 같은 구절을 생략할 것이다. 한편으로 나는 음악가라서, 음악이 필요했기 때문에, 존경받는 작가들처럼 어떤 것도 삭제하거나 이의를 제기할 수 없기 때문에 둘 중 하나를 선택해야 한다. 하지만 너무 많은 말을 하기 전에 멈춰야겠다." 그는 이미 충분히 말한 것 같다.[7]

젊은 나이에 죽은 음악가들은 제도 안에서 찬사를 받을 수 없었을까? 심지어 그들은 사후 정쟁에 휘말렸다. 프란츠 슈베르트Franz Schubert의 경우를 보자. 그보다 더 좋은 예시가 될 만한 사람은 없다. 그는 동시대인들에게는 파벌주의와 이념이 아닌 음악에 몰두한 사람이었고, 불안한 사운드스케이프의 외로운 시인으로 정형화된 낭만주의 작곡가의 교과서적인 본보기가 될 수 있었다. 학생 시절부터 슈베르트의 친구였던 프란츠 에켈Franz Eckel은 "그는 조용하고 사람들과 별로 소통하지 않았다"라고 썼다. "학생들이 함께 걷던 산책길에 주로 혼자 떨어져 있었는데, 눈을 내리깔고 손을 뒤로 하고 손가락을 (건반 두드리듯) 움직이며 자기 생각에 빠져 있었다." 빈에 있는 자기 집에 머물던 슈베르트를 방문한 루이 슐뢰서Louis Schlosser는 주변 환경에 대한 작곡가의 관심 부족에 충격을 받았다. 그의 거주지는 따뜻한 가정의 분위기가 부족했다. 피아노, 현악기, 음악 스탠드, 의자 몇 개, 그리고 악보 더미로 가득 찬 장인의 작업실처럼 보였다. 슐뢰서는 "그는 음악으로 살고 숨 쉬었다. 그 과정에서 의도치 않게 최고의 자리에 올랐을 뿐이다"라고 결론지었다.[8]

이런 직접적인 설명이 부족하더라도 슈베르트의 결과물로 충분히 결론을 내릴 수 있다. 그는 그 시대의 위대한 작곡가들 중 가장 수명이 짧았다. 슈베르트는 서른한 살에 죽었다. 하지만 1,500개 이상의 음악 작품을 남겼다. 성악과 피아노를 위한 그의 600개 이상의 작품은 여전히 작곡가의 완벽한 기준이며, 내성적인 성격에서 기대할 수 있는 우울하고 감동적인 작품들이다. 나는 어떤 대중문화 잡지나 권위자가 가장 위대한 '역대' 작곡가들의 목록을 발표하며 프란츠 슈베르트를 빼놓을 때 항상 놀란다. 선정 기준이 품질, 영향력, 혹은 그저 지칠 줄 모르는 노력이든 간에 그는 언제나 목록의 맨 위에 있어야 한다. 이 작품들을 창조하는 데 필요한 끊임없는 노동과 헌신을 고려할 때, 슈베르트가 정치적 이유는 고사하고 일상생활에 할애할 시간이나 있었는지 궁금하다. 오케스트라, 피아노, 실내악, 종교 음악 등 걸작이 넘친다. 그중 하나만으로도 그는 명성을 얻었을 것이다. 사실 이 작품들 외에 그에 대해 쓸 만한 것은 별로 없다. 음악평론가 알렉스 로스는 "정보 부족 때문에 모든 종류의 환상이 난무했다"라고 쓰고 있다. "개인으로서의 슈베르트와 음악은 완전히 달랐다. 그의 음악의 존재감은 엄청나다."[9]

후세 사람들은 나치의 전체주의에서 동성애자의 권리에 이르기까지 모든 종류의 운동에 슈베르트의 이름을 붙였다. 아마도 그는 최초의 사회주의자였을 것이다. 슈베르트는 네 명의 친구와 함께 학생들 사이의 혁명적인 흐름을 뿌리 뽑으려는 오스트리아 경찰에 한 번 체포되었는데, 모욕적인 언어에 대한 문책만 받았다. 빈 보수주의자들은 세기가 끝날 무렵 슈베르트의 음악을 현대 사상이 부패하기 전의 더 단순한 시대로의 향수를 불러일으키는 회고전으로 찬양하면서, 슈베르트를 자신들의 것이라 주장할 것이다. 슈베르트는 자유주의적 포퓰리스트로도 고려할 만하다. 문화 권력자의 엘리트주의적 위계에 저항하여 공연장과 댄스홀, 심지어 초라한 응접실 피아노를 위한 음악까지도 작곡하려던 그의 의지를 보라. 이 주장을 뒷받침할 몇 가지 증거를 찾을 수도 있다. 그러나 어떤 것도 완벽하지 않다. 자신의 걱정에 집중하고 간섭에 저항하지만, 그 모든 것이 단지 자신의 작품에 집중하기 위해서였던 아웃사이더 슈베르트만이 남을 뿐이다.

이 시기 음악에 대한 제도적 통제의 붕괴가 주로, 아니 심지어 일차적으로, 선도적인 작곡가들의 까다롭고 독립적인 성격에 의해 추진되었다고 주장한다면 오해일 것이다. 훨씬 더 큰 요인은 가정과 살롱이 서구 음악 제작의 주요 장소로 떠오르면서 일어난 문화

생태계의 내향적 변화다. 교회와 국가의 통제 밖에서, 수백만 명의 아마추어들과 비전문 음악가들은 친구들, 가족들, 그리고 종종 단지 자신들의 즐거움을 위해서만 공연했는데, 그들의 수는 19세기에 걸쳐 점차 증가하였다. 이러한 변화는 작곡 방법, 악기 특징, 출판, 판매, 보급 방식, 그리고 그것이 창출하는 수입 등 음악의 모든 측면에 영향을 주었다.

이러한 변화의 첫 징후는 르네상스 말기로 거슬러 올라갈 수 있는데, 이때 장인과 상인들이 악기를 소유하고, 음악 선생님을 고용하고, 레슨을 받으며 그들의 자녀들이 더 나은 결혼 상대를 찾고 가족의 명예를 높이기를 바랐다는 증거가 있다. 중산층이 늘면서 집에서 만든 음악도 늘어났다. 그럼에도 작곡가 찰스 버니는 1770년 빈이나 그가 방문한 이탈리아 도시에서 단 한 곳의 음악 가게도 찾을 수 없었다고 말했다. 그러나 1800년대 음악의 민주화는 생활수준의 상승과 피아노 비용의 하락에 힘입어 전례 없는 속도로 가속화되었다. 왕이나 교황을 위해 음악을 만드는 일에는 여전히 갈채와 만족스러운 성취가 뒤따랐지만, 작곡가는 이제 정육점, 제빵사, 촛대 제작자의 아들과 딸에게 음악을 판매함으로써 수입을 극대화했다.

슈베르트의 시대에도 그가 음악에 미친 영향은 분명하다. 그의 작품 대부분은 겸손한 국내 환경에서 친밀한 공연을 위해 완벽하게 설계되었다. 프레데리크 쇼팽Frederic Chopin(1810~1849)과 함께 우리는 거의 독점적으로 독주 피아노를 위해 작곡한 작곡가를 만나게 되는데, 이는 그가 태어나기 불과 얼마 전까지만 해도 꺼려지던 직업적 움직임이었다. 그러나 고독한 연주자를 위한 자기 성찰적 음악은 이제 시대정신과 일치했고 시장의 요구에 맞게 조정되었다. 1850년에 이르러 그 변화는 완성되었다. 그 시기의 런던 인명록은 200곳의 피아노 제조업체가 지역 시장에 서비스를 제공했음을 알려준다. 전문 생산자는 증가하는 수요에 대응하여 등장했고, 건반이나 기타 부품을 유명 브랜드에 제공함으로써 품질을 향상시키고 비용을 절감하는 역할을 했다. 젊은이들이 결혼한 후에는 피아노가 더 이상 필요하지 않게 되어 중고 악기의 가용성이 높아지며 가격이 저렴해졌고, 그 덕분에 가정용 피아노는 사치품이 아니라 필수품이 되었다. 축음기가 발명되기 전의 마지막 수십 년 동안, 가정용 피아노는 음악 문화의 거의 모든 범위를 구현했다. 집은 노래가 쓰이고, 공연되고, 새로운 리스너들이 듣는 곳이며, 널리 퍼지거나 잊히는 곳이었다. 당시 빌보드 차트가 존재했다면 중산층 가정의 피아노 활동을 측정했을 것이다. 이는 음악적 성공을 좌우하는 척도였다.

유럽의 클래식 음악 생태계는 가정과 난로에 맞게 축소되어 가족과 친구들 사이에서 발전하는 평화로운 국내 음악 제작의 시대를 눈앞에 두고 있는 듯했다. 하지만 음악사에서 이러한 편안한 순간은 오래 지속되지 않는다. 나는 사회심리적 불안정성이나 뿌리 깊은 문화적 동요가 몇 년 이상 사운드스케이프를 정의하는 데 방해가 되었다고 의심한다. 음악 주류의 지도자들이 너무 연약하거나 자기 성찰을 할 때마다, 더 맹렬한 포식자들이 나타나 그들을 제거한다. 나는 1890년대 초 달콤하고 감상적인 노래들이 미국 대중음악을 지배하고 무미건조한 왈츠곡 「After the Ball(애프터 더 볼)」(틴 팬 앨리 작곡가 찰스 K. 해리스Charles K. Harris가 쓴 곡—옮긴이)이 미국 역사상 가장 잘 팔리는 곡이 되었을 때, 이 곡이 단지 래그타임, 재즈, 블루스의 음색에 대한 청중들의 갈망을 불러일으켰기 때문이라고 확신한다. 대공황Great Depression 초기의 낭만적인 짝사랑 노래, 온화한 유행가 가수, 낙관적인 곡에 대한 열풍으로 아마도 1930년대 후반 스윙 시대Swing Era의 뜨거운 음악이 더욱 환영받았을 것이다. 1950년대에도 같은 일이 일어났다. 초반 5년은 무해한 팝 음악의 황금기였지만, 후반부는 불손한 로커들의 것이었다. 그리고 같은 상황은 1970년대에도 일어났는데, 그때 미묘하고 절제된 싱어송라이터들의 시대가 5년 정도 지속되었다. 그전에 노골적인 펑크punk와 몸을 흔들게 만드는 디스코 음악이 무대를 점령했다. 20년 주기를 선언하는 것은 주저되지만, 양극단이 끊임없이 변한다는 증거는 부인할 수 없다. 음악 문화가 너무 쉽고 상냥해질 때마다 지평선 너머 혁명을 찾아야 한다.

1848년 유럽 전역에서 정치적 격동이 일어나면서 이러한 변화는 진정한 혁명 운동과 병행되었다. 그러나 그 갈등에 대한 강렬한 민족주의적 열정은 개혁을 둘러싼 이전의 싸움과는 달랐다. 애국심에 불타 독일과 이탈리아에서 진행되던 통일운동은 유럽의 지도뿐만 아니라 그 정신과 사운드트랙까지 바꿔놓았다. 민족주의 운동에 너무 익숙한 우리 시대 사람들은 이런 변화에 거의 놀라지 않는다. 그러나 이 시점에서 고조되는 애국적 감정에 의한 서양 역사의 변화는 적게 예상되었고 예측은 아주 많이 빗나갔다. 만약 당신이 18세기와 19세기의 위대한 유럽 사상가들을 회의에 소집해 그들에게 무엇이 미래 세계 정치를 견인할지 묻는다면, 그들 중 어느 누구도 민족주의를 목록에 올리지 않을 것이다. 계몽주의 지도자들은 이성과 보편적 가치가 사건의 흐름을 형성하는 시대가 올 것이라 기대했다. 마르크스와 그의 동료들은 계급투쟁과 경제적 억압이 변화의 자극이 될 것이라 믿었다. 오귀스트 콩트Auguste Comte(실증주의 철학·사회학의 창시자—옮긴이) 진영의 실증주의자들은 미래 역사의 원동력으로 과학과 발전을 옹호했다. 사회 진화론자들은 진화 모델을 가정했고, 정치 경제학자들은 권력을 애덤 스미스Adam Smith의 "보이지 않는 손" 탓으로 돌렸다. 신철학주의자들은 신의 손에 믿음을 맡겼다. 모두가 이론을 가지고 있었다. 그러나 사상 지도자들 중 어느 누구도 전쟁과 유혈 대학살이 광신적 충동과 애국심을 부추길 미래를 예상하지 못했다. 저명한 철학자들은 고대 부족의 충성심, 비이성적 정서는 더 이상 인간 사회에 유용하지 않으며 역사의 쓰레기통에 버려질 것이라 일축했다. 그러나 이론가들은 틀렸다. 1848년 이후 세계에서 국수주의적 열성보다 더 강력하고, 더 치명적이고, 더 만연하거나, 더 끈질긴 힘은 없었다.

대규모 폭력이 있을 때마다 음악은 투쟁에 참여한다. 이 경우 과열된 민족주의는 19세기 중반 무렵 고전음악 설립을 뒤흔든 새로운 요소였으며, 앞으로 100년 동안 반향을 일으킬 것이다. 그럼에도 교향곡이나 오페라 하우스에서 전투 임무를 맡을 운명인 잘 만들어진 음악 작품들의 새로운 무기화에는 어색한 점이 있다. 많은 학자는 민족주의의 부상이 낭만주의 정신의 본질적 부분이라 생각하지만, 나는 광신적 애국심에 대한 호소는 낭만주의 정신에서 후퇴하는 단계로 보아야 한다고 주장하고 싶다. 그 운동은 이제 반세기나 지났다. 불을 지피기 위해서는 새로운 재료가 필요했다. 베토벤의 기이한 개인주의, 슈베르트의 우울한 응접실 음악은 더 이상 시대정신이 요구하는 강력한 감정을 자극하기에 충분하지 않았다. 반면 민족주의 운동은 작곡가에게 새로운 원천이 되었고 청중이 갈망하는 것을 정확하게 제공했다. 이제 모든 훌륭한 작곡가가 조국을 도울 때인 것 같았다.

1848년의 갈등이 있기까지 100년 동안 민족주의가 클래식 음악에 얼마나 적은 영향을 미쳤는지 돌이켜보면 놀랍다. 독일에서 태어난 헨델은 위대한 영국 작곡가로 선포될 수 있었고, 아무도 이에 소란을 피우지 않았다. 하이든의 가장 유명한 관현악 작품은 「런던 심포니」로, 이 곡은 그의 명성을 더 높였다. 모차르트는 이러한 선택의 정치적 함의에 대해 초조해하지 않고 이탈리아어로 오페라를 작곡하기로 했으며(작품의 3분의 2는 이탈리아어로 되어 있다), 「레퀴엠 Requiem」을 포함해 신성한 음악은 라틴어로 쓰기로 했다. 멘델스존은 유대인 뿌리에도 불구하고 독일 음악에서 뛰어난 인물로 명성을 얻었는데, 그의 가장 인기 있는 관현악 작품은 「스코틀랜드 교향곡Scottish Symphony」, 「이탈리아 교향곡Italian Symphony」, 셰익스피어 연극의 부수적인 음악이었음에도 불구하고, 그리스를 배경으로 한 영국 극작가의 이야기 「한여름 밤의 꿈A Midsummer Night's Dream」이었다. "나에겐 민족음악이 없어!" 멘델스존이 자랑스럽게 선언했다. "1만 악마가 모든 국적을 빼앗아 간다!" 독일식 승리주의는 별로 없었다. 그리고 베토벤의 경우처럼 독일 작곡가가 혁명적 소속으로 비난받았을 때도, 그의 충성은 자신의 조국이 아니라 프랑스를 향했다. 같은 이유로 베토벤이 자유의 대의를 「피델리오」의 중심 테마로 삼았을 때, 그는 독일이 아닌 스페인 이야기를 썼다. 위태로운 원칙은 공국보다 더 중요했다.[10]

1840년대 후반 열정을 앞세운 쇼팽의 폴란드 민족주의자로서의 활동은 낭만주의 초기 주창자 중에서 가장 독특하다. 그러나 쇼팽은 정치적 행동에 참여하는 것을 피했고 혁명가가 되지는 않았다. 그의 가장 유명한 작품 중 하나가 「혁명 에튀드Revolutionary Etude」라고 불림에도(쇼팽이 이 작품에 이 별명을 적용했다는 증거는 전혀 없으며, 이 사실 자체가 이러한 과정이 어떻게 작동하는지를 알려주는 교훈이라는 점에 주목할 필요가 있다), 그는 유럽 귀족들과 편안한 관계를 맺으며 폴란드 오페라를 작곡하라는 탄원서를 무시했다. 시인 아담 미츠키에비치Adam Mickiewicz는 파리 사회를 위한 오락 제공에 재능을 낭비하면서 폴란드의 명분을 무시했다고 쇼팽을 꾸짖었다. 그의 여러 마주르카 mazurka(3박자 리듬의 폴란드 민속 춤곡—옮긴이)에서처럼 쇼팽이 폴란드 음악 전통을 채택했을 때도, 이것들은 그의 생애 동안 정치적 의도 없이 공연되었다. 사실 그의 음악의 개인적이고 친밀한 특징은 그의 음악을 공격적인 국가 건설에 적합하지 않은 사운드트랙으로 만든다. 신중한 학자라면 폴란드 대의를 열렬히 옹호한 쇼팽에 대한 전설이 대부분 사후에 만들어진 것이라고 결론 내릴 수밖에 없다.

그러나 음악과 민족주의의 관계는 1849년 쇼팽이 사망할 무렵, 복수심에 불타면서 바뀌었다. 우리는 이미 1844년 독일의 소설가 겸 미학 철학자 프리드리히 테오도어 피셔Friedrich Theodor Vischer가 한 우월주의적 예측에서 이 새로운 어조를 감지할 수 있다. "독일인은 강력한 음의 물결 속에서 위대한 역사가 솟구치는 것을 듣게 될 것이다. 우리는 우리 고유의 세계, 음악에 있어서 민족적 세계를 원한다." 피셔는 오래 기다릴 필요가 없었다. 1850년 이러한 민족주의적 열망의 충족이 자신의 운명이라고 본 작곡가 리하르트 바그너가 19세기 음악 비평 역사상 가장 우울한 글〈음악에서의 유대교Das Judenthum in der Musik〉를 발표했다. 당시 바그너는 1849년 드레스덴에서 일어난 봉기에 참여한 후 정치적 망명자로 취리히에서 거주하고 있었는데, 그의 활동은 선동적인 기사 작성에서부터 혁명가들에게 수류탄을 제공하는 것까지 다양했다. 원래 가명으로 출판되었으나, 후에 바그너 자신의 이름으로 재발행된 이 에세이에서 그는 멘델스존을 맹비난하며, 유대인의 기풍은 관객들이 예술로부터 요구하는 심오하고 고양된 정신을 성취할 수 없다고 주장했다. 이전에도 바그너는 오페라 「탄호이저Tannhauser」(1845)와 「로엔그린Lohengrin」(1850)을 만들기 위해 중세 독일 문학에 의지했는데, 이 곡들은 그가 반유대주의적 글을 발표하기 불과 며칠 전에 발표한 작품이었다. 취리히에 있는 동안 바그너는 오늘날까지도 그의 전성기이자 서양 음악 역사상 가장 거창한 민족주의 예술의 상징인 「니벨룽의 반지Der Ring des Nibelungen」를 쓰기 시작했다.[11]

　　이 작품들에 대한 논란이 과연 끝날지 의문이다. 그러나 바그너는 시대정신과 음악의 새로운 방향을 분명히 파악했다. 이 시기 성년이 된 사실상 모든 작곡가는 민족주의적 기질을 살렸다. 안토닌 드보르자크Antonin Dvořak(1841년 출생)의 음악적 공헌은 보헤미안 유산을 재고하지 않고서는 파악할 수 없으며, 에드바르 그리그Edvard Grieg(1843년생)가 노르웨이를 사랑했다는 사실에 맥락을 두지 않고서는 그의 음악을 파악할 수 없을 것이다. 니콜라이 림스키코르사코프Nikolai Rimsky-Korsakov(1844년생)와 러시아, 에드워드 엘가Edward Elgar(1857년생)와 영국, 잔 시벨리우스Jean Sibelius(1865년생)와 핀란드, 마누엘 데 파야Manuel de Falla(1876년생)와 스페인, 벨러 버르토크Bela Bartok(1881년생)와 헝가리의 관계도 마찬가지다. 우리가 그 시대 가장 잊힌 작곡가들을 기꺼이 파헤친다면 수십 개의 다른 예도 인용할 수 있을 것이다. 기성세대도 이 새로운 애국 열정에 참여했다. 리스트는 「헝가리 광시곡Hungarian Rhapsodies」을 작곡하고 민족학 연구의 반쪽짜리 책인 《헝가리의 보헤미안과 그들의 음악Des Bohémiens et de Leur Musique en Hongrie》(1859)을 출판했다. 또한 이탈리아 통일의 핵심적 역할을 했던 열렬한 민족주의자 주세페 베르디Giuseppe Verdi는 애국적 열정으로 바그너의 오페라에 대적했다.

베르디의 역사는 유럽 음악에서 진행 중이던 변화에 특별한 빛을 비춘다. 그의 1842년 오페라 「나부코Nabucco」에서 합창곡 「바, 펜시에로Va, penciero」는 표면적으로는 바빌로니아 포로 시절 히브리인들의 정서를 나타내지만, 잃어버린 조국에 대한 그리움의 표출은 이탈리아 민족주의자들에게 암호화된 호소로 작용할 수 있다. 후세 사람들은 이런 정신으로 이 노래를 다루었고, 관객들이 애국적 정서에 격앙되어 앙코르를 요구했다는 이야기들이 종종 전해졌다. 그러나 다른 많은 경우처럼 역사 기록은 나중의 지배적 이념에 맞게 수정된다. 우리는 후기 해설자들에 의해 너무 자주 무시되는, 그러나 종종 음악의 역사에 대한 가장 믿을 만한 정보를 담고 있는, 가장 초기의 출처에 세심한 주의를 기울여야 한다. 베르디의 경우, 1842년 관객들이 이 합창곡을 선동적인 것으로, 혹은 특별히 주목할 만한 것으로 보았다는 증거는 없다. 관객들은 데뷔 공연에서 앙코르를 요구했지만, 다른 노래, 즉 신에 대한 무해하고 엄숙한 후렴이며, 어떠한 정치적 과장된 표현도 없는 폐회 찬송가 「위대한 여호와 Immenso Jehova」를 듣길 원했다.

그러나 소문과 전설은 종종 사실보다 더 많은 영향을 미친다. 「바, 펜시에로」는 1901년 밀라노 인구의 절반이 거리에 줄지어 서서 작곡가의 장례 행렬을 위해 이 유명한 후렴구를 불렀을 정도로 상징적 힘을 발휘했다. 대중적 봉기와 단결의 실제 사례는 오페라 하우스에서 행해진 그 어떤 것보다 뛰어나다. 베르디의 후기 오페라에서 단서와 상징을 찾아 정치적 기록으로 해석할 수도 있다. 「레냐노 전투 La Battaglia di Legnano」(1849)와 같은 일부 오페라는 애국심을 분명히 하고, 다른 오페라들은 극적 의도를 잘 숨긴다. 그러나 베르디가 민족주의자라는 이미지는 대중의 상상력을 사로잡기 위해 문헌을 깊이 분석할 필요도 없다. 일부 숭배자들은 실제로 그의 이름이 신비로운 부적이라고 믿었으며, 통일 이후 이탈리아 왕인 '비토리오 에마누엘레, 레 디탈리아 Vittorio Emanuele, Re D'Italia'의 약자로 보아야 한다고도 했다. 심지어 미신도 수정주의 음악사에 반영되었다.

바그너와 베르디의 사례는 광범위하게 연구, 토론, 해석, 재해석되었다. 그러나 더 흥미로운 심리적 질문은 거의 다루어지지 않았다. 19세기 초 왕족과 국가의 간섭에 저항력을 가졌던 작곡가들이 왜 경력 후반에는 권력자들에게 볼모로 이용당했을까? 우리는 앞에서 아웃사이더로 거듭나는 작곡가의 모습을 추적했고, 이 까다로운 독립성이 어떻게 그렇게 많은 혁신을 부채질했는지 살펴보았다. 19세기 후반과 20세기 초반에 가장 영향력 있는 음악가들이 어떤 특이한 상황들 때문에 정권과 한통속이 되었는지 생각해봐야 한다. 심지어 아널드 쇤베르크Arnold Schoenberg나 이고르 스트라빈스키Igor Stravinsky와 같은 작곡가들이 그러한 경향을 뒤집고 정치적 망명자가 된(초기의 바그너와 비슷하지만 이념적 스펙트럼의 반대편에 서서 이제 그의 후계자들이 지지하는 가치를 벗어나고 있다) 근대주의 시대에도 음악가들에게 국가 정체성을 부여하려는 발상은 계속되었다. 근래에는 드미트리 쇼스타코비치Dmitri Shostakovich에 대한 어떤 논의도 스탈린의 이름이 언급되지 않고는 지속되지 않는다. 애런 코플랜드Aaron Copland에 대한 문헌도 추적하다 보면, 처음 몇 문장 안에 아메리카나에 대한 언급이 있을 것이다. 음악이 인터넷상에서 입소문을 타고 순식간에 국경을 넘나드는 요즘, 우리는 마침내 이런 환원주의적 태도에서 벗어났다고 믿고 싶다. 지구촌에서 작곡가들은 국가 대변자로서의 무보수 직업을 갖거나 독재자의 격려를 받는 대신 전 세계 관객의 환심을 사려고 한다. 그것이 계속되기를 바라자. 그런데 후기 낭만주의 작곡가들이 우리가 바흐, 모차르트, 베토벤에게서는 거의 상상도 할 수 없는 방식으로 권력에 협력하고 그 게임에 기꺼이 뛰어든 이유는 무엇일까?

그 변화는 사회정치적이라기보다는 심리적인 것이었고, 서서히 이루어졌다. 1840년대 이전에는 음악가들이 권력자들을 섬김으로써 내부자가 되었으나, 혜택을 누리는 동안에도 그들은 하인으로서의 그들의 역할에 반기를 들었다. 그들은 사소한 일에도 화를 냈고, 그들의 예술적 목적을 위해 국가의 통치자들을 조종하면서 시스템을 어떻게 조작할지 계획을 세웠다. 이러한 태도는 건강한 긴장감을 조성하여, 예술가들이 인류 역사상 가장 위대한 작품들을 많이 제작하도록 자극했다. 작곡가는 외부인의 까다로운 독립성을 유지하면서 내부자가 될 수도 있다. 그러나 바그너, 베르디와 함께 예술가의 새로운 심리학적 모델이 나타났다. 그들은 자신들이 더 이상 국가를 위해 봉사한다고 생각하지 않았다. 국가를 대표한다고 믿었다. 그들은 자신이 당대의 가장 강력한 운동을 이끌고 있다고 보았고, 이 관념은 그들의 자아를 만족시키며 세속 음악 연보에서 이전과는 다르게 그들의 자부심을 자극했다. 이는 심오한 변화를 나타냈다. 후원자와 예술가 사이의 창조적 긴장이 깨졌다. 주고받기란 없었다. 최종 결과는 웅장함, 화려함 그리고 자칭 세계적 중요성으로 특징지어지는 예술일 수밖에 없다. 즉, 수표나 잔고 없이 번창하는 것이다. 우리가 이런 종류의 예술 작품을 묘사하기 위해 아직도 '바그너풍Wagnerian'이라는 용어를 사용하는 것은 우연이 아니다.

오늘날 우리의 음악은 여전히 이러한 소리에 내재된 공격적 민족주의의 무게를 지니고 있다. 폭력적인 영화의 사운드트랙을 조사해봤더니 화면상에서 죽는 사람이 많을수록 배경음악이 19세기 낭만주의 작곡가의 음악일 가능성이 높았다. 비록 이 영화가 중세나 가운데 땅Middle Earth(J. R. R. 톨킨의 소설에 등장하는 가상의 공간—옮긴이)에서 일어난다고 해도, 당신은 여전히 전투원들을 동요시키기 위해 베토벤, 말러, 바그너의 곡을 원한다. 비슷한 소리는 많은 일인칭 슈팅 비디오 게임에서도 들을 수 있다. 심지어 (어쩌면 역설적으로) 나치를 쫓고 있을 때도, 당신은 여전히 배경음악으로 희망적인 독일 음악을 듣게 된다. 이 시기의 관현악 작품들이 고상한 사람들을 위한 음악으로 재포장된 지 한참이나 지났지만, 이 곡들엔 뜨거운 피를 부르는 무언가가 여전히 남아 있다.[12]

인간의 허약함에 관한 사상가인 노벨상 수상자 엘리아스 카네티Elias Canetti가 그의 신학서 《군중과 권력Crowds and Power》에서 20세기의 파괴적인 포퓰리즘 운동을 이해하려고 오케스트라 지휘자의 사례에 초점을 맞춘 것은 놀랄 일이 아니다. 카네티는 음악적 거장은 대중을 선동하고, 최전방에 서서 지휘봉을 흔드는 등 교활한 지도자들에게서 발견되는 성격적 특성을 지녔다고 했다. 어떤 음악가의 이름도 언급하지 않지만, 이 선동가들에 대한 묘사는 바그너의 유명한 지휘 논문에서 가져온 것 같다. 여기서 바그너는 권위, 확고함, 자신감, 개인적 힘, 에너지, 절대적 순종에 대한 고집을 칭찬하는데, 폭군과 독재자의 심리 분석에서 발견되는 것과 정확히 같은 특징이다. 슬픈 진실은, 바그너는 아마도 자신을 묘사하고 있었을 것이라는 점이다.[13]

이 과도기적인 국가적 운명 의식의 유혈과 대량 학살에 바그너가 공모했는지에 대한 논쟁은 아마 절대로 끝나지 않을 것이다. 예술 작품의 가치와 인간 고통의 균형을 맞추는 공식은 없다. 그 방정식은 절대 존재하지 않을 것이다. 로만 폴란스키Roman Polanski, 우디 앨런Woody Allen, 마이클 잭슨Michael Jackson 혹은 그 외 범죄와 남용으로 기소된 다른 예술가들을 평가할 때와 같은 문제다. 우리는 예술적 용어로 예술을 평가하고, 도덕적이고 윤리적 용어로 인간을 평가할 수 있다. 그러나 많은 경우, 위법 행위는 예술성을 해치는 것처럼 보이며, 그러한 미세한 구별을 방해한다. 그 자체가 낭만주의의 유산이다. 즉 예술가의 작품과 일대기가 함께 어우러진다는 개념 말이다. 바그너의 경우, 예술 자체가 많은 참상을 불러온 파괴적인 민족적 자존심을 자극했을 수도 있다. 적어도, 이는 이 책의 주요 초점인 음악의 권력에 대한 치명적인 증언과 왜곡된 용도 변경 같은 미래의 위반을 정당화하기 위해 사용되었다. 나는 그런 문제에 있어 타협을 따지는 일은 다른 사람들에게 맡길 것이다. 이런 경우에 작동하는 저울이나 합리적 균형은 없다고 믿으니 말이다.

그러나 이 파괴적인 역사의 목표에는 교훈이 있다. 내가 사람들에게 음악이 이 페이지의 핵심 주제인 폭력과 밀접하게 연관되어 있다고 말하면, 그 개념을 바로 거부하는데, 이는 좋아하는 노래와 그들 자신의 친밀한 관계가 더럽혀지는 것 같아서일 수도 있고, 멜로디에 설득당하는 자신들의 취약성을 감지해서일 수도 있다. 그러나 서양 음악의 모든 전통을 움직이게 한 첫 단어가 "분노"라는 것을 기억하라. "분노를 노래하소서, 여신이여. 펠레우스Peleus의 아들, 살기등등하며 불운한 아킬레우스Achilles의 분노를 노래하소서"는 호머의 《일리아드》를 여는 문장이다. 분노는 멈추지 않았다. 역사의 모든 폭력 집단에는 자극적인 노래가 있다. 나치와 바그너, 찰스 맨슨Charles Manson('맨슨 패밀리Manson Family'라는 집단을 이끌었던 희대의 살인마—옮긴이)과 비틀스의 노래 「Helter Skelter(헬터 스켈터)」 또는 태곳적부터 피에 굶주린 집단이 사용했던 다른 찬가들도 동기를 부여하는 노래들이었다. 아마도 이러한 경우, 우리는 음악의 오용이라고 설명할 수 있을 것이다. 그러나 노래와 유혈의 연관성은 여전하고, 과거에 그랬듯 미래에도 존재할 것이다.[14]

「Ring Around the Rosie(링 어라운드 더 로지)」나 「London Bridge is Falling Down(런던 브리지 이즈 폴링 다운)」과 같은 순수한 어린이들의 멜로디나 스포츠팀 응원가 등 우리가 당연하게 여기는 노래에 내재된 상징적 폭력을 생각해보자. 어떤 객관적인 역사적 기준에서 보더라도 음악은 가장 폭력적인 예술 형태로서, 끔찍한 행위가 행해질 때 행동에 가장 가깝다. 화가와 시인은 전쟁을 기리기 위해 전투가 끝날 때까지 기다리지만, 음악가들은 전쟁터에 초대되어 나팔이나 북을 손에 들고, 대학살에 참여한다.

이것이 우리가 음악 민족주의의 부상과 그 파괴적 여파를 조사하는 이유다. 우리는 이것이 문화사에서의 특이성 또는 일회성 사건이 아니라는 것을 인정할 필요가 있다. 음악은 우리가 인정한 것보다 훨씬 더 강력한 힘을 지니고 있다. 노래의 잠재력은 어마어마하다. 노래를 한가한 엔터테인먼트로 취급하거나, 더 진부하고 잘못된 방식, 뇌 자극의 일종으로 취급하는 것은 잘못이다. 하버드 철학자 스티븐 핑커Steven Pinker는 노래를 '귀를 위한 치즈케이크auditory cheesecake'라고 했다.[15] 무시무시한 치즈케이크군요, 핑커 교수님!

변화의 주체로서 음악의 효능은 날카롭다. 노래는 무기화되었고, 이 장을 제외한 음악의 역사는 비참할 정도로 불완전하다. 정치이론가 마이클 발저Michael Walzer는 1918~1919년 독일 혁명이 '노래가 없어서' 불운을 맞았다고 주장했고, 러시아의 볼셰비키Bolshevik(소련 사회민주노동당—옮긴이)들은 「인터내셔널가」를 효과적으로 활용했다. 토드 기틀린Todd Gitlin은 베를린 장벽 붕괴 이후 공산주의에서 빠진 성분은 '머리에서 지워버릴 수 없는 멜로디'라고 말한다. 멜로디에너지는 중립적이거나 선의의 이상주의일 수 있으며, 우리는 셰이커Shaker 교도와 그들의 찬송가든, 「라마르세예즈Marseillaise」(프랑스 국가—옮긴이)의 작곡가 클로드 조제프 루제 드 릴Claude Joseph Rouget de Lisle에게 협력 노동을 고취시키는 노래를 작곡하게 한 생시몽주의 사회주의자들이든 간에, 충분한 수의 추종자를 가진 모든 평화로운 유토피아적 계획에는 선호되는 곡이 있다는 생각으로 스스로를 위로할 수 있다. 호전적이든 유토피아적이든, 음악은 힘을 가지고 있고, 우리는 위험을 무릅쓰고 그 힘을 무시한다.[16]

19

위대한 변화

Music: A Subversive History

The Great Flip-Flop

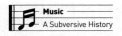
Music
A Subversive History

대부분 민속음악이 모차르트, 베토벤, 베르디, 바그너 및 기타 엘리트 작곡가와 방금 다룬 모든 것의 반대편에 서 있다고 생각한다. 중요한 것은 민속음악의 열렬한 팬들은 바로 그 이유로 그 음악을 받아들인다는 것이다. 민속음악은 계층 구조를 해체하고 엘리트 기관에 반대하며 바이로이트Bayreuth(바그너 음악제가 열리는 독일의 도시─옮긴이) 또는 라 스칼라La Scala(이탈리아 밀라노에 있는 국립 오페라 하우스─옮긴이)에서 플랫폼을 얻지 못하는 소외된 그룹을 위한 목소리를 낸다. 적어도 그 점이 이 음악을 늘 정당화하고 진실성의 자격을 확립하는 마케팅 메시지다.

민속음악 수집가들, 즉 구전 전통에 의해 전해지는 노래를 찾아 시골을 샅샅이 뒤지는 조용한 팬은 앞서 본 유명한 작곡가들이 번성했던 그 시기에 등장했다. 같은 지배적 문화 세력이 이 운동을 형성했고, 비슷한 결과를 낳았다. 민족주의 정서가 바그너와 베르디에게 영감을 준 것처럼 민속음악에 대한 관심을 불러일으켰다. 국가적 자부심과 인종적 순수성의 전체 이데올로기가 가장 단순한 노래에 실리기까지는 그리 오래 걸리지 않았다. 많은 음악가가 이 애국 프로그램에 참여했는데, 이론적 토대를 제공한 공로를 인정받는 건 대부분 철학자다. 요한 고트프리트 헤르더Johann Gottfried Herder(1744~1803)는 "모든 인간의 완벽함은 국가적인 것"이라고 선언했는데, 이는 그의 견해에 있어서 모든 예술적 노력, 특히 시와 음악을 포함하는 결론이다. 헤르더는 계급의 구별을 조롱하며, 왕에서 가장 낮은 농민에 이르기까지 모든 개인을 포괄하는 집단인 '폴크Volk(민족)'의 개념에 더 진정성이 있다고 보았다.[1]

헤르더는 유럽의 주요 작곡가들이 유명인의 특권을 누리고 있으며 교회와 국가로부터의 독립을 모색하고 있다고 발표했다. 이 단계에서, 고전음악에서의 인격 숭배와 민속음악에 대한 새로운 관심 모두 민주화와 반권위주의적 움직임을 보였다. 헤르더는 나폴레옹이 스스로를 황제로 선언하기 1년 전에 죽었다. 그가 생전에 가졌던 '민족Volk의 이상화'는 강박적인 권위주의적 충동과는 관련이 없다. 오히려 철학자의 감정은 파괴적이고 평등주의적인 원인에 맞춰졌다. 일부 사람들은 헤르더가 말년에 프랑스에서 혁명 운동을 지지했다는 사실에 놀랐다. 독일 애국심과 매우 밀접한 관련이 있는 개인의 행동으로는 이상했으니 말이다. 그러나 계급의 위계를 무너뜨리고 하층 계급에게 힘을 실어주려는 헤르더의 욕망은 민속음악을 높이 평가하도록 이끈 세계관의 일부였다. 고전음악처럼 민속음악 운동도 훗날 권위주의 애국자들에 의해 수용되었지만, 시간이 걸렸다. 여기에 익숙한 이야기가 있다. 대중의 음악은 힘 있는 사람들을 위한 소품으로 바뀐다. 만약 우리가 이러한 변화의 역학을 파악하지 못한다면, 19세기에서 20세기에 걸쳐 전개된 민속음악 운동의 기괴한 속임수 전체를 이해할 수 없을 것이다.

나는 대중의 노래를 더 진지한 것으로 끌어올리려고 하는 수집가, 작곡가, 다른 공동 작업자들의 느슨하게 조직된 연합인 민속음악 운동을 민속음악 그 자체와는 다르게 본다. 이 두 가지는 모호하고 신비로운 방법으로 종종 혼란을 이끌었다. 일부 평론가들은 음악 운동이 너무 싫어서 음악 자체를 버리려고 한다. 데이브 하커Dave Harker는 논란이 되는 그의 책 《페이크송Fakesong》(민속음악의 가식을 비난하는 선언의 일종)에서 "민속음악이나 발라드 같은 개념은 지적 잔해"라고까지 선언한다. 그는 "이러한 개념을 되살리려는 시도는 아무런 의미가 없다"라고 덧붙였다. "그들은 쓸데없는 개념의 잡동사니다." 하커가 정당한 비판을 터무니없는 극단으로 몰아붙여도 비난할 수 없다. 우리가 보게 될 것처럼, 민속음악 운동은 잘못된 의식, 제도적 매도, 권력자에게 굽실거림 그리고 명백한 이중성—실제로 장르의 대중적 이미지에서 찬사받는 순수성과 순수성에 반대되는 모든 것—에 대한 너무 많은 사례를 제공한다. 그렇기 때문에 우리는 노래 수집가들과 이론가들이 자신의 도그마를 부과하기 전에 수천 년 동안 번성했던 민속음악 그 자체와 민속음악 운동을 구별해야 한다.[2]

민속음악은 어쩌다 순수함을 잃었을까? 민속음악 사업의 부상에 참여한 거의 모든 사람은 숨겨진 의제가 있었고, 이 중 산의 샘물처럼 순수한 사람들로부터 건강하고 순수하게 흘러온 노래에 영향을 미친—그리고 자주 왜곡된— 사례는 적어도 10가지가 된다. 먼저 민족주의적 의제를 진전시키기 위해 민속음악을 조작한 사례와 맞닥뜨린다. 교육계 일각에서는 '민속음악' 대신 '국가 음악'이라는 표현을 쓰자고 주장하기도 했고, 전통음악 서적들을 엉망으로 만들고 최근 승인된 애국 정서가 담긴 작문을 삽입해 학생들에게 전파하기도 했다. 두 번째 집단은 향수를 불러일으키는 보수의 도구로서 민속음악을 홍보해 옛날을 떠오르게 하고 소박함의 가치를 불러일으켰다. 이에 대해 세 번째 그룹이 반발했는데, 계급의식, 항의, 반란을 노래한 사람들로 구성된 이들은 민속음악을 진보 정치의 박차로 홍보했다. 네 번째로, 민속음악 멜로디를 사용하여 콘서트홀에 활력을 불어넣고 종종 그 과정을 돕기 위해 장황한 이야기를 꾸며낸다는 기민한 실용주의 개념을 가진 고전음악 기관이 등장했다. (「신세계 교향곡New World Symphony」이 초연될 당시, 드보르자크는 언론에 단 한 곡의 미국 민속음악 선율도 사용하지 않았다고 말했다. 심지어 그는 그 이야기를 터무니없는 말이라고 조롱하기도 했다. 그럼에도 그 잘못된 정보는 마케팅에 이롭기 때문에 오늘날에도 여전히 퍼지고 있다.) 다섯 번째로, 길거리 가수들과 상업 엔터테이너들은 정확히 같은 생각을 가지고 있었는데, 그들은 대중을 위한 포퓰리즘 음악에 활력을 불어넣기 위해 이 노래들을 사용하길 원했다. 여섯 번째로 민속음악을 학문 경력을 지원하고 종신 직업을 확보할 수 있는 새로운 지적 연구 분야로 본 집단이 있다. 나머지 세 파벌은 민속음악을 더 순수한 삶에 대한 유토피아적 비전으로 고양된 사운드트랙으로 또는 문화적 진정성을 위한 측정 기준으로 또는 음악 산업의 뜨거운 트렌드로 돈을 버는 방법으로 보았다. 그리고 또 한 가지, 민속음악을 인정하고 공유했던 팬들을 잊지 말자.

이 음악 애호가들이 청교도적 동기를 가지고 있는 것 같으니, 우리는 이 마지막 그룹에 특히 주의를 기울여야 한다. 즐거움의 추구는 다른 모든 의제를 합한 것보다 더 많은 조작을 부추겼을지도 모른다. 노래가 널리 퍼지게 하기 위해(인터넷 이전에도) 다양한 파벌들은 오래된 곡을 더 즐겁게 만들려 애썼고, 이는 수많은 변형된 텍스트, 변화된 멜로디, 그리고 가짜 이야기들의 탐구로 이어졌다. "그는 우리에게 거짓말을 했을지 모르지만 우리에게 좋은 노래를 주었다." 민속음악사학자 스티브 루드Steve Roud가 20세기 중반 전통음악을 옹호하는 대표적 인물 중 한 명인 A. L. 로이드A. L. Lloyd에 대한 평가에서 지적했듯이, '결국 좋은 노래를 주었다는 것'이 전형적인 정당성이었다. 로이드는 음악에 대해 공격적인 정치적 의제를 가지고 있었지만, 주류 관객들이 이 곡들을 수용하지 않는다면 아무 소용이 없다는 점을 이해했다. "노래가 더 잘 불리도록, 혹은 부흥의 목적과 이익에 맞게 그가 다시 쓰고 수정한 건 그리 많지 않다. 하지만 그는 자신의 서투른 땜질에 대해 명확히 하지 않았다(정직하지 않다고 말하는 사람도 있을 것이다)." 로이드는 많은 연구 결과를 남겼지만, 그중 믿을 만한 게 얼마나 되는지 누가 알겠는가?[3]

이뿐만이 아니다. 헤르더 시대에도 민속음악을 '향상'하려는 열정은 그 운동을 정확하게 기록하려는 열정을 앞섰다. 조지프 리튼 Joseph Ritson(1752~1803)은 이 분야의 영웅들 사이에서 거의 언급되지 않는데, 그는 민속음악 모음집의 정확성을 보장하려는 과정에서 대부분의 적을 만들었다. 동시대인들 사이에서 그의 명성은 불쾌한 것이었다. "전통적 노래나 발라드 사본 두 개를 제시할 때마다, 리츤은 늘 더 나쁜 쪽을 가장 진실한 것으로 선택했다"라는 월터 스콧Walter Scott의 불만이 이를 잘 전달한다.[4]

우리는 민속음악 운동을 창조한 사람들조차도 이러한 노래들이 너무 지루한 것이 아닌지 종종 우려했다고 결론지을 수밖에 없다. 몇 년 후, 작곡가 콘스턴트 램버트Constant Lambert는 이 관점을 잔인한 촌극으로 요약한다. "민속음악을 한번 연주해 보면 다시 연주하고 다소 크게 연주하는 것 외에는 할 수 있는 게 없다." 또한 램버트는 랠프 본 윌리엄스Ralph Vaughan Williams의 영향을 받은 고전 작품들에 대해 "시골뜨기와 요정driad 모두 장3화음triad으로 대표된다"며 운율을 사용해 모독했다. 그럼에도 램버트조차도 포퓰리즘 음악에 영향을 받았고, 그의 취향은 매우 포괄적이었다. 그는 재즈를 찬양한 최초의 기성 작곡가 중 한 사람이었으며, 1930년대 초반에 듀크 엘링턴Duke Ellington의 중요성을 인식했다. 하지만 여기서 슬픈 사실은 폴크Volk의 챔피언들이 종종 그들의 음악을 변형하는 최악의 범죄자들이었다는 것이다.[5]

시적 허용은 때때로 시적 사기로 변할 정도로 극단으로 치달았다. 사실, 이 시대의 가장 큰 문학 스캔들은 존재하지 않는 오시안Ossian이라는 이름의 켈트족 시인의 마케팅에 의해 촉발되었다. 스코틀랜드의 시인 제임스 맥퍼슨James Macpherson은 1760년대에 오시안의 서사시 번역가로서 국제적 명성을 얻었다. 이전에는 알려지지 않았던 문헌들이 지금은 독자들 사이에 일종의 해리 포터Harry Potter

급 마니아를 형성했다. 오시안의 팬들 중에는 토머스 제퍼슨Thomas Jefferson(미국의 3대 대통령—옮긴이)도 있는데, 그는 서사시를 전투에 가져온 것으로 알려진 나폴레옹과 이 상상의 시인을 인류 역사상 가장 위대한 시인이라고 칭송했다. 오시안을 원문으로 읽을 수 있도록 게일어를 배우겠다는 계획까지 발표했다.

하지만 과연 원작이 있었을까? 학자들은 이 작품들이 3세기 시인에 의해 쓰였다는 맥퍼슨의 주장을 뒷받침하는 텍스트, 연대기, 신화적 문제들에 주목했다. 맥퍼슨은 출처를 공유하겠다고 약속했지만 원고를 제시하진 않았다. 대부분의 전문가들은 결국 그것들이 존재하지 않는다고 결론지었다. 맥퍼슨은 오시안의 작품을 민담, 설화, 시 등의 단편으로 구성했는데, 관련된 문학적 기술은 그 자신의 것이었지 신화 속 시인의 것이 아니었다. 아마도 그가 그 사실을 인정했더라면 그의 명성이 추락하지는 않았을 것이다. 맥퍼슨은 18세기 후반 가장 대담한 문학 사기꾼으로 기억된다.

그러나 1760년대부터 반세기 이상 동안, 많은 음악과 예술의 선두적 인물이 오시안 마니아가 되었는데, 이러한 현상은 사기 의혹에도 여전했다. 슈베르트는 오시안의 시를 음악으로 만들었는데, 너무 나쁜 번역본을 바탕으로 해 공연 중 웃음을 자아낼 정도였다. 멘델스존은 켈트족 전통 음악이 천박하다고 꼬집으면서도 이에 영감을 받아 자신의 가장 유명한 작품 중 몇몇을 만들었는데, 그의 스코틀랜드 방문 역시 부분적으로는 오시안에 대한 열정에 의한 것이었다. 가장 흥미로운 반응은 민속음악 운동의 아버지 헤르더에게서 나왔다. 이 철학자는 맥퍼슨의 발견에 격앙된 열정을 표현하면서,

맥퍼슨이 민족과 그들의 숭고한 음악을 지지하는 것으로 보았고, 그의 모든 사기 혐의를 부인했다. 헤르더는 "오시안의 시는 노래다. 사람들의 노래이며, 민속 노래이고, 소박한 사람들의 노래, 구전으로 오랫동안 전해져 온 노래다"라고 선언했다. 헤르더의 최종 결론은 이랬다. "맥퍼슨이 이런 종류의 것을 발명할 수는 없었을 것이다. 이런 종류의 시는 금세기에는 도저히 만들어질 수 없다."[6]

불쾌하지 않은 말이 없다. 민속음악이 학문적 연구의 진지한 주제로 떠오르고 있는 그 순간, 폴크Volk에 대한 숭고한 무지를 고귀한 야만이라 주장하고, 사기성 텍스트를 그의 운동의 상징으로 포용하면서 향수를 불러일으키는 순수함에 사로잡힌 한 전문가를 발견할 뿐이다.

오시안 스캔들은 고립된 사건이 아니었다. 실제 원고가 학문의 기초가 되었을 때에도, 진실을 경멸하는 데 사용되었다. 1765년 아일랜드의 주교 토머스 퍼시Thomas Percy가 출판한 《고대 영시 유물Reliques of Ancient English Poetry》은 종종 영국 민속음악에서 기초적인 작품으로 여겨진다. 이전에도 전통 노래 모음집이 등장했지만, 180개의 발라드를 세 권으로 구성한 이 책만큼 대중들의 상상력을 사로잡은 것은 없었다. 맥퍼슨과는 달리 퍼시는 출처를 명확히 했는데, 슈롭셔Shropshire 시프날Shifnal 거주자인 험프리 피트 경Sir Humphrey Pitt의 "응접실 책상 아래, 바닥에 더러워진 채로" 발견된 오래된 시와 노래 모음집이 그것이다. 피트의 하녀가 이 종이에 불을 붙이려 하자, 영리한 주교가 타오르는 망각에서 원고를 구해냈고, 결국 그 내용의 가치를 깨달았다. 약 한 세기 전에 쓰인 것이었다. 그러나 퍼시는 그의 발견을 공유하기까지 10년 이상 기다렸고, 맥퍼슨이 오시안 '번역'으로 오래된 민속자료 출판의 수익성을 입증한 후에야 이를 문학 작품으로 바꾸었다. 자신 앞에 놓인 기회를 영리하게 알아본 퍼시는 발라드를 시장에 내놓기 전에 이를 고치는 것을 목표로 했다. 이 결정은 결국 들어맞아 《고대 영시 유물》은 열렬히 환영받았고, 상업적 가치를 얻었다. 하지만 마찬가지로 정직성과 정확성의 대가는 치러야 했다. 포크송 전문가 스티브 루드의 가혹한 평결은 이렇다. "(퍼시) 시대나 그 이전의 발라드와 민속음악을 이해하는 데 있어서 《고대 영시 유물》은 전혀 쓸모없다고 분명히 주장할 수 있다. 그는 어떤 것도 내버려두지 않았고, 그의 글에서 어떤 것도 믿을 수 없다."[7]

　여기에는 비극도 있고 귀중한 교훈도 있다. 퍼시는 자신이 가장 높은 이상에 의해 동기 부여되었다고 믿었다. 헤르더와 로이드와 민속음악 운동을 한 수많은 사람도 그러했다. 퍼시가 결국 위작 비난에 대응하여 원본 원고를 공유할 수밖에 없게 되었을 때, 이미 변명은 준비되어 있었는데, 조카가 편집 버전에 새로운 단락을 추가했다는 것이었다. 그는 원고들이 너무 오래되고 부패해 "형편없는 원고를 고수했다면 이해할 수 없는 허튼소리만 남았을 것"이라고 주장하기도 했다. 한편, "몇 가지 수정이나 추가로 가장 아름답고 흥미로운 감각이 생겨났고, 이는 너무나 자연스러워서 편집자가 그 개선에 대해 허영심을 부릴 여지는 거의 없었다"라고도 말했다. 민속운동 초창기 멤버는 원작 고치기의 역사를 옹호할 뿐만 아니라 그것이 "자연스럽게" 일어났다고 설명한다.[8]

아마 여러분은 이에 격분했을 것이다. 그러나 맥퍼슨과 퍼시는 이 전복적인 역사의 과정에서 우리가 이미 반복적으로 목격한 그 일을 하고 있을 뿐이다. 이 사례의 유일한 차이점은, 다른 학자들이 이들의 이중 거래를 폭로할 수 있는 시대였다는 것이다. 주류가 새로운 종류의 음악을 동화시킬 때 현재의 필요를 충족시키기 위해 혈통과 역사를 재구성하는데, 그 과정에 엄격한 통제를 가하려는 사람들은 거의 성공하지 못한다. 어찌 보면 우리는 음악사의 숙청 밖에서 무슨 일이 일어났는지를 공론화한 이 민속음악 사기꾼들에게 감사해야 한다. 이 시기에 동화 과정의 내적 작용을 들여다보면 다른 시대에 무슨 일이 일어났는지 더 잘 파악할 수 있다. 사포의 작품은 후기 작가의 작품에 한 조각으로 포함된 반면, 핀다로스의 가사는 후세를 위해 어떻게 보존되었는지 더 깊이 이해할 수 있다. 한 시대에 금지되었던 낭만적인 사랑 가사가 다음 시대에 귀족들의 지적 재산이 된 단계를 재구성할 수 있을지도 모른다. '롬 아르메L'homme arme'와 같은 신비한 대중적 후렴구가 가톨릭 대중 속으로 파고든 길을 분별할 수도 있고, 퍼시의 민속음악 발라드 원고에 해당하는 중세의 《카르미나 부라나》같은 원고가 어떻게 민족주의 이념의 소품으로 왜곡되었는지 이해할 수도 있다. 아니면 (다음 장을 기대하면서) W. C. 핸디W. C. Handy가 어떻게 「세인트루이스 블루스St. Louis Blues」로 명성과 부를 얻었는지 이해할 수도 있다. 미시시피주 터트윌러Tutwiler 기차역에서 영감을 준 음악가는 역사책에 이름을 남기지도 않았다. 동화와 보급의 과정은 이렇게 작용한다. 악의적 의도는 필요 없다(역사에서 완전히 빠진 것은 아니지만). 저명한 주교, 존경받는 철학자, 뛰어난 시인, 존경받는 기독교 작곡가, 심지어 소위 '블루스의 아버지'도 불법을 저지르지 않고 밤에 잘 잘 수 있다.

그래서 우리는 과거의 음악을 다시 바꾸려는 이러한 시도가 시스템의 붕괴를 의미한다는 어떤 개념도 경계해야 한다. 그들은 시스템이다. 현세대는 과거로부터 물려받은 노래를 용도 변경하는 데 항상 무자비하며, 앞으로도 그럴 것이다. 우리는 좀 더 투명하고 정직하기 위해 노력할 수 있다. 그리고 터무니없는 주장이 제기될 때 구경꾼들 사이에 건전한 회의감을 조장할 수도 있다. 그러나 개혁을 위한 모든 권고에도 노래의 용도 변경은 계속될 것이다. 물론 그것이 일어나는 방식은 1940년대의 오래된 노래에 (콘트라팩트contrafacts 라고 알려진) 새로운 멜로디를 더하는 비밥 뮤지션들, 1950년대의 익숙한 곡들의 쉬운 듣기 버전, 1960년대의 록 커버 밴드, 1970년대의 카세트 믹스테이프, 1980년대의 힙합 샘플링, 그리고 오늘의 리믹스와 팝스타 홀로그램 등 시대에 따라 달라진다. 과거에는 세계의 먼 지역에서 정교한 노래를 수집해야 했지만, 디지털 시대에는 휴대용 장치에 복사 및 붙여넣기면 가능하다. 여러분이 뭐라고 부르든, 이 용도 변경은 먹이사슬이나 물 순환이 자연 생태계에서 그렇듯 음악 생태계의 자연스러운 한 부분이다.

마찬가지로 우리는 민속음악이 실제로 존재하지 않으며, 그것이 단지 부당 이득자와 조작자의 구성물일 뿐이라는 주장을 거부해야 한다. 이는 민속음악이 가짜 노래라는 데이브 하커의 주장인데, 음악의 진위 개념에 대한 다른 많은 공격에서도 메아리치고 있다. 예술적 진정성에 대한 관념의 해부는 이 책의 범위를 넘어서는 것이라, 이에 대해서는 이후 기회가 되면 다른 책에서 다룰 것이다. 진실은 현재 모든 음악에서 가장 오해받는 개념일 수 있다. 주어진 예에만 초점을 맞추더라도, 부당 이득자와 조작자들이 현장에 도착하기 전 일련의 작업이 이뤄지고, 심지어 번창하는 경우도 있음을 알 수 있다. 성 베다는 목동 캐드먼Caedmon의 즉흥적인 노래에 너무 감동하여, 그의 교회 역사에서 오래된 영어 가사, 즉 알려진 출처로부터 현존하는 가장 오래된 가사를 문서화했다. 베아트리체 베르나르디의 비범한 음악적 기억에 비슷한 충격을 받은 미술평론가 존 러스킨도 그와 똑같이 했다. 우리는 하버드대 학자인 밀먼 패리Milman Parry와 앨버트 로드Albert Lord가 텍사스 헌츠빌 교도소의 아프리카계 미국인 수감자 제임스 "아이언 헤드" 베이커James "Iron Head" Baker와 같은 방식으로 노래하는 터키 농민인 아브도 메데도빅과 존 로맥스 John Lomax의 놀라운 서사시를 보존하기 위해 어떻게 노력했는지 연구했다. 이러한 출처의 보존과 문서화는 상황과 의제에 따라 세심하거나 부적절할 수 있다. 그러나 이러한 각각의 개입—그리고 수십 년 동안 학자와 민족 음악학자에 의해 실행된 유사한 많은 개입—에서, 현실 세계에 내재된 민속 관행은 '전문가'가 계획과 녹음 기술을 보여주기 훨씬 전에 이미 존재했다.

인간의 삶에서 음악의 역할을 이해하려면 명분을 가진 수집가의 여과기를 통해서라도 과거의 문서들을 진지하게 받아들여야 한다. 솔직히 말해서, 이 음악의 많은 부분이 대량 소비를 위해 정리된 후에도 얼마나 불안하고 파괴적인 상태로 남아 있는지 목격하는 것은 안심이 된다. 퍼시조차 그의 흔적을 완전히 덮을 수 없었다.

그가 출판한 발라드 버전뿐만 아니라 그의 출처 문서와 서신(독자들이 그에게 보낸 많은 곡들을 포함한다)을 보면 더욱 그렇다. 살아남는 외설과 폭력은 주류화와 정화 과정에 한계가 있음을 입증하는 역할을 할 수 있다. 퍼시 주교의 발라드에는 살인, 강간, 폭행, 간통, 토막살인, 약탈, 외설, 폭력의 다른 예들이 있다. 이에 대한 퍼시의 당혹감이 원고 공유를 꺼리는 원인이 되었을지 모른다. 그는 그중 상당 부분이 쓰레기나 헛소리라는 것을 인정하기를 주저하지 않았다. 그는 심지어 출판된 작품의 무례함을 독자들에게 용서해 달라고 부탁하기도 했다. 퍼시가 드러낸 이 깊은 수치심이야말로 가사 정신의 일부가 이 중압적인 편집자의 개입에서 간신히 살아남았다는 가장 믿을 만한 신호일 것이다.

19세기 후반 하버드대 교수인 프란시스 제임스 차일드가 수집한 유명한 발라드에는 섹스와 폭력에 대한 이러한 집착이 더욱 두드러진다. 스코틀랜드와 영국의 전통 발라드와 그 변주곡들로 편찬된 이 구성은 결국 약 2,500페이지로 이루어져 오래전 민속음악 운동 역사상 가장 영향력 있는 작품으로 자리매김했다. 현재《차일드 발라드Child Ballads》라고 알려진 이 모음집에 포함된 305개의 발라드는 영어로 된 전통 노래에 가장 가깝다. 그리고 많은 작품이 대륙, 특히 북유럽에서 가까운 상대를 가지고 있어서 이 음악이 국경을 초월했음도 증명한다. 이것들은 포크 가수에게는 거의 신성한 문자들이다.

그러나 이러한 작품들이 취급되는 경건함과 하버드라는 배경이 그 파괴적인 내용을 덮어주지는 못한다. 이 이야기 노래들은 사실상 모든 종류의 범법 행위를 특징으로 한다. 강간은 이러한 발라드에서 자주 일어나는 사건이며, 때로는 로맨스 줄거리로 통합되기도 하는데, 강간범과 피해자는 결국 결혼하여 행복하게 산다. 수많은 발라드는 근친상간을 다루며, 이후 살인이나 자살로 정리된다. 고문 기술과 잔인한 복수의 방법들도 소개되는데, 이것들은 악행을 좌절시키는 것만큼이나 도덕적인 사람들에게 불리하게 이용될 가능성이 크다. 사실, 이러한 발라드에 근거하여 일관성 있는 도덕 코드를 구성하려 한다면 누구나 엉망진창이 된 결과를 마주할 것이다. 「크로우 앤 파이Crow and Pie」(차일드 발라드 111)에서 여성들은 강간당하지 말라고 조언하며, 만약 그런 일이 일어난다면 남자로부터 약간의 돈을 받거나, 적어도 그의 이름과 주소를 알아야 한다고 알려준다. 다른 폭행과 폭력에 대한 이야기에는 로우랜드Lowland가 아닌 하이랜드Highland(스코틀랜드 에든버러를 중심으로 북쪽을 하이랜드, 남쪽을 로우랜드라고 한다−옮긴이)에서 배우자를 고르라는 조언이 있다. 그러나 그 교훈은 1970년대 포르노 작가들이 "사회적 가치 회복"(밀러 대 캘리포니아Miller v. California 대법원 판례의 유명한 말)을 부각함으로써 외설 혐의를 피하려고 했던 시도를 연상시키는 겉치레에 지나지 않는다. 《차일드 발라드》에서 도덕화는 형식적이었고, 지저분한 세부 사항이 그 노래들을 계속 유통시켰다.

나는 《차일드 발라드》의 구성 요소를 표로 작성한 뒤, 3분의 2 이상이 폭력과 관련이 있음을 발견했다. 약 3분의 1이 섹스를 다루고 있는데, 섹스는 종종 폭력과 짝을 이룬다. 그런데 통계적 요약으로는 다양한 플롯의 세부 사항이 얼마나 조잡한지 전달할 수 없다.

「차일드 오울렛Child Owlet」(차일드 발라드 291)을 예로 들어보자. 주인공은 남편에게 그의 젊은 조카(차일드 오울렛)가 자신을 유혹했다고 거짓으로 말해 실제로는 자신의 유혹을 거절한 그에 대한 복수를 종용한다. 결국 그녀의 남편은 자신의 조카를 야생마에 의해 사지가 갈기갈기 찢기게 하고, 코다coda(악곡 끝에 결미로서 덧붙인 부분-옮긴이)에서 가수는 이웃들이 가는 곳마다 '차일드 오울렛'의 잘린 살과 핏방울을 발견할 것이라고 지적한다.

이러한 노래들은 전통 음악으로서 존경받을 수도 있지만, 소위 전통적 가치를 거의 진전시키지는 못한다. 그 결과 존경받는 포크 발라드라도 현대에 여전히 분노와 검열 요구를 불러일으킬 수 있다. 역사의 이상한 반전으로, 《차일드 발라드》는 1967년의 가장 논란이 많은 싱글 히트곡에 영감을 주었다. 당시 신문들은 LSD(강력한 환각제 중 하나) 사용, 도시 내 폭동, 외전에 대한 기사들을 보도한 반면, BBC는 더 더블리너스The Dubliners가 3월 말에 발표한 「Seven Drunken Nights(세븐 드렁큰 나이츠)」('술취한 일곱 번의 밤'-옮긴이)를 통해 분노를 표출했다. 「Our Goodman(아워 굿맨)」(차일드 발라드 274)을 원작으로 하는 이 곡은 매일 밤 술에 취한 남편이 아내를 애인에게 빼앗겼다는 증거를 찾기 위해 아내의 믿을 수 없는 변명을 되짚는다. 그 시기에 믹 재거는 불량한 태도로 BBC 라디오에서 「Let's Spend the Night Together(레츠 스펜드 더 나이트 투게더)」를 부를 수 있었지만, 1760년대로 거슬러 올라가는 이 민속음악은 금기로 여겨졌다.

하지만 실제 배에서 운영되었던 해적 라디오 방송국의 증가로, 이 노래는 정부의 금지에도 흥행했다. 영국 규정을 피하기 위해 60

미터 길이의 여객선에서 국제 수역으로 방송하던 라디오 캐롤라인 Radio Caroline은 「Seven Drunken Nights」를 히트곡으로 만드는 데 일조했다. 이 노래는 아일랜드 차트에서 1위에 오르기도 했다. TV 프로그램 '탑 오브 더 팝스Top of the Pops'가 「Seven Drunken Nights」의 공연을 허락했을 때, 꼼꼼한 청취자들은 이 노래에 7일 밤 중 5일만 등장한다는 것을 알아차렸다. 다른 이틀은 방송하기에 너무 추잡했기 때문이다.

차일드 교수가 의도적으로 선정적인 소재만 선정했다는 증거는 없으며, 그의 기준에 들지 않았지만 마찬가지로 선정적인 자료는 또 있다. 영국 브로드사이드 발라드 아카이브English Broadside Ballad Archive의 책임자 패트리샤 푸머튼Patricia Fumerton은 1630년경 「지주를 위한 란손A Lanthorne for Landlords」에 나의 주의를 집중시켰는데, 이 작품은 남편이 죽은 후 여자와 그녀의 아이들을 그들의 집에서 내쫓는 집주인에 대한 신의 처벌을 다룬다. 48줄로 된 이 노래에서, 우리는 분열, 수간, 마법, 매춘, 반역, 교수형, 화형, 자살과 관련된 이야기를 접하게 된다. 관대한 우리의 시대에도 그러한 이야기들은 받아들일 수 있는 경계를 넘어선다. 그러나 민속음악으로서 이와 같은 주제들은 정통성뿐만 아니라 진실의 부적으로서 일종의 경외심까지도 얻었다.

우리는 얼마나 많은 노래가 외설적이라는 이유로 초기 노래 모음에서 검열되거나 누락되었는지 궁금하다. 세실 샤프Cecil Sharp와 모드 카르펠레스Maud Karpeles가 《남부 애팔래치아 지역의 영어 민속 노래English Folk Songs from the Southern Appalachians》(1932)를 편찬할 때, 그들은 기막힌 팀플레이로 그런 작품에 응수했다. 샤프는 세심하고 충실하게 음악을 기록했고, 카르펠레스는 지나치게 음탕하거나 노골적인 것은 생략하며 단어들을 선별했다. 이는 출판에 적합하면서 독자들의 정숙한 감성을 상하지 않게 할 정도로만 정통한 노래를 제공하는 방법이었다. 그러나 보다 개방적인 수집가들이 더 음탕한 가사를 보존하려고 할 때조차도, 이들에게 노래를 제공한 사람들과 서민들은 자제심을 발휘했을 것이다. 하버드 대학에서 교육을 받은 의회도서관 학자가 비싼 녹음 장치를 들고 당신 집 앞에 나타난다면,「어떻게 하면 나의 처녀를 지킬 수 있을까How Can I Keep My Maidenhead」 또는 「23센티미터가 여인을 기쁘게 할 수 있을까Nine Inch Will Please a Lady」를 부르기 꺼려지지 않을까? 이 외설적인 노래들 중 어느 것이든 문서화된 것이 놀랍고, 이를 통해 수백 개의 더 음란한 가사가 후세에 없어졌다고 추정할 수 있다.

　음란한 음악에 대한 정보 대부분은 학자들을 통해서가 아니라 형사 사법 제도의 기록에서 얻는다. 19세기 런던에서 이뤄진 검열 조사 결과, '외설적인 노래'는 실제 '외설적인 악보'나 '음란한 출판물'보다 더 흔했다. 영국 경찰은 이러한 노래 수만 곡을 금지했지만, 암암리에 퍼져나갔다. 음악가가 그 곡조를 분명히 알고 후원자들이 가사를 제공할 수 있는 사창가나 다른 평판이 좋지 않은 환경에서 이 노래들에 대한 설명도 찾을 수 있었는데, 많은 친숙한 노래에는 조잡하고 불쾌한 대체 가사가 있었고, 법률 당국은 이 노래들의 보급을 거의 막지 못했다. 하지만 그들은 확실히 노력했다. 노래 수집가의 공정하고 정확한 목록에는 늘 풍기단속반과 형사 법원이 포함

되어 있다. 유감스러운 것은 그들이 민족의 풍부한 민속자료를 수집했지만, 보존하지는 않았다는 것이다.[9]

이상한 우연의 일치로, 교양 있는 음악은 섹스와 폭력의 주제에 강박관념을 보였다. 오페라와 포크 발라드의 융합은 오히려 두드러진다. 존 게이가 「거지의 오페라The Beggar's Opera」(1728)로 상업적 성공을 거두면서 번창한 대중적 발라드 오페라의 경우, 실제 포크 멜로디와 저속한 캐릭터들이 통합되었다. 엘리트주의적인 오페라에도 음모는 횡행했고, 강간은 1600년 「케팔로스의 납치Il Rapimento di Cefalo」와 함께 초창기부터 오페라에서 자리 잡았으며, 엄격한 검열에도 불구하고 이후 수세기 동안 되풀이되었다. 어두운 면을 거의 대표하지 않는 모차르트의 경우를 보자. 우리가 진행해야 할 모든 것이 그의 오페라 이야기였다면, 우리는 어떻게 결론지을 수 있을까? 「돈 조반니」(1787)의 오프닝에서 복면을 쓴 주인공이 한밤중에 젊은 여자의 방에 침입하는데, 그는 욕망을 만족시키려는 명백한 강간범이다. 여자가 비명을 지르고 그녀의 아버지는 그녀를 구하러 오지만, 침입자에 의해 살해되고, 침입자는 도망간다. 아마도 이미 다른 여자를 상대로 같은 시도를 할 계획을 세우고 있을 것이다. 또한 강간 위협은 알마비바 백작Count Almaviva이 자신의 초야권droit du seigneur을 포기하는 것을 꺼리는 「피가로의 결혼」(1786)의 줄거리를 이루는데, 이 전통은 봉건 영주에게 결혼 첫날밤에 처녀들을 범할 권리를 허용한 것으로 알려져 있다. 이보다 훨씬 앞선 모차르트의 「후궁에서의 도주The Abduction from the Seraglio」(1782)에서는 여자들이 유괴되어 하렘harem의 노예가 된다. 이 줄거리에서의 폭력과 섹스는 우리가 동시대의 포크 발라드에서 발견하는 것과 현저하게 유사하다.

그들은 충격의 가치를 잃지 않았다. 2004년 베를린에서 공연된 「후궁에서의 도주」를 여전히 비평가들은 변태적 행위로 매도하며 경고 꼬리표를 달았다. 오페라 레퍼토리의 고전 작품들에 대한 논란도 끊이지 않고 있다. 2015년 런던 로열 오페라 하우스 관객들은 로시니Rossini의 「윌리엄 텔Guillaume Tell」에서 그래픽으로 성폭력 장면을 제작한 것을 야유했고, 언론인들은 그 잔혹성과 나태함을 비판했다. 2018년 이탈리아에서 공연된 「카르멘Carmen」은 조르주 비제Georges Bizet의 유명한 오페라와 다른 결말을 맺기까지 했다. 수십 년 동안 펑크 록과 갱스터 랩을 해오고 나면, 여러분은 우리가 그런 상황에 익숙해지거나, 적어도 묵인할 것이라고 생각할지도 모른다. 그러나 음악에는 우리 정신의 가장 원초적인 부분과 사회생활의 가장 역기능적인 부분을 찾아내는 무언가가 있다. 오페라의 지배 기관은 장르의 기원부터 그 초조함을 다루어야 했지만, 모든 정화와 검열에도 긴장감은 여전히 해결되지 않고 있다.

많은 경우에, 민속음악은 그 당시 뉴스의 바이럴 매체 역할을 했다. 특정 뉴스만 해당되는 건 아니었다. 이야기가 혼란스러울수록 멜로디에 애착을 갖게 될 가능성이 높았다. 오늘날 폭력적 범죄, 전쟁터 학살, 자연재해, 그리고 다른 비극에 대해 많이 노래하지 않는데, 이는 나쁜 소식을 공유하는 다른 방법이 있기 때문이다. 이전의 시대는 상황이 달랐다. 영국 인구의 절반 이상이 18세기까지 여전히 문맹이었다. 신문조차 좋은 노래를 따라잡을 순 없었다.

소위 처형 발라드와 살인 발라드는 특히 대중에게 인기였다. 나는 현재 우리 문화의 어떤 것이 이 노래가 달성한 섬뜩함과 축하의 조합에 필적할 수 있는지 의심스럽다. 1570년 엘리자베스 1세 여왕을 파문한 교황의 법령을 런던 주교의 집 문에 올린 불쌍한 존 펠튼John Felton의 처형에 관한 가사에는 몸을 네 갈래로 찢는 형벌과 교수형에 대한 잔인한 묘사가 포함되는데, 멜로디는 오늘날 라인댄스에 사용되는 컨트리풍이다. 이게 정말 엘리자베스 시대의 파티 음악일 수 있을까? 이 발라드에서 대중의 즐거움을 위해 최악의 세부 사항은 계속 소환된다. 1638년 에드워드 콜먼Edward Coleman의 처형—찰스 2세Charles II를 암살하려 했다는 가짜 비난에 근거해—을 기념하는 노래에서, 가사는 상상의 여지조차 남기지 않는다.

> 그의 내장이 찢어져서 불길에 던져졌다
> 그의 물건은 폴란드인을 달래기 위해 해를 입었다.[10]

이러한 발라드 중 상당수는 셰익스피어 시대의 가장 인기 있는 노래 중 하나인 「Fortune My Foe(포춘 마이 포)」의 곡조에 맞춰져 있으며, 음울하거나 파괴적인, 또는 단지 가학적인 성질을 표현하기 위해 애용하는 선율에 맞춰져 있다. 1635년 리브Reeve 형제의 사형 집행을 노래한 통속시에서, 이 멜로디에 맞춰 노래를 들은 청중은 살인자들이 어떻게 쇠사슬에 매달리고 썩게 되었는지에 대한 이야기를 알게 되었을 뿐만 아니라, 분해된 시체들을 행인들이 여전히 볼 수 있다고 확신했는데, 의심을 없애기 위해 가사가 적힌 지면에는 조잡한 삽화가 포함되었다. 인쇄소는 나중에 뉴스거리가 될 만한 사건들을 설명하기 위해 이 노래에 수반되는 폭력적 이미지를 재사용했고, 오래된 영국 발라드는 지금 우리가 시각적 밈이라고 부르는 것의 기원을 만들었다. 이 음악 또한 이상하고 놀라운 방법으로 입소문이 났다. 때때로 구경꾼들은 살육을 위한 적절한 사운드트랙을 제공하기 위해 사형 집행 중에 이 노래를 불렀다. 이 곡조는 코미디 영화에서도 노래 장면들에 사용되었다. 이 단조 노래는 '교수형 노래'라고 불리게 되었지만, 그런 후에도 윌리엄 버드는 이 노래를 버지널로 연주했고, 존 다우랜드John Dowland는 부드러운 류트 음악으로 개조했다. 엘리자베스 시대 영국에서 가장 어두운 곡을 그렇게 쉽게 개조한 것은 소위 '교수형' 유머의 결정적인 예가 될 수 있을 것이다.

그리고 우리가 그런 조잡한 노래를 넘어서 진화했다고 생각하지 않도록, 처형 발라드 「Tom Dooley(톰 둘리)」가 1958년 빌보드 차트에서 1위에 올랐고, 살인 발라드 「Frankie and Johnny(프랭키 앤드 조니)」가 엘비스 프레슬리에게 금상을 안겨주었다는 것을 지적하겠다. 조니 캐쉬는 처형 발라드와 비슷한 점이 많은 현대 상업곡 「Long Black Beil(롱 블랙 베일)」로 성공을 누렸고, 믹 재거, 브루스 스프링스틴Bruce Springsteen, 데이브 매튜스 밴드Dave Matthews Band를 포함한 다수의 음악 거물이 이 곡을 커버했다. 「Mack the Knife(맥 더 나이프)」에서 「Hey Joe(헤이 조)」에 이르는 다른 상업적 음악은 오래된 살인 발라드 전통을 다양한 방식으로 환기시킨다.

이 노래들의 도덕적 어조는 단순한 메시지를 전달하는 데 목적이 있다. 범죄는 보상하지 않는다. 그러나 아주 초기 단계에서 민속

음악 연보에는 이 훈계를 늘어놓는 전복적 반대 테마가 등장한다. 범죄자들은 많은 노래에서 영웅으로 변모한다. 듣는 사람들은 그들을 응원하고, 때때로 그들은 더 많은 범죄를 저지르기 위해 살아남는다. 영웅적 범죄자의 전형인 로빈 후드Robin Hood는 이 노래들 중 거의 40곡에 등장하는 가장 인기 있는 인물이다. 많은 다른 전통 발라드는 온갖 종류의 무법자들과 반역자들을 기념하는데, 이는 기득권의 적들이 서민들의 애인이 되는 것이다. 오페라에서도 같은 유형의 반전이 두드러지게 나타나, 상류층 음악과 하류층 음악 스타일의 융합을 입증했다. 「돈 조반니」의 지속적 인기는 살인자가 대중을 얼마나 유혹할 수 있는지를 보여준다. 주인공을 지옥의 불길에 맡기는 마지막 장면도 그의 영웅적 위상을 깎아내리지 못한다. 인기 있는 오페라는 베토벤의 「피델리오」에서 죄수를 석방하는 것부터 이제는 전통 작품에 많이 나오는 범죄자들과 매춘부들의 이상적 표현에 이르기까지 그러한 반전으로 가득 차 있다. 장르와 국경을 넘나드는 이 테마의 중요성은 너무나 커서, 우리는 음악가들이 반영웅antihero의 개념을 발명했다고 주장하고 싶어진다.

나는 '반영웅'에 대한 위키피디아Wikipedia 항목을 (주저하며) 살펴봤지만 음악에 대한 언급은 전혀 없었다. 다른 정보 출처에서도 마찬가지다. 이러한 '공식' 계정에서 할리우드는 대실 해밋Dashiell Hammett, 레이먼드 챈들러Raymond Chandler, 어니스트 헤밍웨이Ernest Hemingway, 잭 케루악Jack Kerouac 등 다양한 작가 집단의 도움을 받아 반영웅을 대중화시킨 공로를 대부분 인정받고 있다. 그러나 (항상 그렇듯) 영화 스타들이 혜택을 누렸고, 우리는 반영웅의 황금시대가 험프리 보가트Humphrey Bogart에서 시작되어 잭 니콜슨Jack Nicholson으로 끝났다는 생각을 갖는다. 그 과정에서 제임스 딘James Dean, 스티브 맥퀸Steve McQueen, 클린트 이스트우드Clint Eastwood, 그리고 어떻게 해서든 골치 아픈 규칙 위반과 도덕적 상황 윤리를 하나 혹은 덜 통합된 정신으로 구현할 수 있는 다른 배우들을 얻었다. 그러나 포크 발라드와 노래 서사시는 할리우드가 등장하기 수세기 전에 반영웅의 본질을 포착하면서 이 모든 충격적 유명인들보다 앞섰다.

　민속의 반영웅은 서양 노래와 민속학에 거의 제한받지 않았다. 아프리카계 사기꾼은 이러한 성격 유형의 주요 요소를 갖고 있다. 그 사기꾼은 반영웅과 마찬가지로 자신 있게 위계질서와 규범, 권력구조를 뒤집는다. 폭력배처럼 그것들을 쓰러뜨릴 뿐만 아니라, 낡은 것에 새로운 질서를 부과한다. 아메리카 원주민 사회의 코요테, 아라비아의 신드바드Sinbad와 지니genie, 호주 원주민 문화의 까마귀에 관한 이야기 등 다른 많은 전통에서 신화와 노래된 이야기들도 마찬가지다. 많은 경우, 가수와 그들의 유산은 그들 자신을 스스로 소외시켰고, 그것은 단지 내부자들을 이기는 교활한 외부인 이야기에 대한 그들의 욕구를 증가시킬 뿐이다.

　일단 인기곡의 DNA에 박혀 있는 이 오래된 테마에 민감해지면, 당신은 그것을 어디에서나 인식하게 된다. 갱스터 랩은 상업 음악에서 아웃사이더 이야기의 최신 화신일 뿐이다. '무법자' 컨트리 음악은 같은 정신을 담고 있지만, 인구통계학적으로는 매우 다른 집단을 대상으로 한다. 그렇다, 민주당원과 공화당원 모두 그들의 반영웅 재생 목록을 소중히 여긴다. 외부인에 대한 이러한 포용은 종종 다양한 종류의 논란, 검열 및 제한을 촉발한다. 멕시코 국회의원들은 나르코코리도narcocòrridos, (현재 영국 문화의 유명한 차일드 발라드와 놀라울 정도로 비슷한) 마약왕과 카르텔 폭력배들에 대한 발라드를 금지하려고 노력해왔다. 같은 방식으로, 레베티코rebetiko 음악은 1930년대 그리스 당국에 의해 범죄 행위의 미화를 이유로 금지되었다. 탱고는 그 기원에서 같은 지하세계를 무기로 삼으며, 오랫동안 정치, 종교 당국의 반발에 직면했다. "탱고는 항상 로냐roña(싸움)와 법위반과 폭력과 관련이 있다"고 아르헨티나 작곡가 파블로 지글러Pablo Ziegler는 설명한다. 그는 이 장르의 두 가지 필수 요소는 "무그레mugre(쓰레기)와 로냐(싸움)"라고 정의한다. 미국에서 클래식 블루스 음악은 비슷한 방식으로 매력을 구축했으며, 기껏해야 떠돌아다니는 나쁜 남자들, 최악의 폭력적 범법자에 관한 노래로 청중을 즐겁게 했다. 그 노래들은 지역사회를 혼란에 빠뜨렸지만, 제재되고 일상적인 것에 동화되는 것에 저항했기 때문에 그 가치는 드물게 오래 지속되었다. 이러한 음악 스타일과 비교했을 때, 헤밍웨이와 보가트는 반영웅 게임에 뒤늦게 합류했다.[11]

어떻게 하면 그 과정에서 다음 단계, 즉 음악가들이 스스로 반영웅이 되는 길을 파악하게 될까? 이는 현대 음악의 사회사에서 가장 중요한 변화일 수 있는데, 어느 정도 엄격하게 연구되는 건 말할 것도 없고 거의 주목받지 못했다. 20세기 중반 수십 년 동안, 반영웅 정신은 노래 밖에서 가수의 이미지를 형성하기 시작했다. 어떤 정의로든 블루스 가수 로버트 존슨은 반영웅이었고, 최근 몇 년 동안 그의 인생 이야기를 정화하고 주류화하려는 모든 노력(아마도 현대 수정주의 음악 역사상 가장 헛된 프로젝트일 것이다)은 처음부터 실패할 운명이었다. 로버트 존슨은 항상 녹음 예술가만큼이나 민중의 영웅이 될 것이고, 그의 신화는 그의 음악만큼이나 영향력이 있을 것이다. 같은 이유로 밥 딜런은 반영웅이다. 투팍 샤커Tupac Shakur도 반영웅이다. 윌리 넬슨Willie Nelson, 마일스 데이비스, 루 리드도 마찬가지다. 노래는 이미지를 확대하는데, 음악가는 어떤 음악보다도 크게 나타난다. 그들은 우리의 영광스러운 절박함, 권력 구조를 교란시키는 현대 로빈 후드들이지만 활과 화살보다는 기타나 마이크를 들고 있으며, 무엇을 부르든 항상 그들 자신에 대해 노래한다.

반란을 일으키는 음악 사업의 생명줄인 이 모든 강력한 경향은 민속음악 운동에서 시작된 계층의 반전에 바탕을 두고 있다. 18세기와 19세기의 헤르더와 노래 수집가들은 민속음악을 발명하지 않았다—그런 종류의 주장은 가장 기본적인 테스트를 충족시키지 못한다—. 하지만 그들은 모든 것을 바꾸었다. 그들은 다른 사람들이 조잡하고 천박하다고 일축했던 노래에 기반을 둔 틀과 미적 비전을 형성했다. 이러한 우수성의 기준을 변화시킨 것은 그들이 실제 노래를 문서화한 것보다 더 중요한 것으로 판명된다. 민속음악은 학자들이 책에 적지 않았더라도 계속 번창했을 것이다. 그러나 고상한 문화에 대한 공격은 치명적이었다.

1896년 프랜시스 제임스 차일드가 사망할 무렵, 그 과정은 거의 완성되었다. 래그타임 열풍이 미국에서 막 시작되었고, 곧 그 시대에 가장 혁신적인 미국 작곡가 스콧 조플린의 장르를 정의하는 작품이 탄생할 터였다. 뉴올리언스 재즈의 기원은 이때로 거슬러 올라간다. 미시시피 삼각주에서는 블루스 음악을 어디서 찾아야 할지 잘 아는 사람들이 이를 들었다. 탱고가 아르헨티나의 밤 문화를 이어받기 시작했다. 삼바는 브라질에서 탄력을 받고 있었다. 일찍이 소외되고 억압받는 사람들의 이러한 음악적 제물은 귀족들과 부유한 후원자들이 이를 합법화할 때까지 은밀하게 존재했을 것이다. 그러나 규칙은 바뀌었다. 하층 계급 출신의 가수들은 합법화를 필요로 하지 않았다. 사실 그들의 매력은 그들이 합법화되지 않았다는 단순한 사실에 근거했다.

엄청난 대변동이 일어났다. 이제는 단지 그것이 수십 년 동안 어떻게 될지 지켜보는 문제가 됐다. 교향곡과 칸타타는 여전히 작곡될 것이다. 군주들과 교황은 여전히 음악에 대한 의견을 제시할 수도, 좋아하는 연주자를 고용할 수도 있다. 오페라 하우스와 공연장은 사라지지 않을 것이다. 그들은 여전히 익숙한 요금을 제시할 것이고(지금은 점점 더 필요하지만), 드물게 우리를 놀라게 할 수도 있다. 그러나 돈이나 명성이나 영향력으로 따져볼 때, 그들의 영광의 시대는 지났다. 고급문화는 이제 더 큰 음악 생태계에 점점 더 적은 영향을 미치면서, 그 배경은 재조명된다. 카네기홀은 계속 존중받겠지만, 이제 음악계의 맥박은 코튼 클럽Cotton Club(뉴욕시의 나이트클럽-옮긴이), 버드랜드Birdland(뉴욕시의 재즈 클럽-옮긴이), 댄스테리아Danceteria(뉴욕시의 나이트클럽-옮긴이), CBGB(뉴욕시의 클럽-옮긴이)에서 뛸 것이다. 대중들이 음악 사업의 우선순위를 좌우하게 될 것이며, 외부인과 하층계급의 새로운 미학을 받아들일 것이다. 주류 사회의 가장 평온한 거리에서도 반란의 소리가 일상생활에 사운드트랙을 제공할 것이다. 음악 스타일은 항상 그래왔고 앞으로도 그럴 것이다. 하지만 반란의 정신은 변화의 속도와 범위를 전례 없는 정도로 좌우할 것이다. 폴크volk, 특히 융폴크Jungvolk(혹은 십 대)가 파괴적 음악의 힘을 배웠으니, 그들은 이제 다른 모든 사람을 위해 이 곡들을 고집할 것이다.

20

디아스포라의
미학

Music: A Subversive History

The Aesthetics of Diaspora

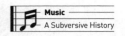

이 시점에서 취향의 함양에 대해 말하는 것은 부끄럽다. 음악과 관련 분야의 비평가들은 그 용어를 과거의 당혹스러운 유물로 치부하는 경향이 있다. 19세기에는 존 러스킨John Ruskin이나 매슈 아널드Matthew Arnold와 같은 자칭 취향의 중재자들이 대중의 예술적 감성을 고양하는 것을 사명으로 삼았고, 돌판에 새겨진 교리를 가지고 산꼭대기에서 돌아온 모세의 열정으로 이 목표를 추구했다.

러스킨이 예술 비평을 천직으로 추구하기 전, 오랫동안 복음주의 성직자로서의 경력을 고려했다는 것을 누가 알겠는가? 어떤 면에서 러스킨은 영혼을 개종시키고 불태우는 임무를 결코 포기하지 않았다. 그는 예수 그리스도를 고급문화로 대체한 선교 활동을 했다. 매슈 아널드는 《교양과 무질서Culture and Anarchy》에서 자신의 야망은 "세계에서 생각하고 말한 최고의 것"을 전파할 "완전한 완벽의 추구"에 지나지 않는다고 주장했다.[1]

프랑스 사회학자 피에르 부르디외Pierre Bourdieu가 이 취향 배양 프로젝트를 중단시켰다는 사실은 널리 알려졌다. 부르디외는 취향을 해체하면서, 하층민과 노동자 계급이 거부당하는 일종의 정신적 공동체인 '속물과 사교계 명사'의 도구로서의 취향의 숨겨진 역할을 밝히기 위해 애썼다. 부유한 엘리트들은 자신의 특권적 지위를 강화하기 위해 취향의 개념을 조작했고, 관객과 예술의 관계에 대해 '분리, 객관, 무관심'이라는 단호한 태도를 강요했다. 부르디외 이후, 좋은 취향의 개념은 비평가들의 입에 나쁜 맛만 남겼다. 예술에 대한 논의에서 취향이라는 단어는 대부분 사라졌다.[2]

부르디외의 모델은 많은 문화 상업 분야에서 계몽되고 있지만 사각지대도 있다. 한편 그의 취향 배양 이론은 오늘날 시각 예술을 괴롭히는 많은 문제를 설명한다. 수백 명의 부유한 후원자들이 화가와 조각가의 순위와 명성에 엄청난 영향력을 행사하며, 세계적으로 유명한 예술가조차 그들의 변덕과 환상에 관심을 기울여야 한다. 그러나 음악은 이러한 취향을 계급의 특권으로 축소하는 것을 거부한다. 수십 년 동안 대부분의 음악 소비자들을 위한 "취향의 배양"은 음반사, DJ, 유튜브, MTV, 스트리밍 서비스, 〈롤링스톤〉지와 다른 다양한 음악 잡지, 블로거, 트위터, 그리고 연주자와 리스너 사이의 중개자들에 의해 통제되었다. 강력한 기술 회사들은 이 모든 과정이 알고리즘으로 축소되는 미래를 위한 토대—바람직하게는 자신들의 수익을 올리고 고객 기반을 확장하는—를 마련하고 있다. 이들 단체와 그에 수반하는 취향 제작자들은 공통점이 거의 없지만, 사교계 명사와 백만장자의 문화적 선호를 경멸하는 데는 동의

한다. 사실 오늘날 취향을 이끄는 사람들은 러스킨/아널드 의제와 정반대다. 그들은 오래전에 음악의 활력이 대중으로부터, 아니 대중 사회 내에서의 진보적이고 파괴적인 하위문화로부터 온다고 배웠다. 적어도 지난 100년 동안 음악 취향의 배양은 전복을 동화시켜 소비자를 위한 대중 시장 제품으로 만드는 프로젝트였다.

부유층도 이 전복에 참여한다. 나는 문화적 갈등과 혼란에 대한 나의 경험을 통해 이 원리가 직접 작동하는 것을 보았다. 어릴 적 이웃에 있는 부모님 중 아무도 대학에 가지 않은, 사우스 센트럴 로스엔젤레스South-Central Los Angeles 변두리에 있는 노동자 가정에서 태어나 스탠퍼드 대학교를 장학생으로 다녔고 나중에 옥스퍼드로 유학을 간 것보다 정신적으로 더 파괴적인 것은 없었다. 그 후 몇 년 동안, 나는 스탠퍼드를 위해 모금 활동을 했고, 실리콘 밸리의 중심부에서 일하며, 세계에서 가장 부유한 몇몇 사람들과 매일 거래를 했다. 나는 음악(및 다른 문제)에 대한 그들의 취향을 배우게 되었는데, 그들이 선호하는 것에 거의 항상 사회경제적 계층에서 몇 단계 아래인 사람들의 연구된 모방이 포함됐다. 그들의 태도는 우 탱 클랜Wu Tang Clan의 독특한 힙합 앨범에 2백만 달러나 지불한 스캔들에 휩싸인 경영자 마틴 시크렐리Martin Shkreli처럼 항상 극단적이지는 않았다. (물론 그 사건은 오늘날 음악에 대한 엘리트들의 자세에 대한 상징이 될 수 있을 것이다.) 마이크로소프트의 공동 설립자인 폴 앨런Paul Allen은 교향악단을 출범시키는 대신 2억 4천만 달러를 기부해 시애틀에 팝 문화 박물관(원래는 '익스페리언스 뮤직 프로젝트The Experience Music Prokect'였다)을 만들었다. 도리스 듀크Doris Duke는 오케스트라나 오페라에 대한 언급 없이 '연예계'의 가수, 댄서, 음악가들을 지원하는 재단의 기금을 마련하기 위해 10억 달러의 유산을 남겼다. 오늘날 영향력 있는 거의 모든 다른 보조금을 주는 예술 재단은 그것의 헌장의 일부로 포퓰리즘적 오락물을 받아들였다. 부르디외의 속물 엘리트들은 다 어디로 갔을까?

특권층 사이의 진정한 열정, 적어도 음악에 대한 열정은 취향의 배양이 아니라 슬러밍slumming('슬럼' 행위를 하는 것—옮긴이)이었다. '슬럼 slum'이라는 단어는 동사로 바뀌기 전 수십 년 동안 명사로서 번창했다. 참으로 이상한 동사로, 그것은 기분 전환, 야간 생활, 그리고 아마도 몇 가지 불법 거래를 위해 가난한 이웃을 방문하는 행위를 뜻했다. 이러한 활동은 어떤 종류의 음악과 빈번히 관련되었고, 부르디외의 지역 교향곡 기부자의 거들먹거리는 이미지와는 정반대인 새로운 종류의 미학을 구현했다. 시작부터 슬러밍은 필하모닉 행사 테이블이 따라올 수 없는 강렬함과 매력이 있었다. 슬러밍은 오늘날에도 여전히 그리고 자주 일어나고 있다—아마도 다른 분류 아래에 있지만—. 나는 펑크 록에 대한 사랑을 선언하는 CEO들이나 힙합 가사를 S&P500의 구성 요소인 듯 쉽게 내뱉는 금융인들이 놀랍지 않다. 사실 이런 엉터리 음악 스타일이 거의 항상 자랑, 지배, 반항이라는 미사여구에 의존한다는 것을 고려할 때, 이러한 소속감은 완벽히 이해된다. 세계 최고의 엘리트들에게 더 나은 국가國歌가 될 수 있는 것은 무엇인가? 베토벤의 「환희의 송가」는 시드 비셔스가 부르는 「My Way(마이 웨이)」나 프레디 머큐리Freddie Mercury가 무대 위에서 거드름을 피우며 선언하는 「We Are the Champions(위 아 더 챔피언)」과 경쟁할 수 없다.

구글 데이터베이스에서 500만 권이 넘는 책과 문서를 검색해 보면, 1880년대에 슬러밍이라는 용어가 처음 생겨났고, 그 이후로 제2차 세계대전 이후 잠시 소강상태를 보인 것을 제외하면 사용은 계속 늘고 있음을 알 수 있다. 이 용어는 전형적으로 부정적 의미를 내포하고 있으며, 이러한 반非음란적 취미에 빠져드는 대부호에 대한 가벼운 질책을 전하고 있다. 이들 스스로는 자신들의 활동에, 어쩌면 열린 마음, 박애, 또는 심지어 노블레스 오블리주 같은 다른 용어를 선호할지도 모른다. 농담과 비판은 그들이 낮은 곳에서 쾌락을 추구하는 것을 제한하는 데 거의 도움이 되지 않았고, 오히려 그들을 위한 기괴한 시설들이 생겨났다. 가장 악명 높은 것은 1930년대의 할렘 클럽으로, 이곳은 아프리카나 남부 농장에 대한 암시로 가득 찬 흑인 오락과 적절한 노래와 춤으로 포장돼 상류층 백인 고객들을 기쁘게 했다. 이 시기 할렘의 코튼 클럽에서 백인 고객들을 위해 공연했던 듀크 엘링턴은 정글 음악으로 종종 찬사를 받았다. 그러나 슬러밍은 벌써 반세기 전의 일이다. 1884년 〈뉴욕타임스〉는 독자들에게 "20번가와 30번가 사이의 유색인종 식민지"에 대한 안내를 제공했고, 그곳에서 잠깐 산책하면 "남녀 모두 자주 찾는 이 도시에서 가장 낮고 음탕하고 더러운 맥주 살롱들"을 볼 것이라고 했다.[3]

이 현상은 뉴욕에만 국한되지 않았다. 〈뉴욕타임스〉가 슬러밍에 대한 가이드를 제공하자, 같은 해 영국 정기 간행물 〈펀치Punch〉는 성적 호기심, 중독, 음악 등의 취향을 위해 동런던으로 여행하는 상류층들에 대한 풍자 기사를 실었다. 파리에서는 이 고객들을 위해 완전히 새로운 사업이 등장했는데, 우리가 현재 카바레라고 알고 있는 것이었다. 이후 30년 동안, 이런 형태의 밤 생활은 유럽 전역으로 퍼져나가 베를린, 빈, 암스테르담, 바르셀로나, 취리히, 크라쿠프, 부다페스트, 프라하, 그 외 많은 도시의 시민들을 즐겁게 할 터였다. 1908년 카바레 개념은 모스크바에 도착하여 '더 배트The Bat'라는 이름의 작은 지하실에 장착되었고, 프랑스 제3공화국Third French Republic이나 카이저 빌헬름Kaiser Wilhelm의 독일처럼 반봉건이고 차르 같은 인물이 이끄는 나라에서도 밤 문화가 번성할 수 있음을 증명했다.

1881년 11월 18일 파리 몽마르트르 지역에 문을 연 '르 채트 누아르Le Chat Noir(검정 고양이)'는 이 새로운 형태의 음악적 엔터테인먼트 공식을 확립했다. 여기서 부유한 고객들은 보헤미안, 예술가, 범죄자, 매춘부들과 함께 라이브 음악을 즐길 수 있었다. 이 야무지고 때로는 기괴한 환경에서 슬러밍은 정점에 달하여, 우아함과 타락 사이에 필요한 균형을 이루었다. 곧 다른 장소들도 그 뒤를 따랐고, 1890년대 중반에는 50개 이상의 카바레와 12개 이상의 음악 홀이 파리에서 운영되었는데, 그중에는 1889년에 캉캉 댄스가 대중화된 유명한 '물랭 루주Moulin Rouge'와 1869년에 시작하여 오페레타와 희극 오페라를 선보였으나 1890년대에 이르러서는 흥겨운 오락과 세미 누드 춤으로 더 많은 추종자를 모은 '폴리 베르제르Folies Bergere'도 있다.

아마도 카바레의 사회문화적 역할을 나타내는 가장 흥미로운 지표는 1880년대 파리 경찰에 등록된 매춘부 수의 급격한 감소일 것이다. 하지만 이것이 프랑스 도덕 개선을 나타내는 것은 아니다. 단지 성매매를 위한 경제 모델이 다른 형태를 띤 이 새로운 나이트클럽으로 이동했음을 의미한다. 객실에 있는 댄서들과 다른 직원들은 매춘부로 종종 일했고, 클럽은 꾸준한 고객 흐름, 거래 성사 장소, 그리고 때로는 뒷방에서 거래를 완성할 수 있는 기회까지 제공했다. 전통적인 성매매 종사자들에게 미치는 영향이 너무나 치명적이었기에, 일부 사창가는 스스로 음악의 장으로 재탄생했다.

한편 에두아르 마네Edouard Manet는 '폴리 베르제르'의 바텐더를 그렸는데, 이는 쉬종Suzon으로 알려진 실제 매춘부의 모습을 보여주는 것으로, 마네는 그녀를 반짝이는 불빛을 관장하는 화려한 여신으로 변모시켰다. 앙리 드 툴루즈 로트레크Henri de Toulouse-Lautrec는 물랭루주 댄서 제인 에이브릴Jane Avril과 다른 단골들을 그렸을 뿐만 아니라 클럽의 광고 포스터까지 디자인했다. 이는 카바레를 사창가보다 훨씬 높은 수준으로 끌어올린 문화적 특징이다. 현재 경매에서 최대 10만 달러까지 가격이 올라가는 이러한 대량생산된 마케팅 품목들은 회화사상 가장 중요한 예술과 저급한 사업의 교차점에 속한다. 유럽의 밤 문화에 이러한 변화가 없었다면 불가능한 일이다.

파리의 위대하거나 그리 위대하지 않은 작가들도 이런 환경에 속해 있었다. 프랑스 작가 콜레트Colette는 노벨 문학상 후보에 오르기 훨씬 전 음악 홀 엔터테이너로 일했다. 모든 장르와 스타일의 많은 작곡가가 파리 카바레에서 성년이 되었다. 여기에는 '르 채트 누아르'에서 피아노를 연주한 에릭 사티Eric Satie와 클로드 드뷔시Claude Debussy도 포함된다. 이후 카바레는 아프리카계 미국인 조세핀 베이

커Josephine Baker의 춤, 유명 여가수 에디트 피아프Edith Piaf의 노래, 1937
년 물랭루주를 인수한 본격적인 코튼 클럽의 버라이어티쇼 등 음악
적 오락에서 새롭고 '이국적'인 거의 모든 것을 대중화했다. 카바레
는 파리에서 슬러밍 경험을 다시 불러일으켰고, 아방가르드 20세기
음악도 이러한 환경에서 영감을 얻었다. 다리우스 미요Darius Milhaud,
프란시스 풀랑크Francis Poulenc, 아르튀르 오네게르Arthur Honegger 등 프
랑스 6인조Les Six로 알려진 미래 지향적인 프랑스 작곡가 그룹은 파
리 카바레 '르 뵈프 쉬르 르 트와Le Bœuf sur le Toit'에서 정기적으로 만났
고, 때때로 음악 제작에 참여했다.

　　그러나 파리는 최첨단 카바레에 대한 독점권이 없었다. 제1차
세계대전 막바지에 문을 연 취리히의 '카바레 볼테르Cabaret Voltaire'가
때때로 밤 유흥에 가장 걸맞은 클럽이라는 찬사를 받았다. 피아니
스트 위의 현수막은 (무대 위에 비스듬히 서 있는 두개골 마스크에 인접한) '다
다Dada'라는 단어를 선언했고, 여기서 연주되는 무정부 의제를 모두
에게 분명히 알렸다. 이러한 온실 환경에서 결합된 아방가르드 다
다이즘은 현대 사회의 전쟁을 꾀하고 이윤을 창출하는 제도뿐만 아
니라 혁명가들에게도 없어서는 안 된다고 생각할 수 있는 논리 원
칙과 일관성을 거부했다. 펑크가 사회에서 호전적인 주먹을 휘두르
기 훨씬 전에, 다다는 손에 잡히는 것은 무엇이든 쓰러뜨리려고 애
쓰고 있었고, 그 선두 주자들은 M&M 초콜릿 색상의 뾰족한 헤어스
타일이나 코스튬 보석의 대안으로 안전핀을 사용하는 것을 그저 비
웃었을 것이다. 이 운동의 중심인물 중 한 명인 트리스탕 차라Tristan
Tzara는 "다다는 모든 것을 의심한다"고 발표하면서 재빨리 다다를

의심하기도 했다고 덧붙였다.[4]

카바레 볼테르의 공연에는 말도 안 되는 음절, 타자기, 냄비 덮개, 갈퀴, 심지어 가상의 바이올린까지 포함되었다. 그러나 관객들은 공연자들만큼 허무주의적일 수 있다. 이 전쟁 난민과 급진적 망명자(블라디미르 레닌Vladimir Lenin은 길 건너편에 살았다)의 도시에서 다다이스트Dadaist들은 많은 사람 중 한 무리에 불과했다. 우리는 심지어 관객들이 이 카바레에서 무대를 습격한다는 이야기까지 듣는다. 앞으로 나올 이야기에 폭력적이고 준희생적인 의식과 유사한 음악 공연이 많을 것을 예상할 수 있다.

카바레의 이름에서 자기 비하가 드러나기도 했다. 유행하던 유럽 공연장들은 박쥐, 소, 고양이 등 동물에서 그들의 정체성을 가져왔는데, 이는 딱정벌레, 귀뚜라미, 거북의 이름을 따거나 심지어 '동물'이라고 이름 지은 초기 록 밴드를 연상시킨다. 이 반쯤 진지한 자연의 뿌리로의 회귀는 사회적 지위와 구별에 대한 경멸과 뒤섞였다. 그러나 곧 터무니없음은 그 자체로 장점이 되었고, 일종의 궁극적인 예술적 가치로 추앙받았다. 1890년대 몽마르트르에서 운영된 카바레 '뒤 네안트Cabaret du Neant'(무無라는 뜻)에서는 손님들이 테이블 대신 큰 나무 관에서 먹고 마셨고, 단두대와 해골 장식도 있었다. 카바레 '드 랑페르Cabaret de l'Enfer'에서 소유주가 약속한 지옥의 환기를 볼 수 있을 것이라 기대되었는데, 실제 악마 복장을 한 음악가들이 불과 함께 설치된 큰 가마솥에서 공연을 했다. 구원을 원하는 후원자들은 천사의 복장을 하고 매력적인 젊은 여성들이 춤추는 카바레 '뒤 시엘Cabaret du Ciel'(하늘의 카바레)로 갔고, 의식의 주인은 성 베드로 흉내를 냈다. 펑크와 포스트모던이라는 용어는 그 당시에는 존재하지 않았지만, 자칭 퇴폐와 허무주의는 강력한 문화적 힘이었고, 한 세기 후에 번성할 많은 미적 원리를 기대하게 했다.

하지만 우리의 주된 관심사는 음악이다. 단두대와 성 베드로의 대리인에 정신을 빼앗겨서는 안 된다. 카바레의 대담한 노래들은 풍자와 관능으로 가득 차 있었다. 그것들은 정치적 성향을 띠거나 에로티시즘을 탐구하거나, 단지 기괴한 것을 목표로 할 수도 있었다. 1871년 두 달 동안 집단주의와 개혁의 약속으로 프랑스 수도를 지배했던 파리 코뮌의 붕괴 이후, 당국은 음악계에 엄격한 검열 규칙을 부과했다. 교육부 장관은 코뮌의 '악마'를 "그 시대에 제작된 노래의 난잡함" 탓으로 돌렸다. 또 다른 평론가는 카페 콘서트를 "나병처럼 우리나라 전역에 퍼지고 있는 불명예스러운 발명품"이라고 묘사했다. 그러나 전염병은 다시 돌아왔고, 그 어느 때보다도 치명적이었다. 19세기 후반과 20세기 초반에 카바레는 유럽 생활에서 대중음악 문화의 중요한 진원지로 두각을 나타냈고, 모든 사람은 이 성공적인 공식의 핵심 요소는 신랄함과 불경함이라고 인식했다.[5]

카바레와 음악 홀 엔터테인먼트에 부과된 검열 정도는 도시마다 달랐고, 정치적 흐름에 따라 바뀌었다. 예를 들어 베를린에서는 카이저 빌헬름 밑에서 카바레가 엄격하게 통제되었고, 1920년대에는 음탕하고 터무니없게 변했다가, 결국 히틀러의 나치 정권하에서 낡은 순응으로 후퇴했다. 대부분의 환경에서, 이러한 장소들은 논란을 불러일으켰고, 경찰이 폐쇄하지 못하게 최소한의 품위를 유지했다. 어떤 경우에는, 공연이 '클럽 회원'이나 '초대 손님'을 위한 사적인 일이라고 주장하며 법을 무시했다. 또 다른 경우에는, 카바레 소유주들은 그들이 실제 극장이 아닌 단지 술집을 운영하거나, 준예술적 비영리 단체라며 검열에서 면제되어야 한다고 주장했다. 문 앞에서 입장료가 부과되지 않는다는 게 그 이유였다. 다양한 계략과 방편으로, 그리고 필요 시 뇌물을 바치면서, 이러한 장소들은 수십 년 동안 머물렀다.

1900년에 대중음악에 관한 주요 전문가들을 모아 20세기에 노래가 어떻게 진화할지 예측해보라고 했다면, 가장 박식한 사람들은 이 유럽 카바레들이 앞으로 100년의 분위기를 좌우할 것이라고 말했을 것이다. 그렇게 건방지고 섹시하고 대담하고 정세에 밝은 음악을 어디서 찾을 수 있을까? 파리와 베를린은 이 공식을 개발했고, 다른 나라들이 그들의 예를 따르는 것은 시간문제였다. 다시 한 번 반란군과 외부인이 지배적인 새로운 음악 스타일의 선두에 섰고, 사람들은 이를 따라가기 위해 경쟁하거나 뒤처졌다.

하지만 이 시점에서 예상치 못한 일이 일어났다. 그 전문가들이 틀렸다는 것이 증명되었다. 카바레는 20세기 대중음악의 미래가 아니었다. 더 많은 권리를 박탈당하고 경멸받는 또 다른 외부인 집단이 현대 상업 음악의 흐름을 바꿀 터였고, 이런 일은 계속 반복될 터였다.

우리는 거의 모든 노예의 후손인 아메리카 대륙의 흑인 인구가 20세기에 대중음악을 재창조하리라는 것을 뒤늦게 깨달은 바 있다. 그들은 매우 다양한 방법으로 그것을 했다. 처음에는 래그타임과 블루스, 그다음엔 초기 재즈와 스윙, 그리고 R&B의 첫 번째 유행, 그리고 다시 소울, 레게reggae, 삼바, 부기우기boogie-woogie, 두왑doo-wop, 비밥bebop, 칼립소calypso, 펑크, 살사, 힙합, 그 외 수많은 다른 장르와 하위 장르와 하이브리드 장르까지. 심지어 백인 음악가들이 '브리티시 인베이전' 록이든, 디스코든, 블루그래스bluegrass든, 그 밖의 어떤 것이든 그들만의 독특한 대중음악 스타일을 가지고 앞으로 나설 때조차도, 거의 항상 흑인 영감의 원천으로부터 많은 것을 빌려왔다. 아무리 유행을 따르거나 평판이 나쁜 유럽 카바레도, 오늘날에도 계속되는 창의성과 혁신의 흐름과 경쟁할 수는 없다.

우리는 세계 음악 사업에 대한 흑인 하층민들의 승리를 당연하게 여기는데, 이는 지난 500년 동안의 음악 역사상 가장 놀라운 사건으로 평가되어야 한다. 도시 빈민가—뉴올리언스, 미시시피 델타, 디트로이트, 사우스 브롱크스 등 구체적인 주소는 바뀔지 모르지만, 사회경제적 현실은 다르지 않은—에서 온 소수가 세계의 음악적 취향을 재구성하고, 새로운 10년과 세대마다 정확한 규칙성으로 이 일을 반복하는 것보다 더 놀라운 것이 있을까? 어떻게 그런 일이 일어났을까? 노예와 다른 외부인들이 고대와 중세 사회의 음악을 형성하는 놀라운 방법을 이미 보았다. 그러나 기득권과 독점 유통 채널을 가진 강력한 기업들이 현대 생활의 주류 음악을 지배했던 20세기 동안 그 어려움의 정도는 한 단계 높아졌다. 그러니 음악사에서 초인적인 위업을 찾고 있다면, 그리고 새로운 장르와 스타일이 어떻게 발생하는지에 대한 통찰력을 찾고 있다면, 이는 탐구할 가치가 있는 퍼즐이다.

아프리카 디아스포라에서 비롯된 음악적 창조력의 역사는 아메리카 대륙의 여러 나라와 공동체의 노예제만큼이나 오래되었다. 아니면, 오히려 이 포로들을 신대륙으로 수송한 바로 그 배에서 출발하는 것만큼 오래되었다. 노래, 춤, 북소리는 저절로 일어날 수도 있었지만, 많은 경우 순전히 사리사욕으로 이러한 '자유'를 제공한 선장에 의해 그것들은 예정되고 강제되었다. 이 배들의 사망률은 높았고, 음악은 원치 않는 승객들의 건강과 노예무역 기업의 경제적 수익 둘 다에 대한 지원으로 여겨졌다. 1780년대 네 차례 노예무역 항해에 참여한 영국 의사 알렉산더 팔콘브리지Alexander Falconbridge 는 여행에서 노예들은 "어쩔 수 없이 춤을 췄다"라고 썼다. 이 특정한 배경의 음악은 드럼뿐이었고, 노래가 동반됐다. 미적·표현적인 어떤 고민도 없었지만, 그럼에도 춤은 미적이었고 표현력이 넘쳤다. 팔콘브리지는 아마도 중간 통로Middle Passage의 "가엾은 사람들"이 "고국을 떠나는 것에 대한 통탄"을 표현하며 스스로를 회복하려는 이 소리를 듣지 않을 수 없었을 것이다.[6]

인간의 존엄성을 가장 극단적으로 침해하는 상황에서 음악적 예술성을 뽑아내는 이러한 능력은 미국 음악에서 되풀이되는 패턴이 된다. 말할 필요도 없이, 천만 명 이상의 아프리카인을 아메리카로 데려온 거래와 인센티브에 문화적 또는 미학적 고려는 아무런 역할도 하지 않았다. 다른 때와 장소에서, 예를 들어 아바스 왕조Abbasid Caliphate 휘하의 이슬람 세계에서, 엔터테이너와 공연자로서 노예를 훈련하고 판매하는 데 특화된 사업체들이 있었지만, 그러한 개념은 인간 노예의 힘과 인내 이상의 가치를 생각하지 못한 대서양 횡단 노예 상인의 마음속에 결코 들어오지 않았을 것이다. 이 노예들은 그저 미국 남부 농경 경제의 기초로서 일하게 될 터였다. 그러나 미국의 흑인 노예화 역사의 모든 단계에서, 모든 방해, 규제, 장애, 또는 처벌에도 불구하고 음악의 힘이 나타났다. 아프리카 노예의 후손들은 결국 그들이 정착한 모든 곳에서 음악 문화를 지배하게 되었다. 사실 노예제도가 끝나기 훨씬 전부터 흑인 음악가들은 이미 백인 연주자들을 대체하고 있었다. 심지어 가장 인종 차별적인 공동체 내에서조차, 관객들은 점차 자신들이 억압한 바로 그 인구를 음악 오락의 제공자로 선호하게 되었다.

1690년대 초, 노예 바이올린 연주자들은 버지니아 백인 댄서들을 위해 공연했다. 그 후 몇 년 동안 흑인 음악가들은 남부의 거의 모든 장소에서 엔터테인먼트를 담당했다. 그들은 미시시피강과 오하이오강에서 증기선 승객들을 즐겁게 했고, 엘리트 리조트 호텔과 개인 파티에서 댄스 음악을 제공했다. 1788년 버지니아의 한 스코틀랜드 무용 교사가 "이 지역에서 볼 수 있는 최고의 백인 음악"을 사용했다고 학교 광고를 냈는데, 이는 그의 많은 경쟁자가 흑인 연주자들에게 의존했음을 암시한다. 그리고 1700년대 어느 시점에 흑인 음악가들은 백인 댄서들에게 스텝과 춤을 요구하기 시작했다. 이러한 스텝과 춤은 오늘날 우리에게 익숙한 전통 민속춤이지만, 당시 많은 관찰자에게는 충격적이었다. 미국 체류 중 연주단이 이러한 요구를 하는 것을 본 영국 작가 프랜시스 트롤럽Frances Trollope은 '유럽인의 귀에는 우스꽝스러운 효과'라고 흠을 잡았다. 1832년 보스턴을 방문했을 때 비슷한 댄스 콜call(단체 춤에서 춤의 동작을 지시하고 안내하는 행위-옮긴이)을 본 스웨덴 여행자는 "다른 어떤 것보다도 나를 놀라게 한 관습"이라고 했다. 이 일화에서 알 수 있듯이, 춤의 소명은 이 무렵 남부를 훨씬 넘어 퍼져 있었다. 영국 여배우 패니 켐블Fanny Kemble이 1830년대에 필라델피아를 방문했을 때, 그녀는 댄서들이 더 이상 스텝을 배우지 않고 그들의 동작을 안내하는 콜러caller를 필요로 한다는 것을 알고 실망했다. 이 시기에 필라델피아에서 매우 인기 있는 엔터테이너였던 해방된 흑인 노예 프랭크 존슨Frank Johnson이 이 경우 댄스 콜러였을지도 모른다. 흑인 노예들과 전 노예들이 백인들에게 명령을 외치는 광경은, 시대의 가치를 고려할 때 어울리지 않고, 어쩌면 초현실적으로 보일 수도 있지만, 그것은 미국에서 아프리카계 미국인의 음악 경험을 상징하는 역할을 한다. 흑인 문화는 방향을 제시하고, 사회의 다른 영역에 있는 계층과 제도가 변하지 않는 한 백인 관객들은 따라온다.[7]

엔터테이너를 평판이 좋지 않은 것으로 여겼던 고대와 중세 시대의 엘리트들은 음악 문제에서 노예의 우월성을 쉽게 받아들였다. 노래를 연주하는 일은 노예에게 적합했다. 그러나 19세기 미국은 정식 훈련이나 심지어 괜찮은 악기의 이점 없이 음악 분야의 정상에 오른, 버려진 하층민의 재능 있는 일원과 마주쳤을 때 강렬한 인지 부조화를 경험했다. 이 시대는 음악 연주자들을 우상화한 시대였으며, 그들에게 초월적인 시적 및 영적 감수성을 부여했다는 점을 기억하자. 스타 시스템은 이미 음악 사업에 자리 잡았고, 신문 리뷰는 당시의 주요 공연자들을 겨냥한 숨 가쁜 칭찬과 경건한 감정으로 지배적 기풍을 포착했다. 공연자 중 다수는 유럽인들이었는데, 미국인들도 그들 자신의 문화적 업적에 깊은 열등감에 시달렸다. 아프리카 노예들과 그 후손들이 미국의 가장 소중한 음악적 자원, 즉 구세계 방식에의 복종에 대한 해독제로 등장했을 때 얼마나 끔찍한 충격이었을까. 1619년 신세계에 처음 20명의 아프리카 노예가 도착한 때부터 20세기 초 재즈, 블루스, 그리고 다른 아프리카계 미국인의 음악 스타일에 대한 대중의 열렬한 열정이 마침내 임계량에 도달할 때까지 이 과정이 진행되는 데 300년이 걸렸다는 사실에 놀라서는 안 된다.

미국 엘리트들이 자생적인 아프리카 음악 문화의 상승을 지연시키고 방해하기 위해 가능한 모든 것을 했다고 말할 수도 있다. 하지만 그렇게 말하면 이야기의 절반만 이야기하는 것이다. 대중은 동시에, 심지어 강박관념에 가까운 엄청난 관심을 흑인 음악에 보였다. 그 결과, 흑인 음악의 그림자가 19세기 미국 백인의 음악계에 끊임없이 드리워졌다. 예를 들어, 세기 중반에 가장 인기 있던 곡 스티븐 포스터Stephen Foster의 「오! 수잔나Oh! Susanna」를 보자. 이 곡은 1848년 악보 출간 당시, 입소문이 나면서 10만 부나 판매되었는데, 미국 대중가요가 5천 부 이상 팔린 적은 없었다. 흑인을 흉내 내는 이 민스트럴 스타일은 종종 비하와 인종 차별적 시구가 포함됐고, 우리는 '오! 수잔나'라는 구절로 현재는 생략된 구절을 가늠해볼 수 있을 뿐이다. 그러나 아프리카계 미국 고유의 문체를 모방한 이 곡의 대부분은 헤어진 흑인 커플의 로맨틱한 그리움을 묘사하고 있다. 여기 있는 두 가지 요소, 편협한 편견과 감상적 애정은 서로 맞지 않는다. 일부 평론가들은 가사가 터무니없거나 앞뒤가 맞지 않는다고 일축하기까지 했다. 이들은 최소한 앞에서 설명한 것과 같은 종류의 인지 부조화를 구현한다. 그러나 이러한 내적 모순은 당시 미국인의 정신에 이미 존재하는 갈등의 되풀이일 뿐이며, 신대륙의 아프리카화된 음악에 끌린 자신을 발견하면서도 그에 대한 자신들의 문화적 우월성을 주장하기로 결심한 시민성이 반영된 것이다.

수년 전 나는 스티븐 포스터에 관련해 〈미국 대중음악을 발명한 사기꾼The Con Man Who Invented American Popular Music〉이라는 제목의 에세이를 썼다. 나는 두 가지 주장, 즉 포스터가 미국에서 작곡가 업계를 확립하는 데 핵심적 역할을 했다는 것, 그리고 그의 기술의 핵심에 바가지와 속임수의 본질적 요소가 있다는 점 모두를 인정한다. 이 작곡가는 딥 사우스Deep South에 대한 향수를 불러일으키는 노래로 명성을 쌓았지만, 그 지역에 대한 직접적 지식은 거의 없었다. 흑인 문화에 대한 그의 유창함은 백인 래퍼 바닐라 아이스Vanilla Ice와 비교했을 때 진실의 모범처럼 보이게 하는 연구된 포즈였다. 그런데 이 경우, 도용자 역시 도용당했다. 「오! 수잔나」의 출판 이후 2년 동안 16개의 다른 회사들이 그들만의 편곡을 발표했고, 포스터는 다른 회사들이 수익을 거두는 것을 지켜볼 수밖에 없었다. 1864년 바워리 플롭하우스Bowery flophouse 거주자였던 그가 죽었을 때, 포스터는 주머니에 38센트밖에 가지고 있지 않았다. 음악적 지적 재산권 도용은 「오! 수잔나」 훨씬 이전에 이미 확립된 미국 전통이었다. 심지어 미국의 국가는 영국 노래를 모방한 것이었고, 미국 초기 음악 사업은 저작권과 저작권 사용료에 대한 행복한 무지로 운영되었다. 작사가들을 위한 법적 보호가 시행된 지 오랜 시간이 지난 후에도,

전통 민속음악에서부터 샘플링한 디제잉deejaying에 이르기까지 광범위한 음악 활동은 더 느슨한 규칙에 따라 계속 연주되었고, 때로는 전혀 연주되지 않았다. 미국 역사 대부분에서 이러한 강도 행위는 음악이 입소문을 타는 방식에 불과하다고 해도 과언이 아니다. 유튜브와 다른 디지털 음악 공급업자들을 공격하는 오늘날의 일부 관찰자들은 그것이 우리 시대에도 여전히 사실이라고 말할 것이다.[8]

혹인 음악은 가짜든 진짜든 19세기 미국 어디에나 있었고, 심지어 사람들이 아프리카계 미국인과 직접 접촉하지 않았거나 아프리카계 미국인이 전혀 없는 지역사회에도 있었다. 그러나 스타덤의 특권은 백인 중개자와 모방자들에게만 돌아갔다. 1820년대 초, 토머스 라이스Thomas Rice(대디 라이스Daddy Rice라는 예명을 썼다)와 같은 검은 얼굴을 한 백인 민스트럴들은 흑인 엔터테인먼트를 불러일으키면서도 조롱하는 노래에 대한 대중의 요구를 충족시키고 있었다. 라이스의 트레이드마크인 '점프 짐 크로우Jump Jim Crow'는 패치가 달린 누더기 옷을 입고 검은 얼굴을 하고 장애인 흑인의 익살스러운 행동을 모방하여 배운 노래와 춤을 기괴하게 선보이는 것이었다. 정말로 19세기 미국에서 그런 것으로 스타가 될 수 있었을까? 사실, 많은 엔터테이너가 그랬다. 라이스는 꽉 찬 극장에서 공연을 했고 심지어 런던에서 해외 공연을 열었다. 민스트럴 음악이 당대 가장 뜨겁게 유행하면서 점점 더 경쟁이 치열해졌다.

1840년대 댄 에밋Dan Emmett이 이끄는 버지니아 민스트럴스Virginia Minstrels는 본격적인 쇼를 선보이며 이런 예능 스타일을 한 단계 끌어올렸다. 이들 공연에는 적게는 네 명에서 많게는 열다섯 명 이상의 흑인 연기자가 포함되었고, 이들은 관객과 마주본 채 반원형으로 자리해 케이크워크cakewalk(독특한 걸음걸이를 기본으로 하는 춤—옮긴이), 단막극 또는 진부한 인물과 상황을 중심으로 만들어진 노래, 촌극, 선언, 농담 등을 제공했다. 때때로 음악가들은 오케스트라 피트에서 (또는 그 뒤에서) 연주했는데, 밴조에서 뼈로 만든 악기까지 전형적인 농장 악기를 주로 다뤘다. 많은 사람이 이들을 오합지졸의 오락거리로 여겼지만, 1844년 민스트럴 극단인 에티오피아 세레나데즈 Ethiopian Serenaders는 존 타일러John Tyler 대통령을 위해 연주하라며 백악관으로부터 초청을 받기도 했다.

이상하게도, 관객들은 때때로 이것을 진짜 흑인 음악으로 착각했다. 에티오피아 세레나데즈가 영국을 순회했을 때, 단원들은 '검은 피'가 없다고 선언했고, 그 점을 강조하기 위해 민낯을 공개하기도 했다. 하지만 여전히 많은 런던 시민이 이들이 실제 에티오피아인이라고 확신했다. 그 시대의 미국인들도 종종 민스트럴 노래를 흑인 하층민들의 진정한 음악으로 착각하면서 믿었다. 음악 출판사들은 둘을 묶어 다양한 음악을 아우르는 '플랜테이션 노래plantation songs'라고 마케팅함으로써 두 음악을 구별하기 어렵게 만들었다. 나는 오늘날에도 많은 교육받은 음악 애호가들이 단순히 「오! 수잔나」와 「캠프타운 경마Camptown Races」를 진정한 흑인 민속 멜로디로 받아들이며, 이 창작 과정에 얼마나 많은 음모와 위조가 포함되었는지 이해하지 못하는 것을 본다. 진짜 흑인 음악을 찾는 일은 남북전쟁 이전 미국에서 훨씬 더 힘들다. 흑인 엔터테이너를 내세운 민스트럴 극단들이 1840년대 초에 순회공연을 시작했지만, 지배적 문화와 그들의 경쟁자들이 만들어낸 제약과 기대 안에서 움직였다. 정통 민요를 모으는 데 열심이었던 헤르더의 추종자들은 모두 어디로 갔을까? 그들은 19세기 초 미국 남부에서 음악 자료의 금광을 기다렸다. 그러나 그 사람들은 그런 부류가 아니었다. 한 세기가 지난 후에도 유명한 민속음악 수집가 세실 샤프와 모드 카르펠레스는 희귀한 곡을 찾아 애팔래치아에 가서는, 흑인, 아메리카 원주민, 그리고 보존할 가치가 있는 민속음악의 도식에 맞지 않는 이들을 다 무시했다.

아마도 재능 있는 흑인 음악가가 19세기 중반에 전문 마케팅과 홍보에 힘입어 스타덤의 특권을 실제로 누렸더라면 어떻게 되었을지 궁금할 것이다. 사실, 우리는 정확히 그 상황에 대한 하나의 예를 가지고 있는데, 이는 가장 우울한 사례 연구다. '블라인드 톰Blind Tom'으로 더 잘 알려진 피아니스트 토머스 위긴스Thomas Wiggins는 미국과 해외의 꽉 찬 공연장에서 공연하면서 널리 명성을 얻었다. 그의 콘서트 투어는 신문과 잡지에서 끊임없이 특집 기사와 평론을 불러일으켰고, 블라인드 톰은 그 시대의 어떤 흑인 연주자도 접근할 수 없는 유명인의 지위를 누렸다. 그는 콘서트로 엄청난 수익을 거두었는데, 그의 전성기 수입은 오늘날 화폐 가치로 10만 달러에 해당한다. 그런데 위긴스의 생애 말기에 한 언론인이 독자들에게 "그 바보 같은 사람은 한 푼도 받지 못했다"고 폭로했다. 노예제 폐지 후 편리하게 위긴스의 법적 후견인이 된 그의 주인이 부자가 되었다.[9]

토머스 위긴스의 서커스 같은 마케팅은 그의 경제적 착취만큼이나 불안했다. 미국 역사상 최초의 흑인 스타 연주자는 호기심 많은 관중을 위한 피아노 괴짜 쇼인 '바보 하인'으로 홍보되었다. 음악가의 '타자화'는 아마도 음악 그 자체만큼이나 오래되었을 것이다 ―샤머니즘 문화는 이상을 증명하는 실무자들을 소중히 여긴다―. 하지만 위긴스의 착취는 이 역사에서 특히 기괴한 장을 나타낸다. 그런 관행은 적어도 100년은 더 지속될 것이다. 1908년 위긴스가 세상을 떠난 후, 음악계는 블라인드 레몬 제퍼슨Blind Lemon Jefferson, 블라인드 윌리 존슨Blind Willie Johnson, 블라인드 블레이크Blind Blake, 블라인드 윌리 맥텔Blind Willie McTell, 블라인드 보이 풀러Blind Boy Fuller(20대가 되어서야 첫 녹음을 했지만, 시각장애를 가진 데다 소년이라니 두 배의 불운이었다) 등을 홍보했다. 최근 몇 년 동안 블루스 전통에 대해 젊은이들에게 이야기했을 때, 그들은 음악 선구자들을 언급하는 이런 방식에 대해 어리둥절해 했다. 나도 익숙한 이름을 고수하지만, 우리가 왜 블라인드 보이 풀러를 그의 법적 이름(풀턴 앨런Fulton Allen)으로 언급하지 않는지 여전히 궁금하다. 그 이름은 꽤 위엄 있어 심지어 귀족에게도 적합한데 말이다. 우리의 현재 불안은 우리가 이룬 진보를 증명한다. 하지만 상대적인 것에 불과하다. 음악적 위대함이 일종의 일탈이며 종종 신체적 또는 정신적 낙인을 동반한다는 개념은 너무 깊이 스며들어 사라지지 않는다. 좋든 나쁘든 음악가들은 선택된 사람으로 간주되며, 반반의 가능성으로 그들의 길은 우상화와 유명세 또는 두려움과 배제로 이어진다.

블라인드 톰은 거의 처음부터 두 가지 모두를 경험했다. 위긴스는 실명 외에도 자폐증 증세를 보였다. 그가 자라난 가혹한 환경이 틀림없이 그의 장애에 기여했을 것이다. 조지아에서 어린 시절을 보내는 동안, 그는 종종 나무상자에 갇혀 있었는데, 이는 노예 시절 부모가 일하는 동안 아이가 다칠지도 모른다는 우려에 따른 조치였다. 이러한 감각적 결핍이 소리에 대한 인식을 고조시켰을 수도 있지만, 정신과 감정에 지속적인 손상을 남겼다. 네 살 무렵, 그는 다른 사람들이 피아노로 연주하는 것을 듣고 따라 치는 비범한 재주를 보이기 시작했다. 10대 이전에 이미 여러 곳에서 공연하는 연주자였고, 그의 공개 석상에 축제 분위기가 감돌았다. 그러나 그의 진정한 재능은 모방 기술을 보여주기 위한 여러 묘기에 쓰였다. 블라인드 톰 콘서트의 주요 목표는 코미디였고, 전해지는 자료들은 얼마나 자주 관객들이 그의 무대 위 스턴트 장면에 잔인한 웃음으로 반응했는지를 강조한다.

하지만 위긴스가 다른 시간과 장소에서 무엇을 했는지 생각해 볼 가치가 있다. 열한 살 때 그가 연주하는 것을 들은 한 관찰자는 그의 "이상하고 기묘한 즉흥연주"의 "놀라운 아름다움과 연민"에 주목했다. 당신은 이 묘사에서 재즈를 떠올리지 않을 수 없다. 그 장르는 앞으로 반세기 동안 존재하지 않을 것이다. 위긴스의 음악적 재능은 분명히 듣는 사람들을 흔들어놓았다. 한 평론가는 이 공연을 "야만적이며 인종적인 한탄"이라고 일축했고, 다른 평론가는 설명할 말을 찾다가 "농장 노래의 메아리"처럼 들렸다고 했다. 다른 설명은 블라인드 톰이 소유하고 있다고 생각했던 초자연적이고 준초자연적인 힘을 암시하며, 신문 기사는 볼 수 없는 풍경을 놀랍도록 정확하게 묘사하거나 새와 자연계에서 음악을 배우는 그의 능력을 증언했다. 초능력자라는 그의 명성은 매우 널리 퍼져서, 영성론자들의 주장을 폄하하기 위해 일했던 유명한 마술사 해리 후디니Harry Houdini는 블라인드 톰을 사기꾼이라고 비난하지 않을 수 없었다. 하지만 많은 관찰자가 위긴스가 진정한 영적 능력과 피아노를 연주하는 것 이상의 재능을 가지고 있다고 믿었다는 것은 분명하다. 다른 문화권에서는 샤먼이나 신비주의자가 되었을 것이다. 나중엔 재즈나 블루스의 아이콘으로 번창할 수도 있었다. 그러나 그 시간과 장소에서, 미국 음악의 이 최초의 흑인 스타는 오직 두 가지 역할만 허용되었다. 그는 관객들에게는 기만적인 묘기를 부리는 자였고, 상사에게는 돈벌이 수단이었다.[10]

그러나 19세기 미국 음악은 흑인 음악만이 제공할 수 있는 것이 절실히 필요했다. 그 시대의 주류 백인 대중가요의 진부함을 전달하기는 어렵다. 독창성 부족으로 인해 미국 음악이 얼마나 정신적으로 손상되었는지를 파악하려면 많은 응접실 노래parlor tune(아마추어 피아니스트, 가수가 응접실에서 손님들을 위해 공연하던 노래─옮긴이)를 훑어봐야 할 것이다. 식민지 시대와 미국 초창기에는 공식적으로 애국적인 노래가 만들어지고 재활용되었으며, 민족주의 자부심으로 가득한 마케팅 담당자들은 해외에서 멜로디를 훔치는 것을 부끄러워하지 않았다. 「성조기Star Spangled Banner」(미국 국가─옮긴이)뿐만 아니라 다른 애국적인 선율도 유럽 곡을 바탕으로 했다. 「양키 두들Yankee Doodle」은 아마도 네덜란드 수확 노래에서 가져왔을 것이다. 「나의 나라 미국My Country, 'Tis of Thee」은 섹스 피스톨스가 나중에 했던 것처럼 「신이여 왕을 구하소서」에서 따왔다. 「자유의 노래The Liberty Song」는 영국 왕립 해군의 공식 국가인 「오크의 심장Heart of Oak」을 각색한 것이었다. 「전쟁과 워싱턴War and Washington」은 「영국 척탄병 행진곡The British Grenadiers」에서 나왔다. 자신들의 독립을 그렇게 자랑스러워하는 미국인들은 도대체 언제 그들의 음악에서 이를 진짜로 증명할까?

19세기 후반에 미국 대중의 취향은 사랑 노래로 바뀌었지만, 그 음악들은 그렇게 불릴 자격이 없다. 무미건조한 내용을 토대로 '온화한 애정의 노래', 즉 '감상적인 감정 노래'쯤으로 불려야 한다. 그 가사에서 키스나 포옹 혹은 다른 신체 접촉을 기대해선 안 된다. 이음악에는 작은 욕망의 기미조차 제거되었다. 정열은 부드러운 배려의 무미건조한 표현으로 대체되고, 가장 공손한 용어로 포장됐다. 행복하든 슬프든 두 가지 변주곡만이 존재했고, 두 변주곡은 모두 형식에 따라 작곡되어, 곡조별로 거의 비슷한 미지근한 느낌을 주었다. 심지어 애정의 대상도 선택 사항이었다. 반면 오래되거나 친숙한 것은 거의 다 등장했다. 니컬러스 E. 타와Nicholas E. Tawa는 "애정의 가장 빈번한 수혜자는 가족이나 어머니의 성경, 교회, 학교, 나무, 꽃 또는 집이었다"고 썼다. 빌리 홀리데이Billie Holiday나 프랭크 시나트라조차도 「The Old Arm Chair(디 올드 암 체어)」나 「The Cottage of My Mother(더 코티지 오브 마이 마더)」와 같은 노래에서 감정적 의미를 추출하는 데 어려움을 겪었을 것이다. 하지만 이것이 미국인들이 구입하고, 배우고, 불렀던 악보였다. 유럽의 대담한 카바레 음악과의 대조가 이보다 더 뚜렷할 순 없다. 미국인들 스스로도 그 격차에 대해 예민하게 인식하고 있었고, 미국 투어를 계획한 해외 공연자들은 신대륙의 섬세한 감성을 상하게 할 수 있는 가사를 금지하라는 경고를 받았다.[11]

작곡가나 출판사를 탓할 수는 없다. 그들은 시장의 요구에 부응했을 뿐이다. 이 시기에 음악 사업은, 악기 연주가 자녀의 세련미를 표현하는 일이라 여겼던 수백만 부모에게 악보를 파는 데 기반을 두었다. 노래는 오락거리이기도 했지만, 가족의 사회적 지위를 높이거나 딸이 좋은 짝을 찾는 데 도움이 되면 더 좋았다. 사랑 노래는 유혹에 대한 희망이 덜한 채 불린 적은 없었다. 사실 정반대인 것은 의도된 효과였다. 섹스는 결혼 후에 이루어졌다. 그전에는 엄마와 아빠가 진행 상황을 면밀히 지켜보는 가운데 응접실에 앉아 사랑하는 사람이 달콤하고 부드러운 감정을 노래하는 것을 들을 수 있었다.

이런 노래들이 계속 구매자를 찾았다면, 미국 음악 사업이 진정한 엔터테인먼트 산업으로 발전하지 못했을 것이다. 노래는 지위 상승이나 중매 장신구로 팔렸지만, 그 이상은 아니었다. 이것이 대중음악에 흑인 사운드를 삽입하는 것이 그만큼 중요한 일이었다고 판명되는 이유다. 흑인 사운드가 없었다면 카바레 모델은 20세기 동안 우세했을 것이고, 대중음악은 유럽 작곡가들과 연주자들이 지배했을 것이다. 미국은 가장 소외되고 모욕받은 하층민들에 의해 이 운명으로부터 구원을 받았다.

간단히 말해서, 미국 흑인들은 지위 이외의 이유로 노래를 부를 수 있었고, 모든 금기시되는 주제들을 다루는 게 허용되었다. 노예, 난민, 박탈당한 자, 실향민은 공동체 가치를 지킬 이유가 없어, 그들의 음악은 암호화된 용어로 표현해야 하는 경우에도 다른 환경에서는 말하지 않는 진실에 도달한다. 이것이 외부인만이 가진 혁신의 힘인 디아스포라의 미학이며, 고대 그리스인들이 리디안과 프리지안 노예의 이름을 따서 가장 위험한 모드를 명명했을 때와 다르지 않은 원칙이다. 이러한 하위 계층의 창조적 능력이 예술적 기준과 시민 응접실에서 나오는 노래의 소리를 재구성할 뿐만 아니라, 20세기 성장하는 세계 음반 사업에서 미국을 지배적 위치에 올려놓을 것이다. 미국 철강 산업에는 앤드루 카네기Andrew Carnegie가 있었다. 석유 산업에는 존 D. 록펠러John D. Rockefeller가 있었다. 여전히 다른 산업들은 그들의 길잡이, 미래 지향적인 지도자들로부터 이익을 얻었다. 그러나 음악 산업에서만큼은 노예의 후손들이 혁신의 불꽃인 비전과 방향을 제공하면서 이 중요한 역할을 했다. 음악 출판사들과 초기 음반 사업의 리더들은 19세기 말의 그 폐업 기간 동안 그것을 아직 깨닫지 못했지만, 곧 알게 될 것이다.

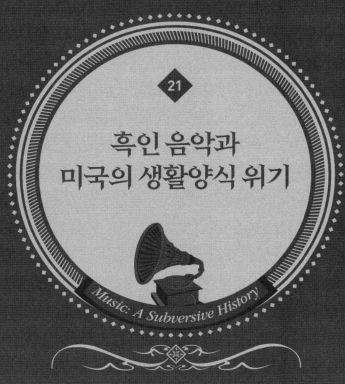

21

흑인 음악과
미국의 생활양식 위기

Music: A Subversive History

Black Music and the
Great American Lifestyle Crisis

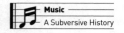

1960년대 성性 혁명은 20세기 초 미국 음악에서 이미 감지되었다. 과거 수십 년 동안의 사랑 노래의 특징이었던 정제된 애정 표현 대신, 이제 커플들은 히트곡 악보 위에서 포옹하고 키스했고, 때로는 더 많은 것도 했다. 미국 작곡가는 에로티시즘을 자기표현의 도구로서, 더 나아가 그들의 상품을 파는 방법으로 받아들였다.

그러나 이 음란한 노래에 흑인 커플들만 등장했다. 대중 악보 표지에 적힌 가사나 그림으로 이 세기의 미국 도덕을 판단한다면, 미국의 간음은 아프리카계 미국인에 국한되었던 것처럼 보인다. 그러나 이 노래 중 많은 곡은, 특히 섹시한 음악은 인종 간 벽을 쉽게 무너뜨린다는 것을 증명하며 큰 판매고를 올렸다. 조지 M. 코핸 George M. Cohan의 「The Warmest Baby in the Bunch(더 워미스트 베이비 인 더 번치)」에서 '베이비baby'에 대한 묘사는 1897년치고는 매우 선정적이다. 미국 사랑 노래에 이전 수십 년 동안 응접실 노래에서 금기

시되었던 신체 접촉이 등장하기 시작했는데, 악보 표지에 있는 흑인 커플을 통해 그러한 과도한 신체 접촉은 어두운 피부색 사이에서만 일어난다는 것을 분명히 했기 때문에 아무도 불평하지는 않았다. 다음 해 찰스 E. 트레바탄Charles E. Trevathan이 작곡한 「Honey on My Lips(허니 온 마이 립스)」도 마찬가지였다. 흑인 커플이 키스하고 더듬는 삽화를 넣음으로써 이 강렬한 노래는 무리 없이 상업적으로 받아들여질 수 있었다. 1902년 휴이 캐넌Hughie Cannon의 「Won't You Come Bill Bailey(원트 유 컴 빌 베일리)」는 간통까지 암시했지만, 악보 그림이 스타일리시한 페도라 모자를 쓴 미스터 베일리Mr. Bailey가 흑인이라는 것을 보여주었고, 그 결과 부정행위가 노래에 나타나도 괜찮았다.

이 노래는 큰 인기를 끌었고 많은 스핀오프 작곡에 영감을 주었다. 빌 베일리는 (현대식 용어로) 프랜차이즈 브랜드로 성장했다. 그는 존 헨리와 비슷하지만 망치 대신 침실에서 훨씬 덜 위험한 도구를 쓰는, 일종의 흑인 민속 영웅으로 묘사할 수 있을 것이다. 사실 이 노래에 영감을 준 실제 인물 윌러드Willard와 사라 베일리Sarah Bailey는 미시간주 잭슨의 백인 커플이었지만, 이 시기 미국 음악 시장에서, 노래에 나타나는 성적 요소는 흑인 하층민에게만 국한되었다.

오늘날 「Frankie and Johnny(프랭키 앤드 조니)」로 알려진 이 노래는 1904년 캐넌이 '빌 베일리의 죽음Death of Bill Bailey'이라는 부제와 함께 「He Done Me Wrong(히 돈 미 롱)」이라는 제목으로 발매했다. 간통이 냉혹한 살인으로 이어지는 선정적인 이야기를 담고 있는데, 이야기의 역사적 전례는 여전히 논쟁의 여지가 있지만, 19세기 초까지 거슬러 올라갈 수 있다. 이 이야기의 주인공이 흑인이라는 증거는 없다. 그러나 악보 그림에는 역시나 아프리카계 미국인 커플의 모습이 담겼다. 1936년, 예술가 토머스 하트 벤튼Thomas Hart Benton은 미주리주 의사당 건물 벽화에 이 유명한 연인이 등장하는 살롱 장면을 그렸다. 화난 여자가 남자의 뒤통수 가까이에 서서 총을 쏘는 모습인데, 일부 주 의원들이 이 이미지에 큰 충격을 받고 이 불쾌한 커플 그림을 덮는 법안을 도입했다. 다행히 벽화는 무사했는데, 그들의 불만 원인은 무례한 주제나 폭력에 대한 암시와는 아무 상관이 없었다는 점에 주목할 필요가 있다. 그들은 단지 정부 건물 벽에 흑인이 그려졌다는 것에 분개했다. 이와는 대조적으로, 그들의 음란 행위는 당연하게 받아들였다.

이 노래들은 백인 작곡가들로부터 나왔는데, 이들은 아프리카계 미국인을 주제로 하는 음악을 일반 대중에게 전달하는 채널 역할을 했다. 노예제도가 끝난 후 몇 년 동안, 흑인 음악은 약간의 존엄성이 더해진 표현 수단을 찾기 시작했지만, 이 새로운 존중은 주류 문화의 가치를 강화하는 종교 음악에 국한되었다. 이러한 변화는 남북전쟁이 끝난 직후 세 명의 백인 (노예제) 폐지론자들이 집필한 《미국의 노예 노래Slave Songs of the United States》(1867)와 같은 해 〈애틀랜틱 먼슬리The Atlantic Monthly〉에 실린 토머스 웬트워스 히긴슨Thomas Wentworth Higginson 유니테리언Unitarian(기독교의 한 종파—옮긴이) 목사의 〈흑인 영가Negro Spirituals〉라는 영향력 있는 기사를 통해 알 수 있다. 그런데 이 노래 수집가들은 흑인 음악이 기독교 테마에서 거의 벗어나지 않았다고 믿는 듯했다. 히긴슨은 흑인 음악에 대한 설명에서 "거의 모든 노래는 철저하게 종교적이었다"고 주장하면서, 남북전쟁에서 최초로 공인된 아프리카계 미국인 연대를 이끌었던 경험을 그렸다. 《미국의 노예 노래》편집자들은 세속적인 노래를 더 많이 포함하지 않은 것에 대해 사과하며 그런 노래가 매우 드물었기 때문이라고 설명했다. 그들은 "흑인 음악은 백인의 영향을 받았기 때문에 교양 있다"라고 장담했고, 아주 일부분만 "야만적인 본질"이 보인다고 말했다.[1]

1870년대 피스크 주빌리 싱어스Fisk Jubilee Singers의 엄청난 성공은 실제 아프리카계 미국인 앙상블이 공연하는 흑인 영가도 콘서트홀에서 번창할 수 있음을 증명했다. 그러나 아주 초기 일부 비평가들은 이 노래의 진위에 의문을 제기했다. 1881년 〈피오리아 저널Peoria Journal〉의 한 기사는 콘서트홀에서 연주되는 영가들은 진짜 흑인 음악의 "거친 리듬, 본능적 멜로디, 열정을 잃어버렸다"며 "북부의 느낌"이라고 비판했다. 경멸적 암시는 없지만, 그 기원과 목적에 관한 이 음악의 정당성에 대한 논쟁은 오늘날까지 이어지고 있다. 아프리카계 미국인의 영가에 아프리카의 모습이 얼마나 담겼는지에 대해서는 아마 절대 완전한 합의에 도달할 수 없을 것이다. 그러나 이러한 노래들이 단순히 지배 문화의 가치를 반영한다는 개념은 받아들이기 어렵다. 성경 구절의 허용된 표현을 통해 노예제, 고통, 해방이라는 반복되는 주제가 나타나는 데 있어서, 전문가가 아니어도 그 숨은 메시지는 찾을 수 있다. 여러 시기와 장소에서, 이 성경 구절들은 지배 엘리트들과 억압된 집단들에게 매우 다른 의미를 전달해 왔다. 예를 들어 가톨릭 작곡가 윌리엄 버드와 토머스 탈리스가 반反로마 후원자 엘리자베스 여왕을 불쾌하게 하지 않고 영국에서 경멸받는 가톨릭 신자들의 고통을 묘사한 성경 구절을 언급했던 것처럼 말이다. 억압에 대한 이러한 불만은 아프리카계 미국인 영성에 만연해 있다.[2]

때때로 모든 리스너에게 흑인 영가의 사회정치적 상징은 명백했다. 「Let my people go(렛 마이 피플 고)」와 「Go Down Moses(고 다운 모세)」의 가사가 울려 퍼졌을 때, 청취자들은 이 한탄곡이 파라오와 고대 이집트에 대한 역사적 사실 이상이라는 것을 고급 암호 해독 기술 없이도 알 수 있었다. 영가인 「Steal Away(스틸 어웨이)」는 표면적으로는 지상의 제약을 뒤로하고 더 나은 곳에서 예수와 만난다는 내용이지만, 그 '더 나은 곳'이 주인과 노예 감독자의 통제 밖에 있는 목적지라는 것은 분명하다. 어떤 영가는 미묘했다. 「Swing Low, Sweet Chariot(스윙 로, 스위트 채리어트)」나 「Wade in the Water(웨이드 인 더 워터)」와 같은 노래는 북부의 노예를 해방시킨 은신처와 비밀 경로인 지하 철도에 대해 언급한 암호로 해석되었다. 물론 이 노래들은 많은, 어쩌면 대부분의 상황에서 신앙과 종교 정서의 진심어린 표현으로도 작용했을 것이다. 특정 가수들의 동기와 의도를 정확히 파악할 수는 없지만, 두 가지 의미가 공존하고 있음은 분명했다. 음악적 혁신자로서 이중의 의무를 수행하는 억압된 개인들의 오랜 역사를 고려할 때, 이러한 유연성은 놀랍지 않다. 시위 노래가 시위를 직접적으로 노래하는 것은 아니며, 종종 당국의 명령과 가치에 대한 비상한 적응력을 드러내기도 한다.

20세기 초 미국 음악은 흑인 음악가들에게 종교적 노래와 암호화된 메시지보다 더 많은 것을 요구했다. 미국은 군사력과 경제력을 세계적인 규모로 키워가고 있었다. 미국-스페인 전쟁Spanish-American War으로 미군은 10주 만에 구세계 식민지 개척자를 이길 수 있음을 증명했지만, 지배계급의 음악 문화는 여전히 진부한 공식과 어설픈 모방에 머물렀다. 이 무렵 흑인 연주자들은 더 거슬리고 반항적인 음악을 수용하는 청중들과 마주하기 시작했다. 하지만 관용이나 인종 화합과는 무관했다. 미국 주류는 이 새로운 음악(래그타임으로 시작해 이후 재즈와 블루스까지)만이 제공할 수 있는 흥분을 갈망했다. 이 초기의 '대안 음악'은 이전에도 존재했지만, 단지 비주류로만 존재하거나 눈에 띄지 않았다. 19세기 뉴올리언스에서 클래식 음악을 작곡한 흑인 작곡가 바실 바레스Basile Bares(1845~1902)의 특이한 사례를 생각해보자. 그는 대중을 위한 평범하며 감상적인 왈츠를 작곡했는데, 나중에 「Los Campanillas(로스 캄파니야스)」라는 제목의 미발표 작품이 밝혀졌다. 거의 알려지지 않았던 이 비범한 작품엔 잊히지 않을 정도로 우울한 멜로디와 W. C. 핸디가 나중에 그의 대히트곡 「세인트루이스 블루스」에서 사용하게 될 하바네라habanera(쿠바의 춤곡—옮긴이) 리듬이 사용됐다. 바레스가 이 음악을 만든 배경은 알려지지 않았지만, 노예로 태어난 흑인 작곡가가 덜 전통적인 음악을 비밀로 숨겨놓은 것은 의아한 일은 아니었다. 같은 시대의 백인 뉴올리언스 작곡가인 루이스 모로 고트샬크Louis Moreau Gottschalk가 아프리카화된 영감을 바레스보다 더 자유롭게 그릴 수 있었다는 것은 아이러니하다. 그러나 그런 경향도 가장 강력한 이유, 즉 소비자 수요에 따라 곧 바뀔 터였다.

448년 훈족 아틸라Attila the Hun 궁정을 방문했던 로마 외교관 프리스쿠스Priscus의 일화를 떠올리지 않을 수 없다. 로마 황제의 이 노련한 대표는 그가 신성시하는 모든 것을 위협하던 적들 가운데서 그리스어를 유창하게 구사하는 스키타이 복장을 한 남자의 환영을 받았을 때 충격을 받았다. 그 남자는 로마인들 사이에서 태어나고 자란 상인이지만 '문명인'보다 '야만인'의 삶이 더 낫다고 결정했는데, 이 사실이 프리스쿠스를 혼란스럽게 했다. 두 사람은 이 반대되는 삶의 방식을 비교하고 이점을 열정적으로 교환하면서 논쟁을 벌였다. 고대 세계에서는 드물었던 이런 삶의 방식은 후기 제국과 식민지 개척자들 사이에서 너무나 흔해져 심지어 '토착민처럼 행동하다going native'라는 말까지 생겨났다. 오늘날에도 지배 세력이 가장 두려워하는 것은 민중의 충성을 잃는 것이다. 통치자들은 이를 막기 위해 노력한다. 지배 가치에 대한 반역은 전염성이 강하기 때문이다. 사람들은 식민지 개척자들의 견해와 예절보다는 식민지인들의 견해와 예절에 동화된다. 일단 전염이 퍼지기 시작하면, 세계의 어떤 군사력과 경제적 영향력으로도 이를 막을 수 없다.

이와 비슷한 무언가가 세기가 바뀌며 미국 음악 문화에 유입되었다. 한때 음탕하다고 조롱받던 흑인 음악은 이제 기성 관습에 대한 대안으로 공개적으로 리스너, 특히 젊은 리스너들을 유혹했다. 이제 슬러밍을 넘어 일종의 '라이프스타일'의 위기에 봉착했다. 비록 1900년에 그런 단어가 존재하지는 않았지만 말이다. 이 변화의 진원지는 초기에는 래그타임이었다. 이 레이블은 힙합, 펑크, 컨트리 같은 음악 장르를 넘어, 다양한 문화적 의미와 활동을 포함했다.

1890년경 래그rag라는 단어는 새로운 의미를 갖기 시작했다. 일종의 음악을 가리키기도 하고, 춤을 가리키기도 했다. 1899년 작가 루퍼트 휴즈Rupert Hughes의 말로, 래그는 "춤추는 사람과 구경꾼들의 잦은 기쁨의 야유가 동반되는 일종의 광란"이었다. 이러한 의미들은 래기디raggedy, 래그피커ragpicker, 래가무핀ragamuffin 등의 단어와 타락, 난폭함, 가난, 노골적인 악을 암시하는 다른 단어들을 낳았던 고어 래그리그raggig에서 파생된 용어들의 전체 역사와 관련이 있다. 14세기 우화인 농부 피어스Piers Plowman의 '래가모핀Ragamoffyn'은 악마 그 자체다. 사탄은 20세기 흑인 음악에서 뜻밖의 맥락에 나타나는데, 블루스 연주자들과는 떼어놓을 수 없는 관계에 있다. 1890년대 말 이전에도 래그는 실제적인 사건을 언급하기도 했는데, 이는 세기말 미국의 비행 청년들 사이의 광란의 파티 같은 것이었다. 1893년 캔자스시티의 한 뉴스 보도는 한 백인과 한 흑인을 죽게 한 "래그에서" 일어난 총격 사건을 묘사했다. 이곳의 인종 혼합은 흥미롭다. 고도의 인종 분리 사회에서도 백인 사회의 일부 계층은 래깅ragging의 매력을 느꼈다.[3]

래그(혹은 래그타임)는 전형적으로 피아노로 연주되는 음악 스타일로 최대의 상업적 영향력을 발휘했고, 그 영향은 곧 현악기나 관악기를 특징으로 하는 앙상블에까지 퍼졌다. 아마도 오늘날 많은 리스너에게는 기묘하거나 구식으로 들릴 것이다. 래그타임은 시대극 영화의 사운드트랙에 적합하지만, 초창기에는 그렇게 들리지 않았다. 이 새로운 장르의 연주자들은 비트보다는 비트 사이에 강박을 넣는 싱코페이션syncopation이라고 알려진 단순한 리듬 장치를 취해 서양 음악을 이전에 들을 수 없었던 극단으로 밀어 넣었다. 래그타임에서는 싱코페이션이 끊임없이 일어났다. 많은 래그타임 멜로디는 휘파람을 불거나 흥얼거리기 어렵지만, 연주자나 관객들에게는 이 점이 중요하지 않다. 이들의 목표는 변신을 계속하여 왈츠나 카드리유가 따라올 수 없는, 불안하면서도 독특한 에너지를 음악에 불어넣는 것이었다.

새로운 음악 스타일의 기원은 거의 모든 경우에 정확한 연대를 특정할 수 없다. 새로운 음악은 (항상 늦게 반응하는) 전문가들의 주목과 정밀 조사에서 벗어나, 비주류와 변두리에서 발생한다. 래그타임은 스캔들과 금지된 활동의 중심에서 나타나는 반복적인 혁신 패턴을 거의 확실히 따랐다. 1893년 시카고에서 240만 제곱미터 넓이에 200개에 이르는 건물에서 열린 거대한 박람회인 세계 컬럼비아 박람회World's Columbian Exposition에서 래그타임의 소동이 얼마나 대단했는지에 대한 이야기가 있다. 이 이야기는 래그타임에 대한 존경심에 광채를 더한다. 물론 박람회의 공식 문서나 설명에는 언급되지 않지만 말이다. 이 순간 시카고에서 래그타임을 들을 수 있었지만 (모든 스타일과 장르의 음악가들이 박람회 참석자들을 위해 시카고로 몰려들었다), 가장 좋은 기회는 살롱이나 사창가, 특히 도시의 사우스 루프South Loop 지역에 있는 홍등가 지역인 레비Levee에서 찾을 수 있었을 것이다. 몇 년 후, 래그타임이 미주리주에서 주목할 만한 지역 음악으로 등장했을 때는 홍등가가 꽤 번성했던 시기이기도 하다. 음악이 우세한 시기에 세달리아Sedalia와 세인트루이스의 거리별 지도를 만든 래그타임 전문가 에드워드 A. 벌린Edward A. Berlin은 래그가 초기에는

매춘과 도취의 사운드트랙으로 다른 사회적 부도덕을 이끄는 역할을 했음을 발견했다.[4]

이 연결은 1899년 새로운 음악 스타일을 전국적인 현상으로 바꾸는 데 일조했던 스콧 조플린의 「Maple Leaf Rag(메이플 리프 래그)」라는, 그 시대의 가장 유명한 래그타임 구성의 바로 이 이름으로 기념된다. 많은 사람이 이 제목이 미주리주 원산지인 단풍나무에서 딴 것으로, 캐나다 국기에 새겨진 나뭇잎을 언급하니 아마도 캐나다를 기리는 것일 거라 추측했다. 그러나 진실은 덜 품위 있다. 스콧 조플린이 후원자들을 접대했던 메이플 리프 클럽The Maple Leaf Club이 제목의 근원이다. 이 사교 클럽은 세달리아에서 논란이 되던 시설로 흑인 설교자들의 항의를 불러일으켰는데, 그들은 음주, 춤, 도박의 중심지가 폐쇄되기를 원했고, 한 비평가는 "다른 부도덕한 관행은 말할 수 없을 정도로 수치스럽다"고 했다. 당국은 1900년에 결국 클럽의 운영을 중단시켰지만, 이 아프리카계 미국인 사교 클럽이 짧은 기간에도 백인 고객들을 끌어 모았다는 점을 주목할 필요가 있다. 인종적 관용과 평등에 대한 열정이 그들의 후원을 자극하지는 않았을 것이다. 이는 세달리아에 널리 퍼져 있는 계몽된 사회적 태도보다 래그타임의 매력을 더 잘 증명한다. 따라서 이 초기 단계에서도 우리는 혁신적인 흑인 음악이 때로는 무심코 미국 통합을 촉진시키는 데 어떤 역할을 할 수 있는지 힌트를 얻는다.[5]

「Maple Leaf Rag」는 그 작품을 탄생시킨 클럽보다 훨씬 더 길고 큰 명성과 영향력을 누렸다. 조플린의 출판인 존 스타크John Stark는 악보가 백만 부 팔렸다고 자랑했다. 과장했을지도 모르지만, 이 곡은 모든 면에서 큰 성공을 거두었다. 그러나 스타크 자신은 이 작곡의 상업적 매력을 의심했었다. 그는 처음 이 곡을 듣고 "너무 어렵다"고 말했다고 한다. "아무도 연주할 수 없을 거야." 기본적인 피아노 래그에서조차, 일반적으로 박자에 머무르는 왼손에 요구되는 빠른 도약 동작과 오른손에 의해 중첩되는 복잡한 싱코페이트 패턴 모두 기술적 도전이 요구됐기 때문이다. 조플린의 획기적인 작품은 보통의 래그타임 연주보다 더 어려웠고, 악보를 구입한 많은 사람은 비참하게 실패했을 것이다. 그러나 미국인의 독창성은 구원되었다. 인간을 대신하는 로봇에 대한 오늘날의 우리의 집착을 예상한 듯, 인간 연주자의 기계적 대체품인 자동 피아노에 대한 수요는 래그타임 음악의 전성기 동안 빠르게 증가했다. 이런 기술 향상 없이 래그타임이 동일한 문화적 영향을 미치는 것은 상상하기 어렵다.[6]

래그타임의 위대한 아프리카계 미국인 작곡가들은 그들의 혁신으로 칭찬받았을까? 여기서도 합법화는 오랜 후에야 이루어졌다. 이는 이 책에서 반복되는 주제다. 1917년 사망한 스콧 조플린은 1976년 사후에 퓰리처상을 받았다. 그의 평생, 래그타임 음악은 스캔들이었다. 그러나 그것은 주류 미국이 흑인 음악에서 원했던 것, 즉 금지된 맛이었다. 1900년, 저명한 음악 잡지 〈에튀드The Etude〉는 래그타임을 '살해성 독'이자 '악성 전염병'이라고 비난하면서, '청년의 뇌를 손상시켜 제정신이 아니라는 의심을 불러일으킬 정도'라고 비난했고, 래그타임은 단지 소음일 뿐이라고 주장했다. 그 소리는 단조롭고 우울했다. 존경할 만한 환경에서 래그타임의 존재는 신성모독이었다. 훈련된 음악가들은 훈련받지 않은 비전문가들에게 일

자리를 빼앗겼다. 래그타임을 충분히 오래 들으면 미쳐버릴지도 모른다. 이런 종류의 음악적 격변으로 촉발된 가장 큰 두려움은, 거의 항상 성적인 것이다. 이러한 우려가 수면 위로 드러나진 않았지만, 음악잡지 〈뮤지컬 쿠리어Musical Courier〉의 한 필자는 다음과 같이 썼다. 래그타임은 "흑인 유형의 원시적 도덕성과 상당한 도덕적 한계를 상징한다. 도덕의 부재로 성적 구속은 거의 존재하지 않다시피 한다."[7]

이러한 비평이 래그타임 음악의 상업적 전망을 해치지는 않았고, 일부 분야에서는 힘을 실어주기도 했을 것이다. 하지만 이것이 스콧 조플린에게 위안이 되지는 않았다. 퓰리처 수상 이력은 위키피디아 페이지에서라면 그럴듯하겠지만, 조플린은 이보다는 평생 동안 합법화를 원했고, 더 나아가 래그타임 시장이 허용하는 것보다 더 큰 규모로 음악을 쓸 기회를 갈망했다. 그는 모든 면에서 앞을 내다보고 있었다. 심지어 「Maple Leaf Rag」에 대한 저작권료를 협상하려고도 했다. 현재까지 남아 있는 계약서를 보면, 그는 자신의 이익을 지키기 위해 변호사까지 고용했다. 이는 그 세대 흑인 음악가로서는 특별한 움직임이었다. 그 작품의 성공 직후, 조플린은 훨씬 더 야심찬 계획도 세웠다. 1899년 초, 그는 노래 대사로 래그타임 발레를 공연하기 위해 극단을 결성했으며, 지역 오페라 하우스를 빌려 음악적 비전을 선보였다. 그의 비전을 알 수 있는 유일한 문서는 1902년 스타크가 출판한 「The Ragtime Dance(더 래그타임 댄스)」의 피아노 악보다. 조플린의 다음 프로젝트인 오페라 「A Guest of Honor(어 게스트 오브 오너)」(1903)는 전혀 남아 있지 않다. 그러나 그의 야망의 범위는 신문 기사로 가늠해볼 수 있다. 기사에 따르면 조플린은 음악을 작곡하고 가사를 쓰고, 출연진을 고용하고 리허설했으며, "스콧 조플린의 래그타임 오페라 회사"라는 이름으로 투어를 했다. 심지어 그 이름조차도 1903년경의 미국 맥락에서는 놀랍다. 누군가가 티켓 영수증을 훔쳤고 투어는 중단되었지만, 조플린이 고상한 가식에 대한 반항적 공격으로 여기까지 왔다는 것은 대단한 일이다.

바로 그 시기, 흑인 극장이 주류를 이루었다. 1903년, 윌 마리온 쿡Will Marion Cook, 폴 로런스 던바Paul Laurence Dunbar, 제시 A. 쉬프Jesse A. Shipp로 구성된 흑인 창작팀이 쓴 「In Dahomey(인 다호메이)」가 브로드웨이에서 성공적으로 데뷔했다. 이 작품은 다른 작곡가의 후기 단계 프로젝트들을 진행하기 위한 길을 터주면서, 흑인 음악의 역사에 큰 돌파구를 마련했다. 그러나 민스트럴minstrel(백인이 흑인처럼 얼굴을 검게 칠하고 춤과 노래 등을 선보인 코믹 단막극—옮긴이)과 보드빌 vaudeville(춤, 노래, 연극, 묘기, 마술, 서커스 등 여러 종류의 볼거리가 뒤섞인 버라이어티쇼의 일종—옮긴이) 형식과 분명한 연관성을 지닌 「In Dahomey」는 흑인의 자부심과 흑인 음악적 표현을 위한 도구로서 오페라를 재창조하려는 조플린의 시도만큼 야심차지는 않았다. 「A Guest of Honor」는 흑인 교육자 부커 T. 워싱턴Booker T. Washington이 1901년 시어도어 루스벨트Theodore Roosevelt 대통령과 만찬을 하기 위해 백악관을 방문한 것에 관한 이야기인데, 이는 인종 차별이 만연했던 시대에 언론에서 널리 비난받은 사건이다. 이 두 곡 외에 아프리카계 미국인 극장 작품은 떠올리기 어렵다. 20세기 초 미국 사회의 가장 진보적인 구성원을 위한 반反민스트럴 쇼였던 이 비현실적인 프로젝트는, 백인들에 의해 만들어진 흑인 음악의 비하 분위기를 바꾸려는 조플린의 시도를 보여준다. 악보가 현재 남아 있지 않다는 사실도 크게 놀랍지 않다.

조플린은 작곡가로서의 지위를 향상시키기 위해 래그타임을 그만두려 했다. 그는 자신의 가장 대담한 프로젝트인 오페라 「트리모니샤Treemonisha」에서 래그의 프레이징만 최대한 이용했을 뿐이다. 그는 대신 게르만 민족 신화를 대신하는 아프리카계 미국인 역사와 민속으로 바그너 전통에 해당하는 흑인 문화 전통을 확립하는 것을 목표로 삼았다. 이때까지의 음악사를 보면, 보통 여성에 관한 오페라는 성적 표현이나 죄악에 초점이 맞춰졌는데, 조플린의 「트리모니샤」는 이러한 기대를 저버렸다. 주인공은 미신, 무지와 싸우면서 교육을 지지하는 자랑스러운 흑인 여성이다. 조플린은 정말로 미국이 이를 받아들일 준비가 되어 있다고 믿었을까? 그의 순진함을 한탄해야 할지, 그의 일편단심에 박수를 쳐야 할지는 모르겠지만, 결과는 예상대로였다. 조플린은 이 프로젝트에 몇 년을 할애했음에도 제작에 필요한 후원을 받지 못했다. 말년에 세웠던 다른 큰 계획들도 수포로 돌아갔다. 소문에 의하면 피아노 협주곡과 교향곡 제작도 계획되어 있었다고 한다. 1917년 그가 죽었을 때, 그는 싸구려 술집과 사창가에 적합한 저속한 스타일의 피아노 음악 연주자로 기억되었다.

조플린이 합법화를 시도하는 과정에서 극복하기 어려운 장애물에 직면했던 사실은, 고대와 중세 사회에서와 마찬가지로 빠르게 움직이는 현대에서도 음악 혁신의 반대자들은 엄격했으며 관용을 베풀지 않았음을 분명히 보여준다. 음악에서 뭔가 새롭고 흥미로운 것을 찾을 때, 우리는 위험하고 불법적이며 금기시되는 외부인들에게 눈을 돌린다. 우리는 이런 음악이 정당화되는 것을 원하지 않는다. 음악 반항자가 주류 진출을 시도하기만 해도 배신자라며 그들을 비난할 것이다. 물론 이 모든 것은 시간에 따라 변한다. 우리는 결국 이 반항자들이 카네기홀에 발을 들이도록 만들 것이다. 스콧 조플린의 100주년을 기념하기 위해 2017년에 처음으로 카네기홀에서 그의 피아노 작품 전곡이 공연되었다. 물론 충분히 냉각기가 지난 후의 일이었다. 그렇게 늦은 단계에 이르러서야 우리는 새롭고 전복적인 소리로 넘어갔고, 옛것이 존중할 만한 고전으로 자리 잡도록 했다.

22

반항이 주류로
떠오르다

Music: A Subversive History

Rebellion Goes Mainstream

1917년 스콧 조플린이 죽기 불과 며칠 전에 첫 재즈 음반이 발매된 것은 순전히 우연이다. 같은 해 에델 워터스Ethel Waters가 공연에서 W. C. 핸디의 「세인트루이스 블루스」를 부른 것도 그렇다. 그녀는 상징적인 이 곡을 공연한 최초의 흑인 여성이었는데, 곧 많은 사람이 그녀의 선례를 따를 터였다. 미국의 음악적 취향의 변화를 이끈 진정한 선동자는, 사실 노래에 2차적 영향을 미치는 대규모 집단 폭력의 역사에서 또 하나의 이정표적인 순간인 제1차 세계대전이었다. 미국은 지정학적 갈등에 개입하기 위해 고립주의를 버릴 때도, 음악에서는 오히려 더욱 배타적이 되었다. 군사적 적에 대한 일종의 모욕으로 미국 콘서트홀을 점령한 독일 작곡가와 연주자들을 지우고, 자생적 음악으로 대체하려는 운동은 이러한 변화의 가장 눈에 띄는 징후다. 그러나 미국 음악의 미국화에 대한 더 중요한 지표는 곧 콘서트홀과 오케스트라 프로그램 영역 밖의 다른 곳에서 분명해질 것이다. 이 역사적 시점에서 대중오락은 빠르게 변화하고 있었고, 사실상 구세계 롤모델에 대한 존중은 사라졌다.

전쟁은 항상 전통적인 관습과 익숙한 생활 패턴을 뒤흔든다. 특히 수천 명 혹은 수백만 명에 이르는 군인들이 몇 년간 고향에서 멀리 떨어진 곳의 다른 문화에 노출될 때는 더 그렇다. 언젠가 여러 전문 분야의 학자들이 이러한 유혈사태에 의한 음악적 관행의 역사를 더 깊이 탐구하겠지만, 피상적으로도 서양 문화에서 전쟁의 폭력과 노래의 숭고함 사이의 지속적인 연관성은 드러난다. 호메로스가 트로이 전쟁의 분노와 잔혹성에 대해 노래한 것을 시작으로, 십자군이 원정에서 '이국적인' 악기를 가져왔을 때 되풀이되며, 프랑스 혁명의 복잡한 음악적 여파, 현대에 이르러 록 음악과 베트남 전쟁 및 그 이후의 관계 등에서 이를 찾아볼 수 있다. 전장에서 돌아오는 군인, 혹은 난민이나 시위대, 또는 가족들이 음악사를 다시 쓰는 책임을 떠맡는 것이다. 어쨌든 그 당시 알려진 것처럼, 대전에서 돌아온 미군들은 고향에서 그들을 기다리고 있는 완전히 다른 노래들을 발견했다. (그리고 그 영향은 쌍방향이었다. 흑인 군인들은 유럽 음악에 흔적을 남겼다. 특히 전투력과 재즈 연주자들로 유명한 부대에서 뽑힌 '할렘 헬파이터스Harlem Hellfighters' 앙상블은 1919년 미국으로 돌아가기 전까지 프랑스 전역에서 공연하며 대륙 문화를 바꿔놓았다.)

음악이 널리 퍼지는 방식도 이 시기에 바뀌었다. 가장 강력한 변화는 축음기 음반의 영향력이 증가한 것이었지만, 라이브 공연장도 음악이 전파되고 소비되는 방식을 바꾸고 있었다. 민스트럴 쇼는 이제 그들의 재능을 보여주기 위해 각각 10분에서 20분씩 주어지는 끝없이 다양한 투어 공연을 특징으로 하는 연극 제작의 한 형태인 보드빌보다 인기가 덜했다. 보드빌에는 마술사, 음악가, 복화술사, 곡예사, 코미디언, 애완동물 묘기, 저글러, 댄서 등을 비롯해 재능을 가진 수많은 인물이 등장했다. 미국의 거의 모든 중요한 공동체에서, 청중들은 앉아서 몇 시간 동안 조잡한 것에서부터 고상한 것에 이르기까지, 미국인들의 모든 재능을 눈앞에서 볼 수 있었다. 별개의 보드빌 극장은 주요 도시의 흑인 관객들에게 서비스를 제공했고, 수십 년 동안 투어 플랫폼이 부족했을 많은 흑인 엔터테이너들의 경력을 향상시켰다. 역사의 어느 이전 시점보다도, 서로 다른 공동체의 관객들이 같은 노래, 심지어 같은 연주자의 음악을 들었다. 이 스타 중심의 엔터테인먼트 사업은 대중 시장을 만들었고, 동시에 대중 시장은 엔터테인먼트 사업을 만들었다.

보드빌이 대중오락을 위해 전국적인 네트워크로 진화하던 바로 그 순간, 노래의 다음 혁명, 아마도 현대에서 가장 위대한 혁명이 시작되고 있었다─음악 사업과는 완전히 고립된 채─. 시간이 지나면, 보드빌 기획자, 음반사, 라디오 방송국은 블루스를 발견하게 될 것이고, 더 넓은 문화로 그것의 전파를 가속화시킬 터였다. 그러나 관습을 당당하게 거스르는 이 표현 형식의 가장 초기 징후는 미국 예능 권력자들의 관심 밖에서 처음 나타났다. 사실 20세기 초부터 중요한 블루스 음악가들의 출생지 산점도를 그린다면, 기업 문화의 주요 중심지를 놀랄 만큼 피하는 패턴이 나타난다. 이 음악은, 처음 꽃을 피울 때 흑인 빈곤, 특히 흑인 농촌 빈곤과 관련이 있는 듯했다.

블루스의 출현은 우리가 이 책의 핵심 논제, 즉 음악적 혁신이 아래로부터 온다는 주장을 평가하기 위해 고안할 수 있는, 가장 강력한 시험 사례를 제공할 수도 있다. 만약 그것이 증명될 수 있다면, 이 가설은 음악이 다른 예술 형태와 얼마나 다른지를 보여줄 것이다. 예를 들어, 그림과 조각 혁신은 거의 항상 부유한 후원자들과 가까운 곳에서 일어났으며, 오늘날에도 몇 백 명의 부유한 수집가들이 시각 예술 경제의 기조를 정하고 있다. 소설의 출현은 산업 혁명의 부를 창출하던 기업들에게서 탄력을 받았다. 오늘날의 새로운 예술 매체, 즉 비디오 게임, 가상현실, 그리고 그 이후의 것들은 실리콘 밸리의 수익 창출 사업과 불가분의 관계를 맺고 있다. 하지만 오직 음악만이 다른 규칙에 의해 연주된다.

다음 질문을 해보자. 미국에서 20세기 초 문화혁명을 시작하는 데 있어 가장 고립되고 가난하고 가장 준비가 덜 된 곳은 어디인가? 답은 미시시피주여야 할 것이다. 널리 퍼진 가난에 시달렸고 어떤 주보다도 1인당 소득이 낮았다. 신기술이 출시되었을 때도 미시시피는 마지막으로 혜택을 누렸다. 미시시피 델타 블루스의 영광스러운 시절에도 모든 주 중에서 자동차, 전화, 라디오의 보급률이 가장 낮았다. 미시시피주에서는 전기 공급조차 부족했다. 1937년 말 미시시피 블루스의 전설 로버트 존슨이 최종 녹음을 할 당시, 그 주의 농장 중 1퍼센트만이 전기를 사용할 수 있었다.

우리는 이러한 억압적 상황들이 어떻게 20세기 초부터 (미시시피에서 태어나고 자란) 엘비스 프레슬리와 로큰롤의 출현까지 반세기 동안 미국 음악에서 가장 변혁적인 급진주의자들을 낳았는지 다시 한번 생각해보아야 한다. 이 '낙후'의 중심지는 또한 머디 워터스Muddy

Waters, 하울린 울프Howlin' Wolf, 샘 쿡Sam Cooke, 찰리 패튼Charley Patton, 손하우스, B. B. 킹B. B. King, 알버트 킹Albert King, 존 리 후커John Lee Hooker, 스킵 제임스Skip James, 엘모어 제임스Elmore James, 부카 화이트Bukka White, 보 디들리Bo Diddley, 그 외에도 노래에서 혁명을 일으킨 많은 사람을 배출했다. 종합적으로, 이러한 혁신자들은 미시시피 블루스의 중요성을 확립할 뿐만 아니라 시카고 블루스, R&B, 로큰롤, 그 외 주류 스타일의 상승을 이끈 핵심 요소들을 제공할 것이다.

사실 미시시피는 이와 관련해 약간의 도움을 받았다. 블루스 음악이 미시시피에서 발명되었다는 사실을 명확히 증명할 수는 없다. 나는 이 용어가 아프리카로 거슬러 올라가는 고대 혈통의 흔적을 지닌 것처럼 보이는 음악 스타일과 관련이 있는지도 확신할 수 없다. 텍사스에서 애팔래치아에 이르는 초기 블루스의 다른 중심지는 빈곤과 고립의 유사한 인구통계학적 패턴을 보인다. 이 음악의 초기 역사는 바로 이 사실 때문에 추적하기 매우 어렵다. 블루스의 첫 번째 태동은 녹음 장치가 없고 비교적 문맹률이 높은 지역에서 있었다. 1901년 미시시피 삼각주에서 고고학 발굴을 하던 중 들은 흑인 음악에 매료된 하버드 학자 찰스 피바디Charles Peabody나 1905년에서 1908년 사이에 이 지역에서 노래를 수집한 사회학자 하워드 오덤Howard Odum처럼, 때때로 연구원이 현장에 나타나 이 혁신적인 음악을 주목했다. 많은 경우, 초기 연구자들은 그들이 들은 것을 묘사하기 위해 "블루스"라는 단어조차 사용하지 않았다. 이는 당시 이 음악이 얼마나 주류에서 벗어나 있었는지를 보여주는 척도라 할 수 있다. 이름조차 없는 음악 장르를 상상할 수 있는가? 그 정도의 순도로 존재하기 위해서는 상업 시장과 연예 산업의 공식으로부터 얼마나 고립되어 있어야 하는가?

하워드 오덤과 그의 동료 가이 존슨Guy Johnson은 1926년에 "현대 블루스의 기술이 진화하기 전에, 미시시피의 캠프와 도로에서 십년 전" 문서화되었다면서, 이 멜로디를 "일상생활 슬픔의 노래"로 묘사했다. 피바디는 들은 노래를 레이블이나 장르 범주로 정의하려고 시도하지 않았지만, 결국 블루스 음악으로 성문화될 모든 핵심 요소를 언급했다. 그는 음의 밴딩을 의도적인 것이지 형편없는 가창력의 결과가 아니라고 지적했다. 그 음악이 세 개의 코드에 의존한다는 것도 발견했으며, 불운, 사랑, 폭력이라는 주제에의 집착에도 주목했다. 피바디는 "미시시피주 스토벌Stovall의 존 스토벌John Stovall 농장에 고용된 아주 오래된 흑인"에게서 들은, 특히 인상적이었던 공연의 세부 사항을 다시 이야기했다. 피바디는 그 본질을 말로 전달하려고 애썼다. 음악이 이상하고, 일본적이고, 단조롭고, 백파이프나 유대인의 하프를 닮았다는 둥 다양한 비교를 시도한 끝에 결국 포기하고는 이렇게 간단한 요약문을 남겼다. "나는 한 번도 이런 종류의 음악을 들어본 적이 없다." 시카고 블루스와 프로토 로큰롤proto-rock 'n' roll의 선구자인 머디 워터스가 같은 스토벌 농장에 거주하고 있었다는 사실을 생각해보라. 의회도서관 특사 앨런 로맥스 Alan Lomax는 피바디가 방문하고 40년 후, 새로운 세기의 초기에 피바디 앞에서 블루스를 공연한 "매우 오래된 흑인"의 나이와 그의 음악 교육 배경을 추측하려고 노력한다. 이 음악의 뿌리가 음악 업계가 이름을 붙이고 마케팅을 시작하기도 훨씬 전으로 거슬러 올라간다

는 사실은 쉽게 예상할 수 있다.[1]

블루스가 20세기 전반에 어떻게 미국 음악 산업의 지원을 받았는지 상상하기는 어렵다. 머디 워터스Muddy Waters는 그런 더러운 음악을 제공하는 사람에게 적절한 이름이다('머디 워터스'는 '흐린 물, 흙탕물'이라는 뜻이다–옮긴이). 과장 없는 광고라고 할 수 있다. 블루스 가사에 노골적으로 언급되는 섹스와 폭력은 주류 음악 사업이 이전에 허용했던 그 어떤 범위도 넘어섰다. 초기 음반이 아프리카계 미국인 시장을 겨냥했다는 사실과 이전의 외설 개념을 더 이상 적용하지 않고 인종 음반이라는 상업적 범주로 독립했다는 사실이 블루스가 연주자들에게 충격과 경각심을 주었음을 보여준다.

어떤 경우에는 성적 언급이 조잡한 상징성 뒤에 숨겨져 있었다. 하지만 블루스 음악가 보 카터Bo Carter가 「Please Warm My Weiner(플리스 웜 마이 위너)」나 「Banana in Your Fruit Basket(바나나 인 유어 프루트 바스켓)」에서 어떤 블루스 뮤지션에 대해 노래하는지 모르는 청취자가 정말로 있었을까? 베시 스미스Bessie Smith의 「Need a Little Sugar in My Bowl(니드 어 리틀 슈거 인 마이 보울)」에 속을 사람이 있었을까?

음반사들은 이 뻔한 속임수를 내버려두었다. 블라인드 레몬 제퍼슨이 「The Black Snake Moan(블랙 스네이크 몬)」을 발표했을 때, 파라마운트Paramount는 (마케팅 사본에 따르면) "이상하고 날씬하고 소름 끼치는 검은 뱀들"을 특집으로 한 광고 캠페인으로 그것을 홍보했다. 하지만 음악 팬들은 다음과 같은 이야기를 들었다. "그 신음 소리를 들으면 노래를 절대 멈출 수 없을 거야." 파라마운트는 암시가 충분히 명확하지 않다고 판단하고, 그 후속곡에 흥분한 채 침대에 잠들어 있는 사람이 다리 사이에서 솟아오르는 거대한 검은 뱀과 마주치는 모습을 그렸다. 그의 머리는 눈에 띄게 꼿꼿한 자세였다. 때때로 제인 루카스Jane Lucas가 1930년 녹음에서 "당신은 내 고양이pussy를 가지고 놀 수 있지만, 개처럼 가지고 놀지는 말아요. 만약 당신이 그것을 학대할 거라면, 고양이는 구경도 못 할 거예요"라고 선언했던 것 같은 정도의 은유조차도 버려졌다. 라이브 공연에서 블루스는 훨씬 더 노골적이었다. 블루스의 아이콘 손하우스는 "토요일 밤 무도회에서 무엇이든 부를 수 있다"고 선언했다. "얼마나 더럽게 만들었는지는 상관없다. 듣는 관객들은 즐거워했다."[2]

초기 블루스 가사에서 폭력에 대한 묘사는 그만큼 극단적이었다. 총에 관한 노래는 놀라울 정도로 흔했으며, 고대의 바드와 핀다로스에서 구찌와 나이키 액세서리를 찬양하는 현대 힙합 가수들에게까지 뻗어 있는 혈통인 찬양곡 스타일이었다. 로버트 존슨은 연인의 38구경 권총보다 32-20 윈체스터Winchester의 우월성을 높이 평가했고, 그것이 쓸데없는 여자를 반으로 나눌 것이라고 했다. 존슨은 스킵 제임스에게 영감을 받은 것이 분명했다. 스킵 제임스는 그의 22-20에 대해 비슷한 주장을 펼쳤는데, 여자친구가 제멋대로 행동할 때마다 이 이야기를 꺼낼 계획이었다. 여성들은 종종 노래에서 희생자가 되었지만, 어떤 여자들은 남자들보다 더하기도 했다. 마 레이니Ma Rainey는 오늘날의 자동무기의 치명적인 선구자인 개틀링Gatling 총으로 자신의 전문지식을 자랑했는데, 존슨이나 제임스보다도 분명히 우월했다. 게다가 그 내용은 단순한 위협 그 이상이었다. 레이니는 자신의 노래 「Broken Hearted Blues(브로큰 하티드 블루스)」에서 법정에서 나쁜 애인뿐만 아니라 근처의 모든 사람이 그녀가 행한 살인으로 사라졌다고 고백한다. 사실이거나 상상의 산물이거나, 이 노래에 나오는 총 이야기는 놀라울 정도인데, 블루스 가수들이 총기에 대해서만 노래한 것은 아니다. 메리 버틀러Mary Butler는 그녀의 가사에 따라 면도칼을 가슴에 품어 두었고, 권총으로 끝내기 전에 자신의 남자를 베어버릴 계획을 세웠다. 조지아 톰Georgia Tom(복음 음악의 선구자 토마스 도지Thomas Dorsey의 블루스 이름)은 도살용 칼로 여자의 머리를 자르는 것을 선호했다. 빅토리아 스피비Victoria Spivey는 애인의 음료에 독을 한 방울 넣기로 했는데, 휘발유를 마시는 것에 대한 블루스 노래는 아예 하위 장르가 따로 있을 정도다.

이러한 곡들은 미풍양속, 심지어 음악적 요소에 위협이 되었을지도 모르지만, 블루스는 격분의 음악이었다. 피타고라스 패러다임 이후 2천 년이 넘는 세월이 흐른 후, 블루스는 음악이 더 이상 수학에 복종할 필요가 없다고 선언했다. 사실 블루스의 음악학은 서양 음악을 성문화하고 도식화하기 위한 모든 시도에 반하는 스캔들이었다. 멜로디는 귀도 다레초 시대부터 인정된 작곡 체계인 음악 표기 체계에 맞지 않았다. 블루스의 음색, 가장 기본적인 구성 요소도 모든 전통 개념에 저항했다. 1903년 피바디는 미시시피 음악가들이 음정에 맞게 노래하는 법을 모르는 것이 아니라 단순히 거스르는 것이며, 제한 없는 소리라는 노래의 기원으로 되돌아간 것이라고 독자들에게 설명했다.

또한 우리는 클래식 음악계가 블루스가 등장한 바로 그 순간에 피타고라스의 제약에 반항하고 있다는 기이한 사실에 주목해야 한다. 클래식 음악계는 수세기 동안 널리 퍼져 있던 조율된 음과 소음의 경계를 재평가하고, 아프리카계 미국인 예술가들이 이 프로젝트에서 수행한 역할을 명확하게 파악하려 했다. 장 콕토Jean Cocteau가 시나리오(그리고 음향 효과)를 쓰고, 파블로 피카소Pablo Picasso가 의상과 세트를 담당하고, 에릭 사티Erik Satie가 작곡한 1917년 발레 '파라드Parade'의 음악은 래그타임을 연상시키는 음악적 요소와 함께 타자기, 경적, 권총, 부딪치는 우유병을 포함한 소음 제작 도구들을 특징으로 했다. 사이렌과 프로펠러로 연주된 조지 앤타일George Antheil의 「기계적 발레Ballet Mecanique」에서 아프리카 요소는 더욱 노골적이었다. 앤타일은 이 작품이 "미국, 아프리카, 철강"을 표현하기 위해 고안되었다고 설명했다. 이 작곡가는 블루스를 확실히 이해하고 있었고(앤타일은 재즈 교향곡을 연주하기 위해 W. C. 핸디의 오케스트라를 고용하기도 했다) 흑인 문화의 맥락에서 W. C. 핸디의 노력을 자주 언급했다. 현대 음악의 이 중요한 시점에서, 유럽 클래식 음악계의 가장 진보적인 멤버들조차도, 아프리카계 미국인 연주자들이 이끄는 프로젝트로서 음악 산업이 조율된 음에서 벗어나 '소음'의 영역으로 이동하는 것을 보았다.[3]

같은 규칙 위반은 음악 형식의 더 큰 구조로 확장되었다. 보통 12바 블루스twelve-bar blues 패턴을 배우지만, 초기 음악가들은 12바 패턴을 따르지 않았다. 많은 경우 그들은 어떤 정해진 패턴을 따르지 않았다. 때때로 블루스 코러스는 11바나 13바까지 지속하거나, 심지어 어떤 기준에도 부합하지 않는 부분적인 바, 엇박을 포함했다.

같은 연주자가 같은 노래를 다음번에는 다르게 변형할 수도 있었다. 표현 양식을 정의한 바로 그 블루스 하모니는, 블루스 노래의 관행적인 세 개의 코드조차 따르지 않았다. 그들은 현재 정리된 것처럼 교과서적 패턴을 보이지 않았다. 때로는 I, IV, V 코드와 느슨한 유사성만 지닌 제멋대로의 음을 선보였다. 하지만 이 모든 것은 시간이 지남에 따라 바뀔 터였다. 서양 음악은 결국 블루스를 표준화된 형태로 만들었다. 그러나 그 사실이 블루스에 대해서는 덜 말하고, 모든 음악 혁신을 억제하려는 가차 없는 주류 세력에 대해서는 더 많은 것을 말해준다. 초창기에 블루스 노래는 서양 음악의 정신에 대한 모욕에 지나지 않았다.

그래서 나는 블루스의 역사를 정리하려는 반복적인 시도를 보면 웃음만 난다. 최근 몇 년 동안, 수정주의자들은 이 음악의 대체 혈통을 세우기 위해 지칠 줄 모르고 애써왔고, 그 기원을 보드빌 공연으로 추적하려 하거나, 블루스 개척자들이 음반과 라디오를 들으며 연주하는 법을 배웠다는 등의 공상적 대안 세계를 상상했다. 미국에서 가장 고립되고 빈곤한 지역사회에서 블루스가 시작되었다는 사실은 이 음악이 레코드 산업 관습에 얼마나 의존하지 않았는지를 분명히 보여준다.

하지만 어떤 면에서 블루스를 정리하려는 시도는 불가피하다. 노래와 그 역사에 있어 파괴적인 음악 스타일이 나타나면 항상 일어나는 일이니 말이다. 블루스의 경우, 미국 주류에서 가장 먼저 정화된 곡들이 널리 퍼졌다. W. C. 핸디는 미시시피의 기차역에서 무명의 블루스 가수가 칼을 들고 기타를 연주하는 것을 들었고, 이 영감의 순간은 결국 「세인트루이스 블루스」로 이어졌다. 블루스의 불규칙성을 대부분 덜어내고 대량 소비에 적합하게 만든 핸디의 노래는 20세기의 가장 큰 히트곡 중 하나가 되었지만, 터트윌러 기차역에서의 그 독창적인 노래는 결코 입소문을 탈 기회를 얻지 못했다. 1920년대의 위대한 클래식 블루스 가수들인 베시 스미스, 마 레이니, 메이미 스미스Mamie Smith 등이 블루스를 상업적 자산으로 바꾸기 위해 수많은 도움을 동원했다. 그들은 전문 작곡가, 고도로 숙련된 반주자, 의상 및 세트 디자이너, 음반 제작자, 감독 등과 함께 미시시피 델타나 텍사스 시골에서 알려지지 않은 규칙과 공식에 의해 연주되는 블루스 사운드를 정교하게 다듬었다. 이 연주자들은 그들 나름대로 훌륭한 예술가였고 혁신가이기도 했지만, 그들의 작품은 역사의 이 단계에서 이미 블루스에 편입된 엄청난 성장의 힘에 비추어 보아야만 한다. 상업적 사업은 블루스를 발명하지는 못했지만, 확실히 블루스를 포장하는 방법은 알고 있었다.

이 책의 머리말에서 나는 지배적인 음악계에 가장 당혹스러운 노래, 따라서 언제나 '정화' 노력의 표적이 된 노래의 성분들을 열거했다. 이 목록에는 노골적인 성적 언급, 폭력 행위 찬양, 변화된 정신 상태에 대한 암시(도취자든 샤머니즘 타입의 비전이든), 마술과 미신, 다른 음란한 문제들이 포함되어 있다. 블루스는 이 모든 것을 구현했기 때문에 특별한 위협이었다. 미신의 요소는 이를 제거하기 위해, 혹은 (이미 음악 안에 깊숙이 자리 잡고 있어 제거가 불가능하다면) 다른 이유를 찾기 위해 열심히 노력해온 현대의 평론가들에게 특히 고통스러운 주제였다. 이런 요소들이 블루스 전통의 거의 모든 곳에서 나타

낳기 때문에 해설자들에게는 몹시 어려운 일이었다. 사실 블루스의 역사에서 가장 유명한 이야기는 로버트 존슨이 그의 전설적인 기타를 마스터하는 대가로 한밤중에 악마를 만나 영혼을 팔았다는 것이다. 토미 존슨Tommy Johnson과 피티 휘트스트로Peetie Wheatstraw(별명이 "악마의 사위"였다) 같이 덜 알려진 다른 블루스 음악가들에 대해서도 비슷한 이야기가 전해진다. 지난 20년 동안 블루스, 특히 로버트 존슨을 둘러싼 전설을 비하하려는 움직임이 목격되었다. 악마에 대한 이러한 이야기들은 이러한 주류화 과정과 합법화 과정에 관계된 사람들에게는 특히 당혹스러운 일이었다.[4]

이 난처함에 따르는 주된 반응은 블루스 팬들을 비난하는 것이었다. 수정론자인 배리 리 피어슨Barry Lee Pearson과 빌 맥컬로치Bill McCulloch에 따르면, 1966년 블루스 마니아 피트 웰딩Pete Welding이 한 기사에서 "존슨이 지식과 마법의 힘을 얻기 위해 악마에게 영혼을 팔았고, 따라서 신의 분노를 일으킨 16세기 점성가인 전설적인 파우스트의 20세기 화신이라는 이야기를 공식적으로 언급했다." 이 가설에 따르면, 전 세대에 걸친 어리석은 팬들은 "조금 의심하면서도" 이 개념에 빠져들었지만, 결국 윤색되어 블루스 신화의 주역으로 변했다.[5]

이 설명이 사실일 수 있을까? 로버트 존슨이 악마에게 영혼을 팔았다는 이야기는 정말 그가 죽은 지 한참 후인 1960년대에야 등장했을까? 이 정화 이론은 자세히 살펴보면 무너진다. 고인이 된 블루스 학자 맥 매코믹Mack McCormick은 1940년대에 존슨이 자신의 영혼을 팔았다고 한 이야기를 개인적으로 들었으며, 음반 수집가와 함께 현장 연구를 했던 흑인 공동체들 사이에서도 그 이야기를 들었다고 했다. 의회도서관에서 나는 이전에 출판된 적 없던 로버트 존슨의 친구이자 동료인 데이비드 "허니보이" 에드워즈David "Honeyboy" Edwards와의 인터뷰 녹취록을 발견했다. 1940년대 초로 거슬러 올라가는 기록이었다. 여기서 그는 인터뷰 진행자 앨런 로맥스에게 존슨이 '악마의 사업'에 관여했기 때문에 영혼을 잃었다고 말한다. 1966년 기사에 언급된 것조차 피트 웰딩이 만들어낸 것이 아니라 로버트 존슨의 실제 멘토인 손 하우스의 직접적인 인용문이다. 물론 존슨의 음악 자체는 악마와 지옥을 명시적으로 언급하고 있다. 이 요소들은 「Hellhound on My Trail(헬하운드 온 마이 트레일)」이나 「Me and the Devil Blues(미 앤드 더 데빌 블루스)」와 같은 노래에서 빠질 수 없다. 이러한 추측을 떠나서라도, 존슨의 삶에 대해 알려진 사실을 보면, 그가 실제로 자신이 선택한 음악과 라이프스타일이 자신의 영혼을 위험에 빠뜨렸다고 믿었을 가능성이 높다는 것을 알 수 있다. 적어도 그는 악마의 악사 이미지가 좋은 마케팅 스토리를 만들어낸다는 것을 알고 있었다(몇 십 년 후 많은 메탈 밴드가 발견한 것처럼 말이다).[6]

이 중 어떤 것도 20세기 초의 남부 흑인 문화나 그것에 영향을 끼친 아프리카 신념 체계를 공부하는 학생에게는 놀라울 것이 없다. 로버트 존슨이 블루스를 연주했던 그해, 성공회 목사 겸 민속학자인 해리 미들턴 하얏트Harry Middleton Hyatt는 앨라배마, 아칸소, 플로리다, 조지아, 일리노이, 루이지애나, 메릴랜드, 미시시피, 노스캐롤라이나, 사우스캐롤라이나, 테네시, 버지니아에서 마법의 주문, 민속 의학, 마법, 마술의 지배적 개념에 대한 광범위한 연구를 수행했다. 그는 남부에서 1,600명의 사람들을 인터뷰하고, 13,458개의 주문과 미신을 수집했는데, 이는 4,766페이지에 달하는 5권의 연구서로 출간됐다. 여기서 우리는 로버트 존슨의 전설을 낳은 문화와 신념 체계의 실제 뿌리를 찾을 수 있는데, 이들의 신념 체계는 1960년대 음악 팬들의 생각과는 무관하며, 블루스 뮤지션들이 음반을 내기 시작할 무렵 미시시피 삼각주에 널리 퍼진 태도와 형이상학적 시스템에서 비롯되었다. 따라서 블루스 뮤지션들의 인생 이야기에서 이런 신념 체계를 분리하려는 잘못된 시도는 역사를 다시 쓰는 것이나 다름없다. 정화된 블루스는 가짜 블루스다.[7]

　　그러나 로버트 존슨은 적지 않은 부분에서 합법화 과정에 기여했다. 사실 이것은 그의 유산의 핵심 부분이다. 존슨은 지배적인 서양 음악 문화의 수학적 패러다임인 피타고라스와 블루스의 고유한 아프리카 요소를 조화시키는 데 주도적인 역할을 했다. 그는 가시 돋친 델타 표현 형식에 맑은 하모니 감성과 날카롭게 묘사된 음악 언어(형식, 연결 코드, 부기 패턴, 그루브)를 도입하여 블루스의 좀 더 제멋대로인 요소들을 통제하고 자신이 터득한 기법을 성문화했다. 그가 연주한 각각의 곡은 전체적으로 구성되었고 미적으로 완성되었다. 그의 음악은 손 하우스, 블라인드 레몬 제퍼슨, 찰리 패튼Charley Patton, 그리고 그의 다른 많은 전임자의 블루스만큼 생소하지 않았다. 존슨의 작품은 체계가 구체화되어 있었고, 전사, 연구, 모방에 더 적합했다. 이렇게 표현해도 냉담하게 들리지 않는다면 '블루스의 과학'이라고 부르고 싶을 정도다. 아무도 존슨이 예술에 무관심하다고 비난할 수 없었다. 그러나 그는 준민속적 관습을 새로운 종류의 서양 예술 노래로 변형시킨 개념의 명료함과 실행의 정확성을 가져왔다.

그의 위대함에도 불구하고, 로버트 존슨은 내가 가장 좋아하는 블루스 아티스트는 아니다. 나는 손 하우스의 샤머니즘 과잉이나 스킵 제임스의 어두운 분위기에 더 끌린다. 그러나 나는 에릭 클랩튼Eric Clapton, 밥 딜런, 롤링스톤스 같은 후대의 기타리스트들이 왜 존슨을 다른 어떤 사람들보다 더 많이 숭배했는지 충분히 이해한다. 그는 어떻게든 음악 산업의 요구를 아프리카 공연 관습인 분노 표출과 조화시킬 수 있었다. 그는 이 임무에서 혼자가 아니었다. 우리는 W. C. 핸디, 베시 스미스, 버디 볼든Buddy Bolden, 머디 워터스, 하울린 울프, B. B. 킹, 그리고 다른 많은 사람에게도 공을 돌려야 한다. 그러나 존슨은 이 엘리트 집단의 가장 모범적인 일원으로서 기로에 선 뮤지션의 가장 두드러진 예를 제시한다. 그가 악마와 만났다는 장소에 대해 말하는 것이 아니다. 그는 민속적 관습에 한 발, 상업 오락에 다른 한 발을 들였고, 그 둘을 조합해 영감을 주는 3분짜리 노래로 만드는 그의 유동성은 누구도 뛰어넘지 못했다. 그의 개입이 없었다면 다음 반세기 동안의 대중음악은 전혀 다른 방식으로 펼쳐졌을 것이다.

23

펑키 버트

Music: A Subversive History

Funky Butt

음악 취향이 엘리트에 의해 형성된다고 믿는다면, 미국 사회에서 가장 소외된 인구의 노래 스타일이 세계적인 엔터테인먼트의 흐름을 변화시킨 건 단순한 우연이라고 생각할지도 모른다. 그러나 재즈도 그런 일을 해냈고, 블루스와 거의 같은 속도로 거의 같은 기간 동안 세계를 정복하는 권위를 누렸다. 여기서 다시 한 번, 멸시받던 외부인들이 다루기 어려운 음악을 주류 문화로 가져왔다. 하버드 대학부터 퓰리처상까지 영향력 있는 기구들은 결국 그것을 받아들였다. 물론 긴 냉각기는 있었다.

　재즈와 블루스는 종종 서로에게서 영향을 받기도 하지만, 본질적으로 내면의 역동성이 다르다. 재즈는 20세기 초 서양에서 가장 다문화적인 도시인 뉴올리언스의 혼잡함에서 나온 도시 음악이다. 재즈 형식은 용광로melting-pot에서 번성한다. 새로운 영감의 원천에 굶주려 있기 때문이다. 이와는 대조적으로 블루스는 가장 고립된 시골 지역에서 처음 등장했고, 그 미적 아름다움은 과거로부터 보존된 전통이나 유산과 더 관련이 있다. 블루스에서는 여전히 아프리카의 그리오grlot, 즉 지역의 이야기꾼이자 문화적 전설 보존자들의 흔적을 찾을 수 있다. 이러한 영향은 재즈에서도 울려 퍼지지만, 재즈는 아프로퓨처리즘Afrofuturism(아프리카의 정신과 미국을 비롯한 서구 국가의 기술을 역사, 판타지, 과학을 매개로 융합한 예술 사조-옮긴이)의 분위기가 더 짙게 풍기고 합성과 변형의 가능성에 대한 수용성이 더 크다.

초기부터 재즈는 다른 모든 민속 예술과 다르게 다른 공연 스타일을 집어삼키고 소화하는 놀라운 능력을 보여주었다. 많은 리스너가 초기에 두 스타일이 같다고 믿었을 만큼 재즈는 래그타임과 성공적으로 동기화됐다. 그러나 스콧 조플린의 래그타임 음악과는 달리 뉴올리언스의 래그에 영향을 받은 재즈는 즉흥 연주에 큰 중점을 두었다. 재즈 아티스트들은 결국 즉흥적으로 멜로디를 만드는 기술에 대해 평가받았고, 멜로디를 연주하더라도 기존 멜로디를 바꾸거나, 완전히 개인적인 방식으로 다르게 표현했다.

재즈 음악가들은 블루스의 밴딩음과 12바 구조를 익혔다. 당연하게 보일지도 모르지만, 뉴올리언스 재즈 연주자들이 뉴욕과 다른 주요 도시 연주자들보다 수십 년 전에 블루스를 배웠다는 것은 놀랍다. 젤리 롤 모튼Jelly Roll Morton은 1900년대였던 어린 시절 뉴올리언스 가든 지구에서 블루스를 들었다고 주장했다. 종종 최초의 재즈 밴드 리더로 인정받는 버디 볼든은 세기가 바뀌기 전부터 블루스를 연주했을지도 모른다. 대부분의 음악 역사가들은 이를 당연하게 여기지만, 우리는 다른 도시 음악가들이 이 보잘것없는 시골 음악 스타일을 전혀 알지 못하거나 공공연히 경멸하던 시기에 블루스를 포용한 뉴올리언스의 변칙성을 고려해야 한다.

볼든은 잭슨가와 프랭클린가에 있는 침례교회 예배에 참석하면서 들은 종교 음악에서 영감을 끌어내기도 했다. "볼든이 교회에 간 것은 신앙심 때문이 아니었다는 건 알고 있습니다." 1900년경에 볼든을 만난 트롬본 연주자 키드 오리Kid Ory가 나중에 설명했다. "음악에 대한 아이디어를 얻으려고 간 거예요. 그는 이 노래들을 듣고 약간씩 바꾸곤 했습니다." 또한 오리는 때때로 교회 예배에서 트롬본, 트럼펫, 심지어 드럼으로 노래 반주를 했다고 말했는데, 이는 재즈와 종교 음악이 서로 영향을 미쳤다는 것을 암시한다. 취향이 잡식인 재즈 뮤지션 1세대는 이러한 재료들을 춤, 브라스 밴드 퍼레이드, 장례식, 소풍과 다른 사교 행사에서 자신들이 들은 노래나 스타일과 섞었다. 사실 그들 중 다수는 그런 환경에서 기술을 배웠다. 또한 뉴올리언스 오페라 하우스에서 연주된 곡이든 라틴아메리카에서 온 앙상블 음악이든 재즈 전통의 일부로 거의 여겨지지 않는 스타일로부터도 배웠다. 처음부터 재즈 형식은 음악적 경계를 넘나드는 데 바탕을 두고 만들어졌다.[1]

다른 경계들도 마찬가지다. 우리에게 알려진 가장 오래된 재즈곡은 「Funky Butt(펑키 버트)」라고 불리는 작품이다. 이 곡은 버디 볼든의 트레이드마크였지만, 연주될 때마다 바뀌었다. 때로는 경쾌하기도 하고, 때로는 음란하기도 했다. 상황에 따라 코미디나 모욕, 심지어 정치적 논평으로도 작용했다. 당국은 그러한 즉흥적인 행동을 달가워하지 않았다. 뉴올리언스 클라리넷 연주자 시드니 베체트

Sidney Bechet는 "경찰은 누군가가 그 노래를 부르면 감옥에 가뒀다"고 설명했다. 그는 볼든이 한 행사에서 직접 연주하는 것을 들은 것을 회상했다. "볼든은 그의 주제곡을 시작했고, 사람들은 노래를 부르기 시작했으며, 경찰관들은 사람들을 잡아내기 시작했다." 여기서 우리는 오늘날 존경받는 음악 형식이 매우 대담했고, 심지어 권력자들을 격분시키며, 변두리에서 유래했다는 점을 다시 한 번 발견한다. 다음에 콘서트홀에서 재즈를 들을 때, 이 장르가 불법적이고 폭동을 불러일으키는 노래로 시작되었음을 기억하자.[2]

재즈 뮤지션들은 그들의 대담함에 자부심을 느꼈고, 초기 단계에서 이미 관객들을 즐겁게 해주고 싶어 했다. 수십 년 동안 이 음악에 많은 존경심을 가졌던 터라 우리는 재즈가 순전한 기쁨과 즐거움으로 세계를 정복한 방법을 잊기 쉽다. 버디 볼든은 음반을 만든 적이 없지만(그랬어도 남아 있지 않았을 것이다) 쇼맨과 군중을 즐겁게 하는 사람으로서 그의 솜씨는 측근들의 이야기로 증명된다. 그런 점에서 그는 자신의 뒤를 잇는 재즈 스타들의 패턴을 만든 셈이다.

루이 암스트롱Louis Armstrong은 「West End Blues(웨스트 엔드 블루스)」, 「Potato Head Blues(포테이토 헤드 블루스)」, 「Heebie Jibies(히비 지비스)」와 같은 곡으로 재즈의 새로운 표준을 확립한 1920년대 후반과 1930년대 초반의 음반으로 가장 잘 기억되어야 한다. 암스트롱은 음악가들이 거의 1세기 후에도 여전히 모방하는 수많은 독창적인 프레이즈를 발명하고, 재즈 장르를 진정한 솔리스트의 언어로 바꾸어 완전히 새로운 음악 표현법을 만들었다. 그러나 일반 대중에게 있어 암스트롱의 명성은 트럼펫 연주와는 거의 관련이 없었고, 엔터테이너로서의 완벽한 기술과 카리스마 있는 성격, 즉 라디오, 영화, 그리고 (결국) 텔레비전에서 크로스오버 성공을 이룰 수 있게 해준 특성으로 인한 것이었다. 일부 진지한 재즈 팬들은 아마도 암스트롱의 히트 음반 『Hello Dolly!(헬로 돌리)』와 『What a Wonderful World(왓 어 원더풀 월드)』를 그의 예술성에 정당성을 부여하지 않는 상업적인 결과, 음악적 유머쯤으로 치부할 것이다. 그러나 그들은 요점을 놓치고 있다. 재즈는 지식 있는 내부자들을 위한 존경할 만하거나 고상한 음악이 아니었다. 재즈는 황홀한 종교, 즉 환희와 마법을 통해 비신자들을 개종시키는 의식과 더 닮아 있었다. 암스트롱의 활약이 개인의 행복을 중요하게 생각하는 대중들에게 행복을 전달하는 것과 무관했다면 그는 결코 음악계를 변화시킬 수 없었을 것이다.

재즈의 진화에서도 같은 패턴이 반복된다. 암스트롱의 영향력에 필적할 수 있는, 재즈 초기 수십 년 동안의 유일한 혁신가인 듀크 엘링턴Duke Ellington의 경우를 생각해보자. 엘링턴은 현재 엘리트 미국 작곡가로 간주되며 그의 이름은 종종 콘서트홀의 표준으로 언급된다. 그는 이러한 찬사를 받을 만하며, 그의 위대한 작품은 이고르 스트라빈스키, 아론 코플랜드, 드미트리 쇼스타코비치, 벨라 바르토크와 같은 동시대 인물들과 비교되기도 한다. 나는 특히 1930년대 후반과 1940년대 초반의 엘링턴의 음반들에 감탄하는데, 이 음악들은 다른 재즈 작곡가들과 비교할 수 없을 만큼 형식과 내용이 빛나는 균형을 이룬다. 그러나 그의 음악에서 이 시기 가장 주목할 만한 점은 다음과 같다. 엘링턴은 이 같은 시대에도 유명 엔터테이너였으며, 세계에서 가장 많이 팔리는 대중음악 스타 중 한 명이었다. 군중을 즐겁게 하는 대중 시장 관점을 고려하지 않고는 그의 기술을 제대로 평가할 수 없다.

1930년대 후반의 가장 섹시한 밴드 리더인 베니 굿맨Benny Goodman도 마찬가지인데, 그는 코플랜드와 바르토크로부터 고전 작품을 의뢰받으면서도 그 시대의 가장 인기 있는 댄스 오케스트라를 이끌었던 클라리넷 연주자였다. 혹은 1946년 3월 카네기홀에서 스트라빈스키 「에보니 협주곡Ebony Concerto」의 데뷔 무대를 선보이고 몇 달 후 할리우드 영화 '뉴올리언스'에서 가벼운 댄스 음악을 연주했던 재즈 스타 우디 허먼의 경우도 생각해보자. 물론 그 시대의 모든 재즈 연주자가 유럽의 유명한 작곡가와 합작한 것은 아니다. 카운트 베이시Count Basie, 빌리 홀리데이Billie Holiday, 엘라 피츠제럴드Ella Fitzgerald, 글렌 밀러, 아티 쇼Artie Shaw, 그리고 제2차 세계대전의 다른 밴드 리더들은 힌데미스Hindemith나 쇤베르크의 참여를 필요로 하지 않는 다른 의제를 가지고 있었지만, 관객들을 즐겁게 하고 레코드를 판매하는 일에 전혀 소홀하지 않았다.

이 즐거운 노래에 많은 사회적 항의, 혼란, 그리고 불손함이 내재해 있는지에 대해서도 주목해야 한다. 베니 굿맨은 의회가 시민권 법안을 통과시키기 몇 십 년 전, 인종차별 폐지를 추진하기 위해 대중문화 영웅으로서의 그의 명성을 이용했다. 1935년, 그의 상업적 성공은 스윙 시대를 열었고, 빅밴드 재즈가 미국의 대중음악을 이끄는 감동적인 10년이 시작됐다. 그다음 해 굿맨은 자신의 트리오에 아프리카계 미국인 테디 윌슨Teddy Wilson을 피아니스트로 고용했다. 재키 로빈슨Jackie Robinson이 브루클린 다저스Brooklyn Dodgers에 합류하며 프로 스포츠의 흑백 인종차별을 무너뜨리기 10여 년 전이었다. 굿맨의 최대 라이벌인 클라리넷 연주자 아티 쇼는 1938년 보컬 빌리 홀리데이를 영입했고, 재즈계가 이 새로운 관용의 태도를 받아들이자 뒤처지지 않으려는 다른 재즈 밴드 리더들도 인종차별 반대 노력에 동참했다.

이는 전 세계적인 움직임이었다. 대중음악은 미국 사회에서 처음으로 인종차별을 해소하는 중요한 영역이었고, 슈퍼스타 재즈 뮤지션들이 앞장섰다. 그리고 그들은 몇 년 동안 단계마다 인종차별 철폐 투쟁에서 핵심적 역할을 했다. 1957년 루이 암스트롱은 드와이트 D. 아이젠하워Dwight D. Eisenhower 대통령이 아칸소주 리틀록에서 학교 통합을 시행하지 않은 것을 비판하여 뉴스 헤드라인을 장식했다. 정치에 관여하지 않는 행복한 엔터테이너라는 그동안의 그의 평판 때문에 이 일은 더욱 화제가 되었다. 암스트롱은 격렬한 반발에 직면했다. 일부 비평가들은 심지어 그의 레코드를 불태우고 그의 콘서트를 보이콧했다. 그러나 암스트롱의 폭발적인 인터뷰가 있은 지 일주일 만에 아이젠하워는 정책을 바꾸어 주 방위군에게 리틀록에 개입하라고 명령했다. 물론 재즈 스타의 즉석 논평이 아이젠하워의 심경에 변화를 가져왔다고 할 수는 없지만, 〈시카고 디펜더Chicago Defender〉는 암스트롱의 말이 "수소 폭탄의 타이밍과 폭발적인 효과를 모두 가지고 있었다. 전 세계에 울려 퍼졌다"고 평했다.[3]

아무리 주류에서 벗어나도 세상을 바꾸는 모든 음악 스타일은 결국 합법화되고 존중받는다. 대부분 이러한 변화는 신문 헤드라인에 발표되는 건 아니고 청중의 태도와 기관의 정책에서 점차 일어난다. 재즈의 경우, 음악 자체가 변화를 예상하기도 하고 가속화하기도 했다. 일반 대중이 재즈를 일종의 예술 음악으로 받아들이기 전부터 음악가들은 웅대한 야망을 키웠다. 실험적이고 거의 전위적인 감성이 초기 단계에서 나타나 결코 떠나지 않았다. 오늘날에도 여전히 재즈에서 그것을 들을 수 있다. 음악가들을 평범한 상업 엔터테이너로 만드는 생태계에도 불구하고 말이다. 우리는 코넷 연주자 빅스 바이더벡Bix Beiderbecke(1903~1931)의 두 갈래로 갈라진 경력에서 이를 본다. 그는 단조로운 솔로로 댄서들을 즐겁게 하면서도, 또한 복합적이고 신모더니스트적 스타일로 피아노 음악을 작곡했다. 우리는 콜먼 호킨스Coleman Hawkins(1904~1969)의 색소폰 작품에서도 비슷한 역설과 마주치는데, 그는 「Body and Soul(바디 앤드 소울)」로 주크박스 히트를 달성하면서도, 재즈 형식의 화성의 한계를 동시에 추진했다. 또는 아트 테이텀Art Tatum(1909~1956)의 경우를 생각해보라. 그의 음악적 뿌리는 래그타임, 블루스, 부기, 할렘 스트라이드 피아노, 틴 팬 앨리의 곡에 있는데, 그의 즉흥연주는 너무나 기발하고도 화려해서 고전 키보드 음악의 상징적인 거장들과의 비교를 불러일으켰다.

재즈가 대중적인 오락과 예술 노래라는 야망을 쌓아온 이 역사에서 두 명의 인물이 눈에 띈다. 듀크 엘링턴과 조지 거슈윈이다. 베니 굿맨이 애런 코플랜드Aaron Copland를 고용함으로써 합법화를 추구했다면(굿맨은 나중에 "2천 달러나 지불했어요, 정말 큰돈이에요"라고 자랑했다), 엘링턴과 거슈윈은 그들이 당시의 '진지한' 작곡가들과 같은 수준이라는 것을 증명하려 했다. 엘링턴은 재즈 초기의 다른 어떤 인물보다도 이 새로운 스타일의 궁극적인 운명을 예지자처럼 거의 명확하게 예상했다. 재즈가 예술 음악으로 널리 받아들여질 것이고, 스윙과 즉흥연주를 포기할 필요가 없다는 것을 그는 이해했다. 사실 재즈가 존경을 받는 길은 블루스, 싱코페이션, 인상적인 솔로 연주, 그리고 그 기술의 다른 모든 특징과 핵심 가치를 유지하는 것이었다.[4]

　　그러나 엘링턴은 아마도 이 운명을 가장 먼저 내다본 데 대한 저주를 받았던 것 같다. 1943년 카네기홀에서 자신의 가장 야심 찬 작품, 한 시간 길이의 변화무쌍한 음시tone poem인 「Black, Brown and Beige(블랙, 브라운 앤드 베이지)」를 소개했을 때, 그는 재즈계 안팎에서 날카로운 비판, 공감하지 않는 반응과 맞닥뜨렸다. 흑인 음악의 옹호자인 존 해먼드John Hammond는 엘링턴이 재즈를 버렸다고 공격했고, 작곡가 폴 볼스Paul Bowles는 「Black, Brown and Beige」뿐만 아니라 재즈를 예술 음악으로 바꾸려는 모든 시도를 일축한 악평을 들고 끼어들었다. 많은 다른 비평가가 그 작품이 혼란스럽고, 너무 집요하고, 자의식이 강하며, 심지어 진부하다고 주장했다. 물론 오늘날의 공감대는 「Black, Brown and Beige」가 미국 음악의 걸작이라는 것이다. 그러나 그 당시에는 이러한 비판들이 난무했다. 엘링턴은 작품 연주를 중단했고, 다시는 이 정도 규모로 확장된 작품을 시도하지 않았다. 우리는 이 실패가 그의 자신감이나 천재성에 큰 부담을 주지 않은 것을 다행으로 생각한다. 엘링턴에게는 한 시간짜리 걸작이 필요하지 않았고, 그는 3, 4분짜리 특별한 작품을 내놓을 완벽한 능력, 혹은 독특한 자격을 갖추고 있었다. 그러나 우리는 이러한 선구자들이 처음에는 단순한 엔터테이너를 넘어서려는 시도에 비난을 받았다가 수십 년이 지난 후 진정한 예술가로 인정받는 음악적 합법화의 이상한 과정에 대해 의문을 가지지 않을 수 없다. 스콧 조플린, 듀크 엘링턴, 그리고 다른 뛰어난 흑인 작곡가들은 궁극적인 종착점을 보고 그 과정을 가속화하기 위해 노력했지만, 사회는 외부인들에게 지름길을 허용하지 않았다. 그들이 내부자로서 재탄생하는 과정은 수십 년에 걸쳐 이루어지며, 때로는 그들이 죽은 지 한참 후에 이루어지기도 한다.

조지 거슈윈은 훨씬 더 낯선 모순을 제시한다. 그는 재즈와 클래식 양식을 융합한 음악적 선구자로서 명성을 얻었지만, 두 분야 모두에서 배경이 없었다. 1898년 러시아계 유대인 이민자의 아들로 태어난 그는 15세에 학교를 중퇴하여 뉴욕의 상업 노래 출판 산업에 붙여진 이름인 '틴 팬 앨리'에서 직업을 구했고, 당시 맨해튼 웨스트 28번가를 중심으로 활동했다. 거슈윈은 1919년 가수 알 졸슨Al Jolson의 트레이드마크가 될 후기 빈티지 민스트럴 음악 「Swanee(스와니)」를 작곡했고, 계속해서 약 30개의 브로드웨이 쇼를 작곡하고 현재 미국 대중음악의 고전으로 여겨지는 수십 곡을 제작했으며, 작사가 아이라Ira와 자주 협업했다. 틴 팬 앨리 작곡가들은 대부분 백인이었지만, 이 시기 이미 흑인 음악의 마법에 빠져 있었다. 어빙 벌린의 「Alexander's Ragtime Band(알렉산더스 래그타임 밴드)」(1911), 제롬 컨Jerome Kern의 「Ol' Man River(올 맨 리버)」(1927), 호기 카마이클Hoagy Carmichael의 「Star Dust(스타 더스트)」(1927)와 같은 히트곡들은 각각 래그, 영가, 재즈에서 영감을 얻은 것이다. 그러면서도 매력적인 멜로디, 춤출 수 있는 리듬, 기억에 남는 가사를 요구하는 미국 주류 관객들을 겨냥했다. 거슈윈의 기술은 음악 시장에서 타의 추종을 불허했다. 그는 가장 광범위한 일반 대중을 위한 팝송을 만들면서 작곡가로서의 인생을 쉽게 누렸다.

1924년 2월 뉴욕의 아이올리안홀Aeolian Hall에서 열린 콘서트에서 재즈와 클래식을 혼합한 인상적인 작품을 선보이고 싶었던 밴드 리더, 폴 화이트먼Paul Whiteman의 특이한 요구가 이 모든 것을 바꾸었다. 거슈윈은 이 행사를 위해 제작한 작품인 「Rhapsody in Blue(랩소디 인 블루)」의 엄청난 성공으로, 틴 팬 앨리 작곡가에서 미국에서 가장 인기 있는 젊은 클래식 작곡가로 변모했다. 거슈윈은 이 기회를 이용하여 자신의 후속 관현악 작품 「An American in Paris(아메리칸 인 파리)」와 「Concerto in F(콘체르토 인 F)」를 추진하였고, 결국 1937년 죽기 전에 포크 오페라 「Porgy and Bess(포기 앤드 베스)」를 무대에 올렸다. 그러나 이 작품들의 엄청난 성공을 거울삼아 거슈윈의 크로스오버 길을 따랐으나 상업적으로 크게 성공한 작곡가는 거의 없다는 사실을 간과해서는 안 된다. 미국의 교향악단은 조지 거슈윈에게만 예외를 두었을 뿐, 교향악 재즈를 위한 준비가 거의 되어 있지 않았다. 거슈윈의 재즈 클래식 작품의 정식화로 흑인 재즈 뮤지션들이 오케스트라 작곡가로 자리매김할 수 있는 문이 열렸을 것이라고 생각할지 모르지만, 그런 일은 일어나지 않았다. 이는 거슈윈의 작품이 찬사받고 표준 레퍼토리로 봉헌될 자격이 있다고 인정받는 것과는 다른 문제였다. 우리는 현재 「랩소디 인 블루」를 생산한 시대에 부여된 이름인 '재즈 시대'의 더 큰 부조화를 인정해야 한다. 일반 대중의 마음속에 있는 그 시대의 상징적 인물들(스콧 피츠제럴드, 폴 화이트먼, 조지 거슈윈)은 종종 실제 재즈 음악가들 자신이 아니라 재즈 정신이 주류로 진입하는 도관 역할을 했던 사람들이다. 재즈 뮤지션은 여전히 최고위층에서 제외되었다. 많은 사회경제적 대립 양상에 의해 뒷받침된 이 긴장되고 불안정한 상황은, 대중 관객들이 분명히 갈망했던 초기 재즈의 힘과 그 무법자 지위 모두를 증명한다. 무법자 지위는 단순한 이미지 이상이었다. 젊고 방탕한 젊은이들이 불법 행위(금주시대의 음주, 도박, 매춘)가 일어나는 곳에 갔을 때, 그들은 「랩소디 인 블루」가 아닌 진짜 재즈를 원했다.

음악사학자들은 엘링턴과 거슈윈의 경쟁 관계를 더 깊이 조사해야 하지만, 거슈윈은 학계에서 거의 다루지 않는 주제다. 「랩소디 인 블루」 초연 이후, 엘링턴은 한 기자에게 고약한 말을 내뱉으며 거슈윈이 자신의 음악의 핵심 요소를 훔쳤다고 주장하면서("그는 「Liszt[리스트]」에서 「Dickie Wells[디키 웰스]」의 카주 밴드에 이르기까지 모든 음악을 참고했다"), 자신의 야망이 생계를 유지하고 청중을 즐겁게 하라는 요구에 제약받고 있음을 암시했다. 이 논평이 공개된 후, 엘링턴은 이를 부인했는데, 그의 견해를 잘못 전달한 것인지 아니면 단지 대중에 공개할 의도가 없었던 것인지는 의문이다. 엘링턴은 그 후 몇 년 동안 거슈윈 노래를 녹음하고 공연했지만, 그 빈도는 낮았으며, 큰 열정도 없었을 가능성이 높다. 거슈윈이 죽은 후, 엘링턴은 그의 경쟁자에 대해 공손한 논평을 하곤 했지만, 공손함은 언제나 공공장소에서 논의하기 적절하지 않은 문제를 회피하는 그의 방식이었다. 클라리넷 연주자 바니 비가드Barney Bigard는 엘링턴이 공동 작업을 하자는 거슈윈의 제안을 거절했다고 폭로했는데, 이 일화가 말해주듯, 경쟁심은 아마도 한 방향에서만 존재한 듯하다. 어느 모로 보나 거슈윈은 엘링턴을 경외했고, 이 밴드 리더의 예를 통해 배웠다. 그러나 이는 엘링턴이 한 말—거슈윈의 모방에 대한 언급—에서 알 수 있듯, 엘링턴의 짜증을 자극하기만 했을 것이다. 거슈윈이 사망할 당시, 엘링턴은 「Queenie Pie(퀴니 파이)」라는 제목의 준오페라 뮤지컬을 작업하고 있었는데, 이 프로젝트는 거의 40년 전인 1930년대에 처음 구상했고, 그의 마지막 작품으로 제작되고 있었다. 나는 그가 여전히 「Porgy and Bess」를 마음에 걸려 했을 것이라고 생각한다. 엘링턴은 여전히 댄스홀에서 연주하는 동안 아프리카계 미국인 오페라를 공연한 거슈윈에 대한 원한을 품고 있었을 것이다.[5]

언급했듯이, 엘링턴의 공손함과 공공장소에서의 예의는 전설적이었다. 1965년 퓰리처 위원회가 엘링턴에게 상을 주어야 한다는 음악 심사위원들의 권고를 거절했을 때, 엘링턴이 쓴 재치 있는 논평은 이 잘 알려진 가면의 전형이라 할 수 있다. "운명은 나에게 친절하게 대하고 있다. 운명은 내가 너무 젊어서 유명해지는 것을 바라지 않는다." 그러나 다음 세대의 재즈 혁신가들은 더 거칠고 더 예리한 태도를 취했고, 무도회장에서 댄서들을 즐겁게 하거나 주크박스에서 돈을 끌어 모으는 데는 거의 관심을 보이지 않았다. 1940년대의 재즈 운동은 외부인의 지위를 공공연히 받아들였다. 템포가 빨라졌다. 종종 너무 빨라서 편안한 춤을 추기 어려웠다. 멜로디와

리듬에는 새로운 복잡성이 더해졌고, 이후 수십 년 안에 확장될 재즈와 대중음악은 분리되기 시작했다.[6]

이 소리에 애착을 가질 법한 비밥bebop의 초기 리더들은 주류가 아닌 반문화에 수용되었다. 색소폰 연주자 찰리 파커Charlie Parker, 트럼펫 연주자 디지 길레스피Dizzy Gillespie, 피아니스트 텔로니우스 몽크Thelonious Monk와 버드 파월Bud Powell은 그들의 히트 싱글 중 하나가 차트에 오르는 것을 보는 즐거움을 결코 누리지 못할 것이다. 그 대신 음악이 주류를 이루던 시기에 그들은 재즈의 무법자 지위를 재확인했다. 그리고 크로스오버 수용에서 벗어나려는 그들의 의지는 장르의 실험과 혁신의 속도를 가속화하는 역할을 했다. 따라서 제2차 세계대전이 끝난 후 20년 동안 엄청난 재즈 창작과 이 장르의 주요 예술가들이 대중문화에서 빠져나가는 일이 동시에 이뤄졌다. 재즈는 관객이 줄어들었음에도 불구하고, 아마도 그 이유 때문에 더 예술 형식으로 번창했다. 오늘날에도 진지한 팬들이 가장 소중히 여기는 재즈 클래식 리스트는 비밥 가수뿐만 아니라 마일스 데이비스, 존 콜트레인, 찰스 밍거스Charles Mingus 등 그들이 멘토링한 다음 세대인 1940년대 후반에서 1960년대 후반까지 전성기를 누린 아티스트들이 차지하고 있다.

이것은 음악계의 지배 기관들의 묵인이 필요 없는 합법화의 다른 길이었다. 결국에는 그 기관들이 따라올 것이고, 재즈는 심지어 "미국의 클래식 음악"으로 재명명될 것이다. 하지만 거의 사후 효과에 가까웠다. 마일스 데이비스는 자신이 예술에 얼마나 진지한지 증명하기 위해 명예 학위가 필요하지 않았다. 존 콜트레인, 오넷 콜먼Ornette Coleman이나 20세기 후반 동안 그들의 역량이 정상에 오른 재즈 아이콘들도 마찬가지였다. 예를 들어 데이비스가 그의 중요한 「Bitches Brew(비치스 브루)」(1970)에 록을 사용한 것처럼 대중문화의 요소들을 포용할 때에도, 어떤 가시적인 다른 것이 음악에 스며들었다. 「Bitches Brew」는 50만 장이 팔리며 데이비스에게 성공을 안겨주었지만, 누구도 그를 연예인으로 오해하지는 않았다. 무대 위에서의 보이는 그의 가장 유명한 세 가지 특징은 관객들에게 등을 돌린 채 연주하고, 공연 중간에 무대에서 내려오고, 진지한 태도를 유지하는 것이었다. 그는 얼굴에 웃는 기색마저 띠지 않았다. 당연한 이야기지만, 아무도 감히 그에게 줄리아드 성적표를 보자고 하지 않았다.

내가 20세기의 음악적 혁신이 제도적 지원을 받는 백인 엘리트들로부터 온 적이 없다는 생각을 전달하고 있는 것 같다. 여기에 오해의 소지가 있을 것이다. 사실, 모든 반항적인 음악은 서양 공연장 음악의 전통을 배운 교향악단과 작곡가들에 의해 제작되었다. 그리고 어떤 경우에는, 이러한 고상함이 대중문화를 촉진하는 것과 같은 종류의 원시 에너지를 전달했다. 예를 들어, 1913년 스트라빈스키의 「봄의 제전Le sacre du printemps」(이고르 스트라빈스키의 발레 음악—옮긴이)이 시작되었을 때나 1923년 조지 앤타일의 스웨덴 발레단 공연에서는 관객들이 통제 불능이 되었다고 한다. (후자의 소동은 마르셀 레르비에Marcel L'Herbier에 의해 영화로 만들어지기도 했는데, 마르셀 레르비에는 실제로 폭동을 부추겨 영화 '린뉴맨L'Inhumaine'에 적절한 장면을 만들었을지도 모른다.) 음악 장르와 사회적 계층화에 대한 우리의 스키마는 「펑키 버트」와 「봄의 제전」과 같은 작품들을 이론상 서로 아무 상관이 없는 분리된 영역, 교양이 낮은 영역과 높은 영역으로 분리할 테지만, 실제로는 20세기 문화에서 전복과 전이에 대한 열정은 경계 없이 모든 전통적인 계급 노선을 가로지르게 될 것이다. 이후 장에서 우리는 록 공연과 의식 폭력 행위 사이의 두드러진 연관성을 살펴볼 텐데, 20세기초 클래식 음악 세계 속에서 이미 알타몬트와 윈터랜드Winterland에서열린 섹스 피스톨스의 마지막 콘서트에 대한 기대를 엿볼 수 있다. 작곡가들은 점점 더 도발자로 여겨지며, 그들의 음악은 이제 혼란스럽고 동요될 것으로 예상된다.

여전히 다른 방법으로, 20세기의 클래식 음악 혁신자들은 래그타임, 재즈, 블루스의 원조들과 놀랄 만큼 닮았다는 것을 보여준다. 우리는 이미 새로운 형태의 음악적 표현을 창조하는 데 있어서 디아스포라의 중요성을 강조했다. 흑인 디아스포라, 특히 아프리카노예 후손들이 현대 대중음악에 끼친 미세한 영향에 초점을 맞추었는데, 클래식 음악에서는 정치 망명자들과 이민자들이 세기의 가장진보적인 운동을 주도했다. 빈 출신인 아널드 쇤베르크는 나치즘이부상한 후 캘리포니아에 정착해야 했다. 러시아 태생의 이고르 스트라빈스키는 생애 대부분을 스위스, 프랑스, 미국에서 보냈으며, 다른 어떤 도시보다 오랫동안 로스앤젤레스에 거주했다. 폴 힌데미스도 쿠르트 바일Kurt Weill, 세르게이 라흐마니노프Sergei Rachmaninoff, 벨라 바르토크, 에리히 볼프강 콘골드Erich Wolfgang Korngold, 에르네스트 블로흐Ernest Bloch 등 많은 사람이 그랬던 것처럼 미국으로 이주했다. 상황은 각각의 경우에 따라 다르며, 때로는 국내 정치 탄압보다는 새로운 장소의 더 나은 기회가 이주의 동기가 되기도 했다. 그러나 외부인들이 항상 클래식 음악에서 두드러진 역할을 해왔다는 점을 상기하면서, 이주를 더 큰 맥락에서 고려해야 한다. 즉, 영국에서 헨델과 하이든의 인기, 파리에서 쇼팽과 리스트의 성공, 그리고 다른 많은 순회공연이나 예술가의 이전 사례들을 고려할 필요가 있다. 아마도 언젠가는 한 학자가 서양 콘서트홀 전통의 걸작에 대한 통계를 분석해 작품들이 작곡가의 출신지 밖에서 작곡되거나 데뷔한 비율을 따져볼 것인데, 아마도 확실히 고전 레퍼토리에서 상당 부분을 차지할 것이다. 20세기에, 낯선 땅에 사는 이 낯선 사람들은 특별한 영향력을 얻었고, 우리가 학교의 음악학부와 콘서트홀이나 재즈 나이트클럽, 블루스 음악 술집 등 어느 곳을 생각하든, 아웃사이더의 신비스러움은 똑같이 크다는 점을 상기시켜준다.

그러나 또 다른 관점에서 보면, 모더니즘 음악은 이러한 대중적인 형식, 즉 존경받는 길목에서 뚜렷하게 벗어났다. 음악에서 성공한 모든 외부인은 결국 존경받는 내부자의 명성을 얻는데, 20세기 클래식 음악 혁신가들의 경우, 이러한 현상은 이제 관련된 작곡 기법에 대한 실제적인 주류화 없이도 일어났다. 아널드 쇤베르크와 그의 추종자들의 12음 기법, 또는 다양한 작곡가들의 마이크로톤 실험, 심지어 존 케이지John Cage의 급진적인 침묵에서도 우리는 매우 특이한 것을 접하게 된다. 변화는 종종 학술과 보조금을 주는 기관의 개입으로 더 넓은 문화로 건너가지 않고 갈채와 합법화를 얻는다. 반면 흑인 음악 혁신은 매우 다른 방식으로 존경받는다. 즉, 음반을 팔고, 팬들을 끌어들이고, 다양한 상업적 관심사에 의해 모방

되면서(그리고 종종 빼앗기게) 말이다. 두 경우 모두, 진보적인 혁신가는 결국 존경받는 문화적 영웅으로 받아들여지고, 각각의 전복적인 운동과 그 지도자는 존경과 상징적인 지위를 확보하는데, 이 과정에서 그들이 가는 길은 몹시 다르다.

20세기 후반 음악에서 퓰리처상을 수상한 사람들은 전통적 모델의 예가 된다. 많은 수상작 가운데 히트 앨범을 찾아보는데, 우연히라도 찾을 수 없을 것이다. 어느 이전 세대보다 이 작곡가들은 동화 작용을 거부했다. 새로운 현상이었다. 모차르트와 하이든은 군중을 즐겁게 해주는 사람들이었다. 베토벤, 쇼팽, 차이코프스키 등 낭만주의의 맹렬한 정신조차도 결국 그들의 음악적 표현 형식을 대중문화에 점령당했고, 때로는 그들의 멜로디가 무자비하게 날조되어 라디오 히트곡으로 재포장되기도 했다. 그러나 아널드 쉰베르크, 알반 베르크Alban Berg, 안톤 베버른Anton Webern, 그리고 제2차 세계대전 이후 여러 해 동안 대부분의 다른 학문적 작곡가들에게는 그런 일은 결코 일어나지 않을 것이다. 어쩌면 이것이 전복의 정도를 나타내는 것인지도 모른다. 결코 동화될 수 없는 혁신보다 더 급진적인 것이 어디 있겠는가? 아니면 엘리트 서양 음악에서 일종의 '역사의 종말'의 순간인지도 모른다.

역사의 끝에 무슨 일이 일어날까? 프리드리히 니체가 영원 회귀 이론으로 우리에게 훈계했듯이, 우리는 다시 원점으로 돌아갈 수밖에 없다. 이전, 재발, 부활, 이 세 가지 힘은 격동의 20세기 동안 고전음악의 파괴적 흐름과 씨름하면서 매번 우리에게 맞서는 것 같다. 올리비에 메시앙Olivier Messiaen이 포로로 잡혀 있던 나치 수용소에서 처음 공연한 중요 작품 「시간의 종말을 위한 사중주Quatuor pour la fin du temps」는 이에 꼭 들어맞는다. 이 작품은 새소리에서 영감을 받았는데, 다윈에 따르면 새소리는 모든 음악의 출발점이다. 끝에서 시작으로의 이러한 전환은 특히 20세기 후반에 이 시대의 가장 도발적인 많은 음악 프로젝트를 이끌어낸다. (고전음악뿐만이 아니다. 랩은 단음 성가의 순수한 표현력의 부활일까? EDM이 주도하는 레이브rave는 선사시대의 무아지경으로 돌아가는 것인가?) 그리고 그러한 경우, 영원 회귀는 종종 팝 못지않게 콘서트 음악의 DNA에 내재되어 있는 아프리카(인류 이주의 궁극적 근원이자 음악의 궁극적 뿌리)에 경의를 표할 것을 요구한다. 여기서 다시, 흑백의 음악 이야기는 이 두 영역을 분리하고 비문명적인 것으로 유지하기 위한 특별한 조치로 특징지어지는 사회문화적 맥락에서도 수렴된다.

우리가 모더니즘 의제의 초기 걸작에 관심을 돌렸을 때, 이 아프리카적 요소와 부활과 회귀의 상징 모두 우리의 관심을 요구한다. 1920년대 초 다리우스 미요는 「La creation du monde(라 크레아앙 뒤 몽데)」(1923)를 만들었다. 제목(말 그대로 "세계의 창조")은 아프리카 민속에 기반한 최초의 전제로의 회귀를 의미했다. 이 놀라운 작품은 거슈윈의 아이올리안홀 콘서트를 2년 앞두고 「랩소디 인 블루」를 예고했다. 이보다 훨씬 더 전에, 스트라빈스키는 「봄의 제전」(1913)에서 고대 제사와 다산의 의식을 환기하는 데 모더니즘적인 음향 구조를 구축했다. 조지 앤타일은 재즈에 대한 유럽의 관심이 원시주의와 고귀한 야만인에 대한 이상한 관념으로 스며들었던 시기에 「야만적인 소나타Sonata Sauvage」(1922)와 「재즈 교향곡A Jazz Symphony」

(1925)을 연주했다. 이러한 개념은 지난 세월과 잘 어울리지 못했으며, 사실 이 작품들의 아프리카와 세계 음악 요소들은 종종 유럽의 실험주의 흐름에 압도되었다. 계층화된 음악계는 두 문화가 동등한 기반을 둘 수 있는 실제 교류와는 거리가 있었다. 그러나 이념적 관점에서 볼 때, 이 초기 단계에서 우리의 검증을 위한 의제는 이미 제시되어 있다. 우리는 최근 수십 년 동안 지식인이든 아니든 모든 음악의 선두에 오른 범세계적 접근법의 첫 번째 동요를 분명히 목격하고 있다. 어쩌면 우리는 역사의 종말, 아니 적어도 전통적인 조성 tonality에 도달해야 이런 전통을 자신의 방식으로 받아들일 수 있을 것이다.

아프리카의 영향을 받은 음악 구조가 서양 고전 음악에서의 유럽의 영향과 거의 동등한 조건으로 섞이면서 마침내 활기찬 대화가 이루어지기 시작했을 때, 전환점은 새로운 이름과 반란의 새로운 의제를 요구했다. 1960년대와 1970년대 스티브 라이히Steve Reich, 필립 글래스Philip Glass, 테리 라일리Terry Riley, 라 몬테 영La Monte Young의 위세가 미니멀리즘을 가장해 현장에 도착했다. 이 새로운 반란군은 중요한 비서구 전통을 이끌어냈을 뿐만 아니라, 전향적인 고전음악과 대중문화 사이의 역동적인 접점을 만들어냈다. 리스너들은 이러한 미니멀리스트 작곡가들의 영향과 뉴웨이브 록, 펑크, 재즈, 디스코의 트렌디한 흐름을 추적하기 위해 음악 감상 수업을 들을 필요가 없었다. 끈질긴 리듬과 즉석 연주, 지금은 콘서트홀만큼이나 댄스홀에 어울리는 음악으로, 새로운 흐름은 분명하게 보였다. 1970년대 초 필립 글래스는 클래식 작곡가로, 브라이언 이노Brian Eno는 록 음악가로 분류되었을지 모르지만, 그 불일치는 그러한 분류가 얼마나 오해를 불러일으킬 수 있는지를 간단히 지적해 주었다. 그들은 둘 다 시대정신에 참여했다. 테리 라일리의 앨범은 레코드 가게의 클래식 음악 코너에 진열되어 있었지만, 실제로는 남아시아의 영향에서부터 DJ 스타일의 테이프 루프에 이르기까지 모든 것을 담고 있었다. 한 장르로 분류할 수 없는 음악이었다. 더 중요한 것은, 미니멀리즘은 리듬과 무아지경의 포퓰리즘적 찬양으로 두각을 나타내며, 서구 고전 작곡의 모든 활동을 앞지르는 음악적 가치로의 중요한 복귀를 상징했다. 그리고 다시 우리는 주크박스에서처럼 콘서트홀에서도 디아스포라와 흑인 최하층 계급으로 돌아가는 길을 찾는다. 테리 라일리가 불량한 재즈 피아니스트로 생계를 꾸릴 수도 있었고, 필립 글래스 앙상블이 듀크 엘링턴의 밴드를 의도적으로 모방하거나, 라 몬테 영이 로스앤젤레스 재즈 뮤지션들과 연주하면서 음악 활동을 시작했거나, 스티브 라이히가 존 콜트레인의 『아프리카/브래스Africa/Brass』 앨범을 중요한 영향으로 들었다는 것도 우연이 아니다. 이 음악이 신선하고 새로운 소리를 약속하고 종종 전달했음에도 불구하고, 오래된 변증법은 그 자체를 다시 강조했다. 외부인(많은 경우처럼 아프리카인이나 아프리카계 미국인)의 사운드스케이프가 교향곡 홀과 오페라 하우스의 허가되고 합법화된 음악으로 바뀔 수 있는 토대를 마련한다는 사실 말이다.

사실 20세기 후반에 음악을 급진적으로 재편하는 데 적어도 어느 정도는, 아프리카나 아프리카계 미국인의 창조성, 심지어는 언뜻 국가적, 인종적 표지에 면역이 된 것처럼 보이는 실험적인 전자 음악까지도 요구됐다. 이러한 새로운 첨단 음향은 연구소와 학문적 환경에서 비롯되었을지 모르지만, 핵심적인 혁신은 펑크, 재즈, 소울 아티스트와 미래 지향적인 DJ에서 비롯되었다. 미니무그Minimoog 신시사이저가 시장에 나온 지 불과 몇 달 만에 이 흥미진진한 새로운 흑인 음악 영향은 선 라Sun Ra의 『My Brother the Wind(마이 브라더 더 윈드)』(1970), 아이작 헤이즈Isaac Hayes의 『Shaft(샤프트)』 사운드트랙 (1971), 스티비 원더의 『Talking Book(토킹 북)』(1972) 등의 프로젝트에서 들을 수 있었다. 엘리트주의자들이 동화된 분야가 여기에 있었다. 전자음을 고전 작곡에 통합한 선구자, 카를하인츠 슈토크하우젠Karlheinz Stockhausen(1928~2007)의 혁신은 현재의 댄스 음악, 주변 사운드스케이프, 그리고 다양한 이름의 칠아웃chill-out 장르에 반향을 불러일으켰다. 슈토크하우젠의 후계자는 에이펙스 트윈Aphex Twin에서 프랭크 자파Frank Zappa에 이르기까지 다양하며, 상업 음악에 대한 그의 영향력에 대한 완전한 평가는 비틀스, 비요크Bjork, 데이비드 보위, 마일스 데이비스, 핑크 플로이드Pink Floyd, 다프트 펑크Daft Punk와 같은 이질적인 인물들을 모두 포함할 것이다. 슈토크하우젠은 1990년대 인터뷰에서 이러한 예술가들에 미친 그의 영향력을 상기시켰을 때, 신봉자들이 "후기 아프리카 스타일을 반복하는 것"에 대해 불평했고, "댄스 바 또는 어디에 있든지 특별한 효과"를 추구하는 음악가들을 비판했다. 그러나 너무 늦었다. 클래식 음악계는 이 문제에서 우회적으로 다루어져 왔다. 비록 몇몇 전자 음악 혁신가들이 크로스오버 성공을 무시하더라도, 다른 사람들은 그들의 트레이드마크 사운드를 대중에게 선보일 것이다.[7]

이러한 음악 선동가들에 대한 존경심으로, 나는 재즈 뮤지션들이 슈토크하우젠이 아기였던 시절부터 전자 악기, 특히 비브라폰과 전기 기타를 실험해 왔다는 것을 지적하고 싶다. 오늘날 이러한 악기들은 주류 음악의 일상적 재료로 여겨지지만, 1930년 라이오넬 햄프턴Lionel Hampton이 비브라폰 연주를 시작하거나 찰리 크리스찬Charlie Christian이 1939년 베니 굿맨 세텟Benny Goodman Sextet과 함께 일렉트릭 기타로 녹음했을 때 그것들은 신기함 그 이상이었다. 이 경우 흑인 재즈 뮤지션은 백인 기술자들의 혁신을 합법화하는 역할을 했는데, 이는 전통적인 역할의 기이한 역전이었지만 곧 새로운 음악 장비의 표준 운영 절차가 되었다.

만화 사운드트랙으로 가장 잘 알려진 기발한 작곡가이자 재즈 밴드 리더, 레이먼드 스콧Raymond Scott은 1946년 새로운 전자 음악 시스템을 만들기 위해 기술 회사를 설립했다. 이 시기부터 그의 작품은 제2차 세계대전 이후 프랑스에서 비슷한 미학을 포용했던 뮤직 콩크레트musique concrete 운동의 핵심 요소들을 예상하고 있다. 그러나 스콧은 말년에 잊혔고, 오늘날에야 정당한 평가를 받기 시작했을 뿐이다. 이 혁신가는 편집증에 가까운, 비밀에 대한 강박관념을 가지고 일했다. 약간 다른 상황에서, 합성기와 알고리즘 작곡 도구인 그의 일렉트로늄Electronium은 무그Moog를 대체하고 대중음악의 과정을 형성했을지도 모른다. 하지만 스콧이 세상을 떠난 지 한참이 지난 지금도 그 기술의 구체적인 내용은 여전히 아주 비밀스럽다. 이렇게 스스로 만든 장애물에도 불구하고, (일렉트로늄을 구입하고 심지어 기술자로 스콧을 고용하기까지 한) 모타운 레코드 레이블에서 머펫Muppets

에 이르는 이질적인 대중문화 기관과의 협력은, 그의 혁신이 학계와 연구 시설 밖으로 나아가 주류로 진입할 수 있는 잠재력을 가지고 있었음을 분명히 한다.

재즈 록 퓨전 운동의 플러그인 악기부터 오늘날 가장 최신의 디지털 음악 도구에 이르기까지, 음악 기술의 모든 후속 혁신과 함께 이와 같은 보급 경로가 반복되어 왔다. 재즈에서 힙합에 이르기까지, 그리고 그 사이에 있는 모든 점들에 이르기까지 상업적인 음악가들은 다른 이들의 혁신을 주류화하고 검증하는 세력으로 변모했다. 2011년 실리콘 밸리의 반도체 강자인 인텔Intel이 블랙아이드피스Black Eyed Peas의 멤버 윌아이엠will.i.am을 '창의 혁신 책임자'로 영입했을 때, 많은 사람이 래퍼와 DJ가 기술 주도의 어젠다를 진전시키는데 어떤 역할을 할 수 있을지 궁금해했다. 그러나 햄프턴과 크리스찬의 경우처럼 이런 종류의 공생은 수십 년 동안 계속되어 왔다. 현대 문화의 실제 기술의 역사는 마일스 데이비스, 선 라, 그랜드마스터 플래시Grandmaster Flash처럼 이질적인 인물을 다루어야 할 것이다 (비록 그 누구도 과학기술 분야 학위를 가지고 있지 않지만 말이다). 외부인은 정당화에 대한 다른 경로의 원천이 된다.

언뜻 이런 경향은 수천 년의 음악사를 완전히 뒤집은 것으로 보인다. 그러나 20세기 동안 외부인들이 쿨함coolness, 힙함hipness, 최신 유행street cred이라는 사회적 힘을 얻었음에도 불구하고, 그들은 여전히 다른 사람들에 의해 통제되고 형성되는 더 큰 사회경제적 맥락 안에서 활동한다. 이러한 상황은 현대 음악에 독특한 긴장감을 조성하는데, 우리는 이 책의 마지막 장에서 그것을 살펴볼 것이다. 결과적으로, 기관과 통제자들은 어떤 특정한 상황에서 무엇을 포함하고 배제할지를 놓고 점점 더 갈등을 겪고 있다.

20세기 음악에서 백인들은 적어도 외부 혁신에서 주류 대중문화 수용으로의 이행移行을 통해 자급자족하는 개척자는 아니었다. 조지 거슈윈이나 베니 굿맨과 같은 선구적 인물들도 흑인 사회로부터 영감을 얻었음을 분명하게 그리고 있다. 그런데 현대 음악사에 하나의 큰 예외가 있다. 거의 한 세기 동안 미국에서 가장 인기 있는 장르 중 하나로 꾸준히 순위를 매겨왔고 오래전에 그 매력으로 세계적 인기를 누렸던 컨트리 음악이다. 나는 아직도 젊은 시절의 충격을 기억한다. 나는 거칠고 험한 동네를 떠나 영국의 옥스퍼드 대학에서 공부할 수 있게 되었고, 전혀 다른 세계와 문화에 불안하게 적응했다. 하지만 한 가지는 놀랍게도 똑같았는데, 옥스퍼드에서도 컨트리 음악을 반복해서 들었다는 것이다. 컨트리 음악은 이 엘리트 환경에서 어울리지 않는 인기를 누리고 있었다. 이는 예상 밖의 성공 사례였는데, 특히 이 장르를 정의했던 시골 카우보이 생활양식이 미국 내에서조차 거의 사라져 일종의 시대착오적인 것이 되어버렸다고 생각하면 더욱 그랬다. 그 시점에 나는 재즈 음악에 빠져들었고, 학비를 보충하기 위해 피아노를 연주했다. 나는 이 경쟁 수출품이 내가 선호하는 보다 급진적이고 파괴적인 음악보다 진정성이 없다고 생각한 것을 후회한다. 요즘 나는 음악 장르가 어떻게 차별화되는지 잘 모르겠다.

다른 관점에서 보면, 컨트리 음악은 우리가 흑인 음악의 진화 과정에서 목격한 것과 크게 다르지 않다. 사실 남부의 토착 흑인과 백인 음악 스타일은 그들의 대중적 이미지가 시사하는 것만큼 멀리 떨어져 있지 않았다. 블루그래스 밴조banjo 음악은 궁극의 힐빌리 hillbilly 음악(컨트리 음악의 원형—옮긴이)으로 낙인찍힐 수도 있다(할리우드는 확실히 그렇게 생각한다. 『Deliverance[딜리버런스]』나 『The Beverly Hillbillies[비버리 힐빌리스]』 사운드트랙을 확인해보라). 그러나 그 동기화는 종종 래그타임에 발견되는 음악과 동일하다. 컨트리 가수들은 블루스 가수들처럼 음을 밴딩하고, 심지어 표준 12바 형식 내에서 편안하게 연주한다. 1930년 시골 출신 스타 지미 로저스Jimmie Rodgers가 루이 암스트롱과 함께 주류 사회의 흑백분리를 무시한 채 중요한 트랙을 녹음했을 때, 어떤 장르적 충돌도 귀에 감지되지 않았다. 그러나 더 중요한 것은, 음악 혁신이 필연적으로 외부인과 소외된 공동체로부터 온다는 나의 주장을 증명하기 위해 논쟁이 필요하다면, 이 남부 특유의 장르가 결정적인 역할을 한다는 것이다. 백인 문화조차도 가장 빈곤한 지역사회에 눈을 돌리고 시민들을 경멸하는 등 상징적인 소리를 찾아야 했던 이 특이한 상황을 달리 어떻게 설명할 수 있을까? 뉴욕과 로스앤젤레스와 시카고는 부족했다. 소위 힐빌리, 카우보이, 밀주업자들이 하버드와 예일대 졸업생들보다 우선이었다. 다시 한 번 높이 올라가려면 먼저 낮은 곳으로 가는 것이 순서였다.

컨트리 음악과 블루스는 기원에서 아주 많은 유사점을 공유하는데, 단순한 우연일 수 없다. 그들은 거의 같은 역사적 순간에, 대부분 같은 빈곤한 지역에서 나타났다. 많은 경우, 바로 그 음반 제작자들이 그들의 역사를 만든 초기 음반에 책임이 있었다. 예를 들어, 블루스 시장을 확립한 히트곡 메이미 스미스의 『Crazy Blues(크레이지 블루스)』의 녹음을 감독한 랠프 피어Ralph Peer는 종종 "컨트리 음악의 탄생지"로 칭송되는 브리스톨 세션에서 지미 로저스와 카터 패밀리Carter Family를 녹음한 것으로 경력을 시작했다. 두 장르 모두, 음반사들은 그들의 가장 큰 스타를 찾기 위해 남부로 가야 했고, 이는 예술가 지망생들은 다른 길이 아니라 그들에게로 와야 한다고 생각하는 대도시 음악계의 거물들에게 굴욕적인 경험이었다.

그리고 초기 컨트리 음악과 초기 블루스에서 가장 상징적인 인물인 지미 로저스와 로버트 존슨 모두를 미시시피 잭슨에 있는 정확히 같은 소매상점에서 같은 인물인 H. C. 스피어H. C. Speir 앞에서 오디션을 보게 한 더 이상한 상황의 결합을 생각해 보라. 스피어는 당시 음악계에서 가장 재능 없는 스카우터였고, 패리시 스트리트Farish Street의 가게 뒷방에서 알려지지 않은 지망생을 시험해, 때때로 유망한 가수들을 음반 업계의 먹이사슬에서 상위에 있는 사람들에게 의뢰하기도 했다. 당시 스피어는 로저스에게는 미시시피의 메리디언Meridian으로 돌아가서 작곡을 하라고 말했고 존슨을 선택해 그가 블루스 전설의 경력을 시작하는 것을 도왔다. 그런데 이 두 장르를 정의하는 스타들이 대공황 기간 미국에서 가장 가난한 주에 있는 같은 흑인 동네의 초라한 곳에서부터 세계를 뒤흔드는 궤도에 오르게 될 확률은 얼마나 될까?

우연의 일치일 리는 없지만, 그 유사성에서 우리는 음악 혁신의 골치 아픈 성격에 대한 일종의 통계적 증거를 발견한다. 현대의 훌륭한 기술을 기반으로 한 강력하고 세계적인 음악 산업이 부상한 후에도, 구시대의 역동성은 그대로 자리 잡고 있었다. 내부자들은

상업의 수레바퀴는 잘 돌릴 수 있지만, 계속해서 외부인에게 의지
할 수밖에 없었다.

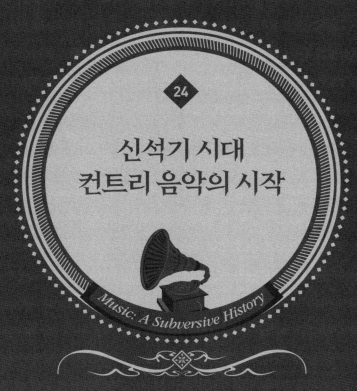

24

신석기 시대
컨트리 음악의 시작

Music: A Subversive History

The Origins of Country Music in the Neolithic Era

　수년 전, 나는 목축 사회 음악에 대한 연구에서 당혹스러운 패턴을 발견했다. 서로 접촉하지 않았음에도 놀랄 만큼 비슷한 음악적 관행과 가치를 갖고 있었는데, 노래 스타일, 악기 선택, 일상생활에서 음악의 역할에 대한 태도에서 이를 발견할 수 있었다. 나는 방금 사냥 경제와 그들의 노래에 대한 포괄적인 조사를 끝냈는데, 그 대비가 더 뚜렷하다. 세계의 모든 지역에서 목축 공동체는 사냥 조상의 음악적 관행을 포기하고, 표현을 위한 완전히 다른 기법과 플랫폼을 선택했다. 이는 단지 우연이었을까, 아니면 신석기 시대에 사냥에서 목축으로의 전환이 오늘날에도 여전히 우리의 노래에 영향을 미치는 방식으로 음악적 관행을 근본적으로 변화시켰을까?

　해답을 찾다가 현재의 목축 공동체에서 현장 연구를 수행했던 대표적인 민족음악학자에게 연락했다. 그는 이런 유사점과 융합을 어떻게 설명할까? 그는 이 목축 마을 중 한 곳에서 상당한 시간을 보냈고, 내게 부족한 지식을 가지고 있었다. 그는 이 사회에서 생계와 음악의 연결고리는 무엇이라고 보았을까?

그는 내 질문에 대답하기보다는 약간의 불편함을 드러냈다. 그는 음악 문화는 독특하고 상식적이지 않다면서 내가 추구하는 종류의 일반화는 이 사실을 존중하지 않는 거라고 지적했다. 다른 맥락과 공동체에서 전 세계의 다른 개인을 보면서 한 사람의 노래를 설명하는 것은 위험한 방법론이며 피해야 한다고 했다.

이 만남의 아이러니는 나중에야 내게 분명해졌는데, 그때 나는 목축 사회의 음악에서의 유사성이 사람들과는 아무 상관이 없다고 결론지었다. 그것은 대부분 동물들에 의해 결정되었다. 전 세계의 목축업자들은 가축을 달래는 노래를 능숙하게 연주했고, 같은 이유로 동물들을 동요시키는 음악을 피했다. 오늘날에도 우리는 목가적인 음악이라는 용어를 사용한다. 즉, 어원은 말 그대로 목축을 위한 음악으로, 목초지, 자연이나 시골 환경을 환기시키는 사운드스케이프의 이미지를 불러일으키는 온화하고 편안한 소리를 가리킨다. 이 분야의 음악가들은 드럼을 좋아하지 않는다. 그 대신에 현악기와 팬파이프와 플루트 같은 구슬픈 관악기를 사용한다. 그 음악은 공격성을 거의 전달하지 않으며, 더 자주 감정을 진정하고 억누른다. 이 공연자들은 그 전통을 후세, 심지어 목축업을 버린 사람들에게까지 물려주었다. 양치기들의 유산이 없다면 베토벤의 목가 교향곡도, 어쩌면 컨트리 음악도 없을 것이다.

일단 이것을 파악하면 너무나 당연한 것처럼 보인다. 그리고 달리 설명할 수 없는 많은 선택과 전통이 갑자기 명확해진다. 그러나 목축 지역사회의 음악에 몰두하는 전문가들조차 너무 경직되어 목초지 너머를 보는 것을 거부한다면 이를 이해하지 못할 수 있다.

사냥 사회는 음악적 욕구가 매우 달랐다. 반항적인 역사학자 조지프 조르다니아가 옳다면(2장 참조) 우리의 사냥 조상들은 주로 약탈자였고 다른 포식자들을 겁주기 위해 시끄럽고 떠들썩한 음악에 의존했다. 그들의 음악은 더 적극적이고, 더 공격적이며, 드럼과 다른 선언적 악기에 의존했을 가능성이 더 크다. 우리는 이러한 관행도 물려받았다. 컨트리 가수들이 목동이고, 록스타들이 사냥꾼이라고 말하는 것은 아마도 지나친 단순화일 테지만, 그러나 여기에 인정받을 만한 중요한 진실은 있다. 우리는 수천 년에 걸쳐 극명하게 대조되는 두 개의 음악 문화를 키워왔다. 하나는 화해와 농촌 세계의 정착된 삶을 축하하는 반면, 다른 하나는 사납고 열정적인 인간 포식자의 승리를 즐긴다. (이런 맥락에서, 음악의 기원에 대한 두 가지 지배적 이론이 각각 그것을 사랑 그리고 폭력과 연결시킨다는 것을 상기하라. 그리고 이러한 가설이 양립할 수 없는 것이 아니라 서로의 거울 이미지라는 우리의 결론은 미학과 신체적 화학 작용 면에서 모두 설명할 수 있다.)

목축의 오랜 역사에서 살아남은 문서들은 음악이 감정적 질감을 형성할 뿐만 아니라 경제적 생존력을 뒷받침하면서 그러한 삶의 방식에 기여했음을 보여준다. 여러 시대와 장소에서 이 노래들은 위로가 되는 멜로디로 돋보였다. 5세기 로마 작가 마크로비우스Macrobius는 "셰퍼드의 파이프는 목초지의 양떼들에게 휴식을 가져다 준다"고 발표했다. 역사학자 에마뉘엘 르 루아 라뒤리Emmanuel Le Roy Ladurie는 500여 년 후의 중세 목축 행위에 대한 그의 연구에서 "피리는 모든 목자에게 필요한 장비였고, 망한 사람에게는 더 이상 피리도 없었다고 한다"라고 언급했다. 이 성악 전통이 음악 산업 장르로 바뀌기 훨씬 전에 미국 서부의 소 목축업자와 카우보이들은 가축을 통제하기 위해 달래는 노래에 의존하는 법을 배웠다.[1]

20세기 컨트리 음악은 수십억 달러 규모의 사업으로 성장했지만, 북소리에 대한 목축업자의 반감은 여전했다. 수년 동안 내슈빌의 라디오 공개 방송 프로그램인 그랜드 올 오프리Grand Ole Opry 공연에서 드럼 사용은 공식적으로 금지됐다. 전기 기타와 록에 영향을 받은 행위가 이 존경할 만한 무대에 올라간 후에도 음악가들은 여전히 단순한 스네어 드럼을 사용하기 위해 싸워야 했고, 관객들의 섬세한 감성을 보호하기 위해 드럼 키트는 커튼 뒤에서 연주됐다. 심지어 슈퍼스타들도 내슈빌 고객들을 기쁘게 하기 위해 자신들의 계획을 바꿀 수밖에 없었다. 1955년 칼 퍼킨스Carl Perkins가 「Blue Suede Shoes(블루 스웨이드 슈즈)」로 큰 인기를 끌었을 때, 그랜드 올 오프리는 이 활기찬 로큰롤 곡에는 거리낌이 없었지만, 드러머는 집에 머물러야 했다. 컨트리 음악은 결국 드럼과 평화를 이루었지만, 자세히 들어보면 오늘날까지도 많은 내슈빌 곡에서 드러머가 배경에 머무는 동안 비트를 움직이는 건 리듬 기타다. 소들이 집에 돌아온 지 오래지만, 우리는 여전히 촌스러운 우리의 음악을 그들의 취향에 맞추고 있다.

컨트리 음악의 가사조차도 신석기 시대에 뿌리를 두고 있는 것 같다. 컨트리 음악은 여전히 수렵 채집 사회의 유목민적 의무와는 대조적으로 경작과 목축으로 인간 사회에 진입한 정착된 삶의 윤리를 고수하고 있다. 가축을 사육하면서 농작물을 키우고 싶다면 멀리 떠돌아다닐 수 없다. 그래서 컨트리송은 비록 형편없더라도 9시에서 5시까지 근무를 계속하고, 더 나빠도 아무짝에도 쓸모가 없는 당신의 남자 곁을 지키는 정적인 삶을 축하한다. 블루스 노래는 기차를 타고 지옥 같은 곳을 떠나는 사람들을 노래하지만, 컨트리 음악은 아니다. 참고 견디고, 찌그러진 픽업트럭에 돈을 내고, 지난주, 지난달, 작년에 갔던 바로 그 슬픈 술집으로 돌아간다.

그것은 거시적인 차원에서도 사실이다. 컨트리는 도시로의 이주를 거부하는 사람들의 선호 음악 장르로서 먼저 상업적 성공을 거뒀다. 수천만 명의 미국인들이 20세기 동안 농촌 생활을 뒤로하고 새로운 기회를 찾고 그들의 기원에 대한 전통 가치를 떨쳐버릴 준비를 했다. 그들은 결국 시카고, 뉴욕, 로스앤젤레스, 디트로이트, 그리고 다른 번잡한 도시 중심지로 가게 되었다. 그들은 결코 컨트리 음악의 핵심 청중이 아니었다. 결국 사람들이 흩어지며 컨트리 음악이 구체화되었다. 그렇다고 해서 유서 깊은 가치관을 고수하며 많은 회의감을 가지고 도시 트렌드를 바라보는 장르의 기질이 바뀐 것은 아니다. 카터 패밀리가 마을에서 컨트리 음악 순회공연을 열 때, 그들의 공연을 알리는 포스터는 "도덕적으로 올바른 공연입니다"라고 선언했는데, 이는 어떤 유명한 블루스 밴드도 결코 한 적 없는 약속이었다. 베시 스미스나 빌리 홀리데이의 관능적인 소울을 완전히 몰아낸 사라 카터의 냉정한 노래 스타일은, 그 메시지를 강화했다. 10센트짜리 입장권을 사고, 욕정은 버려라. 후대의 컨트리 스타들이 사생활, 혹은 공공의 인격에서 항상 이 기준에 부응한 건 아니지만, 이 음악 장르와 정착된 전통적 삶의 방식 사이의 연관성은 완전히 분리되지 않았다.

오늘날의 컨트리 음악을 먼 과거의 시골 민속음악으로 추적하면 직접적인 역사적 혈통을 정리할 수 있다. 영국의 민속음악 수집가 세실 샤프가 미국 애팔래치아 지역에 간 데는 그럴 만한 이유가 있었다. 그는 1916년 노스캐롤라이나에서 보낸 편지에서 "사람들은 매우 흥미롭다. 단지 외모, 태도, 말솜씨에서 영국 농민일 뿐이다"라고 설명했다. "그들의 노래는 신기하다. 나는 여기 온 지 17일밖에 안 되었는데 90~100곡의 노래를 모았다. 많은 곡이 영국에서 오래전에 한물간 것들이다." 음악 산업의 대표들은 10년 후 컨트리 레코딩 스타를 찾기 위해 같은 지역으로 여행을 떠났다. 그리고 그들이 여기서 발견한 노래들은 구세계 목축 음악의 가장 독특한 요소들을 간직하고 있었다.[2]

예를 들어 요들은 동물에 대한 호칭과 목초지를 가로질러 인근 마을까지 이르는 의사소통 도구로서 천 년 이상 목축 공동체에서 사용되었다. 낮은 흉성음과 고음이나 가성음 사이의 변화로 매력적인 소리지만, 진정한 의미에서 노래라고 할 수는 없다. 그러나 요들은 거의 처음부터 컨트리 레코드에 나타나기 시작했다. 우리는 에밋 밀러Emmett Miller, 라일리 퍼켓Riley Puckett, 특히 지미 로저스의 녹음에서 이를 들을 수 있다. 요들은 특히 지미 로저스 컨트리 스타일의 트레이드마크였다. 1920년대 미시시피에서 공연한 음악가 허브 퀸Herb Quinn에 따르면 "기타를 들 수 있는 모든 사람"은 곧 지미 로저스처럼 요들을 했다. 컨트리 음악은 이제 인기 있는 엔터테인먼트였

고 더 이상 가축 관리의 도구가 아니었지만 목가적 기원은 여전히 라디오 히트곡에서 울려 퍼졌다.[3]

처음부터 컨트리 장르는 단지 오래된 민속음악(포크송)의 부활 그 이상이었다. 랠프 피어가 두 장르의 차이점에 대한 가장 좋은 설명을 제공했는데, 한 베테랑 프로듀서는 그가 새로운 음악 장르로 "미래의 민속음악"을 찾고 있다고 했다. 컨트리 음악 팬들은 과거의 가치를 높이 평가했을지 모르지만, 항상 새로운 노래를 요구했다. 참신함에 대한 열망은, "최고의 히트곡"이 음악 산업 앨범 콘셉트가 되기 훨씬 전에 이러한 사고방식을 가지고 있던 포크 음악가들을 난처하게 했다. 포크 가수들은 (요즘 우리가 묘사하는 것처럼) 새로운 노래를 만드는 것이 아니라 기존 발표곡들로 돈을 벌며 살고 싶어 했다. 그들은 끊임없이 팔 수 있는 신선한 재료가 필요한 음악 사업을 다루는 데 능숙하지 못했다. 피어스는 편지에서 "나는 녹음할 때 작곡 못 하는 아티스트를 쓰지 않는 걸 규칙으로 삼았다"고 했다.[4]

컨트리 가수들이 한 세기 동안 계속 같은 주제에 대해 새로운 곡을 쓸 수 있고, 그들의 청중을 잃지 않을 수 있다는 사실에 놀라거나 심지어 실망할 수도 있다. 그러나 옛 가치에 대한 끊임없는 재검토는 전통 사회의 작동 방식이라는 것을 기억하자. 매주 설교를 들으며 신기원이 열릴 것을 기대하는 사람은 없다. 가정생활의 청사진은 좋은 시절일 뿐이지 미래의 유토피아가 아니다. 그러나 미국의 도시화와 교외화에서 살아남은 컨트리 음악의 능력은 그럼에도 불구하고 당황스러운 현상이다. 컨트리는 최초의 라이프스타일 음악이었고, 랜드 연구소Rand Corporation 전략가들이 라이프스타일 마케팅을 발명하기 전에 완전한 세대를 그렇게 마케팅했다. 사실, 그 브랜드 구축 전략은 라이프스타일이라는 단어가 영어에 들어오기 훨씬 전에 컨트리 음악의 이미지를 형성했다. 하지만 컨트리 음악이 살아남았을 뿐만 아니라 실제로 번성했다는 곤혹스러운 이상을 어떻게 설명할 것인가? 아마도 그것은 컨트리 음악의 마케팅 이면에 숨겨진 진정한 천재성, 즉 생활양식이 현실이 아니라 환상을 투영하는 것이라는 깨달음이었을 것이다. 이런 관점에서 볼 때 우리가 좋아하는 노래와 장르는 실제 삶에 대한 거울 같은 것이 아니라 우리가 이끌었으면 하는 삶을 보여주는 포토샵된 이미지와 같은 것이다. 그래서 봉건주의가 붕괴된 지 오랜 후에도 교활한 민스트럴들이 기사들과 그들의 충성 맹세에 대해 여전히 노래했듯이, 컨트리 가수들은 그들의 음악에서 사라진 세계, 대부분의 청취자들에게는 존재하지 않았던 세계를 노래했다. 픽업트럭은 말이 하지 못했던 것들을 상징해야 한다. 그리고 소들을 한데 모으는 대신, 냉장고에서 맥주를 꺼내기만 하면 된다.

이런 식으로도 컨트리 관객들은 신석기 조상들에게 충실했다. 신석기 혁명의 단절은 농사나 목축에 대한 애정에서 비롯된 것이 아니라, 지루함과 반복에도 불구하고, 유목민의 위험한 방식보다는 안정된 삶을 선호하는 데서 추진되었다는 것을 상기하라. 그런 관점에서 보면, 컨트리 음악은 첨단 디지털 시대에도 관련이 있을 수 있는데, 우리의 새로운 기술이 파괴적이거나 위협적으로 보인다면 더욱 그럴 것이다.

제2차 세계대전을 앞둔 몇 년 동안 할리우드 영화에서 노래하는 카우보이들의 등장은 컨트리 음악이 핵심 관객들의 라이프스타일 환상을 촉진하기 위해 얼마나 멀리 갈 의향이 있는지를 보여주었다. 이런 점에서 컨트리 음악은 단순히 게임보다 몇 단계 앞서 있었다. 결국 모든 음악 장르는 영화와 비디오에 의존하여 실제보다 더 큰 기풍을 확립할 것이다. 컨트리는 MTV와 유튜브가 나오기 훨씬 전인 1920년대와 1930년대에 이것을 하고 있었다. 진 오트리Gene Autry는 할리우드에서 카우보이 활동을 하면서 많은 돈을 벌어 〈포브스〉의 400대 부호 리스트에 이름을 올렸다. 부동산 재벌이자 사업가인 오트리는 남부 캘리포니아의 호화로운 저택에서 살았는데, 웬만한 사람들의 집보다 더 큰 그의 옷장에 250벌의 서양식 옷과 50벌의 카우보이모자, 75켤레의 부츠가 있었다. 그는 자신의 부가 환상을 살아 있게 하는 것에 기반을 두고 있음을 알고 있었다. 켄 메이너드Ken Maynard에서 로이 로저스Roy Rogers까지 수많은 다른 스크린 카우보이가 컨트리 가수로서 번창했고, 이들은 음악에 타고난 재능이 거의 없는 사람들조차도 노래하도록 부추겼다. 존 웨인을 가수로 만들려는 많은 시도들을 확인해 보라.

제2차 세계대전 이후에도 컨트리 가수들은 소몰이꾼이나 목장 관리인의 모습을 차용했다. 행크 윌리엄스Hank Williams는 고독한 노래를 부를 때 신사 카우보이처럼 옷을 입었고, 팻시 클라인Patsy Cline은 마치 신예 로데오 스타처럼 포즈를 취하고 홍보 사진을 찍었다. 이 연극은 오늘도 계속된다. 여러분은 카우보이모자 하나 보지 않고도 댈러스, 휴스턴, 내슈빌, 그리고 다른 서부 음악 중심지 주변을 거닐며 오후 내내 보낼 수 있다. 그러나 자존심이 강한 컨트리 음악 권위자는 그것 없이는 투어를 하지 않을 것이다. (오늘까지 컨트리 음악은 가수가 팬들 모르게 대머리가 될 수 있는 유일한 장르다.) 억양도 마찬가지다. 텍사스와 미시시피 방언은 대부분 젊은 세대에서 사라졌다. 몇 년 동안 그들은 TV와 영화를 통해 언어 기술을 배워왔고, 오늘날의 유아들은 아마도 가족과 대화하는 것보다 인공지능 비서들과 대화하는 데 더 많은 시간을 할애할 것이다. 앞으로 우리는 모두 쿠퍼티노 Cupertino(캘리포니아주 도시−옮긴이)나 시애틀 억양으로 말할 것이다. 그러나 최신 컨트리 히트곡을 들어보면 진실의 궁극적 징후로 조심스럽게 보존된 과거의 촌스러운 표현들을 여전히 들을 수 있다. 옛날에는 카우보이에게 빠른 말투가 필요했는데, 오늘날에는 느린 말투가 오디션에 합격하기 위한 첫 번째 요건이다.

애착, 억양, 태도 등 이 모든 요소가 컨트리 음악을 전통주의자들에게 완벽한 사운드트랙으로 만들었고, 그들은 이 장르를 맹렬한 충성심으로 받아들였다. 그러나 컨트리 음악조차도 결국 반란군과 반항자들을 기리기 위해 필요하다는 것은 우리에게 무엇을 말해주는가? 여기서 우리는 음악 혁신이 거의 항상 외부인을 필요로 한다는 설득력 있는 증거를 발견한다. 1950년대 후반까지, 음악 산업의 모든 사람은 이것을 알았다. 로큰롤이 그 길을 주도했고, 모든 상업 장르가 같은 경로로 따라가고 있었다. 글렌 굴드Glenn Gould든, 오넷 콜먼이든, 제리 리 루이스Jerry Lee Lewis든, 음반사들은 그들의 떠오르는 스타들을 괴이하고, 거칠고, 파격적이라고 홍보했다. 길들여지고 포장된 사람들을 위한 길들여지고 포장된 오락의 진원지인 라스베이거스조차 래트팩Rat Pack의 무분별함과 나쁜 행동에 매력을 부여할 필요가 있었다. 어떻게 컨트리가 이 추세에 맞설 수 있을까? 정착된 방식과 구식 가치관을 가진 음악은 어떻게든 스스로의 반항적 모습을 발견해야 했다.

이러한 절박한 필요성에서 새로운 장르인 아웃로 컨트리outlaw country가 탄생했다. 그것은 하위 장르로 시작되었지만 컨트리 음악 분야를 지배하게 되었다. 그 분야의 새로운 스타들은 거의 항상 그들의 이미지를 불태우기 위해 얼마간의 시간을 감옥이나 재활원에서 보냈다. 가장 작은 위반은 나쁜 행동에 대한 청중의 갈망을 충족시키기 위해 과장되었다. 우리는 모두 조니 캐시의 불법 과거에 대해 알고 있다. 그의 「Folsom Prison Blues(폴섬 프리즌 블루스)」의 유명한 가사는 이렇다. "난 리노에서 한 남자를 쐈고 그가 죽는 걸 지켜봤을 뿐이야." 사실 캐시는 감옥에서 하룻밤 이상 보낼 필요가 없었고, 그의 범죄는 어설프다. 1966년 그의 불법은 이 시골 스타가 밤늦게 사유지에서 꽃을 딴 것이었고, 그는 불과 몇 시간 동안 스타크빌 시립 교도소에 수감되었다. 하지만 캐시에게 검은 옷을 입히고, 최고 보안 교도소에서 라이브 앨범을 녹음한다는 것은 완전히 다른 제안이다. 심지어 주류 관객들도 이에 주목했다.

시대는 결코 변하지 않는 장르 속에서도 변화하고 있었다. 1952년 행크 윌리엄스가 공공장소에서 술에 취해 난동을 부린 혐의로 체포되었을 때, 그의 명성은 타격을 입었다. 그러나 한 세대 후, 윌리 넬슨은 마리화나를 소지해 검거된 사실을 자신의 페르소나의 핵심 부분으로 바꾸었고, 2016년 '윌리의 리저브'라는 자신의 상업 브랜드를 출시했을 때도 이를 사업 기회로 삼았다. 전과 기록은 이제 깨끗한 컨트리 음악 평판과 양립할 수 있게 되었다. 머를 해거드Merle Haggard는 실제로 조니 캐시가 폴섬 교도소에서 공연할 때 수감자로서 관객석에 있었는데, 불과 몇 년 후 시골 관객들은 그를 애국심과 품위의 모범으로 받아들였다. 그의 노래 「Okie from Muskogee(오키 프롬 머스코기)」는 정착 방식의 결정적인 애국가였다.

아웃로 컨트리의 성공은 금전 등록기로 알 수 있었다. 진짜든 상상이든 나쁜 행동에 대한 마케팅으로 엄청난 양의 레코드를 판매했다. 컨트리 음악이 첫 번째 플래티넘 앨범을 기념했을 때, 제목이 모든 이야기를 말해주는데, 웨일런 제닝스Waylon Jennings, 윌리 넬슨Willie Nelson, 제시 콜터Jessi Colter, 톰팔 글레이저Tompall Glaser 등이 참여한 이 편집 음반의 제목은 『현상수배! 무법자들Wanted! The Outlaws』이었다. 표지는 수배 포스터처럼 보이도록 디자인되었다. 앨범은 엄청난 속도로 팔렸다.

이는 이상 징후가 아니었다. 로큰롤은 다른 장르에서도 이런 변화를 강요했다. 이는 합법화에 저항한 상업 음악 역사상 최초의 주요 운동이었다. 이런 변화를 순전히 경제적 관점에서 설명하려는 유혹도 있다. 이 가설에 따르면, 음악 사업은 마침내 1950년대 후반 롤모델 홍보보다 배신자 마케팅을 통해 더 많은 돈을 벌었다. 이전 시대에는 주류화를 통해 부자가 되었지만, 검열법이 뒤집히고 사회 규범이 도마에 오르면서 다른 선택지가 제시됐다. 음악 운동은 주류에게 끊임없는 골칫거리로 자리매김할 수 있으며, 여전히 차트 1위에 오를 수 있다. 운동권 내의 개별 음악가들이 합법화를 선택할 때(매진이라는 용어는 록 팬들의 어휘에 빠르게 등장할 것이다) 그들은 좀 더 새로운 재능으로 대체될 수 있을 것이다. 만약 내가 여기서 다소 적절해 보이는 트로츠키주의자 문구를 빌릴 수 있다면, 이는 일종의 영구적인 혁명에서 반복되는 과정이다.

이 설명은 음악 사업에 너무 많은 공을 돌리는 것일 수도 있다. 주요 음반사의 많은 임원은 아마도 록의 유지력에 누구보다 놀랐을 것이다. 그들은 트로츠키를 읽지 않았다. 이 앙시앵 레짐ancien regime(프랑스혁명 이전의 제도-옮긴이)의 지도자들은 아마도 로큰롤을 지나가는 유행, 대중문화 고속도로의 우회로, 오고 갈 참신한 소리로 보았을 것이다. 그러나 결국 모두 규칙이 바뀌었다는 것을 알게 됐다. 라디오를 켜기만 하면 되었다.

팬들과 전문가들은 어떤 뮤지션이 영구적 혁명의 선동자인 최초의 로큰롤 레코드를 발표했는지 오랫동안 논쟁해 왔다. 나는 패츠 도미노Fats Domino, 아이크 터너Ike Turner, 빅 조 터너Big Joe Turner, 빅 마마 손튼Big Mama Thornton, 리틀 리처드Little Richard, 빌 헤일리Bill Haley, 그리고 다른 청구자들의 장단점에 대해 토론하면서 이 열띤 무의미한 논쟁에 끌려갔다. 그러나 그 질문은 솔직히 무의미하다. 진정한 혁명적 변화는 음악이 아닌 관중석에서 일어났기 때문이다. 록 이전 시대의 많은 기록이 미래를 예측했다. 1940년대 후반과 1950년대 초에 일렉트릭 시카고 블루스나 블랙 R&B를 듣던 사람들은 이미 다가올 록 히트를 예상했다. 그러나 대부분의 백인 미국 청소년(그리고 그들의 부모 대부분)은 그 분명한 메시지를 행복할 정도로 모르고 살았다. 많은 흑인 가정도 이 노래들을 못마땅하게 여겨 사회학자들이 나중에 세대차이라고 부를, 부모와 십 대들 사이의 충돌을 촉발시켰다. 그러나 로큰롤이 등장하기 훨씬 전에, 이러한 사운드는 예상치 못한 곳에서 나타나기 시작했다. 주크박스 운영자들은 흑인 R&B 싱글을 백인 지역에 배치함으로써 돈을 벌 수 있다는 걸 깨달았다. 같은 지역의 음반 가게들은 더 많은 흑인 음악을 비축하기 시작했다. 젊은 구매자들은 그것을 고집했다. 흑백 라디오 방송국의 청취자를 분리하는 구분선은 기껏해야 약한 장벽이었고, 법원 명령과 국가 방위군의 도움 없이도 무너졌다. 무대가 마련되었다.

어쩌면 로큰롤은 어떤 상황에서도 젊은이들에게 불을 붙였을지 모른다. 그러나 음악이나 다른 문제에서나 지배적 문화의 안일함과 순응은 그것을 더욱 우세하게 했다. 1950년대 초 주류 라디오 DJ들은 좀 더 강한 음악을 갈망하는 십 대들에게 감상적인 사랑 노래와 참신한 곡조를 팔았다. 우리는 그들이 그들의 부모와 조부모가 최첨단 사운드를 위해 아프리카계 미국 음악을 찾으면서 했던 것과 같은 행동을 했다는 사실에 놀라지 말아야 한다.

능숙한 음악가들이 기회를 잡았다. 1955년 척 베리가 시카고에 왔을 때, 그는 머디 워터스의 관심을 끌었다. 머디 워터스는 이 신참을 자신의 레이블인 체스 레코드Chess Records에 소개했고, 베리는 그곳에서 또 다른 떠오르는 블루스/R&B 스타로 단장될 터였다. 다른 환경에서, 베리의 싱글 「Maybellene(메이블린)」은 흑인 라디오 방송국에서 또 다른 R&B 히트곡이 되었을지도 모른다. 그 대신 그것은 전형적인 체스 레코드보다 춤추기 쉬운 (그리고 더 간결한 백비트를 가진) 그루브로 100만 장이나 팔렸다. 몇 달 후, 그의 선언적인 히트곡 「Roll Over Beethoven(롤 오버 베토벤)」에서, 베리는 가사에 '록'과 '롤'

이라는 단어를 사용하여 그의 새로운 충성을 선언했다. 이 동사들은 이제 시대정신의 부적이 되었다. 척 베리는 더 이상 R&B 스타가 아니었다. 진짜 로큰롤 가수였다. 차트에서 빠르게 순위가 상승한 히트 싱글 「Johnny B. Goode(조니 비 굿)」을 발표할 무렵, 변신은 완료되었다. 그는 폭주족의 V-8 엔진처럼 헐떡이는 순수한 로큰롤 비트로 고등학생 춤꾼들을 흥분시켰다.

이런 곡을 듣기 위해 더 이상 마을의 험한 지역으로 갈 필요가 없었다. 험한 곡이 직접 찾아오기 시작했기 때문이다. 1956년 시어스Sears 크리스마스 카탈로그에는 9.75달러짜리 어린이 레코드플레이어가 등장했는데, 이 플레이어는 그들이 가장 좋아하는 동요를 듣고 즐겁게 웃는 청소년들의 사진과 함께 판매되었다. 그러나 백인 주류 미국의 엄마 아빠들이 그들이 무엇을 하고 있는지 알았다면 굴뚝을 막고 산타 짐을 싸 보냈을 것이다. 그들은 무지한 상태에서 흑인들을 그들의 집으로, 심지어 그들의 아이들의 침실로 들여보내고 있었다. 그 값싼 턴테이블은 인터넷이나 스마트폰이 아니었다. 그렇다 하더라도, 1950년대에 전 세계적인 웹이 짜이고 있었다. 머지않아 반도체 혁신의 첫 번째 물결은 음악계의 이러한 변화를 가속화할 터였다. 사실 로큰롤이 뜨던 바로 그 순간에 최초의 트랜지스터 라디오가 상점을 강타했다. 우연일까, 인과일까? 십 대들은 천사나 비트닉Beatniks, 대학생이나 중퇴생, 모범 시민이나 비행 청소년들일 수도 있지만, 그들 모두는 또한 소비자였고, 그들의 주머니가 음악 사업을 점점 주도했다.

음악평론가 척 클로스터먼Chuck Klosterman은 미래 세대가 "록 음악이 손주들의 손주들에 의해 소급적으로 재조명될 때" 척 베리를 핵심 혁신자이자 지배적인 세력으로 돌아볼 것이라고 예측했다. 「Roll Over Beethoven」이 나오기 몇 주 전에 「Long Tall Sally(롱 톨 샐리)」를 발표한 리틀 리처드는 그 평결에 격분하며 그가 로큰롤을 발명했다고 반박했다. 이러한 주장은 어느 쪽이든 옳을 수 있지만, 아이젠하워 행정부 시절 미국의 맥락에서, 로큰롤이 상업 음악 산업의 지배적 장르로 확립되기 위해서는 백인 슈퍼스타들이 필수적이었다. 아주 많은 면에서, 1950년대 중반의 이 시기는 중세의 트루바두르, 19세기 민스트럴, 혹은 다른 동화하는 자들을 살펴보든 간에, 우리가 이전에 연구했던 주류화의 역동성을 불러일으킨다. 그런데 한 가지 의미심장한 방법으로 록의 위세에 새로운 일이 일어나고 있었다. 심지어 동화하는 자와 주류파도 이제는 사회의 변두리에서 온 외부인, 악당과 반란군이 되어야 했다. 심지어 합법적인 사람들조차 불법적인 정쟁을 갈망했다. 데카Decca 레이블이 백인 로큰롤 스타 빌 헤일리를 홍보하며 히트 싱글 「Rock Around the Clock(록 어라운드 더 클락)」이 이 운동을 시작하는 데 중요한 역할을 했을 때, 마케팅은 그의 가난한 양육을 강조하는 데 지나치게 열중했고, 그가 기술을 배우는 동안 하루 한 끼의 식사로 살았다는 것을 팬들이 확실히 알게 했다. 「Rock Around the Clock」은 빌보드 팝 음악 차트의 정상에 오른 최초의 록 음악으로, 8주 동안 차트에 머물렀다. 이 곡은 시드니 포이티어가 주연한 폭력적인 다민족 학교를 다룬 1955년 할리우드 영화 '폭력 교실Blackboard Jungle'에 삽입되어 그 매력을 높였다. 마케팅 메시지는 의심의 여지가 없었다. 음악가들은 백

인일 수도 있지만, 정신은 검고 파괴적이었다.[5]

1955년 말, 로큰롤 세계는 백인 슈퍼스타를 위한 준비만 된 것이 아니라, 그를 절실하게 필요로 했다. 이미 30대인 빌 헤일리는 머리칼이 빠지고 중고차 판매원처럼 보여서 그 역할을 채울 수가 없었다. 팻 분Pat Boone은 자신의 커버 버전인 패츠 도미노의 「에인트 댓 어 셰임Ain't That a Shame」으로 차트에서 「Rock Around the Clock」과 싸우고 있었는데, 10대들이 갈망하는 불량한 자질이 부족했다. 팻 분은 그가 연주하는 모든 록 음악의 영향을 희석시켰다. 그는 가사가 너무 예민할까 봐 가사를 바꾸기까지 했다. 칼 퍼킨스는 잠시 백인의 큰 희망이었고, 1956년 초 그의 노래 「Blue Suede Shoes(블루 스웨이드 슈즈)」의 성공으로 진정한 게임 체인저처럼 보였다. 그러나 3월 22일 운명은 결정적인 순간에 그를 따돌렸다. 퍼킨스는 대중문화의 성층권으로 그를 불러들였을지도 모르는 유명한 TV쇼에서 공연하기 위해 뉴욕으로 운전해 가다가 사고를 당했다. 4월 3일, 엘비스 프레슬리가 밀턴 버얼 쇼에서 「Blue Suede Shoes」를 공연했을 때, 퍼킨스는 여전히 테네시에서 요양 중이었다. 같은 달, 프레슬리의 싱글 「Heartbreak Hotel(하트브레이크 호텔)」의 판매량은 100만 장에 달했다. 이로써 그는 첫 번째 골드 레코드를 안았다. 칼 퍼킨스는 다시는 넘버원 히트곡을 내지 못할 것이고, 프레슬리는 18개의 차트 1위곡을 즐길 터였다. 프레슬리는 이후 10년 동안 방송을 지배했다.

나에게는 음악사의 이 전환점에서 잭 케루악과 다른 비트족들과 어울리던 옛 재즈 뮤지션 친구가 있다(그는 케루악의 소설 《빅서Big Sur》

에 등장인물로 나오기도 한다). 그는 1950년대 반문화 지도자들의 지배적 태도는 로큰롤이 지나가는 유행이었다는 것이라고 내게 장담한다. 부기우기, 맘보, 여자 우쿨렐레 연주자, 그리고 그런 종류의 다른 유행처럼 그것은 왔다 갔다 할 것이다. 재즈 팬은 단순한 음악도, 바보 같은 밴드 이름도, 바보 같은 춤(1955년에서 1965년 사이에 십 대들은 트위스트Twist, 와투시Watusi, 셰이크Shake, 매시드 포테이토Mashed Potato, 프루그Frug 등의 댄스 스텝을 받아들였다)도 아닌, 로큰롤을 진지하게 받아들일 수 없었다. 1960년대 히피 운동을 여러모로 예견했던 1950년대 비트족이 눈앞에 놓인 그런 엄청난 추세를 놓치다니 얼마나 이상한 일인가.

하지만 누가 알겠는가? 어쩌면 엘비스와 그의 비현실적인 카리스마가 없었다면, 상황은 다르게 전개되었을지도 모른다. 아마도 어떤 마법의 대체 세계에서 재즈가 다시 돌아왔거나, 더 정교한 종류의 팝이 전파를 지배했을 것이다. 하지만 그건 우리 세계가 아니다. 1950년대 후반에 이르러 언론인들은 프레슬리를 '로큰롤의 제왕'이라고 부르기 시작했고, 곧 그것을 더 짧은 존칭인 '더 킹The King'으로 줄였다. 그의 군주제는 수명이 짧았다. 그러나 30년 이상 그의 뒤를 이어 왕위에 오른 모든 지도자와 왕위계승자는 자신들이 그의 혈통의 후계자라고 주장할 것이다. 장르 자체도 새롭고 단순한 이름을 얻었다. 그것은 더 이상 로큰롤이 아니라 단지 록이었고, 가혹한 내적 소리로, 음악의 포로가 아닌 사람들의 정신까지 완벽하게 포착했다. 1960년까지 록은 상업 음악 사업을 이어받았고, 유행으로 불타기는커녕 새로운 현상 유지를 선언했다.

25

우리 사랑은
어디로 갔을까?

Music: A Subversive History

Where Did Our Love Go?

사회 이론가 마셜 매클루언Marshall McLuhan은 록이 승승장구하는 절정
의 순간에 "수단이 메시지"라고 발표했는데, 이는 당시에도 스크린
과 장치에 의해 현실에 대한 대중의 인식이 변화되고 있다는 귀중
한 경고였다. 하지만 선견지명이 있는 매클루언은 "수단이 음악을
만든다"라고 주장했을지도 모른다. 왜냐하면 그 격언은 현대에만
해당하는 것이 아니라 진실이기 때문이다. 천 년 이상 동안, 기술의
큰 변화는 사람들이 노래하는 방식을 바꾸었다. 엘비스 프레슬리는
TV 시대 최초의 진정한 슈퍼스타였고, 그의 명성은 1950년대 가정
에서 저녁 의식의 중심이었던 독특한 친밀감과 불가분의 관계에 있
다. 그러나 프레슬리는 음악 표기법의 발전과 인쇄기 도입, 그리고
아마도 설형문자와 동굴 그림의 시대까지 거슬러 올라가는, 매체가
만들어낸 스타 중 가장 최근의 혈통에 지나지 않는다.[1]

　이러한 기술 중심의 변화가 20세기에 가속화되었다는 사실은

부인하기 어렵다. 1920년대 마이크와 녹음 장비의 발전으로 대화방식의 노래가 가능해졌고, 실연 노래와 속삭이는 창법으로 노래를 부르는 가수의 등장이 이어졌다. 유성 영화의 도입도 비슷한 영향을 끼쳤다. 최초의 유성 영화인 '재즈 싱어The Jazz Singer'가 알 졸슨Al Jolson을 새로운 수준의 스타덤으로 끌어올리고 우리가 현재 재즈 시대라고 부르는 것을 정의하는 데 도움을 준 것은 우연이 아니다. 몇 년 후, 가족 오락의 지배적인 형태로 라디오가 등장하면서, 빙 크로스비Bing Crosby, 패츠 월러Fats Waller, 에디 캔터Eddie Cantor와 같은 대공황 시대 오락의 달인, 상냥한 유머 감각을 갖춘 매력적인 보컬리스트들의 인기를 끌어올렸다. 각 플랫폼은 고유한 참여 규칙을 정의한다.

그러나 TV는 다른 인물을 요구했다. 이 단계에서는 노래 실력이나 기악 능력보다 시각적 영향력이 훨씬 더 중요했다. 프레슬리는 '에드 설리번 쇼'에서 정말 많은 것을 보여주었고, 그의 공연은 20세기의 가장 중요한 문화 행사 중 하나라고 평가받았다. 6천만 명의 사람들이 프레슬리가 첫 게스트로 출연하는 것을 지켜봤는데, 이는 82퍼센트라는 놀라운 시청률이었다.

미국 가정의 그 작은 상자들은 엘비스의 본능적인 노래와 에로틱한 공연을 담기에는 너무 작았다. CBS 검열관들은 통제할 수 없는 십 대들의 관심을 불러일으킬까 봐 두려워 프레슬리가 허리 아래를 어떻게 움직이는지 보여주기를 거부했다고 전해진다. 이 오래된 이야기는 완전히 정확하지는 않지만, 진실은 훨씬 더 드러난다. 카메라는 '에드 설리번 쇼'에 세 번째로 출연한 엘비스의 유명한 골반을 담지 않았다. 방송사 임원들은 프레슬리의 하반신이 주류 시청자들에게는 너무 강렬하다는 사실을 어렵게 깨달았다. 두 번째 출연에서 「Hound Dog(하운드 도그)」를 공연한 것은 선을 넘었고, 몇몇 불문율을 위반한 것이었다. 논란에 더하여, 스튜디오 관객들의 억제되지 않은 비명소리는 에드 설리번 극장의 관객석에서 파티가 벌어지는 것처럼 들렸다. 분노한 시민들은 내슈빌과 세인트루이스에서 기록, 사진과 함께 프레슬리의 모형을 불태웠다. (다음 장에서 희생적 폭력의 공공의식에 대한 르네 지라르의 가설의 관점에서 록 음악을 살펴보겠지만, 정기적으로 되풀이되는 이러한 불태우기가 이 장르의 역사에 얼마나 일찍 나타났는지에 주목하자.) FBI는 프레슬리의 공연에 대한 조사를 시작했는데, 한 정보원은 이를 "무대에서의 성적 만족"과 "옷을 입은 스트립쇼"라고 묘사했다. 이 시기에야 검열관이 개입했다. 그러나 너무 늦었다. 이미 전염병이 퍼져 억제할 수 없었다.[2]

만약 당신이 초기 로큰롤을 위한 완벽한 크로스오버 스타를 만들고 있다면, 그 청사진은 엘비스 프레슬리와 똑같을 것이다. 엘비스는 강하고 섹시했다. 프레슬리는 그가 처음으로 전국적 TV방송에 출연하기 불과 몇 주 전, 자동차 사고로 사망한 할리우드 스타 제임스 딘에 테스토스테론을 충전한 버전 같았다. 사실 1955년 영화 '이유 없는 반항Revel Without a Cause'에서 딘이 맡은 역할은 엘비스 페르소나의 원형이라 볼 수 있다. (그런데, 엘비스의 또 다른 유망한 대안인 위대한 록 아이콘 버디 홀리Buddy Holly는 1959년 비행기 추락 사고로 죽기 전에 프레슬리에 잠시 도전할 것이고, 이 무렵 척 베리와 제리 리 루이스는 언론이 미성년 여성들과의 관계를 취재할 때 격렬한 반발에 직면하게 될 것이다. 경쟁자들의 죽음, 스캔들, 부상의 기묘한 패턴이 왕의 패권을 위한 길을 열어줬다.) 다른 경쟁자들이 모두 밀려나면서 엘비스는 자신의 흉내를 내는 사람들 외에는 진정한 경쟁에 직면하지 않았다. 하지만 우리는 엘비스를 공평하게 평가해야 한다. 가수든 영화배우든 그의 세대 중 누구도 프레슬리의 카리스마와 존재감에 필적할 수 없었을 것이다. 그는 호감이 갈 뿐만 아니라 사랑스러웠다. 이 두 가지 특성이 똑같이 보일 수 있지만 슈퍼스타의 세계에서는 거의 공존하지 않는다. 프레슬리는 나쁜 소년의 경솔함과 거친 태도를 발산할 수 있었다. 다른 남자들이 그를 부러워하고 모방했지만 자신의 여동생에게 결코 소개하지 않을 남자였다. 폭발할 준비가 된 폭탄 같은 위험한 자질은 상징적이든 아니든 간에 그의 스타덤에 필수적이었다. 하지만 무엇보다도 프레슬리는 올바른 혈통을 가지고 있었다. 귀족 혈통을 말하는 것이 아니다. 상업 음악의 최상위 세계에서, 그 혈통은 블루스, 컨트리, 복음 음악의 소리에 몰입한 미시시피주 투펠로에서 시작된 보잘것없는 기원을 의미했다.

패턴을 눈치챘는가? 세실 샤프가 민속음악을 찾을 때 그는 대서양을 횡단하여 미국 남부의 가장 가난한 지역으로 갔다. 음반사들이 컨트리 음악 인재를 찾기 위해 나섰을 때도 같은 일을 했다. 로버트 존슨과 1920년대와 1930년대의 전설적인 블루스 기타리스트는 가난한 남부 시골에서 왔다. 가스펠 음악과 다른 장르의 스타들도 마찬가지다. 그리고 이제 로큰롤도 같은 공식을 따랐다. 이 모든 일이 남부 시골 지역에서 다른 지역의 주요 도시로 대량 이주가 이뤄지던 시기에 일어났다는 기이한 사실을 생각해 보자. 왜 음악은 이러한 추세를 뒤집어, 재능 있는 스카우터들이 혁신적인 새로운 스타일과 장르를 찾기 위해 가난에 찌든 지역들로 여행을 가게 했을까? 음악계에서 내부자와 엘리트의 딜레마를 파악하지 못하면 이 반복적인 상관관계는 거의 의미가 없다. 그들은 패러다임을 뒤흔드는 신나는 소리를 갈망하는데, 그것이 바로 패러다임이다. 결과적으로, 그들은 다음의 새로운 것을 위해 항상 그들의 선입견과 영역 바깥을 멀리 내다보아야 한다. 그렇다면 우리는 스스로 만든 신화에서 반란군의 땅이라고 선언했던 바로 그 남부가 이제 반항적인 음악의 땅으로 변했다는 것에 놀랐을까?

같은 패턴이 아메리카 대륙의 다른 곳에서도 나타난다. 브라질 바히아는 보사노바, 트로피칼리시모tropicalismo(브라질의 민속 예술 운동 -옮긴이), 그리고 다른 흥미진진한 새로운 장르의 스타들의 발판 역할을 하면서 국가의 음악 방향에 엄청난 영향력을 행사해왔다. 왜 바히아일까? 브라질의 26개 주 중 하나일 뿐이며 인구의 약 8퍼센트를 차지하는 곳일 뿐인데 말이다. 바히아는 브라질의 미국 남부라고 묘사할 수 있고, 다른 나라들보다 더 아프리카화 되었으며, 여전히 착취적인 농장과 강제 노동에 기반을 둔 비극적 역사의 유산을 가지고 있는 곳이었다. 1835년의 바히아 반란은 신대륙에서 유일하게 이슬람 노예 반란이 문서화된 사례로, 국가 노예제 폐지 운동에 박차를 가하는 데 핵심적인 역할을 했다. 바히아는 여전히 브라질에서 가난한 지역 중 하나이지만, 이 점이 브라질의 음악적 부를 제약하진 않았다. 부에노스아이레스의 가난한 동네에서 번성했던 탱고가 파리 엘리트들의 춤으로 바뀌었던 것도 비슷한 경우다. 자메이카에서 레게는 영국 식민지 문화에 반대하여 설립되어 가난한 사람들과 소유주들 사이에서 지지를 얻은 라스타파리아니즘 Rastafarianism(성서를 다르게 해석하여 예수 그리스도를 흑인으로 보는 신앙 운동—옮긴이)과 밀접하게 연결되어 있다. 음색과 스타일은 각각의 경우에 따라 다르지만, 그들은 모두 외부인과 외지인의 반항적인 자세에 매력을 부여했다.

로큰롤은 이 반항을 음악 사업을 위한 거대한 돈벌이로 만들었는데, 그 성공은 문제를 일으켰다. 앙코르를 위해 무엇을 하는가? 록은 영원한 혁명의 음악이었고, 평화는 온 사방에 퍼져나가고 있었다. 1960년대 초 엘비스 프레슬리는 이미 대중문화의 주류에 동화되고 있었다. 할리우드는 그를 일련의 히트 영화에 캐스팅했는데, 그의 영화적 페르소나의 변화를 확인해 보라. 프레슬리는 '제일하우스 록Jailhouse Rock'(1957)에서 과실치사죄로 복역 중인 죄수 역을 맡았다. 로맨틱 코미디 '지 아이 블루스G.I. Blues'(1960)에서는 매력적이고 예의 바른 노래하는 군인으로 출연한다. 엘비스는 여동생에게 소개해줄 수 있는 멋진 남자가 되었다. 해가 갈수록, 그를 제임스 딘의 틀 안에서 소외된 반항아로 보는 것은 더 어려워졌다. 오히려 딘 마틴Dean Martin과 록 허드슨Rock Hudson의 젊고 생기 넘치는 대안에 가까웠다.

그의 음악도 변하고 있었다. 1960년에 프레슬리는 그의 첫 번째 종교 음악 앨범인 『His Hand in Mine(히즈 핸드 인 마인)』을 발매했고, 그다음 해에 새로운 엘비스의 모토가 될 수 있는 프로젝트를 이어 갔다. 「Something for Everybody(섬싱 포 에브리바디)」는 달콤하고 감상적인 팝과 록이 섞인 컨트리 음악이었다. 이 모든 것이 엘비스에게는 좋았을지 모르지만, 로큰롤에 있어서는 형편없었다. 록은 동화되면 더 이상 록이 아니다. 그러나 빌보드 앨범 차트가 브로드웨이 캐스트 앨범, 영화 점수, 민속음악, 부드러운 팝, 이지 리스닝 프로젝트로 가득 찼던 1961년과 1962년에는 그럴 가능성이 있었다. 로큰롤 가수는 실망스럽기는 하지만 쉽게 그 싱거운 음악계에 적응했다. 록이 신뢰성을 유지하려면, 영구 혁명의 음악은 그 원인을 차지하기 위해 새로운 전투원과 함께 새로운 전장을 찾아야 했다.

새로운 것이 록 음악계에 나타났을 때, 그것이 주류 언론에 의해 '침략'으로 묘사되었다는 사실에 별로 놀라지 않는다. 그 새로운 것은 1960년대 중반에 음악 사업 전체를 뒤집어 놓은 브리티시 인베이전British Invasion(영국 문화가 미국에서 인기를 얻고, 대서양 양편에서 '반문화'로서 크게 시위된 현상－옮긴이)이다. 돌이켜보면, 이 모든 것이 완벽하게 이치에 맞는다. 음악적 혁신이 외부로부터 온다면, 왜 그것이 일종의 군사 공격, 즉 다른 바다에서 건너온 상륙 작전 유형이 되어서는 안 되는가? 1964년 2월 비틀스의 떠들썩한 충격에 대해 〈라이프〉 매거진은 이 밴드의 출현을 제2차 세계대전 폭격에 비유했다. "공습처럼, 그것은 비명을 지르고 사이렌을 울리며 완전히 공황 상태로 시작되었다." 이 인기 있는 주간지에 따르면, 결론은 다음과 같다. "1976년 영국은 미국 식민지를 잃었는데, 지난 주 비틀스가 이를 되찾았다."³

사람들은 이를 뭔가 새롭고 낯설게 느꼈다. 그러나 비틀스의 등장은 고대 그리스인들이 다른 문화권의 노예 연주자들의 이름을 따서 그들의 가장 위험한 음악 모드를 명명하기로 결정했던 시대부터 서양 노래에서 변화와 혁신을 주도해 온 역동적인 과정의 반복일 뿐이다. 영국 내에서조차 연예계 엘리트들은 이제 제멋대로인 외부인들에 의해 교체되었다. 브리티시 인베이전은 버킹엄 궁전이나 다우닝가 10번지에서 온 것이 아니라, 위신과 권력의 중심지로부터 멀리 떨어진 곳에서 비롯되었다. 비틀스의 고향인 리버풀은 이 운동의 정서적 진원지로 악명을 얻었다. 그러나 밴드 멤버들이 독일군의 끊임없는 공습 속에서 그들의 초기 시절을 보냈다는 것은 얼마나 이상한 일인가. 이는 앞으로 다가올 상징적인 침략에 앞서 일어난 실제 전투 공격이다. 리버풀은 런던 다음으로 영국에서 가장 표적이 된 도시였고, 존 레논은 실제로 공습 중에 태어났다. 지역 주민들은 전쟁 후 존 레논과 폴 매카트니의 출생지 중간에 위치한 글래드스톤 주변 지역이 공습 기간 동안 영국 전역에서 폭격을 가장 심하게 받은 곳이라고 자랑했다.

리버풀은 전쟁 후 실제로 회복되지 못했다. 독일인들은 리버풀 경제의 버팀목인 이 항구를 얻기를 바랐는데, 그렇게 하지 못한 것은 컨테이너 운송의 증가 때문이었다. 레스보스의 미틸렌에서 미시시피의 뉴올리언스에 이르기까지 다문화적 영향에 대한 뿌리 깊은 개방성을 가지고 있었던 노동계급 항구 도시에서 일어난 다른 모든 음악적 혁신에 대해 생각하지 않는다면, 리버풀은 예술적 혁명을 위한 좋은 환경은 아니었다. 하지만 음악적 혁신이 외부인으로부터 일어난다면, 이러한 외부 세계로의 관문이 새로운 소리와 스타일의 번식지 역할을 해야 한다는 것은 완벽하게 이치에 맞는다.

1960년대 중반의 로큰롤의 이 격변은 리버풀 밴드에만 국한된 것은 아니었다. 거의 모든 주요 그룹은 영국 음악 문화의 전통적 중심지 밖에서, 필하모닉보다 공장으로 더 유명한 노동자 계층의 도시에서 시작되었다. 롤링스톤스의 멤버로 명성을 얻게 되는 믹 재거와 키스 리처즈Keith Richards는 런던의 남동쪽에 있는 공업 지역인 다트포드에서 지역 제조업의 쇠퇴에 적응하기 위해 고군분투하고 있었다. 애니멀스Animals는 석탄 채굴로 유명한 뉴캐슬에서 왔다. 칼 마르크스와 프리드리히 엥겔스Friedrich Engels는 공산주의 의제를 공식화하면서 산업혁명으로 거슬러 올라가는 노동 불안의 중심지인 맨체스터를 직접 연구했다. 아프리카와 카리브해 주민이 밀집해 있는 인종적으로 다양한 북런던 지역인 토트넘은 '토트넘 사운드'로 알려진 하위 장르를 생산했고, 데이브 클라크 파이브Dave Clark Five를 키워냈다. 물론 영국은 미국과는 매우 다른 민족적, 문화적 상황을 제시했지만, 영국에서의 로큰롤의 부상은 확립된 권력과 특권의 중심 밖에서, 그리고 런던 중심의 오락 사업의 범위를 넘어 자신을 규정하면서 비슷한 사회경제적 환경을 요구하는 것 같았다.

모든 브리티시 인베이전 로커가 프롤레타리아는 아니다. 믹 재거는 교사 가족 출신이고, 롤링스톤스가 처음 투어를 시작했을 때 런던 경제 대학에서 사업가가 될 준비를 하고 있었다. 그는 밴드가 음반 계약을 체결할 때까지 중퇴하지 않았다. 그러나 이 음악가들의 가족이 사회적으로 편안하게 중산층(또는 더 높은 계층)이었을 때에도, 연주자로서의 이 예술가들의 혈통은 흑인과 노동자, 즉 미국 음악의 가장 반항적인 실천가들에게 끌렸다. 믹 재거와 키스 리처즈는 척 베리와 머디 워터스에 공감했고, 심지어 1950년 후기 뮤지

선이 녹음한 「Rollin' Stone(롤린 스톤)」을 따서 그들의 밴드의 이름을 짓기도 했다. 비틀스의 데뷔 앨범인 『Please Please Me(플리즈 플리즈 미)』에 수록된 6곡의 커버곡은 모두 이전에 흑인 음악가들이 녹음한 곡이다. 애니멀스는 뉴올리언스 사창가에 관한 전통적인 민속음악 「The House of the Rising Sun(더 하우스 오브 라이징 선)」의 히트 녹음으로 유명해졌다. 에릭 클랩튼, 지미 페이지, 제프 벡Jeff Beck의 경력을 시작하는 데 도움을 준 밴드인 야드버즈The Yardbirds는 브리티시 록 그룹으로 명성을 얻었지만, 블루스/R&B 콤비로 시작해 점차 새로운 운동의 공식에 적응하는 데 그쳤다. 사실상 모든 경우에 있어서, 브리티시 인베이전은 아프리카계 미국인 영향력의 기초 위에 세워졌다.

미국 관객들이 자생적인 생명력의 흐름을 활용하기 위해 영국의 지도가 필요하지 않을 거라고 생각할지도 모른다. 그러나 브리티시 인베이전 밴드들은 외국 여권으로 아웃사이더 지위, 즉 언제나 대담한 새로운 음악 스타일이라는 이점을 가졌을 뿐만 아니라, 음악적 혼합에 그들 자신의 고유한 특성을 추가했다. 흑인 음악의 영향도 받았지만, 이와는 또 달랐다. 폴 매카트니는 자신이 리틀 리처즈처럼 노래를 부를 수 있다고 생각했지만, 결코 성공하지 못했다. 폴 매카트니처럼 들렸다. 믹 재거는 미시시피 델타의 영향을 깊게 받았고, 머디 워터스와 하울린 울프에게서 많은 것을 빌려왔지만, 아무도 그를 이 롤모델로 착각하지 않을 것이다. 우리는 이러한 실패에 오히려 감사해야 한다. 키스 리처즈는 척 베리의 리듬 기타 연주를 모방했을지 모르지만, 결국 뭔가 흥미롭고 다른 것, 그만의 연주를 발전시켰다. 에릭 클랩튼은 B. B. 킹 같은 솔로 연주는 절대 하지 못할 것이다. 하지만 그것 역시 불평할 이유가 없다. 조 코커 Joe Cocker는 레이 찰스처럼 노래를 부르려고 했지만 스피커에서 나온 것은 순수한 로큰롤이었다. 이 영국 밴드들은 오래된 소리를 그리면서도, 그들 자신이 고안한 도발적인 새로운 용어를 만들었다.

미국 관객들은 현대 대중음악에서 결코 능가할 수 없는 열정으로 반응했다. 비틀스가 1964년 2월 7일 뉴욕의 JFK 공항에 도착했을 때 집단 히스테리라고밖에 표현할 수 없는 군중 반응이 일어났다. 이틀 후 에드 설리번 쇼에서 밴드가 공연했을 때, 약 7억 3천 3백만 명의 미국인들이 시청했는데, 당시 텔레비전으로 중계된 오락 프로그램으로서는 기록적이었다. 청중들 속에서 비명을 지르던 십 대들은 음악만큼이나 이야기의 일부였다. 유튜브에서 해당 영상을 찾아 밴드의 공연보다 더 많은 것을 보여주는 구경꾼들의 열광을 감상해보자. 마니아는 돈을 의미했다. 1964년 4월 4일, 비틀스는 빌보드 핫 100에서 5위까지의 모든 순위를 차지했는데, 이는 차트 역사상 유일한 기록이다. DJ들은 비틀스 노래를 트는 것에 지쳤지만 청취자들은 다른 어떤 노래도 듣고 싶어 하지 않았다고 빌보드는 지적했다. 이것이 실제 침공이었다면 전쟁은 기록상 가장 짧았을 것이다. 비틀스와 그들의 많은 모방자(매달 새로운 모방자들이 나타났다)는 비행기에서 내리는 순간부터 모든 도전자를 격파했다.

그런데 여기서 유쾌하게 뜻밖의 일이 일어났다. 나는 아마도 이 책을 통해 음악이 분별할 수 있는 규칙과 예측 가능한 역사적 힘에 의해 진화한다는 인상을 전달했을 것이다. 그러나 여기에 설명된 과정은 철칙을 적용한 법칙이 아니다. 오히려 그것들은 행동의 적응 패턴이다. 그것들은 유연하고 다양하며 인간적이다. 무엇보다도 단순한 예측 인과 계산을 넘어선다. 때로는 핵심 인물의 변덕이나 성격상의 기이함 때문에 음악의 전체 역사가 바뀔 수 있다. 1964년 이후 록 음악에서 정확히 그런 일이 일어났다.

음악계의 거의 모든 사람이 비틀스를 모방하기를 원했지만 비틀스는 고정하기가 어렵고 예상하기가 불가능하다는 것을 증명했다. 그들은 몇 달마다 음악 스타일을 바꾸기 시작했는데, 각각의 새 앨범은 다른 미적 노선을 드러냈다. 1965년 비틀스는 이미 모방과 동경의 표적이 되었고, 그래서 이들은 브리티시 인베이전 사운드의 많은 트레이드마크를 버리려고 의도한 것으로 보인다. 이 시점에서 NBC는 주간 TV 쇼에서 비틀스 모방을 특징으로 내세우기로 결정하고 대중 마케팅에 적합한 매력적인 구성인 몽키스Monkees와 계약했다. 이 유명한 밴드가 출연하는 쇼 '몽키스The Monkees'는 1966년 9월 12일에 시작해 비틀스의 영화 '하드 데이스 나이트A Hard Day's Night'(1964), '헬프Help!'(1965)와 꽤 설득력 있는 유사점을 제공했다. 엘비스나 다른 사람들에게 그랬던 것처럼 비틀스의 음악을 주류로 바꿀 준비가 된 합법화 과정은 이미 진행 중인 것처럼 보였다. 그러나 비틀스는 고정관념을 줄 수 있는 모든 시도를 피했다. 그들은 이미 인도 시타르 음악에서부터 《티베트 사자의 서Tibetan Book of the Dead》에 이르기까지 다양한 영향을 받은 실험적인 팝 록 개념을 혼합한 「Rubber Soul(러버 소울)」과 「Revolver(리볼버)」를 발표했다. 실제로 「리볼버」는 몽키스가 TV에 데뷔하기 불과 며칠 전에 상점을 강타했고, 모방과 오리지널의 괴리는 너무나 뚜렷하게 드러났다. 그 후, 몽키스의 명성이 빠르게 침식되는 반감기인 11월에 비틀스는 계획을 실행하기 시작했다. 『Sgt. Pepper's Lonely Hearts Club Band(서전트 페퍼스 론리 하트 클럽 밴드)』는 사이키델릭 보드빌 콘셉트 앨범으로 완전히 새로운 단계의 시작을 알렸다.

이 고양이와 쥐 놀이는 1960년대 말까지 계속되었다. 아마도 현대 대중음악 역사상 유일하게 5년 동안 모방할 뚜렷한 롤모델이 없던 시기였을 것이다. 많은 예술가(및 레이블)에게 이것은 엄청난 좌절감을 주었고, 전체 경력은 도중에 사라졌다. 그러나 소수의 선각자들로서는 규칙이 없는 음악계의 신나는 자유가 흥미진진했다. 준무정부주의적인 자유형으로 새로운 하위 장르와 스타일이 등장하고 있었고, 명확한 방향이나 받아들여지는 지침 없이 운영되는 음악 사업의 영향으로 오래된 장르조차도 변모하고 있었다. 브라이언 윌슨은 서핑에 관한 형식적인 곡을 쓰는 것을 포기했고, 비틀스로부터 영감을 받아 그의 비치보이스 동료들에게 「Pet Sounds(펫 사운드)」와 「Smile(스마일)」을 녹음하도록 유도했다. 후자는 윌슨의 말로 "신에게 바치는 십 대 교향곡" 이상의 것을 목표로 한 오랜 미완성 프로젝트였다. 벨벳 언더그라운드Velvet Underground는 바로 이 순간에 나타나 앤디 워홀Andy Warhol(데뷔 앨범의 프로듀서였다)의 팝아트에서부터 존 케이지와 라 몬테 영의 전위적인 개념까지 다양한 영향을 굴절시켰다. 모두 마약 중독, 매춘, 사도마조히즘과 같은, 이전에 금기시되었던 상업적 음악 주제를 다루는 노래로 채널을 돌린 것이다. 몇 주 후, 몬테레이 팝 페스티벌의 무대에 오르기 전까지 사실상 알

려지지 않았던 제니스 조플린Janis Joplin은 록 시대의 여성 가수들의
역할을 재정립하는 생동감 넘치는 감정으로 관객의 영혼까지 흔들
었다. 그녀는 그날 새로운 슈퍼스타가 되어 무대에서 내려왔다. 샌
버나디노 카운티 감옥에서 출소한 반문화 기타리스트 프랭크 자파
는 지역 당국에 의해 포르노로 간주되는 오디오 테이프를 만든 혐
의로 복역한 바 있다. 그는 이제 캠프와 공연예술 그리고 고출력 록
을 혼용한 그의 밴드 마더스 오브 인벤션Mothers of Invention과 함께 음
악계를 강타하고 있었다. 같은 시기에 또 다른 떠오르는 남부 캘리
포니아 밴드 도어스the Doors는 팝이라기보다는 이교도 의식의 사운
드트랙에 가까운 노래인 「Light My Fire(라이트 마이 파이어)」로 차트 1
위에 올랐다. 한편 대서양을 가로질러 지미 헨드릭스 익스피리언스
Jimi Hendrix Experience는 사이키델릭 하드 록의 새로운 정점을 찍은 준샤
머니즘적이며 선동적인 데뷔 앨범『Are You Experienced(아 유 익스
피리언스드)』를 발매했다.

　이 모든 것이 1967년 한 해 동안 일어난 일이었다!

　민중 부흥 운동의 전형인 밥 딜런조차 플러그를 꽂고, 즐기고,
한계를 밀어내는 새로운 의무에 저항하는 것은 불가능하다는 것을
알았다. 1961년 딜런이 뉴욕 현장에 도착했을 때, 그는 청중들에게
현대의 바드로서 감명을 주었고, 전통적인 발라드, 오래된 블루스,
항의 노래, 그리고 어떻게 해서든 민속적이면서도 날카로움이 동
시에 들리는 똑똑한 어쿠스틱 오리지널을 혼합하여 청중을 매료시
켰다. 딜런의 음악에서 나이 든 가수들, 특히 우디 거스리와 어쿠스
틱 블루스 1세대 연주자들의 영향을 들을 수도 있었지만, 딜런은 다

른 포크 음악들을 할아버지의 서플보드 파티를 위한 배경 음악처럼 들리게 만든 복고풍 향수에 저항했다. 이와는 대조적으로 딜런은 시장이 정말로 "미래 민속음악"을 원한다는 랠프 피어의 예측에 긍정적인 증거를 제시했다. '프리 브리티시 인베이전pre-British Invasion'은 딜런의 모토 역할을 할 수 있었다. 그러나 이와 같은 미래 지향적인 태도로 그는 오히려 1960년대 중반의 더 강력한 음악적 풍경에 적응하게 된다. 1965년 3월에 발매된 그의 다섯 번째 스튜디오 앨범인 『Bring It All Back Home(브링 잇 올 백 홈)』에서, 딜런은 A면에 일렉트릭 록의 요소들을 통합했고, B면은 전부 어쿠스틱 트랙으로 채웠다. 딜런에 대한 모든 의구심은 7월에 풀렸다. 7월에 그는 여름 내내 전파를 지배하게 될 활기찬 일렉트릭 록 애국가인 「Like a Rolling Stone(라이크 어 롤링스톤)」을 발표했다. 제목조차 딜런 세계의 재편성과 그 시대의 저명한 영국 밴드들에 의해 불타오른 새로운 길을 따라가겠다는 예술가의 결심을 알리는 듯했다.

딜런의 다음 단계는 뉴스거리가 넘치는 그의 경력 가운데 가장 논란이 많은 순간으로 두드러진다. 며칠 후 딜런은 뉴포트 포크 페스티벌에서 일렉트릭 기타와 오르간을 특징으로 하는 플러그인 밴드와 함께 연주하기로 결정했다. 참석자들은 관객들의 야유가 음악에 대한 반응인지, 음질이 좋지 않아서인지, 짧은 공연 때문인지, 혹은 그날 정말 무슨 일이 있었는지에 대해 여전히 논쟁한다. 그러나 자세한 내용은 신화보다 덜 중요하며, 이 신화는 실제 상황을 음악 청교도들을 위한 일종의 도덕극으로 빠르게 바꾸어 놓았다. 포크 뮤직의 아이콘 피트 시거Pete Seeger는 그 절차에 불쾌해했지만, 무대

위의 전기 기구에 동력을 공급하는 케이블을 실제로 도끼로 잘라내지는 않았다. 민속음악 수집가 앨런 로맥스는 딜런의 매니저 앨버트 그로스먼과 무대 뒤에서 주먹다짐을 하지 않았다(실제로는 그랬지만, 그것은 이틀 전, 다른 플러그인 콘서트에서였다). 그런 장황한 이야기들이 그 사건 이후 많이 전해졌는데, 과장과 왜곡을 누그러뜨린 후에도 더 큰 진실은 남아 있었다. 위대한 밥 딜런은 이제 대중문화 시대정신에 적응할 필요가 있다고 느꼈는데, 그것은 가장 헌신적인 많은 팬을 남겨두는 것을 의미했다. 그리고 이 순간, 비틀스가 어쿠스틱 포크풍의 노래에 관심을 돌리고 있었다는 사실에는 무거운 아이러니가 있다(그들 중 다수는 딜런의 초기 작품에 영감을 받았다). 불과 몇 년 뒤, 어쿠스틱 싱어송라이터들이 현장에 나타나, 일렉트릭 록 플레이북의 어떤 것보다도 초기 딜런과 더 유사한 노래로 차트에 오르게 될 터였다. 그러나 1960년대 후반의 정신으로 볼 때, 그중 어느 것도 진정으로 중요한 것은 없었다. 시대정신은 끊임없는 재창조를 요구했다. 누구도 가만히 서 있거나 과거의 성공을 되돌아볼 여유가 없었으며, 선두의 예술가들은 매우 적극적으로 애초에 자신들의 경력을 시작한 다리를 불태웠다.

돌이켜보면 이 모든 것이 믿기지 않는다. 그들 자신의 스타일을 계속해서 전복시키고 자신들을 명성의 정점으로 끌어올린 바로 그 소리를 훼손한 음악가들을 기반으로 대중오락 운동을 전개할 수 있을까? 영구혁명이라는 개념으로 상업 음악 장르를 구성할 수 있을까? 이 정도로는 충분하지 않다는 듯, 1960년대 말, 음악의 역사가 환상의 영역으로 흘러들어갈 준비가 된 듯 보이는 순간, 이야기에서 가장 비현실적인 장이 펼쳐졌다. 이상하고 기괴했다. 내가 얼마나 매료되어 있었는지 인정하기 부끄러울 정도다. 조롱하고 싶지만 그럴 수가 없다.

록 운동의 지도자들이 이제 노래가 평화와 사랑의 새로운 세계 문화를 불러올 것이라고 결정했던 순간을 말하는 것이다. 마치 그 것이 미친 짓이 아니라는 듯, 팬들은 실제로 이를 실현시키기 위해 움직이기 시작했다. 수백만 명의 사람들이 거리로 나와 자신의 삶을 변화시키고, 최고의 사랑이라는 만트라mantra로 사회와 맞서기 시작했다. 만약 당신이 영화 대본을 쓰고 있다면, 이 결말은 너무 황당해 거절당할 것이다. 음악이 거듭 변모하고 매혹적이며 세상을 변화시키고 권력 브로커와 지배 기관을 거스르는 개념에 전념하는 이 같은 연대기에서도, 그러한 야망은 실제로 노래가 전달할 수 있는 범위 밖인 것 같다.

베트남 전쟁은 록 커뮤니티에 활기를 불어넣었다. 록은 항의의 사운드트랙이었고, 심지어 1967년 이 문화 변화의 중심에 붙여진 명칭인 사랑의 여름Summer of Love 이전에도 분쟁에 반대하는 사람들에게 집회의 외침으로 사용되었다. 항의 음악은 한 가지인데, 록의 이 새로운 단계는 이상적이었고, 영적이기까지 했다. 사회와 일상생활에 대한 대안적 관점이었고, 그 자체의 철학, 윤리 강령, 그리고 (무엇보다도) 음악적 애국가가 완성됐다. 1965년 초, "꽃의 힘"이라는 독특한 용어는 대중 담론에 들어갔다. 아마도 시위자들에게 경찰관과 정치인들에게 꽃을 나눠주라고 한 앨런 긴스버그의 제안에서 영감을 받은 것 같다. 대중 언론은 곧 "히피"에 대해 쓰고 있었다. 즉, LSD에서 지저분한 다색의 옷, 특히 항의의 개념에 이르기까지 반문화의 거의 모든 측면을 포용하는 새로운 록에서 영감을 받은 생활방식이 옹호되었으며, 특히 항의의 개념은 이제 동남아시아의 전쟁에 대한 단순한 논평을 넘어서서 모든 전통적 가치에 대한 불신을 구체화시켰다. 록은 더 이상 음악 장르가 아니었다. 그것은 관점에 따라, 변형된 사회 운동이나 확립된 방식에 대한 치명적 위협이었다.

1967년 6월 25일, 비틀스는 런던의 애비로드 스튜디오에서 위성을 통해 최초의 글로벌 TV 방송을 만들었다. 이것은 월드 와이드 웹 이전의 전 세계적 웹이었다. 약 4억 명의 사람들이 시청했다. 에릭 클랩튼에서 롤링스톤스에 이르기까지 다른 유명 로커들도 초대되었다. 이들은 「All You Need Is Love(올 유 니드 이스 러브)」라는 노래 형식의 메시지를 전했다. 한 관점에서 볼 때, 이것은 새로운 것은 아니었다. 대중음악은 항상 사랑을 다루었다. 그러나 역사상 이 순간 상업 음악에서 말하는 사랑은 이전의 팝송의 낭만적이고 성적인 것과는 달랐다. 1967년의 사랑 운동은 섹스에 관한 것이 아니었고(물론 정절을 위한 것도 아니었다) 영적이며 사회적 의미에서의 정신적인 사랑에 관한 것이었다. 연인뿐 아니라 모두를 위한 비전이었다.

언론 매체들은 새로운 분위기에서 영감을 얻은 대규모 행사인, 러브인love-in, 비인be-in, 또는 해프닝happening이라고 불리는 이상한 새로운 모임에 대해 정기적으로 보도했다. 1967년 7월 알렉산드라 궁에서 열린 런던 러브인London Love-In에서 참석자들은 문 앞에서 각각 꽃을 선물받았다. 온갖 반문화 운동이 시끄러운 록 사운드 속에서 평화롭게 공존하는 것 같았다. 샌프란시스코 골든게이트 파크에서 열린 휴먼 비인Human Be-In에 3만 명의 사람들이 참석했고, 음악을 방해하는 정전이 일어나도 분위기가 흐트러지지 않았다. 결국 진짜 쇼는 참석자들 사이에서 열렸는데, 많은 사람이 그날을 위해 그들만의 화학적 오락거리(마약)를 가져왔다. 음악은 사회를 재편하고 있었고, 음반 산업은 통제할 수 없는 힘, 이해할 수 없는 힘을 따라잡기 위해 애쓰고 있었다. 불과 몇 달 만에 브리티시 인베이전 전체가 시대에 뒤떨어지게 되었고, 팝 히트곡들은 이제 이 새로운 종류의 우주적 사랑을 언급하고 있었다. 이 시기의 가장 힙한 라디오 방송국은 「Groovin'(그루빈)」, 「Happy Together(해피 투게더)」, 「Good Vibrations(굿 바이브레이션)」, 「The Happening(더 해프닝)」, 「Mellow Yellow(멜로우 옐로우)」 등의 음악을 틀었고, 아마도 이 운동의 가장 상징적인 노래인 「San Francisco(샌프란시스코)」는 리스너들에게 만을 통해 도시로 향하되 '머리에 꽃을 꽂을 것'을 권했다. 많은 청취자가 이 조언을 진지하게 받아들였을 것이다. 사랑의 여름 동안 10만 명의 젊은이들이 라디오에서 흘러나오는 세심하고 초월적 감정을 활용하기 위한 일종의 비전 탐색으로 샌프란시스코의 하이트 애슈버리 지역에 도착했다.

이 이야기는 물론 나쁘게 끝난다. 하지만 왜 그것이 나쁘게 끝나는지 정확히 조사할 가치가 있다. 음악의 역설적 본질을 사회 변화의 힘으로 이해하는 데 도움이 될 것이다. 우리는 이미 가사에서 사랑을 홍보하면서도 폭력을 선동하는 노래의 많은 예를 보았다. 1960년대 후반은 이러한 모순이 가장 두드러진 예를 제시한다.

1967년의 그루브한 분위기는 1968년의 사회적 격변으로 흘러 들어갔고, 록 음악은 두 운동의 사운드트랙이었다. 정부 청사, 은행 등 공공장소에 폭탄을 터뜨린 혁명단체 웨더 언더그라운드Weather Underground는 밥 딜런의 가사에서 이름을 따왔다. 1960년대 후반 가장 유명한 살인 사건을 저지른 무자비한 집단의 리더인 찰스 맨슨은 비틀스 노래 「Helter Skelter(헬터 스켈터)」를 개인 주제곡으로 채택했다. 맨슨은 그 자신이 록 가수 지망생이었고, 그가 살인 광란을 일으키기 전에 음악계의 많은 사람이 그를 얼마나 진지하게 받아들였는지 알면 불안할 정도다. (그러나 아마도 이상한 일은 아닐 것이다. 이 시기 슈퍼스타 가수들의 배경, 즉 젊음, 남성, 독신, 니체 철학의 의지를 가진 것 등은 유죄 판결을 받은 살인자들의 배경과 섬뜩한 유사성을 보인다.) 1969년이 되자 사랑과 사건의 세계는 이미 어렴풋한 기억이 되어가고 있었다. 그해 여름 샌프란시스코에서 가장 큰 뉴스 기사는 로맨틱한 데이트를 즐기는 젊은 커플들을 살해했다는 미치광이 조디악 킬러Zodiac Killer에 초점을 맞춰, 그에 대한 암호화된 메시지를 지역 언론에 보내며, 때로는 노래 가사를 인용하기도 했다. 그해 가장 악명 높은 록 행사는 30만 명을 끌어모았는데, 폭력과 죽음으로 기억되는 알타몬트 프리 콘서트였다. 헬리콥터를 타고 도착한 순간, 믹 재거는 격분한 팬에게 주먹질을 당했고 롤링스톤스의 공연 동안 상황은 더 악화되었는데, 그때 한 무리의 그룹이 무대로 달려와 행사 보안을 맡은 헬스 엔젤스Hells Angels 갱단 멤버들의 보복에 박차를 가했다. 참석자 중 한 명인 메러디스 헌터Meredith Hunter는 권총을 뽑았다가 경비대원에게 칼에 찔리고 맞아 숨졌다. 이 일은 1969년 12월 6일에 일어났는데,

단지 10년이 끝나던 순간이 아니라 대중음악에서 가장 낙관적인 시대의 비공식적 종말이었다. 어떻게 상황이 그렇게 빨리 변했을까? 어떻게 몇 달 만에 「All You Need Is Love」에서 알타몬트의 분노로 갔을까?

참가자와 해설자들의 분석이 쏟아졌다. 아마도 가장 이상한 것은 지하 신문인 〈버클리 바브Berkeley Barb〉와 다른 비공식 소식통에 떠돌아다니던 추측인데, 헌터의 살인이 믹 재거 자신이 직접 주재한 의식적 희생이라는 것이었다. 반문화 뉴스의 더 믿을 만한 정기 간행물 〈롤링스톤〉조차도 재거가 「Sympathy for the Devil(심퍼시 포 더 데빌)」을 부르는 동안 살인이 일어났다고 잘못 발표했다(실제로 그것은 네 곡을 더 연주한 후인 「Under My Thumb(언더 마이 섬)」 연주 중에 일어났다). 알타몬트 역사학자 사울 아우스터리츠Saul Austerlitz에 따르면, 이것은 조잡한 저널리즘이었을 수도 있지만, 일종의 "마법적이거나 종교적인 사고" 즉 "소원 성취의 형태"를 대표하기도 했다. "팬들은 정말로 믹 재거가 악마를 소환할 수 있을 만큼 강력하기를 원했다"라고 그는 지적한다.[4]

사랑이 넘치는 여름은 끝났다. 사람들은 이제 악마를 소환하는 것에 대해 걱정하고 있었다! 그리고 이러한 변화는 단지 나쁜 업보나 나쁜 LSD 환각 체험의 결과만은 아니었다. 비록 그 화학물이 한몫했지만 말이다. 역사의 시작에서 우리는 음악을 포함한 어떤 결정적인 자극에 반응하여 시상하부의 메시지를 통해 몸의 혈류로 방출되는 흥미로운 호르몬인 옥시토신을 살펴보았다. 우리가 노래를 부를 때, 이 호르몬은 사람들과 유대감을 느끼게 한다. 그래서 국가

마다 애국가가 있고, 스포츠팬들은 팀 노래를 부른다. 어떤 사람들은 옥시토신을 "사랑 호르몬" 또는 "포옹 호르몬"이라 부르기도 한다. 여러분의 부모님은 아마도 음악 공연에서, 콘서트에서 유대감을 느끼며 혹은 로맨틱한 영화의 엔딩 크레디트가 올라가는 동안 감성적인 노래를 들으며 첫 데이트를 했을 것이다. 그러나 이 모든 것은 이야기의 절반에 불과하다. 옥시토신은 또한 사람들을 동원하여 다른 집단과 싸우게 한다. 이 호르몬은 스트레스를 받을 때 나타나며, 사람들을 폭동이나 전투에 투입시킨다. 그래서 군 조직도 행진곡이라는 그들의 음악을 갖게 된 것이다. 그리고 앞에 언급된 스포츠팀 음악을 흔히 '싸움 노래fight song'라고 하거나, 시위대가 노래나 구호를 외치며 분노를 표현하는 이유도 여기에 있다. 즉 호르몬의 이중적 역할은 음악의 이중적 역할을 위한 발판이다. 이 역설을 이해하지 못한다면 우리는 사회에서 노래의 진정한 역할을 결코 이해하지 못할 것이다. 시인들은 음악이 사랑의 음식이라고 말하지만, 노래가 폭력과 잔혹성을 불러일으킬 수 있다는 점도 경고해야 한다. 이것은 불쾌한 진실일 수 있다. 아마도 이 불쾌감이 왜 음악과 폭력의 관계가 학문적 연구에서 거의 탐구되지 않는지를 설명해 줄 것이다. 하지만 음악사학자가 무시할 수 있는 것은 하나도 없다.

그래서 우리의 사랑의 여름은 지속될 수 없었던 것이다. 하지만 그것이 또 다른 표현으로, 새로운 이름으로 다시 돌아오는 이유이기도 하다. 매번 새로운 사운드트랙을 가지고 말이다. 나는 우리가 피할 수 없는 어두운 면으로의 우회 때문에 더더욱 그 행복한 시야를 갈망하고 있다고 생각한다.

26

희생 의식

Music: A Subversive History

The Sacrificial Ritual

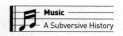

여기 여러분이 풀어야 할 퍼즐이 있다. 명단을 적어놓을 테니 공통점이 뭔지 알아내 보자.

이 두 가지부터 시작해 보자.

- 비틀스
- 롤링스톤스

아마도 당신은 이미 이 리스트가 무엇을 포함하고 있는지 직감할 것이다. 하지만 이름을 몇 개 더 추가해 보자.

- 비틀스
- 롤링스톤스
- 레드 제플린

- 그레이트풀 데드
- 도어스
- 더 후
- 비치 보이스

이쯤 되면 의심의 여지가 거의 없다. 나는 록 음악에서 가장 영향력 있는 밴드들을 나열하고 있다. 아마도 이들은 로큰롤 명예의 전당의 최초 입성자일 수도 있고, 혹은 역대 위대한 사람을 뽑는 잡지 여론 조사의 최고 득표자일 수도 있다.

그러나 이렇게 짐작했다면 틀렸을 것이다. 목록을 계속 작성해 보되, 좀 더 자세한 내용을 추가하겠다.

- 비틀스 (존 레논, 40세에 사망)
- 롤링스톤스 (브라이언 존스, 27세에 사망)
- 레드 제플린 (존 본햄, 32세에 사망)
- 그레이트풀 데드 (론 "피그펜" 맥커넌, 27세에 사망)
- 도어스 (짐 모리슨, 27세에 사망)
- 더 후 (키스 문, 32세에 사망)
- 비치 보이스 (데니스 윌슨, 39세에 사망)
- 지미 헨드릭스 익스페리언스 (지미 헨드릭스, 27세에 사망)
- 버디 홀리와 크리켓 (버디 홀리, 22세에 사망)
- 섹스 피스톨스 (시드 비셔스, 21세에 사망)
- 올맨 브라더스 밴드 (듀안 올맨, 24세에 사망)

- 빅 브라더 & 홀딩 컴퍼니 (재니스 조플린, 27세에 사망)

- 너바나 (커트 코베인, 27세에 사망)

이 목록을 연구하는 보험계리사는 록스타가 세계에서 가장 위험한 직업이라고 결론지을 수밖에 없을 것이다. "죄송합니다만, 일렉트릭 기타를 연주하시기 때문에 생명보험에 가입할 수 없습니다." 어떻게 그렇게 많은 슈퍼스타 밴드들이 마흔 살 이하의 나이에 창단 멤버를 잃을 수 있을까? 더 충격적인 것은, 이 죽음들 중 어느 것도 "자연적인 원인"에 기인하지 않는다는 점이다. 이 슈퍼스타 중 가족에 둘러싸인 침대에 누워 조용히 죽은 사람은 한 명도 없다. 이것은 우연의 일치일 수 없다는 것을 굳이 통계학자가 말할 필요는 없다. 그것에 대한 확률은 천문학적일 것이다. 어떤 사람들은 이러한 죽음을 불운에 지나지 않는다고 치부할 수도 있다. 존 레논은 잘못된 시간에 잘못된 장소에 있었다. 데니스 윌슨은 누구에게나 일어날 수 있는 익사 사고를 당했다. 그리고 그 외에도 누적된 증거는 그러한 단순한 서술에 저항한다. (그런데 레논을 고려하지 않아도 우리는 여전히 비틀스의 첫 베이시스트인 스튜어트 서트클리프Stuart Sutcliffe가 1961년 공연 후 구타의 영향으로 스물한 살에 죽은 비극적인 사건을 남겨두고 있다. 록은 위험한 뮤즈다.)

다양한 설명이 가능하지만, 모두 고려하기에는 불안하다. 아마도 록 팬들은 사회에서 가장 자기 파괴적인 인물에 끌려 머릿속이 복잡할 것이다. 그들은 자신을 파괴할 바로 그 인물들을 유명하게 만든다. 아마 팬들이 좋아하는 록스타에게 바라는 것이 바로 그것일 것이다. 1963년 평범해 보인다는 이유로 롤링스톤스에서 쫓겨난 키보드 연주자 이안 스튜어트Ian Stewart의 사례를 생각해 보자. 보험 회사들은 그것에 대해 뭐라고 말할까? 그 직업은 일단 성공을 경험 하면 사람들을 무모한 존재, 마약 중독자, 파괴에 열광하는 미치광 이들로 바꾸어 놓는다. 또는 최첨단에서 음악을 만드는 것은 방사 선이나 치명적인 병원균에 노출되는 것과 같은 극도의 위험을 불러 올 가능성이 있는지도 모른다. 조기 사망의 위험은 단순히 우리 나 머지를 구속하는 지루한 경계를 넘어 활동하는 선각자들의 직무의 일부일 뿐이다. 아니면 신은 그냥 로큰롤을 좋아하지 않는지도 모 른다.

그러나 음악 공연과 폭력의 반복적인 연결은, 살상 도구와 먹잇 감의 조각 등이었던 악기의 기원(사냥꾼의 활, 동물의 뿔, 가죽으로 만든 북, 뼈 피리, 내장 등)으로 거슬러 올라가, 로큰롤 가수가 젊어서 사망하는 데 오랜 역사가 있음을 보여준다. 음악은 항상 위험한 사업이었고, 예술 형태는 흘린 피와 가장 밀접하게 연관되어 있다. 그래서 전쟁, 무술, 희생자의 희생, 뜨거운 석탄 위를 걷는 것, 피어싱, 극단적인 자기 훼손, 그 밖의 여러 다른 방식으로 나타나는, 음악과 폭력을 결 합한 전통적 의식이 많다. 아메리카 대륙의 태양 춤, 인도의 카바디 아탐Kavadi Attam, 불가리아의 아나스테나리아Anastenaria , 브라질의 카 포에이라capoeira, 그 외 세계 여러 곳에서 이를 발견할 수 있다. 현대 에서는 잔인함이 실현되기보다는 일반적으로 잠재되어 있다. 위험 은 상징으로 바뀌었다. 대부분의 경우, 의식이 위험을 완전히 길들 여서 거의 알아볼 수 없다. 그러나 알타몬트, 스트라빈스키의 「봄의 제전」초연, 윈터랜드에서 열린 섹스 피스톨스의 마지막 콘서트 등 상징과 의식은 더 이상 무대 위의 공연자들이 불러일으킨 강력한 감정을 억제할 수 없다. 군중은 카타르시스를 추구하는 과정에서 합리적 범위를 넘어섰든, 아니면 서로에게 가할 폭력의 희생양이 되든, 어쩌면 실제 희생자가 생기더라도 통제할 수 없는 충동의 통로를 찾는다. 영구 혁명의 음악으로서 록의 본질은 상징이 실제 폭력으로 변하지만 경계를 넘지 않는 한계점에 접근하는 것이다. 때때로 록의 미사여구는 실제적인 희생을 요구하는 것처럼 보이지만, 그것은 진정한 제안이라기보다는 태도에 대한 것이다. "로큰롤은 정말 대단해. 사람들은 그걸 위해 죽어야 해." 루 리드Lou Reed는 다음과 같이 말한 적이 있다. "사람들은 음악을 위해 죽어야 한다. 다른 모든 것을 위해서는 죽으면서, 왜 음악은 안 되는가? 음악을 위해 죽어라. 아름답지 않은가?" 리드는 물론 과장하고 있었지만, 전혀 틀린 말은 아니었다. 록의 진짜 목표는 불에 타지 않고 불을 가지고 노는 것이다. 하지만 누가 정말로 벼랑 끝 전술 게임을 마스터할 수 있을까?[1]

희생의 필요는 공연 중 계산된 광란의 순간에 악기를 의식적으로 파괴할 때 가장 분명해진다. 록은 이 광경을 발명하지는 않았지만, 밴드나 관객을 향해 가해지는 실제 물리적 폭력을 대신할 수 있는 힘을 빠르게 인식했다. 라 몬테 영은 "나는 무대에서 악기를 최초로 파괴한 사람들 중 한 명이었다"라고 자랑한다. "YMHA에서 바이올린을 태웠는데 사람들이 '작곡가를 불태워라!' 같은 소리를 질렀다." 단어들이 분명하게 표현하듯이 악기는 음악가의 대체물이며, 그 의식적 파괴는 청중에게 강력한 영향을 미친다. 1956년 초, 사실상 로큰롤이 탄생할 무렵, 감성적인 구시대 사람들을 위한 달콤한 음악 전문 TV 시리즈인 로렌스 웰크 쇼에서 엘비스 프레슬리를 패러디한 연주자가 어쿠스틱 기타를 무릎으로 박살냈다. 실제 록 스타들이 그런 몸짓의 가치를 파악하는 데는 그리 오래 걸리지 않았다. 종종 제리 리 루이스Jerry Lee Lewis가 1958년 콘서트에서 척 베리의 주연 역할을 해야 하는 것에 짜증이 나 그의 히트곡 「Great Balls of Fire(그레이트 볼스 오브 파이어)」를 연주하는 동안 피아노에 기름을 붓고 불을 질렀다는 이야기가 인용된다. 청중들은 통제할 수 없게 되었고, 경찰은 그들이 무대 위로 올라가지 못하게 하려고 안간힘을 썼지만, 그들은 희생의 대체품이 되었다. 정말 이런 일이 일어났을까? 수년에 걸쳐 루이스는 때때로 그 사건을 부인했지만, 간혹 인정할 때도 있었다. 록의 신화에서, 진실은 중요하지 않다. 할리우드가 1989년 루이스의 전기 영화 '그레이트 볼스 오브 파이어Great Balls of Fire'를 만들었을 때, 불타는 피아노는 이 영화의 하이라이트였다. 록 스타들은 이렇게 행동할 것으로 기대된다. 실제로 이런 일이 일어나지 않았다면 적어도 그런 척이라도 해야 한다.[2]

차세대 록 스타들의 악기 파괴 의식에 대해서는 의심의 여지가 없을 것이다. 더 후The Who의 피트 타운센드Pete Townshend는 그가 이런 관행을 시작했다고 주장했다. 그는 천장이 낮은 클럽에서 기타를 들어 올릴 때 실수로 기타를 깨트린 다음, 순간적인 충동으로 망가진 악기를 산산조각 낼 결심을 했다. 그 밴드의 후속 공연을 본 관객들은 그가 다시 그렇게 하기를 기대했다. 기대되는 반복, 그것이 의식의 본질이다. 그는 종종 의무감마저 느꼈다. 기타의 부서진 조각들은 이제 수집가들에게 인기가 있으며, 성인의 유물과 맞먹는 록의 유물과 같다. 이 강력한 루틴은 모방을 불러왔고, 곧 더 후의 드러머, 키스 문Keith Moon이 그 연극에 뛰어들었다. 밴드가 미국 TV에 데뷔했을 때, 문은 드럼 키트에 폭발물을 가득 채웠다. 일부 설명에 따르면, 그 결과로 생긴 폭발은 타운센드의 청력 문제를 야기시켰지만, 문은 록의 신전에서 한 발짝 더 올라갔다. 1966년 미켈란젤로 안토니오니의 영화 '블로우업Blow-Up'에 야드버즈Yardbirds가 등장했을 때, 기타리스트 제프 벡Jeff Beck은 같은 시대정신을 발휘하여 카메라로 기타를 망가뜨리고 밴드가 연주하는 클럽에서 폭동을 일으켰다. 비슷한 시기에 킨크스Kinks는 실제로 웨일스에서 열린 콘서트에서 드러머 믹 애보리Mick Avory가 드럼 페달로 기타리스트 데이브 데이비스Dave Davies를 때리며 무대 위에서 싸웠다. 데이비스는 결국 병원에 입원했고, 애보리는 그 후 3일을 경찰로부터 숨어 지냈다. 오늘날에도 밴드의 팬들은 숨 가쁘게 '카디프의 티프(카디프에서 일어난 다툼)'에 대해 이야기한다.

얼마나 많은 록 아티스트들의 상징적 사진이 그들의 파괴적인 행동을 포착한 것인지 알면 놀랍다. 지미 헨드릭스가 1967년 몬테레이 팝 페스티벌에서 기타에 불을 질렀을 때, 이 선동적인 공연은 그의 커리어를 끌어올리는 데 도움이 되었을 뿐만 아니라 결정적인 록의 순간으로 기념되었다. 사건의 의례적 성격을 적나라하게 강조하는 그 불타는 사진에서 헨드릭스는 불길에 무릎을 꿇고 앉아 마치 록의 신을 소환하는 것처럼 손을 들어 올렸고, 이 사진은 〈롤링스톤〉지의 표지에 두 번 등장했다. 그러나 〈Q 매거진〉이 역대 최고의 로큰롤 사진을 선정했을 때 헨드릭스는 〈런던 콜링London Calling〉 표지 이미지에 졌는데, 이는 클래시Clash의 폴 시모논Paul Simonon이 뉴욕 팔라듐 무대에서 펜더 베이스를 부수는 모습이다. 이 사진은 현재 로큰롤 명예의 전당에 부서진 악기 옆에 전시되어 있다.

　록 음악가들이 그들 자신, 서로, 그리고 사물들을 파괴하는 이야기로만 한 권의 책을 쓸 수도 있다. 시간이 지남에 따라, 의식화된 록 폭력의 개념은 콘서트 무대를 넘어 다른 다양한 환경으로 나아갔다. 록 뮤지션들이 호텔 방을 망가뜨린 일은 너무 유명하다 못해 진부해졌다. 2010년 〈가디언〉은 '록스타들이 더 이상 쓰레기를 버리지 않는 이유'라는 제목의 기사를 게재하기도 했다. 기타 영웅들이 벽을 스프레이로 칠하고, TV를 창밖으로 내던지고, 소파에 토하던 시절을 그리워하는 기사였다. 그러나 1960년대 말까지도 의식 파괴의 소용돌이는 자멸하는 것처럼 보였다. 비치보이스의 뮤즈, 브라이언 윌슨이 앨범『스마일』의 녹음 세션에서 불을 지르기로 했다는 이야기가 돌았다. 밴드 멤버들에게 빨간 소방관 헬멧을 나눠주었다는 이야기는 사실성을 더했다. 이는 실패했지만, 브라이언 윌슨이 결국 그 노래 테이프를 불 질렀다는 다른 소문이 돌기 시작했다. 진정한 록 팬에게는 테이프를 지우는 것만으로는 충분하지 않을 것이다. 음악은 불에 탄 희생물이 되어야 한다.[3]

　이것은 사회학이나 심리학이 아니라 음악사학 책이다. 그렇다 하더라도 왜 이 시대의 록 음악이 제사 의식과 닮은 점을 많이 드러내는지 생각해 볼 필요가 있다. 음악이 우리가 추적할 수 있는 한

먼 옛날부터 폭력과 연결되어 있었던 것은 사실이지만, 1963년 존 F. 케네디 암살과 1972년 워터게이트 침입 사이의 떠들썩한 시기에 상업적 음악을 미지의 위험한 바다로 밀어넣은 무언가가 있었다. 희생 제사 의식의 위대한 이론가인 르네 지라드는 설명할 수 있을지도 모른다. 그는 이러한 의식이 진짜든(인간이나 동물이 희생된다) 아니면 단지 상징적이든(기타 한 대가 파괴된다) 사회적, 심리적으로 강력한 이익을 가져다준다는 점에 주목한다. 사회에서 만연한 폭력을 무고한, 어떤 경우에는 영웅이나 준신앙으로 취급되기도 하는 특별한 피해자에게 집중시킴으로써 이를 완화할 수 있다. 하지만 이 특별한 지위가 대리인을 조롱과 경멸로부터 면제해주지는 않을 수도 있다.[4]

이상적인 목표에 대한 지라드의 설명은, 우리가 이 책에서 논의한 음악 혁신가들의 정의적 특징과 아주 일치한다. "의식의 희생자는 외부도 내부도 아닌 주변부 범주에서 도출되는 경향이 있다. 이러한 한계적 자질은 희생 제물의 적절한 기능에 매우 중요하다." 선택된 개인은 명예롭기도 하고 두렵기도 하다. 때로는 그들에게 성적인 호의를 구하기도 하기 때문에 그들의 매력은 매우 크지만, 다른 경우에는 금기를 위반하거나 어두운 힘을 통솔한다는 비난을 받는다. 그러나 그들이 죽은 후, 그리고 지역사회에 평온함이 돌아온 후, 존경이 이전의 모든 부정의 감정을 대체한다. 이 고귀한 수준의 음악 스타들은 사망 이후 일주일 동안 새로운 인기의 정점에 도달한다. 파괴적인 감정에 대한 이전의 비난은 이제 존경받으며, 희생자와 연결된 유물들은 (이베이에서 파괴된 기타의 조각을 사는 정도까지) 신자들이 소중히 여기는 특별한 물건으로 취급되고 있다. 모든 음악가는 약간의 두려움을 가지고 이 문제를 고려해야 한다. '그래, 당신은 특별해요. 하지만 특별한 게 항상 좋은 건 아니에요.' 공연자를 관객과 차별화시키는 바로 그 요인들은 숭배와 더불어 파괴적인 강력한 감정을 불러일으킨다. 위험 요소가 지나간 후에야 비로소 그들은 성인으로 추대된다.[5]

참가자나 청중들은, 거의 일반적으로, 어두운 충동의 어떤 전이가 일어났다는 것을 모르고 있다. 사실 지라드의 모델에 따르면, 의식의 힘은 이러한 인식 부족에 달려 있다. 그러나 기이한 측면에서 그는 안정된 환경에 있는 개인들이 폭력에 대한 독점권(전쟁 선포, 범죄 처벌 등)을 당국에 위임했다는 단순한 이유로, 공무원과 법률기관이 신뢰받고 존중받는 사회에서 이러한 의식은 덜 중요하다고 인정한다. 이런 의식은 공격성을 위한 더 전통적인 배출구를 대체할 뿐이다. 같은 이유로, 지배 엘리트들에 대한 신뢰의 상실은 개인에게 폭력적인 보복에 대한 책임을 넘긴다. 이러한 맥락에서, 준희생 행위의 방향으로 이 위험한 에너지를 전달하는 의식과 축제는 상황이 통제 불능으로 치닫는 것을 막기 위해 필요할 수 있다. 그렇다면 정부의 정당성에 대한 신뢰 상실의 관점에서 볼 때, 20세기 미국에서 가장 불안정한 시기인 베트남 시대가 록 콘서트를 희생 의식으로 등장시켰어야 했다는 사실에 놀라야 할까?

같은 시대 미국 밖에서도 비슷한 불안정이 목격되었다. 1968년의 파리 폭동, 몇 달 후 체코슬로바키아의 소련 전차, 1969년 북아일랜드 폭동, 중국의 문화혁명, 그리고 여러 지역에서 발생한 많은 다른 집단 폭력 사건을 고려해 보라. 그런데 시기는 지라드가 1972년에 출판한 제사에 관한 신학서 《폭력과 성스러운 것Violence and the Sacred》을 집필하던 때와 정확히 같다. 그는 이 작품에서 음악을 다루진 않지만, 우리는 아마도 당시의 희생적 위기에 대해 지라드의 눈을 뜨게 한 동일한 사건들이 그 시대의 록 문화에도 메아리쳤다고 결론지을 수 있을 것이다. 그것은 나름대로 독특한 방법으로 만연한 감정을 완화시키는 데 도움이 되었을지도 모른다. (그리고 1960년대 록을 파악하는 데 특히 도움이 되기는 하지만, 음악가들을 준희생적 희생자로 분석하는 지라드식 분석이 오페라, 음유 가곡, 어린이 노래, 게임, TV 리얼리티 쇼 노래 경연대회, 로버트 존슨과 전통 블루스, 예배 음악 등과 같은 다른 맥락과 상황에 적용될 수도 있다는 점에 주목할 필요가 있다.) 다른 말로 하자면, 무대 위의 슈퍼스타든, 파티에서의 파트너든, 아니면 「London Bridge Is Falling Down(런던 브리지 이즈 폴링 다운)」이든, 음악 공연에서 유발되는 불안정한 태도는 팬들의 변덕스러운 충성의 징후가 아니라 의식의 필수적 부분이며 심지어 그룹들이 '열기를 발산하는' 방법이다.

지라드의 이론에 따르면, 제사의 성공은 전형적으로 공동체 내의 만연한 폭력을 줄이고 개인들이 자신의 개인적 관심사로 침착하게 돌아갈 수 있도록 하는 능력에 달렸다. 그런데 이는 위험한 사회 불안정을 동반하고 격렬한 감정을 불러일으키는 동일한 의식적 행사도 평화와 사랑의 원천으로 소중히 여겨진다는 특이한 역설이다. 우드스톡과 1960년대 후반의 다른 반문화 음악 행사들이 현대사에 그들의 명성을 남긴 것과 거의 같은, 공격성과 근사한 공생이 혼합된 이상한 조합이다. 또한 이 가설이 맞다면, 더 넓은 문화와 음악계 모두 이러한 의식의 여파로 폭력적인 에너지를 잃어야 한다. 헨드릭스가 기타에 불을 지르거나 키스 문이 드럼을 폭파하는 것과 같은 사건들은, 이런 관점에서 볼 때, 홍보 수단이나 군중을 흥분시키는 행위 그 이상이다. 오히려 카타르시스 효과, 즉 관련된 사람들에게 일종의 아리스토텔레스적 감정을 정화시키는 강력한 중재 역할을 한다. 그래서 우리는 1960년대의 격동 이후 1970년대 초에 냉각기가 뒤따를 것이라고 예상해야 한다. 이는 희생 위기가 해결된 후항상 일어나는 일이다. 공격은 화해에 자리를 내어주고 집단행동은 개별 주도로 대체된다.

그것이 바로 1970년대 초 음악에서 일어난 일이다. 반문화 로커들이 절제된 싱어송라이터들과 덜 공격적인 팝 감성에 자리를 내줬다. 1972년 빌보드 최고 싱글 목록은 매우 다른 음악적 장면을 보여주었다. 상위 20위 안에는 웨인 뉴턴Wayne Newton의 「Daddy Don't You Walk So Fast(대디 돈트 유 워크 소 패스트)」, 새미 데이비스 주니어Sammy Davis Jr.의 「The Candy Man(더 캔디 맨)」, 길버트 오설리반Gilbert O'Sullivan의 「Alone Again (Naturally)(얼론 어게인-내추얼리)」 그리고 지나치게 달콤한 음악의 다른 예들이 포함되었는데, 이 곡들을 만드는 데는 아무런 도구도 손상되지 않았다. 히트곡이 모두 달콤한 디저트 같지는 않았다. 조니 미첼Joni Mitchell, 캐롤 킹Carole King, 엘튼 존, 제임스 테일러James Taylor, 닉 드레이크Nick Drake, 해리 채핀Harry Chapin, 닐 영Neil Young, 랜디 뉴먼Randy Newman, 돈 맥린Don McLean, 캣 스티븐스Cat Stevens, 칼리 사이먼Carly Simon 등과 같은 진정한 현대적 문제 작품에서 보다 친밀한 예술성이 상승했다. 좀 더 내성적이고 개인주의적인 기질로의 변화는 상업 음악계의 모든 곳에서 볼 수 있었다. 평화와 사랑을 옹호하던 비틀스조차 자신의 균열을 치유할 수 없었던 듯하다. 밴드는 1970년 4월에 공식적으로 해체되었고, 멤버들은 개별적으로 경력을 쌓았다. 거의 동시에 폴 사이먼은 아트 가펑클Art Garfunkel과의 파트너십을 종료했고(비록 이 듀오는 함께하고 차이점을 극복하는 것에 대한 그래미상 수상곡이자 엄청난 히트곡 「Bridge Over Troubled Water[브리지 오버 트러블드 워터]」을 발표했지만), 두 사람 모두 각자 솔로 공연을 선보였다. 이 전환기에서는 슈퍼스타 밴드라도 너무 속박된 것 같았고, 다음 단계는 집단의 결합이 아니라 작가주의의 명료함과 특권을 요구하는 듯했다.

흑인 음악도 비슷한 변화를 겪고 있었다. 흑인 상업 라디오의 그룹 지향적 보컬 하모니, 두왑, 전통적인 R&B 사운드는 싱어송라이터 운동의 더 펑키한 장르에 밀려났다. 1970년 다이애나 로스Diana Ross는 슈프림스Supremes와 헤어졌고, 커티스 메이필드Curtis Mayfield는 임프레션스The Impressions에서 나왔으며, 에디 켄드릭스Eddie Kendricks는 템테이션스The Temptations를 떠났다. 스타 가수들은 점점 더 밴드를 장애물로 봤고, 스포트라이트를 받는 자신들만의 자리를 갈망했다. 아마도 덜 유명한 동료들과 로열티와 출연료를 나누는 것을 중단하기 위한 핑계였을 것이다. 1971년, 마이클 잭슨은 솔로 가수로서 첫 번째 음악을 발표했다(잭슨 5Jackson 5와 함께 공연은 계속했다). 1972년 스모키 로빈슨Smokey Robinson은 더 미라클the Miracles을 떠났고, 1974년 슬라이 스톤Sly Stone은 그의 '가족'을 떠나 솔로로 녹음하기 시작했다. 스티비 원더Stevie Wonder는 이러한 지배적인 개인주의 정신을 한 단계

끌어올려, 그의 출세에 동행했던 모타운 레이블 스튜디오 뮤지션들과 작사·작곡가들을 다 무시하고, 혼자 모든 악기를 연주했다.

솔로 아티스트는 소울 음악의 새로운 얼굴이었고, 흑인 연주자들이 주류인 TOP 40 라디오로 건너가기가 더 쉬웠다. 불과 몇 년 전, 아레사 프랭클린Aretha Franklin, 니나 시몬Nina Simone, 제임스 브라운 James Brown과 같은 비범한 재능을 가진 흑인 예술가들은 아프리카계 미국인 공동체 밖에서 청중들에게 다가가려고 했지만 수많은 장애물에 부딪혔었다. 음악 장르에서부터 도로 위의 호텔 객실에 이르기까지 모든 것이 흑백으로 분리되어 있었다. 그러나 1970년대의 새로운 분위기에 직면하여 전통적인 마케팅 장벽이 무너지고 있었다. 심지어 B. B. 킹조차도 수십 년간 R&B 차트에서 순위가 떨어진 후에야 「The Thrill Is Gone(더 스릴 이즈 곤)」(1970)으로 크로스오버 히트를 즐길 수 있었다. 록과 팝 방송국들은 로베르타 플랙Roberta Flack, 빌 위더스Bill Withers, 아이작 헤이즈Isaac Hayes, 밥 말리Bob Marley, 마빈 게이Marvin Gaye, 미니 리퍼튼Minnie Riperton, 그리고 수십 명의 떠오르는 흑인 예술가들의 명성을 널리 퍼뜨리는 데 도움을 주었다. 사회는 변하고 있었고, 음악도 변하고 있었다. 시대의 정신은 자기표현, 서정성, 친밀성을 요구했고, 이전에 상업 흑인 음악을 고착화시키고 빈민굴로 만든 많은 경계를 넘어섰다.

한동안 음악 팬들이 1960년대의 지나친 강렬함을 뒤로한 것처럼 보였다. 겉모습은 오해를 불러일으킬 수 있다. 10년이 지나기 전에, 성적 매력 과시와 폭력은 각각 디스코와 펑크 록의 모습으로 다시 자신을 드러내며 상업 음악계의 피할 수 없는 중력으로 부상할 것이다. 그리고 곧 힙합은 서정적 트루바두르와 영혼이 넘치는 발라드 연주자의 단명했던 통치를 총체적으로 무너뜨리는, 건방지고 대담한 장르를 형성하며 합류할 것이다.

우리가 보았듯, 1930년대와 1950년대에도 비슷한 변화가 일어났다(그리고 그 이전에도 그랬다). 팬들은 혼란을 갈망하는 것 같다. 대중음악의 격변이 끝나도 관객들이 새로운 반란을 요구하기까지 평온함은 몇 년밖에 지속되지 않는다. 1930년대 초, 1920년대의 핫 재즈가 어떻게 기분 좋은 사랑 노래와 낙관적인 참신한 노래로 대체되었는지를 기억하라. 그러나 이것은 단지 지나가는 일이었다. 스윙 시대는 10년 후반 동안 강렬한 댄스 음악을 다시 선두로 끌어올렸다. 1950년대에는 이런 패턴이 반복되었다. 꿈같은 팝 음악과 (다시) 새로운 곡들이 차트를 지배하면서 시작되었지만, 후반기에 이 음악들은 초기 로큰롤을 가장한 더 뜨거운 댄스 음악에 자리를 내주어야 했다. 1970년대 전환도 마찬가지였다. 록 혁명 이후, 때로는 반주를 위해 기타나 피아노에만 의존하는 차분하고 미묘한 미학이 싱어송라이터들과 함께 대중음악의 선두에 올라 열광적 추종자를 얻었다. 그러나 역사의 교훈이 말해주듯이, 이 역시 지속될 수 없었다. 팬들은 곧 더 뜨거운 것, 더 섹시한 것, 더 춤출 수 있는 것을 요구할 것이다.

그렇게 나타난 댄스 음악은 디스코라는 새로운 이름을 가지고 왔다. 디스코테크(원래 축음기 레코드 모음을 나타내는 프랑스어)라는 용어를 줄인 이름도 기술의 변화를 나타냈다. 디스코의 밤 문화는 실제 음악가가 필요하지 않았고, 따라서 현재까지도 댄스 신scene을 규정하는 과거와의 결정적인 단절을 예고했다. 경제적 현실이 이러한 변화를 촉진시켰다. 댄스 음악을 연주하기 위해 음악가를 고용하는 것은 비용이 많이 들었는데, 디스코 레코드를 돌리는 것은 밴드를 고용하는 데 비해 비용이 적게 들었다. 새로운 태도와 생활양식 또한 디스코 문화 증가에 기여했다. 클럽에서의 행동은 밴드 스탠드가 아닌 군중 속에서 이뤄졌다. 결정적인 디스코 영화인 '토요일 밤의 열기Saturday Night Fever'(1977)가 제작되었을 때, 감독은 이 영화에 뮤지션들을 출연시키는 것을 결코 고려하지 않았다. 비록 비지스Bee Gees의 댄스 음악이 4개월 이상 차트에 머물러 역대 가장 많이 팔린 사운드트랙 앨범이 되었지만 말이다. 실제 디스코텍도 다르지 않았다. 참석자들은 서로 만나고, 춤 동작을 평가하고, 낭만적이거나 성적인 모험을 발전시키고 있었다. 음악은 언제나 섹스와 연결되었으며, 음악 사업이 이렇게 공공연히 개입하여 남녀 간의 만남을 용이하게 만든 적은 없었다. (최근에 한 댄스 클럽 주인이 인터넷 스트리밍 음악 때문이 아니라, 온라인에서 성적 만남이 쉽게 이루어지기 때문에 사업이 망했다고 불평하는 것을 들었다. "디스코텍에 누굴 만나러 간다고요? 아니, 요즘은 앱을 써요.") 디스코텍은 틴더Tinder(데이팅 앱—옮긴이)가 있기 전 틴더였다.

음악 자체는 이보다 더 단순할 수 없었다. 템포가 분당 120박자에서 많이 벗어나는 경우는 거의 없었다. 음악이 진짜 드러머에 의존했을 때도 박자는 준기계 같은 예측 가능성을 유지해야 했다. 환상적인 화음의 변화나 배열은 불필요했고, 오히려 방해가 되었다. 가사는 슬로건으로 충분했다. 종종 댄서들에게 말하는 "춤추세요", "일어나세요", "플로어로 나오세요", "엉덩이를 흔들어요" 등의 진부한 구호 말이다. 구식 음악 팬들은 종종 이 형식적인 트랙을 조롱했고, 음악가들은 라이브 밴드를 더 싼 디스코 형식으로 대체하는 것을 한탄했다. 1970년대 들어 점차 반발이 나타났는데, 1979년 7월 야구 더블헤더 경기 사이 시카고 코미스키 공원에서 열린 악명 높은 디스코 파괴의 밤Disco Demolition Night에서 절정에 달했다. 주최측은 2만 명의 인파를 예상했지만, 실제로 5만 명이 거대한 디스코 폭발 행사를 경험하기 위해 왔다. 참석자들은 오래된 희생 제사의 새로운 변종인 폭발로 인해 너무 흥분해서 진압 경찰이 개입할 때까지 자리를 뜨지 않았다.

이 무렵 랜드 연구소는 라이프스타일 범주를 기반으로 혁신적인 새로운 마케팅 이론을 개발하고 있었다. 광고주들은 오랫동안 그들의 캠페인에 인구통계학적 데이터를 사용하며, 소득 수준, 나이, 성 역할에 대한 전통적인 가정에 초점을 맞추었다. 랜드의 창시자 중 한 명은 메릴 린치Merrill Lynch가 종종 어울리지 않는 환경에 실제 황소의 이미지를 가지고 "미국에서의 황소" TV 광고를 제작하는 데 싱크탱크의 조언에 의존했을 때, 라이프스타일 마케팅의 획기적인 순간이 왔다고 말했다. 라이프스타일 분석 결과, 영향력 있는 소비자 집단은 스스로를 개인주의자로 보고 군중을 앞서가는 것에 자부심을 가지고 있었다. 그들은 마케팅 캠페인의 자유분방한 황소처럼 스스로를 팔로워가 아닌 리더로 보길 원했다. 메릴린치의 잇따른 성공은 기업들이 소비자들의 지갑을 공략하기 전에 그들의 마음을 건드려 신뢰를 얻을 수 있다는 것을 증명했다. 시간이 지나면 거의 모든 일류 소비자 브랜드가 라이프스타일의 계기와 단서를 파악하려고 노력하겠지만, 이러한 변화는 발전이 더뎠다. 오래된 습관은 특히 대기업에서 쉽게 사라지지 않았다.

하지만 음악계에서는 그렇지 않다. 레코드 회사들은 용어가 생기기 훨씬 전부터 라이프스타일 마케팅에 대해 알고 있었다. 적어도 1920년대 이후 음반사에서 가장 큰 관심을 가진 상업 음악 장르의 생성과 육성은 본질적으로 거의 시작부터 라이프스타일을 정의하는 작업이었다. 컨트리 및 웨스턴, 재즈와 블루스, 클래식 음악, 그리고 다른 범주에 대한 충성심은 종종 인구조사 자료의 측정 가능한 사실보다는 팬의 자기 이미지, 환상적 삶, 그리고 열망적인 투영에 더 의존했다. 록 혁명이 시작되었을 때 음반사들은 이 장르 역시 주로 생활방식에 대한 고려에 의해 움직인다는 것을 금방 깨달았다. 비록 때때로 이러한 통찰력을 적용하는 데 서투르더라도, 음악 산업은 단순한 지위와 수입에 대한 개념에 머물러 있는 자동차와 가전 제조업체들보다 몇 광년 앞서 있었다. 그러므로 우리는 새롭게 부상하는 생활방식, 특히 성 해방과 비전통적인 성 역할과 관련된 생활양식이 경제의 다른 중요한 분야의 기업들이 감히 그것을 인정하기 훨씬 전에 음악 사업에서 발판을 마련했다는 사실에 놀라지 말아야 한다. 음반사들이 특히 진보적이기 때문이거나, 앞으로의 변화를 예상했기 때문이 아니다. 오히려 업계의 빈틈없는 매니저들은 대부분 그냥 비켜서서 음악가들이 지휘하도록 내버려 두었다. 업계 임원들은 (흔히 실수와 오산을 통해) 그들의 이익이 공연자와 청중 사이의 격양되어 있고 때로는 신비로운 정신적 관계에 달려 있다는 것을 배웠다. 설령 이해하지는 못한다 해도, 그런 관계를 망치지 않았다. 관용은 현명한 비즈니스 관행이었다.

　그렇기 때문에 음악계 선각자들에 대한 이야기는 의외로 놀라울 정도로 진부한 경우가 많다. 체스 형제는 시카고 블루스를 출시한 음반사를 시작하기 전에 술을 유통했는데, 한 중독물질을 다른 중독물질로 대체하는 정도였다고 할 수 있다. 톰 파커 대령이 엘비스 프레슬리를 유명세로 이끌기 훨씬 전에, 그는 축제 안내인으로 일했었다. 1960년대 후반 동성애자 권리 운동의 중심지였던 스톤월 여관의 마피아 투자자 세 명은 돈을 벌고 싶어 했고, 경찰과 시 규정을 별로 존중하지 않았다. 이 개척자들은 기업 마케팅에 대해 아무것도 몰랐지만, 하버드 경영대학원에서도 가르치지 않은 인간의 본성을 빈틈없이 파악해 성공했다.

　따라서 1970년대 음악계의 선두에 선 대안적 생활방식이 자리 잡았을 때 적어도 사업적 이해관계는 방해가 되지 않았다. 어떤 매니저도 무대 위에서 이전에 볼 수 없었던 크로스드레싱, 성별 유동성, 외계인에 대한 공상과학적 개념, 그리고 엉덩이를 흔드는 강한 백비트를 결합시킨 1972년의 데이비드 보위David Bowie의 지기 스타더스트Ziggy Stardust 페르소나를 연출할 수는 없었을 것이다. 돌이켜보면 보위 역시 생활방식의 변화가 주류에 진입하기 훨씬 전에 이를 지도화한, 선견지명이 있는 사회학자로 눈에 띈다. 1973년 무대 뮤지컬로 시작해 1975년 저예산 영화로 변신한 '록키 호러 픽처쇼The Rocky Horror Picture Show'도 마찬가지다. 당시에는 많은 관심을 기울인 사람은 거의 없었으며, 록키 호러 픽처쇼를 실패한 캠프camp(유치한 취향과 아이러니함을 매력으로 하는 미적 스타일—옮긴이) 유머로 일축한 사람들도 많았다. 한 해설자는 이 영화를 "버스비 버클리Busby Berkeley(미국의 영화감독 겸 뮤지컬 안무가—옮긴이)의 뮤지컬과 프랑켄슈타인의 드래그 버전 사이의 잡종"이라고 묘사했다. 〈뉴스위크〉는 "취향도 없고, 음모도 없고, 의미도 없다"라는 세 가지 말로 의견을 요약했다. 그러나 이 영화는 곧 심야 상영에서 예술 영화관에 등장하기 시작했는데, 그곳에서 놀라운 힘을 보여주었다. 자유로운 성 정체성과 고정관념의 반전을 축하하면서, 주류 커플은 이제 부적응자로 등장했고, 외부인들이 규범을 정했다. 겉보기에 가벼워 보이는 이 뮤지컬 코미디는 긍정적이거나 명료한 것으로 판명되어, 앞으로 다가올 성적 페르소나의 형태를 엿볼 수 있게 했다. 빌리지 피플Village People과 같은 디스코 아티스트나 뉴욕 돌스New York Dolls의 틀에 박힌 하드 로커 등 다른 떠오르는 음악 활동가들은 이것이 진정한 운동임을 확인시켜 주었다. 음악은 인종 통합을 포용한 최초의 분야였으며, 이제는 새로운 영역에서도 같은 일을 하고 있었다. 전파를 통해 주류 사회, 곧 그들 공동체의 그늘에서 일어날 변화에 대해 경고하고 있었다.[6]

그 당시에는 이 음악의 많은 부분에서 전복적인 요소를 과소평가하기 쉬웠다. 언론은 그것을 글래머 록이나 글리츠 록이라고 이름 붙였는데, 이 이름들은 전체 움직임을 포즈처럼 보이게 만들었고, 무대 구성은 피곤한 록 밴드들이 라디오 히트곡에 대한 티켓 가격 상승을 정당화하기 위해 사용했던 진부한 조명 쇼와 소품에서 크게 벗어나지 않았다. 엘튼 존은 디즈니 공주 드레스부터 범블비 의상에 이르기까지 무엇이든 입고 무대에 나타날지도 모른다. 마을 사람들은 가장 진부한 직업(카우보이, 경찰, 건설 노동자)의 작업복을 입었는데, 어떻게 해서든지 그들을 동성애자 문화 전형으로 변모시킬 수 있었다. 프레디 머큐리는 무대 위에서 눈부신 연극적 자세를 취했다. 마지막 콘서트에서 「God Save the Queen(갓 세이브 더 퀸)」을 공연하는 동안 황금색 왕관과 왕실 가운을 입고 군주를 연기했다. 또 다른 극단에서, 밴드 키스는 저예산 흑백 공포 영화에 적합한 소름끼치는 광대 메이크업을 했다. 많은 사람은 이러한 움직임을 급진적인 사회 운동의 첫 징조가 아니라 선전이나 농담으로 치부했을지도 모른다. 그러나 이 로커들은 아마도 그 시대의 어떤 입법자보다도 관용과 다양성에 대한 개념을 심어주기 위해 많은 일을 했다. 여기서 음악은 인권을 옹호하고 개인의 자율성을 확대하는 숨겨진 힘을 보여주었다.

같은 시기에 다른 형태의 음악적 반란이 문화 지형을 뒤흔들고 있었다. 그들은 디스코보다 더 신랄한 것을 갈망하는 팬들에게 어필했다. 한동안 헤비메탈 밴드는, 그들의 매우 우렁차고 공격적인 음악을 가지고, 보다 대립적인 록 스탠드의 표준적 존재로 떠올랐다. 헤비메탈 밴드 음색과 담백함의 정도가 다양했고, 전문가들은 결국 둠 메탈doom metal(더럽고 절망적이며, 지옥으로 내려가는 우울한 여행), 블랙 메탈black metal(빠르고 비명을 지르는 보컬로 때로는 파시스트적인 비유를 사용하기도 한다), 파이러트 메탈pirate metal(냉혹하며 때로 뱃노래 느낌을 내기도 한다), 인더스트리얼 메탈industrial metal(공장에서 기타 소리와 함께 일한다면 이런 느낌일 것이다), 사탄 메탈satanic metal(어둠의 영주를 숭배하는 고약한 음악), 크리스천 메탈Christian metal(어둠의 영주를 제압하기 위한 성스러운 음악)을 포함해 수십 개의 하위 장르를 미세하게 구분하기 시작했다. 장르가 진화함에 따라 밴드의 이름조차도 일종의 경고 역할을 했고, 지역 콘서트홀 간판에 메탈 그룹 '앤스랙스Anthrax(탄저병)', '블랙 데스Black Death(흑사병)', '카르카스Carcass(도살된 시체)'의 공연 예고가 걸렸을 때 적어도 미개척자들은 멀리할 것이라 보장할 수 있었다. 당신은 이들의 공연 티켓을 구입할 겁니까, 아니면 격리 구역을 설정할 겁니까? 이러한 간략한 묘사에서 알 수 있듯이, 이 음악은 진정한 신자들이 가득한 강당에 메탈 사운드를 터뜨린, 무대에 등장한 거대한 확성기만큼 무거운 의제를 가지고 왔다.

절정에 오른 메탈 음악은 기대에 부응했다. 메탈은 부모와 권위 있는 인물들을 모욕했다. 이 장르의 주요 인물들은 그들의 악기를 알고 있었고, 때로는 관객들을 흥분시키는 생동감 있고 저속한 기교를 부리기도 했다. 적어도 블랙 사바스, AC/DC, 메탈리카 그리고 다른 스타 메탈 공연의 콘서트에 열광하는 사람들은 최고 수준의 연극성을 갖춘 몰입형 공연 예술을 확신했다.

그럼에도 메탈의 상승은 1970년대 중반 록이 우위를 잃어가고 있다는 만연한 분위기를 숨길 수 없었다. 불과 몇 년 전만 해도 로큰롤은 수백만 젊은이들을 동원하고 사회 전반에 급진적 변화를 요구하는 그들의 의지를 전달하면서 지구촌적인 사회 운동을 불러일으켰다. 메탈 음악은 그 급진적 입장을 유지하는 것 같았지만, 지금은 훨씬 더 적은 신봉자들만을 위한 것, 즉 그들 가운데서 내분과 끊임없는 비난에 시달린, 진정한 메탈 후보 지위를 받을 자격이 없는 지망생들을 위한 것이 되었다. 록이 거리로 나온 새로운 세대의 음악으로 보인다면, 메탈은 방에 틀어박혀 불만에 가득 찬 십 대들의 장르였다. 그들의 영향력은 대부분 잠긴 문 뒤에서 들려오는 시끄러운 음악 소리에 짜증이 난 부모들에게 국한되었다. 결국 대중문화는 '비비스Beavis', '버트헤드Butt-Head', '웨인의 세계Wayne's World'와 같은 코미디에서 헤비메탈 광팬들의 타고난 열성을 패러디하게 될 것이다. 무지막지한 메탈 팬이 밈이 되기 훨씬 전에, 주류 문화는 이러한 익살스러움을 무시할 수 있다고 결정했다. 록이 영구적인 혁명의 음악으로서의 지위를 유지하기를 바랐다면, 오지 오스본Ozzy Osbourne과 키스의 광대 메이크업보다 더 강하고, 더 반항적이고, 더 무섭고, 덜 진부한 라이프스타일 공식의 무언가가 필요했다.

평크 록이 등장했을 때, 그 모든 피비린내 나는 영광 속에서 팬들은 그것을 좋아하거나 싫어했지만, 아무도 이것이 위험하고 휘발성 있는 것이라고는 의심하지 않았다. 나는 1970년대 후반과 1980년대 초 영국에 살면서 재즈 뮤지션(밤)과 철학 대학원생(낮)으로 나만의 틈새 문화 체험에 몰두하고 있었는데, 평크 정신에도 관심을 기울여야 했다. 평크 갱들은 사람들이 자신들을 파괴적이고 위협적인 존재로 느끼기를 원했다. 나는 평크와 경찰이 대치하는 상황이 되고 무대에 폭동이 일어나 통제 불능 상황이 되기 전에 탈출한 적이 얼마나 있었는지 세어보았다. 불과 몇 년 전, 캐롤 킹Carole King과 제임스 테일러James Taylor가 차트를 지배했을 때, 아무도 이런 것을 동원할 수 있는 새로운 음악 장르가 나타날 것이라고 의심하지 않았다. 내가 아끼는 재즈도 그에 비하면 약한 것 같았다.

음악 작가 제리 포트우드Jerry Portwood는 평크 록이 베를린 장벽을 무너뜨린 정치인들보다 더 많은 공을 인정받을 만하다고 주장하기까지 했다. 이는 그가 수집한 서류를 조사하기 전까지는 단순한 허풍처럼 보일 수도 있는 견해였다. 자료들은 이 반항적인 청년 운동에 대한 동독 비밀경찰의 광적인 집착을 보여준다. "슈타지 문서(옛 동독 국가안보부의 비밀문서-옮긴이)를 읽는데 그 편집증의 정도를 믿을 수 없었어요." 포트우드가 설명한다. "그걸 깊이 들여다볼수록, 그들이 옳았다는 걸 깨닫게 될 겁니다. 펑크는 기본적인 결정들을 장악하려 했기 때문에 독재정권에 진정한 위협이었지요." 그러나 펑크는 새로운 방식의 노래를 개인의 자율성 확대와 권위 있는 사람들에 대한 위협과 연결하며 수천 년 전으로 거슬러 올라가는 오랜 전통을 이행하고 있었다. 그 연결에 의해 펑크가 번성했다(그리고 몇몇은 죽었다).[7]

이 새로운 전복 운동은 록 세계의 거의 모든 핵심 가치에 의문을 제기했다. 이전에 밴드는 히트곡을 위해 노력했고, 엘비스, 비틀스 및 기타 초기 록 엘리트의 스타덤을 입증한 가늠자였던 라디오 방송 및 TV 출연으로 성공 여부를 판단했다. 이제 가장 높은 성취는 라디오 방송국들이 연주하는 것을 두려워하는 노래였다. BBC가 섹스 피스톨스의 「God Save the Queen(갓 세이브 더 퀸)」에 대해 전면적인 금지 조치를 취했을 때(일부 시민들이 밴드 멤버들의 공개적인 교수형을 요구하고 있는 것을 고려할 때 평범한 반응이었다) 판매는 급증했다. 많은 소매상이 이 싱글을 비축하기를 거부했음에도 불구하고, 열성 팬들이 하루 15만 장씩 선반에서 음반을 낚아챘다. 과거에는 밴드들이 차트에서 자신의 이름을 보았을 때 축하했지만, 섹스 피스톨스는 훨씬 더 놀라운 업적을 자랑할 수 있었다. 영국의 공식 히트 차트에서 그들의 노래가 나열되어야 하는 곳은 빈칸으로 남겨졌다. 심지어 사탄을 숭배하는 로커들조차도 그 정도의 혐오감을 불러일으킨 적이 없었다.

이전 10년 동안, 선도적인 록 밴드들은 여러 가지 기준에 따라 음악적 기준을 높였다. 메탈 밴드는 그들의 파쇄 행위에 자부심을 가지고 있었고, 예스Yes와 에머슨Emerson, 레이크 앤 팔머Lake& Palmer와 같은 진보적인 록 그룹은 그들의 폭발적인 공연에 거장의 기술을 접목시켰다. 그러나 신세대 펑크 스타들은 그 모든 것을 거부했을 뿐만 아니라, 그들이 얼마나 연습을 거의 하지 않았는지, 얼마나 그들의 기술에 대해 알지 못하는지에 대해 자부심을 가졌다. 라몬스the Ramones의 디 디 라몬Dee Dee Ramone은 "기타를 어떻게 조율해야 할지 몰랐고 E 코드만 알고 있었다"고 자랑했다. "딱히 나보다 나은 사람도 없었다." 폴 시모논이 클래시에 합류했을 때, 그는 악기를 연주할 줄 몰랐고, 기계적으로 암기해 베이스 기타 부분만 배웠다. 그래도 클래시는 몇 번의 공연만 한 후 CBS 레코드와 10만 파운드의 계약을 맺었다. 수많은 모방 밴드가 이 시기에 섹스 피스톨스를 모방하고 있었는데, 베이시스트인 시드 비셔스Sid Vicious는 데뷔 앨범에 수록된 간단한 부분조차 연주하지 못했다. 밴드 동료 스티브 존스가 매우 초보적인 베이스 라인을 연주해야 했다. 결국 존스는 섹스 피스톨스가 결성되기 전 3개월간 기타로 실제 경험을 쌓아 펑크 기준으로는 세련된 프로가 되었다. (비셔스의 변호를 하자면, 그의 팬들 중 일부는 그가 선호하는 악기가 베이스가 아니라고 말했다. 비셔스가 좋아하는 것은 주사기였다.)[8]

그런데 록 팬들이 진정으로 갈망했던 것이 희생자였다면, 음악적 재능이 굳이 필요했을까? 1970년대 후반의 음악계에서 펑크 반란의 전형이던 시드 비셔스(1957년 런던에서 존 사이먼 리치John Simon Ritchie라는 이름으로 태어났다)보다 그 역할을 맡기에 더 적합한 사람은 없었다. 공개적인 교수형은 필요하지 않을 것이다. 누구나 그것을 볼 수 있다. 악의는 자멸에 푹 빠져 있었다. 비셔스의 성장기를 간단히 정리하면 다음과 같다. 그는 소년원인 애시포드 레만드 센터Ashford Remand Centre에서 나온 직후인 1977년 4월 섹스 피스톨스와 함께 첫 공연을 했다. 그는 이미 클럽에서 폭력 행위로 명성을 날렸다. 그는 최근한 젊은 여성을 때려 한쪽 눈을 실명시켰고, 그 일로 구금되는 동안 찰스 맨슨에 관한 책을 읽었다. 그 후 6개월 동안 섹스 피스톨스는 두 개의 음반사에서 해고되었고, 국영 TV에서 욕설함으로써 논란을 일으켜 영국의 많은 지역에서 금지되었으며, 언론 전문가에서부터 유력 정치인에 이르기까지 거의 모든 기득권층을 혐오감으로 몰아넣었다. 그들의 첫 앨범은 10월에 나왔는데, 섹스 피스톨스는 이미 그들 세대의 가장 악명 높은 록 밴드였다.

밴드의 높아진 명성은 비셔스의 대중적 이미지를 누그러뜨리는 데 아무런 도움이 되지 않았다. 섹스 피스톨스의 공연은 록 콘서트와는 거리가 멀었고, 에우리피데스의 《박코스 여신도들》에 나오는 광적인 종교 의식에 더 흡사했다. 보통 팬들은 칭찬과 박수를 보내기 위해 나타나지만, 펑크 관객들은 무대 위에서 영웅들을 조롱하고 폭행할 것 같았다. 그러나 섹스 피스톨스는 그들이 불러일으킨 위험한 에너지를 즐겼고, 공정한 평가를 하려 해도 그들이 자신들에게 가해진 폭력의 상당 부분을 부추겼던 건 사실이다. 이 밴드가 미국 투어 중 샌안토니오에서 공연했을 때 팬들은 맥주 캔과 다른 물건들을 던졌다. 이는 이제 펑크 공연 의식의 일부였다. 비셔스는 기타를 휘두르며 조롱하는 팬과 말다툼을 벌였다. 그는 단지 공연 매니저의 어깨를 스쳤을 뿐이지만, 곧 또 다른 이야기가 펑크에서 펑크로 들불처럼 퍼져나갔다. 소문에 따르면, 비셔스는 5킬로그램짜리 베이스로 팬의 머리를 때렸다. 댈러스에서는 일이 더 이상해졌다. 섹스 피스톨스는 잭 루비Jack Ruby(리 하비 오스왈드와 존 F. 케네디 대통령을 쏜 그 잭 루비)가 이전에 관리했던 컨트리 뮤직 댄스홀에서 펑크를 선보였는데, 여기서 팬들이 토마토, 맥주 캔, 병, 그 외 다른 물건들을 무대에 던졌다. 비셔스는 면도칼과 하이네켄 병으로 자해하여 입은 상처 등으로 흘린 피로 뒤덮인 채 연주했다. 행사 사진에서 그의 가슴에 새겨진 'Gimme a Fix('약을 줘'-옮긴이)'라는 글자를 볼 수 있다.

1978년 1월 14일 미국 투어의 마지막 공연을 위해 섹스 피스톨스가 샌프란시스코에 나타났을 때, 배턴 루즈, 댈러스, 툴사 등의 이전 공연에서보다 더 세련된 관객들을 끌어모을 것이라는 기대가 있었다. 윈터랜드Winterland는 내가 대학생 때 팬 친화적인 음악을 들으러 갔던 곳이고, 어머니도 한 세대 전에 실제 아이스링크였을 때 스케이트를 타러 방문하셨던 곳이다. 하지만 그때와는 상황이 다를 것이다. 많은 미디어 관계자가 참석했고, 많은 사람이 이 핫한 신인 밴드를 평가하기 위해 로스앤젤레스 등에서 왔다. 하지만 처음부터 그들은 이것이 전형적인 록 로드 쇼가 아닐 것이라는 걸 알 수 있었다. 댈러스에서 시드 비셔스는 「Ya cowboy faggots(야 카우보이 패고츠)」로 청중들을 맞이했다. 샌프란시스코에서 조니 로튼이 팬들에게 처음 한 말은 "너희는 이상해"였다. 거기서부터 상황은 더 나빠졌다. 펑크 정신의 대표적 연대기 작성자, 그레일 마커스Greil Marcus는 이 장면을 다음과 같이 묘사한다.

영국에서는 관객들이 펑크 공연자에게 침을 뱉었고 샌프란시스코에서는 섹스 피스톨스가 침 세례로 환영받았다는 것을 들었다. 영국에서는 펑크 공연에서 폭력 사태가 일어났다는 것을 들은 적이 있다(여자가 깨진 맥주잔에 눈을 잃었다는 이야기가 있다. 시드 비셔스는 부인했지만, 그가 체인으로 기자를 때렸다는 것은 사실이라고 한다). 샌프란시스코에서 미식축구 헬멧을 쓴 한 남자가 관중을 뚫고 지나가 휠체어에 앉은 한 마비환자와 정면으로 충돌하고 바닥에 쓰러졌다. (조니 로튼은) 풍동風洞에 갇힌 사람처럼 마이크 스탠드에 매달려 있었다. 얼음, 종이컵, 동전, 책, 모자, 신발이 진공에 빨려들듯 그의 옆을 날아갔다. 시드 비셔스는 군중을 모으기 위해 거기에 있었다. 두 명의 팬이 무대에 올라 코에 주먹을 날렸다. 수십 년 동안 펄프 록 소설은 추종자들이 별을 삼키는 《황금가지The Golden Bough》의 한 장면으로 끝났는데, 시드 비셔스는 그가 스타라는 것을 절대적으로 확인시켜 달라고 애원하고 있었다.[9]

이 밴드는 다시는 콘서트에서 공연을 하지 않을 것이다. 사실 섹스 피스톨스나 그 어떤 연주자도 순수한 폭동과 난동으로 진화하지 않고 어떻게 더 이상 희생적인 폭력의 록 의식을 취할 수 있을지 상상하기 어렵다. 그렇다고 해도, 섹스 피스톨스 전설에 대한 무대 밖 결말은 그들이 투어에서 했던 그 어떤 것보다 훨씬 더 잔인하다.

밴드의 마지막 미국 라디오 인터뷰에서 시드 비셔스는 그 후기를 살짝 보여주기도 했다. 미래가 어떻게 될 것이냐는 질문에 그는 자신이 2년 안에 죽을 것이라고 예측했다. 그 시간의 약 절반이 걸렸으니 낙관적인 예측이었다.

그다음 해에 관한 책을 쓸 수도 있지만, 이야기는 오래 지속되지 않았다. 10월에 비셔스는 그의 여자 친구인 낸시 스펑겐Nancy Spungen을 칼로 살해한 혐의로 기소된다. 열흘 뒤 그는 부러진 전구로 손목을 긋는 등 자살을 시도했다. 벨뷰 병원에 감금되어 있는 동안 그는 창문 밖으로 뛰어내리려고 했다. 12월에 이 펑크 로커는 가수 패티 스미스의 형제인 토드 스미스를 폭행한 혐의로 체포되어 구금과 재활을 위해 라이커스 섬에 감금되어 치료받았다. 1979년 2월 2일, 석방된 지 몇 시간 만에 시드 비셔스는 헤로인 과다 복용으로 사망했다.

그는 스물한 살이었다. 그가 그때까지 살아 있었다는 것이 놀랍다.

27

래퍼와
전문 기술자

Music: A Subversive History

Rappers and Technocrats

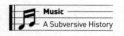

시드 비셔스는 우리 세대의 스타다. 나는 그가 태어난 지 불과 몇 주 후에 태어났다. 모든 펑크 정신은 엘비스와 비틀스보다 너무 늦게 도착한 우리 동시대 사람들에 의해 만들어졌다. 이들은 모든 것을 극한으로 밀어붙이기로 약속한 이 새로운 장관을 위해 앞줄 좌석을 차지하고 있었다. 그렇더라도 섹스 피스톨스의 세계관은 나 자신과는 너무나 멀리 떨어져 있어서 어떤 공통점을 찾으려면 안간힘을 써야 한다. 그중 많은 부분이 끔찍하고 때로는 혐오스럽다. 그럼에도 나는 그 밴드의 짧은 경력에 사로잡혀 있음을 인정한다. 다소 불안한 방식으로, 시드 비셔스는 록 팬들이 원하는 것을 정확히 주었다. 결국 그것이 연예인으로서 성공이 아닐까?

유용한 격언이 있다. 정말로 새로운 종류의 대중음악을 이해하고 싶다면, 무대에서 돌아서서 청중을 바라보라. 섹스 피스톨스는 우리에게 이 구경꾼들에 대해 많은 것을 가르쳐주었다. 아마도 가장 극단적인 표현으로 볼 때, 록은 정말로 옛날의 검투나 투우, 수탉 싸움, 그리고 오늘날의 다른 유혈사태와 다르지 않을 것이다. 알타몬트, 찰스 맨슨, 시드 앤 낸시, 마크 데이비드 채프먼, 젊은 나이에 죽어가는 로커, 통제 불능의 팬 등 이 모든 것을 일련의 사악한 우연, 기이하고 예측할 수 없는 운명의 발생으로 치부할 수 있으면 좋겠다. 하지만 그럴 수는 없다. 섹스 피스톨스에게는 나중에 어떤 록 스타덤도 지우거나 뛰어넘을 수 없을 만큼 확정적이고 폭로적이며 매우 불안하게 만드는 무언가가 있다. 록이나 펑크 록이 윈터랜드와 호텔 첼시에서 끝났다고 말하는 것은 틀린 이야기겠지만, 그 장르의 반란 정신을 더 잘 설명할 수 있는 앙코르도 없다. 엘비스 프레슬리로 시작된 일은 시드 비셔스로 끝났다.

그렇다면 1980년대가 1930, 1950, 1970년대 초에 일어났던 것과 같은 종류의 후퇴로 시작했다는 사실에 놀라야 할까? 밴드 발견에서 라디오 형식에 이르기까지 업계의 모든 측면이 점점 더 간소화되고 미세하게 관리되었기 때문에 기업화는 이 변화에서 핵심적인 역할을 했다. 물론 이는 마치 병 속에 번개를 담으려는 것과 같았다. 록의 영구적인 혁명을 기업 비즈니스 모델로 축소할 수 있을까? 음악 업계의 사장들은 돈을 기꺼이 써서 이를 알아보려고 했다. 1981년에 10억 장의 앨범이 팔렸고, 현금이 충분했다. 그런데 그 시대의 가장 큰 두 가지 변화를 당시에는 놓치기 쉬웠다. 다름 아닌 1980년 오디오 컴팩트 디스크의 발명과 1981년 MTV의 출시였다. 둘 다 처음에는 작고 보잘것없는 사건처럼 보였지만, 10년 동안 음악의 모든 것을 바꿀 터였다.

더 어두운 진실이 거기에 숨겨져 있다. 음악 기술이 음악 스타일 자체보다 더 빨리 진화하기 시작했다. 그에 비하면 노래는 앞으로 수십 년 동안 빙하가 녹는 속도로 바뀔 것이다. 1980년대 마돈나Madonna 팬에게 30년 후의 레이디 가가Lady Gaga 노래는 꽤 익숙할 것이고, 레이건 시대에 힙합을 했던 사람은 뉴밀레니엄 래퍼들의 비트와 태도에 고개를 끄덕일 것이다. 1980년대 이후의 재즈는 점점 자신의 유산에 집착했고, 존경심을 추구하는 것은 종종 과거의 모방과 혼동되었다. 오늘날의 록은 대부분 향수를 불러일으키는 사업이다. 컨트리 라디오는 말의 일생 동안(참고로 거의 25년에서 30년 정도다) 새로운 스타일을 발명하지 못했다. 몇몇 상업 장르에서, 정확히 예년과 같은 노래가 미래의 히트메이커들에 의해 샘플링되거나, 실제로 표절될 것이다. 마빈 게이Marvin Gaye는 1984년에 죽었지만, 그는 한 세대 늦게 저작권 소송으로 인해 평생 번 것보다 더 많은 돈을 벌게 될 것이다. 낡은 것은 새것이고, 새로운 것은 오래된 것이다.

노래는 시대를 초월한 것이며, 예술성은 언제나 그렇듯 세대 간 장벽을 뛰어넘는다. 그러나 인터넷 시대의 음악 기술은 1980년대의 시간 여행자에게는 식별되지 않을 것이다. 스트리밍, 유튜브, 피어투피어peer-to-peer, P2P, 토렌트torrent(개인 간 파일 공유 프로그램—옮긴이), 전화나 손목시계에서 나오는 음악, 인터넷의 음악 블로그, 알고리즘으로 만들어진 재생 목록 등 이 모든 기술이 전달하는 곡들은 막연하게 친숙하게 들릴지라도, 이 기술들은 이전 시대의 팬을 어리둥절하게 만들 것이다. 실제 음악 혁명이 미시시피의 술집과 리버풀의 클럽이 아닌 기업 사무실과 실리콘밸리 연구 부서에서 점점 더 많이 일어날 것을 생각하면 얼마나 실망스러운가. 그것이 1980년대와 1990년대의 유산이긴 하지만, 그 당시 누가 감히 그것을 상상했을까?

사실 그 당시 지배적 기풍은 무한한 자유와 구속받지 않는 가능성에 대한 감각이었다. 펑크는 한계를 뛰어넘었고, 검열과 형사 기소의 위험을 극복했다. 뒤늦게 깨달은 결과, 섹스 피스톨스를 버린 싱거운 알파벳 이름을 가진 두 기업(A&M과 EMI)은 말 그대로 근시안적인 바보처럼 보였다. 1980년대에 이르러, 음반 회사들은 마침내 교훈을 얻었다. 무엇이든지 팔기만 하면 된다는 것이다. 1980년대 초반 펑크 정신이 어느 정도 우위를 잃었음에도, 다양한 인디, 포스트펑크, 뉴웨이브 사운드의 등장으로 창의력은 번성했다. 사실 이 음악의 대부분은 꼬리표나 고정관념을 거부했다. 토킹 헤즈Talking Heads와 데이비드 번David Byrne은 뉴웨이브 음악의 선구자로 여겨지지만, 초현실적인 공연, 춤출 수 있는 비트, 그리고 자기 패러디에 가까운 괴짜 같은 행동 등을 선보이는 이들을 한 장르로 분류하기는 어려웠다. 영국의 떠오르는 스타 스팅Sting과 그의 파워 트리오인 폴리스Police도 비슷하게 뉴웨이브로 분류되었지만, 그의 음악에는 레게에서 재즈에 이르기까지, 세련되고 날카로워지며, 매끄러운 포장 안에서 솟구치는 음악성과 시적 표현, 유행에 뒤떨어지지 않는 스타일이 있다. 브루스 스프링스틴Bruce Springsteen은 싱어송라이터 시대에 음반 활동을 시작했으며, 그의 프로듀서 존 해먼드John Hammond는 그를 밥 딜런의 후계자로 포장하기를 원했다. 1972년의 인터뷰에서 그는 이 예술가를 "젊은 포크 음악가"라고 묘사했는데, 스프링스틴은 다른 계획을 가지고 있었고, 1980년대 초에는 노동자 계급의 미국 문화, 진보적인 사회 논평, 구식 록을 혼합한 포퓰리즘적 경기장 록 사운드를 만들었다. 그 시대의 정신은 엘비스 코스텔로Elvis Costello의 포스트 펑크 작사, 신디 로퍼Cyndi Lauper의 예술적 신스팝, 프린스Prince의 양성적인 네오 펑크, 블론디Blondie의 현란한 댄스 그루브, 모리세이Morrissey와 그의 밴드 스미스Smiths의 어두운 우울함, 그리고 그 밖의 수많은 독특한 음악적 자기표현을 받아들일 만큼 다양했다.

그러나 10년이 지난 후, 뮤직비디오의 기술과 MTV의 증가하는 영향력이 음반 사업의 규칙을 다시 썼다. 한 곡을 중심으로 만들어진 짧은 음악 중심 영화라는 개념은 수십 년 동안 존재해왔다. 할리우드는 영화가 시작되면서부터 이런 형식을 취했지만 별다른 확신이나 일관성은 없었다. 기업들은 영화와 음악을 결합한 주크박스를 도입하기 위해 다양한 시도를 했는데, 시네박스Cinebox와 스코피톤Scopitone 출범에 수반된 거창한 약속은 결코 이행되지 않았다. 그 후 1980년대에 케이블이 등장해 새로운 세대의 뮤직 비디오를 위한 완벽한 플랫폼을 만들었다. 1980년대가 끝날 무렵, 5천만 가구 이상의 미국 가정이 케이블을 구독했고, 거의 80개의 케이블 채널이 방송 시간을 채우기 위해 값싼 프로그램을 채워 넣고 있었다. 음반사가 제작비를 부담하는 뮤직비디오보다 더 저렴한 것이 뭐가 있었을까? MTV(이름부터 뮤직 텔레비전music television의 약자였다)는 이 새로운 상황을 최대한 활용했다.

MTV가 상업 음악 사업에 미친 영향은 대단했다. 거의 처음부터 케이블 보급률이 높은 지역의 레코드 가게들은 당시 라디오에서는 거의 들을 수 없었지만 MTV로 알려진 밴드들의 음반을 준비해 놓아야 했다. MTV는 이전에는 거의 알려지지 않았던 맨 앳 워크Men at Work나 휴먼 리그Human League와 같은 밴드가 단독으로 활동할 수 있도록 만들 수 있었다. 1983년이 되자 할리우드조차도 케이블을 주목하기 시작했다. 파라마운트는 영화의 일부를 MTV용으로 편집하여 영화 '플래시댄스Flashdance'의 주목도를 높이기로 결정했다. 많은 비평가가 이 영화에 혹평을 퍼부었지만, MTV는 '플래시댄스'를 그해 세 번째로 많은 수익을 올린 영화로 만드는 데 기여했다. 그 여파로 할리우드 스튜디오들은 적절한 장면이 부족하더라도 새로운 영화를 홍보하기 위해 맞춤형 뮤직비디오를 제작했다.

가장 큰 수혜자는 새로운 현실을 파악한 미래 지향적인 예술가였다. 이 새로운 기술 플랫폼에서 노래는 더 이상 자급자족할 수 없었다. 성공에는 댄서, 안무가, 영화제작자, 메이크업 아티스트, 의상 디자이너 등 과거에는 거의 언급되지 않던 전문가가 필요했다. 예전에는 기타를 가진 고독한 예술가 로버트 존슨이나 밥 딜런이 음악계를 정복했지만, 이제는 모든 지원팀이 필요했다.

이 시기를 대표하는 예술가 마이클 잭슨과 마돈나는 선견지명을 가지고 20세기 후반의 청중 참여 규칙을 예측했다. 불과 몇 년 전만 해도, 매끄러운 춤 스텝을 아는 것이 그들 경력에 필수적일 거라고 누가 제안했더라면 록 메가스타들은 비웃었을 것이다. 그러나 이 새로운 시대의 MTV 스타들은 음악 이론을 공부하는 것보다 댄스를 연구하는 데 더 많은 시간을 보냈고, 그들은 브로드웨이 루틴이나 버스비 버클리 쇼에 있는 사람들만큼 모든 동작과 제스처가 완벽하도록 이끄는 댄스 전문가 팀에 둘러싸여 있었다. 잭슨은 1983년 뮤직비디오 「Thriller(스릴러)」로 미적 비전을 한 단계 끌어올려 그 시대의 가장 혁신적인 단편 영화로 두각을 나타내는 14분 분량의 줄거리 중심의 댄스 쇼를 연출했다. 비록 오스카상 후보에 오르지는 못했지만(아마도 MTV와의 경쟁에 대한 할리우드의 두려움의 표시일 것이다) 관객들의 반응은 매우 열광적이어서 MTV는 매시간 두 번씩 「스릴러」를 틀었다. 음반 판매에 미치는 영향은 더 극적이었다. 이 곡은 역사상 최고의 베스트셀러 앨범이 되었다. 7개의 히트 싱글을 만들어냈고, 8개의 그래미상을 수상했으며, 현재 팝의 왕으로 불리는 마이클 잭슨을 당대 최고의 남성 음악 스타로 자리매김했다. 히트 기록을 세우는 데 그렇게 많은 보조적 재능이 들어간 적도 없었다. 아마 아무도 잭슨의 무대 존재감과 댄스 스텝을 뛰어넘을 수 없었을 것이다. 다른 가수들은 그에 필적할 만한 지원팀이 없었다. 그의 지원팀에는 전설적인 프로듀서 퀸시 존스Quincy Jones, 영화감독 존 랜디스John Landis, 안무가 마이클 피터스Michael Michael, 오스카상을 수상한 메이크업 전문가 릭 베이커Rick Baker, CBS, MTV, 펩시Pepsi의 복합 마케팅 지원 등이 포함됐다.

음악의 슈퍼스타덤은 이제 노래의 영화적 잠재력을 활용하는 데 의존했다. 마돈나가 자신의 뮤직비디오 「Vogue(보그)」에서 스타일리시한 선배들의 명단을 나열했을 때, 그들 대부분은 리타 헤이워스Rita Hayworth, 진 할로우Jean Harlow, 진저 로저스Ginger Rogers, 그리고 다른 영화 여왕들과 같은 할리우드 여배우들이었다. 어떤 음악가도 그 리스트에 오르지 않았고, 그 이유는 어렵지 않게 알 수 있다. 마돈나는 과거의 유명 가수들보다 이 스크린 스타들과 더 많은 공통점이 있었다. 마릴린 먼로Marilyn Monroe에 대한 그녀의 집착은 그녀의 경력에서 반복되는 주제일 것이다. 어떤 사람들은 그녀가 먼로와 케네디와의 관계를 모방하기 위해 존 F. 케네디 주니어F. Kennedy Jr.와 사귀었다고 주장하기도 한다. 그녀의 「Material Girl(머티리얼 걸)」 뮤직비디오는 드레스와 보석까지 영화 '신사는 금발을 좋아해Gentlemen Prefer Blondes'에서 먼로의 「Diamonds Are a Girl's Best Friend(다이아몬즈 알 어 걸스 베스트 프렌드)」 공연에 대한 암시로 가득 차 있다. 1987년 「Who's That Girl(후즈 댓 걸)」에서 마돈나는 심지어 마릴린 먼로를 따라해 입술 위에 가짜 점을 찍기까지 한다. 음악을 파는 것은 여전히 마돈나 경력의 주된 추진력이었고, ─할리우드 박스 오피스로 명성을 얻으려는 많은 시도에도 불구하고 대부분 성공하지 못했지만─ 그녀의 노래는 춤출 수 있는 비트, 강렬한 멜로디, 요염한 가사에 의해 추진되는 잘 만들어진 차량(결과물)이었다. 음악 자체는 이제 단하나의 요소일 뿐이었다. 호화로운 뮤직비디오조차도 정교한 페르소나를 만드는 더 큰 임무에 복종하는 것처럼 보였다. 시장성 있는 상품은 앨범도 콘서트 투어도 아니라 마돈나 자신이었다.

상업 음악계 전체가 이러한 성공의 새로운 지표에 적응했다. 시각적 영향이 전부였다. 폴라 압둘Paula Abdul은 로스앤젤레스 레이커스Los Angeles Lakers의 치어리더에서 뮤직 비디오 스타로, 바네사 윌리엄스Vanessa Williams는 미인대회 참가자에서 R&B 디바로 전향하는 새로운 길을 열었다. 올리비아 뉴턴-존Olivia Newton-John은 과장된 노래 「Physical(피지컬)」로 그녀의 커리어를 되살릴 수 있었다. 화려함으로 시선을 끄는 그녀의 비디오는 많은 다른 기성 스타들이 새로운 플랫폼에 적응하지 못한 상황에서 MTV 포맷에 완벽하게 들어맞았다. 같은 이유로 프린스는 영화 '퍼플 레인Purple Rain'에서 영화배우 역할로 쉽게 옮겨갈 수 있었고, 영화는 이미 그녀가 매력적인 뮤직비디오에서 하고 있던 것을 확장시킨 것처럼 보였다. 『퍼플 레인』 앨범이 영화보다 더 많은 수익을 올렸다는 사실을 생각하면, 영화를 음반 판매를 위해 고안된 정교한 뮤직비디오로 보고 싶은 유혹을 느낄 수도 있다.

　음악계에서 시각 매체의 새로운 지배에는 많은 비용이 들었다. 다른 많은 재능 있는 음악가들은 특정 외모와 인격을 갈망하는 산업에서 소외감을 느꼈다. 나는 가끔 마이클 잭슨의 경력이 비디오 형식과 그렇게 밀접하게 연관되지 않았어도 그가 성형수술에 병적으로 집착했을지 궁금하다. 잭슨은 자신의 외모가 그의 명성에 얼마나 중요한지 충분히 이해했고, 아마도 얼굴에 칼을 댈 때마다 자신의 사업 제국을 보호하고 있다고 느꼈을 것이다. 그러나 여기서 가장 큰 위험은 MTV의 영향 아래 점점 더 기업화된 음악 산업의 성격이다. 음반사들은 이제 호화로운 비디오에 대한 비용을 지불했고, 새로운 슈퍼스타를 발굴하는 일에 백만 달러 또는 그 이상이 필요하다는 가혹한 진실에 직면했다. 고대부터 음악의 생명줄이었던 이탈자renegade와 아웃사이더 음악가들이 이 대규모 예산 제작 세계에서 정상에 오를 수 있을까? 음반사는 파격적인 아티스트를 피하고 입증된 공식을 따르며 더욱 신중해지지 않을까?

　MTV는 진보적이고 최첨단인 기업처럼 보이고 싶었지만, 현실은 수익에 연연하는 중년 임원들이 운영하는 수십억 달러 규모의 기업이었다. 40퍼센트의 수익을 창출하고 연간 50퍼센트씩 성장하며, 음악 생태계를 향상시키기 위해서가 아니라 수익에 대한 보상을 받는 상황에서는, 불안하고 실험적인 상태를 유지하기 어렵다. 주주 지분을 가진 관리자들은 비디오를 금지하거나, 강제로 제거하거나, 주류 청중을 기쁘게 하기 위해 필요한 모든 것을 하는데 아무런 거리낌이 없었다. 그들은 섹시한 가수들을 사랑했고, 마돈나의 성공 이후 휘트니 휴스턴Whitney Houston, 머라이어 캐리Mariah Carey, 그리고 다른 매력적인 공연자들을 받아들였다. 하지만 모든 섹시한 비디오가 승인을 받은 것은 아니다. 릭 제임스Rick James의 「Superfreak(슈퍼프리크)」 또는 머틀리 크루Mötley Crüe의 「Girls, Girls, Girls(걸스, 걸스, 걸스)」는 철퇴를 맞았다. 셰어의 「If I Could Turn Back Time(이프 아이 쿠드 턴 백 타임)」은 오후 9시 이후에만 방영이 허용되었는데, 방송사는 셰어가 케이블 시청자들에게 살을 조금 덜 보이도록 편집을 강요했다. 이 무렵, 더 모험적인 팬들은 '인디 록'이나 '인디 음악'에 대한 그들의 선호를 이야기하기 시작했다. 이 용어는 1980년대 후반까지는 존재하지 않았지만, 몇 년 사이 많은 추종자를 가진 확정적인 장르로 떠올랐다. 이러한 변화는 MTV의 주요 레이블이 너무 기업화되고 흥미진진한 새로운 인재들을 홍보하는데 덜 숙련되었음을 시사한다.

그런지grunge 음악의 부상은 새로운 질서의 모든 충돌을 노출시켰다. 이 운동은 1980년대 시애틀에서 나타났으며, 1990년대 초 너바나Nirvana, 펄 잼Pearl Jam, 사운드가든Soundgarden 등 호감 가는 밴드들의 엄청난 성공으로 대세를 이루었다. 너바나의 앨범 『Nevermind(네버마인드)』는 아직 입증되지 않은 밴드의 저예산 음반이었다. 이 그룹의 이전 정규 앨범인 『Bleach(블리치)』는 대학 라디오 방송국에서 어느 정도 인기를 얻기는 했지만, 초기 발매에서 차트에 오르지도 못했다. 『Nevermind』의 초기 예산은 6만 5천 달러였다가 초과되어 결국 12만 달러의 비용이 들었는데, 당시의 기준으로는 여전히 적은 금액이었다. 게펜 레코드Geffen Records의 자회사인 이 밴드의 새 레이블은 완성된 프로젝트에서 가능성을 보았고, 그것이 25만 장이 팔릴 수 있기를 바랐다. 이는 MTV를 위해 준비된 매끄러운 결과물에 대한 저항으로서 중요한 성공이었다. 관객들은 정확히 이 덜 세련되고 더 다급한 소리를 갈망하는 것 같았다. 이 음반은 처음에는 태평양 북서부에서, 그다음에는 다른 시장에서 판매되었고, 출시 3개월 뒤 빌보드 차트에서 마이클 잭슨을 1위 자리에서 끌어내렸다. 결국 전 세계적으로 3천만 장이 팔렸고, 많은 리스너에게는 이 시대의 결정적인 음악으로 부각될 터였다. 거의 동시에 발매된 펄 잼의 『Ten(텐)』은 너바나의 크로스오버 성공 여파 속에서 수용적인 관객들을 찾아내어 천만 장 판매된다. 다시 한 번, 음악 산업의 주요 도시 중심지 밖에서 뜨거운 운동이 일어났는데, LA와 뉴욕 사무소에서 많은 결정을 내리는 회계사와 변호사들조차도 그 숫자의 중요성을 깨달을 수 있었다.

MTV는 이 새로운 시대정신에 한몫하고 싶었지만, 너바나의 리드 싱어 커트 코베인보다 네트워크의 윤리에 덜 적합한 아티스트는 상상하기 힘들었다. 1980년대 후반, MTV는 뮤직비디오에 대한 의

존도를 줄이고, 청소년 문화의 활기차고 매력적인 목소리로 더 넓은 정체성을 구축하려고 노력하고 있었다. 플로리다 데이토나 해변에서의 봄방학 방송은 음악, 비키니, 아름다운 사람들, 근심 없는 파티 시간으로 대표되는 새로운 정신을 포착했다. 코베인과 그의 그런지 미학만큼 이 정신에서 더 멀리 떨어진 것은 없을 것이다. 단지 화창한 데이토나 해변에서 흐린 시애틀 해안까지의 거리를 말하는 것이 아니다. 코베인은 육체적으로 허약했고, 임상적으로 우울했으며, 극복할 수 없는 중독에 시달렸다. 너바나의 성공은 그가 즐기지 않는 각광을 받게 했고, 그를 대중문화 지도자이자 한 세대 동안 대중적인 목소리로 재정립해야 한다는 원치 않는 압력을 가했다. 코베인은 분명히 봄방학 같은 사람은 아니었고, MTV와 대중문화 독자들에게 기여할 수 있는 기술, 무엇보다도 음악가로서의 창조성과 연주자로서의 강력한 존재감조차 그에게 요구된 페르소나와 맞지 않았다. 그런지 미학은 어둡고 날카롭고 신랄했으며, 내향적이었다. 그런지 음악은 강간, 낙태, 폭력, 비정상 가족, 외부인 또는 헌신적인 팬의 이해를 다룬 노래였다.

좀 더 분별 있는 세상이었다면, 그런지는 아웃사이더 운동으로 남았을 것이다. 커트 코베인은 인디 음악의 변두리에서 활동할 수 있는 충분한 장비를 갖추고 있었다. 그의 냉소적인 태도와 과민성은 주류를 조롱하고 비판하기에 완벽한 조건이 되었지만, 그에 동참하기에는 형편없는 후보였다. MTV 임원들도 이 사실을 알고 있었을 것이다. 하지만 그들은 이미 록의 이익에 대한 핵심 교훈을 배웠다. 즉, 외부인과 방해자가 시대의 분위기를 결정하고 결국 자신들의 월급을 벌어준다는 사실 말이다. 초기에는 음악적 혁신의 합법화와 주류화 과정이 수십 년이나 걸렸지만 현대 생활에서는 모든 것이 더 빨리 일어났다. 이익이 충분히 높은데 그 과정을 몇 개월로 압축하지 못할 이유가 무언가? MTV는 사춘기 청소년들의 욕망을 바탕으로 돈을 버는 기업이라는 이미지를 벗고 싶었고, 마침 그런지가 단번에 그들의 평판을 높여줄 수 있었다.

처음에 MTV는 얼터너티브 록 쇼인 '120 미니츠120 Minutes'에서 금지한 너바나의 「Smells Like Teen Spirit(스멜스 라이크 틴 스피리트)」 비디오를 조심스럽게 방영했다. 비디오 자체는 적은 예산으로 하루 만에 촬영되었고, 코베인은 첫 장면을 아스피린이나 AT&T 광고와 유사하다고 비웃었다. 그럼에도 이 노래는 포맷 중심의 매끄러운 MTV 히트곡들의 증가에 대한 강력한 반발로 두각을 나타냈고, 간부들과 팬들 모두 너바나를 새로운 트렌드세터로 받아들였다. 하지만 코베인은 동화에 저항했다. 너바나가 'MTV 비디오 뮤직 어워즈 MTV Video Music Awards'에 초청되었을 때, 코베인은 끔찍한 방송사 대표들에게 세계적으로 유명한 히트곡 대신 「Rape Me(레이프 미)」를 연주할 것이라고 말했다. 코베인은 결국 「Lithium(리튬)」을 연주하기로 타협했지만, 방송 중 「Rape Me」의 오프닝을 연주했다. 방송사는 결국 너바나에 대한 제한을 완화했고, 심지어 1993년 「Rape Me」까지 방송사 새해맞이 특집방송에 나오게 됐다. 그러나 그런지 세계관과 대중문화의 상업적 명령 사이의 내재된 긴장은 결코 적절히 해소되지 않을 터였다.

밴드의 인기가 높아지자 커트 코베인의 사생활은 걷잡을 수 없이 소용돌이쳤다. 1994년 3월 3일, 그는 로마에서 약물 과다 복용으로 거의 죽을 뻔했다. 자살 시도였을지도 모른다. 2주 후 시애틀 경찰은 코베인의 아내 코트니 러브Courtney Love의 전화에 응했는데, 코트니 러브는 이 록스타가 38구경 권총을 들고 방에 틀어박혀 자살하겠다고 위협하고 있다고 말했다. 경찰들이 도착했을 때, 코베인은 그 주장을 부인하고 그들에게 총을 내주었다. 그의 문제는 거기서부터 늘어나기만 했다. 그달 말 코베인은 20구경 산탄총과 탄약을 구입하여 로스앤젤레스 국제공항 인근 재활센터에 들어갔는데, 재활 이틀 만에 울타리를 뛰어넘어 탈출했다.

4월 8일, 시애틀 집에서 커트 코베인의 시신이 발견되었고, 근처에 유서가 있었다. 공식적인 사인은 머리의 자해 총상이었다. 유서 자체는 횡설수설이며, 자살의 이유보다는 탄식으로 가득했다. 그런지의 처음이자 마지막 슈퍼스타가 왜 스스로 목숨을 끊었는지에 대한 많은 의견이 제시되었다. 코베인의 중독과 우울증과의 싸움은 충분한 이유가 되었을지 모르지만, 유서 자체는 음악가로서의 그의 천직에 대한 것이었다. 코베인은 "지금까지 너무 오랫동안 읽고 쓰는 것, 함께 음악을 만드는 것, 음악을 듣는 것의 흥분을 느끼지 못했다"고 썼다. "이에 대해서 말로 표현할 수 없을 정도로 죄책감을 느낀다."[1]

15년 전 시드 비셔스의 죽음으로부터 펑크가 그런 것처럼 그런지도 이 손실로부터 간신히 살아남았다. 대중문화의 최전선에서의 그들의 순간은 지나갔고, 그들의 폭력적 종말은 격렬하게 파괴된 음악 운동이 문화 주류로 빠르게 진입할 수 있는지에 대한 정당한 의문을 불러일으켰다. 거의 하룻밤 사이에 음악 경영진들이 펑크나 그런지에서 발생하는 깊은 적대감을 대중용 상품으로 재포장하면서 이 단층선Fault line은 한계점에 도달했다. 이러한 긴장감은 항상 슈퍼스타의 자살처럼 가시적인 결과를 가져오지는 않으며, 버디 볼든과 재즈, 로버트 존슨과 블루스, 찰리 파커와 비밥, 투팍 샤커 및 노토리어스 비아이지the Notorious B.I.G.와 힙합과 같은 경우, 사망 원인은 공식 문서에 다르게 나타난다. 그러나 음악 혁신의 원천과 과정에 대한 공정한 평가는 음악 문화의 많은 결정적 변화에 내재되어 있는 것 같은 파괴와 폭력의 잠재력을 오랫동안 들여다보는 것을 피할 수 없다. 우리는 아마도 노래를 도피적인 오락으로 보는 것을 선호하는 시대에 명백하지만 전형적으로 잊힌 분명한 결론에 도달해야 할 것이다. 음악은 우리가 보통 인정하기로 선택한 것보다 폭동이나 게릴라전과 더 유사하게 혼란과 격변의 경외심을 불러일으키는 힘이다. 막대한 자금과 기업의 운명이 위태로운 상황에서는 사상자와 부수적 피해가 불가피하다.

포스트 코베인 세계에서 록은 큰 사업으로 남았지만, 영구 혁명의 음악으로서 그 약속에 부응하기 위해 고군분투했다. 향수 중심의 클래식 록 포맷에 전념하는 라디오 방송국을 처음 들었을 때의 충격을 아직도 기억한다. 이것은 록 비전 전체를 배신하는 것처럼 보였다. 올드 록을 트는 라디오 방송국을 개설하느니 오래된 음식을 내는 레스토랑을 여는 것이 더 나을 것 같았다. 하지만 1983년 영화 '위험한 청춘Risky Business'에서 스타덤에 오른 톰 크루즈가 「Old Time Rock and Roll(올드 타임 로큰롤)」이라는 노래를 립싱크하면서 속옷만 입고 춤을 추던 1983년, 이미 록의 미래를 복고적인 움직임으로 볼 수 있었다. 1980년대 후반과 1990년대에는 록 밴드가 주식처럼 오르락내리락했다. 잠깐은 휴이 루이스 앤 더 뉴스Huey Lewis and the News였고, 그다음에는 후티 앤 더 블로피시Hootie and the Blowfish, 혹은 다른 단명 밴드일 것이다. 큰 권력을 가진 예술가는 거의 없었다. 최고의 밴드는 상업적 기대에 저항하는 경향이 있었는데, 아마도 사업적 이익과 록 반란 사이의 이전 '파트너십'의 여파로부터 현명하게 교훈을 배운 덕분이었을 것이다. 예를 들어, 라디오헤드Radiohead의 영향력은 아트록 개념을 포용하고 예상치 못한 방향으로의 변화를 기꺼이 취함으로써 강화되었다. 때로는 팬들이 라디오헤드가 의도적으로 노래를 어렵게 만든다고 불평하기도 했다. 아일랜드 그룹 U2는 20개국에서 차트 1위를 차지한 「The Joshua Tree(더 조슈아 트리)」를 제작한 공식을 일부러 외면했고, 1990년대에 더 어두운 음색 팔레트와 더 내성적인 분위기로 진입했는데, 일부는 이 배은망덕한 밴드 동료들이 「The Joshua Tree」를 지워버리려는 의도가 있는 것 같다고 말했다. 록에서 의미 있는 어떤 것을 고수하기 위해서는 이제 공식을 고수하고 신중한 브랜드 구축을 위해 끊임없이 밀어붙이는 모든 축적된 힘과 싸워야 했다. 이런 환경에서 록 밴드가 사회의 방향은 말할 것도 없고 우리 삶을 바꿀 수 있다는 생각은 이제 현실에 직면했다. 록은 장르 충성도를 위한 전투에서 많은 스타일 중 하나가 되었고, 핵심 청중이 고령화됨에 따라 혁명적 사회 운동을 선동할 잠재력은 그에 비례하여 줄어들었다. 현상 유지를 하는 록이 어떻게 현상 유지를 방해할 수 있을까?

음악 산업은 여전히 파괴적인 외부인(늘 필수적이다)을 필요로 했고, 다른 곳에서 그들을 발견했다. 래퍼와 힙합 라이프스타일은 새로운 전복, 영구적 반란의 대안 음악을 제공했다. 여기서도 세계적인 엔터테인먼트 회사들은 회계사, 변호사들과 상관없이 스스로 성장한 이 음악에 대해 공을 논할 자격이 없다. 현금이 풍부한 음악 사업이 입증되지 않은 밴드에 기꺼이 수백만 달러를 던졌던 20세기 후반에도, 진정한 혁신은 주요 레이블들이 자신들에 대해 알지 못한 채 이루어지고 있었다는 것을 생각하면 놀랍다. 실제로 수천 년 동안 우리가 보아온 전복적 음악의 모든 요소가 힙합의 등장과 함께 다시 반복되었다. 아웃사이더가 다시 혁신의 원천으로 떠올랐다. 마지막이 첫 번째가 되어야 하고 첫 번째가 마지막이 되어야 한다. 그리고 이러한 변화의 기폭제를 찾기 위해서는 세계에서 가장 영향력 있는 대도시인 뉴욕시로 관심을 돌릴 필요가 있지만, 엘리트들과 부유한 예술 단체가 아닌, 가장 가난한 사람들이어야 했다.

세계에서 가장 큰 음반 회사의 간부들은 힙합 탄생지에서 15킬로미터도 채 안 되는 거리에 근무했지만, 그들은 다른 행성에서 살고 있었을지도 모른다. RCA 빌딩에서 사우스 브롱크스까지 어떻게 가는가? 답은 '가지 않는다'이다. "사우스 브롱크스는 네크로폴리스, 즉 죽음의 도시입니다." 근처에서 랩이 탄생하기 직전 〈뉴욕타임스〉와의 인터뷰에서 지역 병원 원장이 한 말이다. 20퍼센트의 집은 물이 부족했고, 절반은 가끔 난방도 되지 않았다. 평균 기대수명은 파나마보다 낮았다. 영아 사망률은 미국 나머지 지역의 두 배였다. 약 60만 개의 제조업 일자리가 동네에서 사라졌고, 청년 실업률은 놀랍게도 40퍼센트에 달했다. 1인당 소득은 2,430달러에 불과해 전국 평균의 절반에도 못 미쳤다. 은행들은 돈을 빌려주지 않았고, 기업들은 종종 더 나은 곳으로 가기 위해 문을 닫거나 떠났다. 번창하는 조직은 갱단뿐이었고, 일부 추정에 따르면, 백여 개의 다른 조직들이 1만 명이 넘는 젊은 층의 회원을 자랑하며 브롱크스에 대한 지배권을 장악했다. 경찰의 주된 임무는 이 지역을 무시하는 것이었다. 이것이 힙합을 창조한 문화였다.[2]

'아프로퓨처리즘'이라는 용어는 그 당시에는 존재하지 않았지만, 힙합의 기원은 흑인 문화의 표현 도구로서 미래 지향적인 기술의 축전을 기대한다. 가난한 이웃에 속으면 안 된다. 거의 모든 시기에 이 장르의 뿌리는 오래된 기술을 재사용하고 새로운 기술을 발명했다. 랩과 음반 조작으로 힙합의 토대를 마련한 DJ들은 빈민가 테크노 전문가였고, 그들의 공연장은 미 항공우주국NASA의 관제 센터처럼 보였다. 자메이카계 미국인 클라이브 캠벨Clive Campbell의 별명인 '쿨 DJ 허크Kool DJ Herc'—전형적인 이름이 아닌 슈퍼히어로로 분신에 가까운 새로운 정체성을 채택했다—는 랩뿐만 아니라 모든 경쟁자를 능가하는 웅장한 연설로도 찬사를 받았다. 그랜드마스터 플래시(바베이도스 태생 조지프 새들러Joseph Sadler)는 다수의 음향 조작 기술을 개발하거나 대중화하였는데, 이들 중 다수는 아날로그 도구로 후대의 디지털 스튜디오 소프트웨어를 미리 예상한 것만 같다. 그는 두 개의 턴테이블에서 레코드를 회전하면서 노래의 일부를 확장할 수 있었고, 박자를 놓치지 않고 추진력 있는 연주 브레이크를 유지할 수 있었다. 이는 차세대 드럼 루프였다. 원래 전기 오르간 연주자들이 집이나 가장 저렴한 라운지 공연에서 사용하던 기교로 발명된 보잘것없는 드럼 머신은 이 시대에도 대부분의 프로 밴드들에 의해 여전히 경멸받았는데, 그랜드마스터 플래시 등은 이를 그루브를 강화하고 턴테이블에서 나오는 소리를 보완하는 유연한 비트 박스로 용도를 상용했다. 상업적인 디지털 도구와 샘플링 문화가 이를 정당화하기 전부터, 일종의 자르고 붙이는 방식은 앞서 있었다. 저작권법이 적용되지 않는 것처럼 뻔뻔하게 빌려와 자유롭게 각색한 초기 블루스 가수들과 마찬가지로, 랩의 선구자들은 그 순간의 목적에 맞는 것은 무엇이든 섞고 일치시켰다. 이제 레코드는 단순히 재생하는 것이 아니라, 다양한 타악기 효과를 내기 위해 바늘로 왔다 갔다 하며 긁거나, 주재하는 DJ의 자발적인 랩을 뒷받침하는 용도로 이용되었다. 본질적으로 턴테이블은 그 자체로 악기로 변모했고, 매체는 다시 메시지가 되었다.

처음에는 아무도 랩이나 힙합이라고 부르지 않았다. 많은 리스너에게 이는 여전히 댄스 음악일 뿐이었다. 그러나 가사는 DJ들이 그들의 침입에 동원한 대중 타악기의 축적된 무기보다 훨씬 더 많은 것을 말해줄 것이다. 여러 방법으로 랩의 혈통을 추적할 수 있지만, 1970년대의 소울풀한 DJ들이 라디오 히트곡이나 노래를 리듬감 있게 플레이하는 것, 길버트와 설리번, 길 스콧-헤론Gil Scott-Heron의 재즈 시, 또는 아프리카의 그리오와 그레고리오 성가로 거슬러 올라간다. 반음악적 구호를 통한 의미 강화는 인간 사회 자체만큼이나 오래되었다. 그러나 첫 래퍼들이 등장할 무렵, 음악계는 대부분 단조로운 구호의 힘을 잊어버렸다. 이 사우스 브롱크스의 신인들이 천 년 동안 이어진 대위법을 우회하여 강력한 첫 번째 원칙으로 돌아오는 것 같았다. 그러나 리듬감 있는 구호를 (지금까지 서구 세계에서 가장 많이 사용되었던) 종교적 헌신과 연관시킨 사람들은 충격을 받았다. 랩은 음악의 외부인 지위를 강조하면서, 모든 종류의 권고, 자랑, 조롱, 비난, 에로틱하고 낭만적인 자세, 자전적 논평, 거친 사회정치적 비판, 다양한 행동 촉구, 그리고 영어로 접할 수 있는 가장 광범위한 욕설들을 선택했다.

많은 리스너에게 슈가힐 갱Sugarhill Gang의 1979년 히트 싱글 「Rapper's Delight(래퍼스 딜라이트)」는 이 새로운 사운드를 소개하는 역할을 했다. 그러나 상업 음악계가 주목한 후에도, 많은 사람은 랩을 단기적인 유행으로 여겼다. 주요 레이블의 이해 부족은 랩 뮤지션이 공백을 메울 수 있는 기회를 제공했다. 「Rapper's Delight」의 레이블인 슈가힐은 1986년에 파산을 선언했고, 힙합의 또 다른 초기 진입자인 인조이 레코드Enjoy Records는 1987년에 문을 닫았다. 그러나 이러한 개척자들은 상업적 랩의 톤을 정했고, 프로필Profile(1980년 설립), 자이브Jive(1981), 데프 잼Def Jam(1984), 콜드 칠린Cold Chillin'(1986), 루스리스Ruthless(1986), 딜리셔스 비닐Delicious Vinyl(1986), 데스 로Death Row(1991) 같은 후기 '황금시대' 기업의 패턴을 마련했다. 전통적인 마케팅도 거의 없고, 업계 거물들이 참여하지도 않은 상태에서 거대한 경력이 시작되었다. 사람들은 런 디엠씨Run-D.M.C., 퍼블릭 에너미Public Enemy, 비스티 보이스Beastie Boys, 엘엘 쿨 제이LL Cool J 등이 전통적인 소울과 R&B 스타들을 차트에서 밀어내는 것을 앉아서 지켜보았다. 넬슨 조지Nelson George는 랩의 전성기 초기에 빌보드에서 흑인 음악 편집자로 재임하는 동안, 주요 레이블들이 이 상황을 이해하지 못했던 것을 회상한다. 일반적인 태도는 '이것이 얼마나 오래 지속될 것인가?'였다. 그들은 기껏해야 랩을 유행으로, 그리고 최악의 경우 아프리카계 미국인에 대한 흠집으로 보았다.[3]

그러나 랩은 후퇴하는 대신 주류로 건너가고 있었다. 에어로스미스Aerosmith는 런 디엠씨와 협력했다. 1986년 히트 앨범 『Raising Hell(레이징 헬)』을 300만 장 판매하고 싱글 「Walk This Way(워크 디스 웨이)」를 빌보드 차트 상위 5위 안에 올려놓았는데, 이는 지금까지 힙합곡 중 가장 높은 순위다. 이 무렵, 비스티 보이스는 MTV에 등장하기 시작했는데, 이 방송사의 청소년 문화 윤리에 완벽하게 맞는 노래 「Fight for Your Right to Party(파이트 포 유어 라이트 투 파티)」가 그것이다. 이 밴드의 앨범 『Licensed to Ill(라이선스드 투 일)』은 400만 장이 팔리며 랩의 새로운 기록을 세웠다. 몇 달 후, 엘엘 쿨 제이는 그의 『Bigger and Deffer(비거 앤드 데퍼)』 앨범으로 대히트를 누렸고, 히트 싱글 「I Need Love(아이 니드 러브)」로 랩이 로맨틱 발라드의 매개체 역할을 할 수 있음을 증명했다.

우리는 이미 펑크 록과 그런지를 통해, 모든 아웃사이더 음악 장르가 충분히 오래 지속되면 결국 시장의 힘이 합법화 과정을 압축하려고 시도하는 것을 보았다. 이전 시대에는 이런 주류화에 한 세대 이상이 걸렸지만, 이익에 굶주린 기업들이 가만히 서서 기다릴 수 있을까? 욕설과 예민한 가사에 대해 덜 불평하는 다른 사람들을 그냥 내버려두고 힙합으로 돈을 벌 수 있을까? 돌이켜보면 힙합은 반항적인 아웃사이더 지위를 자랑스럽게 여기는 새로운 운동이 그것을 수익화하기로 결정한 강력한 이해관계에 직면할 때 발생되는 모든 긴장과 부조화를 강조하는 매혹적이고 때로는 터무니없는 사례 연구를 제시한다. 이러한 부조화의 첫 징후 중 하나는 친숙한 연예인들이 공연한 새로운 랩 노래들을 통해 나타났는데, 그들 중 많은 노래는 최신 유행 요소가 형편없이 결여되었다. 로드니 데인저필드Rodney Dangerfield는 커티스 블로우Kurtis Blow와 함께 「The Breaks(더 브레이크스)」를 작업한 작곡가를 영입해 1983년 『Rappin' Rodney(래핀 로드니)』 음반을 발표했으며, 진정한 랩 아티스트들이 네트워크에서 제외되던 시기에 MTV에서 큰 사랑을 받았다. '황금시대'의 다른 유명 래퍼로는 데이비드 하셀호프David Hasselhoff, 조 피스코포Joe Piscopo, 체비 체이스Chevy Chase, 루 리드Lou Reed, 톰 행크스Tom Hanks, 댄 아이크로이드Dan Aykroyd, 전체 1985 로스앤젤레스 램스Los Angeles Rams가 있다. 랩은 유행하는 밈이었고, 모든 사람이 그것을 원했다.

돈을 벌기 위해 음반을 만들 필요는 없었다. 다양한 소비자 제품 회사들이 시류에 편승하고 있었다. 1986년 아디다스는 런 디엠씨와 계약을 했고, 신발을 칭찬하는 노래에 대해 밴드에게 보상을 주었다. 모든 주요 탄산음료 브랜드는 결국 힙합 홍보인을 찾을 것이다. 커티스 블로우는 스프라이트를 위해 랩을 했다. 런 디엠씨는 지면과 TV 캠페인으로 코카콜라 캔을 브랜딩했다. MC 해머는 펩시 광고를 거절할 수 없었다. 고급 제품을 칭찬하는 브랜드 친화적인 힙합 정신으로 인해 이 장르는 청년층에게 기업 마케팅할 수 있는 완벽한 수단이 되었다. 랩은 열망적인 브랜드와 지위를 향상시키는 라이프스타일 제품을 위해 준비된 플랫폼 같았다.

정말 이렇게 쉬울까? 힙합이 반발이나 보이콧 없이 주류로 갈 수 있을까? 1980년대 후반과 1990년대 초반에 많은 사람이 그렇게 믿었을 것이다. 원래 「Ballad of Davy Crockett(발라드 오브 데이비 크로켓)」과 젊은이들을 위한 덕목을 고무시키는 노래를 홍보하기 위해 시작된 월트 디즈니사의 음반 사업조차 공격적으로 랩으로 옮겨가고 있었다. 초기 결과물로는 뉴저지에서 종신형을 선고받은 남성들로 구성된 '라이버스 그룹Livers Group'의 앨범과 프린스 아킴Prince Akeem의 힙합 앨범 『Coming Down Like Babylon(커밍 다운 라이크 바빌론)』 등이 있다. 그러나 기업 스위트룸의 간부들은 힙합계 내부의 저항 그 자체를 명백히 과소평가했고, 힙합계는 진정성에 대한 의문을 매우 진지하게 받아들였다.

미국 재계가 이 장르를 받아들이기 시작했음에도 불구하고, 더 강인하고 더 고상한 연주자들의 새로운 세대가 힙합의 선두로 떠오르고 있었다. 디즈니가 랩을 발견한 것과 거의 같은 순간에 갱스터라는 용어가 등장했다. 이 용어는 수년 사이 흑인 사회에서 생겨났고 이제 신문의 1면을 장식하려 했던 생활방식과 태도를 포괄했다. 밈과 언급으로 판단한다면, 운동화 광고는 곧 갱단 소속이 차지할 것이었다. 힙합은 여전히 상품을 팔지도 모르지만, 그것의 진정한 운명은 도심에서 분노와 항의의 초점이 되는 것이었다. 힙합은 어떤 정치적 장광설이나 당론도 따라올 수 없는 활력과 즉각성을 가지고 있었다.

N.W.A.의 앨범 『Straight Outta Compton(스트레이트 아우타 콤프

턴)』은 사실상 라디오 방송도, 전국 투어도 없이 플래티넘에 도달하는 데 성공했다. 길거리 갱단, 경찰의 잔혹성, 인종 프로파일링, 사우스 센트럴 로스앤젤레스에서의 삶에 대한 노래들은 폭력을 미화하는 것과 동시에 항의를 불러일으켰다. 어떤 사람들은 이를 음악에서 새로운 수준의 사실주의로 보았다. 다른 사람들은 사기적인 왜곡으로 비난했고, 다른 이들은 희생자들보다는 살인자들을 미화한 오래된 흑인 문화에 대한 고정관념의 잘못된 홍보라고 비난했다. 경찰관들은 N.W.A.를 보호하기를 거부했고, 오히려 디트로이트에서 실제로 고용된 경비원들과 실랑이를 벌였고, 후에 밴드를 호텔에 구금했다. 교회 단체들은 이전에 엘비스와 다른 음악 스타들에게 했던 것과 마찬가지로 그들의 선거구에서 시위를 하면서 행동에 들어갔다. 종지부를 찍은 것은 미연방수사국FBI 부국장이 이 그룹의 음반사에 보낸 비난 편지였다. 이 편지는 곧 〈빌리지 보이스The Village Voice〉 표지에 빨갛고 굵은 글씨로 실렸다. 'FBI는 N.W.A.를 싫어합니다.' 돈 주고도 살 수 없는 홍보였고, 이 모든 것은 N.W.A.의 판매와 명성을 높였을 뿐이다.

시대는 변했다. 불과 몇 년 전, 학부모 음악 자원 센터(대중음악을 사전에 검열하던 위원회-옮긴이)는 1985년 당시 가장 불쾌한 노래 목록인 '필시 피프틴Filthy Fifteen(불쾌한 열다섯-옮긴이)'을 발표했다. 랩 음악은 단 한 곡도 리스트에 오르지 못했다. 그러나 1980년대 후반과 1990년대 초반에 랩은 다른 모든 형태의 전복적 음악을 대체했다. 헤드라인을 장식한 것은 갱스터 생활 방식, 즉 외설과 상투적 표현만이 아니라, 점점 더 솔직한 성행위, 종종 여성 혐오적인 어조였다.

『Straight Outta Compton』이 발매된 지 몇 주 후, 요란한 랩으로 유명한 마이애미 그룹, 더 2 라이브 크루The 2 Live Crew는 『As Nasty As They Wanna Be(애즈 내스티 애즈 데이 워너 비)』를 발매했는데, 연방 판사에 의해 음란한 것으로 판명되었다. 이후 재판에서 무죄를 선고받았는데, 이 홍보에 힘입어 앨범은 플래티넘이 되었다. 남부에서 만들어진 랩 앨범 중 처음으로 명성을 얻은 앨범이었다.

이 모든 것이 그 당시에는 충격적이고 새로운 것처럼 보였지만, 갱스터 생활 방식과 성적 착취에 대한 축하는 놀랍게도 민속음악의 오래된 전통과 일치한다. 앞서 살펴본 것처럼 소중하고 존경받는 《차일드 발라드》의 3분의 2는 성이나 폭력을 다루고 있으며, 몇몇 주제(근친상간, 고문에 대한 생생한 설명 등)는 적어도 1990년대 중반에 네크로필리아necrophilia(시체에 대하여 성욕을 느끼는 성도착증−옮긴이), 식인 풍습, 그리고 다른 괴상한 것들의 마지막 금기가 교차되는 호러코어 랩이 등장하기 전까지는 가장 반항적인 래퍼들조차도 받아들이기를 주저한 내용이다. 또한 얼마나 많은 노래가 로빈 후드의 공적을 치하하는지 상기해보라. 로빈 후드는 《차일드 발라드》에 수록된 노래 중 10퍼센트 이상에 출연한다. 그는 영국 민화의 가장 악명 높은 갱스터였고, 그의 세계에서 소외된 이들을 보호하는 리더였다. 어느 정도까지는 래퍼들 스스로가 민속 영웅의 역할을 맡았는데, 1990년대와 그 이후의 황금기 이후 시대에 점점 더 그러했다. 랩에 대한 일종의 신화가 유행하고 있었다. 투팍 샤커의 삶은 비록 현대와 기술을 위해 변형되었지만, 영국의 통속시와 비슷했다. 에미넴Eminem은 무대 위에서 슬림 셰이디Slim Shady라는 인물을 창조하기까지 했다. 심지어 그 이름조차도 폭력적인 주인공의 전형이었던 전통적인 발라드에서 나온 것 같다. 그러나 어떤 경우에도, 무엇보다 진정성을 중요시했던 장르에서, 래퍼들은 무대 위나 밖에서 같은 페르소나를 유지했다. 래퍼 50센트50 Cent가 영화 '겟 리치 오어 다이 트라이잉Get Rich or Die Tryin''에 출연했을 때, 그는 자신을 바탕으로 한 캐릭터를 연기했다. 그것이 이상적인 일이었다.

그러나 여전히 더 매혹적인 것은 주류화에 완전히 저항하는 것처럼 보였던 랩이 결국 합법화된 방식이다. 25년이라는 시간이 N.W.A.의 『Straight Outta Compton』에 어떤 영향을 미쳤는지 생각해보라. 이 앨범은 그 당시 부모에서 FBI에 이르기까지 모든 사람을 화나게 했다. 2015년 할리우드는 오스카상 후보작 N.W.A. 전기 영화 '스트레이트 아우타 콤프턴'을 발표했다. 2016년 『Straight Outta Compton』은 힙합 앨범 최초로 그래미 명예의 전당에 오르는 영예를 안았고, 2017년에는 문화, 역사, 예술적 의미를 가진 작품을 보존하기 위해 미 의회도서관이 지정하는 국립기록등록부에 이름을 올렸다.

이전의 많은 경우와 마찬가지로, 한 세대는 가장 전복적인 음악조차도 제도적 기념물로 바꾸기에 충분했다. FBI가 보낸 협박 편지는 현재 로큰롤 명예의 전당에 전시되어 있는데, 이 기념물은 당국의 통제 시도의 무의미함을 보여주는 기념비다.

이 무렵 힙합 장르 전체가 주류로 가는 많은 길을 찾아냈다. 어떤 길은 새로운 천년에 친숙한 공식으로 등장한 힙합 가수들과 팝 가수들 사이의 콜라보레이션처럼 순전히 상업적이었다. 버락 오바마 대통령이 카니예 웨스트Kanye West, 켄드릭 라마Kendrick Lamar, 제이지Jay Z, 찬스 더 래퍼Chance the Rapper, 드레이크Drake의 곡을 집무실에서 승인한 재생 목록으로 추천하기 시작했을 때와 같이, 개인적이면서도 매우 상징적인 길도 있었다. 스미스소니언이 2017년 50명의 학자와 실무자로 구성된 위원회를 구성하여 공식적인 스미스소니언 힙합과 랩을 만들기로 한 결정한 것과 같이 제도적인 것도 있었다. 그리고 획기적인 순간, 라마Lamar는 그의 앨범 『Damn(댐)』으로 2018년에 퓰리처 음악상을 수상했다. 이전에는 클래식 작곡가와 가끔 재즈 아티스트에게만 주어졌던 영광으로 이는 전례 없는 일이다. 힙합은 이전의 모든 음악 스캔들과 같은 길을 걸어왔고, 그 자체로 존경받을 만하다고 선언되었다는 것은 분명한 사실이다. 그리고 이는 명백한 의문을 제기한다. 음악에 어떤 영구적 혁명이 가능한가? 주류화에 저항할 만큼 파괴적인 금지된 소리란 있는가? 아니면 모든 중요한 음악적 혁명은 결국 박물관과 기관 안에서 그들의 길을 찾는 것일까?

음반업계의 최고 세력은 그런 문제에 대해 거의 걱정하지 않는다. 한 장르가 우위를 잃더라도, 때로는 가장 예상치 못한 곳에서 또 다른 장르가 일어나 모든 과정을 다시 시작한다. 충분히 오래 기다리면 새로운 혼란, 새로운 혁명이 나타날 것이고, 그에 따른 모든 기회는 수익화되고 상업화될 것이다. 1990년대 기업 엔터테인먼트의 거장들은 그야말로 차세대 아웃사이더, 즉 새로운 변화의 힘을 기다리고 있었다. 그리고 어떤 면에서는, 그들이 옳았다. 도중에 혁명이 일어났다. 그러나 이번에는 음악가들로부터 오는 것이 아니었다. 새로운 세대의 기술자들은 혼란에 대해 그들만의 생각을 가지고 있었다. 그들은 수익화하고 상업화할 계획을 가지고 있었고, 솔직히 음악이 어떤 소리를 내든 상관하지 않았다. 그들은 노래가 아니라 산업을 흔들기를 원했다.

28

새로운 지배 세력을
환영합니다

Music: A Subversive History

Welcome Our New Overlords
Epilogue: This Is Not a Manifesto

1980년대 중반, 나는 실리콘밸리에서 가장 똑똑한 사람들과 일했고, 사람들이 음악을 소비하는 방식을 바꿀 계획을 세우는 것을 지켜보았다. 로즈 장학생 출신 하버드대 박사인 이 그룹의 리더는 음악 팬들이 맞춤형 재생 목록을 만들고 노래를 다운받을 수 있는 첨단 디지털 전달 시스템을 구상했다. 당시 나는 회의적인 태도를 보였는데, 그 개념(웹 이전의 어떤 기존 음악 소매 플랫폼보다 훨씬 더 흥미롭고 소비자 중심적인 것이었다) 때문이 아니라, 음반 회사들이 이 새로운 기술을 기회라기보다는 위협으로 볼 것이라는 두려움 때문이었다. 음악 사업에 대한 나의 모든 경험은 외부인에 대한 적대감과 대담한 개념을 기대하도록 가르쳐 주었다. 그러나 그 팀은 지속되었고 결국 그 당시 상당한 액수인 2천 5백만 달러의 벤처 자금을 확보했다. 현금과 높은 희망으로 가득 찬 그들은 '페르소닉스Personics'를 시작했다.

몇 달 후, 페르소닉스는 타워 레코드Tower Records 매장에 대형 키오스크를 설치하기 시작했다. 이 커다란 하드웨어 시스템은 최초의 음악 다운로드 장치였는데, 당시 고객의 재생 목록을 저장할 수 있는 유일한 매체는 카세트테이프였다. 그렇다 하더라도 이 새로운 시스템은 여러 면에서 획기적인 것이었다. 사용자는 카탈로그를 검색하고, 자신이 좋아하는 노래를 고르고, 키오스크에서 선택하고, 즉석에서 맞춤 믹스테이프를 만들 수 있었다. 페르소닉스는 데이터 압축에서부터 잡음 감소에 이르기까지 수많은 기술적 문제를 해결했다. 하지만 음반사들은 내가 예측한 대로 그들의 노래에 대한 라이선스를 주기를 꺼렸다. 모든 새로운 히트곡에 접근할 수 없다면, 페르소닉스는 실패할 운명이었다. 이 회사의 선각자들은 기막힌 정확성으로 개인화, 맞춤화, 디지털 액세스 및 재생 목록 큐레이션을 기반으로 한 음악 소비의 미래를 기대했다. 그러나 세계, 특히 기술을 두려워하는 음악 산업 세계는 1980년대에 이런 상황에 대처할 준비가 되어 있지 않았다.

그러나 해가 갈수록 실리콘밸리는 더 많은 돈, 더 나은 기술, 그리고 더 큰 문화적 영향력으로 점점 더 커지고 강해졌다. 한편 음악계는 연구 개발을 포기했다. 일찍이 오디오 기술의 거의 모든 돌파구가 레코드 회사에 의해 발명되거나 상용화되었는데, 여기에는 롱플레이 레코드, 45rpm 싱글, 리본 마이크, 소니 워크맨, 8트랙 테이프, 스테레오, 쿼드리폰 사운드 등이 포함된다. RCA는 20세기 중반의 애플이라고 불릴 정도로 신기술 출시에 능숙했다. 단순히 주요 음반사가 아니라 소비자 주도 기술 분야의 선두주자로서 시장에서 가장 멋진 '기기'의 발명가였다. 그러나 1990년대 후반에 이르러서는 가전제품과 음악이 분리되어 각각 다른 방향으로 가고 있었다. 그것을 지리적 차이로 볼 수도 있다. 음악 사업은 남부 캘리포니아에서 번창하여 할리우드에서 신호를 받아 화려함을 추구했고, 새로운 소비자 기술은 점점 더 북부 캘리포니아에서 나와 실리콘밸리의 누적된 전문지식과 야망을 끌어모았다.

누구도 감히 이것을 남북 간의 전쟁이라고 표현하지 못했지만, 표면 아래의 갈등과 적대감을 볼 수 있는 사람들에게는 점점 더 그렇게 보였다. 그리고 이전의 남북전쟁처럼, 북은 여기서도 승리할 터였다. 캘리포니아 남부의 엔터테인먼트 회사들은 산업 붕괴에 대비하지 못했다. 새 천 년이 밝아올 무렵, 실리콘밸리는 플랫폼과 우선순위를 선택하고, 변화의 속도를 이끌고 있었다. 현재로 빨리 넘어오자. 음악에서 가장 강력한 힘은 다름 아닌 기술 중심의 기업이다. 애플, 구글, 스포티파이Spotify, 아마존Amazon 등은 노래를 더 큰 비즈니스 모델의 한 요소인 단순한 콘텐츠로 간주한다.

기술 회사들이 발전하는 동안 음반 회사들은 아무것도 하지 않았다고 말하는 것은 정확하지 않다. 그들은 소송, 입법, 로비 등 세 가지 사업에 돈과 막대한 양의 부당한 신념을 쏟아부었다. 음반사들이 소비자 엔터테인먼트 기술 역사상 가장 큰 혁명을 무시했음에도 불구하고, 그들의 변호사들은 협박과 중단 서신을 내기에 바빴다. 그들은 하향곡선을 그리는 동안 약간의 성공을 누렸다. 1998년 소니 보노 저작권 연장법The Sonny Bono Copyright Extension Act은 미국 초창기에 원래 14년이었던 창작물에 대한 기업 지배력이, 다양한 기준에 따라 14년의 추가 갱신 선택권과 함께 이제 120년 동안 지속될 수 있는 특별한 상황을 만들었다. 이에 비해 미국의 특허는 20년 후면 만료된다. 즉, 암 치료법이 밀리 바닐리Milli Vanilli 노래나 미키 마우스Mickey Mouse 만화가 받는 보호보다 짧은 기간 보호받는 터무니없는 상황이다. 그러나 우리는 이 시점에서 저작권이 더 연장되지는 않을 것이라고 예측할 수 있다. 소니 보노법이 통과된 지 불과 몇 년 만에 지배적인 기술 회사들, 즉 애플, 구글, 그리고 저작권 제한에 기득권을 가진 다른 회사들은 엔터테인먼트 회사들보다 더 강력한 로비스트들을 갖게 될 것이다.

매우 인기 있는 인터넷 음악 공유 플랫폼인 냅스터Napster에 대한 음반사의 승리는 이제 패배한 전쟁에서 전장의 마지막 승리로 볼 수 있다. 음반 업계는 이 싸움에 온 힘을 쏟았고, 2001년 법원의 명령을 받아내어 음악 서비스는 결국 중단됐다. 공격을 주도한 산업 무역 단체인 미국 음반산업협회RIAA는 냅스터를 인수하여 음악 레이블에서 소비자로의 직접적인 유통 채널로 플랫폼을 확장하는 것이 훨씬 현명했을 것이다. (이렇게 했다면 아이튠즈, 유튜브, 아마존, 스포티파이, 그리고 다른 중개업자들의 후일 지배를 막을 수 있었을 것이다.) 하지만 이를 위해서는 음악 거물들의 기업 사무실 내에 만연했던 합법적이고 위협적이며 선도적인 세계관 대신, 소비자 요구에 부응하는 산업 문화가 필요했을 것이다.

RIAA가 냅스터에 대한 법적 공격을 시작한 바로 그해인 1999년에 음반 판매량은 최고조에 달했다. 다음 10년 동안 수입은 대략 절반 정도 감소할 것이고, 심지어 회복의 순간조차 20세기의 영광스러운 해에는 결코 도달하지 못할 것이다. 냅스터와 보노의 승리는 구식 비즈니스 모델의 마지막 승리일 것이다. 2001년 애플이 아이팟을 출시했을 때 음반사들은 곤경에 처했다. 애플은 그들보다 더 많은 정치적 영향력과 더 많은 소비자 충성도를 가지고 있었다. 아이팟과 그 회사의 다른 제품들은, 어떤 음반 회사도 하지 않았던 고객 선호도에 대한 수많은 연구의 결과였다. 게다가 애플의 냉혹한 법률 직원과 맞설 수 있는 사람은 아무도 없었다(오늘날 애플은 500명 이상의 변호사를 고용하고 있다). 그런데 아이팟은 앞으로 다가올 일의 전조일 뿐이었다. 유튜브의 출시와 구글의 후속 인수는 세계에서 가장 강력한 인터넷 플랫폼이 웹을 통한 음악 유통을 지배하고, 가능한 한 적은 비용을 지불하는 것을 목표로 한다는 신호였다.

이것이 사업적 관점에서 무엇을 의미하는지 잠시 생각해 보자. 음악은 RCA의 경우, 예전에는 판매 라인의 손익계산서에 성장과 이익의 원천이었고, 구글의 경우, 최소화해야 하는 비용으로, 가능하면 0까지 밀어붙여야 하는 비용이다. 스트리밍 서비스 스포티파이는 2015년 주주들에게 발표한 연례 보고서에서 "우리는 음악을 판매하지 않는다"라고 선언했다. 회사는 구독 및 액세스를 판매하는데, 음악은 단지 사업을 하는 데 드는 비용일 뿐이다. 그러나 이러한 경제 변화는 이러한 보호의 변화로 인한 음악 생태계의 피해를 포착하기 시작했다. RCA와 컬럼비아가 이전 수십 년 동안 새로운 음악 플랫폼을 발명했을 때, 그들은 여전히 그들 자신을 가장 먼저 그리고 가장 중요한 창의적인 재능의 챔피언으로 보았다. 세계의 주요 음악가들은 대부분 이러한 레이블에 계약되어 있었고, 연주자와 플랫폼 사이에 공생 관계가 존재했다. 이제 사람들이 음악가의 경력을 발전시키기 위해 재정적 헌신은 말할 것도 없고 감정적 헌신도 없는 회사들로부터 노래를 얻기 시작하면서 그 일은 끝났다. 이 거대 기술 기업들은 심지어 다른 기업 전략, 예를 들어 기기나 광고를 판매하는 데 도움이 된다면 음악을 무료로 나눠줄 것이다. 그리고 그들은 실제로 그렇게 했다. 음악을 평가절하하는 것은 어느 정도 핵심 전략이었다.[1]

주요 음반사들은 자신들이 혁명, 전복, 붕괴를 좋아한다고 생각했지만, 그들이 그 대상이 될 때는 기분이 좋지 않았다. 이번에는 실리콘밸리에서 온 새로운 거물들이 영구적 혁명의 꿈, 즉 결코 되돌릴 수 없는 전복이라는 꿈을 아주 잘 이룰 수 있을 것이다. 엘비스와 비틀스가 제시한 도전은 자본주의 역사상 가장 부유한 기업인 애플과 구글의 침략에 비하면 아무것도 아니었다. 이들이 일단 점령하면, 이들을 없앨 수 있는 것이 과연 있을까?

새로운 위협이 처음 등장했을 때, 음악의 거장들은 조건을 좌지우지하고 특권을 주장할 수 있을 정도로 강력하고 흥미진진한 어떤 것, 그들 자신의 혁명이 필요했다. 그들이 생각해낸 것은 슬프지만 재미있었다. 리얼리티 TV 노래 경연대회는 21세기 초 연예계에서 나온 음악의 가장 큰 혁신이었다. 물론 전혀 새로운 생각은 아니었다. 유로비전 음악 콘테스트Eurovision Song Contest는 1956년부터 유럽에서 매년 열리는 행사였으며, 할렘의 아폴로 극장에서 열리는 '아마추어 나이트' 대회는 1930년대까지 거슬러 올라간다. 사실, 고대인들조차 노래 경연대회를 열었다. 그러나 이러한 대회는 새 천 년에 통제 불능의 유행이 되었고, 수십 개의 리얼리티 TV쇼가 심사위원들과 시청자들을 기쁘게 하려고 애쓰고 있다. 그들의 모든 진부함에도 불구하고, 이 쇼들은 희생 의식에 다른 반전을 제공하는데, 끊임없는 음악가들이 처음에는 영웅으로서, 그다음에는 지라드의 이론대로, 마지막 승자(또는 생존자)가 나오기 전 희생자들로서 현대 미디어 스타덤을 잠깐 맛보게 했다. 이러한 경연대회는 무대에 올리고 모방하기가 꽤 간단해, 세계의 모든 TV 시장은 곧 그들만의 변종을 갖게 되었다. 중국에서는 관객들이 이러한 쇼에 너무 중독되어 결국 정부가 개입했다. 일각에서는 시청자들이 좋아하는 가수를 투표하는 사례가 민주적 절차에 대한 위험한 선호를 부추길 것이라는 점이 중국 당국의 진정한 공포라는 의견도 제기되었다. 그러나 그 해석은 노래 자체의 전복적인 잠재력을 과소평가한 것이다. 과거에 그랬던 것처럼 오늘날에도 전 세계의 노래는 금지와 검열에 계속 직면하고 있다. 사람들이 그들이 가장 좋아하는 음악을 선택하게 하는 것은 항상 정치적 파장을 가진 위험한 자유가 될 것이다.

노래 경연대회 유행을 줄이기 위해 사실 어떠한 개입도 필요 없다. 그것은 비슷한 공식과 유사 형식으로 시장을 포화시켜 스스로 자멸했다. 물론 쇼는 완전히 사라지지는 않았지만, 점점 더 터무니없고 자기 패러디적인 품질을 양산하고 있다. 예를 들어, 2019년 초 폭스 방송사에서 시작된 '복면 가수Masked Singer(한국 프로그램인 '복면가왕'의 리메이크 버전—옮긴이)'에서는 우스꽝스러운 의상을 입은 2군 스타들 간의 경쟁이 치열하다. 여기서 참가자들은 푸들, 하마, 토끼, 유니콘, 혹은 다른 광대 같은 분신들로 가장하여 무대에 오른다. 이 개념의 진화에서 동물 희생 단계에 도달했을지도 모르지만, 그것은 의식의 준수가 이미 힘을 잃기 시작했을 때 뒤늦게 나타나는 일이다.

이 모든 소리와 격정에서 극소수의 슈퍼스타만 나왔다. 켈리 클락슨Kelly Clarkson과 캐리 언더우드Carrie Underwood는 둘 다 '아메리칸 아이돌American Idol' TV 쇼에서의 승리로 진정한 스타덤에 올랐다. 유로비전 대회가 ABBA와 셀린 디온Celine Dion을 플래티넘 판매 레코딩 아티스트로 만드는 데 도움을 준 것과 마찬가지로 말이다. 그러나 이 TV 경연대회의 우승자 대부분은 대중매체 노출에도 불구하고 정체된 경력을 이어왔다. 많은 경우, 패자가 승자보다 더 많은 성공을 누렸다. 원 디렉션One Direction은 '더 엑스 팩터The X Factor(오디션 프로그램—옮긴이)'에서 3위를 차지했지만, 5년 후부터 매년 1억 달러 이상을 벌고 있다. 비욘세 놀스Beyonce Knowles는 열두 살 때 리얼리티 쇼의 선구자 중 하나인 '스타 서치Star Search'에서 그룹 걸스 타임Girl's Tyme(나중에 데스티니스 차일드Destiny's Child가 되었다)과 함께 탈락했지만, 나중에 음악계 정상에 올랐다. 사실 이러한 인위적인 환경에서 진정한 혁신자 또는 위반자가 승리하는 것은 상상하기 어렵다. 불안한 공연자들은 때때로 참가자로서 TV 스크린에 진출하지만, 결승전 훨씬 전에 항상 투표에서 탈락한다. 심사위원에게 한 마디만 무절제한 발언을 해도 관객의 열광을 잠재우고 조기 탈락하기에 충분하다. 시드 비셔스나 커트 코베인은 말할 것도 없고, 제2의 존 레논이나 밥 딜런이 되기를 진정으로 열망하는 사람은, 아마 첫 번째 라운드에서 살아남지 못할 것이다. 그리고 분명한 이유로, 이러한 쇼는 주류 관객들의 음악적 취향을 바꾸지 않는다. 그것들은 단지 전업주부

투표자들의 뿌리 깊은 선호도를 반영할 뿐이다. 음악사를 공부한 학생은 필연적으로 평범함, 실수 부족, 그리고 악의 없는 태도를 보상해준 르네상스 시대의 마이스터징거들의 노래 경연대회를 떠올리게 된다.

그럼에도 노래 경연대회의 부상은 진정한 필요성을 반영한다. 음악 사업은 항상 외부인과 새로운 피에 의존해 왔다. 이러한 전국적 대회들은 1920년대에 음반사가 했던 녹음 현장답사와 어떤 면에서는 크게 다르지 않다. 두 경우 모두 사업적 관심은 음악 혁신을 위한 표준화된 과정을 만드는 것이다. 이와 같은 욕망, 즉 새로운 상업적 행위를 시작하기 위한 준객관적 시스템을 개발하려는 야망은 최근 몇 십 년 동안 재능 있는 매니저들에게 오디션을 통해 그들만의 밴드를 만들도록 고무시켰다. 이는 음악 산업이 더욱 신중해지고 공식화되면서 점점 더 수용되는 접근법이다. 그리고 뉴 키즈 온 더 블록New Kids on the Block, 백스트리트 보이스Backstreet Boys, 스파이스 걸스Spice Girls와 같은 몇몇 그룹은 비록 그들의 초기 핵심 관객들이 성장한 후 큰 힘을 유지하지는 못했지만, 한동안 엄청난 상업적 성공을 누렸다. 지난 수십 년 동안 축적된 예들, 심지어 수세기 동안의 사례들이 증명하듯, 음악의 진정한 혁신은 표준화가 아닌 혼란에서 비롯된다. 리얼리티 TV쇼나 공식 제작 밴드에서 진정한 음악 혁명을 일으키려는 시도는 시작부터 거의 실패할 운명에 가깝다.

과거에는 음악이 새로운 장르의 출현을 통해 항상 활성화되었다. 그것은 몇 년마다 일어났다. 20세기 동안 블루스, 재즈, 록, 힙합, 그리고 다른 반란 스타일은 침체되었을 수도 있는 장면을 재정의하고 다시 활력을 불어넣었다. 그러나 디지털 시대 초기에는 그 반대 현상이 일어나고 있는 것처럼 보였다. 신흥 장르와 하위 장르가 너무 많았고, 주류 사회에서 혁명을 일으킬 만큼 충분한 영향력을 가진 장르는 없었다. 확실히 1920년대 재즈 시대나 사랑의 여름 동안 경험한 수준은 아니었다. 실제로 스트리밍 서비스 스포티파이가 모든 음악 스타일을 정의하기로 하며 1,387개의 카테고리 목록을 작성했다. (일렉트로-라티노Electro-Latino, 네오-멜로Neo-Mellow, 크리스천 댄스Christian Dance, 시네마틱 덥스텝Cinematic Dubstep, 라보라토리오Laboratorio, 스톰프 앤드 위틀Stomp and Whittle, 뉴로펑크Neurofunk, 팝 크리스마스Pop Christmas 등이다.)

이러한 음악 스타일의 확산은 감자칩에서 치약에 이르기까지 다른 제품 범주의 브랜드 확장과 다르지 않다. 더 맞춤화된 제품에 대한 프리미엄을 기꺼이 지불하고자 하는 인구통계학적 집단을 식별하기 위한 지속적인 시도로, 소비자 선호도는 잘게 쪼개어 분석된다. 그러나 내부 사용자들 사이에 관심의 범위를 좁히는 틈새시장에의 마이크로매니징 성공은 더 큰 규모의 변화 기회를 저해한다. 극단적으로 밀어붙일 때, 음악을 듣는 것에 대한 청중의 결정은 끝없이 소규모 양조 맥주 목록을 검토하는 술집의 손님들과 닮기 시작한다. 전체 선택 과정이 엄격하게 통제되고 놀라움이 최소한으로 유지되는 제한된 환경에서는 제약받지 않는 선택에 대한 환상이 있다.

21세기 초, 끊임없이 미세한 틈새 장르가 추가되었음에도, 네 개의 상업 음악 범주가 여전히 시장을 지배했는데, 그것은 록, 팝, 컨트리, 힙합이었다. 클래식 음악, 재즈 및 기타 분야에서 계속 발생하듯 다른 전통 장르가 혁신을 일으켜 최고 계층의 예술가를 만들수는 있지만, 그들은 그들의 영광스러운 시절처럼 이윤을 창출하거나 사회를 변화시킬 수 없었다.

다른 스타일의 음악이 네 장르에 도전할 수 있을까? 일렉트로닉 댄스 뮤직, 즉 EDM이 가장 유망한 후보로 두각을 나타냈다. 오래된 디스코 유행의 잿더미에서 솟아 나온 댄스 클럽 신은 수많은 디지털 시대의 혁신을 받아들였고 시장에 출시된 새로운 소프트웨어 패키지 또는 하드웨어 설정은 전문가를 위한 도구를 확장했다. 이 비옥한 실험 분야는 이미 새로운 라이프스타일 중심 장르를 위한 활기찬 도시 서식지를 만들어, 디트로이트 테크노 음악, 시카고 하우스 음악, 런던 덥스텝, 그 외 지역 신의 등장으로 이어졌다. 거의 매 시즌 다른 유행 스타일이 생기는 것 같았고, 새로운 기술들이 오래된 관행을 약화시키면서 상업 음악에서 강력한 변화의 힘을 만들어냈다. 그들은 최첨단에 있는 사람들의 사운드 팔레트를 반복적으로 확장시켰다.

그러나 이 기술은 종종 그들의 보급과 사용을 둘러싼 의례적인 활동보다 덜 중요한 것으로 판명되었다. 사실 EDM이 음악의 초기 기원에 대한 황홀한 무아지경의 의식을 얼마나 재현하는지 궁금해진다. 레이브rave 파티와 클럽 신은 초월과 변화된 정신의 관문으로서 음악의 힘을 보여주는 가장 최근의 사례다. EDM 장면과 가장 관련이 있는 불법 약물이 엑스터시Ecstasy('황홀경', '무아의 경지'라는 뜻—옮긴이)라는 이름을 가지고 있다는 것은 우연이 아니다. 이는 전통적인 신비주의자의 사고방식과 고대 바카날리아(술의 신 바쿠스를 기리던 축제-옮긴이)에서 참가자의 최면 상태를 묘사하는 데 사용된 것과 정확히 같은 말이다. 1951년 미르체아 엘리아데가 그의 신학 연구서 《샤머니즘Shamanism》을 발표했을 때, 그는 심지어 '엑스터시의 고대 기술'이라는 부제를 붙이기도 했다. 레이브가 현대의 대안이다. 한편, 오늘날 모든 주요 음악 장르는 적어도 부분적으로는 선사시대 노래의 필수요소 일부를 반영한다. 록 스타는 고대 의식에서 상징적 폭력의 희생양을 떠올리게 한다. 컨트리 아티스트는 가축을 달래기 위해 음악에 의존했던 목동들의 목가적 변종을 다시 만들어내고, 따뜻한 가정의 안정된 삶을 높이 평가한다. 힙합 뮤지션은 최초의 인류 공동체를 하나로 묶는 역할을 했던 단조로운 구호, 즉 가장 오래된 집단으로 돌아간다. 팝스타는 사랑의 노래를 탄생시킨 다산 의식을 연상시키는 에로틱한 스타일과 춤 동작으로 관객을 끌어모은다. 이런 맥락에서 EDM 공연은 인간의 가장 끈질긴 딜레마에 음악을 현대적으로 적용한다. 어떻게 하면 현재와 지금 그리고 허울에서 벗어나 행복을 얻을 수 있을까, 혹은 적어도 단기적으로 노래에서 영감을 받고 화학물질의 도움을 받는 것과 같은 효과를 얻을 수 있을까.

물론 각각의 장르는 오래된 패턴을 반복하는 것 이상의 역할을 한다. 의미와 소리의 풍부한 상부 구조는 시대를 초월한 기초 위에 층층이 쌓인다. 그러나 그것들은 또한 음악이 항상 단순한 오락 그 이상이라는 단순한 이유 때문에 첫 번째 원칙으로 되돌아간다. 21세기에도 음악은 개인으로서나 더 큰 공동체의 구성원으로서 우리 삶의 근본적인 도전을 다루는 역동적인 도구 역할을 한다. 미디어와 기업의 관심사는 노래를 게으른 도피주의로 취급할 수도 있지만, 고성능 운동에서 뇌수술에 이르기까지 모든 진보된 형태의 자발적 활동은 결과를 향상시키기 위해 음악을 활용하는 것을 목표로 한다. (프로듀서와 DJ라고 더 자주 불리는) EDM 연주자는 무대에 오르거나 스튜디오에서 일할 때 온갖 첨단 장비에 둘러싸여 있는데, 노래 자체는 그중에서 가장 오래된 기술이다. 오래되었다고 해서 경멸 받지 않는다. 21세기에는 인간 발달의 모든 이전 단계에서와 마찬가지로 음악은 변혁적 힘의 신뢰할 수 있는 원천이다.

그러나 EDM이 새로운 젊은 청중을 동원할 수 있음을 보여주더라도 음반사는 이 기회를 이용할 준비가 잘되어 있지 않다. 이 음악은 디지털 트랙이 아닌 이벤트에 삽입될 때 가장 큰 영향을 미친다. 스트리밍 플랫폼이나 스마트폰 앱으로는 실제 EDM 경험을 전달할 수 없다. 한편 팬들은 순례를 해야 한다. 이비자, 고아, 라스베이거스 등 특정 글로벌 여행지는 EDM과의 연관성을 광고하며 관광객을 늘리는 데 활용하고 있다. 그러나 방문객들은 예술가나 노래 이상의 것을 위해 이비자에 온다. 그들은 인터넷을 통한 상품화와 판매에 저항하는 완전한 몰입 경험을 원한다. 스크릴렉스Skrillex, 캘빈 해리스Calvin Harris, 데이비드 게타David Guetta, 데드마우5deadmau5와 같은 슈퍼스타 EDM 프로듀서들도 때때로 훨씬 더 큰 기업에서 하나의 요소로 취급받는다. 또는 음반사의 요청을 받아 랩과 팝 아티스트들, 즉 엘리트와 높은 보수를 받는 아티스트들을 위한 기술 지원 역할을 하고 있는데, 그럼에도 수십억 이상의 유튜브 뷰에 도달하려면 더 큰 이름인 리한나Rihanna나 저스틴 비버Justin Bieber의 참여가 요구된다. 다른 사회문화적 환경에서 전자 음악의 대가들은 전 세대를 동원하고 새로운 삶의 방식을 규정하면서 현대 샤먼으로서 부상할 수도 있다. 그러나 현금에 굶주리고 유행을 좇는 새 천 년의 음악계에서 그들은 고용된 비트메이커로서 좁은 상자에 갇힐 가능성이 크다. 옛날의 트루바두르처럼 헤매고 있지만, 리라 대신 노트북을 들고 다니면서 말이다.

음악을 물리적 앨범이나 디지털 콘텐츠로 상품화하는 것은 한때는 기회였지만 점점 더 부담이 되고 있다. 노래를 소액 거래로 수익화하거나, 저가 상품이나 서비스로 바꾸거나, 때로는 가입이나 기기를 팔기 위해 그냥 주는 식으로 바꾸었을 때, 노래를 마술로 보기는 어렵다. 그러나 이러한 퇴화에도 불구하고, 적어도 그것을 어떻게 활용해야 하는지 아는 사람들에게는 마법이 남아 있다. 그리고 우리가 노래에 관심이 있다면 그런 거래들을 완전히 무시할 수는 없다. 새 천 년의 음악 경제학의 극적인 변화는 현금 흐름보다 더 큰 영향을 미친다. 그것은 또한 음악 자체를 변화시킨다. 어떤 면에서는, 그 변화들이 흥미진진하다. 중간자의 붕괴와 글로벌 연결성의 증가는 음악이 전례 없는 속도로 전 세계를 돌아다닐 수 있는 환경을 만든다. 한국과 일본의 팝은 불과 몇 년 전만 해도 상상할 수 없는 보급 경로를 만들어내며 유럽에서 팬들을 찾는다. 말리에서 온 사막 블루스 사운드나 태국에서 온 일렉트로닉 몰람molam(태국 북동부의 전통 음악-옮긴이) 밴드가 미국에서 예상치 못한 추종자를 얻을 수 있다. 때로는 고국에서보다 훨씬 더 많은 찬사를 받을 수도 있다. 뉴질랜드나 호주에서 업로드된 뮤직비디오는 잠시 후 전 세계에서 볼 수 있다. 이전에 누군가의 차고에서 상상 속의 관객들에게만 연주되었던 음악은 오디션을 통과하거나 음반 계약을 맺지 않고도 입소문을 탈 수 있다. 이 모든 것도 생각해 보면 일종의 마법이다.

우리는 앞에서 음악이 어떻게 문화 용광로와 항구 도시에서 번창하는지 반복해서 보아왔다. 인터넷은 우리 모두를 이 용광로 한가운데에 놓았다. 우리가 지금 어디에 살든, 우리의 유리한 점은 전 세계를 마주하고 있는 포털이고, 그것이 제공하는 모든 것이다. 디지털 경제가 음악 생태계의 많은 부분을 위협한다고 해도, 이는 적어도 소중히 여기고 축하할 일이다.

하지만 그 위협들은 진짜다. 경제 및 기술 분야의 혼란은 음악으로 생계를 꾸리려는 사람들에게 엄청난 장애물을 만들어냈다. 인터넷은 새로운 아티스트들이 그들의 음악을 발매하고 배포하는 것을 더 쉽게 만들었지만, 성공에 대한 보상은 눈에 띄게 줄어들었다. 녹음된 음악에서 얻는 수입은 급감했다. 나이트클럽은 많은 방향에서 가상 경쟁에 직면하여 문을 닫았다. 스트리밍과 라이선스를 통한 새로운 소득원의 증가는 오래된 소득원의 소멸을 보상하기 어렵다. 사실 음악가로서 생계를 유지하는 것은 항상 힘들었지만, 수천만 명의 팬들이 더 이상 앨범을 소유하거나 심지어 디지털 다운로드를 구입할 필요가 없다고 결정하는 시대에는 더욱 그렇다. 어떤 사람들은 음악 구독 서비스를 구세주로 보지만, 음악가들은 정말로 단일 곡 거래와 소액결제로 임대료를 지불할 수 있을까? 이러한 새로운 환경에서, 경제 모델은 음악 창작자들보다 기술 회사에 더 많은 보상을 하는 경향이 있다. 창작자는 이제 '콘텐츠 제공자들'이라는 신통치 않은 타이틀을 얻었다. 음악가들은 균형을 잡고 그들의 운명을 지켜본다. 기술 거물들이 영역 다툼을 벌이기 때문에, 심지어 가장 재능 있는 예술가들도 그 결과를 감수해야 한다. 그러나 그들은 노래를 다른 것을 팔기 위해 무료로 나눠주는 미끼 상품으로 보는 시스템에서 어떻게 번창할 것인가?

가장 성공한 아티스트들은 애플과 구글의 선례를 따르는 경향이 있다. 그들은 다목적 브랜드로 변모하고, 때로는 공연자로서 할 수 있는 것보다 더 많은 돈을 기업가로서 벌기도 한다. 〈포브스〉가 매년 가장 부유한 음악가들의 명단을 발표할 때, 음반 판매량은 이제 순위에 거의 영향을 미치지 않는다. 제이지Jay-z는 최근 이 순위에서 1위를 차지했지만, 대부분 아르망드 드 브리냐Armand de Brignac 샴페인과 위세D'Usse 코냑 등 다양한 사업에서 지분을 보유한 덕분이었다. 그는 패션과 술로 수입의 대부분을 벌어들이는 퍼프 대디로 더 잘 알려진 동료 래퍼 숀 콤스Sean Combs를 근소한 차이로 이겼다. 『Lemonade(레모네이드)』 앨범이 발매된 직후, 비욘세가 테일러 스위프트Taylor Swift를 제치고 세계에서 가장 수입이 많은 여성 뮤지션이 되었을 때, 그녀의 경제적 성공은 주로 음반에 기반을 둔 것이라고 팬들은 추정했을 것이다. 그러나 비욘세의 비즈니스 제국은 사실 패션 라인, 신발 브랜드, 향수, 공연, 티켓 판매, (그녀의 배우자 제이지가 2015년 5,600만 달러에 취득한) 티달Tidal 스트리밍 서비스 주식, 펩시, 엠포리오 아르마니Emporio Armani, 아메리칸 익스프레스American Express, 토미 힐피거Tommy Hilfiger, 그 외 다양한 회사와의 파트너십을 포함하는 고도로 다양화된 포트폴리오를 구성한다. 비욘세는 향수만 해도 약 5억 달러 상당을 팔았다.

모든 음악가가 기업가로서 성공할 수 있는 기술을 가지고 있는 것은 아니다. 카니예 웨스트는 다양한 사업을 시도하면서 5,000만 달러 이상의 빚을 졌다. 그가 성공적인 『Yeezus(예저스)』 앨범을 발표하고 2,500만 달러를 들인 투어에 착수했음에도, 웨스트는 은행 대출과 투자자들에게 의존해야 했다. 일찍이 재정난에 처한 음악가는 이 문제를 해결하기 위해 앨범 판매와 투어를 고려하곤 했지만, 이는 종종 21세기 음악 경제학의 재정적 문제를 일으킨다. 웨스트는 트위터를 통해 페이스북의 설립자 마크 저커버그에게 10억 달러를 투자해 달라고 요청하기도 했다. 터무니없는 것 같지만, 사실은 그렇지 않다. 기술 거물들이 음악을 통제하는 세상에서, 정상에 오르기를 희망하는 뮤지션들은 그들 스스로 기술 거물처럼 행동해야 한다. 어떤 경우에는, 슈퍼스타 음악가조차도 노래를 자신의 브랜드를 더 수익성이 높은 다른 범주에서 살아 있게 하는 수단으로만 삼고, 그 외 비용을 절감해야 한다.

역사상 음악 분야에서 이렇게 많은 기술적, 경제적 혼란을 겪은 시기는 없다. 그러나 이러한 혼란 속에서 예술성은 여전히 어떻게든 나타나고 번창한다. 비록 전례 없는 힘의 기술적 도구와 유통 플랫폼으로 무장한 전 세계 음악가들의 흥미롭고 다양한 활동과 그들이 음악 세계를 운영한다고 믿는 상업 실세들의 좁은 시각 사이에서 점점 더 많은 분열이 감지될 수 있지만 말이다. 후자만을 고려한다면 팝의 감성이 음악계를 집어삼키고 있다고 결론지을 수도 있다. 테일러 스위프트는 처음에 컨트리 스타로 명성을 날렸지만 팝을 포용한 후 스타덤의 정점을 찍었다. 케이티 페리는 크리스천 록을 녹음하고 있었으나 팝으로 전환하여 1억 장의 음반을 팔았다. 가장 높은 수익을 올린 힙합 아티스트들과 EDM 프로듀서들은 최고의 팝 스타들과의 협업을 통해 크로스오버 관객들을 찾는다. 일본에서 온 J-Pop과 한국에서 온 K-Pop 스타들이 미국인들이 아니어도 이 시장에 뛰어들 수 있음을 보여줄 때까지, 아시아 음악은 서양에서 관객들과 거의 연결되지 않았다. 재즈와 클래식 음악조차도 대중적인 음악에 대한 이러한 요구에 면역이 되지 않는다. 모든 장르에서 순수주의자들은 청중 확장을 위한 노력을 한탄하지만, 크로스오버를 추진하는 것은 돈과 힘만이 아니다. 팝티미즘poptimism(팝 문화를 긍정적인 관점에서 바라보는 성향—옮긴이)으로 알려진 음악 비평 학교가 지배적인 새로운 감성을 육성하고 높이 평가하기 위해 등장했다.

철학자 한병철은 최근 "매끄러움은 현시대의 대표성"이라고 밝혔다. "이는 제프 쿤스의 작품, 아이폰, 브라질리언 왁싱을 서로 이어준다." 한경호는 이 매끄러움을 어디에서나 발견하고, 이를 페이스북에서 '좋아요'로 사회적 상호작용을 줄이고, 흠이 없는 얼굴과 완벽하게 윤곽이 잡힌 몸이라는 환상을 가지고 포토샵된 이미지의 사용을 촉진하는 긍정의 이념과 연결한다. 그는 매끄러움 숭배에 대한 설명에서 현대 음악을 언급하지는 않지만, 음악은 적어도 가장 많이 홍보된 예술가들과 시장의 필요에 의해 판단되는 시대정신을 가지고 있다. 수십 년에 걸친 아프리카화된 밴딩 음과 복잡한 음색 이후, 히트곡들은 순수한 피타고라스 음색으로 되돌아가고 있으며, 때로는 가수에 의해 피치의 중심에서 정확하게 전달되거나, 많은 경우 후에 오토튠 보정으로 완벽하게 조작되고 있다. 프로듀서들이 노래에 있어서 아프리카 혁명 전체를 잊어버린 듯, 1890년대의 이상적인 보컬이 되돌아온 것 같다. 하모니는 그에 버금가는 미백 과정을 거쳤다. 현재의 팝 감성은 블루스 코드만 버린 것이 아니라, 수세기 동안 기능적 조화를 이끌어 온 3도 화음에 전혀 의존하지 않고 작동하는 경우가 많다. 싱코페이션은 멜로디와 리듬에서 대부분 사라졌고, 리듬은 이제 매끄럽고 반복적인 패턴을 띠고 있다. 만약 최대한의 부드러움을 달성하는 것을 목표로 음악을 재설계하고 있다면, 정확하게 이런 선택들을 해야 한다.[2]

그러나 미학의 역사에서 가장 부질없는 것은 창조적 충동을 깔끔한 정밀성과 마찰 없는 규칙성의 패턴으로 길들일 수 있다는 개념이다. 그것은 단순히 사실이 아니며, 예술에 대한 인간 두뇌의 반응에 대한 우리의 증가하는 인식은 그것이 얼마나 잘못된 것인지 보여준다. 전전두엽 피질의 신경 회로는 예상치 못한 음악적 성분에 흥분한다. 우리는 반복적인 패턴을 갈망하지만, 또한 그것의 붕괴를 갈망한다. 음악적 관점에서 보면, 전복은 사실 우리 몸에 단단히 연결되어 있다. 그런데 음악적 대칭에 대한 탐구가 현재보다 더 치열했던 적은 없었다. 가장 뜨거운 스튜디오 세션 드러머조차도 수학적으로 순수한 템포에서 벗어나지 않도록 메트로놈 펄스인 클릭 트랙과 함께 연주하도록 요청받는다. 때때로 드러머의 전체 기여도가 몇 초로, 복사와 붙여넣기 기능으로 반복되는 몇 개의 타악기 모음으로 줄어들기도 한다. 우리는 절대적으로 완벽한, 불변하고 정확한 비트가 우리의 모든 노래를 진행할 수 있는 지경에 이르렀다. 이상하게도 이 연습은 아이올리안 연주자 피아노 회사의 엔지니어들이 음악 공연에 비슷한 규칙성을 강요하려고 했던 한 세기 전의 유행을 되풀이한다. 때로는 양자화라고도 불리는 이 기술은 그 당시에는 참담한 제약 조건으로 판명되었다. 노래는 수학에 의해 제어될 때 좋지 않게 들렸는데, 오늘날에 새로운 디지털 모습으로 다시 등장했다.

자동 피아노 사례에서 알 수 있듯이 이전 세대들도 음악의 부드러움을 극대화하려고 노력했다. 그러나 매끄러운 노래들은 조만간 더 반항적인 소리에 의해 항상 변질되었다. 19세기에 출판업자들은 불쾌하고 감상적인 주제를 가지고 모든 사람을 기쁘게 하는 것을 목표로 한 응접실 노래를 팔았지만, 아프리카계 미국 음악이 모든 것을 바꾸었다. 20세기 동안, 재즈, 록, 힙합 등 일련의 음악 장르가 같은 방식으로 진행되었는데, 각각의 새로운 장르는 미리 예측할 수 없었던 결정적인 개입으로 노래 스타일과 사회를 혼란스럽게 했다. 각각의 경우에서, 매끄러운 음악은 더 강하고, 덜 공손하고, 더 논란이 많은 무언가에 의해 휩쓸려갔다. 이번에는 이야기가 다르게 끝날까? 아마 아닐 것이다. 4천 년의 음악 역사는 우리에게 그렇지 않다고 말해준다.

때때로 음악 생태계의 모든 압박 지점이 노래를 단순한 오락거리, 혹은 향수를 불러일으키는 오락거리로 만들고 싶어 하는 것처럼 보인다(최근 몇 년간의 재결합 투어, 은퇴 투어, 헌정 앨범, 후기 커리어 성공에 대한 급증에 주목하자). 할리우드와 실리콘밸리 사이의 모든 피상적 갈등에도 불구하고, 이는 음반사와 디지털 플랫폼을 운영하는 기술 관료들이 동의하는 유일한 문제일 수 있다. 두 적 모두 가능한 한 모든 것을 원하고 있다. 그리고 그들은 심지어 그들의 입장을 뒷받침하기 위해 학문적 연구를 소환할 수도 있다. 그들이 노래를 대중 오락의 '콘텐츠'로 취급할 때, 이는 음악은 단지 약물이나 버드와이저와 같이 "귀를 위한 치즈케이크"로 뇌를 자극할 뿐이라는 하버드 심리학자 스티븐 핑커와 그의 환원론자의 주장과 별로 다르지 않다. '콘텐츠'라는 용어는 음악이 사회적 중요성이나 더 큰 목적이 없는, 즉 핑커의 용어로 "생존 가치가 없는", 일반적이며 대체 가능한 상품이라는 것을 암시한다. (물론 제공자에게 이익을 창출해주는 것을 제외하면.)[3]

음악에서 인간적 요소는 어느 정도 장애물로 취급되기도 하며, 가능하면 알고리즘으로 대체된다. 실제로 음악의 디지털 혁명의 두 번째 단계는 음악 생태계의 거의 모든 결정 지점에서 소프트웨어 및 데이터 분석 적용을 기반으로 한다. 사실, 이 알고리즘은 모든 첨단 기술의 광택에도 불구하고 백미러를 들여다보면서 미래를 도표로 그리는 피드백 루프에 지나지 않는다. 다음 주에 추천될 노래들은 당신이 지난주에 즐겼던 노래들과 비슷할 것이다. 파괴적 변화에 대한 유망한 접근 방식이지만, 무엇이 더 부드러워질 수 있을까? 실제로 아무도 듣지 않고 노래를 평가할 수 있다는 생각은 다소 이상하게 들릴 수도 있지만, 점점 더 음악 사업을 지배하고 있는 첨단 기술 기업들에게는 거부할 수 없는 제안이다. 이들은 이제 인공지능을 이용해 음악을 작곡하고, 연주하고, 큐레이션하고, 상업적 잠재력을 위해 분석하고, 최종적으로 고객에게 판매한다. 로봇은 심지어 노래의 소비자로도 활동한다. 음악가들은 이미 온라인 트랙을 클릭하기 위해 로봇을 고용하고 있다. 299달러면 10만 명의 리스너를 살 수 있다. 이상한 자기강화 과정에서, 이러한 '목록'들은 들을 가치가 있는 노래라고 전능한 알고리즘을 납득시킨다. "안드로이드가 전기 기타를 꿈꿀까요?" 기술 저널리스트 닉 필즈Nic Fildes가 묻는다. 만약 그렇다면 인간의 필요 없이 창조에서 소비까지 음악을 캡슐화하는 완전히 폐쇄된 루프가 발생한다. 가장 매끄러운 사업 모델이다.[4]

그러나 우리가 할리우드와 실리콘밸리에서 시선을 돌리는 순간, 이 비전은 무너진다. 노래는 지금까지와 마찬가지로 파괴적이며, 음악과 폭력의 연관성은 근절하기가 불가능하다는 것이 증명되었다. 그렇게 많은 테러 행위와 대규모 폭력 행위가 음악 공연을 표적으로 삼는 것은 우연이 아니다. 2017년 10월 1일 미국 라스베이거스에서 열린 하베스트 뮤직 페스티벌Harvest Music Festival에서 총격범이 호텔 창문에서 천 발 이상을 발사해 58명이 숨지고 851명이 다치는 사상 최악의 총기 난사 사건이 발생했다. 살인범은 다른 축제들이 내려다보이는 방까지 예약하면서 준비 과정에서 다양한 콘서트를 정찰한 것으로 보인다. 불과 6개월 전 영국 맨체스터에서 열린 아리아나 그란데Ariana Grande 콘서트 이후 폭탄이 터져 22명이 숨지고 120명이 다쳤다. 그 사건이 1년도 채 지나지 않아 플로리다주 올랜도의 나이트클럽 펄스Pulse에서 한 총격범이 50명의 목숨을 앗아갔다. 그 7개월 전 파리 테러범들은 바타클란Bataclan 극장에서 열린 록 콘서트를 목표로 삼았고, 90명이 사망하고 200명이 부상했다. 인도

네시아에서 스웨덴에 이르는 다른 음악 관련 폭탄 테러는 이러한 패턴을 강화한다. 음악은 가장 강렬한 감정과 격렬한 열정을 불러일으키는 강력한 힘이지만, 항상 좋은 것은 아니다. 이는 고대 지휘관들이 음악가들을 전투에 끌어들였을 때와 마찬가지로 오늘날에도 사실이다. 기업의 이익이 도피적 오락으로 포장되어도 나이트클럽은 테러 전문가인 경비원을 두 배로 늘리기 위해 훈련하고 있다. 최근 그래미에서 열린 주말 축제에는 음악가들과 참여자들을 위한 하루 과정인 '테러 대책 브리핑'이 포함되었는데, 이는 노래가 치명적인 반응을 불러일으키는 그 순간을 대비하기 위한 것이었다.

음악에 대한 분노와 반발은 테러리스트들에게만 국한되지 않는다. 새 천 년에도 정부는 노래의 힘을 두려워한다. 중국 당국은 힙합 아티스트들의 TV 공연을 차단했다. 이집트에서는 최근 팝스타들이 선정적인 뮤직비디오로 수감되었다. 러시아에서, 페미니스트 펑크 록 그룹 푸시 라이엇Pussy Riot의 멤버들은 '사회 질서를 훼손한' 죄로 법정에서 유죄판결을 받았다. 이후 랩 음악을 근절하기 위한 캠페인은 실행이 불가능하다는 것이 증명되었고, 블라디미르 푸틴은 러시아 힙합을 '이끌고' '감독'하겠다는 후퇴 계획을 발표했는데, 이는 처음부터 실패할 운명인 듯한 선언이다. 에티오피아에서 가수 테디 아프로Teddy Afro는 이 나라에서 가장 큰 팝스타가 되었는데, 그의 앨범 발매는 경찰에 의해 중단되었다. 태국 정부는 랩 음악에 너무 불안해한 나머지 협박과 비난뿐 아니라 자체 뮤직비디오 반응으로 대응했다. 아무도 이 나라들의 통치자들에게 음악은 단지 청각적인 치즈케이크일 뿐이라고 말하지 않은 것 같다. 그들은

음악을 전복적인 것으로 보고 있다. 그리고 노래의 오랜 역사로 볼 때, 아마도 그들이 옳을 것이다.[5]

음악의 파괴력은 긍정적인 효과로 종종 받아들여진다. 사람들에게 음악의 마법과 변혁의 힘에 대해 이야기할 때, 나는 종종 회의적인 반응을 보게 된다. 많은 사람이 그것은 미신일 뿐이라고 믿는다. 그러나 매년 음악의 마법은 과학에 의해 검증되고 많은 분야의 선견지명이 있는 전문가들에 의해 구현된다. 스포츠 트레이너들은 음악 재생 목록을 운동선수의 심장 박동과 같은 속도의 것으로 맞추면, 체력, 속도, 그리고 경기력을 향상시킬 수 있다는 것을 배웠다. 심리학자들은 콘서트와 댄스 행사에 참석하는 사람들이 그들의 관계, 공동체, 그리고 삶의 경로에서 더 큰 만족을 찾으면서 광범위한 지표에서 더 높은 점수를 받는다는 것을 증명했다. 점점 더 많은 증거가 음악이 신체 화학을 변화시키고, T세포의 수치를 증가시키며, 신체의 면역 체계를 강화한다는 것을 확인시켜준다. 실제로 의사들은 자신의 성과를 향상시키는 도구로 음악을 받아들이는 데 가장 열성적이다. 외과 의사의 90퍼센트는 수술실에서 음악을 듣는다(록은 선호되는 장르다). 음악이 그들의 집중력과 시술 결과를 향상시킨다는 광범위한 믿음이 있다. 어떤 경우에는 수술 도구 자체가 첨단 악기로, 백내장부터 신장 결석까지 모든 것에 대항하기 위해 음파를 가한다. 오르페우스는 리라로 치유되었고 현대의 의사는 쇄석기에 의존하지만, 두 경우 모두 소리의 힘이 마법의 원천이다.

심지어 가정생활에서도, 우리는 노래의 촉매 능력을 믿는다. 사회학자 티아 데노라Tia DeNora가 사람들이 로맨틱한 데이트와 친밀한 순간을 어떻게 준비하는지 연구했을 때, 그녀는 거의 모든 사람이 음악에 사랑과 섹스의 변화적인 힘이 있다고 믿는다는 것을 알게 되었다. 언제나 거래를 마무리하기 위해 올바른 음악이 준비되어 있다. 한 여성은 사랑의 만남을 위해 배경음악을 선택하는 것에 대해 이야기할 때, "일종의 마법적이고 신비로운 힘"이라고 설명했다. 우리 조상들이 노래로 가득 찬 다산 의식을 묘사할 때 사용했을 것 같은 말이다. 점점 더 많은 연구 기관이 이러한 견해를 뒷받침하여 음악은 커플을 잠자리로 이끌 뿐만 아니라 섹스의 즐거움을 증진시킨다는 것을 보여준다.[6]

음악은 사실 가장 신뢰할 수 있는 진통제일 것이다. 그 효능은 침실 밖의 많은 다른 환경에서 검증된다. 심지어 인간의 필요나 욕구에 맞는 앱이나 알약이 있는 첨단 기술 시대에도 그렇다. 음악을 일상에 통합하는 것을 전문으로 하는 심리학자 존 슬로보다John Sloboda는 수십 가지의 연구에서 사람들이 상상할 수 있는 거의 모든 방식으로 노래를 변화제로 사용한다는 것을 증명했다. 한 실험에서 참가자들은 하루 중 임의의 순간에 하던 일을 멈추고 가장 최근의 활동을 기록하도록 요청받았다. 44퍼센트에서 음악이 관련되었는데, 오락이나 기분전환이 아닌 다양한 활동에 통합된 형태였다. 해당 활동은 청각적 성분 때문에 더 큰 활력과 성공을 가져왔다. 참가자들은 스포츠와 피트니스, 글쓰기와 책상 앞에서의 업무, 출퇴근과 여행, 심부름, 가사 관리, 명상, 회복과 치유, 미래의 행사 계획, 세탁과 옷 입기, 독서와 공부, 요리, 식사, 수면, 걷기, 그 외 생각할 수 있는 거의 모든 활동에서 "현재에 더 긍정적이고, 더 민첩했으며, 더 집중했다"고 말했다. 이런 순간에 노래를 부를 때 '더 큰 긍정, 활력, 주의력'을 보고했다. 알약이나 처방전은 필요 없었다.[7]

　그래서 우리는 역설에 직면해 있다. 음악에 대한 두 가지 다른 비전이 번성하고, 그들은 양립할 수 없는 것처럼 보인다. 한편으로는, 우리는 엔터테인먼트 산업의 예측 가능한 공식 안에서 음악이 존재하기를 원하는 강력한 이해관계에 직면한다. 그러한 공식은 음악 소비에서 모든 어려움과 장애물을 제거하겠다는 알고리즘에 점점 더 구체화된다. 인공지능은 우리의 기분, 취향, 생활방식에 맞는 완벽한 노래를 고를 것이다. 기술 회사들이 디지털 기기에 연결된 개인인 1인 서식지로 여기는 자급자족 음악 생태계에 불협화음이나 파괴적인 것은 전혀 개입하지 않을 것이다. 매끄러움의 미학을 열망하는 이 시대에 이보다 더 매끄러운 것도 없다. 동시에, 음악의 생생한 현실은 이 모든 환원주의적 과정, 즉 수용적이고 세밀하게 정의된 청중을 목표로 하는 미시적 거래에서 상업용 노래를 포장하는 이익 주도적 명령에 저항한다. 대신, 사람들은 음악을 예기치 못한 그리고 다루기 힘든 방식으로 사용할 것을 주장하고 다양한 에너지를 활용하는데, 그중 다수는 상품화에 저항한다. 때때로 그 효력은 위험하고, 통제할 수 없는 어둠의 마법이다. 다른 경우에, 그것은 기운을 북돋우고 긍정적이며, 진정으로 삶을 변화시킨다. 권위주의적 통치자, 종교 지도자, 페이스북과 구글의 기술 관료 등 모든 권력자는 이 사실을 인정한다. 그들은 음악을 통제하고, 그들의 이익을 증진시키기 위해 그 힘을 사용하고 싶어 한다. 그러나 그들은 또한 파괴적이거나 혁명적인 운동이 노래를 그들에게 불리하게 만들 수 있다는 것을 알고 두려워한다.

　그러니 음악을 마음을 달래는 생활 액세서리로, 그리고 변화를 거스르는 힘으로 선택하자. 항상 그런 선택이 주어졌고, 두 가지 비전 사이의 갈등은 인류 노래의 역사를 통틀어 변화의 원동력으로 작용해 왔다. 우리가 순수한 엔터테인먼트로서의 행복한 음악의 시대에 도달했다고 생각할 때조차도, 새로운 혼란의 시대는 코앞에 있다. 로봇과 인공지능은 그것을 막을 수 없을 것이다. 그러나 그 노래의 새로운 혁명이 도래했을 때, 사회를 뒤흔드는 힘은 잠시뿐이다. 노래는 결국 합법화되고 주류화될 것이며, 이전에 그것에 대항했던 것과 같은 기관에 의해 채택될 것이다. 새로운 의제에 맞게 뒷이야기가 다시 쓰이면서 용도가 변경될 것이다. 그러니 선택하고 음악을 고르되 너무 편하게 하지는 말자. 음악사를 구성하는 끝없는 빅뱅에서 또 하나의 빅뱅인 어떤 노래가 이미 존재하고 있다는 것은 거의 확실하다. 그 노래는 이 과정을 처음부터 다시 시작할 것이다.

이것은 매니페스토가 아니다

나는 매니페스토가 싫다. 다음의 목록이 얼핏 보면 매니페스토의
또 다른 예처럼 보일지도 모른다. 그러나 이것은 세상에 믿음 체계
를 강요하려는 시도인 매니페스토가 아니다. 오히려 그 반대다. 이
것들은 음악이 나의 믿음에 부과한 진실에 대한 것이다.

　내가 이것들을 찾아낸 것이 아니다. 내가 공식화하고 시험한 가
설도 아니다. 이것들은 내가 연구하고 공부하는 동안, 자신들이 주
장했던 격렬함으로 나의 충성을 요구하면서 내 주의를 끌었다. 인
류 역사에서 노래의 본질과 진화를 추적하려는 노력의 결과로, 내
가 몇 년 동안 점진적으로 파악하게 된 지침들이다.

　거의 모든 경우에서, 이러한 교훈을 이해하는 일은 내게 믿음을
바꾸도록 강요했다. 그만큼 이것들은 반反매니페스토, 또는 이론의
영역에 대한 일종의 냉혹한 현실의 침입으로 간주되어야 한다. 또
한 이들은 이 책에서 얻은 핵심 학습을 다른 맥락에서 적용하려는

노력의 토대가 될 수 있다.

1. 음악은 인간의 삶에 있어서 변화의 주체이며, 변화와 매혹의 힘
   이다.

2. 음악은 사람들이 그들의 행동에 대해 비교 가능한 욕구, 열망,
   생물학적 필요성, 진화적 요구를 가지고 있는 것과 같은 정도로
   보편적이다. 한 공동체의 음악에서 보편적 자질을 인정하지 않
   는 것은, 그 공동체가 더 넓은 인간 공동체의 구성원임을 부인
   하는 것과 같다.

3. 노래는 우리가 지금 심리학이라고 부르는 것의 기원으로, 내적
   생활이 사회의 다른 영역에서 존중받을 가치가 있다고 여겨지
   기 훨씬 전에 개인의 감정과 태도를 자축하는 역할을 했다.

4. 수세기 동안, 노래의 자유는 언론의 자유만큼이나 중요했고, 종
   종 음악의 고유한 설득력 때문에 훨씬 더 논란이 되었다. 노래
   는 어떤 정치인이 말하기 훨씬 전에 위험한 새로운 아이디어를
   종종 구현한다.

5. 베스트셀러 곡의 차트는 선도적인 사회 척도 지표로 읽을 수
   있다. 내일 사회에서 일어나는 일을 오늘 라디오에서 들을 수
   있다.

6. 반도체와 우주선이 없는 공동체에게 음악이 바로 그 기술이다. 예를 들어, 노래는 공동의 역사, 전통, 생존 기술을 보존하면서 모든 초기 문화의 '클라우드 저장소' 역할을 했다. 또한 노래는 무기, 의학, 도구 또는 고유한 힘을 전달하는 다른 능력으로 기능할 수 있다.

7. 기술의 큰 변화는 사람들이 노래하는 방식을 바꾼다.

8. 음악적 혁신은 거의 항상 권력의 위치에서 배제된 외부인들(노예, 보헤미안, 반란군 등)에 의해 이뤄진다. 이들은 자신들이 살고 있는 사회의 지배적인 매너와 태도에 충성을 덜 가지기 때문에 필연적으로 새로운 음악적 표현양식을 만들게 된다.

9. 다양성은 외부인을 음악 생태계로 끌어들이기 때문에 음악 혁신에 기여한다. 레스보스에서 리버풀에 이르기까지 항구 도시와 다문화 공동체가 노래 역사에서 어떻게 핵심적인 역할을 했는지 생각해 보라.

10. 음악 혁신은 바이러스처럼 퍼져나가며, 대개 다른 장소에 있는 그룹들 간의 긴밀한 접촉을 통해 같은 방법으로 퍼져나간다. 유행하는 노래의 개념은 단순한 시적 은유 그 이상이다. 음악에 대한 새로운 접근 방식은 종종 유해한 도시들(디르 엘 메디나, 뉴올리언스 등)에서 발생한다.

11. 당국이 개입하지 않으면 음악은 개인의 자율성과 인간의 자유를 확대하는 경향이 있다.

12. 하지만 당국은 주로 개입한다.

13. 단기적으로는 음악가보다 통치자와 제도가 더 강력하다. 장기적으로는 노래가 권위주의적인 지도자들보다 우세한 경향이 있다.

14. 왕을 비롯한 지배계급 구성원들은 음악의 돌파구를 책임지는 일이 드물다. 아가雅歌, 시경, 그레고리오 성가, 트루바두르 가사 등과 같이 혁신이 강력한 지도자에게 귀속될 때, 이는 보통 중요한 무언가가 우리의 시야에서 숨겨져 왔다는 징조다.

15. 우리는 여전히 음악사에서 이 강력한 작품들을 연구할 필요가 있다. 지배계급이 한 일이 아니라 그들이 숨긴 것을 위해서.

16. 기록되지 않은(또는 지워지거나 왜곡된) 역사는 그들의 성공적 개입의 척도다. 문서화된 역사에서의 공백은 종종 권력의 과시다. 이것이 허가된 이야기와 상반되는 엉뚱하고 고립된 사실들이 우리의 가장 깊은 관심을 받을 가치가 있는 이유다.

17. 가능하면 원시 또는 초기의 출처로 돌아가도록 노력한다. 만약

누군가가 주요 출처나 전통적 설화를 무시해도 된다고 주장한다면, 그것은 아마도 당신이 그것을 심각하게 받아들여야 한다는 신호일 것이다.

18. 음악사에서 안정기보다 불안정한 것은 없다. 공연 스타일의 새로운 붕괴의 신호는 대개 일이 순조롭게 진행되고 있다는 것이다.

19. 피타고라스와 공자 시대에 이르러서는 용인할 수 있는 음악 관행의 영역에서 마법과 무아지경을 제거하려고 시도한 인식론적 파열이 일어났다. 이 의제는 언제나 실패할 운명이지만 ㅡ 음악을 순수하게 합리적인 규칙(또는 요즘 흔히 말하는 알고리즘)으로 축소시킬 수는 없다ㅡ 그 옹호자들은 결코 시도를 포기하지 않는다. 우리는 오늘날에도 피타고라스 파열의 후유증을 안고 살고 있다.

20. 음악이 음표로 만들어지는가 아니면 소리로 만들어지는가 하는 두 가지 양립할 수 없는 견해가 계속 싸우고 있다. 아날로그와 디지털 음악에 대한 논쟁은 이 갈등의 가장 최근의 징후일 뿐이다. 그것은 또한 유럽과 아프리카 전통 사이의 반대, 그리고 많은 다른 방법으로 묘사될 수 있다. 어느 정도는 이것이 모든 음악학의 근본적인 긴장이다.

21. 음악은 항상 음표 이상의 것이다. 그것은 소리로 만들어진다. 이 두 가지를 혼동하는 것은 작은 문제가 아니다.

22. 음악적 소리는 인간 사회가 그들의 힘을 사용하기 훨씬 전에 창조적이거나 파괴적인 힘(때로는 잠복해 있고, 다른 때는 이미 실현되었다)으로 자연계에 존재했다. 이처럼 5음계pentatonic scale, 5도권circle of fifths 기능 화성 등은 음악가들에 의해 발명된 것이 아니라, 발견된 것이다. 미적분학이 발견된 것과 마찬가지다.

23. 작곡의 반복적인 구조와 패턴은 분석을 요하지만 음악은 순수 과학이나 응용수학의 한 종류로 축소될 수 없다. 감정, 성격, 의도적 전복의 강력한 측면은 이런 종류의 성문화에 저항한다. 가장 제한적이고 통제적인 환경에서도 이러한 요소들은 지속되며, 기회가 주어진다면 환경을 지배할 것이다.

24. 신경과학에서 음악에 대해 배울 수는 있지만, 뇌에서는 음악이 일어나지 않는다. 음악은 세계에서 일어난다.

25. 역사적 설명은 대개 음악적 혁신의 실제 출처와 기원에 관한 것보다 합법화와 주류화 과정에 대한 것이 더 많다.

26. 내부자들은 외부인의 중요성을 모호하게 하기 위해, 또는 외부인을 내부자로 재정의하기 위해 역사를 다시 쓰려고 한다.

27. 그 합법화 과정은 왜곡을 요구한다. 즉, 권력자의 요구를 충족시키기 위해 원점을 모호하게 하고 음악의 용도를 변경한다.

28. 합법화는 지속적이고 누적된다. 즉, 음악사는 다른 유형의 역사와 다르지 않다. 각 세대는 자신의 우선순위에 맞게 그것을 다시 쓰는데, 그중 진실을 말하는 것은 종종 낮은 순위를 차지한다.

29. 합법화 과정은 일반적으로 25년에서 50년 사이의 기간, 또는 우리가 한 세대라고 부를 수 있는 기간에 걸쳐 일어난다. 급진적인 음악의 주류화를 (돈을 벌기 위해서 등의 이유로) 더 빠른 속도로 가속화하려는 시도는 표면적으로 해결할 수 없는 긴장을 불러일으킬 것이다. 때때로 사람들은 그 결과 죽을 것이다.

30. 음악은 항상 섹스와 폭력과 연관되어 왔다. 최초의 악기에는 피가 뚝뚝 떨어졌다. 최초의 곡은 다산, 사냥, 전쟁 등을 장려했다. 대부분의 음악사는 이러한 연결고리를 모호하게 하고 후세에 의해 수치스럽거나 품위 없는 것으로 판단되는 요소들을 억압하는 역할을 한다.

31. 음악사의 '상징적' 요소들(성, 미신, 피비린내 나는 갈등, 변화된 정신 상태 등)은 대개 혁신의 과정 자체와 밀접하게 연관되어 있다. 우리가 그것들을 역사적 기록에서 청소할 때, 우리는 음악 제작의

새로운 방법이 어떻게 발생하는지 알지 못하게 된다.

32. 사랑 노래조차도 정치적 노래다. 왜냐하면 사랑에 대한 새로운 노래 방식은 현상 유지를 위협하는 경향이 있기 때문이다. 부모에서 군주까지 모든 권위 있는 인물은 비록 말로 명확하게 표현하지는 못하더라도 이 위협을 암묵적으로 파악한다.

33. 기관과 기업은 음악적 혁신을 일으키지 않는다. 그들은 단지 나중에 그것을 인식할 뿐이다.

34. 그들은 보통 자신의 중요성을 과장하기 위해 이러한 사실을 숨기려고 노력하며, 때로는 성공하기도 한다.

35. 만약 여러분이 지금 정말로 음악을 이해하고 싶다면, 무대에서 돌아서서 청중들을 연구하라.

36. 음악은 한때 사람의 삶에 내재되어 있었다. 지금은 사람의 생활 양식을 투영한다. 이는 작은 차이처럼 보일 수도 있지만, 둘의 거리는 현실과 환상의 차이만큼 클 수 있다.

37. 음악은 즐거움을 주지만 결코 단순한 오락으로 치부할 수는 없다.

38. 청중은 결코 수동적이지 않으며, 항상 음악을 사용한다.

39. 노래는 활용 방법을 잊어버린 사람에게도 여전히 마법을 가진다.

40. 연주자, 교사, 학자 또는 다른 능력으로 음악에 헌신하는 사람들은 이 마법을 무시할 수도 있고, 또는 그 힘을 회복하는 데 한몫할 수도 있다. 다시 말해, 음악으로 우리는 모두 마법사가 될 수 있다.

감사의 말

나는 이 책을 뒷받침하는 많은 영감, 깨달음, 지침의 원천을 결코 제대로 인정하거나 추적할 수 없을 것이다. 이 작업은 1990년대 초반부터 진행되어 왔으며, 이 모든 작업은 매우 복잡한 결과를 초래하는 간단한 질문에서 시작되었다. 음악이 사람들의 삶을 어떻게 변화시킬까? 그 질문은 나를 미궁에 빠지게 했는데, 오랫동안 나는 그곳에서 영원히 떠나지 못할까 봐 두려웠다. 나는 이제 반대편으로 나왔지만, 내가 어떻게 했는지에 대해 말해달라고 하지는 않기를 바란다.

　내 작업에 영향을 준 것들에 대한 자세한 설명은 음악의 사회사에 대한 나의 이전 세 권의 책(《노동요》, 《치유의 노래》, 《사랑 노래》)에 수록된 장문의 서적, 노트, 개인적인 감사를 참조하라. 이는 수백 명의 학자와 수천 권의 책, 문서, 기사에 해당하며, 이마저도 철저하지 못하다. 그러나 나는 하나의 일반화를 제안할 것이다. 내가 전통적인 음악사를 벗어나 다른 분야와 학문으로 더 많이 갈수록, 나는 더 많은 혜택을 받았다.

이 원고의 작성과 개선에 있어 나를 도와준 사람들을 나열하는 것은 간단한 일이다. 나는 이 책의 일부를 읽고 귀중한 피드백을 제공한 다양한 분야의 많은 전문가에게 감사한다. 사울 아우스터리츠, 앤드루 바커, 마크 창이지, 배리 쿠퍼, 앤서니 M. 커밍스, 바바라 아이히너, 데이비드 팔로우스, 키티 퍼거슨, 다나 지오이아, 그레그 지오이아, 데이비드 조지 하스켈, 존 에드워드 하세, 린 켈리, 앨런 로, 마이클 마리센, 줄리오 온가로, 멜리사 페타우, 루이스 프라이크, 패트릭 새비지, 조지 사와, 니콜러스 스토이아, 스콧 팀버그, JJ 라이트 등이다. 또한 나는 중요한 자료의 방향을 제시해준 로런스 드레퓌스와 존 헤인즈의 도움을 인정하고 싶다. 나는 이 모든 이에게 감사한다. 완성된 책의 단점에 대한 책임은 그들에게 없다.

나는 베이식 북스의 재능 있는 사람들로 구성된 팀 전체의 도움을 축복이라 생각한다. 특히 편집장 라라 하이머트에게 감사한다. 그는 처음부터 이 책을 지지했고 내가 이전에 시도했던 그 어떤 것보다 훨씬 더 힘든 프로젝트를 완성하기 위해 가능한 모든 도움을 주었다. 또한 리즈 웨첼, 케이티 램브라이트, 캐리 메이저, 낸시 셰퍼드, 앨리 핀켈, 멜리사 레이먼드, 로저 래브리, 브린 워리너, 캐시 스트렉푸스의 지도와 조언, 지원으로부터 엄청난 혜택을 받았다.

마지막으로 내 아내 타라, 그리고 내 인생의 모든 좋고 아름다운 것의 시작인 두 아들 마이클과 토마스에게 감사를 표한다.

| 1 | 창조적 파괴력으로서의 음악의 기원

1. Natalie Curtis, *The Indians' Book: Songs and Legends of the American Indians* (New York: Dover, 1968), xxiv; Bruce Chatwin, *The Songlines* (London: Picador, 1988), 2; George Leonard, *The Silent Pulse* (Salt Lake City: Gibbs Smith, 2006), 14.

2. Bernie Krause, "Bioacoustics, Habitat Ambience in Ecological Balance," *Whole Earth Review* 57 (Winter 1987): 14–18.

3. Ibid.

4. Lynne Kelly, *The Memory Code: The Secrets of Stonehenge, Easter Island and Other Ancient Monuments* (New York: Pegasus, 2017), 6–7.

5. Ed Yong, "Trees Have Their Own Songs," *The Atlantic*, April 4, 2017.

6. Charles Darwin, *The Descent of Man* (Amherst, NY: Prometheus Books, 1998), 592–593; Drake Bennett, "Survival of the Harmonious," *Boston Globe*, September 3, 2006.

7. Dawn Hobbs and Gordon Gallup, "Songs as a Medium for Embedded Reproductive Messages," *Evolutionary Psychology* 9, no. 3 (September 12,

2011): 390–416.

8. William Forde Thompson, Andrew M. Geeves, and Kirk N. Olsen, "Who Enjoys Listening to Violent Music and Why?," *Psychology of Popular Media Culture*, March 26, 2018.

9. See John Noble Wilford, "Playing of Flute May Have Graced Neanderthal Fire," *New York Times*, October 29, 1996, B-5.

|2| 교향악단의 육식동물

1. Eric Charry, *Mande Music* (Chicago: University of Chicago Press, 2000), 75.

2. Pascal Quignard, *The Hatred of Music*, trans. Matthew Amos and Fredrik Rönnbäck (New Haven, CT: Yale University Press, 2016), 18.

3. Henry Raynor, *A Social History of Music from the Middle Ages to Beethoven* (New York: Schocken Books, 1972), 45.

4. Scott Timberg, "Halt, or I'll Play Vivaldi," *Los Angeles Times*, February 13, 2005. See also Theodore Gioia, "Bach at the Burger King," *Los Angeles Review of Books*, May 17, 2018.

5. Björn Vickhoff, Helge Malmgren, Rickard Åström, Gunnar Nyberg, Seth-Reino Ekström, Mathias Engwall, Johan Snygg, Michael Nilsson, and Rebecka Jörnsten, "Music Structure Determines Heart Rate Variability of Singers," *Frontiers in Psychology*, July 9, 2013; Scott S. Wiltermuth and Chip Heath, "Synchrony and Cooperation," *Psychological Science* 20, no. 1 (January 1, 2009).

6. Mickey Hart and Jay Stevens, *Drumming at the Edge of Magic* (New York: HarperCollins, 1990), 240.

7. Iegor Reznikoff, "Sound Resonance in Prehistoric Times: A Study of Paleolithic Painted Caves and Rocks," *Journal of the Acoustical Society of America* 123, no. 5 (2008): 4136–4141. See also Iegor Reznikoff and Michel Dauvois, "La dimension sonore des grottes ornées," in *Bulletin de la Société Préhistorique Française* 85, no. 8 (1988): 238–246.

8. Steven Errede, "Prehistoric Music and Art in Paleolithic Caves" (Champaign: University of Illinois, Department of Physics, 2006).

9. Ursula K. Le Guin, "The Beast in the Book," in *Words Are My Matter: Writings About Life and Books, 2000–2016* (Easthampton, MA: Small Beer Press, 2016), 33.

10. Mircea Eliade, *Shamanism: Archaic Techniques of Ecstasy*, trans. Willard R. Trask (Princeton, NJ: Princeton University Press, 1964), 459.

11. Gilbert Rouget, *Music and Trance: A Theory of the Relations Between Music and Possession*, trans. Brunhilde Biebuyck (Chicago: University of Chicago Press, 1985), 325, 17.

12. Andrew Neher, "Auditory Driving Observed with Scalp Electrodes in Normal Subjects," *Electroencephalography and Clinical Neurophysiology* 13 (1961): 449–451; Andrew Neher, "A Physiological Explanation of Unusual Behavior in Ceremonies Involving Drums," *Human Biology* 34, no. 2 (1962): 151–160; Rouget, *Music and Trance*, 33.

13. Tam Hunt, "The Hippies Were Right: It's All About Vibrations, Man," Scientific American, December 5, 2018.

14. Sherwood Washburn and C. S. Lancaster, "The Evolution of Hunting," in *Man the Hunter*, ed. Richard B. Lee and Irven Devore (Hawthorne, NY: Aldine de Gruyter, 1968), 293–303.

15. Joseph Jordania, *Why Do People Sing? Music in Human Evolution* (Melbourne: International Research Center for Traditional Polyphony at the University of Melbourne, 2011), 103.

16. Ibid., 182.

17. For more information on the songs of these cultures, see the chapter "The Hunter" in my book *Work Songs* (Durham, NC: Duke University Press, 2006), 13–34.

|3| 보편적 음악을 찾아서

1. Peter Dronke, *Medieval Latin and the Rise of European Love-Lyric*, vol. 1, *Problems and Interpretations*, 2nd ed. (Oxford: Clarendon Press, 1968), 17.

2. A. P. Elkin, *Aboriginal Men of High Degree: Initiation and Sorcery in the World's Oldest Tradition*, 2nd ed. (St. Lucia, Queensland, Australia: University of Queensland Press, 1977).

3. Bruno Nettl, "An Ethnomusicologist Contemplates Universals in Musical Sound and Musical Culture," in *The Origins of Music*, ed. Nils Wallin Björn Merker and Steven Brown (Cambridge, MA: MIT Press, 2001), 463, 471; Steven Brown and Joseph Jordania, "Universals in the World's Musics," *Psychology of Music* 41 (2011): 229.

4. Samuel A. Mehr, Marvin Singh, Luke Glowacki, and Max M. Krasnow, "Form and Function in Human Song," *Current Biology* 28, no. 3 (January 2018): 356–368. For responses from music scholars and others, see Alex Marshall, "Can You Tell a Lullaby from a Love Song? Find Out Now," *New York Times*, January 25, 2018.

5. Anthony Seeger, "Styles of Musical Ethnography," in *Comparative Musicology and Anthropology of Music*, ed. Bruno Nettl and Philip V. Bohlman (Chicago: University of Chicago Press, 1991), 350; E. J. Michael Witzel, *The Origins of the World's Mythologies* (New York: Oxford University Press, 2012), 212.

6. Witzel, *Origins*, 212.

7. Sara Graça da Silva and Jamshid Tehrani, "Comparative Phylogenetic Analyses Uncover the Ancient Roots of Indo-European Folktales," *Royal Society Open Science*, January 14, 2016.

8. Vittorio D. Macchioro, *From Orpheus to Paul: A History of Orphism* (New York: Henry Holt, 1930); A. H. Gayton, "The Orpheus Myth in North America," *Journal of American Folklore* 48, no. 189 (1935): 263–293; Åke Hultkrantz, *The North-American Indian Orpheus Tradition: A Contribution*

to Comparative Religion (Stockholm: Ethnographic Museum, 1957).

9. Jayne M. Standley and Carol A. Prickett, eds., *Research in Music Therapy: A Tradition of Excellence* (Silver Springs, MD: National Association of Music Therapy, 1994).

| 4 | 마법과 수학 사이 투쟁의 음악사

1. Plutarch, *Plutarch's Morals*, ed. William Goodwin, trans. John Philips (New York: The Athenaeum Society, 1870), 130.

2. For both Leibniz and Schopenhauer, see Arthur Schopenhauer, *The World as Will and Representation*, vol. 1, trans. E. F. J. Payne (New York: Dover, 1966), 256, 264.

3. Vladimir Nabokov, *Lectures on Literature*, ed. Fredson Bowers (New York: Harcourt Brace Jovanovich, 1980), 374; Nelson Goodman, *Languages of Art: An Approach to a Theory of Symbols*, 2nd ed. (Indianapolis: Hackett, 1976).

4. Brad Inwood, ed. and trans., *The Poem of Empedocles* (Toronto: University of Toronto Press, 2001), 211.

5. For an account of the attempts by van Groningen, Diels, and others to eliminate shamanistic elements from Empedocles, see Peter Kingsley, *Ancient Philosophy, Mystery and Magic* (Oxford: Clarendon Press, 1995), esp. 218–232.

6. J. B. Kennedy, *The Musical Structure of Plato's Dialogues* (Durham, NC: Acumen, 2001), esp. 52–60.

7. J. J. Bachofen, *Myth, Religion, and Mother Right*, trans. Ralph Manheim (Princeton, NJ: Princeton University Press, 1973); Marija Gimbutas, *The Civilization of the Goddess: The World of Old Europe* (San Francisco: HarperCollins, 1991); Marija Gimbutas, *The Language of the Goddess* (New York: Harper and Row, 1989). See also my discussion of the relationship between the goddess hypothesis and music history in Ted Gioia, *Healing*

Songs (Durham, NC: Duke University Press, 2006), 82–85.

8. David A. Campbell, ed. and trans., *Greek Lyric: Sappho and Alcaeus* (Cambridge, MA: Harvard University Press, 1990), 53.

9. Ibid., 67.

| 5 | 황소와 섹스 토이

1. Mircea Eliade, *Shamanism: Archaic Techniques of Ecstasy*, trans. Willard R. Trask (Princeton, NJ: Princeton University Press, 1964).

2. For early theories about animals in ancient Sumerian music, see Marcelle Duchesne-Guillemin, "Music in Ancient Mesopotamia and Egypt," *World Archaeology* 12, no. 3: *Archaeology and Musical Instruments* (February 1981): 287–297; F. W. Galpin, "The Sumerian Harp of Ur, c. 3500 B.C.," *Music and Letters* 10, no. 2 (April 1929): 108–123; Curtis Sachs, *The History of Musical Instruments* (New York: Norton, 1940), 90.

3. John P. Peters, "Notes and Suggestions on the Early Sumerian Religion and Its Expression," *Journal of the American Oriental Society* 41 (1921): 132.

4. Ezra Pound, *The Literary Essays of Ezra Pound* (New York: New Directions, 1968), 85.

5. Russell Nieli, *Wittgenstein: From Mysticism to Ordinary Language* (Albany: State University of New York, 1987), 175.

6. Sierra Helm, *The Passion for the Goddess: A Comparative Study on the Reverence of the Goddess in Contemporary America and Ancient Mesopotamia* (Honors Thesis, Roger Williams University, 2011), 4.

7. Gwendolyn Leick, *Sex and Eroticism in Mesopotamian Literature* (London: Routledge, 1994), 21, 49. For the "Bob Fosse meme," see Ted Gioia, *Love Songs: The Hidden History* (New York: Oxford University Press, 2015), 248.

8. Yitschak Sefati, *Love Songs in Sumerian Literature: Critical Edition of the Dumuzi-Inanna Songs* (Jerusalem: Bar-Ilan University Press, 1998), 224–225.

9. Noah Kramer, *Aspects of Faith, Myth, and Ritual in Ancient Sumer* (Bloomington: Indiana University Press, 1969), 59.

10. Homer, *The Odyssey*, trans. Robert Fagles (New York: Penguin, 1996), 193.

11. Johan Huizinga, *The Waning of the Middle Ages*, trans. Herfsttijd der Middeleerwen (New York: St. Martin's Press, 1984), 88.

12. Quintilian, *The Institutio Oratoria of Quintilian*, vol. 1, trans. H. E. Butler (New York: G. P. Putnam's Sons, 1920), 175.

|6| 스토리텔러

1. For this and below, see Shelley MacDonald, Kimberly Uesiliana, and Harlene Hayne, "Cross-Cultural and Gender Differences in Childhood Amnesia," *Memory* 8, no. 6 (November 2000): 365–376; Elaine Reese, Harlene Hayne, and Shelley Mac-Donald, "Looking Back to the Future: Māori and Pakeha Mother-Child Birth Stories," *Child Development* 79, no. 1 (January–February 2008): 114–125; Ed Yong, "The Desirability of Storytellers," *The Atlantic*, December 5, 2017.

2. For these and other examples, see Lynne Kelly, *The Memory Code: The Secrets of Stonehenge, Easter Island and Other Ancient Monuments* (New York: Pegasus, 2017), 3–14.

3. Ibid., 12, 19.

4. Ibid., 13.

5. Dio Chrysostom, Discourse 53, "On Homer," in *Discourses* 37–60, trans. H. Lamar Crosby (Cambridge, MA: Loeb Classical Library, 1946), 363.

6. Albert B. Lord, *The Singer of Tales*, 2nd ed., ed. Stephen Mitchell and Gregory Nagy (Cambridge, MA: Harvard University Press, 2000), xi.

7. Christopher Cannon, "Was Chaucer Really a 'Writer'?," Oxford University Press Blog, February 8, 2017.

8. Lord, *Singer of Tales*, 99, 127 (emphasis in original).

9. Ibid., 14.

|7| 가수의 등장

1. For more on the Turin papyrus and Egyptian eroticism, see Ted Gioia, *Love Songs: The Hidden History* (New York: Oxford University Press, 2015), 18–24.

2. Peter Dronke, *Medieval Latin and the Rise of European Love-Lyric*, vol. 1, *Problems and Interpretations*, 2nd ed. (New York: Oxford University Press, 1968), 10–11.

3. David Carter, *Stonewall: The Riots That Sparked the Gay Revolution* (New York: St. Martin's Press, 2004), 1.

4. Ted Gioia, *How to Listen to Jazz* (New York: Basic Books, 2016), 77–78.

5. Barbara Wilcox, "Stanford Archaeologist Leads the First Detailed Study of Human Remains at the Ancient Egyptian Site of Deir el-Medina," *Stanford Report*, November 17, 2014.

6. Michael V. Fox, *The Song of Songs and the Ancient Egyptian Love Songs* (Madison: University of Wisconsin Press, 1985), xxiv.

|8| 음악의 치부

1. Plato, *Republic*, trans. C. M. A. Grube and C. D. C. Reeve, in *Plato: Complete Works*, ed. John M. Cooper (Indianapolis: Hackett, 1997), 1056. Ginsberg's quote is the title of his 1961 essay "When the Mode of the Music Changes, the Walls of the City Shake," in *Poetics of the New American Poetry*, ed. Donald Allen and Warren Tallman (New York: Grove, 1973), 324–330.

2. Plato, *Republic*, 1047.

3. Aristotle, *Aristotle's Politics*, trans. Benjamin Jowett (New York: Carlton House, 1950), 332–333.

4. Allan Bloom, *The Closing of the American Mind* (New York: Simon and Schuster, 1987), 71.

5. Aelian, *Historical Miscellany*, ed. and trans. N. G. Wilson (Cambridge, MA: Harvard University Press, 1997), 369.

6. Athenaeus, "Sophists at Dinner," in *Source Readings in Music History*, vol. 1, *Greek View of Music*, ed. Oliver Strunk (New York: Norton, 1988), 89.

7. E. R. Dodds, *The Greeks and the Irrational* (Berkeley: University of California Press, 1956), 194.

|9| 남자답지 않은 음악

1. Plato, *The Laws*, trans. Thomas L. Pangle (Chicago: University of Chicago Press, 1908), 192.

2. Plutarch, *Moralia*, vol. 14, trans. Benedict Einarson and Philip H. De Lacy (Cambridge, MA: Harvard University Press, 1967), 385–387 (emphasis mine).

3. Craig A. Williams, *Roman Homosexuality*, 2nd ed. (New York: Oxford University Press, 2010), 164; Quintilian, *The Institutio Oratoria of Quintilian*, vol. 1, trans. H. E. Butler (New York: G. P. Putnam's Sons, 1920), 175; Pliny, *Letters*, trans. William Melmoth (New York: Macmillan, 1915), 147.

4. H. D. Jocelyn, *The Tragedies of Ennius* (New York: Cambridge University Press, 1967), 21; Sander M. Goldberg, *Constructing Literature in the Roman Republic: Poetry and Its Reception* (New York: Cambridge University Press, 2005), 119–120.

5. Williams, *Roman Homosexuality*, 154.

6. J. J. Winkler, "The Ephebes' Song," in *Nothing to Do with Dionysos*, ed. J. J. Winkler and F. I. Zeitlin (Princeton, NJ: Princeton University Press, 1990), 20–62. See also Marcel Lysgaard Lech, "Marching Choruses? Choral Performance in Athens," *Greek, Roman and Byzantine Studies* 49 (2009): 343–361.

7. Seneca, *Dialogues and Essays*, trans. John Davie (Oxford: Oxford University Press, 2007), 138.

8. John Jory, "The Masks on the Propylon of the Sebasteion at Aphrodisias," in *Greek and Roman Actors: Aspects of an Ancient Profession*, ed. Pat

Easterling and Edith Hall (Cambridge: Cambridge University Press, 2002), 238.

9. Ruth Webb, "Inside the Mask: Pantomime from the Performers' Perspective," in *New Directions in Ancient Pantomime*, ed. Edith Hall and Rosie Wyles (Oxford: New York, 2008), 51.

10. Eric Csapo and William J. Slater, *The Context of Ancient Drama* (Ann Arbor: University of Michigan Press, 1994), 324.

11. Edith Hall, "Introduction: Pantomime, a Lost Chord of Ancient Culture," in *New Directions in Ancient Pantomime*, ed. Edith Hall and Rosie Wyles (Oxford: New York, 2008), 27.

12. John G. Landels, *Music in Ancient Greece and Rome* (New York: Routledge, 1999), 199.

13. Dave Hickey, *Air Guitar: Essays on Art and Democracy* (Los Angeles: Arts Issues Press, 1997), 15.

14. Lucius Annaeus Seneca, *Seneca's Letters from a Stoic*, trans. Richard M. Gummere (Mineola, NY: Dover, 2016), 112.

15. Walter Burkert, *Ancient Mystery Cults* (Cambridge, MA: Harvard University Press, 1987), 113.

| 10 | 악마의 노래

1. Mozi, *Basic Writings*, trans. Burton Watson (New York: Columbia University Press, 2003), 114, 119.

2. *The Book of Songs*, trans. Arthur Waley (London: Routledge, 2005), 20.

3. Tamara Chin, "Orienting Mimesis: Marriage and the Book of Songs," *Representations* 94, no. 1 (Spring 2006): 71; Book of Songs, 81.

4. Ephesians 5:19, Colossians 3:16 (King James Version).

5. Johannes Quasten, *Music and Worship in Pagan and Christian Antiquity*, trans. Boniface Ramsey (Washington, DC: National Association of Pastoral Musicians, 1983), 60.

6. Jacques Attali, *Noise: The Political Economy of Music*, trans. Brian Massumi (Minneapolis: *University of Minnesota Press*, 1985), 12.

7. Quasten, *Music and Worship*, 60.

8. Joscelyn Godwin, ed., *Music, Mysticism and Magic: A Sourcebook* (New York: Routledge and Kegan Paul, 1987), 94.

9. Psalms 33:2, 149:3, 68:25 (King James Version).

10. Tim Wilson's interview with Alfred Tomatis was published in Tim Wilson, "Chant: The Healing Power of Voice and Ear," *Music: Physician for Times to Come*, 2nd ed., ed. Don Campbell (Wheaton, IL: Theosophical Publishing House, 2000), 14.

11. Abbott Justin McCann, OSB, trans. and ed., *The Rule of Saint Benedict in English and Latin* (Fort Collins, CO: Roman Catholic Books, 1951), 69.

12. John Haines, *Medieval Song in Romance Languages* (Cambridge: Cambridge University Press, 2010), 55, 6.

13. Ibid., 150.

14. Ibid., 162–163. For Caesarius, see William E. Klingshirn, *Caesarius of Arles: The Making of a Christian Community in Late Antique Gaul* (Cambridge: Cambridge University Press, 2004), 185.

15. Ibid.

16. For Haymo, see Haines, *Medieval Song in Romance Languages*, 165. For Caesarius, see Klingshirn, *Caesarius of Arles*, 185. For the Councils of Auxerre and Chalons, see Anne L. Klinck, ed., *Introduction to Anthology of Ancient and Medieval Woman's Song* (New York: Palgrave Macmillan, 2004), 4. For Charlemagne, see Peter Dronke, *The Medieval Lyric* (Suffolk, UK: D. S. Brewer, 1996), 91.

17. Guido of Arezzo, "Epistle Concerning an Unknown Chant," in *Source Readings in Music History*, ed. Oliver Strunk and Leo Treitler (New York: Norton, 1998), 214–215.

18. Maribel Dietz, *Wandering Monks, Virgins, and Pilgrims: Ascetic Travel in*

the *Mediterranean World, A.D. 300–800* (University Park: Pennsylvania State University Press, 2005), 36; Helen Wadell, *The Wandering Scholars of the Middle Ages* (Mineola, NY: Dover, 2000), 270.

19. *Dum caupona verterem*, in *Love Lyrics from the Carmina Burana*, ed. and trans. P. G. Walsh (Chapel Hill: University of North Carolina Press, 1993), 59.

20. *Si quis Deciorum*, in George F. Whicher, *The Goliard Poets: Medieval Latin Songs and Satires* (New York: New Directions, 1965), 265.

21. *Cur suspectum me tenet domina, in Love Lyrics from the Carmina Burana*, 129–130.

22. Whicher's quote and the translation of *Estuans intrinsecus* from Whicher, *The Goliard Poets*, 6, 111.

23. *Grates ago Veneri, in Love Lyrics from the Carmina Burana*, 44.

24. Betty Radice, ed. and trans., *The Letters of Abelard and Heloise* (London: Penguin, 1974), 67–68, 75.

25. Ibid., 68, 115.

26. Some scholars have suggested that Abélard's lyrics may have survived anonymously in the *Carmina Burana*—for example, in the song "Hebet Sidus."

| 11 | 탄압과 음악 혁신

1. C. S. Lewis, *The Allegory of Love* (London: Oxford University Press, 1936), 4.

2. Fuad Matthew Caswell, *The Slave Girls of Baghdad: The Qiyān in the Early Abbasid Era* (New York: I. B. Tauris, 2011), 15–16.

3. Everett K. Rowson, "The Effeminates of Early Medina," *Journal of the American Oriental Society* 111, no. 4 (October–December 1991): 692, 683.

4. Ibid., 69.

5. Henry Louis Gates, *The Signifying Monkey: A Theory of African-American Literary Criticism* (New York: Oxford University Press, 1988); Caswell, *Slave Girls of Baghdad*, 63.

6. Ezra Pound, *The Cantos* (New York: New Directions), 1996, 32; Julian Ribera, *Music in Ancient Arabia and Spain*, trans. Eleanor Hague and Marion Leffingwell (Stanford: Stanford University Press, 1929), 9.

7. Benjamin Liu and James Monroe, *Ten Hispano-Arabic Songs in the Modern Oral Tradition* (Berkeley: University of California Press, 1989), 31.

8. Caswell, *Slave Girls of Baghdad*, 223.

9. Lewis, *Allegory of Love*, 2.

| 12 | 모든 마법사가 지팡이를 들고 다니는 것은 아니다

1. From "The Rules of Sir Raimon Vidal," trans. Marianne Shapiro, in Marianne Shapiro, *De Vulgari Eloquentia: Dante's Book of Exile* (Lincoln: University of Nebraska Press, 1990), 114.

2. L. T. Topsfield, *Troubadours and Love* (Cambridge: Cambridge University Press, 1975), 247.

3. Meg Bogin, *The Women Troubadours* (New York: Norton, 1980), 127.

4. "Farewell to Ventadorn," trans. W. D. Snodgrass, in *Larks in the Morning: The Verses of the Troubadours*, ed. Robert Kehew (Chicago: University of Chicago Press, 2005), 93.

5. John Haines, *Medieval Song in Romance Languages* (Cambridge: Cambridge University Press, 2010), 157.

6. Ted Gioia, *Work Songs* (Durham, NC: Duke University Press, 2006), 8–9. For Austin, see J. L. Austin, *How to Do Things with Words* (Cambridge, MA: Harvard University Press, 1962).

7. Mitchell Hartman, "Employees Like Music at Work, Survey Finds," *Marketplace*, November 22, 2018; Tibi Puiu, "How People Use Music as a Sleeping Aid," *ZME Science*, November 14, 2018.

| 13 | 청중의 등장

1. From Dorothy Sayers's introduction to *The Song of Roland*, ed. and trans.

Dorothy Sayers (New York: Penguin, 1957), 17.

. Emmanuel Le Roy Ladurie, *Montaillou: The Promised Land of Error*, trans. Barbara Bray (New York: Vintage, 1979); Greil Marcus, *Lipstick Traces: A Secret History of the Twentieth Century* (Cambridge, MA: Belknap Press of Harvard University Press, 2009), esp. 371–374.

3. Edmondstoune Duncan, *The Story of Minstrelsy* (New York: Charles Scribner's, 1907), 37–38.

4. Maria Dobozy, "Creating Credibility and Truth Through Performance: Kelin's Encomium," in *The Stranger in Medieval Society*, ed. F. R. P. Akehurst and Stephanie Cain Van D'Elden (Minneapolis: University of Minnesota Press, 1997), 92.

5. H. J. Chaytor, *From Script to Print: An Introduction to Medieval Literature* (Cambridge: Cambridge University Press, 1945), 3.

6. Rob C. Wegman, *The Crisis of Music in Early Modern Europe* (New York: Routledge, 2005), 22.

7. Charles Rosen, *The Classical Style: Haydn, Mozart, Beethoven*, expanded ed. (New York: Norton, 1997), 58.

8. Robert Mullally, *The Carole: A Study of a Medieval Dance* (Burlington, VT: Ashgate, 2011), xv.

| 14 | 불량한 뮤지션들

1. Benvenuto Cellini, *My Life*, trans. Julia Conaway Bondanella and Peter Bondanella (Oxford: Oxford University Press, 2002), 125. Some believe Cellini exaggerated his violent exploits to enhance his reputation, but that would simply reinforce the main point made here: extreme behavior now contributed to an artist's renown.

2. Alex Ross, "Prince of Darkness: The Murders and Madrigals of Don Carlo Gesualdo," *The New Yorker*, December 19, 2011, 84–92.

3. Heinrich Glarean, "Dodecachordon" in *Source Readings in Music History*,

vol. 3, *The Renaissance*, ed. Oliver Strunk and Leo Treitler (New York: Norton, 1998), 151–157; Lewis Lockwood, *Music in Renaissance Ferrara, 1400–1505: The Creation of a Musical Center in the Fifteenth Century* (New York: Oxford University Press, 2009), 227.

4. Allan W. Atlas, *Renaissance Music* (New York: Norton, 1998), 189.

5. Terry Roth, "Street Cries and Criers of New York," *Federal Writers' Project*, an eight-page document dated November 3, 1938.

6. Jacques Le Goff, *Time, Work, and Culture in the Middle Ages*, trans. Arthur Goldhammer (Chicago: University of Chicago Press, 1980), 46.

7. Alain Corbin, *Village Bells: Sound and Meaning in the Nineteenth-Century French Countryside*, trans. Martin Thom (London: Papermac, 1999).

8. Johan Huizinga, *The Waning of the Middle Ages*, trans. Herfsttijd der Middeleerwen (New York: St. Martin's Press, 1984), 2–3; *Torquay Directory*, August 9, 1899, cited in *Devon & Cornwall Notes & Queries*, vol. 1, ed. P. F. S. Amery, John S. Amery, and J. Brooking Rowe (Exeter, UK: James G. Commin, 1901), 18.

| 15 | 음악 사업의 시작

1. Michel Foucault, *The Order of Things: An Archeology of the Human Sciences* (New York: Vintage, 1973), 50–55.

2. Jon Paxman, *A Chronology of Western Classical Music, 1600–2000* (London: Omnibus, 2014), 50; Massimo Ossi, Divining the Oracle: Monteverdi's Seconda Prattica (Chicago: University of Chicago Press, 2003), 36.

3. Gary Tomlinson, *Monteverdi and the End of the Renaissance* (Berkeley: University of California Press, 1987), 110.

4. Richard Taruskin, *The Oxford History of Western Music*, vol. 2 (Oxford: Oxford University Press, 2005), 5. For the text of the letter, see The Letters of Claudio Monteverdi, trans. and ed. Denis Stevens (Cambridge: Cambridge University Press, 1980), 189–193.

5. Graham Freeman, "The Transmission of Lute Music and the Culture of Aurality in Early Modern England," in *Beyond Boundaries: Rethinking Music Circulation in Early Modern England*, ed. Linda Phyllis Austern, Candace Bailey, and Amanda Eubanks Winkler (Indianapolis: Indiana University Press, 2017), 51.

6. Tim Blanning, *The Triumph of Music: The Rise of Composers, Musicians and Their Art* (Cambridge, MA: Belknap Press of Harvard University Press, 2008), 89.

7. For the importance of singular and plural constructions in the evolution of music during this period, see Mauro Calcagno, *From Madrigal to Opera: Monteverdi's Staging of the Self* (Berkeley: University of California Press, 2012), 109–120.

| 16 | 문화 전쟁

1. Rob C. Wegman, *The Crisis of Music in Early Modern Europe, 1470–1530* (New York: Routledge, 2005), 33.

2. Michael John Noone, *Music and Musicians in the Escorial Liturgy Under the Habsburgs, 1563–1700* (Rochester, NY: University of Rochester Press, 1998), 346.

3. Wegman, *Crisis of Music*, 21, 17, 28.

4. Kuang Yu Chen, "The Book of Odes: A Case Study of the Chinese Hermeneutic Tradition," in *Chinese Hermeneutics in Historical Perspective: Interpretation and Intellectual Change*, ed. Ching-I Tu (New Brunswick, NJ: Transaction, 2005), 53.

5. Deborah Baker, "For the Sake of the Song," *The Caravan: A Journal of Politics and Culture*, May 1, 2011.

6. Franklin D. Lewis, *Rumi, Past and Present, East and West: The Life, Teaching and Poetry of Jalâl Al-Din Rumi* (Oxford: Oneworld, 2008).

7. Ibid., 28.

8. Charles Burney, *The Present State of Music in France and Italy* (London: T. Becket, 1773), 312.

9. Chiara Bertoglio, *Reforming Music* (Berlin: Walter de Gruyter, 2017), 175.

10. Paul Nettl, *Luther and Music* (New York: Russell and Russell, 1948), 5.

11. Bertoglio, *Reforming Music*, 212.

12. Gayle Dean Wardlow, interview with author, April 22, 2006.

13. Bertoglio, *Reforming Music*, 170, 188.

14. Ibid., 345.

15. Robert J. Zatorrea and Valorie N. Salimpoora, "From Perception to Pleasure: Music and Its Neural Substrates," *Proceedings of the National Academy of Science of the USA 110*, no. S2 (June 18, 2013): 10430–10437.

|17| 가발을 쓴 체제 전복자

1. John Eliot Gardiner, *Bach: Music in the Castle of Heaven* (New York: Vintage, 2015), xxviii; Laurence Dreyfus, "Bach the Subversive," a lecture given in London on May 14, 2011. My thanks to Professor Dreyfus for providing me with the text of his talk.

2. Gardiner, Bach, 222, 528, 220; from the city council minutes included in *The New Bach Reader: A Life of Johann Sebastian Bach in Letters and Documents*, ed. Hans T. David and Arthur Mendel, rev. Christoph Wolff (New York: Norton, 1998), 149.

3. Matthew Dirst, *Engaging Bach: The Keyboard Legacy from Marpurg to Mendelssohn* (Cambridge: Cambridge University Press, 2012), 49–50.

4. Joseph Kerman, *Write All These Down: Essays on Music* (Berkeley: University of California Press, 1994), 16.

5. Charles Rosen, *The Classical Style: Haydn, Mozart, Beethoven*, expanded ed. (New York: Norton, 1997), xvi.

6. Antoine Lilti, *The Invention of Celebrity*, trans. Lynn Jeffress (Malden, MA: Polity Press, 2017), 7.

7. H. C. Robbins Landon, *Vivaldi: Voice of the Baroque* (Chicago: University of Chicago Press, 1996), 32, 48, 27; Jan Swafford, *Beethoven: Anguish and Triumph* (London: Faber and Faber, 2015), 64; Karl Geiringer with Irene Geiringer, *Haydn: A Creative Life in Music*, 3rd ed. (Berkeley: University of California Press, 1982), 62, 107.

8. David Wyn Jones, *The Life of Haydn* (Cambridge: Cambridge University Press, 2009), 127.

9. *The Letters of Mozart and His Family*, 3rd ed., ed. Emily Anderson, rev. Stanley Sadie and Fiona Smart (London: Macmillan, 1997), 372.

10. Peter Culshaw, "Mozart Was a Political Revolutionary," *The Telegraph*, July 3, 2006.

11. Paul Johnson, *Mozart: A Life* (New York: Viking, 2013), 151.

12. *Letters of Mozart and His Family*, 828.

13. Ibid., 716.

14. Geiringer, *Haydn*, 97.

15. Rosen, *Classical Style*, 155.

| 18 | 혁명을 원한다고?

1. Vincent d'Indy, *Beethoven: A Critical Biography*, trans. Theodore Baker (Boston: Boston Music Company, 1913), 66; Alexander Thayer, *Thayer's Life of Beethoven*, vol. 1, rev. and ed. Elliot Forbes (Princeton, NJ: Princeton University Press, 1967), ix; David B. Dennis, *Beethoven in German Politics* (New Haven, CT: Yale University Press, 1996), 179.

2. *Beethoven: Impressions by His Contemporaries*, ed. O. G. Sonneck (New York: Dover, 1967), 20–21, 31.

3. These responses to Beethoven's symphony can be found in Jan Swafford, *Beethoven: Anguish and Triumph* (London: Faber and Faber, 2015), 396–400. Beethoven scholar Barry Cooper tells me that *kreuzer* is the correct term for the coin in question, but I retain here the *kreutzer* cited in

traditional accounts.

4. Isaiah Berlin, "Two Concepts of Liberty," in *Four Essays on Liberty* (Oxford: Oxford University Press, 1969), 118–172.

5. Swafford, *Beethoven*, 114.

6. Percy Bysshe Shelley, *A Defence of Poetry* (Indianapolis: Bobbs-Merrill, 1904), 90.

7. Daniel Beller-McKenna, *Brahms and the German Spirit* (Cambridge, MA: Harvard University Press, 2004), 31; Michael Musgrave, *The Music of Brahms* (Oxford: Clarendon Press, 1994), 80.

8. Brian Newbould, *Schubert: The Music and the Man* (Berkeley: University of California Press, 1999), 8.

9. Alex Ross, "Great Soul," *The New Yorker*, February 3, 1997, 70.

10. R. Larry Todd, *Mendelssohn: The Hebrides and Other Overtures* (Cambridge: Cambridge University Press, 1993), 50.

11. Barbara Eichner, *History in Mighty Sounds: Musical Constructions of German National Identity*, 1848–1914 (Woodbridge, UK: Boydell Press, 2012), 1.

12. Ted Gioia, "Music to Shoot You By: Taking Beethoven on a Ride-Along in First-Person-Shooter Games," *Daily Beast*, February 21, 2015.

13. Elias Canetti, *Crowds and Power*, trans. Carol Stewart (New York: Seabury, 1978), 394–396. Compare with Richard Wagner, *Wagner on Conducting*, trans. William Reeves (New York: Dover, 1989), 5–10.

14. Homer, *The Iliad*, trans. Robert Fagles (New York: Penguin, 1991), 77.

15. Steven Pinker, *How the Mind Works* (New York: Norton, 1997), 534.

16. Todd Gitlin, "The Missing Music of the Left," *New York Review of Books*, May 28, 2018.

| 19 | 위대한 변화

1. Robert T. Clark Jr., *Herder: His Life and Thought* (Berkeley: University of

California Press, 1969), 194.

2. Dave Harker, *Fakesong: The Manufacture of British 'Folksong,' 1700 to the Present Day* (Philadelphia: Open University Press, 1985), xii.

3. Steve Roud, *Folk Song in England* (London: Faber and Faber, 2017), 55, 181.

4. Ibid., 59.

5. Stephen Lloyd, *Constant Lambert: Beyond the Rio Grande* (Woodbridge, UK: Boydell Press, 2014), 34.

6. Johann Herder, "Extract from a Correspondence on Ossian and the Songs of Ancient Peoples," in *German Aesthetic and Literary Criticism: Winckelmann, Lessing, Hamann, Herder, Schiller, Goethe*, ed. H. B. Nisbet (Cambridge: Cambridge University Press, 1985), 155.

7. Roud, *Folk Song in England*, 51, 53–54.

8. Thomas Percy, *Percy's Reliques of Ancient English Poetry* (Philadelphia: Porter and Coates, 1873), ii.

9. William W. Sanger, *The History of Prostitution* (New York: Harper and Brothers, 1858), 334.

10. "The Plotter Executed," Ballad 30386 in the British Broadside Ballad Archive, hosted at the University of California, Santa Barbara, and accessible online at https://ebba.english.ucsb.edu/ballad/30386/xml.

11. María Susana Azzi, "The Tango, Peronism and Astor Piazzolla During the 1940s and 1950s," in *Tejano to Tango: Latin American Popular Music*, ed. Walter Aaron Clark (New York: Routledge, 2002), 38.

| 20 | 디아스포라의 미학

1. Matthew Arnold, *Culture and Anarchy: An Essay in Political and Social Criticism* (Cambridge: Cambridge University Press, 2011), viii.

2. Pierre Bourdieu, *Distinction: A Social Critique of the Judgment of Taste*, trans. Richard Nice (Cambridge, MA: Harvard University Press, 1984), xi, 34.

3. Chad Heap, *Slumming: Sexual and Racial Encounters in American Nightlife, 1885–1940* (Chicago: University of Chicago Press, 2009), 18.

4. C. W. E. Bigsby, *Dada & Surrealism* (New York: Routledge, 1978), 7.

5. Regina M. Sweeney, *Singing Our Way to Victory: French Cultural Politics and Music During the Great War* (Middletown, CT: Wesleyan University Press, 2001), 31. See also Greil Marcus, *Lipstick Traces: A Secret History of the Twentieth Century* (Cambridge, MA: Belknap Press of Harvard University Press, 2009), 137.

6. Alexander Falconbridge, *An Account of the Slave Trade on the Coast of Africa* (London: J. Phillips, 1788), 23.

7. Phil Jamison, *Hoedowns, Reels, and Frolics: Roots and Branches of Southern Appalachian Dance* (Urbana: University of Illinois Press, 2015), 50–53.

8. Ted Gioia, "The Con Man Who Invented American Popular Music," *Radio Silence*, no. 18 (July 1, 2015).

9. "Is Blind Tom Alive? Curious Story Concerning the Black Music Wonder," *Indianapolis Journal*, January 1, 1894, 5.

10. Deirdre O'Connell, *The Ballad of Blind Tom, Slave Pianist* (New York: Overlook Press, 2009), 55, 40.

11. Nicholas E. Tawa, *Sweet Songs for Gentle Americans: The Parlor Song in America, 1790–1860* (Bowling Green, OH: Bowling Green University Popular Press, 1980), 140.

|21| 혹인 음악과 미국의 생활양식 위기

1. Thomas Wentworth Higginson, "Negro Spirituals," *Atlantic Monthly* 19, no. 116 (June 1867): 687; William Francis Allen, Charles Pickard Ware, and Lucy McKim Garrison, *Slave Songs of the United States* (New York: A. Simpson and Company, 1867), vi (emphasis in original).

2. Bob Darden, *People Get Ready!: A New History of Black Gospel Music* (New York: Continuum, 2004), 120.

3. Lynn Abbott and Doug Seroff, *Out of Sight: The Rise of African American Popular Music, 1889–1895* (Jackson: University Press of Mississippi, 2002), 443.

4. Edward A. Berlin, *King of Ragtime: Scott Joplin and His Era* (New York: Oxford University Press, 1994), 15, 164.

5. Ibid., 40.

6. Ibid., 53.

7. Ibid., 88.

| 22 | 반항이 주류로 떠오르다

1. Howard W. Odum and Guy B. Johnson, *Negro Workaday Songs* (Chapel Hill: University of North Carolina Press, 1926), 6; Charles Peabody, "Notes on Negro Music," *Journal of American Folk-Lore* 16, no. 62 (July–September 1903): 152.

2. Stephen Calt, *Barrelhouse Words: A Blues Dialect Dictionary* (Urbana: University of Illinois Press, 2009), xiv.

3. Carol J. Oja, *Making Music Modern: New York in the 1920s* (New York: Oxford University Press, 2000), 92.

4. For attempts to demythologize the biography of Robert Johnson, see Elijah Wald, *Escaping the Delta: Robert Johnson and the Invention of the Blues* (New York: HarperCollins, 2004), and Barry Lee Pearson and Bill McCulloch, *Robert Johnson: Lost and Found* (Urbana: University of Illinois Press, 2003).

5. Pearson and McCulloch, *Robert Johnson*, 30–31.

6. Alan Lomax, interview with David "Honeyboy" Edwards, Folder 4 in the Library of Congress's *Delta Project* collection.

7. Harry Middleton Hyatt, *Hoodoo Conjuration Witchcraft Rootwork*, 5 vols. (Hannibal, MO: Memoirs of the Alma Egan Hyatt Foundation, 1970–1978).

| 23 | 펑키 버트

1. Bill Russell, *New Orleans Style*, ed. Barry Martyn and Mike Hazeldine (New Orleans: Jazzology, 1994), 175.

2. Donald M. Marquis, *In Search of Buddy Bolden: First Man of Jazz*, rev. ed. (Baton Rouge: Louisiana State University Press, 2005), 111.

3. Daniel Stein, *Music Is My Life: Louis Armstrong, Autobiography and American Jazz* (Ann Arbor: University of Michigan Press, 2012), 241.

4. Albert R. Rice, *Notes for Clarinetists: A Guide to the Repertoire* (New York: Oxford University Press, 2017), 43.

5. Mark Tucker, ed., *The Duke Ellington Reader* (New York: Oxford University Press, 1993), 115.

6. Ibid., 362.

7. Dick Witts and Karlheinz Stockhausen, "Advice to Clever Children…, " *The Wire* 141 (November 1995): 33–35.

| 24 | 신석기 시대 컨트리 음악의 시작

1. Macrobius, *Commentary on the Dream of Scipio*, trans. William Harris Stahl (New York: Columbia University Press, 1952), 195; Emmanuel Le Roy Ladurie, *Montaillou: The Promised Land of Error*, trans. Barbara Bray (New York: Vintage, 1979), 259 (emphasis in original).

2. Michael C. Scoggins, *The Scotch-Irish Influence on Country Music in the Carolinas: Border Ballads, Fiddle Tunes & Sacred Songs* (Charleston, SC: History Press, 2013), 47.

3. Nick Tosches, *Country: The Twisted Roots of Rock 'n' Roll* (New York: Da Capo, 1996), 110.

4. Barry Mazor, *Ralph Peer and the Making of Popular Roots Music* (Chicago: Chicago Review Press, 2015), 90 (emphasis in the original).

5. Chuck Klosterman, *But What If We're Wrong?* (New York: Blue Rider, 2016), 84.

| 25 | 우리 사랑은 어디로 갔을까?

1. Marshall McLuhan, *Understanding Media: The Extensions of Man* (Cambridge, MA: MIT Press, 1994), 7.

2. Joel Williamson, *Elvis Presley: A Southern Life* (New York: Oxford University Press, 2015), 47.

3. Gail Cameron, "We've Got 'Em, Luv, and It's All Gear," *Life* 56, no. 8 (February 21, 1964), 33.

4. Saul Austerlitz, *Just a Shot Away: Peace, Love and Tragedy with the Rolling Stones at Altamont* (New York: Thomas Dunne, 2018), 204. My thanks also to Saul Austerlitz for providing information about the *Berkeley Barb* story.

| 26 | 희생 의식

1. Legs McNeil and Gillian McCain, *Please Kill Me: The Uncensored Oral History of Punk* (New York: Grove, 1996), 24.

2. Ibid., 4.

3. Caroline Sullivan, "Why Don't Rock Stars Trash Hotel Rooms Anymore?," *The Guardian*, January 3, 2010.

4. René Girard, *Violence and the Sacred*, trans. Patrick Gregory (Baltimore: Johns Hopkins University Press, 1977), 6–27.

5. Ibid., 271.

6. Caroline Joan Picart, *Remaking the Frankenstein Myth on Film: Between Laughter and Horror* (Albany: State University of New York Press, 2003), 62.

7. Jerry Portwood, "How East German Punks Helped Destroy the Berlin Wall," *Rolling Stone*, September 17, 2018.

8. McNeil and McCain, *Please Kill Me*, 182.

9. Greil Marcus, *Lipstick Traces: A Secret History of the Twentieth Century* (Cambridge, MA: Belknap Press of Harvard University Press, 2009), 79.

| 27 | 래퍼와 전문 기술자

1. Brad Morrell, *Nirvana & the Sound of Seattle* (London: Omnibus, 1996), 131.

2. Martin Tolchin, "South Bronx: A Jungle Stalked by Fear, Seized by Rage," *New York Times*, January 15, 1973, 1.

3. Nelson George, *Hip Hop America* (New York: Penguin, 2005), 59.

| 28 | 새로운 지배 세력을 환영합니다

1. *Spotify Annual Report* (2015), 3.

2. Byung-Chul Han, *Saving Beauty*, trans. Daniel Steuer (Medford, MA: Polity Press, 2018), 1.

3. Steven Pinker, *How the Mind Works* (New York: Norton, 1997), 534.

4. Nic Fildes, "Rise of the Robot Music Industry," *Financial Times*, December 2, 2016.

5. Owen Jones, "Pussy Riot: A Beacon of Hope in Russia's Dark Days," *The Independent*, December 18, 2013. For Vladimir Putin's plan to lead and direct Russian rap music, see Andrew E. Kramer, "Putin on Rap Music: It's the Drugs That Really Bother Him," *New York Times*, December 16, 2018.

6. Tia DeNora, *Music in Everyday Life* (Cambridge: Cambridge University Press, 2000), 116.

7. John Sloboda, Susan A. O'Neill, and Antonia Ivaldi, "Functioning of Music in Everyday Life: An Exploratory Study Using the Experiences Sampling Method," *Musica Scientiae* 5, no. 1 (Spring 2001): 9–32.